ସବୁଜ କବିତା: ସ୍ରଷ୍ଟା ଓ ସୃଷ୍ଟି

ସବୁଜ କବିତା: ସ୍ରଷ୍ଟା ଓ ସୃଷ୍ଟି

ଡକ୍ଟର ସୁଶ୍ରୀ ସନ୍ଧ୍ୟା ମହାନ୍ତି

ବ୍ଲାକ୍ ଈଗଲ୍ ବୁକ୍ସ
ଭୁବନେଶ୍ୱର, ଓଡ଼ିଶା

BLACK EAGLE BOOKS
Dublin, USA

ସବୁଜ କବିତା : ସ୍ରଷ୍ଟା ଓ ସୃଷ୍ଟି / ଡକ୍ଟର ସୁଶ୍ରୀ ସନ୍ଧ୍ୟା ମହାନ୍ତି
ବ୍ଲାକ୍ ଇଗଲ୍ ବୁକ୍ସ : ଭୁବନେଶ୍ୱର, ଓଡ଼ିଶା ● ଡବ୍ଲିନ୍, ଯୁକ୍ତରାଷ୍ଟ୍ର ଆମେରିକା

 BLACK EAGLE BOOKS

USA address:
7464 Wisdom Lane
Dublin, OH 43016

India address:
E/312, Trident Galaxy, Kalinga Nagar,
Bhubaneswar-751003, Odisha, India

E-mail: info@blackeaglebooks.org
Website: www.blackeaglebooks.org

First International Edition Published by
BLACK EAGLE BOOKS, 2023

SABUJA KABITA : SRASTA O SRUSTI
by **Dr. Sushri Sandhya Mohanty**

Copyright © Dr. Sushri Sandhya Mohanty

All rights reserved. No part of this publication may be reproduced, stored in a retrieval system, or transmitted, in any form or by any means, electronic, mechanical, photocopying, recording or otherwise without the prior permission of the publisher.

Cover & Interior Design: Ezy's Publication

ISBN- 978-1-64560-346-7 (Paperback)

Printed in the United States of America

- ଉତ୍ସର୍ଗ -

ମୋ ଜୀବନର ସାର୍ଥକତା ଯାହା ପାଇଁ ସେ ହେଉଛନ୍ତି ମୋର ପିତା ଶ୍ରୀଯୁକ୍ତ ବିରଞ୍ଚି ନାରାୟଣ ଦାସ, ଯିଏକି ମୋର ପ୍ରଥମ ପଥପ୍ରଦର୍ଶକ। ତାଙ୍କ ଚରଣ ତଳେ ଗଭୀର ଭକ୍ତି ଓ କୃତଜ୍ଞତାର ସହିତ ଏ ପୁସ୍ତକଟିକୁ ଉତ୍ସର୍ଗ କରୁଛି।

ଆପଣଙ୍କର ସ୍ନେହର
ସିଲି
(ଡକ୍ଟର ସୁଶ୍ରୀ ସନ୍ଧ୍ୟା ମହାନ୍ତି)

କୃତଜ୍ଞତା

ସ୍ନାତକୋତ୍ତର ବିଭାଗରେ ଓଡ଼ିଆ ଅଧ୍ୟୟନ କାଳରେ ମୋର ବିଶେଷ ପତ୍ର ଥିଲା 'ଆଧୁନିକ ଓଡ଼ିଆ କବିତା'। ଏହି ବିଷୟଟି ରାଧାନାଥଙ୍କ ଠାରୁ ସାଂପ୍ରତିକ କାବ୍ୟ କବିତା ପର୍ଯ୍ୟନ୍ତ ଦୁଇଟି ପତ୍ରରେ ବିଭକ୍ତ ଥିଲା। ଏଥିରେ ଥିବା 'ସବୁଜ ପ୍ରସଙ୍ଗ'କୁ ମୁଁ ନିବିଡ଼ ଭାବରେ ଅଧ୍ୟୟନ କଲାବେଳେ ମୋ ମନରେ ଏ ପର୍ଯ୍ୟାୟ ପ୍ରତି ଖୁବ୍ ଆକର୍ଷଣ ସୃଷ୍ଟି ହୋଇଥିଲା। ସମ୍ଭବତଃ କଳ୍ପନାଭିତ୍ତିକ ଏଇ ରୋମାଣ୍ଟିକ୍ କାବ୍ୟ କବିତା ପ୍ରତି ଓଡ଼ିଆ ସାହିତ୍ୟର ପାଠକମାତ୍ରେଇ ଆକୃଷ୍ଟ ହେଉଥିଲେ। ବୋଧହୁଏ ତାହା ହୋଇପାରେ ବାସ୍ତବତାଠାରୁ ଦୂରେଇ ଯିବାର ଅବଚେତନିକ ଅଭିଳାଷ। ତେଣୁ ପରବର୍ତ୍ତୀ ସମୟରେ 'ସବୁଜ କବିତା' ଉପରେ ନିବନ୍ଧ ବା ପୁସ୍ତକଟିଏ ଲେଖିବାକୁ ମୋ ମନରେ ଉତ୍ସାହ ଓ ଉଦ୍ଦୀପନା ସ୍ୱର୍ଗତ ପ୍ରଫେସର ଡକ୍ଟର ନିତ୍ୟାନନ୍ଦ ଶତପଥୀ ଏବଂ ଡକ୍ଟର ଶ୍ରୀମତୀ ପ୍ରତିଭା ଶତପଥୀ ହିଁ ଭରି ଦେଇଥିଲେ। ତେଣୁ ସର୍ବପ୍ରଥମେ ସେହି ଦୁଇଜଣ ହିଁ ମୋର ଆନ୍ତରିକ କୃତଜ୍ଞତାର ପ୍ରାପକ ହେବେ। ମୋର ସାରସ୍ୱତ ପ୍ରୟାସ ଏ ଜଟିଳ କାର୍ଯ୍ୟକୁ କେତେଦୂର ଯଥାର୍ଥତା ଦେଇଛି ତାହା ପାଠକଗଣ ହିଁ ବିବେଚନା କରିବେ।

ଓଡ଼ିଆ କାବ୍ୟ କବିତା କ୍ଷେତ୍ରରେ ଯେଉଁ କେତୋଟି ସଫଳ ନିବନ୍ଧ ଗ୍ରନ୍ଥ ମୋର ଦୃଷ୍ଟିକୁ ଆସିଛି ସ୍ୱାଭାବିକ ଭାବରେ ପ୍ରଫେସର ଶତପଥୀଙ୍କ 'ସବୁଜରୁ ସାଂପ୍ରତିକ', ଡକ୍ଟର ଶ୍ରୀମତୀ ପ୍ରତିଭା ଶତପଥୀଙ୍କର 'କଳ୍ପନାର ଅଭିଷେକ', ଡକ୍ଟର ସୌଦାମିନୀ ଚୌଧୁରୀଙ୍କ 'ଆଧୁନିକ ଓଡ଼ିଆ କବିତାରେ ରହସ୍ୟବାଦୀ ଚେତନା' ଓ ଡକ୍ଟର ଶ୍ରୀମତୀ ସ୍ନିଗ୍ଧା ବିଶ୍ୱାଳଙ୍କ ନିବନ୍ଧ ଗ୍ରନ୍ଥ 'ସବୁଜ କବିତା ଓ କବି ବୈକୁଣ୍ଠନାଥ' ମୋ ପାଇଁ

ସବୁଠାରୁ ଅଧିକ ଅବଲମ୍ବନ ହୋଇଛନ୍ତି। ତା'ଛଡ଼ା ଆହୁରି ଅନେକ ଲେଖକ, ଲେଖିକାଙ୍କ ପୁସ୍ତକ ମଧ୍ୟ ମତେ ଏ ବହିଟି ଲେଖିବା ପାଇଁ ଉତ୍ସାହିତ କରିଛି। ତେଣୁ ମୁଁ ଏହି ଗ୍ରନ୍ଥକାରମାନଙ୍କୁ ମୋର ଆନ୍ତରିକ କୃତଜ୍ଞତା ଜଣାଉଅଛି ଏବଂ ପୂଜ୍ୟ ପୂଜା ସଂସଦ ପ୍ରତିଷ୍ଠିତ 'ଗୋପବନ୍ଧୁ ପାଠାଗାର', ଭୁବନେଶ୍ୱରସ୍ଥିତ 'ହରେକୃଷ୍ଣ ମହତାବ ଷ୍ଟେଟ୍ ଲାଇବ୍ରେରି' ମତେ ଅଯାଚିତ ସାହାଯ୍ୟ ଦେଇଥିଲା। ମୁଁ ଖୋଜୁଥିବା ପ୍ରାୟ ସମସ୍ତ ଓଡ଼ିଆ ପୁସ୍ତକ ଏହିଠାରୁ ହିଁ ପାଇପାରିଥିଲି। ତେଣୁ ମୋର କୃତଜ୍ଞତା ପାଇଁ ଭାଷା ନାହିଁ।

ସବୁଜ କବିତାର ଦିଗ୍‌ବଳୟ ଖୁବ୍ ପ୍ରସାରିତ ନୁହେଁ। ପୁଣି ଏ ଗୋଷ୍ଠୀର କବିଙ୍କ ସଂଖ୍ୟା ଖୁବ୍ ସୀମିତ। ପାଞ୍ଚଜଣ ବନ୍ଧୁ ଏକାଠି ହୋଇ କିଛି ଲେଖାଲେଖି ପାଇଁ ପ୍ରୟାସ କରିଥିଲେହେଁ ସେମାନଙ୍କ ମଧ୍ୟରୁ ଦୁଇଜଣ ସାହିତ୍ୟରାଜ୍ୟରେ ଆଦୌ ପାଙ୍‌କ୍ତେୟ ହୋଇନାହାନ୍ତି। କିନ୍ତୁ ସାହିତ୍ୟ-ସଂଗଠନ, ପତ୍ରିକା ପ୍ରକାଶନ ଦିଗରେ ସେ ଦୁହିଁଙ୍କ ଅବଦାନ ନିଶ୍ଚୟ ସ୍ୱୀକୃତ ହେବ। ଅନ୍ୟ ତିନିଜଣ କବିଙ୍କ ମଧ୍ୟରୁ ଅନ୍ନଦାଶଙ୍କର ମାତ୍ର ଚାରିବର୍ଷ ପାଇଁ ଓଡ଼ିଆ କବିତା ଲେଖିବାରେ ମନ ବଳେଇଛନ୍ତି। ତାଙ୍କ ସୃଷ୍ଟି ସଂଖ୍ୟା ଦୃଷ୍ଟିରୁ ମାତ୍ର ଚଉଦଟି କବିତା। ତା'ପରେ ସେ ବଙ୍ଗଳା ସାହିତ୍ୟକୁ ଅପସାରିତ ହୋଇ ଯାଇଛନ୍ତି। ତେଣୁ ସବୁଜ କବି ଭାବରେ କେବଳ ବୈକୁଣ୍ଠନାଥ ଓ କାଳିନ୍ଦୀ ଚରଣ ହିଁ ଏହି ନିବନ୍ଧରେ ସବିଶେଷ ଆଲୋଚନା ସ୍ତରକୁ ଆସିଛନ୍ତି। ମୋର ଦୁର୍ଭାଗ୍ୟ ଏ ଦୁଇଜଣ ଯାକ କବି ଆଜି ଇହଜଗତରେ ନାହାନ୍ତି। ତେଣୁ ଏ ନିବନ୍ଧ ଗ୍ରନ୍ଥରେ ମୁଁ ସେମାନଙ୍କ ସହିତ ସାକ୍ଷାତକାରର କୌଣସି ପ୍ରାମାଣିକ ବିବରଣୀ ଦେଇପାରିନାହିଁ। କିନ୍ତୁ ଏହି କବିଙ୍କ ଭାବମୂର୍ତ୍ତି ହିଁ ମୋର ପ୍ରବନ୍ଧ ରଚନାର ମୂଳ ଅନୁପ୍ରେରଣା। ଓଡ଼ିଆ ସାହିତ୍ୟକୁ ଏହି ଯଶସ୍ୱୀ କବିଙ୍କ ଅବଦାନ ପାଇଁ ଏ ସାହିତ୍ୟର ଜଣେ ଅନୁରାଗୀ ପାଠକ ଭାବେ ମୁଁ ଯେତେ କୃତଜ୍ଞତା ଜଣାଇଲେ ବି ତାହା ମୋ ଭାଷାର ନିଅଣ୍ଟିଆପଣକୁ ହିଁ ସାବ୍ୟସ୍ତ କରିବ।

ମୁଁ ଯେତେବେଳେ ଭାବିଲି ମୋ ନିବନ୍ଧଟି ପୁସ୍ତକ ଭାବରେ ପ୍ରକାଶିତ ହେଲେ ଭଲ ହୁଅନ୍ତା, ଭଗବାନଙ୍କ କୃପାରୁ ଠିକ୍ ସେତେବେଳେ ମୋର ଜଣେ ଖୁବ୍ ଶାନ୍ତ, ସରଳ, ଅମାୟିକ, ମିଷ୍ଟଭାଷୀ ମହିଳାଙ୍କ ସାଙ୍ଗରେ ଦେଖାହେଲା। ସେ ହେଉଛନ୍ତି ରମାଦେବୀ ମହିଳା ବିଶ୍ୱବିଦ୍ୟାଳୟର ଓଡ଼ିଆ ବିଭାଗର ମୁଖ୍ୟ ପ୍ରାଧ୍ୟାପିକା ଡକ୍ଟର ସଂଘମିତ୍ରା ଭଞ୍ଜ। ସେ ମୋ କଥା ଶୁଣି ଖୁବ୍ ଖୁସି ହୋଇ ୟୁ.ଏସ୍.ଏ.ର 'ବ୍ଲାକ୍ ଈଗଲ୍ ବୁକ୍ସ' ପ୍ରକାଶନୀ ସମ୍ବନ୍ଧରେ ମୋତେ କହିଲେ। ମୁଁ ଏବଂ ମୋର ସ୍ୱାମୀ ଅମର ନାଥ ମହାନ୍ତି ଖୁବ୍ ପ୍ରଭାବିତ ହୋଇ ସେହିଠାରେ ନିବନ୍ଧଟି ପ୍ରକାଶ ହେଉ ବୋଲି ଦୃଢ଼ୀଭୂତ

ହେଲୁ। ତେଣୁ ଡକ୍ଟର ଶ୍ରୀମତୀ ଭଞ୍ଜ ଏବଂ 'ବ୍ଲାକ୍ ଈଗଲ୍ ବୁକ୍ସ' ପ୍ରକାଶନୀକୁ ମୁଁ ମୋର ଅଜସ୍ର କୃତଜ୍ଞତା ଜଣାଉଛି।

ମୋର ସ୍ୱାମୀ ଅମର ନାଥ ମହାନ୍ତି, ଯାହାଙ୍କର ତାଡ଼ନା, ଉତ୍ସାହ ଓ ଉତ୍କଣ୍ଠା ମୋତେ କୌଣସିମତେ ଏପରି ଗୁରୁତ୍ୱପୂର୍ଣ୍ଣ କାର୍ଯ୍ୟ ସମାପନ ପାଇଁ ସୁଯୋଗ ଦେଲା ତାଙ୍କୁ ମୋର ଅଜସ୍ର କୃତଜ୍ଞତା ଜଣାଉଛି। ମୋର ବଡ଼ ଝିଅ ଅଙ୍କିତା ଏବଂ ତା'ର ସ୍ୱାମୀ ସଂବିତ୍ ଏବଂ ମୋର ସାନ ଝିଅ ସୁଦୀପା ମୋତେ କିପରି ପୁସ୍ତକଟି ପ୍ରକାଶିତ ହେବ ସେଥିନିମନ୍ତେ ଉତ୍ସାହିତ କରିଥିବାରୁ ସେମାନଙ୍କୁ ମୋର କୃତଜ୍ଞତା ସହ ଅଜସ୍ର ଆଶୀର୍ବାଦ।

ସର୍ବଶେଷରେ ମୋ ଜୀବନର ସବୁଠାରୁ ଗୁରୁତ୍ୱପୂର୍ଣ୍ଣ ବ୍ୟକ୍ତିତ୍ୱ ଯିଏ କି ମୋର ମାତା ଊର୍ମିଳା ଦାସ ଏବଂ ପିତା ସ୍ୱର୍ଗତ ବିରଞ୍ଚି ନାରାୟଣ ଦାସଙ୍କର ଆଶୀର୍ବାଦ ଏବଂ ଉତ୍ସାହ, ଉଦ୍ଦୀପନାରୁ ହିଁ ଏତେ ବଡ଼ କାର୍ଯ୍ୟ ସମ୍ଭବ ହୋଇପାରିଛି। ତେଣୁ ତାଙ୍କ ନିକଟରେ ମଧ୍ୟ ପ୍ରଣିପାତ ହୋଇ ସର୍ବଦା ଆଶୀର୍ବାଦ ଭିକ୍ଷା କରୁଛି।

ଓଡ଼ିଆ ସାହିତ୍ୟ ପାଇଁ ସାମାନ୍ୟ ଅନୁରାଗରୁ ଏହି ନିବନ୍ଧ ଗ୍ରନ୍ଥର ପରିକଳ୍ପନା। ତେଣୁ ଯଦି ଏହା ପାଠକପାଠିକାଙ୍କ ଆଦର ଲାଭ କରିବ ତେବେ ତାହାହିଁ ମୋର ଶ୍ରମର ସାର୍ଥକତା ହେବ।

- ଡକ୍ଟର ସୁଶ୍ରୀ ସନ୍ଧ୍ୟା ମହାନ୍ତି

ପରିଚ୍ଛେଦ	ବିଷୟ ବିକ୍ଷେପ	ପୃଷ୍ଠା
୧.	ପ୍ରାକ୍ ସବୁଜ ସାହିତ୍ୟିକ ପରିବେଶ ଓ ଆଭିମୁଖ୍ୟ	୧୩
୨.	ସବୁଜ ଚେତନାର ଉନ୍ମେଷ ଓ ଉଚ୍ଚାରଣ	୪୭
୩.	ସମସାମୟିକ ଭାରତୀୟ ସାହିତ୍ୟରେ ସବୁଜ ସୃଷ୍ଟିର ସାମଞ୍ଜସ୍ୟ	୬୪
	• ବଙ୍ଗଳା ସାହିତ୍ୟ (କଲ୍ଲୋଲ ଯୁଗ)	୬୬
	• ହିନ୍ଦୀ ସାହିତ୍ୟ (ଛାୟାବାଦ ଯୁଗ)	୭୪
	• ଅସମୀୟା ସାହିତ୍ୟ	୮୨
	• ମାଲୟାଲମ ସାହିତ୍ୟ	୮୩
	• କନ୍ନଡ ସାହିତ୍ୟ	୮୪
	• ତେଲୁଗୁ ସାହିତ୍ୟ	୮୪
	• ତାମିଲ ସାହିତ୍ୟ	୮୫
	• ମରାଠୀ ସାହିତ୍ୟ	୮୬
୪.	ଓଡ଼ିଆ ସାହିତ୍ୟରେ ସବୁଜ କବିତା: ସ୍ରଷ୍ଟା ଓ ସୃଷ୍ଟି ବଳୟ	୮୮
	• ଅନ୍ନଦା ଶଙ୍କର ରାୟ	୮୮
	• ବୈକୁଣ୍ଠନାଥ ପଟ୍ଟନାୟକ	୧୧୧
	• କାଳିନ୍ଦୀଚରଣ ପାଣିଗ୍ରାହୀ	୧୪୩
୫.	ସବୁଜ କବିତାରେ ବିଭିନ୍ନ ଚେତନାର ସମନ୍ୱୟ	୧୭୩
	• ସବୁଜ କବିତାରେ ରୋମାଣ୍ଟିକ୍ ଚେତନା	୧୭୩
	• ସବୁଜ କବିତାରେ ରହସ୍ୟବାଦୀ ଚେତନା	୧୯୨
	• ସବୁଜ କବିତାରେ ବାସ୍ତବବାଦୀ ଚେତନା	୨୦୬
	• ସବୁଜ କବିତାରେ ବିଷାଦବାଦୀ ଚେତନା	୨୧୯
୬.	ସବୁଜ ସୃଷ୍ଟିର ପରିଣତି ଓ ପ୍ରତିକ୍ରିୟା	୨୨୯
	• ଉପସଂହାର	୨୩୨

ପ୍ରାକ୍ ସବୁଜ ସାହିତ୍ୟିକ ପରିବେଶ ଓ ଆଭିମୁଖ୍ୟ

ବଳିଷ୍ଠ ସାହିତ୍ୟ ତା'ର ପ୍ରଭାବ ବିସ୍ତାର ପାଇଁ ଯୁଗେ ଯୁଗେ ପ୍ରତିଭାଶାଳୀ ଲେଖକ ଓ ଯୁଗାନ୍ତକାରୀ ରଚନା ଆବଶ୍ୟକ କରେ। ତେଣୁ ସାହିତ୍ୟରେ ଏକ ଯୁଗ ସୃଷ୍ଟି ଲାଗି ପ୍ରତିଭଶାଳୀ ଲେଖକ ଓ ଯୁଗାନ୍ତକାରୀ ରଚନା ଆବଶ୍ୟକ। ସାହିତ୍ୟର ନିଜସ୍ୱ ରୁଚି ଓ ଶୈଳୀ ଅଛି। ଗଳ୍ପ, କାବ୍ୟ, କବିତା, ନାଟକ, ପ୍ରବନ୍ଧ ଓ ଉପନ୍ୟାସ ପ୍ରଭୃତି ସାହିତ୍ୟର ଯେତେଗୁଡ଼ିଏ ବିଭାଗ ଅଛି ପ୍ରତ୍ୟେକ ନିଜସ୍ୱ ଶୈଳୀରେ ଅଭିଭୂତ। ଯୁଗରୁଚିର ପରିବର୍ତ୍ତନ ସହିତ ସାହିତ୍ୟର ରସବୋଧରେ ମଧ୍ୟ ପରିବର୍ତ୍ତନ ଘଟି ଚାଲିଛି। ପୁରାତନ ରୁଚି ଓ ଶୈଳୀକୁ ପ୍ରତ୍ୟାଖ୍ୟାନ କରି ସାହିତ୍ୟ ନୂତନ ଆଭିମୁଖ୍ୟ ଓ ଶୈଳୀକୁ ବରଣ କରି ନେଇଛି। ଏ ସାହିତ୍ୟକୁ ଆମେ ଆଧୁନିକ ନାମରେ ନାମିତ କରିଥାଉ - ତେଣୁ ଆଧୁନିକତା ଏକ ନିର୍ଦ୍ଦିଷ୍ଟ ସମୟଖଣ୍ଡର ମାନସିକ ବିପ୍ଳବ ଓ ଯୁଗ ରୁଚିର ପ୍ରକାଶ ମାତ୍ର।

ଏହି ଦୃଷ୍ଟିରୁ ବିଚାର କଲେ ଅବବୋଧ ହେବ ଯେ ଯୁଗେ ଯୁଗେ ସାହିତ୍ୟ ନୂତନତ୍ୱକୁ ହିଁ ଗ୍ରହଣ କରି ଆସିଛି। ଏହି ନୂତନତ୍ୱର ସ୍ୱର ପୂର୍ବସୂରୀମାନଙ୍କଠାରୁ ସଂପୂର୍ଣ୍ଣ ତଫାତ୍ ବା ବିପରୀତଧର୍ମୀ ନୁହେଁ; ବରଂ ବେଳେବେଳେ ପୂର୍ବର ଅନୁସରଣ ଓ ତାକୁ ଅତିକ୍ରମ କରିଯିବାର ପ୍ରୟାସ ମଧ୍ୟ। ତେଣୁ ପ୍ରତ୍ୟେକ ଯୁଗର ଲେଖକ, ଲେଖିକା, କବି ଓ କାବ୍ୟକାର ପୂର୍ବବର୍ତ୍ତୀ ଯୁଗକୁ କିଛି ଅଂଶରେ ଅନୁସରଣ କରି ଆସି ଅଛନ୍ତି - ଉଦାହରଣ ସ୍ୱରୂପ ପ୍ରକୃତିର ବର୍ଣ୍ଣନା। ଏହି ପ୍ରକୃତି ବର୍ଣ୍ଣନା ସାରଳା ଦାସଙ୍କ ଯୁଗରୁ ରହି ଆସିଛି। ସେହି ପ୍ରକୃତିର ବର୍ଣ୍ଣନା ପଞ୍ଚସଖା ରୀତିଯୁଗୀୟ କବିଙ୍କ ଲେଖାରେ, ପୁଣି ରାଧାନାଥ ଯୁଗରେ ଅଥବା ଆଧୁନିକ ଯୁଗରେ ମଧ୍ୟ ପ୍ରକାଶ ପାଇଛି। ତତ୍ ପରେ ପରେ ସେହି ପ୍ରକୃତିର ବର୍ଣ୍ଣନା ସତ୍ୟବାଦୀ ତଥା ସବୁଜ ଦଳ କବିମାନଙ୍କ ଲେଖନୀରେ ମଧ୍ୟ ପ୍ରକାଶ

ପାଇଛି; କିନ୍ତୁ ଯୁଗରୁଚି ଅନୁଯାୟୀ ପ୍ରକୃତିର ବର୍ଣ୍ଣନାରେ ରାଧାନାଥଙ୍କ ସମୟରୁ କିଛିଟା ନୂତନତ୍ୱ ଯେ ଆସିଛି ଏହା ଅନାୟାସରେ କୁହାଯାଇପାରେ।

ଏହି ଦୃଷ୍ଟିରୁ ବିଚାର କଲେ ଜଣାଯାଏ ପ୍ରତ୍ୟେକ ଯୁଗ ତା'ର ସାର୍ଥକତା ପାଇଁ ପୂର୍ବ ଯୁଗ ନିକଟରେ କିଛି ମାତ୍ରାରେ ଋଣୀ। ପ୍ରତ୍ୟେକ ସଫଳ ରଚନା ପାଇଁ କବି ତା'ର ପୂର୍ବତନମାନଙ୍କ ପାଖରେ ପ୍ରତ୍ୟକ୍ଷ ହେଉ ବା ପରୋକ୍ଷ ଭାବରେ କିଛି ମାତ୍ରାରେ ନିଶ୍ଚିତ ଭାବେ ଅନୁବର୍ତ୍ତୀ। ଲେଖକମାନେ ନିଜ ନିଜର ସାଧନା ବଳରେ ପରବର୍ତ୍ତୀ ଯୁଗର ସାହିତ୍ୟ ପାଇଁ ନୂତନ ଶୈଳୀ, ନୂତନ ଚିନ୍ତାଧାରା, ନୂତନ ତଥ୍ୟ ଯୋଗାଇବାକୁ ଉଦ୍ୟମ କରିଥାନ୍ତି। ତେଣୁ ସବୁଜ କବିଗଣ ତାଙ୍କର କାବ୍ୟ ପ୍ରତିଭା ଆଲୋଚନା କରିବାକୁ ଯିବା ପୂର୍ବରୁ ତାଙ୍କ ପୂର୍ବସୂରୀମାନଙ୍କ ସୃଷ୍ଟି ସ୍ୱତଃ ପ୍ରସଙ୍ଗକୁ ଆସିଯାଏ - ତେଣୁ ଏଠାରେ ପ୍ରାକ୍ ସବୁଜ ସାହିତ୍ୟିକ କାଳ କହିଲେ ମୁଁ ସାଧାରଣତଃ ରାଧାନାଥ ଠାରୁ ସତ୍ୟବାଦୀ ଯୁଗ ପର୍ଯ୍ୟନ୍ତ ସୃଷ୍ଟି ପ୍ରୟାସକୁ ଆଲୋଚନା ପରିସରଭୁକ୍ତ କରିବାକୁ ଚାହୁଁଛି। ୧୯୧୫ ରୁ - ୨୫ ଏହି ଦଶବର୍ଷ ସତ୍ୟବାଦୀ ଗୋଷ୍ଠୀର ଅଭ୍ୟୁଦୟ କାଳ। ଠିକ୍ ଏହି ସମୟକୁ ଆଧୁନିକ ଓଡ଼ିଆ କବିତାର ଧାରାର ପ୍ରତିଷ୍ଠା ପ୍ରାୟ ଗୋଟିଏ ପୁରୁଷ ଧରି ହୋଇ ଆସିଥାଏ। ଏହା ପୂର୍ବରୁ ରାଧାନାଥ ଯୁଗ ଅର୍ଥାତ୍ ୧୮୮୦ ମସିହାରୁ ଓଡ଼ିଆ ସାହିତ୍ୟରେ ଆଧୁନିକତାର ଅନୁପ୍ରବେଶ ଘଟିଛି। ଏହି ଆଧୁନିକ ଯୁଗର ପ୍ରତିଷ୍ଠାତା ହେଉଛନ୍ତି ଯୁଗସ୍ରଷ୍ଟା, ଯୁଗ ପ୍ରବର୍ତ୍ତକ କବି ରାଧାନାଥ ରାୟ। ଏହି ଯୁଗର ପ୍ରତିଭାଶାଳୀ ଲେଖକଙ୍କ ମଧ୍ୟରେ ମଧୁସୂଦନ ଓ ଗଙ୍ଗାଧର ଅନ୍ୟତମ। ରାଧାନାଥ, ଫକୀରମୋହନ, ମଧୁସୂଦନ, ଗଙ୍ଗାଧର ଓ ନନ୍ଦକିଶୋରଙ୍କ ସୃଷ୍ଟିରେ ଦେଶପ୍ରୀତି, ଭାଷାପ୍ରୀତି ସେତେବେଳେ ଶିକ୍ଷିତ ଜନସାଧାରଣଙ୍କର ଆଦର୍ଶ ହୋଇ ରହିଥାଏ। ବହୁ ସାଧାରଣ ଲେଖକ ରାଧାନାଥଙ୍କୁ ଅନୁକରଣ କରି କାବ୍ୟ ଓ ମଧୁସୂଦନଙ୍କୁ ଅନୁକରଣ କରି କ୍ଷୁଦ୍ର କବିତା ରଚନା କରୁଥାନ୍ତି। ଏପରିକି ସତ୍ୟବାଦୀ ଗୋଷ୍ଠୀର ଅନ୍ୟତମ ପ୍ରଧାନ ଲେଖକ ପଣ୍ଡିତ ନୀଳକଣ୍ଠ ଲେଖିଛନ୍ତି- "ଯେ ଯାହାର ଆଦର୍ଶ ସେ ତାହାର ସମାଲୋଚ୍ୟ ହେବା ସହଜ ନୁହେଁ" - ଏହି ଦୃଷ୍ଟିରୁ ନିଜର ପୂର୍ବ ଯୁଗକୁ କବି ସ୍ୱୀକୃତି ଦେଇଛନ୍ତି। ତଥାପି ଊନବିଂଶ ଶତକରେ ପ୍ରବର୍ତ୍ତିତ କାବ୍ୟଧାରା ଓ ତା'ର ଆଦର୍ଶ ବିଂଶ ଶତକରେ ପୁରାତନ ହୋଇ ଯାଇଥିଲା - ନୂତନ ଭାବ, ଶୈଳୀ, ରଚନା ପଦ୍ଧତି ଓଡ଼ିଆ କାବ୍ୟଧାରାର ଗତିକୁ ଭିନ୍ନମୁଖୀ କରିଥିଲା।

ତେଣୁ ପ୍ରାକ୍-ସବୁଜ ସାହିତ୍ୟିକ ପରିବେଶ କହିଲେ ସାଧାରଣତଃ ରାଧାନାଥ ଓ ସତ୍ୟବାଦୀ ଯୁଗ ଓଡ଼ିଆ ସାହିତ୍ୟର ଇତିହାସରେ ଏକ ଗୌରବାବହ ସ୍ଥାନ ଦାବି କରେ। କାବ୍ୟର ଦୁଇଟି ଉପାଦାନ ହେଉଛି ଯୁଗ ପରିବେଶ ଓ କବିଙ୍କ ବ୍ୟକ୍ତିତ୍ୱ।

ବିଂଶ ଶତକରେ ନୂତନ ଯୁଗ-ପରିବେଶରେ ଓଡ଼ିଆ କାବ୍ୟ ରାଜ୍ୟରେ ନୂଆ ବ୍ୟକ୍ତିତ୍ୱର ଆବିର୍ଭାବ ଘଟିଥିଲା। ଦୁଇ ଯୁଗର ସ୍ରଷ୍ଟା ରାଧାନାଥ ଓ ଗୋପବନ୍ଧୁଙ୍କ ସୃଷ୍ଟି ଓ ବ୍ୟକ୍ତିତ୍ୱର ଆକଳନରେ ଦୁଇ ଯୁଗର ସ୍ୱତନ୍ତ୍ର ଭୂମିକା କେତେକ ପରିମାଣରେ ଅବଧାରଣା କରାଯାଇପାରେ। ଉଭୟ ଗଭୀର ବିଷାଦବାଦୀ। "ଝୁରୁଛି ମୁଁ ନିରାଶାର ଅତଳ ଗହ୍ୱରେ" ରାଧାନାଥଙ୍କର ଏହି ପଙ୍କ୍ତି ସହିତ ଗୋପବନ୍ଧୁଙ୍କର "ମଧ୍ୟାହ୍ନେ ପ୍ରଦୋଷ ଚିନ୍ତା ପଡ଼ଇ ଗୋ ଚିତ୍ତେ"ର ମର୍ମ ସମାନ। ପୁଣି କାଳିନ୍ଦୀ ଚରଣଙ୍କର ୧୯୨୫ରେ ରଚିତ 'ହତାଶାର ଗାନ'ର "ଆହା ମରଣ ମୋର ସଉଦା ଚିର ହତାଶା ମୋର ସାଥୀ ଗୋ"ର ମର୍ମ ମଧ୍ୟ ସମାନ – ଉଭୟ ଖୁବ୍ ବିଷାଦବାଦୀ ଭାବେ ମନେ ହୁଅନ୍ତି।

ଏହାର କାରଣ ସ୍ୱରୂପ ଆମେ ଅତି ସ୍ପଷ୍ଟ ଭାଷାରେ କହିପାରିବା ଯେ ଏ ଦୁଇଜଣ କବି ଥିଲେ ରୋମାଣ୍ଟିକ୍। ମୋଟ ଉପରେ କବି ରାଧାନାଥଙ୍କ ଠାରୁ ଯେଉଁ ରୋମାଣ୍ଟିକ୍ ଚେତନାର ଅୟମାରମ୍ଭ ହୋଇଥିଲା ତାହା ତାଙ୍କ ସମସାମୟିକ ଓ ପରବର୍ତ୍ତୀ କବିମାନଙ୍କୁ ବହୁ ଭାବରେ ଉଦ୍‌ବୁଦ୍ଧ କରିଥିଲା। ଏହି ଚେତନାରେ ଆମେ ପ୍ରକୃତିକୁ କେବଳ ନୂଆ ଭାବରେ ଦେଖିଲୁ ନାହିଁ, ପ୍ରକୃତି ସହିତ କବିମାନେ ମାନବିକ ସତ୍ତାକୁ ଆରୋପ କରିବା ଫଳରେ ପ୍ରକୃତି ଏକ ଅଭିନବ ରୂପରେ ଆତ୍ମପ୍ରକାଶ କଲା। ସେ ମଣିଷର ସୁଖ, ଦୁଃଖ, ହତାଶା, ପ୍ରେମ ଓ ପ୍ରଣୟର ସାଥୀ ଓ ସହଚର ହୋଇ ଉଠିଲା। ପୁଣି ଏଇ କବିମାନେ ଅତୀତର ଇତିହାସ ସହିତ ବର୍ତ୍ତମାନକୁ ପ୍ରକୃତି ମାଧ୍ୟମରେ ଯୋଡ଼ିବସିଲେ। ତେଣୁ ରାଧାନାଥଙ୍କ 'ଚିଲିକା' ଇତିହାସର ରଙ୍ଗସ୍ଥଳୀ ଭାବେ ପ୍ରତୀତ ହେଲା – ଏଇ ଦୃଷ୍ଟିଭଙ୍ଗୀ ପରେ ସତ୍ୟବାଦୀ ଯୁଗର ପ୍ରମଖ କବି ନୀଳକଣ୍ଠଙ୍କ 'ରାମଚଣ୍ଡୀରେ ସନ୍ଧ୍ୟା' କାବ୍ୟରେ ପ୍ରତିଫଳିତ। ରୋମାଣ୍ଟିକ୍ କବିତାରେ ଅଲୌକିକତା ଓ ଅତିଭୌତିକତାର ଯେଉଁ ଚିହ୍ନ ରାଧାନାଥଙ୍କ ରମ୍ୟ କାବ୍ୟକୁ ଆଚ୍ଛନ୍ନ କରି ରହିଛି ନୀଳକଣ୍ଠଙ୍କ 'ମାୟାଦେବୀ' ସେଇ ଆଭିମୁଖ୍ୟରୁ ମୁକ୍ତ ନୁହେଁ। ଜାତୀୟତା ବୋଧ ବା ଅତୀତ ପ୍ରତି ଏକ ମୋହାଚ୍ଛନ୍ନ ଦୃଷ୍ଟିଭଙ୍ଗୀ ରାଧାନାଥଙ୍କଠାରୁ ସତ୍ୟବାଦୀ ପର୍ଯ୍ୟନ୍ତ ସମସ୍ତ କବିଙ୍କ କାବ୍ୟର ମୁଖ୍ୟ ଅବଲମ୍ବନ। ପୁଣି ମଧୁସୂଦନଙ୍କ କବିତାରେ ଆମେ ଯେଉଁ ଆଧିଭୌତିକ ଚେତନାର ସୂକ୍ଷ୍ମ ପରିପ୍ରକାଶ ଦେଖୁ ସତ୍ୟବାଦୀ ବାଟ ଦେଇ ସବୁଜ ପର୍ଯ୍ୟନ୍ତ ବହୁ କବି ସେଇ ଭାବନାର ଅନୁସରଣ କରିଛନ୍ତି। ମଧୁସୂଦନଙ୍କ କବିତାରେ ଅତି ସରଣଶୀଳତା (religious transcendenlation)ର ଚିତ୍ର ଅତି ସ୍ପଷ୍ଟ। ସବୁଜ କବିମାନଙ୍କ ମଧ୍ୟରୁ ବୈକୁଣ୍ଠନାଥ ଓ ସବୁଜ ସମସାମୟିକ କୁନ୍ତଳା କୁମାରୀ, କାନ୍ତକବି ଲକ୍ଷ୍ମୀକାନ୍ତଙ୍କ କବିତାରେ ଏହି ଚେତନାଟି ବେଶ୍ ପ୍ରାଞ୍ଜଳ ଭାବେ ପ୍ରକାଶିତ ହୋଇଛି। ମୋଟ ଉପରେ ପ୍ରାକ୍-ସବୁଜ କାବ୍ୟଧାରାକୁ ଆମେ ରୋମାଣ୍ଟିକ୍-ଜାତୀୟତାବାଦୀ-

ଆଧିଭୌତିକ କାବ୍ୟଧାରା ଭାବେ ନାମିତ କରିପାରିବା। ଏହାର ବିଶ୍ଳେଷଣ ଏଠାରେ କରାଯାଇଅଛି ମାତ୍ର।

ଦେଶ ଓ ଜାତିର ଦୁର୍ଦ୍ଦଶା, ଦେଶବାସୀଙ୍କର ରୁଗ୍‌ଣ ଓ ଗୌଣ ମନୋଭାବ ଓ ମାନସିକ ଦାରିଦ୍ର୍ୟ ରାଧାନାଥଙ୍କ ଠାରୁ ସତ୍ୟବାଦୀ ପର୍ଯ୍ୟନ୍ତ ସମସ୍ତ କବିଙ୍କୁ ବ୍ୟଥିତ ଓ ବିଚଳିତ କରିଅଛି। ଉଚ୍ଚ ଉଦାର ମନୁଷ୍ୟତା ଓ ଜାଗ୍ରତୀୟ ଚେତନା ସୃଷ୍ଟିର ଉଚ୍ଚ ଆଦର୍ଶ ସମ୍ମୁଖରେ ଉଭୟେ ଭଗ୍ନମନସ୍କ ହୋଇଛନ୍ତି। ତଥାପି ରାଧାନାଥ ଓ ଗୋପବନ୍ଧୁଙ୍କ ଚିନ୍ତାରେ ସାମ୍ୟ ତୁଳନାରେ ପାର୍ଥକ୍ୟ ପ୍ରଚୁର। ଏମାନଙ୍କ ଭିତରେ ଜଣେ କେବଳ କବି; ଜଣେ ସ୍ୱପ୍ନଲୋକରେ ତ ଜଣେ କର୍ମର କଠିନ ଭୂମିରେ ବିଚରଣ କରିଛନ୍ତି। ରାଧାନାଥ ଆଦ୍ୟକାଳରୁ କବିତା ରଚନା କରି କରି ଜୀବନର ଶେଷକାଳରେ ଅନୁଭବ କରିଛନ୍ତି ଯେ "ସାହିତ୍ୟ ସେବା ଅପେକ୍ଷା ଜନ ସେବା ଶ୍ରେୟ"। ଜୀବନର ପ୍ରଥମରୁ ମଧ୍ୟ ଗୋପବନ୍ଧୁଙ୍କର ସେହି ଉଦ୍ଦେଶ୍ୟ ଥିଲା। ଠିକ୍ ସେହିପରି ସବୁଜ ଗୋଷ୍ଠୀର କବି କାଳିନ୍ଦୀ ଓ ବୈକୁଣ୍ଠନାଥ ତାଙ୍କ କବିତାର ଦ୍ୱିତୀୟ ପର୍ଯ୍ୟାୟରେ ଏକଥା ସ୍ୱୀକାର କରିଛନ୍ତି। ରାଧାନାଥ ବିଦେଶୀ ଶାସନ କାଳରେ ସଫଳତା ଦେଖାଇ ସୌଭାଗ୍ୟ କଳ୍ପନା କରିଛନ୍ତି। ଗୋପବନ୍ଧୁ ଏହି ନିଷ୍ଠୁର ଯନ୍ତା କବଳରୁ ମୁକ୍ତ ଏକ ଉଜ୍ଜ୍ୱଳ ଭବିଷ୍ୟତ ଗଠନର ସ୍ୱପ୍ନ ଦେଖିଛନ୍ତି।

ଏହି ନୂତନ ବ୍ୟକ୍ତିତ୍ୱର ବିକାଶ ଲାଗି ଯୁଗ ପରିବେଶ ଅନୁକୂଳ ଥିଲା। ଲେଡେସିଙ୍କ କଥାରେ କହିଲେ- "ଉପଯୁକ୍ତ ସମୟରେ ମହାନ ବ୍ୟକ୍ତିଙ୍କର ଆବିର୍ଭାବ ହେଲେ ସେ ଉନ୍ନତି ସୋପାନରେ ଆରୋହଣ କରନ୍ତି, ଅସମୟରେ ଆବିର୍ଭାବ ହେଲେ ବନ୍ୟା ସ୍ରୋତରେ ଚାରାଗଛ ଭଳି ଭାସିଯାନ୍ତି।" ତେଣୁ ଗୋପବନ୍ଧୁଙ୍କ କର୍ମଜୀବନ ଓ ସତ୍ୟବାଦୀ ଗୋଷ୍ଠୀର ସ୍ୱାଧୀନ ସାଧନ ଉପଯୁକ୍ତ ସମୟରେ ଆରମ୍ଭ ହୋଇଥିଲା। ପାଶ୍ଚାତ୍ୟର ଅନୁକରଣ ଗତ ଶତକର ଧର୍ମ ଥିଲା। ଶାସନ ଓ ଜାତୀୟ ସ୍ୱାଧୀନତା କଥା ସେତେବେଳେ କ୍ୱଚିତ୍ କେହି ଭାବୁଥିଲେ। ୧୯୦୩ ମସିହାରେ ଓଡ଼ିଶାର ଭୌଗୋଳିକ ଓ ଭାଷାଗତ ଐକୀକରଣ ପାଇଁ ଯେଉଁ ସଚେତନ ଜାତୀୟ ଆନ୍ଦୋଳନ ଓଡ଼ିଶାରେ ମୁଣ୍ଡ ଟେକିଥିଲା ତାହାର ସାର୍ଥକତା ପାଇଁ ସତ୍ୟବାଦୀର ସାହିତ୍ୟିକ ଗୋଷ୍ଠୀ ଅଧିକ ଉଦ୍‌ବୁଦ୍ଧ ଥିଲେ। ୧୯୦୫ରେ ରୁଷ୍ ବିରୋଧରେ ଜାପାନର ବିଜୟ ସମଗ୍ର ଏସିଆରେ ଏକ ଜାଗରଣ ସୃଷ୍ଟି କଲା। ୧୯୦୫ରେ ବଙ୍ଗଭଙ୍ଗ ଓ ୧୯୧୨ରେ ବଙ୍ଗରୁ ବିହାର, ଓଡ଼ିଶା ପ୍ରଦେଶର ବିଚ୍ଛିନ୍ନତା ଓଡ଼ିଆ ଭାଷାଭାଷୀଙ୍କ ପ୍ରାଣରେ ଭାଷା ଭିତ୍ତିରେ ପ୍ରଦେଶ ଗଠନର ସ୍ୱପ୍ନକୁ ଆହୁରି ତୀବ୍ର କରିଥିଲା। ଏଥିପାଇଁ ଓଡ଼ିଶାର ଐତିହ୍ୟ ଓ ସାଂସ୍କୃତିକ ପରିବେଶରେ ଏକ ନୂତନ ଧରଣର ପ୍ରଚାରମୁଖୀ ସାହିତ୍ୟର ବଳିଷ୍ଠ

ଆବଶ୍ୟକତା ଉପଲବ୍ଧି କରାଯାଉଥିଲା। ଗୋପବନ୍ଧୁ ସେତେବେଳେ ସତ୍ୟବାଦୀକୁ କେନ୍ଦ୍ର କରି ଏକ ଜାତୀୟ ସଂସ୍କାରମୂଳକ କାର୍ଯ୍ୟ ଆରମ୍ଭ କରିଦେଇଥିଲେ। ଏହି ଚେତନାର ସାର୍ଥକ ପ୍ରତିଫଳନ ଗୋଦାବରୀଶ, ନୀଳକଣ୍ଠ, ପଦ୍ମଚରଣ, ଗୋଦାବରୀଶ ମହାପାତ୍ର, କୁନ୍ତଳା କୁମାରୀ ଆଦିଙ୍କ କାବ୍ୟ କବିତାରେ ପରିଲକ୍ଷିତ ହୁଏ। ନିଜେ ଗୋପବନ୍ଧୁ ମଧ୍ୟ ଉଚ୍ଚକୋଟୀର ଆବେଗପ୍ରବଣ ଜାତୀୟତାବାଦୀ କବିତା ରଚନା କରିଥିଲେ।

ପ୍ରାକ୍-ସବୁଜ କାଳରେ ୩ଟି ମୁଖ୍ୟ ଘଟଣା ବିଶ୍ୱ ଦରବାରରେ ଘଟିଯାଇଥିଲା। ତା'ର ପ୍ରଭାବ ବିଶ୍ୱ ସାହିତ୍ୟରେ ପଡ଼ିବା ସଂଗେ ସଂଗେ ଓଡ଼ିଆ ସାହିତ୍ୟରେ ମଧ୍ୟ କିଛି ଅଂଶରେ ପ୍ରତିଭାତ ହୋଇଥିଲା। ଏହି ସମୟରେ ପ୍ରଥମ ବିଶ୍ୱଯୁଦ୍ଧ (୧୯୧୪-୧୯୧୮) ପାଶ୍ଚାତ୍ୟ କାବ୍ୟାନୁଚିନ୍ତାରେ ଏକ ବ୍ୟାପକ ପରିବର୍ତ୍ତନର ସୂତ୍ରପାତ କରିଥିଲା। ଏହି ମହାଯୁଦ୍ଧ ଦ୍ୱାରା ସମଗ୍ର ମନୁଷ୍ୟ ସଭ୍ୟତାର ସ୍ମୃତି ଓ ସଂହତ ତୀବ୍ର ଭାବରେ ଧ୍ୱସ୍ତବିଧ୍ୱସ୍ତ ହୋଇଗଲା। ତେଣୁ କେହି କେହି ପାଶ୍ଚାତ୍ୟ ଲେଖକଙ୍କ ମନରେ ସ୍ୱତଃ ଜାତୀୟତାର ଭାବ ଉଦ୍ରେକ ହୋଇଥିଲା। ତେଣୁ ରବର୍ଟ ବ୍ରୁକ୍ ଯୁଦ୍ଧକ୍ଷେତ୍ରରେ ଟ୍ରେଞ୍ଚ ମଧ୍ୟରେ ରହି ଅନେକ ଜାତୀୟ ଭାବମୂଳକ କବିତା ରଚନା କଲେ। ଏହି ଯୁଦ୍ଧ ଜନିତ ଅବକ୍ଷୟ ଓ ସାମଜିକ ଦୁର୍ଗତ କବି T.S. Eliotଙ୍କ 'Waste Land' କବିତାରେ ଦେଖିବାକୁ ମିଳେ। T.S. Eliotଙ୍କ ସେହି 'London Bridge falling down, falling down, falling down' ପଙ୍କ୍ତିରୁ ନୈରାଶ୍ୟର ଉତ୍କଟତା ପରିଲକ୍ଷିତ ହେଲାବେଳେ ନାସ୍ତିବାଦ ବା (Nihilism) ଜନ୍ମ ନିଏ। ପୁନଶ୍ଚ ଇଂରାଜୀ କବିତା କ୍ଷେତରେ ଏଇ ସମୟ ଥିଲା ଏକ ପରୀକ୍ଷାର ମୁହୂର୍ତ୍ତ। କିଞ୍ଚିତ୍ ପୂର୍ବରୁ ଟି.ଇ. ହ୍ୟୁମ୍ ଓ କବି ଏଜରାପାଉଣ୍ଡଙ୍କ ନେତୃତ୍ୱରେ 'ଇମେଜ୍ ମୁଭମେଣ୍ଟ' ଆରମ୍ଭ ହୋଇଥିଲା। ପୁନଶ୍ଚ ଫ୍ରଏଡ୍‌ଙ୍କ ମନସ୍ତାତ୍ତ୍ୱିକ ସମୀକ୍ଷାରେ ବିପୁଳତା ପ୍ରତି ସେ ସମୟରେ ପାଶ୍ଚାତ୍ୟ ସାହିତ୍ୟ କ୍ରମେ ଆସକ୍ତ ହେଉଥିଲା। ଠିକ୍ ସେତିକିବେଳେ ଅନ୍ୟପକ୍ଷରେ ମାର୍କସ ଦର୍ଶନ ଜନିତ ପ୍ରଗତିବାଦର ନେତୃତ୍ୱ ନିଅନ୍ତି ଫ୍ରାନ୍ସର ଲୁଇ ଆରାଁଗ, ରୁଷିଆର ମାଇକୋ ଭସ୍କି, ଇଂଲଣ୍ଡର ସ୍ପେଣ୍ଡର ଅଡେନ୍ ପ୍ରମୁଖ କବିଗଣ। ଏମାନେ ସାମାଜିକ ଜୀବନର ନିର୍ଯାତନା, ଅଭାବ, ନିଷ୍ପେଷଣ ବିରୁଦ୍ଧରେ ସଂଗ୍ରାମ କରି ସୁସ୍ଥ ଶ୍ରେଣୀହୀନ ସମାଜ ଗଠନ ଦାବି କରନ୍ତି।

ଦ୍ୱିତୀୟରେ ଏହି ସମୟରେ ୧୯୧୭ରେ ରୁଷ୍ ବିପ୍ଳବ ଅନ୍ୟ ଏକ ଚମକ୍‌ପ୍ରଦ ଘଟଣା। ୧୯୧୭ରେ ଜାର୍ ଶାସନ ବିରୋଧରେ ଶ୍ରମିକ ଓ ମେହେନତୀ ଶ୍ରେଣୀର ବିପ୍ଳବ ଓ ବିଜୟ ବିଶ୍ୱର ପ୍ରତିଷ୍ଠିତ ଅନେକ ସାମାଜିକ ମୂଲ୍ୟବୋଧକୁ ଓଲଟପାଲଟ କରିଦେଲା। ଫଳରେ ପାଶ୍ଚାତ୍ୟ ସାହିତ୍ୟରେ ସାମ୍ୟବାଦ ସ୍ୱରର ଉଦ୍‌ଘୋଷଣା ହେଲା।

ତୃତୀୟରେ ଏହି ସମୟରେ ମହାତ୍ମା ଗାନ୍ଧୀଙ୍କ ନେତୃତ୍ୱରେ ୧୯୨୧ରେ ଆରମ୍ଭ ହୁଏ ଅସହଯୋଗ ଆନ୍ଦୋଳନ। ଭାରତ ସେତେବେଳେ ତା'ର ମୁକ୍ତି ସାଧନ ଚିନ୍ତାରେ ଏତେ ବ୍ୟାକୁଳ ଥିଲା ଯେ ସେ ପାଶ୍ଚାତ୍ୟ ଚିନ୍ତା ଚେତନା ଆଡ଼କୁ ଦୃଷ୍ଟି ନିକ୍ଷେପ କରିପାରି ନ ଥିଲା। ଭାରତର ଜାତୀୟ କଂଗ୍ରେସର ତତ୍କାଳୀନ ଶ୍ରେଷ୍ଠ ଜନନେତା ମହାତ୍ମା ଗାନ୍ଧୀ ୧୯୨୦ ମସିହା ସେପ୍ଟେମ୍ବର କଲିକତା କଂଗ୍ରେସ ଅଧିବେଶନରେ ସ୍ୱାଧୀନତା ଲାଭ ପାଇଁ ଏକ ପ୍ରୟୋଗିକ ଯୁଦ୍ଧର ଆହ୍ୱାନ ଦେଲେ। ସେ ଯୁଦ୍ଧର ମୂଳମନ୍ତ୍ର ଥିଲା ବିଦେଶୀ ବର୍ଜନ ଓ ଅସହଯୋଗ। ଏହା ଦ୍ୱାରା ଭାରତବାସୀ ଆତ୍ମରକ୍ଷା କରିପାରିବେ ଓ ଆତ୍ମନିର୍ଭରଶୀଳ ହୋଇ ପାରିବେ। ଆଧୁନିକ ଜୀବନର ସମସ୍ତ କଳୁଷ କାଳିମା ନିରାକରଣ ଲାଗି ଚରଖା ଥିଲା ତାଙ୍କର ପ୍ରଧାନ ସାଧନ। ଗୋଟିଏ ଚିଠିରେ ମହାତ୍ମା ଗାନ୍ଧୀ ପଣ୍ଡିତ ନେହେରୁଙ୍କ ଲେଖିଥିଲେ, "ଏଥିରେ ଶକ୍ତିର ଅପଚୟ ଘଟେନା। ଏହା ମନୁଷ୍ୟକୁ ଧ୍ୱଂସ ମୁଖରେ ଘେନିଯାଏ ନାହିଁ। ଏହି ଧର୍ମର ଗୋଟିଏ କଣିକା ବହୁ ପାପରୁ ମୁକ୍ତ କରେ। ଶାସ୍ତ୍ରରେ କର୍ମ ଯୋଗକୁ ଧର୍ମ ଯୋଗ ବୋଲି କୁହାଯାଇଛି। ଆମ ଯୁଗର କର୍ମଯୋଗ ହେଉଛି ଚରଖା। ଏହି ଆଦର୍ଶର ସୁଫଳ ଭାରତ ଭଳି ଦରିଦ୍ର ପରାଧୀନ ଦେଶରେ ଦେଖାଦେଇଥିଲା। ପ୍ରଥମ ବିଶ୍ୱଯୁଦ୍ଧ ଯୁଗରେ ଫରାସୀ ବିପ୍ଳବର ଉଦାର ନୈତିକ ଆଦର୍ଶବାଦ ମୂଲ୍ୟହୀନ ବୋଧ ହେଲା। ଏକ ଦିଗରେ ସାମ୍ୟବାଦୀ ବିପ୍ଳବ ଓ ଅନ୍ୟ ଦିଗରେ ଫାସିଷ୍ଟ ଏକଛତ୍ରବାଦର ପୁନାଦୀ (ମୂଳଦୁଆ) ପଡ଼ିଲା। ହତାଶା ଓ ପଳାୟନପନ୍ଥୀ ଆଦର୍ଶ ୟୁରୋପୀୟ ବାତାବରଣକୁ ରୁଗ୍ଣ କରିଦେଲା। ଫ୍ରୟେଡ୍‌ଙ୍କ ପ୍ରଭାବ କ୍ରମେ ପ୍ରତ୍ୟକ୍ଷୀଭୂତ ହେଲା। ଏହି ପରିବେଶରେ ଆଲୋକ ଓ ଆଦର୍ଶ ଲାଗି ବାହାରକୁ ନ ଚାହିଁ ଭାରତର ମନୀଷୀମାନେ ନିଜ ଦେଶର ପରମ୍ପରା ପ୍ରତି ଧ୍ୟାନ ଦେଲେ। ଫଳରେ ନବରୁଚି ପ୍ରବର୍ତ୍ତିତ ହେଲା। ନବୀନ ପାଶ୍ଚାତ୍ୟ ଆଦର୍ଶର ସ୍ଥାନ ନେଲେ ଆମ ପ୍ରାଚୀନ ଭାରତ। ୟୁରୋପୀୟ ସମାଜର ନବ୍ୟଦନ୍ତ ପ୍ରତିଯୋଗିତା ସ୍ଥାନରେ ଭାରତରୁ କୁଟୀର ଶିଳ୍ପ, ପରିବାର ଓ ଗ୍ରାମକୈନ୍ଦ୍ରିକ ଜୀବନଧାରା ଆଦର୍ଶ ରୂପେ ଗୃହୀତ ହେଲା। ଏହି ଭାବ ପରିବେଶରେ ସତ୍ୟବାଦୀ ଯୁଗ ବା ପ୍ରାକ୍-ସବୁଜ ସାହିତ୍ୟିକ କାଳର ଅଭ୍ୟୁଦୟ ହେଲା। ଏହାହିଁ ଥିଲା ପ୍ରାକ୍ ସବୁଜ ସାହିତ୍ୟିକ ପରିବେଶ।

ପ୍ରାକ୍ ସବୁଜ ସାହିତ୍ୟରେ ମୁଖ୍ୟତଃ ୩ଟି ଆଭିମୁଖ୍ୟ ଦେଖିବାକୁ ମିଳେ ବୋଲି ଆଗରୁ କୁହାଯାଇଅଛି। ଯଥା- ରୋମାଣ୍ଟିକ୍ ଚେତନା, ଜାତୀୟବାଦୀ ଭାବନା ଓ ଅତିଭୌତିକ ଚେତନା।

ସବୁଜ କବିତାର କବିଗଣ ଅନ୍ନଦା, ବୈକୁଣ୍ଠ ଓ କାଳିନ୍ଦୀ ପ୍ରଭୃତିଙ୍କ କାବ୍ୟ ପ୍ରତିଭାକୁ ଆଲୋଚନା କରିବାକୁ ଯିବା ପୂର୍ବରୁ ତାଙ୍କ କାବ୍ୟ ମାନସକୁ ସମୃଦ୍ଧ ଓ

ଋଦ୍ଧିମନ୍ତ କରିଥିବା ତାଙ୍କ ପୂର୍ବ ଯୁଗର ପରିବେଶ ଓ ପୂର୍ବସୂରୀମାନଙ୍କ ସମ୍ବନ୍ଧରେ କିଛି ଜାଣିବା ପାଇଁ ସ୍ୱତଃ ଆଗ୍ରହ ଜନ୍ମେ।

ଅନ୍ନଦାଙ୍କ କବିତାରେ ଅଛି ରୋମାଣ୍ଟିକ୍ ଚେତନା, ବୈପ୍ଳବିକ ଭାବନା ଓ ସମାଜ ଚେତନାର ସଂସ୍କାରକାମୀ ଅଭିଳାଷ। ତା'ଛଡ଼ା ବିଷାଦବାଦୀ, ବସ୍ତୁବାଦୀ ଓ ପ୍ରଗତିବାଦୀ ଚିନ୍ତାଧାରାର ଏକ ଚମତ୍କାର ସିନ୍ଥେସିସ୍। ତେଣୁ ପ୍ରଫେସର ନିତ୍ୟାନନ୍ଦ ଶତପଥୀ ତାଙ୍କ 'ସବୁଜରୁ ସାଂପ୍ରତିକ'ରେ ଅନ୍ନଦାଶଙ୍କରଙ୍କ ସମ୍ବନ୍ଧରେ ଲେଖିଛନ୍ତି- "ତାଙ୍କ କବିତା ତାରୁଣ୍ୟର ଉଗ୍ରତା, ଉଦ୍ଧତ ଯୌବନର ଫେନିଳ ଉଦ୍ଦାମତା, ପୁଣି ବାର୍ଦ୍ଧକ୍ୟ ସୁଲଭ ବିଚାର ନିଷ୍ଠା ଓ ଭୀରୁତାର ପରିଚାୟକ ସମସ୍ତ ବାଧାବନ୍ଧନ ବିରୋଧରେ ଏ କବିତା ଯେତିକି ଅବାରିତ ବିଦ୍ରୋହଶୀଳ ସେତିକି ସ୍ଥବିରତାରେ କୁଣ୍ଠିତ ଓ ମ୍ରିୟମାଣ।" (୧) ଏପରି ଚେତନା, ଅନ୍ନଦା ଶଙ୍କର କବି ରାଧାନାଥ ଓ ଗୋପବନ୍ଧୁଙ୍କ କାବ୍ୟ ଭାବନା ଦ୍ୱାରା ପ୍ରଭାବିତ।

ବୈକୁଣ୍ଠଙ୍କ କବିତା ଉଦାତ୍ତ ଆହ୍ୱାନ ଦିଏ ଆଗେଇ ଯିବା ପାଇଁ ମୃତ୍ୟୁରୁ ଅମୃତତ୍ୱ ଆଡ଼କୁ, ନୈରାଶ୍ୟର ଘନଘୋର ଅନ୍ଧକାରରୁ ଆଶା ସୂର୍ଯ୍ୟାଲୋକ ମଧ୍ୟକୁ, ଜରାଗ୍ରସ୍ତ ଅବସ୍ଥାରୁ ଉଦ୍ଦାମ ଜୀବନସ୍ରୋତ ଆଡ଼କୁ, ଅସୁନ୍ଦରରୁ ସୁନ୍ଦର ଜ୍ୟୋତିର୍ଲୋକକୁ, ଅବିଶ୍ୱାସରୁ ବିଶ୍ୱାସ ଓ ଶାନ୍ତିର ସ୍ୱର୍ଗାଲୋକକୁ। ଏଥିରୁ ଜଣଶଯାଏ କବି, ମଧୁସୂଦନ ରାଓଙ୍କ କାବ୍ୟ ଭାବନା ଦ୍ୱାରା ବିଶେଷ ଭାବେ ପ୍ରଭାବିତ ହୋଇଛନ୍ତି ପୁଣି କବିଙ୍କ କାବ୍ୟ ଚେତନା ଜାତୀୟବାଦୀ ଚିନ୍ତାଧାରା ଦ୍ୱାରା ଯେତିକି ପରିପୁଷ୍ଟ ସେହି ପରିମାଣରେ ରହସ୍ୟବାଦୀ ଅତିଭୌତିକ ଚେତନା ତଥା ରୋମାଣ୍ଟିକ୍ ଚେତନାର ପ୍ରତିଫଳିତ ମଧ୍ୟ। ଏହି ଚିନ୍ତାଧାରାର ସଫଳ ଅନୁବର୍ତ୍ତନ ଆମେ ସବୁଜ ପୂର୍ବବର୍ତ୍ତୀ ରାଧାନାଥ ଓ ସତ୍ୟବାଦୀ ଯୁଗର କବିମାନଙ୍କର କୃତିତ୍ୱରେ ମଧ୍ୟ ଦେଖିବାକୁ ପାଉ।

କାଳିନ୍ଦୀ କାବ୍ୟ ଜୀବନର ଉନ୍ମେଷରେ ଥିଲେ ରୋମାଣ୍ଟିକ୍ ରୂପପ୍ରାଣ। ସେଇ କବି କାବ୍ୟ ଜୀବନର ମଧ୍ୟାହ୍ନରେ ଏକ ମାନବାଦୀ, ବୈପ୍ଳବିକ କାବ୍ୟଧାରା ଅନୁସରଣ କରିବାରେ ବିଚିତ୍ରତା ନିଶ୍ଚୟ ଅଛି। ଏହା ହିଁ କାଳିନ୍ଦୀ କାବ୍ୟ ସାଧନାର ଏକ ଚମତ୍କାର ଉତ୍ତରଣ। ଏହା ରାଧାନାଥ-ଗୋପବନ୍ଧୁ କାବ୍ୟ ଚେତନା ସହିତ ଅଧିକ ସମ୍ପର୍କିତ ହୋଇ ପାରିଛି। କାବ୍ୟ ଚେତନାର ଉତ୍ତରଣରେ କାଳିନ୍ଦୀଚରଣଙ୍କ କବିତାରେ ଆମେ ବାମପନ୍ଥୀ, ପ୍ରଗତିବାଦୀ ଚିନ୍ତାଧାରାର ଅଧିକ ପ୍ରତିଫଳନ ଦେଖିବାକୁ ପାଉ।

ନିଷ୍ପାପର ଛଳନାହୀନ ସାହିତ୍ୟ ସାଧନା ପାଇଁ ସବୁଜ ପୂର୍ବବର୍ତ୍ତୀ ସତ୍ୟବାଦୀ ଯୁଗ ପରବର୍ତ୍ତୀ ସମୟର ବହୁକାବ୍ୟ ବ୍ୟକ୍ତିତ୍ୱକୁ ଅନୁପ୍ରାଣିତ କରିଛି। ଏହି ଯୁଗର ସାହିତ୍ୟ ମୁଖ୍ୟତଃ ତା'ର ଜାତୀୟତାବାଦୀ ଭାବଧାରା, ଭଗବତ୍ ବିଶ୍ୱାସ ଏବଂ ରୋମାଣ୍ଟିକ୍

ଦୃଷ୍ଟିଭଙ୍ଗୀ ନେଇ ପ୍ରତିଷ୍ଠିତ। ଓଡ଼ିଆ ସାହିତ୍ୟରେ ଏହି ଚେତନାର ଉଦ୍‌ଗାତା ଥିଲେ ରାଧାନାଥ। ରାଧାନାଥ କାବ୍ୟ ମାନସର ମୁଖ୍ୟ ବିଭବ ଥିଲା ପ୍ରକୃତ ପ୍ରୀତି ଓ ଜାତୀୟତାବୋଧ। ସେ ଥିଲେ ଓଡ଼ିଆ ସାହିତ୍ୟରେ ରୋମାଣ୍ଟିକ୍ ଭାବଧାରାର ପ୍ରବର୍ତ୍ତକ। ରୋମାଣ୍ଟିକ୍ ଚେତନାର ଏକ ସ୍ୱରୂପ ହେଉଛି ପ୍ରକୃତି ଚେତନା। ଭିକ୍ଟୋରିଆନ୍ ଯୁଗର କବି Mathew Arnold ପ୍ରକୃତି ସମ୍ବନ୍ଧରେ ଲେଖିଥିଲେ-

"Race after race, man after man
Have thought that my secrets was theirs,
Have dreamed that I lived but for them
That they were my glory and joy.
They are dust, they are changed, they are gone,
I remain." (Page.271 - The youth of man)

ପୁଣି Wordsworthଙ୍କ ପାଇଁ ପ୍ରକୃତି ଥିଲା-

"He loves nature with a passion amounting almost a devotion; and he discovers throughtout her works an omnipresent spirit, which nearly resembles God in powder and goodness, that it is sometimes difficult to distinguish the reverence which he pays to it, from the homage due to the suprime alone in proportion, all subordinate Indentities and phenomena, whether on the earth or in the sky excite to him joy and wonder, corresponding to the character of simplicity or complexicity, but or sublimity with congencial qualities in the poet's own sort." - John Wonder reviews on 'Excursion' in 'The Electrical review' January - 1815

ୱାର୍ଡସୱର୍ଥଙ୍କ ପାଇଁ ପ୍ରକୃତି କେବଳ ଋତୁମାନଙ୍କର ଫଳ ପୁଷ୍ପ ମଣ୍ଡିତ ଏକ ସମ୍ଭାରପୂର୍ଣ୍ଣ ଶୋଭାଯାତ୍ରା ନୁହେଁ। ଏହା ସ୍ୱାଭାବିକ ଓ ଅତିମାନବିକ ବସ୍ତୁର ଏକ ପ୍ରତ୍ୟକ୍ଷ ଆବେଦନ ଯାହାଦ୍ୱାରା ନିରୀକ୍ଷଣଶୀଳ ମାନବାତ୍ମା ବସ୍ତୁ ସତ୍ତାକୁ ଚିହ୍ନି ନିଏ, ଗ୍ରହଣ କରିନିଏ।

ଚିର ପୁରାତନ ଏହି ପ୍ରକୃତି କେତେ ରଙ୍ଗ କେତେ ରୂପରେ ଭାବୁକର ଦୃଷ୍ଟି ସମ୍ମୁଖରେ ଉଦ୍‌ଭାସିତ ହୋଇଛି। ମନୁଷ୍ୟ ବଦଳିଛି, ତା'ର ଦୃଷ୍ଟି ବଦଳିଛି, ମାତ୍ର ପ୍ରକୃତି ରହିଛି ସେମିତି ସ୍ଥିର, ଅବିଚଳିତ। ନୂତନ ସୌନ୍ଦର୍ଯ୍ୟ, ନୂତନ ଭାବନା ନେଇ ପ୍ରକୃତି ମନୁଷ୍ୟକୁ ପୁରୁଷ ପୁରୁଷ ଧରି ଆକୃଷ୍ଟ କରି ଆସିଛି। ମନୁଷ୍ୟ ମନକୁ ଆନନ୍ଦରେ

ଦୋଳାୟିତ କରିଛି। ପୂର୍ବପରି ପ୍ରକୃତି ତା' ପକ୍ଷରେ ଆଉ ରହସ୍ୟମୟ, ଅବୋଧ ମନେ ହେଉନାହିଁ। ବରଂ ପ୍ରକୃତି ହୋଇ ଉଠିଛି ମାନବଆତ୍ମାର ସହଜ ସହଚର। ତା'ର ଅତି ଆପଣାର ସାଥୀ ଯାହା ସହିତ ସେ ନିଜକୁ ଏକାତ୍ମ କରି ଦେଇ ପାରିଛି। ତେଣୁ ଏହି ପ୍ରକୃତିକୁ ଠିକ୍ ଭାବରେ ଆପଣାର କରି ନେଇଛନ୍ତି ରୂପପ୍ରାଣ ସୌନ୍ଦର୍ଯ୍ୟର ଉପାସକ ରୋମାଣ୍ଟିକ୍ ଭାବାପନ୍ନ କବି ରାଧାନାଥ ରାୟ। ରୁଷୋ କହିଥିଲେ "Return to the nature"। ରାଧାନାଥଙ୍କ 'ଚିଲିକା' (୧୮୯୨ରେ ରଚିତ) ଓ 'ମହେନ୍ଦ୍ର ଗିରି' ଏ ଦୁଇଟି କାବ୍ୟରେ ପ୍ରକୃତିର ବର୍ଣ୍ଣବିଭା ବିଚ୍ଛୁରିତ ହୋଇଅଛି। ତା'ଛଡ଼ା 'ନନ୍ଦିକେଶ୍ୱରୀ', 'ପାର୍ବତୀ', 'ଉଷା' ସମସ୍ତ କାବ୍ୟରେ ପ୍ରକୃତିର ବର୍ଣ୍ଣନା ଦେଖିବାକୁ ମିଳେ। ପ୍ରକୃତି ରାଧାନାଥଙ୍କ ଲେଖନୀ ଜୀବନ୍ତ ଭାବରେ ଆତ୍ମପ୍ରକାଶ କରେ। ପ୍ରତ୍ୟେକ କାବ୍ୟରେ ସନ୍ଧ୍ୟା ବା ପ୍ରଭାତରେ ବର୍ଣ୍ଣନା, ପକ୍ଷୀ, ଫୁଲ, ବିଭିନ୍ନ ରଙ୍ଗ, ଜ୍ୟୋସ୍ନା, ନଦୀ, ପର୍ବତର ଚିତ୍ର ପ୍ରକଟିତ ହୋଇ ତାଙ୍କର ରୋମାଣ୍ଟିକ୍ କାବ୍ୟମାନସର ସ୍ପନ୍ଦନକୁ ଚିହ୍ନାଇ ଦିଏ। ସନ୍ଧ୍ୟା ବର୍ଣ୍ଣନା, ପ୍ରଭାତ ବର୍ଣ୍ଣନା, ପୀତ, ନୀଳ ଓ ସ୍ୱର୍ଣ୍ଣ ଏହିଭଳି କେତୋଟି ରଙ୍ଗ, ରାଗ ଓ ମେଷର ଗୋଷ୍ଠୀରୁ ପ୍ରତ୍ୟାବର୍ତ୍ତନ, ହ୍ରଦରୁ ପକ୍ଷୀର ପଳାୟନ, ସନ୍ଧ୍ୟାତାରାର ଆକାଶରେ ଉଦୟନ ଏସବୁ ବର୍ଣ୍ଣନାର ଚମତ୍କାରିତା ତାଙ୍କ କାବ୍ୟରେ ଦେଖିବାକୁ ମିଳେ। ଗୋଟିଏ ଦୁଇଟି ଉଦାହରଣରୁ ଆମେ ତାଙ୍କର ପ୍ରକୃତି ପ୍ରୀତିର ପରିଚୟ ପାଇ ପାରିବା।

"ପୀତ ଅସ୍ତକର ହେବାରୁ ପତିତ
ଓଢ଼ଣା ଦିଶେ ଯେହ୍ନେ ସୁବର୍ଣ୍ଣ ମଣ୍ଡିତ
xxx
ଠାବେ ଠାବେ ଛାୟା ପଡ଼ିଣ ଶଇଳ
ହରିତ ହେଲାଣି ପରିଣତ ନୀଳ
xxx
ମହିଷ ଟିପାର ଗୁରୁ ଗୁରୁ ଧ୍ୱନି
ପୋଷେ ମୁଖରିତ ଅରଣ୍ୟ ସରଣୀ।" (ଚିଲିକା)

କବିଙ୍କର ପ୍ରଭାତ ବର୍ଣ୍ଣନାରେ ପ୍ରଭାତୀ ତାରାଟି ବଡ଼ ଆକର୍ଷଣୀୟ। ଚିଲିକା ପୁଣି ଇତିହାସର ରଙ୍ଗସ୍ଥଳୀ ରୂପେ ଜାତିର ଉତ୍‌ଥାନ ପତନର ଜୀବନ୍ତ ସାକ୍ଷୀ ହୋଇ ଦଣ୍ଡାୟମାନ ରହୁଛି।

"ଇତିହାସ ରଙ୍ଗସ୍ଥଳୀ ତୁ ଚିଲିକା
ତୋର ତୀରେ ପରା ଶ୍ରୀମତୀ ମାଣିକା

ହସ୍ତେ ଭୁଞ୍ଜିଥିଲେ ସାଦରେ ଲବଣୀ,
ଭାବଗ୍ରାହୀ ପ୍ରଭୁ ଭକ୍ତ ଚିନ୍ତାମଣି।" ('ଚିଲିକା', ପୃ:୧୫୫)

ରାଧାନାଥଙ୍କ କାବ୍ୟରେ ଅତି-ଭୌତିକ ଚେତନା ଓ ଐଶ୍ୱରିକ ସତ୍ତାର ଚିତ୍ର ଦେଖିବାକୁ ମିଳେ। ହିମାଳୟର ନିରବ, ନିର୍ଜନ, ତୁଷାରାଚ୍ଛାଦିତ ଉତ୍ତୁଙ୍ଗ ପର୍ବତମାଳା ମଧ୍ୟରେ ପ୍ରକୃତିର ଭୀମ ମୂର୍ତ୍ତିକୁ ଉପଲବ୍ଧି କରି ରାଧାନାଥ କଳ୍ପନା ଚକ୍ଷୁରେ ରୁଦ୍ର ମହାଦେବଙ୍କ ମୂର୍ତ୍ତିକୁ ଦର୍ଶନ କରିଛନ୍ତି। ସେ ଚିଲିକାରେ ଲେଖିଛନ୍ତି -

"ନିସ୍ତବ୍ଧ ନୀରବ ସେ ମହା ବିଜନେ
ସନାତନ ଶ୍ୱେତ ତୁଷାର ଆସନେ
ବ୍ୟୋମକେଶ ମୂର୍ତ୍ତି ଦେଖିଲି ଚମକି
ପଡ଼ିଲା ସେ ରୂପେ ଚିତ୍ତ ବୃତ୍ତି ଥକି
ମନେ ମନେ କହି ନମିଲି ନୀରବେ
ନମୋ ଦେବାତ୍ମନେ ଶ୍ରୀ ଗୌରୀ ଗୁରବେ।" (ଚିଲିକା)

ରାଧାନାଥ କବିତାରେ ପ୍ରକୃତି ପ୍ରୀତି ସହ ଜାତୀୟତାବୋଧ ନିବିଡ଼ ଭାବେ ସଂଶ୍ଳିଷ୍ଟ। ଓଡ଼ିଆ କାବ୍ୟ ସାହିତ୍ୟରେ ଜାତୀୟ ଚେତନାର ପ୍ରଥମ ସ୍ଫୁରଣ ରୂପେ ଗୃହୀତ ହୁଏ କବି ରାଧାନାଥଙ୍କ 'ଶିବାଜୀଙ୍କ ଉତ୍ସାହ ବାଣୀ' (୧୮୮୦) ଓ 'ମହାଯାତ୍ରା' କାବ୍ୟ (୧୮୯୨)। ଏଥିରେ ବର୍ଣ୍ଣିତ ଜାତୀୟ ଭାବନା ତତ୍କାଳୀନ ଅଧୋପତିତ ପରାଧୀନ, ଭୀରୁ ଭାରତୀୟମାନଙ୍କ ପ୍ରତି ପରୋକ୍ଷ ଉଦ୍‌ବୋଧନ ସ୍ୱରୂପ ରାଧାନାଥଙ୍କ ପ୍ରାଣର ଗଭୀର ଜାତିପ୍ରୀତିର ନିଦର୍ଶନ ବହନ କରେ। 'ମହାଯାତ୍ରା' କାବ୍ୟରେ କବିଙ୍କ ଜାତୀୟତା ଭାବ ବେଶ୍ ଲକ୍ଷ୍ୟ କରି ହୁଏ। କବି ପାଣ୍ଡବ ବୀରମାନଙ୍କ ସମକ୍ଷରେ ଉତ୍କଳର ଜୟଗାନ କରନ୍ତି -

"ପର୍ଣ୍ଣେ ଜଳେ ଯେହ୍ନେ ପ୍ରସୂନ ଲଳିତ
ଶ୍ରେଷ୍ଠ ଏ ଉତ୍କଳ ଭୂମି ଗୁଣେ ଗରୀୟସୀ
ପୁଷ୍ପ କୁଣ୍ଡେ ଶ୍ରେଷ୍ଠତାର କେଶର ଯେସନ
ଶ୍ରେଷ୍ଠ ଏ ନୀଳାଦ୍ରି ଧାମ ସମଗ୍ର ଉତ୍କଳେ।" (ମହାଯାତ୍ରା, ପୃ-୧୭୬)

ପୁଣି 'ମହାଯାତ୍ରା'ରେ କବି ଲେଖିଛନ୍ତି -

"ଧନ୍ୟରେ ଉତ୍କଳ ତୁହି ଏ ଘୋର ଅନ୍ଧାରେ
ତୁହି ଯେ ରଖିବୁ ସିନା ପୋଷି ସ୍ନେହ ଦାନେ
ଗୁପତେ ଏ ଧର୍ମଦୀପ ନୀଳାଦ୍ରି କନ୍ଦରେ।" (ପୃ-୧୯୫)

ଏଥିରୁ କବିବର ରାଧାନାଥଙ୍କ ଜାତିପ୍ରୀତିର ପରିଚୟ ଆମେ ପାଇଥାଉ।

ତେଣୁ ଏଥିରୁ ଜଣାଯାଏ ରୋମାଣ୍ଟିକ୍ କବିତା ପାଠକଙ୍କୁ ପ୍ରକୃତି ଓ ତା' ମଧ୍ୟରେ ଥିବା ରହସ୍ୟ ଘନ ସମ୍ପର୍କ ସମ୍ବନ୍ଧରେ ସଚେତନ କରାଏ। ଏ ଦୃଷ୍ଟିରୁ ବିଚାର କଲେ ରାଧାନାଥଙ୍କ ପରି ଗୋପବନ୍ଧୁଙ୍କର ମଧ୍ୟ ପ୍ରକୃତି ସହିତ ପ୍ରତି ସମ୍ପର୍କ ଖୁବ୍ ନିବିଡ଼ ଓ ଅନ୍ତରଙ୍ଗ। ଗୋପବନ୍ଧୁଙ୍କର ଅନ୍ୟାନ୍ୟ କବିତାରେ ପ୍ରକୃତିର ଚିତ୍ର ଥିଲେ ହେଁ କବିଙ୍କର 'ବନ୍ଦୀର ସ୍ୱଦେଶ ଚିନ୍ତା' କବିତାଟିରେ ଅଧିକ ପରିମାଣରେ ପ୍ରକୃତିର ଚିତ୍ର ଦେଖିବାକୁ ମିଳେ। ଭାର୍ଗବୀ ତୀରର ପୁନାଙ୍ଗ ଅରଣ୍ୟ, ଅସଂଖ୍ୟ ଫୁଲର ମୃଦୁ ସୁରଭିରେ ସୁରଭିତ ମହେନ୍ଦ୍ର ପର୍ବତ ଏବଂ ଭାସମାନ ନାବରେ ତା'ର ପ୍ରଭାବର ମଧୁର ରୋମାଣ୍ଟିକ୍ କଳ୍ପନା, ଲମ୍ବଆମ୍ବ ବଣର ପଲ୍ଲବିତ ଛାୟା ସବୁରି ସହିତ କବିର ଆତ୍ମା ଯେପରି ଓତପ୍ରୋତ ଭାବେ ଜଡ଼ିତ। ପୁଣି ଗୋପବନ୍ଧୁଙ୍କ ଲେଖନୀ ସତେ ଯେପରି ଚିହ୍ନାଇ ଦେଲା ଆମ ଗାଁ, ତା'ର ଜୀର୍ଣ୍ଣ, ଦେବାଳୟ, ତା'ର ଭଙ୍ଗାଘର ସହିତ ଆଧୁନିକ ମନୁଷ୍ୟର ସମ୍ପର୍କକୁ।

ରାଧାନାଥଙ୍କ କବିତାରେ ପ୍ରକୃତିର ବର୍ଣ୍ଣନା ସୌନ୍ଦର୍ଯ୍ୟବୋଧର ନିଛକ ପରିପ୍ରକାଶ। ରାଧାନାଥଙ୍କ କାବ୍ୟର ଲକ୍ଷ୍ୟ ଥିଲା ସୌନ୍ଦର୍ଯ୍ୟ ସୃଷ୍ଟି। ମାତ୍ର ସତ୍ୟବାଦୀ ଗୋଷ୍ଠୀର ଲକ୍ଷ୍ୟ ଥିଲା ସତ୍ୟର ସନ୍ଧାନ। ତେଣୁ ଗୋପବନ୍ଧୁ ପ୍ରକୃତିର ମହାନ୍ ସୌନ୍ଦର୍ଯ୍ୟ-ବୋଧ ସହିତ ମାନବାତ୍ମାର ଉତ୍ତରଣ ନିମନ୍ତେ ଲକ୍ଷ୍ୟ କରିଛନ୍ତି। ପ୍ରକୃତି ଯେ ମାନବାତ୍ମାକୁ ସର୍ବଦା ଏକ ମହତ୍ ଚେତନା ଆଡ଼କୁ ଉନ୍ମୀଳନ କରାଇ ଦିଏ ସେ ତାହା ଉପଲବ୍ଧି କରିଛନ୍ତି।

"ବିବିଧ ସ୍ୱର୍ଗୀୟ ଚିନ୍ତା ନାନା ପ୍ରିୟ ଭାବ
କଳୁଷିତ ହୃଦେ ମୋର କରାଇ ଉଦ୍ଭବ।"

(କାଠ ଯୋଡ଼ି ତୀରେ ଚନ୍ଦ୍ରାଲୋକ ନିଶୀଥ)

'କାଠ ଯୋଡ଼ି ତୀରେ', 'କାଠ ଯୋଡ଼ି ତୀରେ ସାୟଂ କାଳ', 'ଭାର୍ଗବୀ ପ୍ରତି', 'ଖଣ୍ଡଗିରି ଶିଖରେ', 'କଟକର ଶିଳା ସେତୁ', 'ବାଲିଯାତ୍ରା ସନ୍ଧ୍ୟାରେ', 'ମହାନଦୀ ତୀରେ', 'ରେଳ ଉପରେ ଚିଲିକା ଦର୍ଶନ' ଇତ୍ୟାଦି କବିତାରେ ପ୍ରକୃତିର ବିପୁଳ ବର୍ଣ୍ଣନା ରହିଛି।

ପ୍ରକୃତିର ରୂପ ବର୍ଣ୍ଣନାରେ ଗୋପବନ୍ଧୁଙ୍କର ଗୋଟିଏ ପ୍ରଧାନ ବୈଶିଷ୍ଟ୍ୟ ହେଉଛି ଯେ ପ୍ରକୃତିର ସ୍ଥିର ରୂପରାଶି ତାଙ୍କୁ ବେଶୀ ଆକର୍ଷିତ କରିପାରି ନ ଥିଲା। ବରଂ ସେ ପ୍ରକୃତି ମଧ୍ୟରେ ଦେଖିବାକୁ ପାଇଥିଲେ ଆଦର୍ଶବୋଧ, ସ୍ୱଦେଶ ପ୍ରେମ, ମାନବ ପ୍ରୀତି, ଧାର୍ମିକତା ଓ ଆଧ୍ୟାତ୍ମିକ ଅନୁଭୂତି। ଏହି ସମୟରେ କବିମାନେ ପ୍ରକୃତିକୁ ଏକ ଅନନ୍ତ ଶକ୍ତିର ଆଧାର, ଭଗବାନଙ୍କ ବାସସ୍ଥଳୀ, ଶାନ୍ତି ଓ ସୃଷ୍ଟିର ଉତ୍ସ ରୂପେ ଦେଖିଛନ୍ତି।

ଗୋପବନ୍ଧୁଙ୍କ 'ଅବକାଶ ଚିନ୍ତା', 'କାରା କବିତା', 'ବନ୍ଦୀର ବିରହ ବ୍ୟଥା' ଇତ୍ୟାଦି କବିତା ପ୍ରକୃତି ଦର୍ଶନରୁ ପ୍ରେମଭାବ ଉପଲବ୍ଧିର ଅପୂର୍ବ ଆବେଗ ସୃଷ୍ଟି କରେ ।

"ମହତ ଜନର ହୃଦ ଏହି ମତି, ଆଭାସେ ସତତ ଶତ ପ୍ରତିକୃତି
ପ୍ରେମ ଭାବେ ଯାର ଅନ୍ତର ପୂରିତ, ସର୍ବ ପ୍ରାଣୀ ହୃଦ ତା ହୃଦେ ଅଙ୍କିତ
ସର୍ବ ଅନୁଭୂତି ସର୍ବ ଭୂତେ ତାର, ତା ଦୃଷ୍ଟିରେ ବିଶ୍ୱ ଏକ ପରିବାର ।"

(ଅବକାଶ ଚିନ୍ତା)

ପୁଣି ସେ ଲେଖିଛନ୍ତି 'କାରା କବିତା' ଅନ୍ତର୍ଗତ 'ବନ୍ଦୀର ସ୍ୱଦେଶ ଚିନ୍ତା' କବିତାରେ–

"ନରପ୍ରତି ନର କରେ ଅବିଚାର, ପ୍ରକୃତି ସକଳେ ଦେଖେ ସମାନ
ହେମଳୟା ନୀଳ ସୁଗନ୍ଧ ଶୀତଳ, ପ୍ରବାହେ ପରଶ ମୋ ଦଗ୍ଧ ପ୍ରାଣ ।"

ଗୋପବନ୍ଧୁଙ୍କର ପ୍ରକୃତି ସର୍ବତ୍ର ଉଦାର, ସ୍ନେହଶୀଳ, ଅନ୍ତରଙ୍ଗ । ମଣିଷ ମଣିଷ ପ୍ରତି ଅବିଚାର କରିପାରେ, ପ୍ରକୃତି କିନ୍ତୁ ସମ ଭାବରେ ମଣିଷ ପ୍ରତି ସମବେଦନା ଓ ଶ୍ରଦ୍ଧା ଅର୍ପଣ କରିଥାଏ ।

ରୋମାଣ୍ଟିକ୍ କବି ପ୍ରକୃତିକୁ ଏକ ନୂତନ ମର୍ଯ୍ୟାଦା ଦେଇଛନ୍ତି । ମଣିଷର ହତାଶା, ବେଦନାବୋଧର ସାନ୍ତ୍ୱନାଦାତ୍ରୀ ଭାବରେ ତାହା ମାତୃତ୍ୱ ରୂପୀ ଆନ୍ତରିକତା ଭଳି ମନେ ହେଉଛି । ତେଣୁ କବି ଲେଖିଛନ୍ତି –

"ଦେଖି ନାହିଁ ମୁଁ ମାତୃ ବଦନ, ପାନ କରି ନାହିଁ ମାତୃସ୍ତନ
ହୋଇଣ ସଦୟ ଦେଇ ନିଜ ପୟ
ବଞ୍ଚାଇଲୁ ମୋ ଶିଶୁ ଜୀବନ ।"

(ଅବକାଶ ଚିନ୍ତା – ଭାର୍ଗବୀ ପ୍ରତି – ଗୋପବନ୍ଧୁ ଦାସ)

ଏହି 'ଭାର୍ଗବୀ ପ୍ରତି'ରେ ମଧୁସୂଦନଙ୍କ 'ନଦୀ ପ୍ରତି'ର ଭାବ ଚେତନାକୁ କେତେକାଂଶରେ ଚିହ୍ନି ହୁଏ ।

ପ୍ରକୃତି ପ୍ରତି ଏହି ପରମ ଆତ୍ମୀୟତା ଏବଂ ଅନ୍ତରଙ୍ଗତା ପୁଣି ବିକାଶଶୀଳ ହୋଇ ରୂପାନ୍ତରିତ ହୋଇଛି ମାନବ ପ୍ରେମରେ । ମାନବ ପ୍ରେମ ରୂପାନ୍ତରିତ ହୋଇଛି ବିଶ୍ୱ ପ୍ରେମରେ ଓ ଅନନ୍ତ ପ୍ରେମରେ । ପ୍ରକୃତିର ସୌନ୍ଦର୍ଯ୍ୟ ଓ ବିଶାଳତା ମଧ୍ୟରେ କବି ଆପଣାର ସଂକୀର୍ଣ୍ଣ ମନକୁ ବିଶ୍ୱମୟ ଓ ପରିବ୍ୟାପ୍ତ କରି ଦେଇଛି । ସତ୍ୟବାଦୀ ଯୁଗର ଅନ୍ୟତମ କବି ଗୋଦାବରୀଶ ମିଶ୍ରଙ୍କର 'କିଶଳୟ' (୧୯୨୨) କବିତା ଗ୍ରନ୍ଥର ଲତାଟି, ସିନ୍ଧୁତୀରେ ଏବଂ ଗୋପବନ୍ଧଙ୍କର 'କାରା କବିତା' ଅନ୍ତର୍ଗତ 'ପ୍ରେମର କି ଏହି ପରିଣାମ', 'ବିଶ୍ୱର ମିଳନ ଚିତ୍ର' ପ୍ରଭୃତି କବିତାରେ ବିଶେଷ ଭାବରେ ପରିଲକ୍ଷିତ ହୋଇଛି । ପ୍ରକୃତିର ସେ

ରମଣୀୟ ପରିବେଶ ମଧ୍ୟରେ କବି ସର୍ବଦା ଖୋଜିଛନ୍ତି ମନୁଷ୍ୟ ହୃଦୟ। ମନୁଷ୍ୟର ଅଶ୍ରୁଜଳ ଓ ବିରହ ଦୁଃଖ, ନୈରାଶ୍ୟ ଓ ଦୈନ୍ୟକୁ ସଂଜୀବିତ କରି ରଖିଅଛି।

ସତ୍ୟବାଦୀ ଯୁଗର ଅନ୍ୟତମ ପ୍ରତିଷ୍ଠିତ କବି ନୀଳକଣ୍ଠଙ୍କ ପ୍ରକୃତି ବର୍ଣ୍ଣନାତ୍ମକ ତାଙ୍କର 'କୋଣାର୍କ' କାବ୍ୟ ଅନ୍ତର୍ଗତ 'ରାମଚଣ୍ଡୀର ସକାଳ' ପାଠ କଲେ ଜଣାଯାଏ -

"କୃଷ୍ଣ ଘନ ଚୂଳେ ଶୋଭଇ ଚାନ୍ଦ ବାରୁଣ-ଶିରେ
ଚଳ କୃଷ୍ଣ ଘନେ ଲୁଚାଇ କେବେ କଂପିତ କରେ
ତାମସ କଳୁଷ ପୀଡ଼ନେ ଯଥା ସ୍ୱଚ୍ଛ ବିବେକ
ଲୁଚି ଲୁଚି ଫୁଟି ହସଇ ଢାଳି ପୁଣ୍ୟ ମୟୂଖ।"

ପୁଣି ରମଣୀ ଚରିତ୍ରର ବିଭିନ୍ନ ରହସ୍ୟ ଭେଦ କରି କବି ପ୍ରକୃତିର ସୌନ୍ଦର୍ଯ୍ୟ ବର୍ଣ୍ଣନାରେ କିପରି ଅଦ୍ୱିତୀୟ ଚିତ୍ରଶିଳୀର ନୈପୁଣ୍ୟ ଦେଖାଇଛନ୍ତି ତାହାର ପରିଚୟ ପାଉ 'ଖାରବେଳ' କାବ୍ୟରେ -

"ତରୁ ଡାଳେ ଫୁଟେ ପତତ୍ରି ନିସ୍ୱନ
ପ୍ରଣୟୀ ପରାଣେ ସ୍ମରଣ ଯେସନ
କଳ କଳେ ନଦୀ ଦୂରେ ବହିଯାଏ
ନବ ଯୋଗୀ ହୃଦେ ବାସନା ପରାଏ।"

ରାଧାନାଥଙ୍କ ପରେ ଓଡ଼ିଆ ସାହିତ୍ୟରେ କାବ୍ୟଯୁଗର ଅବସାନ ହୋଇ ଗୀତି କବିତାର ଯୁଗ (Age of lyrics) ପ୍ରବର୍ତ୍ତିତ ହେଲା। ଭାବୋଚ୍ଛ୍ୱାସରେ ପରିସ୍ଫୁଟନ ରୋମାଣ୍ଟିକ୍ ଗୀତି କବିତାର ନିଜସ୍ୱ। ରୋମାଣ୍ଟିକ୍ ଗୀତି କବିତାର ସ୍ୱର ମୁଖ୍ୟତଃ ବ୍ୟକ୍ତିକ ସ୍ୱର। କବିର ବ୍ୟକ୍ତିଗତ ଦୃଷ୍ଟିକୋଣ ନେଇ ସରଳ ଭାଷା ସମ୍ଭାରରେ ଏ ଗୁଡ଼ିକ ପ୍ରକାଶ ଲାଭ କରିଛି। କବିର ଆତ୍ମିକ ସୁଖ, ଦୁଃଖ, ବ୍ୟଥା, ବେଦନା, କୃଷ୍ଣା ଓ ଆବେଗ ସହିତ କଳ୍ପନା ବିଳାସ, ସହାନୁଭୂତିଶୀଳ, ସୌନ୍ଦର୍ଯ୍ୟ ପ୍ରଭୃତି ରୋମାଣ୍ଟିସିଜମ୍‌ର ଅନ୍ତର୍ନିହିତ ଗୁଣ। ଏହାର ପ୍ରଥମ ଓ ପ୍ରଧାନ ଚିହ୍ନ ହେଲା ମାନବ ହୃଦୟର ଗଭୀର ଓ କୋମଳ ଅନୁଭୂତି ସବୁକୁ ଓ ଅଜ୍ଞାତ ରହସ୍ୟମୟତାକୁ କଳ୍ପନାର ବର୍ଣ୍ଣରେ ରଞ୍ଜିତ କରିବା। (୧) ଏହି ରୋମାଣ୍ଟିକ୍ ଚେତନାଟି ଯୁଗ ଯୁଗ ଧରି ମନୁଷ୍ୟ ଭିତରେ ରହି ଆସିଛି। କେବଳ ଯୁଗୋପଯୋଗୀ ବର୍ଣ୍ଣନା ଭିନ୍ନାତ୍ମକ ଅଟେ। ଦେଶକୁ ଜାତୀୟତାର ମହାମନ୍ତ୍ରରେ ଦୀକ୍ଷିତ କରାଇବାର ଭୀଷ୍ମ ପ୍ରତିଜ୍ଞାବଦ୍ଧ ଦରଦୀମାନବ ଗୋବନ୍ଧୁଙ୍କ ରୋମାଣ୍ଟିକ୍ ଚେତାନଟି ପ୍ରତ୍ୟକ୍ଷ ଭାବରେ ତାଙ୍କ କବିତାରେ ଦେଖିବାକୁ ନ ମିଳିଲେ ହେଁ ପରୋକ୍ଷ ଭାବରେ ରୋମାଣ୍ଟିକ୍ ଚେତନାର ସୂକ୍ଷ୍ମ ରୂପଟି ପ୍ରକୃତିପ୍ରୀତି, ଜାତୀୟ

(୧) ଗୋପବନ୍ଧୁ ସ୍ମରଣିକା - ଗୋପବନ୍ଧୁ ସାହିତ୍ୟରେ ରୋମାଣ୍ଟିସିଜିମ୍ - ପ୍ରମୋଦ କୁମାର ମହାନ୍ତି

ଚେତନା, ପ୍ରେମ ଓ ବିଷାଦବାଦୀ ଅନୁଭୂତିରୁ ସ୍ପଷ୍ଟ ଚିହ୍ନି ହୁଏ। ପ୍ରକୃତିର ପ୍ରାଣ ପ୍ରତିଷ୍ଠା, ଅତୀତ ଆମୁଖତା ରୋମାଣ୍ଟିକ୍ ଜାତୀୟ ଚେତନା, ସ୍ୱୀକୃତ ପ୍ରେମାନୁଭୂତି ଓ ବ୍ୟକ୍ତିଗତ ବିଷାଦବୋଧ ଗୀତିକବିତା ଗୁଡ଼ିକରେ ଛତ୍ରେ ଛତ୍ରେ ପ୍ରକାଶିତ ହୋଇ ତାଙ୍କୁ ଏକ ସମ୍ପନ୍ନ ରୋମାଣ୍ଟିକ୍ କବି ରୂପେ ପରିଚିତ କରାଇଦିଏ।

'ବ୍ୟଥିତ ପ୍ରାଣର ଅନ୍ତିମ ଅଶ୍ରୁ' କବିତାରେ -

"କା ଆଗେ ଗାଇବି ପରାଣ ସଂଗୀତ
କା ଆଗେ ଗାଇବି ଅନ୍ତର ବୀଣା
କା କାନେ କହିବି ମରମ ବେଦନା
ମନକଥା ମନେ ରହିଲା ସିନା।"

ଏଠାରେ ଆପଣାର ପ୍ରିୟ ବନ୍ଧୁ ଓ ବନ୍ଧୁତାକୁ ହରାଇ କବିପ୍ରାଣ ବ୍ୟଥାରେ ଭରି ଯାଇଥିଲା। ନିଜ ଅଜ୍ଞାତସାରରେ ରୋମାଣ୍ଟିକ୍ ଚେତନାର ପ୍ରତିଫଳନ ପ୍ରକାଶ ପାଇଥିଲା ଏ କବିତାରେ।

ଗୋପବନ୍ଧୁଙ୍କ 'ବ୍ୟଥିତ ପ୍ରାଣର ଅନ୍ତିମ ଅଶ୍ରୁ', 'ବନ୍ଦୀର ସନ୍ଧ୍ୟା ଭକ୍ତ', 'ବନ୍ଦୀର ସନ୍ଧ୍ୟା ଭାବନା' ଓ 'ଦେଖା ଦିଅ ବାରେ' କବିତାଗୁଡ଼ିକରେ ରୋମାଣ୍ଟଇକ୍ ଭାବନାର ଉତ୍ତରଳ ସ୍ରୋତ ପ୍ରବାହିତ। ବନ୍ଦୀଶାଳରେ ବନ୍ଧୁହୀନ ନିଃସଙ୍ଗ ଜୀବନକୁ ଆତୁର କରିଛି ଆତ୍ମୀୟ ସ୍ମୃତି। ପ୍ରିୟଜନଙ୍କ ବିରହ କାତର ହୃଦୟକୁ ମନେ ପକାଇ କବିପ୍ରାଣ ହୁଏ ବ୍ୟଥିତ। କବି ପୁଣି ଅନୁଭବ କରନ୍ତି କାରାକକ୍ଷର ବାସ୍ତବତାକୁ। ତେଣୁ ସେଠାରେ ରହି କେବଳ ପ୍ରିୟଜନଙ୍କୁ ଝୁରି ହେବା ହିଁ ସାର। ଏହାଦେ ରାମାଣ୍ଟିକ୍ ଚେତନାର ବଳିଷ୍ଠ ପରିପ୍ରକାଶ ନୁହେଁ କି ?

ଏହି ଆବେଗ କମ୍ପିତ ହୃଦୟସ୍ପର୍ଶୀ ସ୍ୱରରେ ମୂର୍ଚ୍ଛନା ମଧ୍ୟ ଅନୁରଣିତ କରିଛି ନୀଳକଣ୍ଠ, ଗୋଦାବରୀଶ ଏବଂ ସତ୍ୟବାଦୀ ଯୁଗର ସମସାମୟିକ କବିଗଣଙ୍କ ସୃଷ୍ଟି ବିଭାଗକୁ।

ରୋମାଣ୍ଟିକ୍ କବି ଗୋଦାବରୀଶଙ୍କର ଗୀତିକବିତାମାନଙ୍କ ମଧ୍ୟରେ ଗାଥା କବିତାଗୁଡ଼ିକ ହିଁ କବିଙ୍କର ସାର୍ଥକ ସୃଷ୍ଟି। ଓଡ଼ିଆ ସାହିତ୍ୟରେ ପ୍ରଥମ କରି ଗାଥା କବିତାକୁ ବହୁଳ ଭାବେ ପ୍ରଚଳନ କରିଛନ୍ତି। 'ସାକ୍ଷୀ ଗୋପାଳ' ଗାଥା କବିତାରେ - ଉଦାହରଣ ଦେଲେ ଆମେ ଜାଣିପାରିବା।

"ଦାସ ଗୋପବନ୍ଧୁ   ଗୋପ ବାଳଲୀଳା
    କରିଛି ଭିଆଣ ପୁଣି
କହ ଜମ୍ବୁ ଦ୍ୱୀପେ   କେ ନାହିଁ ନାଆଁ ଲୋ
    ସେ ଦାସ ପୁଅର ଶୁଣି।" (ସାକ୍ଷୀ ଗୋପାଳ, ପୃ-୩୦୨)

ରୋମାଣ୍ଟିକ୍ କବି ଗୋଦାବରୀଶଙ୍କର ଅପୂର୍ବ ପ୍ରତିଭା ତାଙ୍କର ଗୀତିକବିତା ଗୁଡ଼ିକରେ ଉଜ୍ଜ୍ୱଳ ଭାବରେ ପ୍ରକାଶିତ। ରୋମାଣ୍ଟିସିଜିମ୍‌ର ସମସ୍ତ ଧର୍ମ ତାଙ୍କ ଗୀତିକବିତା ଗୁଡ଼ିକରେ ଦେଖା ଦେଇଛି। "ମାନବ ହୃଦୟର ସ୍ନେହ ମମତା, ବିରହ-ମିଳନ, ମୈତ୍ରୀ-କରୁଣା ଏବଂ ତ୍ୟାଗ ତପସ୍ୟାର ପୂତଫଳଗୁ ଯାହାକି ଯୁଗ ଯୁଗ ଧରି ପ୍ରବାହିତ ଏବଂ ଯାହାର ମାଧୁର୍ଯ୍ୟ - ରସପାନ କରି କ୍ଷୁଦ୍ର ମାନବାଙ୍କୁର ପାଳିତ, ପୁଷ୍ଟିତ ଓ ବର୍ଦ୍ଧିତ, ସେହି ମଧୁର ଅନୁଭୂତି ହିଁ ଯୁଗେ ଯୁଗେ କାବ୍ୟଶିଳ୍ପୀର ସାମଗ୍ରୀ। ସେଇ ସମସ୍ତ ଅନୁଭୂତି ଗୁଡ଼ିକର ଆନ୍ତରିକତା ପୂର୍ଣ୍ଣ ଚିତ୍ର ଗୋଦାବରୀଶଙ୍କର ଗୀତି କବିତା।" (୨)

ମାନବ ପ୍ରାଣର ନିତ୍ୟ ନୈରାଶ୍ୟ ଅଶ୍ରୁ ଓ ଆକୁଳତା କରୁଣ ମଧୁର ଛନ୍ଦରେ ଯେପରି କବିର କଣ୍ଠରୁ ଝରି ଆସି ଆମ ପାଠ୍ୟ ପୁସ୍ତକରେ କବିତା ହୋଇଯାଇଛି। ପୁଣି କବିଙ୍କର 'କାଳିଜାଇ' କବିତାରେ ଆମେ ମାନବର କରୁଣ ଅନୁଭୂତିର ଅପୂର୍ବ ରସ-ଘନ-ପ୍ରକାଶ ଦେଖୁ। ଲୋକ କିମ୍ବଦନ୍ତୀ ଆଧାରିତ ଗଭୀର କାରୁଣ୍ୟ ସହିତ ଏହି କବିତାଟି ରୋମାଣ୍ଟିକ୍ ଚେତନାର ପରିଚୟ ବହନ କରେ। ଏହି କବିତାର ଟ୍ରାଜିକ୍ ସ୍ୱର ହିଁ ଏହାକୁ କାଳଜୟୀ କବିତାରେ ପରିଣତ କରିପାରିଛି।

"ବରବୋଲି ଯାର ଧରାଇଲ ହାତ କି ତାର ଦେଖିଲୁ ଶିରୀ
ରୂପ, ବିଦ୍ୟା ଆଉ ବିଭବ ବାପା ହେ ତିହ୍ନିଏ ତିହ୍ନିଙ୍କୁ ବଳି

xxx

ଝିଅକୁ ନିଶ୍ଚିନ୍ତେ ଦେଇଛ ପଠାଇ ବନସ୍ତକୁ ଜାଣୁ ଜାଣୁ
କପାଳ ଆଦରି ଯାଉଛି ବୋଉଲୋ, ପାଶୋରି ନ ଦେବୁ ମନୁ।"

ତାଙ୍କର ଅନ୍ୟାନ୍ୟ ଗୀତିକବିତା, ଯଥା- ଗୀତାୟନର 'ଯୁଗର କଳିକା', ଚୟନର 'ଜନ୍ମଦିନ' ଏ ସମସ୍ତ କବିତାଗୁଡ଼ିକ ପାଠ କଲେ ଆମେ ରୋମାଣ୍ଟିକ୍ କବିପ୍ରାଣର ପରିଚୟ ପାଉ।

ନୀଳକଣ୍ଠଙ୍କ ରୋମାଣ୍ଟିକ୍ ଦୃଷ୍ଟିଭଙ୍ଗୀର ପରିଚୟ ଆମେ ପାଉ ତାଙ୍କର 'କୋଣାର୍କ' କାବ୍ୟ ପାଠ କଲେ। କୁମାର ପୂର୍ଣ୍ଣିମାରେ ଛାତ୍ରମାନଙ୍କର ଉତ୍ସବରେ ଯୋଗ ନ ଦେଇପାରିବାରୁ ସେମାନଙ୍କ ଜନକ ଜନନୀ ପ୍ରାଣରେ ଯେଉଁ ଦୁଃଖ ଓ ବେଦନା - ତାହା ହିଁ ରୋମାଣ୍ଟିକତାର ଧର୍ମ। ଏହି ସମଗ୍ର ଖଣ୍ଡକାବ୍ୟରେ କବି ବାସ୍ତବ ରାଜ୍ୟରୁ ଯାଇ ଅତୀତ ରାଜ୍ୟରେ ବିଚରଣ କରିଅଛନ୍ତି। (୩) ଏହି 'କୋଣାର୍କ' କାବ୍ୟରେ କଳ୍ପନାଶକ୍ତିର ଅଖଣ୍ଡ ପ୍ରାଧାନ୍ୟ ଦେଖିବାକୁ ମିଳେ। ଏହି କଳ୍ପନାଶକ୍ତି ଅନେକତ୍ର ଇତିହାସ ଓ ସତ୍ୟ

(୨) କାବ୍ୟ ଓ କଳାକାର - କବି ଗୋଦାବରୀଶଙ୍କ କାବ୍ୟ କବିତା - ପୃ:୯୩
(୩) ମନୀଷୀ ନୀଳକଣ୍ଠ- ଚିନ୍ତାମଣି ଦାସ

ଉପରେ ପ୍ରଭାବ ବିସ୍ତାର କରିଛି ଏବଂ କବିଙ୍କୁ ଅତୀତ କଥା ସ୍ମରଣ କରାଇ ଦେଇଛି। ନୀଳକଣ୍ଠଙ୍କ ଅତୀତଟା କିପରି ଅନାୟାସରେ ବିତିଯାଇଥିଲା ତାହା ତାଙ୍କର 'ରାମଚଣ୍ଡୀରେ ରାତି ଓ ସକାଳ'ରେ ଦେଖିବାକୁ ମିଳେ। କୋଣାର୍କରେ ଅତୀତ ଉତ୍କଳ କିପରି ଗୌରବୋଜ୍ଜ୍ୱଳ ଭାବରେ ଉତ୍କୀର୍ଣ୍ଣ ହୋଇଛି ସେ ବିଷୟରେ ମତବ୍ୟକ୍ତ କରିବାକୁ ଯାଇ ମାୟାଧର ମାନସିଂହ କହିଛନ୍ତି- "ପଣ୍ଡିତ ନୀଳକଣ୍ଠ ଦାସଙ୍କର 'କୋଣାର୍କ' କାବ୍ୟ ଯୁଗ୍ମରେ ପୁରାଣ ଉତ୍କଳର ପ୍ରାଣବାଣୀ ଯେପରି ସ୍ପଷ୍ଟ ଭାବରେ ମୋର ଶ୍ରୁତି ଗୋଚର ହୋଇଛି ତାହା ଓଡ଼ିଆ, ଇଂରାଜି ବା ଅନ୍ୟ କୌଣସି ଭାଷାର ଲେଖାରୁ ମୁଁ ପାଉ ନାହିଁ।" (୨)

କବି ଯେତେବେଳେ ଜାତିର ଅତୀତ ଗୌରବ କଥା ସ୍ମରଣ କରେ ଏବଂ ପରୀକ୍ଷା ନିରୀକ୍ଷା କରେ, ଠିକ୍ ଭାବରେ ତା' ଅନ୍ତରର ନିଭୃତ କୋଣରେ ଅନୁଧ୍ୟାନ କରେ, ସେତେବେଳେ ତା'ର ରୋମାଣ୍ଟିକ୍ ମନ କଳ୍ପନାର ଆବେଗରେ ଆନ୍ଦୋଳିତ ହୁଏ। ସେତେବେଳେ ତା' ମନ ସ୍ୱତଃ ସ୍ୱଦେଶ ପ୍ରୀତିରେ ଉଦ୍‌ବୁଦ୍ଧ ହୋଇଉଠେ। ନୀଳକଣ୍ଠଙ୍କ ରଚିତ ଯେକୌଣସି କାବ୍ୟ ପାଠ କଲେ ସେଥିରେ ଜାତି ପ୍ରୀତି ଦେଖିବାକୁ ମିଳେ। ପୁଣି କବିଙ୍କର ବିରାଟ କାବ୍ୟ 'ମାୟାଦେଶ'ରେ ବୀରତ୍ୱ ଓ ସ୍ୱଦେଶ ପ୍ରୀତିର ପରିଚୟ ମିଳିଲେ ମଧ୍ୟ ରୋମାଣ୍ଟିକ୍ ପ୍ରଣୟ ହିଁ ମୁଖ୍ୟ ରୂପେ ପ୍ରତିଭାତ ହୁଏ।

"କବିତ୍ୱର ଭାଷେ ବୀରତ୍ୱ କାହାଣୀ
ଲୋଳ-ପ୍ରେମଧାରେ ପଡ଼ଇ ଝରି
କି କହିବି ମୁହିଁ ପ୍ରବୀଣ ଏ ଭାଷେ,
ଅତୀତେ ସୁମରି ହୁଅଇ ଝୁରି।" (ମାୟାଦେବୀ)

କବି ଏଠାରେ ଯେଉଁ ପ୍ରେମକଥା ବର୍ଣ୍ଣନା କରିଛନ୍ତି ତାହା ଦେହାତୀତର; ଏଥିରେ ଅଛି ବୀରର କର୍ତ୍ତବ୍ୟବୋଧ, ସଂଯମ ଓ ଆଦର୍ଶ। ପୁଣି 'ମାୟାଦେବୀ' କାବ୍ୟରେ ଅତୀତର ବୀରତ୍ୱ ଗାଥା ବର୍ଣ୍ଣନା କରାଯାଇଅଛି।

କେବଳ ନୀଳକଣ୍ଠଙ୍କ କବିତା କାହିଁକି ସତ୍ୟବାଦୀ ଯୁଗର ସମସ୍ତ ଲେଖକଙ୍କର ସତେ ଯେପରି ପ୍ରଥମ ଉଦ୍ଦେଶ୍ୟ ଥିଲା- ଉତ୍କଳର ଗୌରବ ଗାନ କରିବା। ମାନବିକତାର ଭୂୟୋ ବିକାଶ ପାଇଁ ଏ ଯୁଗର ସାହିତ୍ୟିକ ଓ ଚିନ୍ତାନାୟକ ଗଣ ପ୍ରାଣବଳି ଦେବାକୁ କୁଣ୍ଠାବୋଧ କରିନାହାନ୍ତି। ମାନବ ଜୀବନର ପ୍ରତିଟି ପୃଷ୍ଠାକୁ ତନ୍ନତନ୍ନ କରି ସେମାନେ ଦେଖିଛନ୍ତି। ସ୍ନେହ ଓ ଶ୍ରଦ୍ଧାରେ ତାଙ୍କ ହୃଦୟ ଦ୍ୱାରା ଉନ୍ମୁକ୍ତ।

(୨) କୋଣାର୍କର ମୁଖବନ୍ଧ- ମାୟାଧର ମାନସିଂହ

ସତ୍ୟବାଦୀ ସାହିତ୍ୟର ଜାତୀୟ ଚେତନା ଥିଲା ଅଧିକ ବ୍ୟାପକ ଓ କର୍ମମୁଖୀ। ସେମାନଙ୍କର ସମସ୍ତ ସୃଷ୍ଟି ଐତିହାସିକ କୀର୍ତ୍ତି ଉପରେ ପର୍ଯ୍ୟବସିତ। ସେମାନେ ଅତୀତର ଗୌରବକୁ କେବଳ କବିତା ମାଧ୍ୟମରେ ଗାନ କରିନାହାନ୍ତି। ବରଂ ଗଭୀର ଆଶାବାଦୀ ଭାବରେ ଦେଶର ଓ ଜାତିର ଉନ୍ନତି କଥା ଚିନ୍ତା କରିଛନ୍ତି।

"ମିଶୁ ମୋର ଦେହ ଏ ଦେଶ ମାଟିରେ
ଦେଶବାସୀ ଚାଲିଯାନ୍ତୁ ପିଠିରେ
ଦେଶର ସ୍ୱରାଜ୍ୟ ପଥେ ଯେତେ ଗାଡ଼
ପୂରୁ ତହିଁ ପଡ଼ି ମୋର ମାଂସ ହାଡ଼।"

ଉପରୋକ୍ତ ଉଦ୍ଧୃତିରୁ ଜଣାଯାଏ ପଣ୍ଡିତ ଗୋପବନ୍ଧୁ କିଭଳି ଭାବରେ ଦେଶ ଓ ଜାତିକୁ ଭଲ ପାଉଥିଲେ। ସେ ଜାଣିଥିଲେ ଉପଯୁକ୍ତ ପ୍ରେରଣା ପାଇଲେ ଏ ଦେଶର ଲକ୍ଷାଧିକ ସନ୍ତାନ ବାହାରିବେ ଯେଉଁମାନେ କି ପ୍ରକୃତ କର୍ମୀ ରୂପକ ଖଣ୍ଡାଧାରରେ ଚାଲିବାକୁ ଆଗେଇ ଆସିବେ। ଏବଂ ସେହିମାନଙ୍କ ଧୈର୍ଯ୍ୟ ଓ ସାହସ ତଥା ବୀରତ୍ୱ ଦ୍ୱାରା ହିଁ ନୂତନ ଯୁଗର ଇତିହାସ ତିଆରି ହୋଇଯିବ। ତେଣୁ ସେ ଲେଖିଛନ୍ତି ତାଙ୍କର 'ଅବକାଶ ଚିନ୍ତା'ର 'ବାଲିଯାତ୍ରା ସନ୍ଧ୍ୟାରେ ମହାନଦୀ ତୀରରେ'

"ପଦେ ଯେହୁ ଥରେ ସେହୁ ଉଠେ ତ ଆବର
ଶୟନର ଅନ୍ତେ ଯଥା ଆସେ ଉଜାଗର

xxx

ମଞ୍ଚରୁ ଏ ସଂକୀର୍ତ୍ତନ ପବିତ୍ର ଉଚ୍ଛ୍ୱାସ
କର୍ମବୀର ଧର୍ମବୀର ହୁଅନ୍ତୁ ପ୍ରକାଶ।"

ତାଙ୍କର ସେ 'ଅବକାଶ ଚିନ୍ତା'ର 'ଖଣ୍ଡଗିରି ଶିଖରେ', 'କଟକର ଶିଳା ସେତୁ', 'ବାଲିଯାତ୍ରା ସନ୍ଧ୍ୟାରେ ମହାନଦୀ ତିରେ' ଏହିଭଳି ପ୍ରତି କବିତାରେ ଅତୀତ ଉତ୍କଳର କଥା ବର୍ଣ୍ଣିତ।

ଠିକ୍ ସେହିପରି କବି ନୀଳକଣ୍ଠଙ୍କର ଜାତୀୟ ଚେତନା ମୁଖ୍ୟତଃ ଦ୍ୱିବିଧ ପ୍ରକାଶ ଲାଭ କରିଛି। ପ୍ରଥମତଃ କବି ଅତୀତ ଗୌରବ ଓ ବିଭବକୁ ସ୍ମରଣ କରି ସ୍ୱପ୍ନ ମାଧ୍ୟମରେ ଛାତ୍ରମାନଙ୍କୁ ଅତୀତ ବୀରମାନଙ୍କ ଚାରିତ୍ରିକ ମହତ୍ତ୍ୱ, ଅତୀତର ରଣକୌଶଳ, ଶିଳ୍ପ, ବାଣିଜ୍ୟ ଓ ଧର୍ମର ମହତ୍ତ୍ୱ ପ୍ରକ୍ଷାପନ କରିଛନ୍ତି। ଦ୍ୱିତୀୟତଃ ବୀରମାନଙ୍କ ମୁଖରେ ଦେଶ ମାତୃକା ପ୍ରୀତିର ପରିଚୟ ପ୍ରଦାନ କରିଛନ୍ତି। (୪)

(୪) କଳ୍ପନାର ଅଭିଷେକ - ଡକ୍ଟର ପ୍ରତିଭା ଶତପଥୀ - ପୃ:୧୬୬

ନୀଳକଣ୍ଠଙ୍କ 'କୋଣାର୍କେ' କାବ୍ୟଟିରେ ତାଙ୍କର ଜାତୀୟତା ଭାବ ପ୍ରକାଶ ପାଇଛି। ଏହି କାବ୍ୟଟିରେ ଅତୀତ ଉତ୍କଳର ବୀରତ୍ୱ, ଶିଳ୍ପ ନୈପୁଣ୍ୟ କଥା ସ୍ଥାନ ପାଇଛି।

"ଦୀପ୍ତି ମୁଖଶାଳା ଉଠିଛି କୀର୍ତ୍ତି କଙ୍କାଳ ପରି
ପ୍ରତ୍ନ ପୁରୁଷଙ୍କ ପ୍ରେତ ସେ ଏବେ ଦିଶେ ବାହାରି।" (ରାମଚଣ୍ଡୀରେ ରାତି)

ସ୍ୱପ୍ନରେ ହିଁ ଛାତ୍ରମାନେ ଅତୀତର ଗୌରବ ଶ୍ରବଣ କରିଛନ୍ତି। ସେହି ସ୍ୱପ୍ନରେ ହିଁ ନୀଳ ମାଧବ କାନକୁ ଆସନ୍ତି। ପୁଣି ଅଶୋକ ଓ ଖାରବେଳଙ୍କ ରାଜତ୍ୱରେ ଉତ୍କଳ ମହନୀୟ ହୋଇଉଠେ। ପୁଣି ଅତୀତର ଶିଳ୍ପ, ବାଣିଜ୍ୟ, ବୀରତ୍ୱ ଏ ସମସ୍ତ କଥା ସ୍ୱପ୍ନ ମାଧମରେ ହିଁ ଛାତ୍ରମାନେ ଶୁଣନ୍ତି।

ପୁଣି ଖାରବେଳଙ୍କ ଜୟ ବିଜୟ କଥା କବି ବର୍ଣ୍ଣନା କରିଛନ୍ତି -

"ଖାରବେଳ ଭେରୀ ଶୁଭିବ ହିମଜରି ଲଲାଟେ
ପ୍ରତିଧ୍ୱନି ତହିଁ କୁମାରୀ ଦେବେ ସାଗର ତଟେ।"

କବି ନୀଳକଣ୍ଠ ଇତିହାସ ଓ କିମ୍ବଦନ୍ତୀ ଉଭୟକୁ ଉଚ୍ଚ ଆସନରେ ପ୍ରତିଷ୍ଠିତ କରାଇଛନ୍ତି। ତେଣୁ ସେ କାଞ୍ଚି କାବେରୀ ଯୁଦ୍ଧରେ ବର୍ଣ୍ଣନା କରିଛନ୍ତି -

"ଜଗନ୍ନାଥେ ବିଜେ କରିବେ କଳା ତୁରଗ ଚଢ଼ି
ପଦ୍ମାବତୀ ଜିତେ ଆଣିବେ ନୃପ କୂଳ କେଶରୀ।" (ରାମଚଣ୍ଡୀରେ ରାତି)

ପୁଣି ତାଙ୍କ ରଚିତ 'ମାୟାଦେବୀ' କାବ୍ୟରେ ମଧ୍ୟ ଉତ୍କଳର ଚିତ୍ର ଦେଖିବାକୁ ମିଳେ।

"କହ ତେବେ ଶୁଣ ଗ୍ରୀଷମ ବିହାରେ
ଯାଇଥିଲି ଦୂର ସେ ଗଡ଼ଜାତେ
ପ୍ରେତ ଛାୟା ପରି ପୁରାଣ ଉତ୍କଳ
ଉଡ଼େ ଯହିଁ ଏବେ ବିପିନ-ବାତେ।"

ଏଥିରୁ ସ୍ପଷ୍ଟ ପ୍ରତିଭାତ ହୁଏ ଯେ ନୀଳକଣ୍ଠଙ୍କ କବିତାର ଛତ୍ରେ ଛତ୍ରେ ଉତ୍କଳୀୟ ଜାତୀୟତା ଭାବ ଫୁଟି ଉଠିଛି।

ଠିକ୍ ସେହିଭଳି ଗୋଦାବରୀଶଙ୍କ ଗାଥା କବିତା ଗୁଡ଼ିକରେ ଆମେ ଦେଖିବାକୁ ପାଉ ତାଙ୍କର ସ୍ୱଦେଶ ପ୍ରେମ, ଜାତୀୟତା ଭାବ, ମାନବିକତା ବୋଧ, ଗୋଷ୍ଠୀ ଚେତନା ସମ୍ମିଳିତ ଐହିକ ଆଦର୍ଶ। 'ଆଲେଖିକା'ର ସମସ୍ତ କବିତା ଜାତୀୟତା ଦୀପ୍ତ ଅତୀତ ଉତ୍କଳର ଗୋଟିଏ ଗୋଟିଏ ଜୀବନ୍ତ ଓ ନିଖୁଣ ଚିତ୍ର।

"ଚାରଣ କବି ଗୋଦାବରୀଶ ସର୍ବପ୍ରଥମ ସାରସ୍ୱତ ବୀଣାର ତାରରେ ଆମ ଅତୀତର କୀର୍ତ୍ତିଗାଥା ଜଣେ ନିପୁଣ କାବ୍ୟ କଥକ ଭଳି କର୍ଣ୍ଣ ରସାୟନ ସ୍ୱରରେ

ଆମକୁ ଗୁଡ଼ାଇ ଯିବା ପାଇଁ କାବ୍ୟିକ ପ୍ରୟାସ କରିଛନ୍ତି। କେବଳ ଚେଷ୍ଟା ମାତ୍ର ନୁହେଁ ଏଇ ସ୍ୱର ସାଧନାରେ ତାଙ୍କ ଓସ୍ତାଦୀ କଣ୍ଠର ମହିମା ଓ ମାଧୁର୍ଯ୍ୟ ମଧ୍ୟ ପ୍ରକଟିତ। (୭)

କବି ଗୋଦାବରୀଶଙ୍କ ଜାତୀୟ ଚେତନାରେ ଉଦ୍ଦାମ ଜାତି ପ୍ରୀତି, ଦେଶ ପ୍ରୀତି ଓ ଜାତିର ବରପୁତ୍ରମାନଙ୍କ ପ୍ରତି ସମ୍ମାନବୋଧ, ଅତୀତ ଗୌରବର ବିପର୍ଯ୍ୟୟରେ କବିମନର ବ୍ୟାକୁଳତା ଏହି ସବୁ ଭାବ ଦେଖାଦେଇଛି।

କବି ଉତ୍କଳର ଗଜପତିମାନଙ୍କୁ ପ୍ରଶଂସା କରି ଲେଖିଛନ୍ତି -

"ଜାଣି ମେ ଜଗତେ ଯେତେ ଯେ ନୃମଣି
ବଡ଼ ଧନମାନ ବଳେ
ସଭିଙ୍କ ମଉଡ଼ ମଣିଏ ଓଡ଼ିଆ
ଗଜପତି ମହୀ ତଳେ।"

କବି ପୁଣି ଉତ୍କଳର ପବିତ୍ର ଗଙ୍ଗା ନଦୀ ସମ୍ବନ୍ଧରେ ଲେଖିଛନ୍ତି -

"ଆଜି ଗଙ୍ଗା ଏବେବୋହୁଛନ୍ତି ପରା
ଛପି ମହାନଦୀ ସୁଏ
କଳିଯୁଗ ଗଙ୍ଗା ଚିତ୍ରୋତ୍ପଳାକୁ ଲୋ
କିଏ ନ ଚିହ୍ନଇ ଥୟେ।" (କଳାହାପାଡ଼)

ବ୍ୟକ୍ତିମୁଖୀ ମାନବିକତାର ଆଦର୍ଶ ଓ ସ୍ୱାଧୀନତାର ମର୍ମବାଣୀ ଗୋଦାବରୀଶଙ୍କ କବିତାର ପ୍ରଧାନ ଆଭିମୁଖ୍ୟ। ଯେକୌଣସି ଜାତୀୟ ଦୁର୍ଦ୍ଦିନରେ ଆତ୍ମଶକ୍ତିର ଉଦ୍‌ବୋଧନ କରି ଦୁଃଖଭାରା ବହନ ଲାଗି ଦେଶବାସୀଙ୍କ ମନକୁ ପ୍ରସ୍ତୁତ କରିବାକୁ ଏମାନେ ନିଜର ପରମ କର୍ତ୍ତବ୍ୟ ବୋଲି ମନେ କରନ୍ତି। 'ବନ୍ଦୀର ଆତ୍ମବାଣୀ'ରେ କବିଙ୍କର ଏହି ଅଟଳ ଆଦର୍ଶ ସାର୍ଥକ ଭାବରେ ଅଭିବ୍ୟକ୍ତ।

ମାନବୀୟ ପ୍ରେମ, ଜୀବନର ଝଡ଼ଝଞ୍ଜାକୁ ଅକାତରେ ସହିବା ଏସବୁ ଏ ଯୁଗର କବି ପାଇଥିଲେ ଭଗବତ୍ ବିଶ୍ୱାସରୁ। ଭଗବାନଙ୍କ ଉପରେ ବିଶ୍ୱାସ ରଖି ପରମାତ୍ମାଙ୍କୁ ଭଲ ପାଇଥିଲେ। ଭକ୍ତିପୂତ ଆତ୍ମା ସହ ପୂଜାଅର୍ଘ୍ୟ ଅର୍ପଣ କରୁଥିଲେ। ପରମାତ୍ମାଙ୍କ ସହିତ ପ୍ରତ୍ୟକ୍ଷ ସମ୍ପର୍କ ଯୋଡ଼ିବାରେ କଥା ସରଳତା ମାନବର ଚିରନ୍ତନ।

ଚିରଦିନ ଭାବୁକ ରୂପ ସହିତ ଅରୂପର, ସାନ୍ତ ସହିତ ଅନନ୍ତର, ଦୃଶ୍ୟ ସହିତ ଅଦୃଶ୍ୟ ରାଜ୍ୟର ସଂପର୍କ ସ୍ଥାପନ କରି ଆସିଛି। ତେଣୁ ରବୀନ୍ଦ୍ରନାଥ କହିଥିଲେ- "ଆମି ରୂପ୍ ସାଗରେ ଡୁବ୍ ଦିୟେଜ ଅରୂପ ରତନ୍ ଆଶାୟ।" ଆତ୍ମା, ପରମାତ୍ମାର

---

(୭) କାବ୍ୟ ଓ କଳାକାର - ଡ. ଚିନ୍ତାମଣି ବେହେରା, ପୃ-୯୧

ଏହି ମିଳନର ରହସ୍ୟ ପ୍ରାକ୍ ସବୁଜ ସାହିତ୍ୟିକ ପରିବେଶରେ ବେଶ୍ ଗଭୀର ଭାବେ ଆଛନ୍ନ କରି ରଖିଥିଲା। ଭକ୍ତକବି ମଧୁସୂଦନ ରାଓଙ୍କ ରଚନାରେଏହି ଭାବର ପରିଚୟ ମିଳେ। ବାସ୍ତବ ଅପେକ୍ଷା କଳ୍ପନା ଚକ୍ଷୁରେ ସେ ଭଗବତ୍ ସତ୍ତାକୁ ଉପଲବ୍ଧି କରିଛନ୍ତି। "ଜୀବନ ସହିତ ଧର୍ମ ଦର୍ଶନ ଏକାନ୍ତ ସଂଶ୍ଲିଷ୍ଟ ଥିବା ହେତୁ ତାଙ୍କର କଳ୍ପନା ସର୍ବଦା ଈଶ୍ୱରୀୟ ସତ୍ତା ସଂଦର୍ଶନ କରିଛନ୍ତି ଓ ସୃଷ୍ଟିର ସକଳ ପ୍ରକୃତିକ ରୂପରାଜି ଭିତରେ ପରମାତ୍ମାଙ୍କର ଉଜ୍ଜ୍ୱଳ, ସରସ, ଭାବମୂର୍ତ୍ତିକୁ ସ୍ମରଣ କରିଛି।" (୮) 'ନଦୀ ପ୍ରତି', 'ଆକାଶ ପ୍ରତି', 'ପଦ୍ମ', 'ଆଦିକବିତା', 'ହିମାଚଳେ ଉଦୟ ଉତ୍ସବ', 'ଗଙ୍ଗାଧ୍ୱନି' ଆଦି କବିତାକୁ ଆତ୍ମାରେ ପରମାତ୍ମାଙ୍କ ଗଭୀର ଉପଲବ୍ଧିର ନିଦର୍ଶନ ସ୍ୱରୂପ ଗ୍ରହଣ କରାଯାଇପାରେ। ମୃତ୍ୟୁରୁ ଅମୃତ ଚେତନା ପ୍ରତି ତାଙ୍କର ପ୍ରବଣତା ଅଧିକ। ଜୀବନ ପରିପୂର୍ଣ୍ଣ ହୋଇ ଉଠିଛି ସେହି ଅମୃତମୟ ରସରେ, ସମଗ୍ର ସତ୍ତା ଯେପରି ବିଲୀନ ହୋଇଯାଉଛି ସେହି ପବିତ୍ର ରସସାଗରରେ। କବି 'ପଦ୍ମ'ରେ ଅଫୁରନ୍ତ ସୌନ୍ଦର୍ଯ୍ୟ ଦେଖି ମୁଗ୍ଧ ହୋଇ ନାହାନ୍ତି। ପଦ୍ମ ସହିତ ନିଜର ଯୋଗାଯୋଗ ସ୍ଥାପନ କରିଛନ୍ତି।

"ସର୍ବ ଶୋଭାର ସଦ୍ମରେ ପଦ୍ମ, ତୋର
ସଙ୍ଗେ ନିଗୂଢ଼ ଯୋଗ ଅଛଇ ମୋର।"

ପୁଣି କବି ଆତ୍ମା ଓ ପରମାତ୍ମାର ମିଳନରେ ହିମାଚଳ ଉଦୟ ଉତ୍ସବରେ ଲେଖିଛନ୍ତି -

"ଅନନ୍ତ ଅପାର ତବ ପ୍ରାଣେ ପ୍ରାଣ ରାଣ
ମିଳିଛି ନିଭୃତେ ଆଜି ଏ ମୋର ପରାଣ
ଅନନ୍ତ ସଙ୍ଗତେ ମୋର ଅନନ୍ତ ମିଳନ
ମର୍ମେ ମର୍ମେ ପୁଲକିତ ସର୍ବ ଦେହ ମନ।"

ଏ ଭାବ ଧାରା ଚିରନ୍ତନ ସତ୍ୟ, ସମୟର ସୀମା ଅତିକ୍ରମ କରି ଯୁଗରୁ ଯୁଗ ଡେଇଁ ଡେଇଁ ଏଇ ଶାଶ୍ୱତ ଚିନ୍ତାଧାରା ସଂଚରି ଯାଇଛି ସତ୍ୟବାଦୀ ଯୁଗକୁ।

ଗୋପବନ୍ଧୁଙ୍କ ସାହିତ୍ୟର ଅନ୍ତଃସ୍ୱର ମଧ ଠିକ୍ ସେଇଆ। ଆତ୍ମା ସହିତ ପରମାତ୍ମାର ଅନ୍ତରଙ୍ଗ ମିଳନ ତାଙ୍କର ଅଧିକାଂଶ କବିତା ପାଠକଲେ ଜଣାଯାଏ। କ୍ଷୀର ନୀରର ସଂପର୍କ ଭଳି ଗୋପବନ୍ଧୁ ସାହିତ୍ୟରେ ମିଶି ରହିଛି ଭଗବତ୍ ସତ୍ତା। ମାନବ ସେବା ହିଁ ଭଗବାନଙ୍କ ସେବା। ଏବଂ ମାନବ ଯେ ସେହି ମହାନ୍ ସତ୍ତାର ଜୀବନ୍ତ ପ୍ରତିମୂର୍ତ୍ତି ଗୋପବନ୍ଧୁ ତାହା ମର୍ମେ ମର୍ମେ ଉପଲବ୍ଧି କରିପାରିଥିଲେ। ମଧୁସୂଦନଙ୍କ ପରି

(୮) କଳ୍ପନାର ଅଭିବ୍ୟକ୍ତ - ଡକ୍ଟର ପ୍ରତିଭା ଶତପଥୀ, ପୃ-୯୮

ଏକ ଗଭୀର ଦାର୍ଶନିକ ଚିନ୍ତାଧାରା ଗୋପବନ୍ଧୁ କବିତାରେ ଦେଖା ନ ଗଲେ ହେଁ ସେ ଖୁବ୍ ସହଜ ଓ ସରଳ ଭାବରେ ମାନି ନେଉଛନ୍ତି ତାଙ୍କ କବିତାରେ ସେହି ଈଶ୍ୱରୀୟ ସତ୍ତାକୁ। ସେ ଆତ୍ମା ଓ ପରମାତ୍ମାଙ୍କ ମିଳନକୁ ଗୁରୁତ୍ୱ ଦେଇଛନ୍ତି। ତାଙ୍କ ରଚିତ 'ଧର୍ମପଦ' କବିତାରେ ଧର୍ମପଦର ଆତ୍ମା ମଧ୍ୟରେ ସେ କବି ଆତ୍ମାକୁ ପ୍ରତିଫଳିତ କରାଇଛନ୍ତି।

"ଜଳ ସ୍ଥଳ ନଭ ହେଲା ଏକ ଭାବ ଲିଭିଗଲା ବିଚିତ୍ରତା
ଅନନ୍ତ ଅଭେଦ, ପରମ ନିର୍ବେଦ ବ୍ୟକ୍ତ ବିଶ୍ୱ ମହାସତ୍ତା।"

xxx

ମୁହୂର୍ତ୍ତକେ ପୁଣି ସେ କ୍ଷୁଦ୍ର ହୃଦୟେ ସଂକୁଚିତ
ବିଶ୍ୱସାରା ଭିତରେ ବାହାର କଲା ଏକାକାର, ଅମୃତ ସଙ୍ଗୀତ ଧାରା।"

'କାହିଁ ଅଛ', 'ଆହା ଚାଲିଗଲେ', କବିତା ଦୁଇଟିରେ ପରମ ପାଇଁ ଆତ୍ମାର ଚିରନ୍ତନ ବ୍ୟାକୁଳତା ଫୁଟି ଉଠିଛି।

"କାହିଁ ଅଛି ନାଥ ପରାଣ ଦେବତା
ଦେଖାଦିଅ ମତେ ଥରେ ହେ
ଭବପାରାବାରେ ବିଷମ ପ୍ରହାରେ
ଏ ହୃଦୟ ମୋର ଥରେ ହେ।" (କାହିଁ ଅଛ)

ଏହି ଅଧ୍ୟାତ୍ମିକ ଭାବଧାରାଟି ନୀଳକଣ୍ଠଙ୍କୁ ସାହିତ୍ୟରେ ମଧ୍ୟ ଦେଖିବାକୁ ମିଳେ। କିନ୍ତୁ କୌଣସି ଗତାନୁଗତିକ ଧର୍ମ ଚେତନା ବା ପାର ଲୌକିକ ଚିହ୍ନା ହେଉ ନୀଳକଣ୍ଠଙ୍କର କବିତାର ଜଗତ ଭାରାକ୍ରାନ୍ତ ନୁହେଁ। "ସେ ବିଜ୍ଞାନର ଆଲୋକରେ ପ୍ରକୃତି ପୂଜକର ବାସ୍ତବ ଦୃଷ୍ଟିପାତର ଆଧାତ୍ମିକ ଆଦର୍ଶର ପ୍ରତିଷ୍ଠା ଚାହିଁଛନ୍ତି। ମନୁଷ୍ୟର ସ୍ଥାନ ସମସ୍ତ ଅଚେତନ ପଦାର୍ଥ ଓ ସଚେତନ ଜୀବଜଗତର ଊର୍ଦ୍ଧ୍ୱରେ ପ୍ରତିଷ୍ଠିତ। ଏହି ପ୍ରତିଷ୍ଠା ମୂଳରେ ଅଛି ଏକ ଅନନ୍ତ ସତ୍ତାର ଉପଲବ୍ଧି। ଯାହା ନିରନ୍ତର ନିଜର ଅନୁଭୂତି, ଶୁଭ ବୁଦ୍ଧି ଓ ଶୁଭ କର୍ମ ଅନୁଷ୍ଠାନ ମଧ୍ୟରେ ମନୁଷ୍ୟ ନିଜ ଭାବଜଗତରେ ପ୍ରତିଷ୍ଠା କରେ। ଏହି ବିଶ୍ୱାସରେ ହିଁ ତାଙ୍କର ଆଧାତ୍ମିକତାର ପ୍ରତିଷ୍ଠା। (୭) ସତ୍ୟବାଦୀ କବିଗଣ ଜାଣିଥିଲେ ମନୁଷ୍ୟ ବିଧାତାର ନିର୍ଦ୍ଦେଶରେ ହିଁ ପରିଚାଳିତ। ଯେଉଁଠି ସଦ୍‌ବୁଦ୍ଧି, ବିବେକ, କର୍ମନିଷ୍ଠା, ସତ୍ୟ ପ୍ରେମ ଓ ଆତ୍ମବିଶ୍ୱାସ ବଳବତ୍ତର ହୋଇଉଠେ, ସେହିଠାରେ ଭଗବାନ ନିଜ ରୂପ ପରିଗ୍ରହ କରନ୍ତି ଏବଂ ଯେଉଁଠି ବିପରୀତତା ଦେଖାଯାଏ ସେଠାରେ ଇଚ୍ଛାମୟଙ୍କ ଇଚ୍ଛାରେ ବିପ୍ଳବୀରୂପୀ ପ୍ରଳୟ ସୃଷ୍ଟି ହୁଏ। ତେଣୁ ସଦାସର୍ବଦା ସତ୍‌ଗୁଣ,

(୭) ଆଧୁନିକ ଓଡ଼ିଆ କାବ୍ୟଧାରା - ଡକ୍ଟର ନରେନ୍ଦ୍ର ନାଥ ମିଶ୍ର

ସତ୍‌କର୍ମରେ ନିଜକୁ ନିୟୋଜିତ କରିବା, ଧର୍ମପାଳନ କରିବା ଥିଲା ସତ୍ୟବାଦୀ ଗୋଷ୍ଠୀର ଧର୍ମ। ଏହା ହିଁ ଥିଲା ସତ୍ୟବାଦୀ କାବ୍ୟାଦର୍ଶ।

ପ୍ରାକ୍ ସବୁଜ ସାହିତ୍ୟରେ ଆଉ ଯେଉଁ ଦୁଇଟି ଆଭିମୁଖ୍ୟ ଦେଖିବାକୁ ମିଳେ ସତ୍ୟବାଦୀ କବିତାରେ ମାନବିକତା ବୋଧ ଓ ପଲ୍ଲୀ ଚେତନା।

ମାନବିକତାବୋଧ ସେଇଠାରେ ଆସିଥାଏ ଯେଉଁଠାରେ ମନୁଷ୍ୟର ହୃଦୟକୁ ଜିଣିହୁଏ। ଗୋଟିଏ ମାନବ ଆଉ ଗୋଟିଏ ମାନବର ହୃଦୟକୁ ବୁଝିବାକୁ ଚେଷ୍ଟା କରେ। ସେହିଭଳି ଦରଦୀ ମାନବବାଦୀ କବି ଗୋପବନ୍ଧୁ ତାଙ୍କ ହୃଦୟର ନିଭୃତ କୋଣରେ ତନ୍ନତନ୍ନ କରି ପରୀକ୍ଷା କରିଥିଲେ ମନୁଷ୍ୟକୁ। ସେ ଈଶ୍ୱରୀୟ ସତ୍ତା ମଧ୍ୟରେ ମନୁଷ୍ୟକୁ ଦେଖିବାକୁ ପାଇଥିଲେ ଏବଂ ମନୁଷ୍ୟ ମାଧ୍ୟମରେ ହିଁ ଈଶ୍ୱରୀୟ ସତ୍ତା ଉପଲବ୍ଧି କରି ପାରିଥିଲେ। ସେ ପ୍ରତ୍ୟେକ ମନୁଷ୍ୟର ସୁଖ ଦୁଃଖ ସହ ନିଜକୁ ତିଳ ତିଳ କରି ମିଶାଇ ଦେବାକୁ ଚାହୁଁଥିଲେ। ଗୋପବନ୍ଧୁଙ୍କର ପ୍ରତ୍ୟେକ କାବ୍ୟ-କବିତାକୁ ଅନୁଧ୍ୟାନ କଲେ ଜଣାଯାଏ ବିଶ୍ୱ ବେଦନାର ତୀବ୍ର ପ୍ରତିକ୍ରିୟା ହିଁ ତାଙ୍କ କବିତ୍ୱକୁ ନୂତନ ଜୀବନ୍ୟାସ ଦେଇଥିଲା। ତେଣୁ ଡକ୍ଟର ଗୋପାଳ ଚନ୍ଦ୍ର ମିଶ୍ରଙ୍କ ମତରେ- "ତାଙ୍କ କବିତା ସୃଷ୍ଟିର ଏକମାତ୍ର ପ୍ରେରଣା ହେଲା ମାନବୀୟ ଆବେଗ ଓ ଦାରିଦ୍ର୍ୟ ଶୋକ ଜର୍ଜରିତ ସମାଜ ପ୍ରତି ସହାନୁଭୂତି।" ତାଙ୍କ କବିତାରେ ମନୁଷ୍ୟର ବ୍ୟଥା ବେଦନା ଛତ୍ରେ ଛତ୍ରେ ଉଦ୍‌ଭାସିତ ହୋଇଉଠିଛି। ବ୍ୟକ୍ତି ଓ ଦେଶ ଏ ଦୁଇଟି କଥା ତାଙ୍କ କବିତାରେ ସର୍ବତ୍ର ଦେଖାଦେଇଛି। ସେ ସବୁବେଳେ ଓଡ଼ିଶାର ଜନମାନସର କଥା ବର୍ଣ୍ଣନା କରିଛନ୍ତି। କେଉଁଠାରେ ଓଡ଼ିଶାର ମାନବକୁ ତାଙ୍କ କାବ୍ୟରେ ଐତିହାସିକ ବୀରର ସ୍ଥାନ ଦେଇଛନ୍ତି ତ କେଉଁଠାରେ ସାମାନ୍ୟ ମାନବଟିଏ କରି ତୋଳିଛନ୍ତି। ଗୋପବନ୍ଧୁ ଅତୀତ ଓଡ଼ିଶାର ଗୌରବ, ଆଦର୍ଶକୁ ତାଙ୍କ କାବ୍ୟ କବିତାରେ ସ୍ଥାନ ଦେଇଛନ୍ତି। ଅତୀତ ସମାଜର ଆଦର୍ଶ, ପୂର୍ବସୂରୀମାନଙ୍କର ସହାନୁଭୂତି ସ୍ନେହଶୀଳତା ଉଦାର ମନୋଭାବକୁ ଗୋପବନ୍ଧୁ ମର୍ମେ ମର୍ମେ ଉପଲବ୍ଧି କରିଛନ୍ତି। ସେଥିପାଇଁ ତାଙ୍କ କବିତାରେ ଉତ୍ତମ ପୁରୁଷ ଓ ବଳିଷ୍ଠ ବ୍ୟକ୍ତିତ୍ୱର ସନ୍ଧାନ ମିଳିଥାଏ।

ଗୋପବନ୍ଧୁଙ୍କ କାବ୍ୟ ପଠନ କଲେ ଆମେ ଭଗବତ୍ ବିଶ୍ୱାସ ଓ ମାନବ ପ୍ରେମ ଦେଖିବାକୁ ପାଉ। ଏହି ମାନବ ପ୍ରେମ ପୁଣି ବିଭିନ୍ନ ଭାବରେ ସେ ରୂପାୟିତ କରୁଥିଲେ ତାଙ୍କ କାବ୍ୟ କବିତାରେ। କେତେବେଳେ ଏହି ମାନବପ୍ରେମ ରାଜନୀତିକ ପରିବେଶରେ ତ କେତେବେଳେ ସାମାଜିକ ବେଷ୍ଟନୀରେ। ତେଣୁ ଏଥିରୁ ବିଚାର କଲେ ଜଣାଯାଏ ପ୍ରାଚୀନ ଯୁଗର ବ୍ୟାସ, ବାଲ୍ମୀକି, ହୋମର ପ୍ରଭୃତି ଯେଉଁଭଳି ଭାବରେ ମାନବିକତାର ପ୍ରତିଷ୍ଠା ପାଇଁ ଲେଖନୀ ଚାଳନା କରିଥିଲେ, ଗୋପବନ୍ଧୁ ମଧ୍ୟ

ତାଙ୍କ ଲେଖନୀ ଏହି ମଣିଷ ପାଇଁ ଧାରଣ କରିଥିଲେ। ସେ ମାନବକୁ ଭଲ ପାଉଥିଲେ। ସେ କହୁଥିଲେ ମୋ ରକ୍ତମାଂସ ମାଟିରେ ମିଶିଯାଇ ଯଦି ଦେଶରେ ପରାଧୀନତା ରୂପକ ଗାତ ପୋତିହୋଇ ପ୍ରକୃତ ଦରଦୀ ଭଲ ମନୁଷ୍ୟଟିଏ ଗଢ଼ାଯାଇ ପାରିବ ତେବେ ମୁଁ ମୋର ମାଂସ ହାଡ଼ ମାଟିରେ ମିଶାଇ ଦେବାକୁ ଚାହେଁ। ସେ କହୁଥିଲେ -

"ମିଶୁ ମୋର ଦେହ ଏ ଦେଶ ମାଟିରେ
ଦେଶବାସୀ ଚାଲି ଯାନ୍ତୁ ପିଠିରେ
ଦେଶର ସ୍ୱରାଜ ପଥେ ଯେତେ ଗାଡ଼
ପୂରୁ ତହିଁ ପଡ଼ି ମୋର ମାଂସ ହାଡ଼।"

ଏତେ ବଳିଷ୍ଠ ଲେଖା ଗୋପବନ୍ଧୁଙ୍କ ବ୍ୟତୀତ ଅନ୍ୟ କେ ବା ଲେଖିପାରିବ? ଗୋପବନ୍ଧୁଙ୍କ 'କାରା କବିତା', 'ବନ୍ଦୀର ଆତ୍ମକଥା', 'ଅବକାଶ ଚିନ୍ତା' ପ୍ରଭୃତି ପୁସ୍ତକ ଅନ୍ତର୍ଗତ କବିତା ଗୁଡ଼ିକରେ ଗୋପବନ୍ଧୁ ମାନବିକତାର ଯେଉଁ ଚିତ୍ର ଦେଇଛନ୍ତି, ତାହା ଓଡ଼ିଆ ସାହିତ୍ୟରେ ସ୍ୱର୍ଣ୍ଣାକ୍ଷରରେ ଲିପିବଦ୍ଧ ହୋଇ ରହିଛି, ରହିଥିବ ମଧ୍ୟ। କବି କେତେବେଳେ ଗୃହସ୍ଥ ତ କେତେବେଳେ ସନ୍ନ୍ୟାସୀ ପୁଣି କେତେବେଳେ ସମାଜସେବକ। (୧)

କେତେବେଳେ ଦରଦୀ ସାଧାରଣ ବ୍ୟକ୍ତି ଭାବେ ଦେଖା ଦେଇଛନ୍ତି। ସେ ଲେଖିଛନ୍ତି-

"ଉତ୍କଳ ବାସୀର ଦେଖି ଏ ଦୁର୍ଗତି
ଦାରୁଭୂତ କି ହେ ନୀଳାଚଳ ପତି!
ମାତ୍ର ବୁଝ ଭାଇ ହେଲେ ଧର୍ମବଳ
ନବ ତେଜେ ପୁଣି ଜାଗିବ ଉତ୍କଳ।"

ଲୋକଙ୍କ ମନରେ ଜାତୀୟତା ଭାବର ଉଦ୍ରେକ ପାଇଁ ସେ ସମାଜର ପ୍ରତି ସ୍ତରର ଦୁଃଖ, ଦୁର୍ଦ୍ଦଶାକୁ ଜନମାନସ ସମ୍ମୁଖରେ ପହଞ୍ଚାଇବାକୁ ସର୍ବଦା ବ୍ୟାକୁଳ ହୋଇ ଉଠିଥିଲେ। ଗାଁର ସାଧାରଣ ଚାଷୀଟିଏ ପାଇଁ ଗୋପବନ୍ଧୁଙ୍କର ପ୍ରତିକ୍ରିୟା ନିମ୍ନରେ ବର୍ଣ୍ଣିତ ହେଲା-

"କେତେକେତେ ଚାଷୀ ଭଲ ଭଲ ଲୋକ
ନ ପାନ୍ତି ଦି ଓଳା ପେଟପୂରା ଢୋକ;
ଥିଲେ ଯେଉଁ ମଲ୍ଲ ଉତ୍କଳ ସୈନିକ,

---

(୧) ଗୋପବନ୍ଧୁଙ୍କ ସାହିତ୍ୟ ଓ ଜୀବନ ଦର୍ଶନ - ଡକ୍ଟର ଗୋପାଳ ଚନ୍ଦ୍ର ମିଶ୍ର - ପୃ:୭୫

ପାଇକ ପ୍ରଧାନ ମାଗୁଛନ୍ତି ଭିକ,
ଦେହେ ନାହିଁ ମାଂସ ଦୋହଲୁଛି କଣ୍ଠା,
ଅନାହାରେ ଆହା ନ ଉଠଇ ଅଣ୍ଟା,
ଅର୍ଜନ୍ତି ଯା ତୁଣ୍ଡେ ମାରି ମୁଣ୍ଡଝାଳ
ଦୁଷ୍ଟ ମହାଜନ ଗ୍ରାମ କଟୁଆଳ,
ପ୍ରଜା ରକ୍ତ ଶୋଷି କେତେ ଜମିଦାର
ହରାନ୍ତି ସର୍ବସ୍ୱ ବଜାଇ ପାହାର।"

ଭାରତର ଜାତୀୟ କଂଗ୍ରେସ ଆନ୍ଦୋଳନରେ ଗୋପବନ୍ଧୁଙ୍କର ଭୂମିକା ଅନବଦ୍ୟ। ଗୋପବନ୍ଧୁ ଓ ଦେଶ ସେତେବେଳେ ପରସ୍ପର ସର୍ବଦା ଏକାକାର ହୋଇ ରହିଥିଲେ। ଗୋପବନ୍ଧୁ ସେତେବେଳେ ଦେଶକୁ ଭୁଲିଯାଇ ନ ଥିଲେ କିମ୍ବା ଦେଶ ସେତେବେଳେ ଗୋପବନ୍ଧୁଙ୍କ ଦରଦପୂର୍ଣ୍ଣ କବିତାଗୁଡ଼ିକୁ ଭୁଲିପାରି ନ ଥିଲା। ସେ ହିଁ ପ୍ରକୃତରେ ବୁଝିଥିଲେ ଦେଶ-ଦେଶର ସମ୍ପର୍କ, ଜାତି-ଜାତିର ସମ୍ପର୍କ, ବ୍ୟକ୍ତି-ବ୍ୟକ୍ତିର ସମ୍ପର୍କକୁ। ସେ ସଦା ସର୍ବଦା ପାପ-ପୁଣ୍ୟ, ନ୍ୟାୟ-ଅନ୍ୟାୟକୁ ତାଙ୍କ ଦରଦୀ ହୃଦୟୟରେ ବିଚାର କରୁଥିଲେ। ସେଥିପାଇଁ ସେ ମନୁଷ୍ୟକୁ ଏତେ ଭଲପାଇଥିଲେ। ସତ୍ୟବାଦୀର ସେଇ ବକୁଳ ଛୁରିଅନା କୁଞ୍ଜତଳେ ସତ୍ୟବାଦୀ ବିଦ୍ୟାଳୟ ପ୍ରତିଷ୍ଠା କରି ନିଜ ହାତରେ ଛାତ୍ରମାନଙ୍କୁ ମଣିଷ ପରି ମଣିଷଟିଏ କରି ଗଢ଼ିବାକୁ ଚେଷ୍ଟା କରିଥିଲେ। ନିଜେ ନାନାଦି ସୁଖଦୁଃଖ ସହ୍ୟ କରି ଅନ୍ୟର ମଙ୍ଗଳ କାମନା କରୁଥିଲେ। କ୍ଷୁଧାର୍ତ୍ତ ଓ ସର୍ବହରା ମଣିଷ ପାଇଁ ଗୋପବନ୍ଧୁଙ୍କର କବିତାଗୁଡ଼ିକ ବରାବର ଉଦ୍ଦିଷ୍ଟ ଥିଲା। ନିଜ ସ୍ୱାର୍ଥକୁ ସଦାସର୍ବଦା ଜଳାଞ୍ଜଳି ଦେବାକୁ ସେ କହୁଥିଲେ। ସେ ଜୀବନକୁ ପ୍ରତ୍ୟାଖ୍ୟାନ ନ କରି ବରଂ ଜୀବନକୁ ସଦାସର୍ବଦା ଅନୁସନ୍ଧାନ କରୁଥିଲେ। ସେ ଲେଖିଥିଲେ -

"ନିଜ ସ୍ୱାର୍ଥ ଲାଗି
ଜାତ ନୁହେଁ ହିନ୍ଦୁ
ବିଶ୍ୱ ହିତେ ହିନ୍ଦୁ
ପ୍ରତି ରକ୍ତ ବିନ୍ଦୁ।"

ଗୋପବନ୍ଧୁ ସବୁବେଳେ ସହାନୁଭୂତିଶୀଳ ଥିଲେ। ସାଧାରଣ ଶ୍ରମିକ, କୃଷକ ଏବଂ ସର୍ବହରା ଶ୍ରେଣୀର ପୀଡ଼ିତ ବ୍ୟକ୍ତିର ଜୀବନ ରହସ୍ୟ ଉଦ୍‌ଘାଟନ କରି ସେ ଯେପରି କାବ୍ୟ କବିତା ଲେଖିଯାଇଛନ୍ତି ତାହା ଓଡ଼ିଆ ସାହିତ୍ୟର ଅନ୍ୟତମ ଅନବଦ୍ୟ କୃତି। ସେ ତାଙ୍କ କବିତାରେ ସ୍ନେହ, ଦୟା, ମାୟା, କ୍ଷମା, ସାନ୍ତ୍ୱନା, ମମତାକୁ ଖୁବ୍ ପ୍ରାଧାନ୍ୟ ଦେଇଛନ୍ତି। ସେ ଲେଖିଛନ୍ତି -

"ସର୍ବେ ଆମ୍ଭେ ଏକ
ଈଶ୍ୱର ସନ୍ତାନ
ସାଧୁ ବିଶ୍ୱହିତ
ତେଜ ଅଭିମାନ।"

ସେ ସର୍ବଦା କହୁଥିଲେ ସେହିମାନେ ନାରାୟଣ, ଯେଉଁମାନେ ପ୍ରତି ମୁହୂର୍ତ୍ତରେ ସମାଜର ଦଳିତ, ଶୋଷିତ ଓ ନିର୍ଯାତିତ। ତେଣୁ ଯଥାର୍ଥରେ ଡକ୍ଟର ଗୋପାଳ ଚନ୍ଦ୍ର ମିଶ୍ର କହିଛନ୍ତି- "ଗୋପବନ୍ଧୁଙ୍କ ପରି ଦରଦୀ କବିର କର୍ତ୍ତବ୍ୟ ସମାଜର ଦୁଃଖ ଦୁର୍ଦ୍ଦଶାରେ ନିଜକୁ କ୍ଷତବିକ୍ଷତ କରିବା। ତାହା କ'ଣ ପ୍ରତ୍ୟେକ ଦରଦୀ କବିତାର କର୍ତ୍ତବ୍ୟ ନୁହେଁ କି ?"

ସତ୍ୟବାଦୀ ଯୁଗର ଅନ୍ୟତମ ସାଧକ କବି ଗୋଦାବରୀଶଙ୍କ ପ୍ରତ୍ୟେକ ଲେଖାରେ ମାନବବାଦୀ କାରୁଣ୍ୟର ପରିଚୟ ମିଳେ। ତାଙ୍କ ଲିଖିତ 'ଆଲେଖିକା'ରେ ମାନବବାଦୀର ପରିଚୟ ପାଇଥାଉ। 'ଚୟନ'ରେ ସେ ଲେଖିଛନ୍ତି କେତୋଟି ପଙ୍କ୍ତି ନିମ୍ନରେ ବର୍ଣ୍ଣିତ ହେଲା -

"ବାଲି ଧୂଳି ମାଟି ପଙ୍କେ ଗଢ଼ା ସିନା
ସରଗୁ ବଡ଼ ଏ ଜନମ ଭୂଇଁ
କିପରି ଦେଖିବି ହରି ନେବ ପର
ଏ ପିଣ୍ଡ ବାବୁରେ ପରାଣ ଥାଇ।"

ପୁଣି ଏକ ପଙ୍କ୍ତି - (ଆଲେଖିକାର) (୦)

"ବଡ଼ ହୀନିମାନି ଆମ ଘର ଦଶା ଶୁଣିଲେ ଫାଟଇ ବୁକୁ
ଚଉଖଣ୍ଡ ହୋଇ ଓଡ଼ିଶା ଦେଶରେ ପଡ଼ି ହୁଏ ଦୁକୁଦୁକୁ।"

x x x

"ବଣ ପରବତ ନଈ ପଦାବିଲେ ତରଳ ସରଗ ପ୍ରାୟେ
ଆମ ଏ ଓଡ଼ିଶା ଜନମ ଭୂଇଁଲୋ ଦେବୁ ମନେ ଥିବ ଥୟେ।"

କବି ଗୋଦାବରୀଶ ଦେଶ ପାଇଁ, ଜାତି ପାଇଁ ଓ ସାଧାରଣ ମଣିଷର ଜୀବନ ପାଇଁ ଯାହା କହିଯାଇଛନ୍ତି ତାହାହିଁ ତାଙ୍କ କାବ୍ୟରାଜ୍ୟକୁ ଯଥେଷ୍ଟ ଗୌରବ ଆଣି ଦେଇଛି। "ତାଙ୍କର କାବ୍ୟଶିଳ୍ପ କେଉଁଠି ଜାତୀୟତାର ଗୌରବ ଦୀପ୍ତିରେ ଉଦ୍ଭାସିତ ତ କେଉଁଠି ଜୀବନର ଅଶ୍ରୁ ବ୍ୟଥା ସହିତ ଏକାତ୍ମ ହୋଇ ତାଙ୍କର ଶିଳ୍ପ କାରୁଣ୍ୟ ରସରେ ଅଭିଷିକ୍ତ।"

---

(୦) କାବ୍ୟ ଓ କଳାକାର - ଚିନ୍ତାମଣି ବେହେରା, ପୃ:୯୦

ପ୍ରାକ୍ ସବୁଜ ସାହିତ୍ୟିକ ଆଭିମୁଖ୍ୟ ମଧ୍ୟରେ ପଲ୍ଲୀଚେତନା କହିଲେ ସାଧାରଣତଃ ନନ୍ଦକିଶୋର ବଳଙ୍କୁ ବୁଝାଏ। ନନ୍ଦକିଶୋର ହିଁ ସର୍ବପ୍ରଥମେ ପଲ୍ଲୀ ଜୀବନକୁ ତାଙ୍କ ସାରସ୍ୱତ ସୃଷ୍ଟିର ପ୍ରଧାନ ଉପଜୀବ୍ୟ ଭାବରେ ଗ୍ରହଣ କରିଥିଲେ।

ପଲ୍ଲୀ ଜୀବନର ବିଶିଷ୍ଟ ଚାହାଣି, ତାର ସରଳ, ମଧୁର ଅଳଙ୍କାରହୀନ ପ୍ରାକୃତିକ ଭାଷା, ଭାବପ୍ରକାଶର ସ୍ୱାଭାବିକତା, ପଲ୍ଲୀର ପ୍ରବଚନ, ଢଗଢମାଳି, ସଙ୍ଗୀତ ତଥା ଛନ୍ଦର ଅପୂର୍ବ ଗୀତି-ନିର୍ଝର ଏ ସମସ୍ତଙ୍କ ସହଯୋଗରେ ପ୍ରତିଭାବାନ୍ କବି ଏପରି ଏକ ସାହିତ୍ୟ ସୌଧ ନିର୍ମାଣ କଲେ ଯାହାର ଅନ୍ତଃପ୍ରକୃତି ଆଧୁନିକ ଓଡ଼ିଆ କବିତା ସାହିତ୍ୟରେ ହେଲା ସମ୍ପୂର୍ଣ୍ଣ ଅଭିନବ, ଖାନ୍‌ଦାନ୍ କାବ୍ୟ ସଂସାର ଭିତରେ ଏ ସୃଷ୍ଟି ଏକ ବିରାଟ ବ୍ୟତିକ୍ରମ। (୧୦) ରାଧାନାଥ ଯୁଗରେ ଅନ୍ୟତମ ବରେଣ୍ୟ କବି କଥାସମ୍ରାଟ ଫକୀରମୋହନ ସେନାପତିଙ୍କ କଥା ସାହିତ୍ୟରେ ସୁରଭିତ ହୋଇଥିଲା ଓଡ଼ିଶା ପଲ୍ଲୀର ବହୁବିଧ ଚିତ୍ର। କିନ୍ତୁ ନନ୍ଦକିଶୋରଙ୍କ ଗୀତିକବିତାରେ ଏହି ପଲ୍ଲୀର ଚିତ୍ର ଜୀବନ୍ତ ହୋଇ ଉଠିଛି। ନନ୍ଦକିଶୋର ସଚେତନ ଭାବରେ କବି ୱାର୍ଡସ୍‌ୱର୍ଥଙ୍କ ଦ୍ୱାରା ପ୍ରଭାବିତ ହୋଇଥିଲେ। ତେଣୁ ଖଣ୍ଡ କବିତା ରଚନା ଓ ପ୍ରକୃତିର ଶୋଭା ସନ୍ଦର୍ଶନ ତାଙ୍କ କବିତା ରଚନାର ପ୍ରଧାନ ଆଭିମୁଖ୍ୟ ହୋଇଥିଲା।

ନନ୍ଦକିଶୋର କେବଳ ପଲ୍ଲୀପ୍ରିୟ ନ ଥିଲେ। ସେ ମଧ୍ୟ ଥିଲେ ପଲ୍ଲୀପ୍ରାଣ। ସେ ଭାଷା ଓ ଭାବରେ ଉତ୍କଳର ସାଧାରଣ ଜନତାଙ୍କୁ ଅଥବା ପଲ୍ଲୀବାସୀଙ୍କୁ ଗ୍ରହଣ କରିନେଇଥିଲେ। ଛତୁ ତୋଳୁଥିବା ପିଲା, ଜାଳେଣି ଭାଙ୍ଗୁଥିବା ବୋହୂ, ଭିକ ମାଗୁଥିବା ନାଥ, କେଳା, କେଳୁଣୀ, କାକୁ ତଣ୍ଡୁଳ ଦାନ, ରାଜପଥରେ ବାଟୋଇର ଗମନ, ନାଥର କେନ୍ଦରା, ଗ୍ରାମ-ପୁଷ୍କରିଣୀ, ପଲ୍ଲୀ ସୀମନ୍ତିନୀମାନଙ୍କର ସ୍ନାନ, ଗୋପାଳୁଣୀର ଦୁଧ ଦହି, ଗ୍ରାମ ଦୋକାନୀର ତେଲଲୁଣ ଓ ଗୁଡ଼ିଆଣୀର ମୁଢ଼ି ବିକ୍ରୟ, ଗ୍ରାମ ଭାଗବତ ଘରର ମହତ୍ତ୍ୱ, ଜମିଦାର ଜୀବନଧାରା, ଗ୍ରାମ୍ୟ ମହାଜନମାନଙ୍କର ବ୍ୟବସାୟ, ଗ୍ରାମର ଆଖଡ଼ା, ପରସ୍ପର କଳହରତ ଗ୍ରାମ୍ୟ ରମଣୀ ଇତ୍ୟାଦି ପଲ୍ଲୀର ନିତ୍ୟ ନୈମିତ୍ତିକ ଚିତ୍ର ତାଙ୍କ ଲିଖିତ 'ପଲ୍ଲୀ ଚିତ୍ର ପ୍ରଥମ ଭାଗ' ଓ 'ପଲ୍ଲୀ ଚିତ୍ର ଦ୍ୱିତୀୟ ଭାଗ'ରେ ଦେଖିବାକୁ ମିଳେ। ସେହିପରି 'ଗ୍ରାମଖଳା', 'ଗ୍ରାମ ଚାଟଶାଳୀ', 'ଗ୍ରାମ ମହାଦେବ', 'ପଲ୍ଲୀର ବାଣିଜ୍ୟ', 'ଗ୍ରାମ ହାଟ' ଇତ୍ୟାଦି ନିଖୁଣ ଭାବେ ବର୍ଣ୍ଣିତ।

"ମିଟି ମିଟି ଆଖି ନୂଆ ବୋହୂଟିଏ ସଜାଡୁଥିଲା ଜାଳେଣି
ବାଡ଼ ଉହାଡ଼ରୁ କୁଆ ମଇତାଟି ତୋଳୁଥିଲା ତା ସଙ୍ଗିନୀ।"

(ପଲ୍ଲୀ ଚିତ୍ର - ପ୍ରଥମ ଭାଗ - ପୃ-୧୦୮)

---

(୧୦) କାବ୍ୟ ଓ କଳାକାର, ଚିନ୍ତାମଣି ବେହେରା, ପୃ:୯୦

xxx

ପଲ୍ଲୀ-କନ୍ୟା-ସରଳ-ଆନନ୍ଦ
ଯୌବନର ପ୍ରେମ ମଧୁ ପଲ୍ଲୀବଧୂ
ତରଳ ଅପାଙ୍ଗେ ଆହା କିବା ମନଲୋଭା।

(ନନ୍ଦ କିଶୋର ରତ୍ନାବଳୀ - ଦ୍ୱିତୀୟ ସଂସ୍କରଣ - ପୃ:୨)

ସେହିଭଳି ନନ୍ଦକିଶୋରଙ୍କ କବିତାକୁ ଲୋକଗୀତ ଯଥେଷ୍ଟ ଉପାଦାନ ଯୋଗାଇଛି। ପିଲାକୁ ଶୁଆଉ ଶୁଆଉ କେତେବେଳେ ମା' ଗାଇଛି ତ କେତେବେଳେ ବର୍ଷୁକୀ ମେଘକୁ ଦେଖି ଗାଁ ଗଣ୍ଡାରେ ଆତ୍ମହରା ଶିଶୁ ଆନନ୍ଦରେ ଗାଇ ଉଠିଛି। ନିଜ ରଚନାରେ ଗ୍ରାମୀଣ ଜୀବନ ତଥା ଗ୍ରାମୀଣ ସଂଗୀତକୁ ଯେ ଏପରି ନିଖୁଣ ଭାବରେ ବର୍ଣ୍ଣନା କରିଛନ୍ତି ଯେ ତାହା ପାଠକଲେ ପାଠକ ମନ ଆନନ୍ଦରେ ପୂରିଉଠେ। 'ଢଗଢମାଳି', 'ପହଳି-ପ୍ରବଚନ', 'ଛଟା', 'ଡାକ ବଚନ ଦଳିଆ', 'ବାଗଡ଼ିଆ', 'ନାଉରିଗୀତ', 'ପିଲାଙ୍କ ଖେଳଗୀତ', 'ପିଲା ଶୁଆଇବା ଗୀତ', 'ମାଇପିଙ୍କ କାନ୍ଦଣା' ତାଙ୍କ ମନ ଉପରେ ପ୍ରଭୁତ୍ୱ ବିସ୍ତାର କରିଛି।

ପଲ୍ଲୀ କବି ନନ୍ଦକିଶୋର ସ୍ମାରକ ଗ୍ରନ୍ଥ - ପୃ:୯୦
ଗାଉଁଲି କବି ନନ୍ଦକିଶୋର - ଡ. କୁଞ୍ଜବିହାରୀ ଦାସ

'ପଲ୍ଲୀ ଚିତ୍ର'ରେ ପ୍ରକାଶିତ ପଲ୍ଲୀର ରୂପରାଜି ତଥା 'ନିର୍ଝରଣୀ'ରେ ଅନେକ କବିତାରେ ପଲ୍ଲୀର ବାସ୍ତବ ଚିତ୍ର ତାଙ୍କୁ ପଲ୍ଲୀପ୍ରାଣ କବିରୂପେ ପ୍ରତିଷ୍ଠିତ କରିଛି। (୧)

ଏମାନଙ୍କ ରଚନାରେ ଶୃଙ୍ଗାର ରସକୁ ପ୍ରାଧାନ୍ୟ ଦେଇ ଋତୁ ବର୍ଣ୍ଣନା କରିଛନ୍ତି। କିନ୍ତୁ କବି ନନ୍ଦକିଶୋରଙ୍କ ଋତୁ ଚିତ୍ର କ୍ରମାନ୍ୱୟରେ ଗ୍ରୀଷ୍ମରୁ ଆରମ୍ଭ ଓ ବସନ୍ତରେ ଶେଷ। ଋତୁଚକ୍ରର ଆବର୍ତ୍ତନ ଓ ଋତୁ ସଂଭୋଗ ଅନୁଯାୟୀ ପଲ୍ଲୀବାସୀଙ୍କର ବୈଚିତ୍ର୍ୟମୟୀ ଜୀବନଧାରା ଓ ପଲ୍ଲୀ ଜୀବନର ନାନା ସମସ୍ୟା, ବିଭିନ୍ନ ଋତୁ ଅନୁଯାୟୀ ବିଭିନ୍ନ ପର୍ବପର୍ବାଣିରେ ବର୍ଣ୍ଣନା କରିଅଛନ୍ତି। ପଣା ସଂକ୍ରାନ୍ତି, ରଜ ସଂକ୍ରାନ୍ତି, ଖୁଦୁରୁକୁଣୀ ଓଷା, ଦଶହରା, କୁମାର ପୂର୍ଣ୍ଣମୀ ଦିନରେ କୁମାରୀମାନଙ୍କର ଚଉଁରାମୂଳରେ ପୂଜା, କାର୍ତ୍ତିକ ମାସରେ ଦୀପାବଳି ଅମାବାସ୍ୟା, ବାଟଓଷା, ଦୋଳ ପୂର୍ଣ୍ଣିମାର ବିମାନ ମେଳନ, କୈବର୍ତ୍ତମାନଙ୍କ ଚଇକି ଘୋଡ଼ାନାଚ ପ୍ରଭୃତି କବିଙ୍କ ଲେଖାରେ ଜୀବନ୍ତ ହୋଇ ଉଠିଛି। ସତେ ଯେପରି ସେ ନିଜକୁ ପଲ୍ଲୀ ଜୀବନର ଗୋଡ଼ିମାଟି ସହିତ ମିଶାଇ ଦେଇ ଏକାକାର

(୧) ଓଡ଼ିଆ ସାହିତ୍ୟର ଇତିହାସ - ଡକ୍ଟର ନଟବର ସାମନ୍ତରାୟ, ପୃ:୫୩

ହୋଇଯାଇଛନ୍ତି। ସେ ନିରୀହା ପଲ୍ଲୀପ୍ରାଣକୁ ତାଙ୍କ ଦିବ୍ୟଚକ୍ଷୁରେ ଦେଖିପାରିଛନ୍ତି। ପୁଣି ବିଭିନ୍ନ ଫଳ ପୁଷ୍ପ ମଧ୍ୟ ତାଙ୍କ ଲେଖାରେ ଏକ ସ୍ୱତନ୍ତ୍ର ଆସନ ଦାବି କରେ। ଡାଲୁଅ ଧାନ, କାକୁଡ଼ି, ବୋଇତି କଖାରୁ, ବରଗଡ଼ା ଛୁଇଁ, ଜହ୍ନିଫୁଲ, ବିଆଳି ଧାନ, ଶାରଦ ଧାନ, ଆମ୍ବଚଣା କଷି, ପାଳଧୂଆ, ନିଆଳି, ଅଶୋକ, କନିଅର, ପଦ୍ମ ପ୍ରଭୃତି ପୁଷ୍ପର ଅପୂର୍ବ ବର୍ଣ୍ଣନା ରହିଛି।

"ପିନ୍ଧି ପେଡ଼ି-ଲୁଗା ନାଇଣ ଗହଣା
  ଯାଆନ୍ତି ସୁନ୍ଦରୀ ଗଣ
ବିବିଧ ବସନ, ବିବିଧ ଆନନ୍ଦ
  ରମେ ଦର୍ଶକ ନୟନ
ଚଂପକ ବରଣ ସରୋଜ ସଂକାଶ
  କାହାର ମୁଖ ମଣ୍ଡଳ
ପଙ୍କଜ ପଲାଶ - ଆୟତ ନୟନ
  ଦିଶୁଥାଇ ଜକଜକ।"

(ନନ୍ଦକିଶୋର ରଚନାବଳୀ, ଦ୍ୱିତୀୟ ସଂସ୍କରଣ)

ଏଠାରେ କବି ବିଭିନ୍ନ ଅଳଙ୍କାର ପିନ୍ଧି ରଜ ସଂକ୍ରାନ୍ତି ଦେଖିଯାଉଥିବା ପଲ୍ଲୀ ଲଳନାଙ୍କର ସୌନ୍ଦର୍ଯ୍ୟ, ସରଳ ଓ ହୃଦୟସ୍ପର୍ଶୀ ଭାବ ଚିତ୍ରଣ କରିଛନ୍ତି।

ନନ୍ଦକିଶୋର ଥିଲେ ବର୍ଷାର କବି। ଯେପରି ମହାକବି ବାଲ୍ମୀକିଙ୍କ ନିକଟରେ ହେମନ୍ତ ଓ ରବୀନ୍ଦ୍ରନାଥଙ୍କର ବର୍ଷା ଋତୁ ଅତି ପ୍ରିୟ ଥିଲା। ସେହିପରି ନନ୍ଦ କିଶୋର ବର୍ଷା ଋତୁକୁ ଖୁବ୍ ଭଲ ପାଉଥିଲେ।

"ସଦାନନ୍ଦ ମୁଁ ଯେ ବରଷାର ରଙ୍କ
  ମେଘ ଦେଖି ଫେଡ଼େ ମନ,
ଝର୍ଝର ଶବଦ ତିରୋହିତ ହେଲେ
  ବିଷଣ୍ଣ ହୁଏ ମୋ ମନ।"

କବି ପଲ୍ଲୀର ସନ୍ଧ୍ୟା, ସକାଳ, ପ୍ରଭାତ ସମସ୍ତ ବର୍ଣ୍ଣନା କରିଅଛନ୍ତି। ତେଣୁ ପଲ୍ଲୀର କଥା ତାଙ୍କ ପ୍ରାଣକୁ ଗଭୀର ଭାବେ ଛୁଇଁଥିଲା। ଯଥାର୍ଥରେ ତାଙ୍କୁ ପଲ୍ଲୀ କବିର ଆଖ୍ୟା ଦିଆଯାଇଥିଲା।

ଅଦିନ ମେଘକୁ ଦେଖି ପଲ୍ଲୀ ଶିଶୁର ବାସ୍ତବ କାର୍ଯ୍ୟାବଳୀକୁ ସେ ସରଳ, ସହଜ ଓ ନିରାଭରଣ ଭାବରେ ଉପସ୍ଥାପନା କରିଛନ୍ତି।

"ପାଣି ସଙ୍ଗେ ପଡ଼େ ସ୍ୱରଗ ପଥର
ତାହା ଦେଖି ପିଲାମାନେ
ସାଉଁଟି ଖାଇଣ ଗୀତ ଗାଉଥାନ୍ତି
ନାଚି କୁଦି ତାନେମାନେ।"

ଏପରିକି ଭରା ନଈର ନାଉରୀ ପଲ୍ଲୀ ଚାଷୀ ବର୍ଣ୍ଣନା ମଧ୍ୟ ତାଙ୍କ କବିତାରେ ସୁଲଭ।

ଓଡ଼ିଆ ସାହିତ୍ୟରେ ନନ୍ଦକିଶୋରଙ୍କ 'ପଲ୍ଲୀ ଚିତ୍ର' ପ୍ରଥମ ଭାଗ ଓ ଦ୍ୱିତୀୟ ଭାଗ ଏବଂ ନିର୍ଝରିଣୀ ଯଥାର୍ଥରେ ଏକ କାଳଜୟୀ ସୃଷ୍ଟି ହୋଇ ରହି ଆସିଛି ଓ ରହିଥିବ ମଧ୍ୟ। ଏହା ହିଁ ଥିଲା ପ୍ରାକ୍ ସବୁଜକାଳୀନ ଆଭିମୁଖ୍ୟ।

ରବୀନ୍ଦ୍ରନାଥ କହିଥିଲେ, "ମାନୁଷ ସାମ୍‌ନେର୍ ଦିକେ ଯେସନ୍ ଅଗ୍ରସର ନ ପାରେ, ତେମନି ଅନୁସରନ୍ କରେ ପିଛନେ ନଇଲୋ ତାର ଚଳାଇ ହୟନା, ପିଛନ୍ ହୀରା ସାହିତ୍ୟ ବଲେ ଯଦି କିଛୁ ଥାକେ ସେ କବନ୍ଧ ସେ ଅସ୍ୱାଭାବିକ।" ତେଣୁ କୌଣସି ଯୁଗ ଓ ତା'ର ସାହିତ୍ୟିକ ଗଣ ଏ ମତରୁ ବିଚ୍ୟୁତ ନୁହନ୍ତି। ସଚେତନ ସ୍ତରରେ ହେଉ ବା ଅବଚେତନ ସ୍ତରରେ ହେଉ ପ୍ରତ୍ୟେକ ଯୁଗର କବିମାନସକୁ ତା'ର ପୂର୍ବବର୍ତ୍ତୀ ଯୁଗ ପ୍ରଭାବିତ କରିବାକୁ ବାଧ୍ୟ। ତଥାପି ଏକଥା ଅତି ସ୍ପଷ୍ଟ ଭାଷାରେ କୁହାଯାଇପାରିବ ଯେ ସତ୍ୟବାଦୀର ଅନ୍ୟତମ କବି ଗୋଦାବରୀଶ ପଲ୍ଲୀକବି ନନ୍ଦକିଶୋରଙ୍କ ରୋମାଣ୍ଟିକ୍ ଭାବନାକୁ ଅନୁସରଣ କରିଥିଲେ ମଧ୍ୟ ସବୁଜମାନେ ସଂପୂର୍ଣ୍ଣ ରୂପେ ଏପରି ଭାବନାଠାରୁ ଦୂରବର୍ତ୍ତୀ ଥିଲେ। ବୋଧହୁଏ ଏ କବିମାନେ ସହରୀ ଥିବାରୁ ପଲ୍ଲୀର ଐଶ୍ୱର୍ଯ୍ୟ, ବିଭୂତି ଓ ଦୁର୍ଗତି ଏମାନଙ୍କ ଦୃଷ୍ଟି ପଥାରୂଢ଼ ହୋଇପାରି ନ ଥିଲା। ତେଣୁ ରୋମାଣ୍ଟିକ୍ ଚେତନାର ଏହି ଆଭିମୁଖ୍ୟଟିକୁ ସବୁଜମାନେ ପ୍ରାୟ ପରିହାସ କରି ବସିଥିଲେ। ସତ୍ୟବାଦୀର ମାନବବାଦୀ ଭାବଧାରା ମଧ୍ୟ ସେମାନଙ୍କ କବିତାରେ ଏତେ ବେଶୀ ରେଖାପାତ କରି ନ ଥିଲା। ମଣିଷର ଦୁଃଖ ଓ ଅଶ୍ରୁ ସେମାନଙ୍କ ରୋମାଣ୍ଟିକ୍ କାବ୍ୟ ପ୍ରୟାସକୁ ଉଦ୍‌ବେଳିତ କରି ନ ଥିଲା। ପରବର୍ତ୍ତୀ ଅଧ୍ୟାୟରେ ଆମେ ସବୁଜ ଚେତନାର ଉନ୍ମେଷ ଓ ଉତ୍ତରଣ ସଂପର୍କୀୟ ଆଲୋଚନାରେ ପ୍ରାକ୍-କାବ୍ୟଧାରାର ପ୍ରଭାବ ଓ ପ୍ରତ୍ୟାଖ୍ୟାନକୁ ସ୍ମରଣ ରଖିପାରିବା।

ସବୁଜ ଚେତନାର ଉନ୍ମେଷ ଓ ଉତ୍ତରଣ

ସାହିତ୍ୟ ଚିର ପରିବର୍ତ୍ତନଶୀଳ। ସମୟର ପରିବର୍ତ୍ତିତ ମୂଲ୍ୟବୋଧ ତଥା ବିଭିନ୍ନ ଯୁଗର ନାନା ଘାତ ପ୍ରତିଘାତକୁ ଅତିକ୍ରମ କରି ସାହିତ୍ୟ ସର୍ବଦା ନୂତନତାକୁ ଅଙ୍ଗୀକାର କରି ଆସିଛି। ପରିବର୍ତ୍ତନ ପ୍ରବଣ ସ୍ରଷ୍ଟା ମାନସ ସବୁ ସମୟରେ ନୂତନତାର ଅନ୍ୱେଷାକୁ ସ୍ୱାଗତ କରିଛି। ଶିଳ୍ପୀ ମାନସର ସୃଜନ ସ୍ୱପ୍ନ ନୂତନ ଅନ୍ୱେଷା ମଧ୍ୟରେ ଆତ୍ମବିଭୋର ହୋଇ ଉଠିଛି। ପାରମ୍ପରିକତା ବା ଗତାନୁଗତିକତାର ସ୍ୱର ମଧ୍ୟରେ ଜନ୍ମ ନେଇଛି ଏକ ସଂପୂର୍ଣ୍ଣ ନୂତନ ସ୍ୱର ଝଙ୍କାର। ବାସ୍ତବ ପାର୍ଥିବ ଜୀବନରେ ସକଳ ବିଷଣ୍ଣତା, ଗ୍ଲାନି, ବେଦନା ଓ କ୍ଲାନ୍ତିହୀନ ଏକ ସ୍ୱଚ୍ଛ ନିର୍ମଳ ଜୀବନ। ସକଳ ଜୀର୍ଣ୍ଣ ପୁରାତନର ନିଃଶେଷ କରି ସେ ଚାହିଁଛି ଏକ ନୂତନ ଉଷାର ଆଲୋକ। ସକଳ ଜୀର୍ଣ୍ଣତାକୁ ପରିହାର କରି ନବ ବସନ୍ତର ଉଦ୍ଦୀପନା ମଧ୍ୟରେ ସେ ତା'ର ସୃଷ୍ଟିରେ ଏକ ସତେଜ ତରୁଣ ସବୁଜ ଜୀବନର ସୌଧ ଗଢ଼ିବାକୁ ଚାହିଁଛି। ନୂତନତାର ସୂର୍ଯ୍ୟାବଲୋକନ ପାଇଁ ତା' ଭିତରେ ଗଢ଼ି ଉଠିଛି ପ୍ରବଳ ଆଗ୍ରହ ଓ ଉତ୍କଣ୍ଠା। ଏହି ଆଗ୍ରହ ଓ ଉତ୍କଣ୍ଠାକୁ ତ୍ୱରାନ୍ୱିତ କରି ରବୀନ୍ଦ୍ରିୟ ଚିନ୍ତା ଚେତନାକୁ ମୁଖ୍ୟ ଆଧାର ରୂପେ ଗ୍ରହଣ କରି କେତେକ ତରୁଣ କବିଙ୍କର ଅଭ୍ୟୁଦୟ ଘଟିଥିଲା ୧୯୨୧ ମସିହାରେ, ଯେଉଁମାନେ କି ସବୁଜ ଦଳ ବା ସବୁଜ ଗୋଷ୍ଠୀ ନାମରେ ଓଡ଼ିଆ ସାହିତ୍ୟରେ ସୁପରିଚିତ।

ଇଂରାଜି ଗ୍ରୀନ୍ ଶବ୍ଦରୁ 'ସବୁଜ' ଶବ୍ଦଟି ଆଧାରିତ ବୋଲି କାଳିନ୍ଦୀଚରଣ କହିଲାବେଳେ ସବୁଜ ଗୋଷ୍ଠୀର ଅନ୍ୟ କବିମାନେ ସେତେବେଳେ ବଙ୍ଗଳା ପତ୍ରିକା 'ସବୁଜ ପତ୍ର'ରୁ ସବୁଜ ଶବ୍ଦଟି ଆଧାରିତ ବୋଲି ମନ୍ତବ୍ୟ ଦେଇଥିଲେ। ନିଜେ

ଅନ୍ନଦା ଶଙ୍କର 'ସବୁଜ ପତ୍ର' ସହିତ ତାଙ୍କର ଘନିଷ୍ଠତାକୁ 'ସବୁଜ ଅକ୍ଷର ସାହିତ୍ୟ ସ୍ମୃତି' ପ୍ରବନ୍ଧରେ ଦର୍ଶାଇଛନ୍ତି। ରବୀନ୍ଦ୍ରନାଥଙ୍କ "ଓ ରେ ସବୁଜ, ଓ ରେ ଅବୁଝ, ଆଧମେରା ଦେଇ ଘା ମେରେ ତୁଇ ବାଁଚ" ଆଦର୍ଶକୁ ସେ ଅନୁସରଣ କରୁଥିଲେ। ପୁଣି ତରୁଣ ମନର ସବୁଜିମାକୁ ଆଧାର କରି ଏହି ଗୋଷ୍ଠୀ ଓଡ଼ିଆ ସାହିତ୍ୟରେ ମୁଣ୍ଡଟେକି ଉଠିଥିଲେ।

ଏହି ତରୁଣ ଯୁବଗୋଷ୍ଠୀ ସେତେବେଳେ ଥିଲେ ରେଭେନ୍‌ସା କଲେଜର ଛାତ୍ର। ୧୯୨୧ ମସିହାରେ ସେମାନଙ୍କ ନେତୃତ୍ୱରେ ଗଠନ ହୁଏ 'ନନ୍‌ସେନ୍‌ସ କ୍ଲବ୍' ଏବଂ ପରବର୍ତ୍ତୀ ସମୟରେ ୧୯୨୯ ମସିହାରେ ତାହା 'ସବୁଜ ସାହିତ୍ୟ ସମିତି'ରେ ରୂପାନ୍ତରିତ ହୁଏ। 'ଅବକାଶ' ପତ୍ରିକା ହିଁ ସେମାନଙ୍କର ଯଥାର୍ଥ ପରିଚୟ ବହନ କରେ।

ଅ - ଅନ୍ନଦାଶଙ୍କର ରାୟ

ବ - ବୈକୁଣ୍ଠନାଥ ପଟ୍ଟନାୟକ

କା - କାଳିନ୍ଦୀଚରଣ ପାଣିଗ୍ରାହୀ

ଶ - ଶରତ ଚନ୍ଦ୍ର ମୁଖାର୍ଜୀ

ଏମାନଙ୍କ ସହିତ ଆସି ସହଯୋଗ କରନ୍ତି ହରିହର ମହାପାତ୍ର। ଏହି ପାଞ୍ଚଜଣ ଛାତ୍ର କଲେଜରେ ଅଧ୍ୟୟନ ସମୟରେ ବିଭିନ୍ନ ଦେଶର ସାହିତ୍ୟ ସମ୍ବନ୍ଧରେ ତାର୍କିକ ଆଲୋଚନା କରୁଥିଲେ। ଯୁବସୁଲଭ ଭାବ ନେଇ ସେମାନଙ୍କ ମଧ୍ୟରୁ କେହି ହୁଏତ ଦେଶ ବିଦେଶର ସାହିତ୍ୟକୁ ପ୍ରଗାଢ଼ ଭାବରେ ପରୀକ୍ଷା ନିରୀକ୍ଷା ତଥା ତର୍ଜମା କରି ଉପଲବ୍ଧି କରୁଥିଲେ। କେହି କେହି ହୁଏତ ଦେଶ ବିଦେଶର ସାହିତ୍ୟ ପ୍ରତି ପ୍ରଭାବିତ ହୋଇଥିବେ ନିଶ୍ଚୟ। ସେ ଯାହା ବି ହେଉ ଏ ପାଞ୍ଚଜଣ କବି ମାତ୍ର ୪ଟି ବର୍ଷ ଅର୍ଥାତ୍ ୧୯୨୧ ମସିହାରୁ ୧୯୨୫ ମସିହା ପର୍ଯ୍ୟନ୍ତ କଟକରେ ଏକତ୍ର ଅବସ୍ଥାନ କରିଥିଲେ। ମାତ୍ର ୪ ବର୍ଷ ମଧ୍ୟରେ ସେମାନଙ୍କର ମନର ମେଳ ଯେ କେତେ ସୁଦୃଢ଼ ହୋଇପାରିଥିଲା ତାହା ଭାବିଲେ ଆଶ୍ଚର୍ଯ୍ୟ ଲାଗେ। ସେହି ମାତ୍ର ୪ ବର୍ଷର ବନ୍ଧୁତ୍ୱ ଭବିଷ୍ୟତରେ ସେମାନଙ୍କୁ ଜଣେ ଜଣେ ବଳିଷ୍ଠ କବି ବା ଲେଖକ ଭାବରେ ସମାଜରେ ପ୍ରତିଷ୍ଠିତ କରାଇପାରିଲା। ପରବର୍ତ୍ତୀ କାଳରେ କେହି କେହି ସେମାନଙ୍କୁ 'ସବୁଜ ଗୋଷ୍ଠୀ' ବା ପଞ୍ଚସଖା ବୋଲି ସ୍ମରଣ କରୁଥିଲେ। ଏହି କଥା ଉଲ୍ଲେଖ କରିବାକୁ ଯାଇ କବି ଅନ୍ନଦାଶଙ୍କର ରାୟ କହିଛନ୍ତି- "ମୁଁ କୌଣସି ଦିନ କଳ୍ପନା କରି ନ ଥିଲି ଯେ ଓଡ଼ିଆ ସାହିତ୍ୟର ଇତିହାସରେ ସବୁଜ ଯୁଗ ବୋଲି ଯୁଗଟିଏ ଗଣା ହେବ ଆଉ ଆମ ପାଞ୍ଚଜଣଙ୍କୁ ପଞ୍ଚସଖା ବୋଲି ସ୍ମରଣ କରିବେ।"

ସବୁଜ କବିମାନେ ପରସ୍ପର ବନ୍ଧୁତା ସୂତ୍ରରେ ଆବଦ୍ଧ ହୋଇ କିଛି ଲେଖିବାକୁ

ପ୍ରେରଣା ପାଇଥିଲେ। ଭବିଷ୍ୟତରେ ଯଦିଓ ଅନ୍ନଦାଶଙ୍କର ସ୍ୱଳ୍ପକାଳ ମଧ୍ୟରେ ଓଡ଼ିଆ ସାହିତ୍ୟ ଜଗରୁ ବିଦାୟ ନେଇଥିଲେ କିନ୍ତୁ ବୈକୁଣ୍ଠନାଥ ଓ କାଳିନ୍ଦୀଚରଣଙ୍କର ଓଡ଼ିଆ ସାହିତ୍ୟକୁ ଦାନ ଅତୁଳନୀୟ ହୋଇ ରହିଯାଇଛି। ଏ ସଂପର୍କରେ ଉଲ୍ଲେଖ କରିବାକୁ ଯାଇ କବି ଅନ୍ନଦାଶଙ୍କର କହିଛନ୍ତି-

"ନୂଆ ରକ୍ତ ନ ଆସିଲେ କୌଣସି ଆନ୍ଦୋଳନ ବା ଯୁଗ ବେଶୀଦିନ ଚଳିପାରେ ନାହିଁ। ସବୁଜ ଦଳରେ କୌଣସି ଦିନ ସାତ ଆଠ ଜଣରୁ ଅଧିକ ଲେଖକ ବା ଲେଖିକା ନ ଥିଲେ। ନିୟମିତ ଲେଖକ ଥିଲେ ଆହୁରି ସ୍ୱଳ୍ପ ସଂଖ୍ୟକ।" (୧)

ଏ ଯୁଗ ଦଶ ବର୍ଷ ଖଣ୍ଡେ ଜୀବିତ ଥିଲା କେଉଁ ମନ୍ତ୍ର ବଳରେ ? ଏ ମନ୍ତ୍ର ନାମ ବନ୍ଧୁ ବାତ୍ସଲ୍ୟ। ପ୍ରାୟ ୪୦ ବର୍ଷ କାଳ ଆମେ ବନ୍ଧୁ ରହିଛୁ - ଏହା ଇତିହାସରେ ଅପୂର୍ବ।" (୨)

ଏହା ପରେ ପରେ ଅନ୍ନଦାଶଙ୍କର ଓ ଶରତ ଚନ୍ଦ୍ର ପାଟଣା କଲେଜକୁ ଉଚ୍ଚଶିକ୍ଷା ପାଇଁ ଗଲେ ଏବଂ କାଳିନ୍ଦୀଚରଣ, ବୈକୁଣ୍ଠନାଥ, ହରିହର ମହାପାତ୍ର ରେଭେନ୍ସା କଲେଜରେ ଅଧ୍ୟୟନ କଲେ। ୧୯୨୧ରୁ ୧୯୩୫ ମସିହା ପର୍ଯ୍ୟନ୍ତ ସେମାନଙ୍କର ସାହିତ୍ୟ ରଚନାରେ ରୋମାଣ୍ଟିକ୍ ଭାବନାର ଉଚ୍ଛ୍ୱାସକୁ ଲକ୍ଷ୍ୟ କରି ଏହି କାବ୍ୟଖଣ୍ଡକୁ ଓଡ଼ିଆ ସାହିତ୍ୟରେ ଯଥେଷ୍ଟ ମାନ୍ୟତା ପ୍ରଦାନ କରାଯାଇଛି।

କିନ୍ତୁ ପ୍ରକୃତରେ କହିବାକୁ ଗଲେ ସବୁଜ ଗୋଷ୍ଠୀର ଭିତ୍ତିପ୍ରସ୍ତର ସ୍ଥାପିତ ହୋଇଥିଲା ୧୯୧୯ ମସିହାରେ। ୧୯୧୯ ମସିହା ଜାନୁଆରି ମାସରେ ଅନ୍ନଦାଶଙ୍କର ରାୟ ଢେଙ୍କାନାଳ ସ୍କୁଲ୍‌ରୁ ଆସି ପୁରୀ ସ୍କୁଲ୍‌ରେ ଭର୍ତ୍ତି ହୋଇଥିଲେ। ସେଠାରେ କାଳିନ୍ଦୀ ଚରଣ ପାଣିଗ୍ରାହୀଙ୍କ ସାଙ୍ଗରେ ତାଙ୍କର ଭେଟ ହେଲା ଏବଂ ପୁଣି ଜୁଲାଇ ମାସକୁ ପ୍ରତ୍ୟାବର୍ତ୍ତନ କଲେ ଢେଙ୍କାନାଳକୁ। ସେଠାରେ ବୈକୁଣ୍ଠନାଥ ପଟ୍ଟନାୟକଙ୍କ ସାଙ୍ଗରେ ବନ୍ଧୁତ୍ୱ ସ୍ଥାପନ ହେଲା ଏବଂ ଏହି ୧୯୧୯ ମସିହାରେ ହିଁ ଅଜ୍ଞାତସାରରେ ହୁଏ ଓଡ଼ିଆ ସାହିତ୍ୟରେ ଏହି ତିନି ମହାରଥୀଙ୍କର ତ୍ରିବେଣୀ ସଂଗମ। ଏହି ତ୍ରିବେଣୀ ସଂଗମ ବୀଣାର ସ୍ୱର ଝଙ୍କାରରୁ କବିତା, ଗଳ୍ପ, ପ୍ରବନ୍ଧ, ନାଟକ ଝରି ଝରି ଆସି ଓଡ଼ିଆ ସାହିତ୍ୟରେ ସବୁଜ ଦଳର ହୁଏ ଭିତ୍ତି ପ୍ରସ୍ତର ସ୍ଥାପନ।

ପଞ୍ଚସଖା ସଙ୍ଗମର ଆଉ ଗୋଟିଏ ସ୍ମରଣୀୟ ବର୍ଷ ହେଉଛି ୧୯୨୧ ମସିହା। ପାଞ୍ଚଜଣ ଯାକ ଭିନ୍ନ ଭିନ୍ନ ସ୍କୁଲ୍‌ରୁ ପାସ୍ କଲେ ମାଟ୍ରିକ୍ୟୁଲେସନ୍। ବୈକୁଣ୍ଠ ନାଥ ପଟ୍ଟନାୟକ ଓ ଅନ୍ନଦାଶଙ୍କର ରାୟ ଢେଙ୍କାନାଳରୁ ପାସ୍ କଲେ। କାଳିନ୍ଦୀଚରଣ

---

(୧) ସବୁଜ ଅକ୍ଷର - ଅନ୍ନଦାଶଙ୍କର ରାୟ, ପୃ:୨ (୨) ସବୁଜ ଅକ୍ଷର - ଅନ୍ନଦା ଶଙ୍କର ରାୟ, ପୃ:୫

ପାଣିଗ୍ରାହୀ ପୁରୀ ଜିଲ୍ଲା ସ୍କୁଲ୍‌ରୁ, ଶରତ ଚନ୍ଦ୍ର କଟକ ଭିକ୍ଟୋରିଆ ସ୍କୁଲ୍‌ରୁ (ବର୍ତ୍ତମାନ ଯାହାର ନାମ ମଧୁସୂଦନ ବିଦ୍ୟାପୀଠ), ହରିହର ମହାପାତ୍ର ସିଂହଭୂମର ଚାଇଁବସା ଜିଲ୍ଲା ସ୍କୁଲ୍‌ରୁ, ପରସ୍ପରର ଅଜାଣତରେ ସଂଯୁକ୍ତ ହେଲେ ରେଭେନ୍ସା କଲେଜର ଆଇ.ଏ. କଳା ବିଭାଗର ପ୍ରଥମ ଶ୍ରେଣୀରେ।

ଏହି ତରୁଣ କବି କେତେଜଣଙ୍କର ନେତୃତ୍ୱରେ ଗଠନ ହୁଏ 'ନନ୍‌ସେନ୍‌ସ' କ୍ଲବ୍। ସେମାନଙ୍କ ପାଠ୍ୟଗ୍ରନ୍ଥ 'Cowper's Letters' (By- William Cowper, 1887)ରେ ଥିବା 'Nonsense Club'ରୁ ସେମାନେ ପରିକଳ୍ପନା କରନ୍ତି ଏକ କ୍ଲବ୍‌ର ନାମକରଣ। ଏହି କ୍ଲବ୍ ଗଢ଼ାହେବା ସଂପର୍କରେ କାଳିନ୍ଦୀଚରଣ ପାଣିଗ୍ରାହୀ ମତବ୍ୟକ୍ତ କରିଛନ୍ତି, ତାଙ୍କ ଜୀବନୀ ପୁସ୍ତିକାରେ। 'ନନ୍‌ସେନ୍‌ସ' କ୍ଲବ୍‌ର ସବୁ ସଭ୍ୟ ଉଦ୍‌ବୁଦ୍ଧ ସେତେବେଳର ପ୍ରବନ୍ଧ ରାଜନୀତିକ ଆହ୍ୱାନରେ। ଆମ ଭିତରେ ତେଣୁ ଦୈନିକ ବହୁ ସମୟର ଆଲୋଚନାର ବସ୍ତୁ ହୋଇଥାଏ ରାଜନୀତି ଓ ସାହିତ୍ୟ, ଆଉ ସେହି ଆଲୋଚନାର ସକ୍ରିୟ ପନ୍ଥା ଖୋଜି ପାଉଁ ନନ୍‌ସେନ୍ କ୍ଲବ୍ ଗଢ଼ିବାରେ। (୩)

ଇଂରାଜି ସାହିତ୍ୟରେ 'ନନ୍‌ସେନ୍‌ସ୍'ର ଅର୍ଥ ଯାହା ତାହା ଅବଶ୍ୟ ଓଡ଼ିଆ ସାହିତ୍ୟରେ ସେହି ଅର୍ଥରେ ଏହି ପଞ୍ଚସଖା ବ୍ୟବହାର କରିପାରି ନ ଥିଲେ। ଇଂରାଜି ସାହିତ୍ୟରେ ଏହାର ଅର୍ଥ ଅସଂଗତ ସାହିତ୍ୟ। କିନ୍ତୁ କାଳିନ୍ଦୀ ଚରଣ ଏ ସମ୍ପର୍କରେ କହିବାକୁ ଯାଇ ଲେଖିଛନ୍ତି- "ଆମେ ଯାହାକୁ ନିର୍ମଳ ଓ ସରଳ ଭାବରେ ନିରର୍ଥକ ବା ଅସଂଗତ ବୋଲି ବୁଝାଇବା ପାଇଁ ଲୋଡ଼ୁ, ତେବେ ତାହା ବର୍ଣ୍ଣନା କରିବାର ପ୍ରକୃଷ୍ଟ ପନ୍ଥା ହେଲା, ଏହାର କୌଣସି ନିଗୂଢ଼ ଉଦ୍ଦେଶ୍ୟ ନ ଥାଇ କେବଳ ଅମୂଳକ ଅସଂଗତି ଦ୍ୱାରା ଆନନ୍ଦ ସୃଷ୍ଟି କରିବା। ଏହା ପରସ୍ପର ବିରୋଧୀ ଦ୍ୱନ୍ଦ୍ୱ ଓ ବିକଳ୍ପ ଦ୍ୱାରା ପୁଣି ଅବାନ୍ତର ଓ ଅପ୍ରାସଙ୍ଗିକ ଶବ୍ଦ ପ୍ରୟୋଗ ଦ୍ୱାରା କେବଳ ଶ୍ରୁତିମଧୁର ଭାଷାରେ ଆନନ୍ଦ ସୃଷ୍ଟି କରିଥାଏ। ଏହା absurd ବା ଉଦ୍ଭଟ ଶବ୍ଦର ନାମାନ୍ତର। 'ନନ୍‌ସେନ୍‌ସ' କ୍ଲବ୍‌ର ନାମକରଣ ଏହି ଶବ୍ଦରୁ ଉଦ୍‌ଭବ ହେଲେ ମଧ୍ୟ ବାସ୍ତବ କ୍ଷେତ୍ରରେ ନବ ନବ ବୈଚିତ୍ର୍ୟ ଓ ସ୍ପନ୍ଦନ ସୃଷ୍ଟି କରି ସାହିତ୍ୟର ରୂପ, ରସ, ଛନ୍ଦ ଭିତରର ନୂତନତ୍ୱ ଆଣିଦେବା ହେଲା ଏହାର ପ୍ରଧାନ ଆଭିମୁଖ୍ୟ।" (୪)

ଏହି ନନ୍‌ସେନ୍‌ସ୍ କ୍ଲବ୍ ତରଫରୁ ପ୍ରକାଶିତ 'ଅବକାଶ' ହସ୍ତଲିଖିତ ପତ୍ରିକାର ସମ୍ପାଦକ କେହି ନ ଥିଲେ। ଓଡ଼ିଆ, ବଙ୍ଗଳା, ଇଂରାଜି ଏହିପରି ଯେ ଯେଉଁ

---

(୩) ବୈକୁଣ୍ଠ ପରିକ୍ରମା ସ୍ମୃତିଚାରଣ - ସବୁଜ ସାଥୀ ବୈକୁଣ୍ଠନାଥ

(୪) ଅଙ୍ଗେ ଯାହା ନିଭାଇଛି - କାଳିନ୍ଦୀ ଚରଣ ପାଣିଗ୍ରାହୀ, ପୃ-୨୦୭, ପୃ:୩୬୮

ଭାଷାରେ ପାଇଲା ସେହି ଭାଷାରେ ଲେଖି ଚାଲିଲେ। ଏହି ସବୁଜ ଗୋଷ୍ଠୀ ବା ସବୁଜ ଦଳର ନାମୋଲ୍ଲେଖ ଏଠାରେ ଅତ୍ୟନ୍ତ ତାତ୍ପର୍ଯ୍ୟପୂର୍ଣ୍ଣ। ଏମାନେ ସବୁଜ ଗୋଷ୍ଠୀ ନାମରେ ନାମିତ ହୋଇଥିଲେ କେବଳ ନିଜ ନିଜର ବନ୍ଧୁତ୍ୱ ବଳରେ। ନିଜର ସାହିତ୍ୟ ଚେତନାର ମିଳନ ପ୍ରଥମାର୍ଦ୍ଧରେ କେତେକାଂଶରେ ସଫଳ ହୋଇଥିଲେ ହେଁ ଭବିଷ୍ୟତରେ ତାହା ତିଷ୍ଠି ପାରି ନ ଥିଲା। ପ୍ରଫେସର ନିତ୍ୟାନନ୍ଦ ଶତପଥୀ ଏହି ସବୁଜ ଦଳର ତାତ୍ପର୍ଯ୍ୟ ସମ୍ବନ୍ଧରେ ଲେଖିଛନ୍ତି- "ଏମାନଙ୍କ ମଧ୍ୟରେ ଯେତେ ଥିଲା ବନ୍ଧୁତାର ବନ୍ଧନ, ସେତେ ପ୍ରକୃତରେ ସାହିତ୍ୟିକ ଚେତନାର ଦୃଷ୍ଟିଗତ ବନ୍ଧନ ନ ଥିଲା। ଏହି ବନ୍ଧୁତା ପୁଣି 'ସବୁଜ ସାହିତ୍ୟ ସମିତି' ଗଠନ ଓ 'ବାସନ୍ତୀ' ଉପନ୍ୟାସର ସଂଘବଦ୍ଧ ପ୍ରଚେଷ୍ଟା ଓ ପ୍ରକାଶନ, ଯୁଗବୀଣାର ପ୍ରକାଶନରେ (୧୯୩୩) ଆହୁରି ଦୃଢ଼ ହୋଇଥିଲା।" (୬) ଏହିଭଳି ଭାବରେ ସବୁଜ ଗୋଷ୍ଠୀର ଉନ୍ମେଷ ହୋଇଥିଲା। ଏହି ତରୁଣ କବିମାନେ ଥିଲେ ସଂପୂର୍ଣ୍ଣ ରୂପେ ଯୁଗ-ଅସଚେତନ। ସେତେବେଳେ ଗୋଟିଏ ପଟରେ ୧ମ ମହାଯୁଦ୍ଧ ଭଳି ଅବକ୍ଷୟୀ ସମାଜର ହତାଶା, ନୈରାଶ୍ୟ ତଥା ଅର୍ଥନୈତିକ, ସାମାଜିକ ସଂକଟ ଆଉ ଗୋଟିଏ ପଟରେ ଅଭାବ, ନିର୍ଯାତନାରେ ନିଷ୍ପେଷିତ ମନୁଷ୍ୟ ପାଇଁ ଏକ ଶ୍ରେଣୀହୀନ ସୁସ୍ଥ ସମାଜ ଗଠନର ଦାବି, ପୁଣି ଅନ୍ୟ ଦିଗରେ ଅସହଯୋଗ ଆନ୍ଦୋଳନ, ସାଧାରଣତଃ ଏହିସବୁ ଚିନ୍ତା ଓ ଚେତନା ସମସାମୟିକ ପ୍ରାୟ ପ୍ରତ୍ୟେକ କବିଙ୍କ ଲେଖାରେ ପ୍ରତିଭାତ ହେବାର କଥା। କିନ୍ତୁ ଭାବିଲେ ବଡ଼ ଆଶ୍ଚର୍ଯ୍ୟ ଲାଗେ ଯେ ଏହି ସମୟର ଓଡ଼ିଆ ସାହିତ୍ୟର ସମସାମୟିକ 'ସବୁଜ' ଦଳର କବିମାନେ ଉକ୍ତ ଚିନ୍ତା ଓ ଚେତନା ପ୍ରତି ତିଳେମାତ୍ର ଦୃଷ୍ଟି ନିକ୍ଷେପ ନ କରି ବରଂ ସମସ୍ତ ସାଂସାରିକ ଜୀବନର ଜଞ୍ଜାଳ ଓ ସଂଘର୍ଷକୁ ଜଳାଞ୍ଜଳି ଦେଇ ସୁଦୂରକୁ ପଳାୟନ କରି କଳ୍ପନାମୟ ଜଗତରେ ନିଜ କବିତାର କୁଟୀର ନିର୍ମାଣ କରିଛନ୍ତି। ଅର୍ଥାତ୍ ଏକ ରୋମାଣ୍ଟିକ୍ ଚେତନା ତାଙ୍କ କବିତାର ମୁଖ୍ୟ ବିଭବ ହୋଇ ଉଠିଛି। ସତେ ଯେପରି କବିର ପ୍ରେମ ପ୍ରଣୟ ଏ ବାସ୍ତବ ଜଗତରେ ସଫଳ ହୋଇପାରେ ନାହିଁ। ବରଂ ସେ ନିଜର ପ୍ରଣୟୀକୁ ସୁବେଶ କରାଇପାରେ ନିଜର କଳ୍ପଲୋକରେ।

ଏଥିରୁ ଜଣାଯାଏ ସବୁଜମାନେ ଗତାନୁଗତିକତା ତଥା ଯୁଗୋପଯୋଗୀ କବିତାକୁ ପରିହାର କରି ତାଙ୍କ କବିତାରେ ନୂତନତ୍ୱ ଆଣିଥିଲେ। ଏଥିପାଇଁ ସେମାନଙ୍କୁ କମ୍ ସମାଲୋଚନାର ଶରବ୍ୟ ହେବାକୁ ପଡ଼ିନାହିଁ। ଏହି 'ନୂତନ'ର ନିଶାଣଧାରୀ

---

(୬) ଅଙ୍ଗେ ଯାହା ନିଭାଇଛି - କାଳିନ୍ଦୀ ଚରଣ ପାଣିଗ୍ରାହୀ, ପୃ-୨୦୭, ପୃ:୩୬୮

କବିଗଣ ଆମ ସାହିତ୍ୟରେ 'ସବୁଜ' ନାମରେ ପରିଚିତ। ଏହି ସବୁଜ ଧାରାଟିର ସୁଦ୍ଧା ସମ୍ବନ୍ଧରେ ବହୁ ଆଲୋଚକ ଆଲୋଚନା କରିଯାଇ ଅଛନ୍ତି। ତେବେ ସବୁଜ ସ୍ରଷ୍ଟାଗଣ ସଚେତନ ଭାବରେ ଯେ ଗୋଟିଏ ନୂତନ ଯୁଗର ପ୍ରବର୍ତ୍ତକ ହେବାର ସ୍ୱପ୍ନ ନେଇ ଏକତ୍ର ସାହିତ୍ୟ ସାଧନା ଆରମ୍ଭ କରିଥିଲେ ବା ଆଦର୍ଶର ସାମ୍ୟ ଥିବାରୁ ନିଜ ଗୋଷ୍ଠୀଟିର ନାମ ସବୁଜ ଦେଇଥିଲେ ଏକଥା ସେମାନେ ସ୍ୱୀକାର କରନ୍ତି ନାହିଁ। ପ୍ରକୃତରେ ପାଞ୍ଚଜଣ ଯୁବକ ରେଭେନ୍‌ସା କଲେଜରେ ଅଧ୍ୟୟନ ସମୟରେ ଅନ୍ତରଙ୍ଗ ହୋଇଯାଇଥିଲେ। ପ୍ରତ୍ୟେକେ ଥିଲେ ଖୁବ୍ ପରିବର୍ତ୍ତନବାଦୀ ଓ ବୁଦ୍ଧିମାନ୍। ତେଣୁ ଯେଯେତେବେଳେ ସେମାନେ ଏକତ୍ର ହେଉଥିଲେ ପ୍ରତ୍ୟେକଙ୍କର ପ୍ରିୟ ବିଷୟ ସାହିତ୍ୟ ସମ୍ବନ୍ଧରେ ଆଲୋଚନା କରୁଥିଲେ। ଧୀରେ ଧୀରେ ଏହି ଆଲୋଚନା ମାଧ୍ୟମରେ ହିଁ ସେମାନେ ସୃଜନଶୀଳ ସାହିତ୍ୟ ଆଡ଼କୁ ଆକୃଷ୍ଟ ହୋଇଥିଲେ। ପ୍ରେମ, ପ୍ରଣୟ ଓ ତାରୁଣ୍ୟ ଥିଲା ସେମାନଙ୍କ କବିତାର ମୁଖ୍ୟ ଉପଜୀବ୍ୟ ବିଷୟ। ସେମାନେ ଗତାନୁଗତିକ ସାହିତ୍ୟର ଧାରାକୁ ପରିହାର କରିବାକୁ ସଚେତନ ଥିଲେ। ପ୍ରାକ୍ ସବୁଜ କାଳରେ ଯେଉଁ କେତୋଟି ଆଭିମୁଖ୍ୟକୁ ନେଇ ଓଡ଼ିଆ କବିତା ସଂରଚିତ ହୋଇଥିଲା ତାହାକୁ ଏହି ସବୁଜ କବିଗଣ ପରିହାର କରି ଭିନ୍ନ ଧାରାରେ କବିତା ରଚନା କରୁଥିଲେ। ବାସ୍ତବ ଜଗତର କଥା ନ କହି ସେମାନେ କଳ୍ପଲୋକର କଥା ଉପରେ ଗୁରୁତ୍ୱ ଆରୋପ କଲେ।

ଏହି ତରୁଣ ଯୁବକଗଣ ଥିଲେ ରବୀନ୍ଦ୍ରଙ୍କର ଏକାନ୍ତ ଭକ୍ତ। ରବୀନ୍ଦ୍ରନାଥ ଠାକୁରଙ୍କର ସାହିତ୍ୟକୁ ସେମାନେ ଅତ୍ୟନ୍ତ ଶ୍ରଦ୍ଧାର ସହିତ ପାଠ କରିଥିଲେ। କବି ଗୁରୁ ରବୀନ୍ଦ୍ରନାଥ ତରୁଣଙ୍କୁ କେବେହେଁ ହେୟ ମନେ କରି ନାହାନ୍ତି। ସେ କହିଛନ୍ତି- "ତୁମ୍ଭମାନଙ୍କ ଆନନ୍ଦରେ ଯେପରି ସୀମା ନାହିଁ, ତୁମ୍ଭମାନଙ୍କ ଦାୟିତ୍ୱ ମଧ୍ୟ ସେହିପରି ବିପୁଳ। କାରଣ ତୁମ୍ଭେମାନେ ଯେଉଁ ଯୁଗରେ ଆସିଅଛ ତାହା ସର୍ବମାନବର ସର୍ବକାଳର ଇତିହାସରେ ଶ୍ରେଷ୍ଠ ଯୁଗ। ଏ ଯୁଗର ମହତ୍ତ୍ୱ ଆମ୍ଭମାନଙ୍କ ନିକଟରେ ଅଦ୍ୟାପି ସୃଷ୍ଟି ହେବାର ନାହିଁ। କାରଣ ବେଦନାର ତୀବ୍ର ଦହନରେ ଏବଂ ଗୋଟିଏ ବିଶ୍ୱବ୍ୟାପୀ ଯନ୍ତ୍ରଣା ମଧ୍ୟରେ ଆମ୍ଭମାନଙ୍କର ମନ୍ଥନ ହେଉଅଛି। (୭) ରବୀନ୍ଦ୍ରନାଥଙ୍କ ମତରେ ଭବିଷ୍ୟତର ରାଜଦୂତ ଆସିଛି, ତାହାର ସ୍ପର୍ଶରେ ଆମ୍ଭମାନଙ୍କର ଅର୍ଗଳ ତୁଟିଛି। ଏହି ବନ୍ଧନରୁ ମୁକ୍ତ ହୋଇ ସଂକୀର୍ଣ୍ଣତାର ସରହଦ ଡେଇଁ ତରୁଣଙ୍କୁ ବିଶ୍ୱ ସତ୍ତା ତା'ର ନୂତନ ସ୍ୱରଲିପି ସହିତ ଆପଣାର ଲିପି ରଚନା କରିବାକୁ ହେବ। ବିଶ୍ୱ ଯେଉଁ ପରିପୂର୍ଣ୍ଣତା ପାଇଁ ପ୍ରତୀକ୍ଷା କରୁଛି ସେଥିପାଇଁ ବିଶ୍ୱର ଛୋଟ ବଡ଼ ସମସ୍ତଙ୍କୁ ଦାନ ଦେବାକୁ ହେବ।

---

(୭) ଉତ୍କଳ ସାହିତ୍ୟ - ୨୮ଶ ଭାଗ - ୫ମ ସଂଖ୍ୟା - ଆଶ୍ୱିନ - ୧୩୨୨

ତେଣୁ ଉତ୍କଳୀୟ ତରୁଣମାନେ ମଧ୍ୟ ଏହି ବିରାଟ ଦାନରେ ଯୋଗ ଦେବାକୁ ଇଚ୍ଛା କରିଥିଲେ। ତେଣୁ ଏହାକୁ ନିଜର ଗୁରୁଦାୟିତ୍ୱ ବୋଲି ଭାବି କବିଗୁରୁଙ୍କ ଉକ୍ତିକୁ ନିଜ ପାଇଁ ଆଶୀର୍ବାଦ ମଣି ଏହି ତରୁଣ ଗୋଷ୍ଠୀ ସାହିତ୍ୟ ସୃଷ୍ଟି ପାଇଁ ସମବେତ ଭାବେ ଚେଷ୍ଟା ଚଳେଇଥିଲେ। ଏହି ନୂତନ ପ୍ରୟୋଗ ପ୍ରତୀକ ରୂପେ ସେମାନେ ଗ୍ରହଣ କରିଥିଲେ। 'ସବୁଜ' ଶବ୍ଦଟିକୁ 'Green' ଯାହାର ପ୍ରତୀକାର୍ଥ 'Emblem of life' ଏହି ଶବ୍ଦଟିକୁ ଯେ ସେମାନେ ବଙ୍ଗଳା ସାହିତ୍ୟରୁ ପ୍ରତ୍ୟକ୍ଷ ଭାବରେ ଆଣିନାହାନ୍ତି କିମ୍ବା ଏହି ନାମରେ ପରିଚିତ ହେବାର ଚେଷ୍ଟା ଯେ ତାଙ୍କର ଥିଲା ଏକଥା ସେମାନେ ସ୍ୱୀକାର ମଧ୍ୟ କରି ନାହାନ୍ତି। ସବୁଜ ଗୋଷ୍ଠୀର ଲେଖକମାନେ ଏ ସମ୍ବନ୍ଧରେ ମତବ୍ୟକ୍ତ କରି କହିଛନ୍ତି ହରିହର - "ଏ ନାମଟା ପ୍ରଧାନତଃ ଆସିଛି ବାହାରୁ। ଅନ୍ୟମାନେ ଆମକୁ ଏ ନାମ ଦେଇଛନ୍ତି 'ସବୁଜ'।"

କାଳିନ୍ଦୀଚରଣ- "ତେବେ ଆମର ସବ୍‌ଜା ବା ସବ୍‌ଜୀ ଏ ସବୁ ଶବ୍ଦର ବ୍ୟବହାର ଅଛି। କିନ୍ତୁ ଏଇ ଅର୍ଥରେ ଠିକ୍ ତା'ର ବ୍ୟବହାର ନ ଥିଲା। ଆଉ ବୋଧହୁଏ ଯେଉଁ ସବୁଜ ଶବ୍ଦଟା ବ୍ୟବହାର କରାଯାଇଛି ବା ପ୍ରାଚୀନ ବଙ୍ଗ ସାହିତ୍ୟରେ ସବୁଜ ବୋଇଲେ ଯେ 'ସବୁଜ' ଯୁବକ ବା ଯୌବନକୁ ବୁଝାଉଥିଲା - ତା' ବି ହୁଏତ କୁହାଯାଇ ନ ପାରେ। ମୋର ମନେପଡ଼େ ଇଂରାଜୀରେ 'Green' ଶବ୍ଦଟା ଏଇ ଗ୍ରୀନ୍‌ରୁ ଅନୁବାଦ କରାଯାଇ ଏଇ ଶବ୍ଦଟାକୁ ଭାରତୀୟ ଭାଷାରେ ବ୍ୟବହାର କରାଯାଇଛି।

ହରିହର - "ନା ଅନେକଙ୍କର ଭ୍ରାନ୍ତ ଧାରଣା ଅଛି ଯେ ସବୁଜ ସାହିତ୍ୟ ବୋଲି ଆମେ ଯେଉଁଟାକୁ କହିଲୁ ସେ ସବୁଜ ଶବ୍ଦଟା ଆମେ ବଙ୍ଗଳାରୁ ଆଣିଥିଲୁ।"

(ସବୁଜ ସାହିତ୍ୟ ପରିକ୍ରମା, ପୃ-୩୩)

ଅନ୍ନଦା ଶଙ୍କର- "ତଥାକଥିତ ସବୁଜ ଯୁଗ ଆରମ୍ଭ ହେବାର ସୂଚନାରେ ଆମ୍ଭେମାନେ ନିଜକୁ ସବୁଜ ବୋଲି ପରିଚୟ ଦେଉଥିଲୁ କିମ୍ବା ଅନ୍ୟ କେହି ଆମକୁ ସବୁଜ ବୋଲି ଚିହ୍ନିପାରୁ ନ ଥିଲେ। ୪ ବର୍ଷ ଅତୀତ ହେବା ପରେ ଆମ୍ଭମାନଙ୍କର ସମାଲୋଚକମାନେ ଆମ୍ଭମାନଙ୍କୁ 'ସବୁଜ ଦଳ' ବୋଲି ଉପହାସ କଲେ।

ପୁଣି ସବୁଜ ଶବ୍ଦଟିର ବ୍ୟବହାର ସମ୍ବନ୍ଧରେ ଅନ୍ନଦା ଶଙ୍କର କହନ୍ତି -

"ମୁଁ ଯେତେ ଦୂର ଜାଣେ 'ସବୁଜ ଦଳ' ନାଁଟା ଆମେ ଦେଇ ନ ଥିଲୁ, ଦେଇଥିଲେ ସମାଲୋଚକମାନେ। ସେମାନେ କହୁଥିଲେ ଏମାନେ ସବୁଜ ଦଳ - ପୋଖରୀରେ ଯେପରି ମାଛମନ୍ଦା ଦେଖାଯାଏ। ସେମାନେ ଭାବିଥିଲେ ଆମେ ଭାସିଆସିଛୁ ଭାସିଯିବୁ। ଓଡ଼ିଆ ସାହିତ୍ୟରେ ଆମ ଚିହ୍ନ ରହିବ ନାହିଁ।"

(ବୈକୁଣ୍ଠ ପରିକ୍ରମା - ସଖା ବୈକୁଣ୍ଠ - ଅନ୍ନଦାଶଙ୍କର ରାୟ, ପୃ-୨୧୦)

ଅନ୍ନଦା ଶଙ୍କର ଲେଖିଛନ୍ତି- "ମୋ ଧାରଣା 'ସବୁଜ' ଶବ୍ଦଟା ମୋ'ଠାରୁ ନୁହେଁ, ତା'ଠାରୁ ଆସିଛି। କିନ୍ତୁ ସବୁଜ ପତ୍ରର ଅନୁଗାମୀ ଥିଲି ମୁଁ ନିଜେ।"

(ବୈକୁଣ୍ଠନାଥ ପରିକ୍ରମା, ପୃ-୨୧୧)

ମୁଁ ଏଠାରେ କହି ରଖିବାକୁ ଚାହୁଁଛି ଯେ ସେତେବେଳେ 'ସବୁଜ ଦଳ'ର କବିମାନେ ନିଜ ମନ ପ୍ରାଣକୁ ଖୋଲା ଆକାଶରେ ବିହଙ୍ଗଟିଏ ଭଳି ଉନ୍ମୁକ୍ତ କରି ଦେଇଥିଲେ ସେମାନଙ୍କ ସାହିତ୍ୟର ଗତାନୁଗତିକ ଧାରା ପ୍ରତି ତିଳେମାତ୍ର ବିଚଳିତ ନ ହୋଇ। ରୋମାଣ୍ଟିକ୍ ଚେତନାରେ ନିଜକୁ ବୁଡ଼ାଇ ରଖୁଥିଲେ। ତେଣୁ ସବୁଜ ମାନେ ରୋମାଣ୍ଟିକ୍ ଭାବାଶ୍ରୟୀ। ତାଙ୍କ ଲେଖାଗୁଡ଼ିକ ରୋମାଣ୍ଟିକ୍ ଭାବନାରେ ପୂର୍ଣ୍ଣ ଥିଲା। ସୁନ୍ଦର ପ୍ରେମ, ହସ, ଖୁସିରେ ଏକ ବାତାବରଣ କେବଳ 'ସବୁଜ' ହିଁ ସୃଷ୍ଟି କରିପାରେ। 'ସବୁଜ'ର ପ୍ରତୀକ ଭାବରେ ଆମେ ରୋମାଣ୍ଟିକ୍ ଚେତନାକୁ ପ୍ରଧାନତଃ ନେଇଥାଉ। ତେଣୁ ଯେହେତୁ ସବୁଜ ଦଳର କବିମାନେ ତାଙ୍କ କବିତାରେ 'ସବୁଜ' ଶବ୍ଦଟିକୁ ନେଇ କବିତା ରଚନା କରିଛନ୍ତି, ସେମାନେ ସବୁଜର ଗୁଣଗ୍ରାହୀ ଅଟନ୍ତି।

ଏହି ସବୁଜ ଶବ୍ଦଟି ପ୍ରଥମେ ଅନ୍ନଦାଶଙ୍କର ତାଙ୍କର 'ପରୀ ମହଲ' କବିତାରେ ବ୍ୟବହାର କରିଥିଲେ, ଉତ୍କଳ ସାହିତ୍ୟ ବୈଶାଖ - ୧୮୩୨ - ପ୍ରଥମ ସଂଖ୍ୟାରେ, ସବୁଜ ପରୀର ଆବାହନ କରି।

"ସବୁଜ ପରୀ ଆସ
ପତ୍ର ରୁହେ କାନ ଡେରି
ଊର୍ଦ୍ଧ୍ୱେ ଚାହିଁ ଘାସ।"
ଶୀତ ଗଲା ବନେ ବନେ ପଲ୍ଲବ ଝଡ଼ାଇ
ଉତ୍ତରା ପବନେ ତାର ଉତ୍ତରୀ ଉଡ଼ାଇ
ଦଶ ଦିଗେ ସଞ୍ଚରିଲା ଶୁଷ୍କତାର ଶ୍ୱାସ
ସବୁଜ ପରୀ ଆସ
ଯୌବନର ମନ୍ତ୍ରେ ସଖୀ, ଜୀର୍ଣ୍ଣ ଜରା ନାଶ।"

"ସବୁଜ ପରୀ ଆସ, ପଲ୍ଲବା ଅତରୁ ବୀଥି
ମୁଞ୍ଜରା ଅଘାସ
ଛୁଇଁ ଯାଅ ବେଣୁ ବନେ ଚୁମ୍ବିଯାଅ ଚୂତେ

ଫାଗୁ ମୁଖ ଶ୍ୟାମ ହେଉ ଅଧର ଅମୃତେ
ନଗ୍ନଧରା - ଅଙ୍ଗେ ଦିଅ ଦୀପ୍ତ ଶ୍ୟାମ ବାସ
  ସବୁଜ ପରୀ ଆସ
ମୌନ ଧରା ମୁଖେ ଦିଅ ଯୌବନର ହାସ।"

ଏହାର ଠିକ୍ ଦୁଇ ମାସ ପରେ ଉକ୍ରଳ ସାହିତ୍ୟରେ ବୈକୁଣ୍ଠନାଥଙ୍କ 'ସବୁଜ ବନ୍ଧୁ ପ୍ରତି' କବିତା ପ୍ରକାଶ ପାଇଥିଲା।

"ଜୀବନଟା ତ ସଂଗ୍ରାମରେ ଭାଇ
କାହିଁକି ଦୁଃଖେ ହତାଶ ହେଉ ଚାହିଁ
ନବୀନ ତୁହି ତରୁଣ ତୁହି
ଆଲୋକ ତୋର ସାଥୀ
ଦୁର୍ଦ୍ଦିନେ ଥରେ ବିଜୟୋଲ୍ଲାସେ
ଉଠିବୁ କିରେ ମାତି ?"

ଏହି ଦୁଇଟି ଉଦ୍ଧୃତିରୁ 'ସବୁଜ' କବିତାର ଆଭିମୁଖ୍ୟ ସଂପର୍କରେ ଏକ ସ୍ପଷ୍ଟ ପରିଚୟ ମିଳେ। "ସବୁଜ ଆବାହନ କଳ୍ପନା ବିଳାସର ପରିସମାପ୍ତି ନୁହେଁ। ତାହାର ପ୍ରତି ଛତ୍ରରେ ବାସ୍ତବତାର ଆଭିମୁଖ୍ୟ ସୁତୀବ୍ର, ସମୁଜ୍ଜ୍ୱଳ, ପ୍ରତି ଶବ୍ଦରେ ପ୍ରାଣରେ ସ୍ପନ୍ଦନ ଶବ୍ଦାୟମାନ, ସବୁଜ କବିତା ସ୍ୱୟଂସିଦ୍ଧ, ଚିର ନୂତନ, ତେଣୁ ତା'ର ସଂଶୋଧନ ନାହିଁ।" (୮) ଚିର ଜୀବନ ଚିର ନବୀନ ରହିବା ପାଇଁ ସେମାନେ ପଣ କରିଥିଲେ। ସେମାନଙ୍କର ସାଧନାର ମୂଳ ମନ୍ତ୍ର ଥିଲା 'ସବୁଜ ହେବୁ', 'ସବୁଜ ଥିବୁ', 'ସବୁଜ କରିବୁ'। "ମନର ତାରୁଣ୍ୟ ଅକ୍ଷୟ ରଖି ପ୍ରାଣରସର ପ୍ରାଚୁର୍ଯ୍ୟରେ ଭସାଇ ନେଇ ଯିବେ ସମାଜ ଜୀବନର ଯୁଗ ଯୁଗର ସଞ୍ଚିତ ଆବର୍ଜନା, ଗତାନୁଗତିକତାର ଉପାସନା, ଅତୀତର ଅନ୍ଧ ଅନୁସରଣ ବିଦେଶର ବ୍ୟର୍ଥ ଅନୁକରଣ, ନୂତନକୁ ସୃଷ୍ଟି କରିବାର, ନୂତନକୁ ଗ୍ରହଣ କରିବାର ଏହି ଉନ୍ମାଦନା ଏମାନଙ୍କ ପାଇଁ ଏତେ ପ୍ରବଳ ହୋଇ ଉଠିଥିଲା ଯେ ଜଗତ ଏବଂ ଜୀବନକୁ ତନ୍ନ ତନ୍ନ କରି ବିଶ୍ଳେଷଣ କରି ସେମାନେ ନିଜ ପାଇଁ ଏହି ଆଦର୍ଶ ଧାର୍ଯ୍ୟ କରିଥିଲେ। ସେମାନେ ହୃଦୟଙ୍ଗମ କରିଥିଲେ ପୁରାତନ ଧୀରେ ଧୀରେ ଲୁପ୍ତ ହୋଇ ନୂତନ ସୃଷ୍ଟିର ଶୁଭଶଙ୍ଖ ବାଜି ଉଠିଛି। ପଶ୍ଚିମରେ ଅସ୍ତଗାମୀ ସୂର୍ଯ୍ୟ ସାଙ୍ଗକୁ ପୂର୍ବରେ ଉଦୟୋନ୍ମୁଖୀ ଅରୁଣ, ତା' ସହିତ ଏ ଯେଉଁ ମହା ପରିବର୍ତ୍ତନର ବନ୍ୟା ବିଶ୍ୱର ଉପର ଦେଇ ବହିଚାଲିଛି

(୮) ସବୁଜ ସାହିତ୍ୟ ପରିକ୍ରମା, ପୃ-୨୫, ସଂପାଦନା - ଶ୍ରୀ ଶରତ ଚନ୍ଦ୍ର ମୁଖାର୍ଜୀ

ସେମାନେ ସେହି ସମୟର ସନତାନ।"(୯) ସବୁଜ ଦଳର କବିମାନେ ନୂତନତାକୁ ଆବାହନ କରି ତାଙ୍କ କବିତାକୁ ଯୌବନର ଜୟମାଲ୍ୟରେ ବିମଣ୍ଡିତ କରାଇ ପାଠକପାଠିକା ପ୍ରାଣକୁ ରୋମାଣ୍ଟିକ୍ ଭାବନାରେ ରସାପ୍ଲୁତ କରି ପାରିଥିଲେ।

ଏହିଭଳି ଭାବରେ ସବୁଜ ଚେତନାର ଉନ୍ମେଷ ଘଟିବାକୁ ଆରମ୍ଭ କଲା। କିଭଳି ଭାବରେ ସବୁଜ ଚେତନାର ଉନ୍ମେଷ ଓ ଉତ୍ତରଣ ଘଟିଥିଲା, ତା'ର ବିଶଦ୍ ବ୍ୟାଖ୍ୟା ନିମ୍ନରେ ବର୍ଣ୍ଣନା କରାଗଲା–

କବି ଅନ୍ନଦାଶଙ୍କର ରାୟ ତାଙ୍କ 'ସବୁଜ ଅକ୍ଷର'ର ଭୂମିକାରେ ସ୍ୱୀକାର କରିଛନ୍ତି ଯେ - "ଅଠର ବର୍ଷ ବୟସରେ ମୁଁ ଓଡ଼ିଆ ସାହିତ୍ୟରେ ପହଞ୍ଚିଲି। ବାଇଶି ବର୍ଷ ବୟସରେ ଓଡ଼ିଆ ସାହିତ୍ୟରୁ ମେଲାଣି ନେଲି। ୧୯୨୨-୨୬ ଚାରି ବର୍ଷ ପରେ ମୁଁ 'ଉତ୍କଳ ସାହିତ୍ୟ', 'ସହକାର' ଓ 'ସବିତା'ରେ ଲେଖିଥିଲି କବିତା ଦଶ କି ବାରଟି।"(୧୦) 'ସବୁଜ ଅକ୍ଷର'ରେ ସଂକଳିତ କବିତାର ସଂଖ୍ୟା ବାର କିନ୍ତୁ ଏହା ବାଦ୍ ଆଉ ଦୁଇଟି କବିତା ଯାହା ଏ ସଂକଳନଭୁକ୍ତ ହୋଇପାରି ନାହିଁ ତାହା 'ଉତ୍କଳ ସାହିତ୍ୟ'ରେ ୧୯୨୬ ମସିହାରେ ଯଥାକ୍ରମେ ୨୯ ଭାଗ ଷଷ୍ଠ ସଂଖ୍ୟାରେ 'ଚିରନ୍ତନରେ ଚାହେଁ ଚିରନ୍ତନ ନାରୀ' ଓ ସପ୍ତମ ସଂଖ୍ୟାରେ 'ନିରବ କବି' ନାମରେ ପ୍ରକଶିତ। ମାତ୍ର ଏଇ ହାତଗଣତି ୧୪ଟି କବିତା ହିଁ ତାଙ୍କ କବିତ୍ୱର ପରିଚୟ ବହନ କରି ରହି ଆସିଛି ଓଡ଼ିଆ ସାହିତ୍ୟରେ। ଏହି ସବୁଜ କବିତାର ବାର୍ତ୍ତା କବି ଅନ୍ନଦାଶଙ୍କରଙ୍କର 'ଖୋଲାଚିଠି'ରେ ସ୍ପଷ୍ଟ ଭାବରେ ଅଙ୍କିତ।

"ଜଗତରେ ଆଜି ଯେଉଁ କବି ଲୋଡ଼ା ସେ କବି ଶତ ଯୁଗର ଅନ୍ତର୍ଦ୍ଧାନରେ ଶୋକ ବିମୂଢ଼ ହୋଇ କ୍ରନ୍ଦନ ଗୀତ ଗାଇବ ନାହିଁ। ସେ ଏହି ମହା ପରିବର୍ତ୍ତନମୟ ସୃଷ୍ଟି ଲୀଳାର ଛନ୍ଦରେ ଛନ୍ଦ ରଖି ସଭ୍ୟତାର ଗତି ଭଙ୍ଗୀର ତାଳରେ ଉତ୍ତାଳ ସଙ୍ଗୀତ ଝଙ୍କୃତ କରିବ। ଜୀବନରେ ସୌନ୍ଦର୍ଯ୍ୟ କମି ଆସୁଛି। ସଭ୍ୟତାର ଯାନ୍ତ୍ରିକତାର ସ୍ଥାନ ଦିନକୁ ଦିନ ବଢ଼ିଚାଲିଛି। କବି ଯଦି କହିଥାଏ ଉଠିଆସ, ସୃଷ୍ଟି କର ଅପୂର୍ବ ସୌନ୍ଦର୍ଯ୍ୟ। ଅନ୍ତରରୁ ଉତ୍ସାହକୁ କର ନିଖିଳ ମନଃ ସଂଜୀବନୀ। ସୌନ୍ଦର୍ଯ୍ୟ ସୁଧା ଦେଇ ସଭ୍ୟତାକୁ ରକ୍ଷା କର। ମାନବର ଏତେ ଆୟୋଜନ ସାର୍ଥକ ହେଉ ତୁମର ଅମୃତ ଦାନରେ। ଜଗତ ଆଜି ସୌନ୍ଦର୍ଯ୍ୟ ପାଇଁ କ୍ଷୁଧିତ। ଜୀବନରୁ Romance ଚାଲିଯାଉଛି। ସମାଜରୁ ବ୍ୟକ୍ତିତନ୍ତ୍ରତା ଉଠିଯିବା ଉପରେ। ଧର୍ମରେ Mysticism ନାହିଁ। ନର ନାରୀର ସମ୍ବନ୍ଧ

(୯) ଡକ୍ଟର ସ୍ନିଗ୍ଧା ବିଶ୍ୱାଳ - ସବୁଜ କବିତା ଓ ବୈକୁଣ୍ଠନାଥ

(୧୦) ସବୁଜ ଅକ୍ଷର ଭୂମିକା - ଶ୍ରୀ ଅନ୍ନଦାଶଙ୍କର ରାୟ

କ୍ରମଶଃ ରହସ୍ୟ ରହିତ ହୋଇଆସୁଛି। ହେ କବି, ହେ ଶିଳ୍ପୀ ସଭ୍ୟତା ରହିଛି ତୁମରି ମୁହଁକୁ ଚାହିଁ। ତୁମେ ଯଦି ଯାନ୍ତ୍ରିକତାର ସ୍ରୋତରେ ଭାସିଯାଇ ନିଜର ବାଣୀ ବିସ୍ମରି ଯାଅ ଯଦି ଅତୀତର କୁହୁକରେ ପଡ଼ି ନୈରାଶ୍ୟର ଗୀତ ଗାଅ, ତେବେ ଏ ଯାତ୍ରାର କି ଦଶା ହେବ ?" (୧୧)

ଉପରୋକ୍ତ ଉଦ୍ଧୃତିରୁ ଜଣାଯାଏ, ମାନବର ସାର୍ଥକତା ଅଛି ନୂତନତାର ସୃଷ୍ଟିରେ। ତେଣୁ ଏଇ ସୃଷ୍ଟିରେ କିଛି ନୂତନତା ଆଣିବାକୁ ହେଲେ ଯେତେ ଝଡ଼ଝଞ୍ଜା, ବାଧାବିଘ୍ନ ଆସିବ ସେସବୁକୁ ନିର୍ବିକାର ଚିତ୍ତରେ ଦଳିଚକଟି ଧ୍ୱଂସ କରିଦେଇ ନିଜ ପଥରେ ଆଗେଇଯିବା ଉଚିତ ବୋଲି ସବୁଜ କବି ଅନ୍ନଦାଶଙ୍କର ରାୟ କବିତାରେ ଆହ୍ୱାନ ଦେଇଥିଲେ।

ସବୁଜ କାଳର ମୂଳ ସୂତ୍ରଧର ଭାବରେ ବିଶ୍ୱକବି ଅନ୍ନଦାଶଙ୍କରଙ୍କୁ ହିଁ ନିଆଯାଇପାରେ। ୧୯୨୨ରୁ ୧୯୨୬ ମାତ୍ର ୪ ବର୍ଷ ହେଉଛି ଓଡ଼ିଆ ସାହିତ୍ୟକୁ ତାଙ୍କର ଅବଦାନ। ସେ ତାଙ୍କ ରଚନା କାଳ ମଧ୍ୟରେ ମାତ୍ର ୧୪ ଗୋଟି ରୋମାଣ୍ଟିକ୍ କବିତା ହିଁ ରଚନା କରିଯାଇଛନ୍ତି। ପ୍ରଥମ ପୃଥିବୀ ମହାଯୁଦ୍ଧ ପରବର୍ତ୍ତୀ ଅନିଶ୍ଚିତତାର ବ୍ୟର୍ଥ ସ୍ୱର ତାଙ୍କ କବିତାରେ ଶୁଣାଯାଏ ନାହିଁ। "ଏଥିରେ କେବଳ ତାରୁଣ୍ୟର ଏକ ଅପ୍ରତିହତ ଉଚ୍ଛ୍ୱାସ ଦିଗହୀନ ଓ ବଲ୍‌ଗାହୀନ ଭାଭବେ ପ୍ରକଟିତ।" (୧୨) କବିଙ୍କର ପ୍ରଥମ କବିତା 'ପ୍ରଳୟ ପ୍ରେରଣା' ପାଠକଲେ ଜଣାଯାଏ କବିଙ୍କର ରୋମାଣ୍ଟିକ୍ ମନକୁ କିଛି କ୍ଷଣ ପାଇଁ ବୈପ୍ଳବିକ ଭାବନାରେ ଓଲଟେଇ ଦେଇଛି। ରୋମାଣ୍ଟିକ୍ କବି ଲେଖିଛନ୍ତି -

"ଅଗ୍ନିକଣା ! ଅଗ୍ନିକଣା
  ଦେହ ଦୀପେ ଜାଳ ଦୀପ୍ତ ଶିଖା
ତୀବ୍ର ତେଜେ ଦହିବି ମୁଁ ଜଡ଼ତାର ଅନ୍ଧ କୁଜ୍‌ଝଟିକା
  ଶକ୍ତି ମନେ କ୍ଷିପ୍ର କର
  ଶକ୍ତି ପାଇଁ ସର୍ବାଙ୍ଗ ଅଧୀର
ଆଲୋକ-ଆସବ ଦେଇ
  କର ମତେ ଉନ୍ମାଦ ମଦିର।

xxx

---

(୧୧) ସବୁଜ ଅକ୍ଷର - ଅନ୍ନଦା ଶଙ୍କର ରାୟ, ପୃ-୧୬୧
(୧୨) (ସବୁଜର ସାଂପ୍ରତିକ - ଡକ୍ଟର ନିତ୍ୟାନନ୍ଦ ଶତପଥୀ, ପୃ-୧୪)

ଏହି ଭସ୍ମ ଅବଶେଷ ଉପରେ ମୁଁ ରଚିବି ନନ୍ଦନ
  ମର୍ତ୍ତ୍ୟରେ ଅମରାବତୀ,
          ଜଡ଼ ଦେହେ ଜୀବନ ସ୍ପନ୍ଦନ
ମୁକ୍ତ ହୁଅ ମୁକ୍ତ ହୁଅ
          ଜଗତର ଯେତେ ନରନାରୀ
ମୃତ ସମାଜର ଶିରେ
          ସିଞ୍ଚିଦିଅ ସଂଜୀବନ ବାରି ।" (୧୩)

ଏଠାରେ ମନେହୁଏ କବି ଅନ୍ନଦାଶଙ୍କର ସଚେତନ ଭାବେ ଏଭଳି ଏକ ବୈପ୍ଳବିକ କବିତା ଲେଖିବାକୁ ଚାହିଁଥିଲେ କି ନାହିଁ ତାହା ସନ୍ଦେହ ଜନକ। ନ ହେଲେ ସେ କବିତାର ପ୍ରାରମ୍ଭରେ ଅଗ୍ନିକଣା ! ଅଗ୍ନିକଣା ! ଭଳି ବିପ୍ଳବାତ୍ମକ ଶବ୍ଦ ବ୍ୟବହାର କରି ଠିକ୍ ପରବର୍ତ୍ତୀ କବିତାରେ ଝଞ୍ଜାରାଣୀ, କଙ୍କଣ, କିଙ୍କିଣି ଆଦି ରୋମାଣ୍ଟିକ୍ ଶବ୍ଦ ବ୍ୟବହାର କଲେ କିପରି ? ତେଣୁ ଏଥିରୁ ଜଣାଯାଏ କବିଙ୍କ ମନରେ ବିଶ୍ୱଯୁଦ୍ଧର କୌଣସି ପ୍ରଭାବ ପଡ଼ି ନ ଥିଲା। ସବୁଜ କବି ବିପ୍ଳବ ମାଧ୍ୟମରେ ମୁକ୍ତି ଚାହିଁଛି। କିନ୍ତୁ ମୁକ୍ତି କୌଣସି ବାହ୍ୟଶକ୍ତିର ଚାପରୁ ନୁହେଁ, ତାଙ୍କର ମୁକ୍ତି ମିଳେ ଜଡ଼ତାରୁ, କୁ ସଂସାରରୁ, ଅସଂଯମରୁ, ଉଚ୍ଛୃଙ୍ଖଳତାରୁ, ଅବସାଦରୁ। ପୁନଶ୍ଚ ଏହାର ପରବର୍ତ୍ତୀ କବିତା 'ସୃଜନ ସ୍ୱପ୍ନ' 'ପ୍ରଳୟ ପ୍ରେରଣା'ର ବିରୋଧାଭାସ ଭାବେ ଠିଆହୁଏ।

"ପ୍ରଳୟ କଥା ପ୍ରଳୟ ସମ
ଶୁଭୁଚି ଆଜି ଶ୍ରବଣେ ମମ
କି ହେବ କାର ବିନାଶେ ?
ଏ ସୁଖ ଦିନେ ଏ ଶୋଭା ପୁରେ
ଧ୍ୱଂସ ଲୀଳା ରହୁ ଗୋ ଦୂରେ
ମିଥ୍ୟା ମୋହ ସିନା ସେ।"

ପୂର୍ବ କବିତାର ପ୍ରଳୟର ପରିକଳ୍ପନା ସହ ଏହି କବିତା ପ୍ରଳୟ ଭିନ୍ନ ଧରଣର। ଏ କବିତା ସଂପୂର୍ଣ୍ଣ ପଳାୟନବାଦୀ ଅନୁଚିନ୍ତା। ସୃଜନ ମୋହରେ କବି ଏତେ ବ୍ୟସ୍ତ ସେ ତା'ର ପ୍ରିୟାକୁ ନେଇ ଯଥାଶୀଘ୍ର ସୁଦୂରକୁ ପଳାଇବାକୁ ପରିକଳ୍ପନା କରାଯାଇଛି।

କବି ମର ମରୁରୁ ପଳାୟନ କରି ଏକ ଅମରାବତୀର ସ୍ୱପ୍ନ ଦେଖୁଛି। ଯେଉଁଠାରେ ପ୍ରେମ ପୁରୁଣା ହୁଏ ନାହିଁ। ପୁଣି କବିଙ୍କର କବିତା 'ଯଉବନ ଥରେ ଗଲେ ଆଉ

(୧୩) ସବୁଜ ଅକ୍ଷର – ପ୍ରଳୟ ପ୍ରେରଣା, ପୃ-୫

ଆସେନା'ରେ ବିଷାଦବାଦିତା ଦେଖାଏ। ତଥାପି ଏହା ଏକ ରୋମାଣ୍ଟିକ୍ କବିତା। ତାଙ୍କ ରଚିତ କବିତା 'କମଳ ବିଳାସୀର ବିଦାୟ' ଏକ ବାସ୍ତବବାଦୀ କବିତାର ପରିଚୟ ଦିଏ। ତାଙ୍କର 'ପରୀମହଲ' କବିତାଟି ସଂପୂର୍ଣ୍ଣ ରୋମାଣ୍ଟିକ୍‌ଧର୍ମୀ। ତାଙ୍କର ୧୪ଟି ଯାକ କବିତା ପାଠ କଲେ ଜଣାଯାଏ କବି ହେଉଛନ୍ତି ପ୍ରଚଣ୍ଡ ରୋମାଣ୍ଟିକ୍ ଭାବାପନ୍ନ। ସେ କେବଳ ୧୪ ଗୋଟି ରୋମାଣ୍ଟିକ୍ କବିତା ରଚନା କରି ଓଡ଼ିଆ ସାହିତ୍ୟରୁ ବିଦାୟ ନେଇଥିଲେ ଏବଂ ବଙ୍ଗଳା ସାହିତ୍ୟରେ ନିଜକୁ ହଜାଇ ଦେଇଥିଲେ। ତାଙ୍କ କବିତାର ପ୍ରାରମ୍ଭ ଅଛି କିନ୍ତୁ ବିକାଶ କିମ୍ବା ଉତ୍ତରଣ ନାହିଁ। ତାଙ୍କ ପରେ ପରେ ସବୁଜ ଦଳର କବି କାଳିନ୍ଦୀଚରଣ ଓଡ଼ିଆ ସାହିତ୍ୟରେ ବେଶ୍ ଖ୍ୟାତି ଅର୍ଜନ କରିପାରିଛନ୍ତି – ଉଭୟ ପରିମାଣାତ୍ମକ ଓ ଗୁଣାତ୍ମକ ଦୃଷ୍ଟିରୁ। ଯଦିଓ ଆଦ୍ୟ କାଳରେ ସବୁଜ ଦଳର କବିମାନେ ରୋମାଣ୍ଟିକ୍ ଭାବାପନ୍ନ ଥିଲେ କିନ୍ତୁ କାଳିନ୍ଦୀଚରଣଙ୍କ କବିତାରେ ଉପଯୁକ୍ତ ବିକାଶ ଘଟିଥିଲା। ଦୀର୍ଘ ସମୟ ଧରି ସେ କବିତା ରଚନା କରିଥିଲେ ଓ କବିତାର ଗତିପଥରେ ବହୁ ଅନିବାର୍ଯ୍ୟ ପରିବର୍ତ୍ତନର ସମ୍ମୁଖୀନ ହୋଇଥିଲେ। ତାଙ୍କ ରଚନାରେ ସବୁଜର ସମୟସୀମାକୁ ଯଦି ୧୯୩୫ ପର୍ଯ୍ୟନ୍ତ ନିର୍ଦ୍ଧାରଣ କରାଯିବ ତା' ପରବର୍ତ୍ତୀ କାବ୍ୟ ଚେତନାର ସେ ସବୁଜଠାରୁ ଦୂରତାରେ ରହି ପ୍ରଗତିବାଦୀ ଭାବନାକୁ ଲାଳିତ କରିଥିବା ସ୍ପଷ୍ଟ ହୁଏ। ତେଣୁ କବି କାଳିନ୍ଦୀଚରଣଙ୍କର କାବ୍ୟ ଜୀବନର ପ୍ରାରମ୍ଭ ଅଛି, ବିକାଶ ଅଛି କିନ୍ତୁ ପରିଣତି ନାହିଁ ବୋଲି ଡକ୍ଟର ଶତପଥୀ ନିର୍ଦ୍ଧାରଣ କରିଛନ୍ତି। ତଥାପି ସବୁଜ ଗୋଷ୍ଠୀ ମଧ୍ୟରେ କବି କାଳିନ୍ଦୀଚରଣ ହିଁ ସବୁଠାରୁ ଅଧିକ ସଚେତନ ଶିଳ୍ପୀ। ତାଙ୍କ କବିତାରେ କେବଳଗୋଟାଏ ସ୍ୱରର ବିଧୁର ରାଗିଣୀ ନାହିଁ, ଅଛି ବହୁ ବିଚିତ୍ର ଓ ନୂତନ ଅନୁଭୂତିର ବର୍ଣ୍ଣାଳୀ। ଏ ଦୃଷ୍ଟିରୁ କବି ବେଶ୍ ଗତିବାନ୍ ଏବଂ ସବୁଜ ଗୋଷ୍ଠୀ ମଧ୍ୟରେ ଆଧୁନିକ ଚେତନା ପ୍ରତି ଅଧିକ ଉନ୍ମୁଖ ମନେ ହୁଅନ୍ତି।" (୧୪) କାଳିନ୍ଦୀଚରଣ ଜଣେ ଜୀବନଧର୍ମୀ ସାହିତ୍ୟିକ। ମନୁଷ୍ୟ ଜୀବନର ବାସ୍ତବତାକୁ ସେ ତାଙ୍କ କାବ୍ୟ କବିତାରେ ପ୍ରାଧାନ୍ୟ ଦେଇ ଯଥାର୍ଥରେ ଆଧୁନିକତା ସହିତ ସାମିଲ କରିପାରିଛନ୍ତି। "କବି କାବ୍ୟ ଜୀବନର ଉନ୍ମେଷରେ ଥିଲେ ରୋମାଣ୍ଟିକ୍ ଓ ରୂପପ୍ରାଣ ସେଇ କବି କାବ୍ୟ ଜୀବନର ମଧ୍ୟାହ୍ନରେ ଏକ ମାନବବାଦୀ ବୈପ୍ଳବିକ କାବ୍ୟଧାରାର ଅନୁସରଣ କରିବାରେ ବିଚିତ୍ରତା ନିଶ୍ଚୟ ଅଛି। ଏହା ହିଁ କାଳିନ୍ଦୀ – କାବ୍ୟ-ସାଧନାର ଏକ ଚମତ୍କାର ଆରୋହଣ।" (୧୫)

---

(୧୪) ଡକ୍ଟର ନିତ୍ୟାନନ୍ଦ ଶତପଥୀ – ସବୁଜରୁ ସାଂପ୍ରତିକ – ପୃ:୧୮

(୧୫) ଡକ୍ଟର ନିତ୍ୟାନନ୍ଦ ଶତପଥୀ – ସବୁଜରୁ ସାଂପ୍ରତିକ – ପୃ:୧୮

କବି କାବ୍ୟ ଜୀବନର ପ୍ରାରମ୍ଭରେ ଥିଲେ ରୋମାଣ୍ଟିକ୍ ଭାବାଶ୍ରୟୀ। ୧୯୨୦ରେ ରଚିତ 'ବିରହୀ ଯକ୍ଷ' ଓ 'ରଜ' କବିତା ଦୁଇଟିରୁ ତାଙ୍କ ରୋମାଣ୍ଟିକ୍ ଚାତୁର୍ଯ୍ୟର ପରିଚୟ ମିଳେ।

"ସିକ୍ତ ହୋଇଥିବ ଚାରୁ ଚରଣ ଦୁଇ
ଫିଟି ଲୋଟୁ ଥିବ କେଶ ଧରଣୀ ଛୁଇଁ।" (ବିରହୀ ଯକ୍ଷ)
"ହଳଦୀ ଅଳତା ଲଗାଇ ମୁଣ୍ଡ ବାନ୍ଧି ଯତନେ
ଗ୍ରାମ ସୀମନ୍ତିନୀ ଆଦରେ ଚାହିଁ ଥିବେ ଗଗନେ।" (ରଜ)

ଏ କବିତା ଦୁଇଟିରେ ପାରମ୍ପରିକତାର ସ୍ୱର ପ୍ରକାଶ ପାଇଥିଲେ ହେଁ ରୋମାଣ୍ଟିକ୍ କବିତାଟି ମୁଖ୍ୟ ବିଭବ ହୋଇ ରହିଛି। ତାଙ୍କର 'ଲୋହିତ ବ୍ୟଥା' କବିତାଟିରେ ରୋମାଣ୍ଟିକ୍ ରୂପ ଆହୁରି ସ୍ପଷ୍ଟ ହୋଇଛି।

"କେବେ ନଦୀ କୋଳେ କହି ତା ବ୍ୟଥିତ ବାଣୀ
ରକତଚୁମ୍ବ ରଖିଲା ସନ୍ଧ୍ୟା ରାଣୀ
ଏକାକୀ ନାଉରୀ - ସଙ୍ଗୀତ - ଶୋକେ
ନାବ ବାହୁଥିଲା ଲୋହିତ ଆଲୋକେ,
ଉପରେ ତାହାର ସନ୍ଧ୍ୟାର-ସରମ ଠାଣି
ତଳେ ଜଳ ରାଶି - ପୀଡ଼ିତ - ମରମ ବାଣୀ।"

ଏହି ପର୍ଯ୍ୟାୟରେ ଲିଖିତ ସମସ୍ତ କବିତା ପର୍ଯ୍ୟାଲୋଚନା କଲେ ଜଣାଯାଏ ତାଙ୍କର 'ପୁରୀ ମନ୍ଦିର' କବିତାଟି ଏକ ବ୍ୟତିକ୍ରମ ସୃଷ୍ଟି। ଏହି କବିତାଟି ରବୀନ୍ଦ୍ରନାଥଙ୍କ ଚିନ୍ତାଧାରା ଦ୍ୱାରା ଅଧିକ ପରିପୁଷ୍ଟ ହୋଇଛି। "ଓଡ଼ିଆ ସାହିତ୍ୟର ଇତିହାସ ପ୍ରଣେତା ଡକ୍ଟର ମାୟାଧର ମାନସିଂହଙ୍କ ମତରେ 'ପୁରୀ ମନ୍ଦିର' କବିତାର ଚେତନାକୁ ବିଶ୍ୱର ଯେକୌଣସି ଦେବାଳୟ ଠାରେ ଆରୋପ କରାଯାଇପାରିବ।"(୧୬) ଅର୍ଥାତ୍ ଏହା ଗୀର୍ଜା, ମସଜିଦ୍, ହିନ୍ଦୁ, ମନ୍ଦିର ବା ବୌଦ୍ଧ ବିହାର ବି ହୋଇପାରେ। ଏ କବିତାଟି ରବୀନ୍ଦ୍ର-ଚିନ୍ତାର ଏକ ଚମତ୍କାର ସିନ୍ଥେସିସ୍ ମଧ୍ୟ ହୋଇପାରେ! କିନ୍ତୁ ସେଥିରେ ରାଜା ଇନ୍ଦ୍ରଦ୍ୟୁମ୍ନଙ୍କ ସମ୍ପର୍କରେ ଯେଉଁ ପୌରାଣିକ ସୂଚନା ରହିଛି, ତାହା ପୃଥିବୀର ଅନ୍ୟ କୌଣସି ମନ୍ଦିର ସମ୍ପର୍କରେ ପ୍ରଯୁକ୍ତ ହୋଇ ପାରିବ ନାହିଁ। ଏ ଦୃଷ୍ଟିରୁ ପୁରୀ ମନ୍ଦିର ଏକାନ୍ତ ଭାବରେ ନୀଳାଚଳ ଧାମରେ ପ୍ରତିଷ୍ଠିତ ମନ୍ଦିରକୁ ହିଁ ବୁଝାଇବ।

xxx xxx xxx

---

(୧୬) ଓଡ଼ିଆ ସାହିତ୍ୟର ଇତିହାସ - ଡକ୍ଟର ମାୟାଧର ମାନସିଂହ - ପୃ:୩୦

ବିଶ୍ୱ ପାଇଁ କରିଲା ଦାଦନ
ଅନ୍ତରର ବିପୁଳ ବେଦନ
ହେବାକୁ ନିର୍ବଂଶ
ଲୋଡ଼ିଲା ଅଯଶ
ବଂଶ ଗର୍ବ
କରି ଖର୍ବ।" (ପୁରୀ - ମନ୍ଦିର)

କବିଙ୍କର ୧୯୨୫ରେ 'ରଜ' ଓ 'ହତାଶାର ଗାନ' କବିତାଟିରେ ଉଷାର ଅରୁଣାଲୋକ, ଜ୍ୟୋସ୍ନାବିଧୌତ ଆକାଶର ତାରକାରାଜି ଗନ୍ଧ ସମୀର, ତଟିନୀ ଓ ବିହଗକୁଳ ସମସ୍ତେ ଆନନ୍ଦ ପ୍ରମତ୍ତ। କବି କିନ୍ତୁ ହତାଶାରେ ଜର୍ଜରିତ। ଏଠାରେ ପ୍ରକାଶିତ ରୋମାଣ୍ଟିକ୍ ଆଗୋନି ହିଁ ରୋମାଣ୍ଟିକ୍ ଚେତନାର ଏକ ବିଶିଷ୍ଟ ବିଭାବ। ଏହି ହତାଶାବୋଧ ତାଙ୍କର କ୍ଷଣସ୍ଥାୟୀ। ତାଙ୍କର ପ୍ରେମ ସମୟରେ ରଚିତ କବିତା 'ମଧୁ ବିବାହ' (୧୯୨୫), 'କବିର ବ୍ୟଥା' (୧୯୨୪), 'ଫଗୁଣବଂଶୀ' (୧୯୨୬) ଏ ସମସ୍ତ କବିତା ରୋମାଣ୍ଟିକ୍ ଭାବାପନ୍ନ। ତାଙ୍କର ଫଗୁଣବଂଶୀ ନାମରେ ପ୍ରକାଶିତ କବିତାଟିରେ ଅନୁଭୂତିର ଏହି ପ୍ରଖରତା କବିଙ୍କୁ ଯୌବନର ଉନ୍ମାଦ ଉପଭୋଗୀ କରିଛି। ତେଣୁ କବି କଣ୍ଠରେ ଆନନ୍ଦ ଓ ଆଶାବାଦିତାର ଚୂଡ଼ାନ୍ତ ଉଚ୍ଛ୍ୱାସ ଲକ୍ଷ୍ୟ କରାଯିବ।

କାଳିନ୍ଦୀ ଚରଣଙ୍କର କାବ୍ୟ ମାନସର ଏହି ରୋମାଣ୍ଟିକ୍ ଚେତନା ପ୍ରାୟ ୧୯୩୫ ମସିହା ପର୍ଯ୍ୟନ୍ତ ତା'ର ସ୍ଥାୟିତ୍ୱ ବଜାୟ ରଖିଥିଲା, ଯଦିଓ ଗଦ୍ୟ ରଚନାରେ ସେ ଥିଲେ ଏକାନ୍ତ ବାସ୍ତବବାଦୀ। ୧୯୩୨-୩୩ ମସିହା ବେଳକୁ କବିଙ୍କର ରୋମାଣ୍ଟିକ୍ ଚେତନା ସହିତ କ୍ରମେ ବାସ୍ତବବାଦୀ ଚିନ୍ତାଧାରା ବିକଶିତ ହୋଇଥିଲା ତେଣୁ କାଳିନ୍ଦୀଚରଣ ପାଣିଗ୍ରାହୀଙ୍କ କବିତାଗୁଡ଼ିକୁ ପାଠକଲେ ଜଣାଯାଏ ତାଙ୍କ କବିତାରେ ପ୍ରାରମ୍ଭ ଅଛି, ବିକାଶ ଅଛି କିନ୍ତୁ ତାଙ୍କ କବିତାର ଯଥାର୍ଥ ଉତ୍ତରଣ ଘଟିନାହିଁ, ଏ ସମୟରେ ରଚିତ 'ମାନସୀ', 'ରୂପର ମୋହ', 'ଶେଷ ଦାନ', 'ମରଣ ପାଳି', 'ଛନ୍ଦ ନାୟିକା', 'ତଟେ ପାଶୋରି ଦେଲିରେ ଶିମୁଳି ପାଳ' ଇତ୍ୟାଦି କେତୋଟି ଉଲ୍ଲେଖନୀୟ କବିତା।

xxx xxx xxx

"କ୍ଷୁଧିତ ମାନବ କାକୁତି କରଇ
  ପତାଇ ଥାଳ
ପଥପରେ ଶତ ମାନବର ଶିଶୁ
  ଦେଖାଏ କାନି

ଅକାଳେ ଝାଉଁଳି ପଡ଼ଇ କେତେରେ
 ଜୀବନ-ଲତା !
ସବୁ ପ୍ରିୟ ସ୍ମୃତି ଅନୁଭୂତିମୟ
 ଅତୀତକାଳ
ତୋତେ ଚାହିଁ ଆଜି ପାଶୋରି ଦେଲି ରେ
 ଶିମୁଳିପାଳ !"

ପୁଣି 'କ୍ଷଣିକ ସତ୍ୟ'ରେ ଏହି ବାସ୍ତବବାଦୀ ଚିନ୍ତାଧାରା ଅତି ସ୍ପଷ୍ଟ ହୋଇ ଉଠିଛି। କବିଙ୍କ ପ୍ରାଣ ପ୍ରାକ୍ ସବୁଜ ସାହିତ୍ୟ ଗୋଷ୍ଠୀ ସତ୍ୟବାଦୀ ସୃଷ୍ଟି ସହ ତାକୁ ସାମିଲ୍ କରି ଦେଇଛି। କବି ମାନବକୁ ଚିହ୍ନି ପାରିଛନ୍ତି। ତାଙ୍କ ଦୁଃଖ କଷ୍ଟ ଉପଲବ୍ଧି କରିପାରିଛନ୍ତି। ସେ ତେଣୁ 'କ୍ଷଣିକ ସତ୍ୟ'ରେ ଲେଖିଛନ୍ତି-

"ଜୀବନେ ଛୋଟ ଛୋଟ ଲଭିଲି ଯେତେ ସତ
ଅଳ୍ପ ଦିନେ ହେଲା ମିଛେ ସେ ପରିଣତ।"

"ଜୀବନ କେବଳ ଏକମୁହାଁ ରାସ୍ତା ନୁହେଁ। ସବୁ ନୁହେଁ ରୂପରସର ପ୍ରୀତିର ପ୍ଲାବନ - ଏହାର ବିପରୀତ ଦିଗ ପ୍ରତି କବି ଏଣିକି ସଚେତନ ହୋଇଥିବା ପରି ଜଣାଯାଏ। ଏବଂ ତାହାହିଁ କବି ଚିନ୍ତାରେ ସ୍ୱାଭାବିକତାର ଏକ ସଚେତନ ଅଧ୍ୟାୟ। ଜୀବନ ତେଣୁ ତାଙ୍କ ଦୃଷ୍ଟିରେ ପାଇବା ଓ ହଜାଇବା ମିଳନ ଓ ବିଚ୍ଛେଦର ଧାରାରେ ଦ୍ୱୈତମୁଖୀ। ଏହି ବାସ୍ତବାନୁଭୂତି କାବ୍ୟଚିନ୍ତାକୁ ସ୍ୱାଭାବିକ ଭାବରେ ନୈରାଶ୍ୟପୂର୍ଣ୍ଣ କରିଛି; କାରଣ ସବୁଜର ସମସ୍ତ ସ୍ୱପ୍ନ ଏଠାରେ ପରାଜିତ ଓ ବିଡ଼ମ୍ବିତ।" (୧୭) ଏହିଭଳି ପ୍ରାଥମିକ ରୋମାଣ୍ଟିକ୍ ଚେତନାଟି ପରେ ପରେ ବିଷାଦବାଦୀ, ନୈରାଶ୍ୟବାଦୀ, ବାସ୍ତବବାଦୀ ଓ ମାନବବାଦୀ ପୁଣି ଭଗବତ୍ ବିଶ୍ୱାସୀ ଚିନ୍ତାଧାରାର ମିଶ୍ରଣରେ କାଳିନ୍ଦୀ କାବ୍ୟ ମାନସକୁ ଏକ ଦ୍ୱନ୍ଦ୍ୱ ବା ସନ୍ଧି ଘେରରେ ପକାଇ ଦେଇଛି।

କାଳିନ୍ଦୀ 1କାବ୍ୟ ମାନସର ବିକାଶ ପ୍ରକୃତରେ ଘଟିଛି ୧୯୩୪-୩୫ ମସିହା ବେଳକୁ। କାରଣ ଏହି ୧୯୩୫ ମସିହାରେ ତାଙ୍କ ଅନୁଜ ଶ୍ରୀ ଭଗବତୀ ଚରଣ ପାଣିଗ୍ରାହୀଙ୍କ ନେତୃତ୍ୱରେ 'ନବଯୁଗ ସାହିତ୍ୟ ସଂସଦ'ର ପ୍ରତିଷ୍ଠା ହୁଏ। ଭଗବତୀ ଚରଣ ପାଣିଗ୍ରାହୀ ଥିଲେ ବାସ୍ତବାଦୀ ଚିନ୍ତାଧାରାର ଏକ ମୂର୍ତ୍ତିମନ୍ତ ପ୍ରତିମା। ତାଙ୍କ ହୃଦୟକୁ ତାଙ୍କ ଅଗ୍ରଜଙ୍କର ସ୍ୱପ୍ନରେ ଝଲମଲ ହୋଇ ଉଠିଥିବା ରୋମାଣ୍ଟିକ୍ ଚେତନାକୁ ଛୁଇଁ ପାରି ନ ଥିଲା; ବରଂ ବିପରୀତାତ୍ମକ ଯାତ୍ରାପଥରେ ଏହି ଦୁଇ ଭାଇ ଅଗ୍ରସର

(୧୭) ସବୁଜରୁ ସାଂପ୍ରତିକ - ଡକ୍ଟର ନିତ୍ୟାନନ୍ଦ ଶତପଥୀ - ପୃ:୨୦

ହେବାବେଳେ ଅନୁଜ ଭଗବତ ଚରଣ ପାଣିଗ୍ରାହୀ ହିଁ ଜିତିଯାଇଥିଲେ ବାସ୍ତବତାର କଠୋର ପଥରେ। ତେଣୁ ଧୀରେ ଧୀରେ ୧୯୩୫ ମସିହା ବେଳକୁ କାଳିନ୍ଦୀ କାବ୍ୟମାନସ ଭଗବତୀଙ୍କ ବାମପନ୍ଥୀ ପ୍ରଗତିବାଦୀ ଚିନ୍ତାଧାରା ପ୍ରତି ଆକୃଷ୍ଟ ହୋଇପଡ଼ିଥିଲା। ପୂର୍ବର ସମସ୍ତ ରୋମାଣ୍ଟିକ୍ ଆଧିଭୌତିକ ବିଶ୍ୱାସକୁ ସେ ପରିହାସ କରିଛନ୍ତି ତାଙ୍କର 'ପ୍ରତିମା' କବିତାର ପାଠକଙ୍କ ଚକ୍ଷୁ ସାମ୍ନାକୁ ଆଣି ପ୍ରତିମା ବା ଦିଅଁକୁ ଯେତେ ଯେତେ ଯତ୍ନ ଆଦରରେ ପୂଜା କଲେ ମଧ୍ୟ ସେ ଉତ୍ତର ଦିଅନ୍ତି ନାହିଁ। କେବଳ ମୂକସାକ୍ଷୀ ହୋଇ ରହିଯାନ୍ତି।

"ନ ମିଳେ ତୃପତି/ ଡାକି ଡାକି ଶୁଖେ କଣ୍ଠ
କାହିଁ ଶାନ୍ତି କାହିଁରେ ମୁକତି ?"

କବି ଶେଷରେ ମିଥ୍ୟାକୁ ଆଶ୍ରୟ ନ ଦେଇ ଜୀବନ୍ତ ଦେବତା ମଣିଷର ଉପାସନା ପାଇଁ ତାଙ୍କ କବିତାରେ ଆହ୍ୱାନ କରିଛନ୍ତି। ସେ ତାଙ୍କର 'ବିଦାୟ ଭଗବାନ' କବିତାଟିରେ ସିଧାସଳଖ ଭାବରେ ସେଇ କାଳ୍ପନିକ ପରମପୁରୁଷର ସ୍ଥିତି ପ୍ରତି ଅବିଶ୍ୱାସ ଆରୋପ କରିଛନ୍ତି।

"ଭଗବାନ୍! ଏ ଧରାରୁ ବିଦାୟ ନେବକି ସତେ ଆଜି,

xxx xxx xxx

ଦୁର୍ବୁଦ୍ଧର ଦୁର୍ବିପାକେ ନିପୀଡ଼ିତ ବଳହୀନ ଜନ
ଲୋଡ଼ଇ ଆଶ୍ରୟ ତବ ଶୂନ୍ୟତାର ହେ ଅବଲମ୍ବନ!
ଭଣ୍ଡତାର ମହା ଅସ୍ତ୍ର, ଧନୀ ସମ ବଧିର ଆରାମୀ -
ତୃଷିତର ମରୀଚିକା, ଅଧମର ହେ ଅନ୍ତର ଯାମି!
ଶତ କୋଟି ମାନବର ମିଥ୍ୟା-ଜାଲେ ଚକ୍ଷୁ କରି ଅନ୍ଧ
ବହୁ କଳ୍ପନାର ରଙ୍ଗେ କଲ ତା'ର ଚେତନାତ ବଧ।"

(ବିଦାୟ ଭଗବାନ)

କବି ଚାହିଁଛନ୍ତି ଏ ପାଷାଣ ପ୍ରତିମା ଭଗବାନ ଏ ଧରାରୁ ବରଂ ବିଦାୟ ନେଇ ଗଲେ ଭଲ ହେବ। ଦୈନ୍ୟ ଦୁର୍ଦ୍ଦଶାରେ ପ୍ରପୀଡ଼ିତ ଏ ନିରୀହ, ବଳହୀନ ମାନବ ତମ ଆଶ୍ରୟ ଲୋଡୁଛନ୍ତି, କେବଳ ମିଥ୍ୟାରେ ହିଁ। ଏଇ ନିରୀହ ମନୁଷ୍ୟ ଜାଣି ପାରୁନାହିଁ ତମେ ଭଣ୍ଡତାର ଅସ୍ତ୍ର ଧରି କେବଳ ଧନୀମାନଙ୍କୁ ହିଁ ଚିହ୍ନିପାରୁଛ। ମିଛରେ ତମ ପଛରେ ଧାବମାନ ହୋଇ ଏ ଦୈନ୍ୟଗ୍ରସ୍ତ ମନୁଷ୍ୟ ପାଇଛି କ'ଣ ? କେବଳ ରାଶି ରାଶି ଦୁଃଖ। ଏହିଭଳି ଭାବରେ କବି ଭଗବାନଙ୍କୁ ଭର୍ତ୍ସନା କରିବାକୁ ମଧ୍ୟ ପଛାଇ ନାହାନ୍ତି। ଏହି ଚିନ୍ତାଧାରା କବିଙ୍କର ପରବର୍ତ୍ତୀ କବିତା 'ଭକ୍ତି ଓ

ଚାବୁକ୍', 'ଯାଦୁଘର', 'ଛୁରିଟିଏ ଲୋଡ଼ା', 'ଜୀବନସ୍ପର୍ଶ' କବିତାରେ ଦେଖିବାକୁ ମିଳେ।

'ଯାଦୁଘର' କବିତାଟିରେ କବି ଯୁଗପତ୍ ଧର୍ମ, ସଂସ୍କାର, ଭଗବାନ, ସରକାର ଓ ମଣିଷ ଜାତି ପ୍ରତି ଏକ ଅବିଶ୍ୱାସର ସ୍ୱର ଉତ୍ତୋଳନ କରିଛନ୍ତି। ସେ 'ଛୁରିଟିଏ ଲୋଡ଼ା' କବିତାରେ କହିଛନ୍ତି ମନୁଷ୍ୟ କେତେ ନିର୍ବିକାର ଚିତ୍ତରେ ତା'ର ସୁଖ ଦୁଃଖର ପ୍ରତିକାର ପାଇଁ ଭଗବାନଙ୍କ ନିକଟରେ ନିବେଦନ କରେ। କିନ୍ତୁ ଏତେ ଆକୁଳ ଆବେଗରୁ ପାଏ କେବଳ ନୈରାଶ୍ୟ।" ଯୁଗ ଯୁଗ ଧରି ମଣିଷ ତା'ର ସମସ୍ତ ଆନନ୍ଦ, ବିଷାଦ, ସୁଖଦୁଃଖର ଦ୍ୱୈତ ସତ୍ତାକୁ ଭଗବାନଙ୍କ ପାଖରେ ନିବେଦନ କରି ଆସି ନିବିଡ଼ ନୈରାଶ୍ୟ ବ୍ୟତୀତ ଆଉ କ'ଣ ପାଇଛି।" (୧୮)

କବି ଭକ୍ତ ପର୍ଯ୍ୟାୟରେ ଖୁବ୍ ଦୁଃଖ ପାଇଛନ୍ତି ମନରେ। ଏହି ଚିର ଅବହେଳିତ ମଣିଷ ପାଇଁ କବିଙ୍କ ମନରେ ଦରଦ ଆସିଛି। ସେ ଏହାର 'ପ୍ରତିକାର ଚାହିଁଛନ୍ତି। ତାଙ୍କ ରଚିତ 'ଜୀବନର ସ୍ପର୍ଶ' କବିତାରେ ସେ ଖୁବ୍ ଅବସୋସ କରିଛନ୍ତି। ସେ ଦେଖିବାକୁ ପାଇଛନ୍ତି କିପରି ଘରେ ଘରେ ମନୁଷ୍ୟର ଅଭାବ ଅନଟନର କରାଳ ଛାୟା, ଦୁଃଖ ଦୁର୍ବିପାକ, କ୍ଷୁଧା, ଅଶ୍ରୁ ଓ ରୋଗର ଏକ ଭୟଙ୍କର ପରିସ୍ଥିତି। ତାଙ୍କ ପ୍ରାଣ ଦୁଃଖରେ ହାହାକାର କରି ଉଠିଛି।

କିନ୍ତୁ ଏ ଚିନ୍ତାଧାରା ୧୯୪୭ ମସିହା ବେଳକୁ ସଂପୂର୍ଣ୍ଣ ନିଷ୍କ୍ରାନ୍ତ ହୋଇଯାଇଛି। ଏ ସମୟରେ ସବୁଜ ଜନ୍ମ ଧାରାର ସଂପୂର୍ଣ୍ଣ ପରିସମାପ୍ତି ଘଟିଛି। ଦୀର୍ଘ ଦୁଇ ଦଶନ୍ଧି ଧରି କାଳିନ୍ଦୀ କାବ୍ୟ ମାନସର ଦ୍ୱନ୍ଦ୍ୱର ପରିସମାପ୍ତି ଘଟିଛି। ଏଠାରେ ରୋମାଣ୍ଟିକ୍ ଦୃଷ୍ଟିବଳୟ ନାହିଁ। ଅଛି ଜୀବନ ପ୍ରତି ଏକ ବାସ୍ତବ ବୈପ୍ଳବିକ ଦୃଷ୍ଟିଭଙ୍ଗୀ କବି ଖୁବ୍ ବିପ୍ଳବବାଦୀ ହୋଇ ଉଠିଛନ୍ତି 'ଆଗାମୀ' ଓ 'କିଏ ଶଳା ସଇତାନ' ଏ ଦୁଇଟି କବିତା ପାଠ କଲେ ଆମେ ଜାଣିପାରିବା କବିଙ୍କ ଚିନ୍ତାର ପରିସର ମଧ୍ୟକୁ ବାମପନ୍ଥୀ ମାର୍କସୀୟ ଜନ୍ମଧାରା କେତେଦୂର ଆସି ପାରିଥିଲା।

"କବିତା ଗଢ଼େ ଏକ ବିରାଟ ସମାଜର
ସବୁରି ପାଇଁ ଯହି ବଖୁରେ ହେଲେ ଘର
ସକଳ ଲଭିବାକୁ ମୁଠାଏ ଦୁଧଭାତ
ଯୋଗ୍ୟ ଯେତେ ଯହିଁ ବାଳକ ବାଳିକା ତ
ଦୁଇଟା ଲୁଗାଜାମା ସବୁରି ପାଇଁ ମିଳେ

(୧୮) ଡକ୍ଟର ନିତ୍ୟାନନ୍ଦ ଶତପଥୀ - ସବୁଜରୁ ସାଂପ୍ରତିକ - ପୃ: ୨୩

ପଢ଼ିବା ପାଇଁ ବାଧା କାହାରି ନାହିଁ ତିଳେ।
ବେକାର ରହିବାକୁ ନାହିଁଟି ଅଧିକାର
ସବୁରି ପାଇଁ କାମ ଯୋଗାଏ ସରକାର।" (ଆଗାମୀ)
ସେହିଭଳି 'କିଏ ଶଳା ସଇତାନ୍' କବିତାଟିରେ କବି ଲେଖିଛନ୍ତି -
"ଜନ୍ମ ଆମର ମଣିଷ କୁଳରେ ନାହିଁ ଇଜ୍ଜତ ମାନ
ଆମ ଝିଅ ବୋହୂ ସବୁରି ଶାଳୀ ହେ
ଆମେ ଶଳା ସଇତାନ।"

"ଏ କାବ୍ୟ ସ୍ୱରରେ ନରମ ଶିଥିଳତା ନାହିଁ। ସାଲିସ ନାହିଁ, ବରଂ କବି ଏକ ଆସନ୍ନ ଯୁଦ୍ଧର ବାରୁଦସ୍ତୂପ ଉପରେ ଠିଆ ହୋଇଥିବା ପରି ମନେ ହୁଅନ୍ତି। ସମାଜର ଥିଲା ନ ଥିଲାର ସେଇ ଅତିକାୟ ପ୍ରାଚୀର ଉପରେ ସେ ବୋମାମାଡ଼ କରିବାକୁ ଚାହାନ୍ତି।" (୧୯) ଏଥିରୁ ଜଣାଯାଏ ସବୁ ସାମ୍ୟବାଦୀ କବିମାନଙ୍କ ଭଳି ସେ ମଧ୍ୟ ଏକ ଶ୍ରେଣୀହୀନ ସମାଜ ଗଠନ କରିବାକୁ ଆଗ୍ରହୀ। ଏହା ହିଁ କାଳିନ୍ଦୀଙ୍କର କାବ୍ୟ ମାନସର ଯଥାର୍ଥ ପରିଚୟ ଦିଏ।

ସବୁଜ ଦଳର ଅନ୍ୟ ଜଣେ ପ୍ରତିଷ୍ଠିତ କବି ହେଉଛନ୍ତି କବି ବୈକୁଣ୍ଠନାଥ ପଟ୍ଟନାୟକ। ବିଂଶ ଶତକର ନବ ଅରୁଣୋଦୟ ଯୁଗର କବି ବୈକୁଣ୍ଠନାଥ, ସବୁଜ ପରିଧିରେ ତାଙ୍କ କବିତା ଜନ୍ମଲାଭ କରି ସତ୍ୟବାଦୀର ଆଦର୍ଶବୋଧ ଓ ପ୍ରଗତିବାଦୀ କାବ୍ୟଚେତନାର ବିପୁଳ ବିସ୍ମୃତି ଓ ଐକାନ୍ତିକ ମାନବବାଦର ଧାରା ବହନ କରି ଅଜସ୍ର ଖଣ୍ଡ କବିତା ମଧ୍ୟରେ ତାଙ୍କର ଅମର କାବ୍ୟ-ଆତ୍ମାଦୀପ୍ୟମାନ। ୧୯୨୨ରୁ କବିଙ୍କ କାବ୍ୟ ଜୀବନର ହୁଏ ପ୍ରାରମ୍ଭ। ଅନ୍ୟାନ୍ୟ ସବୁଜ ଦଳର କବିମାନଙ୍କ ପରି ତାଙ୍କର କାବ୍ୟର ପ୍ରାରମ୍ଭରେ ପ୍ରେମ, ପ୍ରତ୍ୟୟ ଓ ରୋମାଣ୍ଟିକ୍ ଚେତନା ତା'ର ଉଚ୍ଛ୍ୱାସ ଥିଲା। କିଛି କ୍ଷଣ ପାଇଁ। ପୁନଶ୍ଚ କବିତା ରଚନାର ଦ୍ୱିତୀୟ ପର୍ଯ୍ୟାୟରେ ସେ ସଂଶୟବାଦୀ ଓ ବିଷାଦବାଦୀ ହୋଇ ଉଠିଥିଲେ ହେଁ ରୋମାଣ୍ଟିକ୍ ଚେତନାରୁ ସେ ନିଜକୁ ମୁକୁଳାଇ ପାରି ନ ଥିଲେ। ତାଙ୍କ କବିତାରେ ବହ୍ନି ଚେତନା ଓ ବାସ୍ତବବାଦୀ ଚେତନା ମୂଳରୁ ଦେଖା ଦେଇଥିଲା। ତେଣୁ ବୈକୁଣ୍ଠନାଥଙ୍କ କାବ୍ୟ ଜଗତ ପ୍ରତି ଦୃଷ୍ଟି ନିକ୍ଷେପ କଲେ ଜଣାଯାଏ କବିଙ୍କ କାବ୍ୟ ଜୀବନର ପ୍ରାରମ୍ଭ ବିକାଶ ଓ ପରିଣତି ନିର୍ଦ୍ଧାରିତ ହୋଇ ପାରିଛି। କାବ୍ୟ ଜୀବନର ପ୍ରାରମ୍ଭରୁ ସବୁଜ କବିମାନଙ୍କ ମଧ୍ୟରେ ସେ ସବୁଠାରୁ ଦୀର୍ଘକାଳ ଧରି କବିତା ରଚନା କରିଛନ୍ତି ଓ ଶେଷ ଜୀବନରେ ବୌଦ୍ଧ ଦର୍ଶନ ପ୍ରତି

(୧୯) ସବୁଜରୁ ସାଂପ୍ରତିକ - ଡକ୍ଟର ନିତ୍ୟାନନ୍ଦ ଶତପଥୀ, ପୃ-୨୩

ଆକୃଷ୍ଟ ହୋଇଛନ୍ତି । କାବ୍ୟ ଜୀବନର ପ୍ରାରମ୍ଭରୁ ହିଁ କବିଙ୍କ କାବ୍ୟର ରୋମାଣ୍ଟିକ୍ ସହ ବିଷାଦବାଦୀ ଚିନ୍ତାଧାରା ମିଶି ରହିଛି ।

କବି ବୈକୁଣ୍ଠନାଥ ୧୯୨୩-୩୦ ସମୟ ମଧ୍ୟରେ ବେଶ୍ ରୋମାଣ୍ଟିକ୍ ଚେତନାଧର୍ମୀ କବିତା ରଚନା କରିଥିଲେ । ଏହି ସମୟର କବିତାମାନଙ୍କ ମଧ୍ୟରେ 'ଯୌବନର ପୂଜା', 'ଚିଲିକାରେ ରାତ୍ରି', 'ନିର୍ଜ୍ଜନ ଉପବନ', 'ପୌଷ ପବନ', 'କବି ପ୍ରେୟସୀ', 'ପୌଷ ସମୀରଣ', 'ଗୋପବାଳାର ଅନୁଭୂତି' ଇତ୍ୟାଦି ପ୍ରଧାନ । କବି ତାଙ୍କ ରଚନାର ଆଦ୍ୟକାଳରେ ବିଷାଦବାଦୀ ହୋଇ ପଡ଼ିଥିଲେ, ସେ ତେଣୁ ଲେଖିଛନ୍ତି-

"ଶୂନ୍ୟ ମୋର ଘର ଆଜି ଏ ଖର ତର
ତିମିର ହାଣେ ଶର ଶଜନୀ
କି କଥା ନୀରବତା କହି ଜାଳର ବ୍ୟଥା
ନ ଦିଶେ ଦୂର ପ୍ରିୟ ସରଣୀ ।" (ବିରହିଣୀ)

କବି ବୈକୁଣ୍ଠନାଥ ତାଙ୍କ ଜୀବନରେ ଦୁଃଖ, ଦୁର୍ଦ୍ଦଶା, ଅଶ୍ରୁ, ହାହାକାର ଅସ୍ୱୀକାର କରିନାହାନ୍ତି; କିନ୍ତୁ ଏଥିରୁ ରକ୍ଷା ପାଇବା ପାଇଁ ସେ କବିତାରେ କୌଣସି ସମାଧାନରେ ଉପନୀତ ହୋଇ ନାହାନ୍ତି । କାଳିନ୍ଦୀଚରଣଙ୍କ କବିତାର ଶେଷ ପର୍ଯ୍ୟାୟରେ ଯେପରି ବୈପ୍ଳବିକ ଚିନ୍ତାଧାରାକୁ କବି ଆଶ୍ରୟ କରିଛନ୍ତି କବି ବୈକୁଣ୍ଠନାଥ ମଧ୍ୟ ସେହିପରି ସମାଜବାଦୀ ବାସ୍ତବତା ପ୍ରତି ଆକୃଷ୍ଟ ହୋଇଛନ୍ତି । କିନ୍ତୁ ସମସାମୟିକ ପ୍ରଗତିବାଦୀ କାବ୍ୟସ୍ୱର ପରି ତାଙ୍କ ସ୍ୱର ଏତେ ଦୃପ୍ତ ଓ ବୈପ୍ଳବିକ ନୁହେଁ ।

ବୈକୁଣ୍ଠନାଥଙ୍କ ଗ୍ରନ୍ଥାବଳୀରେ ସଂକଳିତ 'ଅରୁଣ ଶ୍ରୀ', 'କବିତା ଗୁଚ୍ଛ', 'କାବ୍ୟ ସଞ୍ଚୟନ' । 'କବିତା ଗୁଚ୍ଛ'ର ରଚନା ପ୍ରାୟ ସମସାମୟିକ । 'ଅରୁଣ ଶ୍ରୀ' ପର୍ଯ୍ୟାୟର ଅବର୍ଣ୍ଣିତ କବିତାରେ ପ୍ରକୃତି ଓ ପ୍ରତ୍ୟୟ, ପତିତ ମାନବ ଜୀବନ ପ୍ରତି ସମ୍ବେଦନଶୀଳତା, ମହାପୁରୁଷଙ୍କ ପ୍ରତି ଅନ୍ତରର ଶ୍ରଦ୍ଧା ଅର୍ଘ୍ୟ ନିବେଦନ ସଂଗେ ସଂଗେ ଆତ୍ମାନୁଭୂତି ଓ ଜୀବନଦର୍ଶନ ବିଦ୍ୟମାନ । ୧୯୩୨ ଠାରୁ ୧୯୪୩ ପର୍ଯ୍ୟନ୍ତ ସେ ଯେତେଗୁଡ଼ିଏ କବିତା ରଚନା କରିଥିଲେ ପ୍ରାୟ ସବୁଥିରେ ଈଶ୍ୱରାନୁରକ୍ତି ବା ଆଧିଭୌତିକ ଅନୁଚିନ୍ତା ସର୍ବତ୍ର ପ୍ରବର୍ତ୍ତନ ହୋଇଛି । ଏହି ଚିନ୍ତା ଧୀରେ ଧୀରେ ରହସ୍ୟବାଦୀ ଭାବନାରେ ପରିଣତ ହୋଇଛି ।

୧୯୨୯ ଠାରୁ ୧୯୮୪ ମଧ୍ୟରେ ରଚିତ ଅସଂଖ୍ୟ କବିତା କେବଳ ଏହି ବିଭୁଚିନ୍ତାକୁ ନେଇ ରଚିତ । ସେପରି ରାଶି ରାଶି କବିତା ତାଙ୍କ 'ଆରତି' ଶୀର୍ଷକ ସନେଟ୍‌ଧର୍ମୀ କବିତା ଗୁଚ୍ଛ ପାଠକକୁ ଖୁବ୍ ଉତ୍ପୀଡ଼ିତ କରିଥାଏ । କିନ୍ତୁ ତାଙ୍କର ବିଭୁ

ଚେତନାଶକ୍ତି ଓ କବିତାଗୁଡ଼ିକରେ ଭକ୍ତକବି ମଧୁସୂଦନ ଓ ରବୀନ୍ଦ୍ରନାଥଙ୍କ ପ୍ରଭାବ ଅଧିକ ଭାବେ ପ୍ରତ୍ୟକ୍ଷୀଭୂତ ହୁଏ।

୧୯୨୯ ଠାରୁ ୧୯୩୮ ମଧ୍ୟରେ ସେ ଯେତେଗୁଡ଼ିଏ କବିତା ରଚନା କରିଛନ୍ତି ଚତୁର୍ଦ୍ଦିଗରେ ସେ କେବଳ ବିଭୁକ୍ତ ସତ୍ତାକୁ ହିଁ ଉପଲବ୍ଧି କରିଛନ୍ତି। ସେହି ପ୍ରଭୁଙ୍କର ଅପାର କରୁଣାରୁ ଏ ବିଶ୍ୱ ପରିଚାଳିତ। ଗ୍ରହ, ସୂର୍ଯ୍ୟ, ଚନ୍ଦ୍ର, ତାରା, ଗଛ ବୃକ୍ଷ, ନଦୀ, ଝରଣା ସବୁ କିଛି ତାଙ୍କରି ଫଳପ୍ରସୂତ। ତାଙ୍କ ରଚିତ 'ବନ୍ଦୀ' କବିତାଟି ପାଠ କଲେ ଆମେ ଏ ବିଷୟରେ ଅବଗତ ହୋଇପାରିବା। (୧୯ - କ)

(ମରୁରେ ବହଇ ପୁଣି ଝରଣା/ ହସେ ଉଷ ଆଲୋକ ବରଣା
ମିଥ୍ୟା ଭୟଭୀତି ଯାତନା/ ସକଳ ମନ୍ଦହାସେ ଲୟ ହେ।)

(ବୈ. ଗ୍ର. - ବନ୍ଦୀ ବନ୍ଦନା - ପୃ:୫୨୮)

୧୯୩୦ ମସିହାରେ ଉତ୍କଳ ସାହିତ୍ୟରେ ପ୍ରକାଶିତ 'ଦୀକ୍ଷା' ଓ 'ରୁଦ୍ର' ଦୁଇଟି କବିତାରେ ଜୀବନର ସକଳ ଦୁଃଖ ଓ ନିରାଶର ରୂପ ସ୍ପଷ୍ଟ ଭାବେ ଦେଖିବାକୁ ମିଳେ।

କ୍ରମେ କ୍ରମେ ବିଷାଦବାଦୀ କବି ବୈକୁଣ୍ଠନାଥଙ୍କର ବିଭୁ ଚେତନା ରହସ୍ୟଘନ ଇନ୍ଦ୍ରିୟାତୀତ ଚେତନା ଆଡ଼କୁ ଆକୃଷ୍ଟ ହୋଇପଡ଼ିଛି। ଯୁଗେ ଯୁଗେ ଈଶ୍ୱରଙ୍କର ରହସ୍ୟମୟ ସଂପର୍କ ରହିଛି ଏ ଜୀବଜଗତରେ। ଏକ ଅତୀନ୍ଦ୍ରିୟ ଅନୁଭବରୁ ହିଁ ରହସ୍ୟବାଦର ସୃଷ୍ଟି। ରହସ୍ୟବାଦୀ ଜନକମାନେ ଅତିଭୌତିକ ବା ଅଲୌକିକତାରେ ବିଶ୍ୱାସ କରି ଏକ କାଳ୍ପନିକ ଜଗତର ଚିତ୍ର ପ୍ରଦାନ କରିଥାନ୍ତି। ସେମାନେ ବାସ୍ତବ ଜଗତର ସୁଖ-ଦୁଃଖ-ବ୍ୟଥା- ବିରହ ଆଦିକୁ ଅନ୍ୟ ଏକ ଜଗତରେ ଆରୋପଣ କରି କବିତା ଲେଖିଥାନ୍ତି। ଏକ ଅଦ୍ଭୁତ ପରିବେଶକୁ ସେ ଚିନ୍ତା କରିଥାନ୍ତି। ଏହି ରହସ୍ୟବାଦୀ କବିତାଗୁଡ଼ିକ ମଧ୍ୟରେ କବିଙ୍କର 'ବାସର ଗୃହ', 'ପଥରାୟ', 'ପାନ୍ଥଶାଳା', 'କାରାବାସ ସ୍ୱପ୍ନ' ଇତ୍ୟାଦି ପ୍ରଧାନ।

କବି ବୈକୁଣ୍ଠନାଥଙ୍କ କବିତାରେ ଏହି ରହସ୍ୟବାଦୀ ଚେତନା କେତେବେଳେ ପ୍ରକୃତିର ବିପୁଳ ବିଭୂତିର ସଂଦର୍ଶନରେ ତ, କେତେବେଳେ ଆତ୍ମଦୁଃଖ ଓ ଅନୁଶୋଚନାର ପରିଣତରେ ରୂପାୟିତ ହୋଇଅଛି। ଅବଶ୍ୟ ଏକଥା ସତ ଯେ ବୈକୁଣ୍ଠନାଥ ଭୀମ ଭୋଇଙ୍କ ପରି ଶୂନ୍ୟବାଦୀ ନୁହନ୍ତି ବା ମଧୁସୂଦନଙ୍କ ପରି ବ୍ରହ୍ମ-ଉପାସନର ଚିତ୍ର ଦେଇନାହାନ୍ତି। ସାକାର ଈଶ୍ୱରଙ୍କ ସ୍ଥିତି ପ୍ରତି ତାଙ୍କ ଚିନ୍ତାରେ ରହିଛି ବିପୁଳ ବିଶ୍ୱାସ। କିନ୍ତୁ ଏହି ବିଶ୍ୱାସର ଧାରା ବେଳେ ବେଳେ ଅତ୍ୟନ୍ତ ଅପ୍ରକଟିତ ଓ ଅପ୍ରଚ୍ଛନ୍ନ। (୨୦) (ସବୁଜରୁ ସାଂପ୍ରତିକ - ଡକ୍ଟର ନିତ୍ୟାନନ୍ଦ ଶତପଥୀ - ପୃ: ୩୮) ସେ ତାଙ୍କର ସମସ୍ତ ରହସ୍ୟବାଦୀ କବିତାଗୁଡ଼ିକରେ ମର୍ତ୍ତ୍ୟକୁ ନିଜର କେବଳ ସାମୟିକ

ବାସସ୍ଥଳୀ ଭାବେ ବାଛିନେଇ ଏ ସ୍ଥାୟୀ ଗୃହର ପରିକଳ୍ପନା କରିଛନ୍ତି ପ୍ରବାସରେ। ତେଣୁ ପ୍ରାରମ୍ଭରୁ ହିଁ ତାଙ୍କ ଚିନ୍ତାଧାରାରେ ଏକ ଅଦୃଶ୍ୟ ଶକ୍ତି ପ୍ରତି ମୋହ ଦେଖିବାକୁ ମିଳେ। ହୁଏ ତ ହୋଇପାରେ କବି ବ୍ୟକ୍ତିଗତ ଜୀବନର ଶୋକ ଓ ସନ୍ତାପକୁ ଭୁଲିବା ପାଇଁ ଏହିପରି ଏକ ଅତିଭୌତିକ ଭାବଧାରାର ଆଶ୍ରୟ ନେଇଥିଲେ।

ସମସାମୟିକ ଭାରତୀୟ ସାହିତ୍ୟରେ ସବୁଜ ସୃଷ୍ଟିର ସାମଞ୍ଜସ୍ୟ

ସବୁଜ କବିମାନଙ୍କ ଉପରେ ପ୍ରଥମ ବିଶ୍ୱଯୁଦ୍ଧ ଜନିତ ଅବକ୍ଷୟୀ ସମାଜର ଘନଛାୟାର ଦୁର୍ବାର ଅଭିକ୍ଷେପ ପଡ଼ି ନ ଥିଲା। ପ୍ରାକ୍ ସବୁଜ ଗୋଷ୍ଠୀ ଲେଖକଙ୍କର ଉଗ୍ରଜାତୀୟତାବାଦୀ ଚିନ୍ତାଧାରାର ପ୍ରଭାବ ମଧ୍ୟ ପଡ଼ି ନ ଥିଲା। ବରଂ ସବୁଜ ଗୋଷ୍ଠୀର କବିମାନଙ୍କର କବିତାକୁ 'ପଳାୟନପନ୍ଥୀ ମନୋଭାବ', 'ରହସ୍ୟବାଦୀ', 'ପରିଚ୍ଛନ୍ନ ସୌନ୍ଦର୍ଯ୍ୟବୋଧ', 'ପ୍ରକୃତି ଚିତ୍ରଣର ଅଭିନବ ଦୃଶ୍ୟାବଳୀ', 'ବିଭୁ ଚେତନା', 'ବିରହ', 'ମିଳନ', 'ଆନନ୍ଦ ଅଶ୍ରୁ', 'ପ୍ରେମ', 'ଅଶରୀରୀ ବା ସଶରୀରୀ କୌଣସି ମାନସୀ କନ୍ୟା ପାଇଁ ଅତୃପ୍ତ ରୋମାଞ୍ଚକ ଆକୁଳତା, ପାଇବା ଓ ହଜାଇବାରେ ଦ୍ୱୈତ ସତ୍ତା, ପୁଣି ଛନ୍ଦ କ୍ଷେତ୍ରରେ ନାନା ଅଭିନବ ଅନୁଶୀଳନ ଓଡ଼ିଆ କବିତା କ୍ଷେତ୍ରରେ ଏକ ନୂତନ ହିଲ୍ଲୋଳ ସୃଷ୍ଟି କରିବାରେ ସହାୟକ ହେବା ସଂଗେ ସଂଗେ ବେଶ୍ କାବ୍ୟିକ ଭାର ସାମ୍ୟରକ୍ଷା କରିପାରିଥିଲା।

ପ୍ରଥମ ବିଶ୍ୱଯୁଦ୍ଧର ଠିକ୍ ପରବର୍ତ୍ତୀ କାଳରେ ସମଗ୍ର ବିଶ୍ୱ ସାହିତ୍ୟ ଦୁଇଟି ଧାରାରେ ବିଭକ୍ତ ହୋଇଗଲା। ଗୋଟିଏ ହେଉଛି ନାସ୍ତିବାଦ ବା (Nihilism) ଏବଂ ଅନ୍ୟଟି ହେଉଛି ପ୍ରଗତିବାଦୀ ଚିନ୍ତାଧାରା। ଏହି ଦୁଇଟି ଭାବଧାରାର ପ୍ରଭାବ ବିଶ୍ୱସାହିତ୍ୟରେ ପଡ଼ିଥିଲେ ହେଁ ଭାରତର ପ୍ରାନ୍ତୀୟ କବିମାନଙ୍କ ରଚନାରେ ଏହା ବିଶେଷ ଭାବରେ ପ୍ରଭାବ ବିସ୍ତାର କରିପାରି ନ ଥିଲା। ତେଣୁ ଅଧ୍ୟାପକ 'ବିଭୁଦତ୍ତ

ମିଶ୍ର' ଏ ସମ୍ବନ୍ଧରେ କହିଛନ୍ତି- "କିନ୍ତୁ ଭାରତୀୟ ପରିବେଶରେ ଏହି ସମୟରେ ପ୍ରାନ୍ତୀୟ କବି ଭାବେ ଏକ ବାସ୍ତବତାବିମୁଖ ପଳାୟବାଦୀ ସ୍ୱପ୍ନଜୀବୀ, ପଦ୍ମଭୁକ୍ ସାହିତ୍ୟିକ ଗୋଷ୍ଠୀ ଜୀବନର ଜଞ୍ଜାଳ ଓ ସାଂସାରିକ ସଂଘର୍ଷମୁଖର ପରିବେଶଠାରୁ ବହୁ ଦୂରରେ କଳ୍ପନାର କୁଞ୍ଜବନରେ କବିତା ରଚନା କଲେ।" (୧) ଏହି କବିମାନେ ଥିଲେ ପଳାୟନବାଦୀ। ବଙ୍ଗଳା କବିତାରେ ସେହିମାନେ 'କଲ୍ଲୋଳ' ନାମରେ, ହିନ୍ଦୀ ସାହିତ୍ୟରେ 'ସବୁଜ' ନାମରେ ପରିଚିତ। ସବୁଜ ସାହିତ୍ୟର ଚିନ୍ତା ଚେତନା ଅଳ୍ପେ ବହୁତେ ଭାରତର ଅନ୍ୟାନ୍ୟ ପ୍ରାନ୍ତୀୟ ସାହିତ୍ୟରେ ମଧ୍ୟ ଦେଖା ଦେଇଥିଲା। ଅସମୀୟା, କନ୍ନଡ, ମାଲାୟାଲମ, ତେଲୁଗୁ, ତାମିଲ, ମରାଠୀ, ଗୁଜୁରାଟୀ, ପଞ୍ଜାବୀ, ଇଂରାଜୀ ସାହିତ୍ୟର କବିମାନଙ୍କର ମାନସିକତା ସମଭାବରେ ଆଲୋଡ଼ିତ କରିଥିଲା, ସେ ସମୟରେ ଭାରତର ପ୍ରାନ୍ତୀୟ ସାହିତ୍ୟରେ ରବୀନ୍ଦ୍ରନାଥଙ୍କ କାବ୍ୟ ଚେତନାର ପ୍ରଭାବ ବିଶେଷ ଭାବେ ଦେଖାଯାଏ। ୧୯୧୩ ଖ୍ରୀଷ୍ଟାବ୍ଦରେ ନୋବେଲ ପୁରସ୍କାର ପାଇବା ପରେ କବିଗୁରୁ ରବୀନ୍ଦ୍ରନାଥଙ୍କ କାବ୍ୟାନୁଚିନ୍ତାର ଅଲଂଘନୀୟ ପ୍ରଭାବକୁ ପ୍ରାୟ ସମସ୍ତ ପ୍ରାନ୍ତୀୟ ସାହିତ୍ୟ ସ୍ୱୀକାର କରିଯାଇଥିଲା। ସେତେବେଳେ ରବୀନ୍ଦ୍ରନାଥ କେବଳ ବଙ୍ଗଳା ସାହିତ୍ୟରେ ନୁହେଁ, ସମସ୍ତ ଭାରତୀୟ ସାହିତ୍ୟରାଜ୍ୟରେ ପ୍ରତିଷ୍ଠାର ତୁଙ୍ଗଶିଖରୀ ଆରୋହଣ କରିଥିଲେ।

ସମଗ୍ର ସବୁଜ ସାହିତ୍ୟ ଅନୁଧ୍ୟାନ କଲେ ଜଣାଯାଏ ରୋମାଣ୍ଟିକ୍ ଚେତନାଟି ଏକ ବିରାଟ ବୋଧିଦ୍ରୁମ ପରି ସବୁଜ ସାହିତ୍ୟକୁ ମାଡ଼ିବସିଥିଲା। ସେହିଭଳି ଏହି ରୋମାଣ୍ଟିକ୍ ଚେତନାଟି ଅଳ୍ପେ ବହୁତେ କିପରି ଭାରତର ଅନ୍ୟାନ୍ୟ ପ୍ରାନ୍ତୀୟ ସାହିତ୍ୟକୁ ମଧ୍ୟ ଆଲୋଚିତ କରିଥିଲା ତାହାର ଆଲୋଚନା ନିମ୍ନରେ ପ୍ରଦତ୍ତ କରାଗଲା।

ଜନୈକ ଇଂରାଜୀ ସମାଲୋଚକ ରୋମାଣ୍ଟିସିଜିମ୍‌ର ସଂଜ୍ଞା ଓ ସ୍ୱରୂପ ନିର୍ଦ୍ଦେଶ କରି କହିଛନ୍ତି -

"The term in characterised by the qualities of remoteness, desolation, disillusion, decay, passion, divine unrest, melancholy and the all embracing power of the imagination, it is suggestive of strangeness, adventure and never satisfied aspiration after the unknown or the unattainable."

ଅର୍ଥାତ୍, "ଏହି ଧରଣର କାବ୍ୟ କବିତାରେ ସୁଦୂରର ମୋହ ନିଃସଙ୍ଗ, ଅସହାୟତା, ସ୍ୱପ୍ନଭଙ୍ଗ, ବିପର୍ଯ୍ୟୟ, ଆବେଗୋଚ୍ଛ୍ୱାସ, ବିଷାଦବାଦ ଏବଂ କଳ୍ପନାର ସର୍ବତୋମୁଖୀ ଭାବ ସମନ୍ୱିତ ବିବିଧ ଗୁଣାବଳୀ ପରିଲକ୍ଷିତ ହୁଏ ଏବଂ ଏହା

(୧) ସବୁଜ ଯୁଗ ଓ କାବ୍ୟ ସଞ୍ଚୟନ ସମୀକ୍ଷା - ଅଧ୍ୟାପକ ବିଭୁଦତ୍ତ ମିଶ୍ର - ପୃ:୩

ଅଲୌକିକତା ଦୁଃସାହସିକ ଅଭିଯାନ ଏବଂ ଅଭିଜ୍ଞତା ଓ ଅଲଭ୍ୟ ଲାଗି ଅତୃପ୍ତ ଅଭିଳାଷ ପ୍ରଭୃତିର ମଧ୍ୟ ଦ୍ୟୋତକ।"

ତେଣୁ ବିଶ୍ୱରେ ସବୁ ପ୍ରତିଷ୍ଠାପନ୍ନ ସାହିତ୍ୟରେ ଏହିପରି ଭାବନା ବିଦ୍ୟମାନ। ଗୋଟିଏ ସାହିତ୍ୟରେ ମଧ୍ୟ ଭିନ୍ନ ଭିନ୍ନ ଯୁଗରେ ଏହି ଭାବଧାରା ଭିନ୍ନ ରୂପରେ ଆତ୍ମପ୍ରକାଶ କରିଥାଏ। 'ସବୁଜ'କୁ ହିଁ ରୋମାଣ୍ଟିକ୍‌ର ପ୍ରତୀକ ଭାବରେ ନିଆଯାଏ। ତେଣୁ ରୋମାଣ୍ଟିକ୍ ଚେତନାଟି ସବୁଜ ଗୋଷ୍ଠୀର ମୁଖ୍ୟ ବିଭବ ରୂପେ ଦେଖା ଦେଲାବେଳେ ତା'ର ସମସାମୟିକ ଭାରତର ଅନ୍ୟାନ୍ୟ ପ୍ରାନ୍ତୀୟ ସାହିତ୍ୟରେ କିପରି ଏହାର ପ୍ରତିଫଳ ଦେଖାଦେଇଛି ତାହାହିଁ ହେଉଛି ଏ ଅଧ୍ୟାୟର ଆଲୋଚିତ ବିଷୟ।

ବଙ୍ଗଳା ସାହିତ୍ୟ

ଊନବିଂଶ ଶତକର ପ୍ରଥମ ପର୍ଯ୍ୟାୟରେ ସୂର୍ଯ୍ୟରୂପୀ ରବୀନ୍ଦ୍ରନାଥ ଠାକୁରଙ୍କର ପ୍ରଖର ପାଣ୍ଡିତ୍ୟ ତଥା ବୁଦ୍ଧିଦୀପ୍ତ ଆଲୋକ ରଶ୍ମି ଭାରତୀୟ ସାହିତ୍ୟାକାଶକୁ ଆଲୋକିତ କରି ଦେଇଥିଲା। ସେ ଥିଲେ ବିଶ୍ୱ ଚେତନାର ଏକକ ପ୍ରତିନିଧି। ରବୀନ୍ଦ୍ରନାଥ ସେତେବେଳେ ବଙ୍ଗଳା କାହିଁକି ସମଗ୍ର ଭାରତୀୟ ସାହିତ୍ୟରାଜ୍ୟରେ ପ୍ରତିଷ୍ଠାର ତୁଙ୍ଗଶିଖରୀ ଆରୋହଣ କରିଥିଲେ। ତେଣୁ ସେତେବେଳେ ପ୍ରାୟ ପ୍ରତ୍ୟେକ ପ୍ରାନ୍ତୀୟ ସାହିତ୍ୟିକ ରବୀନ୍ଦ୍ର କାବ୍ୟାଦର୍ଶ ଦ୍ୱାରା ଅନୁପ୍ରାଣିତ ହୋଇଥିଲେ। ଭାରତର ଅନ୍ୟାନ୍ୟ ଅଞ୍ଚଳ ଅପେକ୍ଷା ବଂଗ ଦେଶ ପ୍ରଥମେ ଆନ୍ତର୍ଜାତୀୟ ସାହିତ୍ୟର ଭାବଧାରା ସଂପର୍କରେ ଆସିଥିଲା ଏବଂ ଉନ୍ନତତର ସାହିତ୍ୟ ସୃଷ୍ଟିରେ ସେହି ଆନ୍ତର୍ଜାତିକ ଭାବଧାରା ଖୁବ୍ ସହାୟକ ହୋଇଥିଲା। ଏହାଦ୍ୱାରା ବଙ୍ଗଳା ସାହିତ୍ୟର ଏକ ସୁଦୃଢ଼ ଭିତ୍ତିସ୍ଥାପନ ହୋଇପାରିଥିଲା। ଉନ୍ନତ ସାହିତ୍ୟ ସୃଷ୍ଟିରେ ହିଁ ସାହିତ୍ୟର ଯୁଗ ସାର୍ଥକତା ଲାଭ କରିଥାଏ। ସ୍ୱାଭାବିକ ଭାବରେ ଅନ୍ୟାନ୍ୟ ଅଞ୍ଚଳରେ ଭାରତୀୟ ସାହିତ୍ୟିକମାନେ ବଙ୍ଗଳା ସାହିତ୍ୟ ପ୍ରତି ଆକୃଷ୍ଟ ହୋଇପଡ଼ିଥିଲେ।

ଆମ ଓଡ଼ିଆ ସାହିତ୍ୟରେ ସବୁଜ ଗୋଷ୍ଠୀର କବିମାନେ ଯେ କେବଳ ରବୀନ୍ଦ୍ର ସାହିତ୍ୟ ପ୍ରତି ଆକୃଷ୍ଟ ହୋଇ କବିତା ରଚନା କରୁଥିଲେ ତାହା ନୁହେଁ, ସେମାନଙ୍କର ସବୁଜ ନାମ ବଙ୍ଗଳା ସାହିତ୍ୟରୁ ଆସିବା ସଙ୍ଗେ ସଙ୍ଗେ ଭାବ, ଭାଷା, ଶୈଳୀ, ଆଦର୍ଶ ସବୁ ଦିଗରୁ 'ସବୁଜ ପତ୍ର' ଓ 'କଲ୍ଲୋଳ' ଯୁଗର ଉଦ୍ଦେଶ୍ୟ ଓ ଆଭିମୁଖ୍ୟ ଦ୍ୱାରା ପ୍ରଭାବିତ ହୋଇଥିଲେ। ଏକଥା ଅନ୍ନଦାଶଙ୍କର ନିଜେ ପ୍ରକାଶ କରିଛନ୍ତି-

"ବଙ୍ଗଳା ସବୁଜ ପତ୍ର ସହିତ ମୋର ଆତ୍ମିକ ସଂପର୍କ ଥିଲା। ରବୀନ୍ଦ୍ରନାଥଙ୍କ

କବିତା – 'ଓ ରେ ସବୁଜ ଓ ରେ ଅବୁଝ ଓ ରେ କାଁଚ / ଆଧ ମରା ଦେର ମେରେ ତୁଇ ବାଁଚ ମୋର ମୂଳ ମନ୍ତ୍ର ଥିଲା।"(୨)

କବିଗୁରୁ ରବୀନ୍ଦ୍ରନାଥଙ୍କ କବିତାରେ ଅଛି ବର୍ଷା, ନିଦାଘ, ବସନ୍ତର ଚିତ୍ର, ଝରଣାର କୁଳୁକୁଳୁ ନାଦ, ସୂର୍ଯ୍ୟ, ଚନ୍ଦ୍ର, ଗ୍ରହ, ନକ୍ଷତ୍ରର ମିଳନର ଚିତ୍ର। ଏହି ଚିନ୍ତାଧାରା ସହିତ ଅନ୍ନଦା, କାଳିନ୍ଦୀ, ବୈକୁଣ୍ଠଙ୍କ ଚିନ୍ତାଧାରା ମଧ୍ୟ ସମାନ। ବିଶ୍ୱକବି ରବୀନ୍ଦ୍ରନାଥ ତାଙ୍କ କାବ୍ୟ ଚେତନା ମଧ୍ୟରେ ଚାହିଁଛନ୍ତି, ସଂସାରର କୋଳାହଳ ମଧ୍ୟରେ ବିପଦ ବନ୍ଧନ ମଧ୍ୟରେ, ଲୁହ ମଧ୍ୟରେ ଜୀବନର ପରିପୂର୍ଣ୍ଣତା ପୁଣି ସବୁଜ ଗୋଷ୍ଠୀର ସମସ୍ତ କବି ଓ ସମସାମୟିକ ପ୍ରଗତିବାଦୀ କବିମାନଙ୍କ ଆଦ୍ୟକବି ଚେତନାରୁ ରବୀନ୍ଦ୍ରନାଥ ବାଦ୍ ଯାଇ ନାହାନ୍ତି। ରବୀନ୍ଦ୍ରନାଥଙ୍କ ତତ୍ତ୍ୱାବଧନା ଓ ବଙ୍ଗୀୟ କବି ପ୍ରଥମ ଚୌଧୁରୀଙ୍କ ସଂପାଦନାରେ 'ସବୁଜପତ୍ର' ଆତ୍ମପ୍ରକାଶ କରିଥିଲା। 'କଲ୍ଲୋଳ ଯୁଗ'ର ସ୍ରଷ୍ଟାଗଣଙ୍କ ମଧ୍ୟରେ ଜୀବନାନନ୍ଦ ଦାସ, ପ୍ରେମେନ୍ଦ୍ର ମିତ୍ର, ବୁଦ୍ଧଦେବ ବସୁ, ପ୍ରମଥ ଚୌଧୁରୀ ପ୍ରମୁଖ କବିମାନେ ବଙ୍ଗୀୟ କବିତା କ୍ଷେତ୍ରରେ ଏକ ନୂତନ ଚେତନାର ଆହ୍ୱାନ ଶୁଣାଇଥିଲେ। ଏହି କଲ୍ଲୋଳ ଯୁଗର ସ୍ରଷ୍ଟା ଓ ଲେଖକଗଣ ଯଦି ରବୀନ୍ଦ୍ରନାଥଙ୍କ ସମୟରେ ବଙ୍ଗଳା ସାହିତ୍ୟରେ ଦେଖା ଦେଇଥିଲେ ଏବଂ ପ୍ରଚଣ୍ଡ ଭାବରେ ରବୀନ୍ଦ୍ରନାଥୀ ଥିଲେ, ତେବେ ମଧ୍ୟ ସେମାନେ ରବୀନ୍ଦ୍ର ସାହିତ୍ୟରୁ ନିଜକୁ ମୁକ୍ତ ରଖି ପାରିଥିଲେ। ଏହି କଲ୍ଲୋଳ ଯୁଗର ସ୍ରଷ୍ଟାମାନଙ୍କ ଦ୍ୱାରା 'କଲ୍ଲୋଳ' ପତ୍ରିକା (୧୯୨୩) ପ୍ରକାଶ ପାଇଲା। ଏ ସଂପର୍କରେ ସମାଲୋଚକ କହନ୍ତି– "ତାର୍ ପର୍ କଲ୍ଲୋଲ କାଲି କଲମ୍ଏ ରବୀନ୍ଦ୍ର କାବ୍ୟାଦର୍ଶ ନେଇ ବିରୋଧୀ ଦୃଷ୍ଟିଭଙ୍ଗୀ ଲକ୍ଷ୍ୟ କରାଗଲା। ବିଶ୍ୱାସ, ଆସ୍ତିକତା, ରୋମାଣ୍ଟିକ୍, ସୌନ୍ଦର୍ଯ୍ୟ ସାଧନେର ପରିବର୍ତ୍ତେ ଏଲ ସନ୍ଦେହ, ସଂଶୟ, ନୈରାଶ୍ୟ, ନାସ୍ତିକତା ବା ବାସ୍ତବମୁଖିତା। ନଜରୁଲ୍, ମୋହିତଲାଲ – ଯତୀନ୍ଦ୍ରନାଥ – ପ୍ରେମେନ୍ଦ୍ର – ବୁଦ୍ଧ ଦେବ ଅଚିନ୍ତ୍ୟ ପ୍ରମୁଖେର କାବ୍ୟ ସାଧନାୟ ପେଲାମ୍ ଦେହାତୀତ କଲ୍ପକାମନାର ପରିବବର୍ତ୍ତେ ବାସ୍ତବେର କ୍ଷୁଧା ତୃଷ୍ଣାର ବନ୍ଦନା! ପେଲାମ୍ ସଚେତନ ଦୁଃଖବାଦ, ଆତ୍ମଦ୍ରୋହିତା, ରୋମାନ୍ସବିରୋଧିତା ପେଲାମ୍ ସଚେତନ ରାଜନୈତିକ ଚେତନା, ପେଲାମ୍ ରୋମାନ୍ସେର ବିକ୍ଷୋଭେର କାବ୍ୟ ରୂପ, ଐତିହାନୁସ୍ଥିତିର ସ୍ଥାନେ ଏଇ ଯୁଗ ଚେତନା ଶାନ୍ତିର ପରିବର୍ତ୍ତେ ସଂଶୟ, ରୋମାଣ୍ଟିକ୍ ସୌନ୍ଦର୍ଯ୍ୟା ଧ୍ୟାନେର୍ ପରିବର୍ତ୍ତେ ରୁଢ଼୍ ନିଷ୍ଠୁର ବାସ୍ତବେର୍ ରୂପାୟନ।"(୩) ଅନ୍ୟପଟେ କଲ୍ଲୋଳରୁ 'ସବୁଜପତ୍ର'ର

(୨) ସବୁଜ ଅକ୍ଷର – ଶ୍ରୀ ଅନ୍ନଦା ଶଙ୍କର ରାୟ, ପୃ:୨୪୭

(୩) ବୀରବଲ ଓ ବାଂଲା ସାହିତ୍ୟ – ଶ୍ରୀ ଅରୁନ୍ କୁମାର ମୁଖୋପାଧ୍ୟାୟ, ପୃ: ୮୪୧

ପାର୍ଥକ୍ୟ ଥିଲା। "ଆସଲେ ସବୁଜ ପତ୍ରେର ସାଧନା ବୁଦ୍ଧିପ୍ରବନ୍ ମନନଶୀଲତାର ସାଧନା ଆବେଗ ପ୍ରବନ୍ ଅତି ତରଲ୍ ତାରୁଦୋର ସାଧନା, ସବୁଜ ପତ୍ରେର ମୂଲ ଫସଲ ପ୍ରବନ୍ଧେର ଫସଲ, କଲ୍ଲୋଲ - କାଲି କଲ୍ ମେର୍ ମୂଲ ଫସଲ ଗଳ୍ପ, ଉପନ୍ୟାସ, କବିତା। ପ୍ରମଥ ଚୌଧୁରୀ ହତେ ଚେୟେଛିଲେନ୍‌ରାସ୍‌ନାଲିଷ୍ଟ୍, କଲ୍ଲୋଲ ପନ୍ଥୀରା ହୟେରିଲେନ୍ ଇମୋଟାନାଲିଷ୍ଟ୍।" (୪)

ଏହି ଆଲୋଚନାରୁ ସ୍ପଷ୍ଟ ଅବଧାରଣା କରି ହୁଏ ଉଭୟ 'ସବୁଜପତ୍ର' ଓ 'କଲ୍ଲୋଳ' ରବୀନ୍ଦ୍ରୀୟ ଚିନ୍ତାଧାରାର ଅନୁଗାମୀ ନ ହୋଇ ବଙ୍ଗଳା ସାହିତ୍ୟରେ ଏକ ନୂତନ ଧାରାର ପ୍ରଚଳନ କରାଇଥିଲେ। ଓଡ଼ିଆ ସାହିତ୍ୟର 'ସବୁଜ ଦଳ' ସବୁଜ ପତ୍ର ଓ କଲ୍ଲୋଳ ଯୁଗ ଉଭୟଙ୍କୁ ଅନୁସରଣ କରି ସାହିତ୍ୟ ରଚନା କରିବାକୁ ଲାଗିଥିଲେ ହେଁ କେତେକାଂଶରେ ସଫଳ ହୋଇପାରିଥିଲେ। କିନ୍ତୁ ରବୀନ୍ଦ୍ରୀୟ ଚିନ୍ତା ଚେତନାକୁ ମଧ୍ୟ ଧରି ରଖିଥିଲେ। ଯଦି ଆମେ ଓଡ଼ିଆ ସାହିତ୍ୟରେ ସବୁଜଧାରାକୁ ତଥା ସବୁଜ ପତ୍ର ଓ କଲ୍ଲୋଳକୁ ପୁଙ୍ଖାନୁପୁଙ୍ଖ ଆଲୋଚନା କରିବା ତେବେ ଜାଣିପାରିବା ଯେ ସବୁଜଧାରାର କବିମାନେ ନା 'ସବୁଜପତ୍ର'ର ଆଦର୍ଶକୁ ଧରି ରଖିପାରିଥିଲେ ନା କଲ୍ଲୋଳର ଧର୍ମକୁ ସଂପୂର୍ଣ୍ଣ ରୂପେ ଗ୍ରହଣ କରିପାରିଥିଲେ। ତେଣୁ ଜଣାଯାଏ ଯେ ସବୁଜଧାରାର କବିମାନେ ସବୁଜପତ୍ର, କଲ୍ଲୋଳ ତଥା ରବୀନ୍ଦ୍ର ଚିନ୍ତା ଚେତନାକୁ କିଛି କିଛି ମାତ୍ରାରେ ଅନୁସରଣ କରିଥିଲେ।

'ସବୁଜପତ୍ର' ଓ 'କଲ୍ଲୋଳ ଯୁଗ' ପରି ସଂପୂର୍ଣ୍ଣ ନୂତନ ସାହିତ୍ୟିକ ଚେତନା କେଉଁ ପରିସ୍ଥିତିରେ ବଙ୍ଗ ଦେଶରେ ହୋଇଥିଲା ତାହା ନିମ୍ନରେ ବର୍ଣ୍ଣିତ ହେଲା। ସରକାରଙ୍କ ଦମନମୂଳକ ନୀତି ସତ୍ତ୍ୱେ ବଙ୍ଗୀୟ ତରୁଣମାନେ ନାନାଦି ବିପ୍ଳବାତ୍ମକ କାର୍ଯ୍ୟ ଗୋପନରେ କରିବାକୁ ଆରମ୍ଭ କଲେ। ବଙ୍ଗ ଦେଶର ବୟୋଜ୍ୟେଷ୍ଠ ବ୍ୟକ୍ତିମାନେ ଏହି ତରୁଣମାନଙ୍କର ସାହସ, ବୀରତ୍ୱ, ତ୍ୟାଗକୁ ମନେ ମନେ ପ୍ରଶଂସା କରୁଥିଲେ ହେଁ ସେମାନଙ୍କର ଭୟ ଥିଲା ଦେଶ ଏବେ ଯେଉଁ ଅହିଂସା ମାର୍ଗରେ ପରିଚାଳିତ ହେବାକୁ ଆରମ୍ଭ କରିଛି ବିପ୍ଳବାତ୍ମକ କାର୍ଯ୍ୟ ଦେଶରେ ହେଲେ ଅହିଂସା ଚେତନାଟି ଲୋପ ପାଇଯାଇପାରେ। ଦେଶ କିନ୍ତୁ ସବୁବେଳେ ବିପ୍ଳବାମୁଖୀ ହେବାକୁ ଯାଉଥିବା ବେଳେ ଏଥିପାଇଁ କବିଗୁରୁ ରବୀନ୍ଦ୍ରନାଥ ଖୁବ୍ ଚିନ୍ତାଶୀଳ ଥିଲେ। ସେ ସେତେବେଳେ ଏକ ବଳିଷ୍ଠ ସାହିତ୍ୟ ପତ୍ରିକା ପ୍ରକାଶ କରିବାକୁ ଚାହୁଁଥିଲେ ଏବଂ ଯେଉଁ ପତ୍ରିକାଟି ଦେଶର ଦେଶବାସୀଙ୍କର ପ୍ରଗତି ପାଇଁ ଉତ୍ସର୍ଗୀକୃତ ହୋଇପାରି।

---

(୪) ବୀରବଲ୍ ଓ ବାଂଲା ସାହିତ୍ୟ - ଶ୍ରୀ ଅରୁନ୍ କୁମାର ମୁଖୋପାଧ୍ୟାୟ - ପୃ:୧୮୭

"He had already given up editing vangadarsana and was now feeling the urgent necessity of a Journal that would stand boldly for progressivness in thought and action, need care for popularity and financial return." (History of Bangali literature - By Dr. Sukumari Sen Page- 322)

ଏହିଠାରୁ ହିଁ 'ସବୁଜପତ୍ର'ର ସୃଷ୍ଟି। ପୁଣି ବିଶ୍ୱଗୁରୁ ରବୀନ୍ଦ୍ରନାଥ ୧୯୧୩ରେ ନୋବେଲ୍ ପୁରସ୍କାର ପାଇଲେ। ତାଙ୍କୁ ସମ୍ବର୍ଦ୍ଧିତ କରିବା ପାଇଁ ବଙ୍ଗବାସୀ ଶାନ୍ତି ନିକେତନରେ ଏକ ବିରାଟ ସଭାର ଆୟୋଜନ କରିଥିଲେ ଏବଂ ସେଠାରେ ରବୀନ୍ଦ୍ରନାଥ ଖୁବ୍ ଦୁଃଖରେ ମର୍ମାହତ ହୋଇପଡ଼ି ଠିକ୍ କଲେ କିଛିଦିନ ପାଇଁ ସମସାମୟିକ ପତ୍ରିକାରେ ତାଙ୍କ ରଚନା ନିରବ ରହିବ। ଏହି ସମୟରେ ବଙ୍ଗର ତରୁଣ ସାହିତ୍ୟିକଙ୍କ ମଧ୍ୟରେ ପ୍ରମଥ ଚୌଧୁରୀ ଓ ମଣିଲାଲ ଗଙ୍ଗୋପାଧ୍ୟାୟ ଗୋଟିଏ ପତ୍ରିକା ପ୍ରକାଶ କରିବାକୁ ଚାହୁଁଥିଲେ। ଏବଂ ରବୀନ୍ଦ୍ରନାଥ ତାଙ୍କୁ ସାହାଯ୍ୟ କରିବା ଦ୍ୱାରା 'ସବୁଜପତ୍ର' ପତ୍ରିକା ପ୍ରକାଶନ ସମ୍ଭବ ହୋଇଥିଲା। ଏକଥା ନିଜେ ପ୍ରମଥ ଚୌଧୁରୀ ସ୍ୱୀକାର କରନ୍ତି। ୧୯୧୪ ମସିହାରେ 'ସବୁଜପତ୍ର'ର ପ୍ରକାଶ ହୋଇଥିଲା। ପ୍ରମଥ ଚୌଧୁରୀ ଥିଲେ ଏହାର ସଂପାଦକ ଏବଂ ପରେ ପରେ ଅତୁଲ ଚନ୍ଦ୍ର ଗୁପ୍ତ, କିରନ୍ ଶଙ୍କର ରାୟ, ସତୀଶ ଚନ୍ଦ୍ର ଘଟକ, ସତ୍ୟେନ୍ଦ୍ରନାଥ ବସୁ, ସୁନୀତ୍ କୁମାର ଚଟ୍ଟୋପାଧ୍ୟାୟ ଓ ସୁରେଶ ବନ୍ଦୋପାଧ୍ୟାୟ ପ୍ରଭୃତି 'ସବୁଜପତ୍ର ଗୋଷ୍ଠୀ' ଗଢ଼ିଥିଲେ। ସବୁଜର ରଙ୍ଗ ପ୍ରାଣର ରଙ୍ଗ, ସବୁଜର ଶ୍ରେଷ୍ଠତ୍ୱ ସୂଚାଇବାକୁ ଯାଇ ପ୍ରମଥ ଚୌଧୁରୀ କହିଥିଲେ– "ସବୁଜ ହରେ ନବୀନ ପତ୍ରେର ରଂ ରସେର ଓ ପ୍ରାଜେର x x x ସବୁଜେର୍ ମନ୍ଦିରେ ସକଲ ବର୍ଣ୍ଣେର୍ ପ୍ରବେଶେର୍ ସମାନ ଅଧିକାର ଥାକ୍‌ବେ।" (୫) ତେଣୁ ତରୁଣ ମନରେ ସବୁଦିନ ସୁଷମାକୁ ଆଧାର କରି ଯେପରି ବଙ୍ଗ ସାହିତ୍ୟରେ 'ସବୁଜପତ୍ର'ର ପ୍ରକାଶ ହୋଇଥିଲା ଠିକ୍ ସେହିପରି ଓଡ଼ିଆ ସାହିତ୍ୟରେ ଅନୁରୂପ ଘଟଣାବଳୀ ଘଟିଥିଲା। ବଙ୍ଗଳାରେ ରବୀନ୍ଦ୍ରନାଥଙ୍କ ପରି ଓଡ଼ିଆ ସାହିତ୍ୟରେ ବିଶ୍ୱନାଥଙ୍କର 'ଉତ୍କଳ ସାହିତ୍ୟ'ର ସଂପାଦକ ସବୁଜ ଗୋଷ୍ଠୀର ଏହି ପାଞ୍ଚ ଜଣ ତରୁଣଙ୍କୁ ସାହସ, ଶକ୍ତି ଓ ପ୍ରୋତ୍ସାହନ ଦେଇ ନ ଥିଲେ ସବୁଜ ସାହିତ୍ୟ ସୃଷ୍ଟି ଓ ବିକାଶ ପାଇଁ ସମ୍ଭବ ହୋଇ ନ ଥାନ୍ତା। 'ସବୁଜ ପତ୍ର'କୁ କିପରି ଭାବେ ଉନ୍ନତ କରାଯିବ କେଉଁ ପ୍ରବନ୍ଧ ପ୍ରକାଶିତ ହେବ, କିଭଳି ଲେଖାମାନ ପ୍ରକାଶ ପାଇଲେ

---

(୫) ସବୁଜପତ୍ର - ପ୍ରମଥ ଚୌଧୁରୀ - ପୃ:୪୦

ଦେଶର ଲୋକଙ୍କ ମନରେ ପୁରାତନ ବଦଳରେ ନୂତନତ୍ୱ ପ୍ରତି ଆଦର ଆସି ପାରିବ ସେ ବିଷୟରେ ରବୀନ୍ଦ୍ରନାଥ ଖୁବ୍ ସଚେତନ ଥିଲେ ହେଁ, କିଛି ଦିନ ପରେ 'ସବୁଜ ପତ୍ର'ରେ ନିୟମିତ ଲେଖର ଅଭାବ ଦେଖାଗଲା। ନିୟମିତ ଭାବେ କେବଳ ରବୀନ୍ଦ୍ରନାଥ ଓ ପ୍ରମଥ ଚୌଧୁରୀ ହିଁ ଲେଖୁଥିଲେ। ତେଣୁ ରବୀନ୍ଦ୍ର ନାଥ ଭାବୁଥିଲେ ମାତ୍ର ଦୁଇଜଣ ଯଦି ନିୟମିତ ଲେଖନ୍ତି ତେବେ ଏହି ପତ୍ରିକାଟିର ସ୍ଥାୟିତ୍ୱ କେତେଦିନ ? ଠିକ୍ ଏହିପରି ସମସ୍ୟାର ସମ୍ମୁଖୀନ ହୋଇଥିଲେ ଓଡ଼ିଶାର ସବୁଜ ଗୋଷ୍ଠୀ। ସେମାନେ ମଧ୍ୟ ରବୀନ୍ଦ୍ରନାଥଙ୍କ ପରି ଭାବୁଥିଲେ ଯଦିଓ ନିୟମିତ ଗୋଷ୍ଠୀଗତ ଭାବେ ଲେଖକମାନେ ସହଯୋଗ ନ କରିବେ ତେବେ ସେମାନେ ଯେଉଁ ନୂତନ ଆଦର୍ଶର ପ୍ରତିଷ୍ଠା ପାଇଁ ନିଶାଣ ଧରିଛନ୍ତି ତାହା ସେଫଳ ହେବା ସମ୍ଭବ ନୁହେଁ। ତେଣୁ ସେମାନେ 'ସବୁଜ ସାହିତ୍ୟ ସମିତି' ମାଧ୍ୟମରେ ତରୁଣ ନବ୍ୟ ପନ୍ଥୀ ଲେଖକମାନଙ୍କୁ ସ୍ୱାଗତ କରିଥିଲେ। 'ବାସନ୍ତୀ' ଉପନ୍ୟାସକୁ ମିଳିତ ଉଦ୍ୟମରେ ହିଁ ରଚନା କରିଥିଲେ।

୧୯୩୩ ମସିହା 'ଯୁଗବୀଣା'ରେ ପ୍ରକାଶ ସବୁଜ ସାହିତ୍ୟ ନାମକ ପ୍ରବନ୍ଧରେ ବୈକୁଣ୍ଠନାଥ ସବୁଜ ଆଦର୍ଶରେ ଅନୁପ୍ରାଣିତ ନୂତନ ଏକ ସାହିତ୍ୟିକ ଗୋଷ୍ଠୀର ସୃଷ୍ଟି ଯେ ନିତାନ୍ତ ଆବଶ୍ୟକ ତାହା ବ୍ୟାକୁଳ ଭାବରେ ପ୍ରକାଶ କରିବାକୁ ଯାଇ ଲେଖିଛନ୍ତି- "ସବୁଜ ସମିତି ମୁଷ୍ଟିମେୟ କେତେଜଣ ଯୁବକଙ୍କର ନୁହେଁ। ସେମାନେ କାଲି 'ତାରୁଣ୍ୟ ଧର୍ମ' ତ୍ୟାଗ କରି ଜରାବରଣ କରିବେ। ଏ ଅନୁଷ୍ଠାନ ଦେଶର ତରୁଣଙ୍କର ଅନୁଷ୍ଠାନ।'' ଏହିଥିରୁ ଜଣାଯାଏ କେତେ ସାମ୍ୟ ଥିଲା ସେଠାର 'ସବୁଜପତ୍ର' ଓ ଏଠାର 'ସବୁଜ ସାହିତ୍ୟ'ର ଚିନ୍ତାଧାରା ଏବଂ ଆଦର୍ଶରେ।

'ସବୁଜପତ୍ର'ର ସାଧନା ତାରୁଣ୍ୟର ସାଧନା, ପ୍ରାଣର ଜୟ ଘୋଷଣା, ଆତ୍ମପ୍ରବଞ୍ଚନା ଓ ପ୍ରତାରଣା ବିରୋଧରେ ଲଢ଼ାଇ, ମାନସିକ ଔଦାର୍ଯ୍ୟ ଓ ଆତ୍ମସଂଯମର ସାଧନା। ସେଥିପାଇଁ 'ସବୁଜପତ୍ର'ର ମୁଖପତ୍ର ପ୍ରବନ୍ଧରେ ପ୍ରମଥ ଚୌଧୁରୀ ପ୍ରାଣକୁ ବନ୍ଦନା କରିଛନ୍ତି ଏବଂ ଏଇ ପ୍ରାଣର ତାରୁଣ୍ୟରେ ଯୌବନର ଉପାସନା ହିଁ 'ସବୁଜପତ୍ର'ର ସାଧନା ଏକଥା ଘୋଷଣା କରିଛନ୍ତି। ପ୍ରମଥ ଚୌଧୁରୀ 'ସବୁଜ ପତ୍ର'ରେ ଯୌବନକୁ ସମଗ୍ର ୟୁରୋପୀୟ ପ୍ରାଣରେ ପ୍ରତିଷ୍ଠା କରାଇବାକୁ ଚାହିଁଛନ୍ତି। କାରଣ ସେ ଜାଣିଥିଲେ ଜଣକର ଶରୀରର ଯୌବନ ସିନା ଅପରର ଶରୀରରେ ପ୍ରବେଶ କରାଇ ଦେବାର ଜୁ ନାହିଁ, କିନ୍ତୁ ଜଣକର ମନର ଯୌବନ ଲକ୍ଷ୍ୟ ଲୋକର ମନରେ ସଞ୍ଚାର କରାଇ ଦିଆଯାଇପାରେ। ତେଣୁ 'ସବୁଜପତ୍ର' ଯୌବନର ମନ୍ତ୍ର ପ୍ରଚାର କରୁଥିଲା।

କୌଣସି ପ୍ରକାର ସ୍ଥାଣୁତ୍ୱକୁ 'ସବୁଜପତ୍ର' ସ୍ୱୀକାର କରିନାହିଁ। ସକଳ ପ୍ରକାର ସ୍ଥିତିଶୀଳତାରୁ ମୁକ୍ତି ଦେଇ ସେ ତରୁଣ ମାନସରେ ସଞ୍ଚାର କରିବାକୁ ଚାହିଁଛି ଦୁରନ୍ତ

ଗତିର ବେଗ। କୌଣସି ନିର୍ଦ୍ଦିଷ୍ଟ ସୀମା ମଧ୍ୟରେ ଆବଦ୍ଧ ନ ଥିଲା 'ସବୁଜ ପତ୍ର'। ସବୁଜପତ୍ର ଗୋଷ୍ଠୀରେ ଯେଉଁମାନେ ଯୋଗ ଦେଇଥିଲେ ସେମାନଙ୍କର ମୂଳ ସ୍ୱର ଥିଲା ଏକ।

ଓଡ଼ିଆ ସାହିତ୍ୟରେ ସବୁଜ ଗୋଷ୍ଠୀ ଦ୍ୱାରା ଅନୁରୂପ ଚେଷ୍ଟା ହୋଇଥିବାର ମଧ୍ୟ ଲକ୍ଷ୍ୟ କରାଯାଏ। ଅନ୍ନଦା ଶଙ୍କର, ବୈକୁଣ୍ଠନାଥ, କାଳିନ୍ଦୀ ଚରଣ, ଶରତ ଚନ୍ଦ୍ର ଓ ହରିହର ଏହି ପାଞ୍ଚ ତରୁଣ ମିଶି ବଙ୍ଗ ସାହିତ୍ୟ ପରି ଗୋଷ୍ଠୀବଦ୍ଧ ସାହିତ୍ୟ ରଚନା କରିବାକୁ ଚାହିଁଥିଲେ 'ଅବକାଶ' ପତ୍ରିକା ମାଧ୍ୟମରେ। ସେମାନେ ଜାଣିଥିଲେ ବଙ୍ଗର ସବୁଜପତ୍ର ଗୋଷ୍ଠୀମାନଙ୍କ ପରି ସାହିତ୍ୟରେ କେବଳ ଗଳ୍ପ, ଉପନ୍ୟାସ, ପ୍ରବନ୍ଧ ବ୍ୟତୀତ ଉନ୍ନତ ଜୀବନ ଆଶା ପାଇଁ ବିଶେଷ ଧରଣର ପୁସ୍ତକ ଓ ଆଦର୍ଶ ଲେଖାର ଆବଶ୍ୟକ। ତେଣୁ ସେମାନେ ସେହିଭଳି ଲେଖା ପାଇଁ ପୁସ୍ତକ ରଚନାରେ ବ୍ରତୀ ହୋଇଥିଲେ। ପରଂପରାକୁ ଭାଙ୍ଗି ନୂଆ ଆଦର୍ଶର ପ୍ରତିଷ୍ଠା ଥିଲା 'ସବୁଜ ପତ୍ର'ର ଆଭିମୁଖ୍ୟ। ଠିକ୍ ଓଡ଼ିଆ ସାହିତ୍ୟର ସବୁଜ ଗୋଷ୍ଠୀଙ୍କର ମଧ୍ୟ ସେହି ଆଭିମୁଖ୍ୟ ଦେଖାଯାଏ। ଆମ ଓଡ଼ିଆ ସବୁଜ ସାହିତ୍ୟ ଯଦିଓ ସାଧାରଣ ଜନଜୀବନକୁ ନିଜ ସାହିତ୍ୟରେ ଫୁଟାଇବା ପାଇଁ ପ୍ରଯତ୍ନ କରିଥିଲେ। ଭାଷା କ୍ଷେତ୍ରରେ ତାହା ପୂରାପୂରି ଜନସାଧାରଣଙ୍କର କଥିତ ଭାଷା ପ୍ରୟୋଗ କରି ନ ଥିଲା। 'ସବୁଜପତ୍ର' ଅପେକ୍ଷା ସେମାନେ ଭାଷା କ୍ଷେତ୍ରରେ ବେଶୀ ଭାବରେ ପ୍ରଭାବିତ ହୋଇଥିଲେ ରବୀନ୍ଦ୍ରନାଥଙ୍କ ଦ୍ୱାରା ଏବଂ ଓଡ଼ିଆ ସାହିତ୍ୟରେ ପୂର୍ବରୁ ବ୍ୟବହାର କରାଯାଇ ନ ଥିବା ଏକ ନୂତନ ଭାଷାରୀତି ସୃଷ୍ଟି କରିଥିଲେ।" (୬) ସବୁଜ ଥିଲା ଯୁଗ ଧର୍ମର ପୂଜାରୀ ଅର୍ଥାତ୍ ନୂତନତ୍ୱର ଆବାହନ ସର୍ବଦା କରୁଥିଲା। ପୁରାତନ ତାଙ୍କ ମତରେ ଜଡ଼ ଓ ସ୍ଥବିର। ତେଣୁ ବଙ୍ଗଳାର ସବୁଜପତ୍ର ଗୋଷ୍ଠୀର କବିମାନେ ହୁଅନ୍ତୁ ବା ଓଡ଼ିଆ ସାହିତ୍ୟର ସବୁଜ ଦଳର କବିମାନେ ହୁଅନ୍ତୁ ଉଭୟେ ନୂତନତ୍ୱକୁ ସ୍ୱାଗତ କରିଛନ୍ତି।

---

(୬) ସର୍ବୋପରି ରବୀନ୍ଦ୍ରନାଥ ବସ୍ତୁ ଜଗତର ବୈଚିତ୍ର୍ୟକୁ ଭାବସଙ୍ଗୀତମୁଖୀରେ ବିମଣ୍ଡିତ କରିବା ପ୍ରୟୋଜନରୁ ଯେଉଁ ତତ୍ସମ ଶବ୍ଦ ପ୍ରଧାନ କୋମଳ କାନ୍ତରୂପ ପ୍ରଦାନ କରିଛନ୍ତି, ସେହି ରୂପ ପ୍ରଭାବ ସର୍ବତ୍ର ଅପରିହାର୍ଯ୍ୟ ହୋଇ ରହେ। ସଙ୍ଗୀତ ରସ ବିଗଳିତ ସେହି କମନୀୟ ରୂପକୁ ସର୍ବବିଧ ସାହିତ୍ୟ ସୃଷ୍ଟି କର୍ମରେ ଅନେକ ଦିନ ପର୍ଯ୍ୟନ୍ତ ବଙ୍ଗ ଭାଷାରେ ଶିଳ୍ପୀମାତ୍ରେ ବରଣ କରି ନେଇଛନ୍ତି। ବଙ୍ଗ ଭାଷାର ସେହି ବାଣୀ ଲୀଳାର ମୋହମୟ ଭଙ୍ଗୀ ଓଡ଼ିଆ କବିତାରେ ସେଦିନ ସୁସାଧ୍ୟ ଅନୁକରଣର ବସ୍ତୁ ହୋଇ ପଡ଼ିଛି। ସବୁଜ କବିତାରୁ ଏହି କେତୋଟି ପଙ୍କ୍ତିରେ ରବୀନ୍ଦ୍ରଙ୍କ ଭାଷାରେ ମୋହ ଅନାୟାସ ଲକ୍ଷ୍ୟ।

(ସାହିତ୍ୟ ସନ୍ଧାନ, ଶ୍ରୀ ଦାଶରଥୀ ଦାସ, ପୃ: ୨୬୦)

କଲ୍ଲୋଳ ଯୁଗ

'କଲ୍ଲୋଳ' ନାମ ନିଜେ ହିଁ ନିଜକୁ ସାର୍ଥକ କରି ନେଇଛି। 'କଲ୍ଲୋଳ' ଅର୍ଥ ଉଦ୍ଧତ ଯୌବନର ଫେନିଳ ଉଦ୍ଦାମତା। ସମସ୍ତ ବାଧା ବନ୍ଧନର ବିରୋଧରେ ନିବାରିତ ବିଦ୍ରୋହ କରି କରି ନୂତନ ପଥରେ ଅଗ୍ରସର ହେବ। ଅନ୍ୟର ପ୍ରାଣକୁ ପୁଲକିତ କରାଇବ ନିଜର ମନ ନେଇ। ବଙ୍ଗଳାରେ ସବୁଜ ପ୍ରାଣର ପ୍ରତୀକ ହେଉଛି କଲ୍ଲୋଳ। ଏଇ ଅନୁସାରେ ଯୁଗର ନାମ କଲ୍ଲୋଳଯୁଗ। ଏଇ ଲେଖକମାନେ ପରସ୍ପର ସହଯୋଗ ସତ୍ତ୍ୱେ ଯେଉଁ ବିଭିନ୍ନ ସାହିତ୍ୟିକ ଅନୁଷ୍ଠାନ ଗଢ଼ିଥିଲେ ତା'ର କେନ୍ଦ୍ରବିନ୍ଦୁ 'କଲ୍ଲୋଳ' ଓ ପରିଧିରେ ଥିଲେ 'କାଳି କଲମ', 'ଉତ୍ତରା', 'ପ୍ରଗତି' ପ୍ରଭୃତି ସାହିତ୍ୟ ପତ୍ର।" (୭) 'କଲ୍ଲୋଳ' ପତ୍ରିକାର ମଧ୍ୟ ନିଜସ୍ୱ ଏକ ଧର୍ମ ଥିଲା। ନୂତନକୁ ସ୍ୱତନ୍ତ୍ର ଉଦ୍ଦୀପିତ କରାଇବା ଥିଲା 'କଲ୍ଲୋଳ'ର ଆଭିମୁଖ୍ୟ। 'କଲ୍ଲୋଳ' ସର୍ବଦା ନୂତନତାକୁ ସ୍ୱାଗତ କରେ। ସେ ନୂତନକୁ ମର୍ଯ୍ୟାଦ ଦିଏ। ନୂତନକୁ ପ୍ରତିଷ୍ଠା କରେ। ନୂତନ କରି ସୃଷ୍ଟିର ଲକ୍ଷ୍ୟ ନେଇ ଗୋକୁଳ ନାଗ୍, ଦୀନେଶ୍ ରଞ୍ଜନ ଦାସ, ମନୀନ୍ଦ୍ର ଲାଲ୍ ବସୁ ଓ ସୁନୀତି ଦେବୀ ଚାରିଜଣ ମିଶି ଗଢ଼ିଥିଲେ 'ପେଠାର ଆର୍ଟସ୍ କ୍ଲବ୍' ନୂତନ ବନ୍ଧୁମାନଙ୍କ ଆଗମନରେ ରୂପାନ୍ତରିତ ହୋଇଥିଲା 'ଆଭ୍ୟୁଦାୟିକ'ରେ ପୁଣି ପରେ 'କଲ୍ଲୋଳ'ରେ। ଗୋକୁଳ ନାଗ୍ ଏବଂ ତାଙ୍କର ସଖାମାନେ ହିଁ 'କଲ୍ଲୋଳ' ପତ୍ରିକାର ଯଥାର୍ଥ ପରିଚୟ ବହନ କରିଥିଲେ। ସର୍ବପ୍ରଥମେ ଶିଶିର ଚନ୍ଦ୍ର ବସୁ ଏବଂ ବିନୟ ଚକ୍ରବର୍ତ୍ତୀ ମିଶି ଗୋଟାଏ ସଂଘ ପ୍ରତିଷ୍ଠା କଲେ। ଯାହାର ନାମ ଦିଆଯାଇଥିଲା ଆଭ୍ୟୁଦାୟିକ। ସାଧାରଣତଃ ଯେପରି ହୋଇଥାଏ ପିତାମାତାଙ୍କୁ ଭୟ କରି ଲୁଚେଇ ଛପେଇ ତାଙ୍କ ଦୃଷ୍ଟି ଆଢୁଆଳରେ ଅଲଗା ଗୋଟିଏ ଘରେ ଚା, ସିଗ୍ରେଟ୍ ଖାଇ ଗଳ୍ପ, କବିତା ପଢ଼ିବା ଶେଷରେ ଗୋଟିଏ ପତ୍ରିକା ବାହାର କରିବାର ସ୍ୱପ୍ନ, ଅଚିନ୍ତ୍ୟ ସେନ୍‌ଗୁପ୍ତ ଓ ତାଙ୍କର ବନ୍ଧୁମାନଙ୍କର ଅପୂର୍ବ ବନ୍ଧୁତ୍ୱ ଯୋଗୁଁ ହିଁ 'କଲ୍ଲୋଳ' ପତ୍ରିକା ପ୍ରତିଷ୍ଠା ଲାଭ କରିଥିଲା। ଠିକ୍ ଯେପରି ଘଟିଥିଲା ଓଡ଼ିଆ ସାହିତ୍ୟର ସବୁଜ ତରୁଣଙ୍କ ମନରେ। କଟକରେ ବୈକୁଣ୍ଠନାଥଙ୍କ ଛୋଟ ଭଡ଼ାଘରଟି ଥିଲା। ସେମାନଙ୍କର ଆଖଡ଼ା ସେଇଠାରେ। ସେମାନେ ବନ୍ଧୁତ୍ୱ ଛଳରେ ଦେଶ ବିଦେଶର ସାହିତ୍ୟ ସମ୍ବନ୍ଧରେ ଆଲୋଚନା କରୁଥିଲେ ଏବଂ ପରେ ପରେ ସେମାନଙ୍କର ମିଳିତ ଉଦ୍ୟମରେ 'ଅବକାଶ' ପତ୍ରିକା ପ୍ରକାଶ ପାଇଥିଲା। ସେମାନଙ୍କର ଥିଲା ମନର ମେଳ। 'କଲ୍ଲୋଳ'କୁ ଯେପରି ନାନା ବାଧାବିଘ୍ନର ସମ୍ମୁଖୀନ ହେବାକୁ

---

(୭) ସବୁଜ କଥା – ସାହିତ୍ୟ ବୀକ୍ଷା – ପୃ:୧୧୪, ଡକ୍ଟର ଦେବୀପ୍ରସନ୍ନ ପଟ୍ଟନାୟକ

ପଡ଼ିଛି ଠିକ୍ ସେହିପରି 'ଅବକାଶ'କୁ ମଧ୍ୟ। କଲ୍ଲୋଳ ଯୁଗ ଥିଲା ବନ୍ଧୁତ୍ୱର ଯୁଗ। ଅମୀୟ ବନ୍ଧୁତ୍ୱର ଏମିତି ଅନେକ ଘଟଣା। କଲ୍ଲୋଳ ଯୁଗର ଲକ୍ଷଣ ଥିଲା ଏଇ ଅନାବିଳ ସହୃଦୟତା, ସଂପ୍ରୀତି; ଜଣକ ପାଇଁ ଅନ୍ୟ ଜଣଙ୍କର ଧ୍ୱନିରେ ଆଉ ଜଣଙ୍କର ପ୍ରତିଧ୍ୱନି।

ବନ୍ଧୁତ୍ୱର ଏଇ ପ୍ରଗାଢ଼ ବନ୍ଧନ ମଧ୍ୟ ଦେଖାଯାଇଥିଲା ଆମର ସବୁଜ ସାହିତ୍ୟର ସଖାମାନଙ୍କ ମଧ୍ୟରେ। କଲ୍ଲୋଳ ଯୁଗୀୟ କବିମାନଙ୍କ ପରି ସେମାନଙ୍କୁ ମଧ୍ୟ ସାହିତ୍ୟ ସୃଷ୍ଟି ପାଇଁ ସହଯୋଗ ଓ ସାହସ ଯୋଗାଇଥିଲା, ନିଜ ନିଜର ବନ୍ଧୁତ୍ୱ। (୮) ୧୯୨୩ ମସିହାରେ 'କଲ୍ଲୋଳ' ପତ୍ରିକା ପ୍ରକାଶ ପାଇଥିଲେ ହେଁ ଏହାର ଦୁଇଟି ଶାଖା ଯଥାକ୍ରମେ କଲିକତାର 'କାଳିକଲମ' ୧୯୨୬ ମସିହାରେ ଓ ଢାକାରେ 'ପ୍ରଗତି' ପତ୍ରିକା ୧୯୭୭ ମସିହାରେ ପ୍ରକାଶ ପାଇଥିଲା। 'ବଙ୍ଗଳା ସାହିତ୍ୟରେ କିଭଳି ଭାବରେ ପ୍ରଗତିବାଦୀ ଚିନ୍ତାଧାରାର ପ୍ରଚଳନ ହେବ ସେଥିପାଇଁ ଏ ଦୁଇଟି ପତ୍ରିକାରେ ଲେଖକମାନେ ପ୍ରବଳ ଉଦ୍ୟମ ଚଳାଇଥିଲେ। ଏହି ଗୋଷ୍ଠୀର ଅନ୍ୟତମ ଲେଖକ ଶ୍ରୀ ଅଜିତ୍ ଦତ୍ତ ଥିଲେ ଯଥାର୍ଥରେ ଯୌବନ, ପ୍ରେମ ଓ ପ୍ରକୃତିର କବି। ସଚ୍ଚୀନ୍ଦ୍ରନାଥ ଦତ୍ତ, ବିଷ୍ଣୁ ଦେ, ଅମୀୟ ବସୁ ଆଦି ତରୁଣଗଣ ମଧ୍ୟ ଅଜିତ୍ ଦତ୍ତଙ୍କୁ ଅନୁସରଣ କରି କବିତା ଲେଖିଥିଲେ। ଯଦ୍ୱାରା ଏମାନେ ରବୀନ୍ଦ୍ର କାବ୍ୟ ଚେତନାଠାରୁ ଅନେକାଂଶରେ ବିଚ୍ଛିନ୍ନ ରହି ଇଂରାଜୀ ସାହିତ୍ୟ ଓ ୟୁରୋପୀୟ କାବ୍ୟ ଚେତନାକୁ ଗ୍ରହଣ କରି ଆଧୁନିକ ବଙ୍ଗଳା ସାହିତ୍ୟର ଯଥାର୍ଥ ଭିତ୍ତି ସ୍ଥାପନ କରି ପାରିଥିଲେ। ତତ୍ ପରେ ପରେ ୧୯୨୪ ମସିହା ଜୁନ୍ ମାସରେ ଅଚିନ୍ତ୍ୟ କୁମାର ସେନ୍‌ଗୁପ୍ତ, ପ୍ରେମେନ୍ଦ୍ର ମିତ୍ର, ଶିଶିର ଚନ୍ଦ୍ର ବସୁ ଓ ବିନୟ ଚକ୍ରବର୍ତ୍ତୀ ମିଶି 'ଆଭ୍ୟୁଦାୟିକ' ସଂଘ ପ୍ରତିଷ୍ଠା କଲେ ଓ ମିଳିତ ଉଦ୍ୟମରେ 'ଚତୁଷ୍କୋଣ' ଉପନ୍ୟାସ ରଚନା କଲେ।

ଏହି ସମୟରେ ଗୋଟିଏ 'ବାରୋୟାରୀ' ଉପନ୍ୟାସ ମଧ୍ୟ ବାରଜଣ ଲେଖକଙ୍କ ମିଳିତ ଉଦ୍ୟମରେ ରଚିତ ହୋଇଥିଲା। ଏହି ସମସ୍ତ କଲ୍ଲୋଳ ଯୁଗର ପ୍ରଭାବ ଓଡ଼ିଆ

---

(୮) xxx ସର୍ବୋପରି ବନ୍ଧୁତା ଆମର ପ୍ରତିଷ୍ଠିତ ଏକ ସୁମାର୍ଜିତ ସମୁଚ୍ଚ ସ୍ତରର, ଯାହା ଆଜି ଅର୍ଦ୍ଧଶତାବ୍ଦୀ ଅତିକ୍ରମ କରି ମଧ୍ୟ ଉଜ୍ଜ୍ୱଳତର ହୋଇଛି ସିନା ମନେପଡ଼ିଥିବା କେବେହେଲେ ସ୍ମରଣକୁ ଆସିନାହିଁ। ସେଥି ସହିତ ବନ୍ଧୁପତ୍ନୀମାନଙ୍କ ଅନ୍ତର xxx।

"xxx ମଧ୍ୟରେ ବନ୍ଧୁତା ଅତୁଟ ଓ ଅବିକଳ। ସେଇ ବିଚାରରୁ ସବୁଜ ଯୁଗର ପ୍ରତିଷ୍ଠାର ଦାନ ସାହିତ୍ୟ ତୁଳନାରେ ବନ୍ଧୁତା ହିଁ ଅଧିକ ବୋଲି ଚାକ୍ଷୁଷ ପ୍ରମାଣ ବିଦ୍ୟମାନ। ତାହାହିଁ ବୋଧହୁଏ ସାହିତ୍ୟର ଅସଲ ଆକ୍ଷରିକ ଓ ମୌଳିକ କର୍ମ। ସେଇ ବନ୍ଧୁତ୍ୱର ପରୀକ୍ଷାନିରୀକ୍ଷା ଲାଗି କ୍ଷେତ୍ର ପ୍ରସ୍ତୁତ ହେବା ମଧ୍ୟ ସ୍ୱାଭାବିକ।"

(ଅଙ୍ଗେ ଯାହା ନିଭାଇଛି - କାଳିନ୍ଦୀ ଚରଣ ପାଣିଗ୍ରାହୀ - ପୃ:୪୦୮)

ସବୁଜ ସାହିତ୍ୟିକମାନଙ୍କ ଉପରେ ପଡ଼ିଥିଲା । ପୁଣି ବଙ୍ଗଳାର ଏହି କବିମାନେ ବିଭିନ୍ନ ପ୍ରକାର ସାହିତ୍ୟିକ କ୍ଲବ୍ ଅନୁଷ୍ଠାନ ମଧ୍ୟ ପ୍ରତିଷ୍ଠା କରିଥିଲେ । ସବୁଜ କବି ଅନ୍ନଦାଶଙ୍କର ଓ ଶରତ୍ ଚନ୍ଦ୍ର ଏସବୁ ପ୍ରତି ଖୁବ୍ ଧ୍ୟାନ ଦେଇଥିଲେ । ସେମାନେ ମଧ୍ୟ ଓଡ଼ିଆ ସାହିତ୍ୟର ଅଗ୍ରଗତି ପାଇଁ 'ନନ୍‌ସେନ୍‌ସ କ୍ଲବ୍' ଗଠନ କରି 'କଲ୍ଲୋଳ' ପତ୍ରିକା ପରି 'ଅବକାଶ' ନାମକ ଏକ ହାତଲେଖା ପତ୍ରିକା ପ୍ରକାଶ କରିଥିଲେ । ପୁଣି ଓଡ଼ିଆ ସାହିତ୍ୟର ସବୁଜ ଧାରାର କବିମାନେ ନିଜର ମିଳିତ ଉଦ୍ୟମରେ 'ବାସନ୍ତୀ'ର ଉପନ୍ୟାସ ରଚନା କରିଥିଲେ । ଏସବୁ ବିଷୟ ପ୍ରତି ଧ୍ୟାନ ଦେଲେ ଜଣାଯାଏ ଯେ ଓଡ଼ିଆ ସାହିତ୍ୟର ସବୁଜ କବିମାନେ 'କଲ୍ଲୋଳ' ଯୁଗ ପ୍ରତି ଖୁବ୍ ଆନୁଗତ୍ୟ ପ୍ରକାଶ କରିବା ସଙ୍ଗେ ସଙ୍ଗେ ରବୀନ୍ଦ୍ରନାଥଙ୍କୁ ମଧ୍ୟ ତାଙ୍କ କାବ୍ୟ ଚେତନାର ପରିସର ମଧ୍ୟରୁ ପରିହାର କରିପାରି ନ ଥିଲେ ।

ହିନ୍ଦୀ ସାହିତ୍ୟ

ଛାୟାବାଦ ଯୁଗ (୧୯୧୮-୧୯୩୫)

"The new poetic movement was an aesthetic subjective movement revolt against formalism and didacticism. The poet had found that there was something which was his very own and that he wanted more then any thing else to say it, he chafed against the inadequacy of the Instruments handed down to him the language, the verse forms the metress, the techniques and the taboos and by this very intensity of his need built new ones." (୯)

ପୁନରୁତ୍‌ଥାନ ଯୁଗ ପରେ ପରେ ହିନ୍ଦୀ ସାହିତ୍ୟରେ ଆସେ ଛାୟାବାଦୀ ଯୁଗ । ଛାୟାବାଦୀ ଯୁଗର କାବ୍ୟକୃତିରେ ଇଂରାଜୀ ସାହିତ୍ୟର ରୋମାଣ୍ଟିକ୍ ବିଭବଟି ପୂର୍ଣ୍ଣ ଭାବରେ ଦେଖିବାକୁ ମିଳେ । ଶ୍ରୀ ସଚ୍ଚିଦାନନ୍ଦ ହୀରାଲାଲ ବାତ୍ସାୟନଙ୍କ ଉପରୋକ୍ତ ମନ୍ତବ୍ୟଟି ବେଶ୍ ପ୍ରଣିଧାନଯୋଗ୍ୟ । ତାଙ୍କ ମତରେ ହିନ୍ଦୀ ସାହିତ୍ୟର ଏ ଛାୟାବାଦ ଯୁଗଟି ପରମ୍ପରାକୁ ପରିହାର କରି ଏକ ନୂତନ ମୁକ୍ତିର ଆସ୍ୱାଦନରେ ଆହ୍ଲାଦିତ ହୋଇ ଉଠିଥିଲା । କାବ୍ୟ କବିତା ବର୍ଣ୍ଣିତ ଭାଷା, ଛାନ୍ଦ, କଳ୍ପନା ବିଷୟ ସବୁଥିରେ ପ୍ରାଚୀନତାକୁ ପରିହାର କରାଯାଇଥିଲା । ହିନ୍ଦୀ କବିତାରେ ପୁନରୁତ୍‌ଥାନ ଯୁଗରେ ଶୈଳୀ, ଭାଷା,

---

(୯) Hindi literature - (Contemporary Indian Literature) - Page-85

ସୌନ୍ଦର୍ଯ୍ୟବୋଧ ଯେପରି ଭାବରେ ଅନୁସୃତ ହୋଇ ଆସୁଥିଲା ଛାୟାବାଦୀ ଯୁଗରେ ତା'ର ପରିପୂର୍ଣ୍ଣତା ଦେଖିବାକୁ ମିଳିଥିଲା। "ହିନ୍ଦୀ ସାହିତ୍ୟରେ ଗୀତିକବିତାର ଏହି ବହୁଳ ପ୍ରଚାର ଯୁଗରେ କାବ୍ୟ ଭାଷାରେ ପରିବର୍ତ୍ତନ, ଅଭିନବ ଛନ୍ଦ ପରୀକ୍ଷା, ରାଷ୍ଟ୍ରୀୟତା, ଦେଶଭକ୍ତି, ପ୍ରକୃତି ଚିତ୍ରଣ ଓ ବାସ୍ତବବାଦୀ ସ୍ୱଚ୍ଛଳତା ମାନବବାଦ ତଥା ରହସ୍ୟବାଦ ବିଶେଷତଃ ସମସାମୟିକ ପ୍ରାଶ୍ଚାତ୍ୟ କବିତା ଓ ରବୀନ୍ଦ୍ରନାଥଙ୍କ ପ୍ରଭାବ ଅନୁଭୂତ ହୋଇଥାଏ। କିନ୍ତୁ ଛାୟାବାଦୀ ଯୁଗର କାବ୍ୟ ରୂପରେ ଅଧିକ ଭାବରେ ସ୍ୱପ୍ନବିଳାସ (Romanticism) ସାମନ୍ତବାଦୀ ଏବଂ ପୁନରାବର୍ତ୍ତନବାଦୀ ପ୍ରବୃତ୍ତିର ବିଲୋପ, ବ୍ୟକ୍ତି ସ୍ୱାତନ୍ତ୍ର୍ୟର ଆଦର୍ଶ ସ୍ଥାପନ, ପ୍ରକୃତି ପରିଚର୍ଯ୍ୟା, ରହସ୍ୟବାଦିତା ଓ କଳ୍ପନାବିଳାସ ଲକ୍ଷ୍ୟ କରାଯିବ। ଏପରିକି ଏ ଯୁଗର ଚେତନାରେ କ୍ରାନ୍ତି ପାଇଁ ସ୍ୱପ୍ନଲୋକକୁ ପଳାୟନ ନୈରାଶ୍ୟଘନ ଏକ ଅହଂବାଦର ବିକାଶ ଏବଂ ସାମାଜିକ ଯଥାର୍ଥତା ପ୍ରତି ଏକ ପ୍ରଗତିକାମୀ ଦୃଷ୍ଟିଭଙ୍ଗୀର ସୂଚନା ମଧ୍ୟ ମିଳିଥିଲା।" (୧୦) ଏଇ ଛାୟାବାଦ ଯୁଗର କବିମାନଙ୍କ ମଧ୍ୟରେ 'ସୂର୍ଯ୍ୟକାନ୍ତ ତ୍ରିପାଠୀ' (ନିରାଲା) (୧୮୯୬), ସୁମିତ୍ରା ନନ୍ଦନ ପନ୍ଥ (୧୯୦୦), ମହାଦେବୀ ବର୍ମା (୧୯୦୭), ଜୟଶଙ୍କର ପ୍ରସାଦ (୧୮୮୯-୧୯୩୭) ପ୍ରମୁଖ ଅଗ୍ରଣୀ ଥିଲେ।

୧୯୨୬ ମସିହାରେ 'ପଲ୍ଲବ'ର ପ୍ରକାଶନ ସମୟ। 'ପଲ୍ଲବ'ର କବିମାନେ ସ୍ପଷ୍ଟ ପ୍ରମାଣ କରିଦେବାକୁ ଚାହିଁଲେ ଯେ ସେମାନେ ଆଉ ପୂର୍ବ ଯୁଗର ଭାବଭୂମିରେ ବିଚରଣ କରିବାକୁ ଚାହାଁନ୍ତି ନାହିଁ। ତାଙ୍କର ଯୁଗ ତାଙ୍କର ପରିବେଶ ଆଉ ଏକ ନୂତନ ଦିଗନ୍ତର ସନ୍ଧାନରେ ବ୍ୟାକୁଳ ପ୍ରାୟ। ସେମାନେ ଗତାନୁଗତିକ ପରମ୍ପରା ପ୍ରତି ଏକ ବିଜୟ ଘୋଷଣା କରି ନିଜ ନିଜର ଭାବପୂର୍ଣ୍ଣ ବ୍ୟକ୍ତିତ୍ୱ ନେଇ କିଛି କହିବାକୁ ଓ ଲେଖିବାକୁ ଆରମ୍ଭ କଲେ।

'ପଲ୍ଲବ' ପ୍ରତି ସମାଲୋଚକମାନଙ୍କର ମନ୍ତବ୍ୟକୁ ଅନୁଧ୍ୟାନ କଲେ ଜଣାଯାଏ ଛାୟାବାଦ ଯୁଗର କବି ଗୋଷ୍ଠୀ ପାଇଁ ଏହା ସମଭାବରେ ଅଳ୍ପେ ବହୁତେ ପ୍ରଯୁଜ୍ୟ। ଶବ୍ଦାବଳୀ ପ୍ରୟୋଗ ତଥା ଦୃଷ୍ଟିକୋଣର କିଛି ପାର୍ଥକ୍ୟ ଥିବା ସତ୍ତ୍ୱେ ପ୍ରାୟ ସମସ୍ତ ଛାୟାବାଦ କବିଙ୍କ ମାନସଭୂମି ଏକ ଏବଂ ସେମାନଙ୍କ ମଧ୍ୟରେ ଏକ ଗଭୀର ସାମ୍ୟ ଓ ବନ୍ଧୁତ୍ୱ ପରିଲକ୍ଷିତ ହୋଇଥାଏ। ଏ ସମ୍ବନ୍ଧରେ ଡ. ହରିବଂଶ ରାୟ ବଚନ କୁହନ୍ତି- "ପ୍ରତିଭାକୁ କୌଣସି କ୍ଷେତ୍ରରେ ମଧ୍ୟ ତା'ର ସମୟ ଏବଂ ସମକାଳୀନ ମାନଙ୍କ ଠାରୁ ଅଲଗା କରି ଦେଖିବା ଉଚିତ ନୁହେଁ। ସଂସ୍କୃତି, କଳା, ସାହିତ୍ୟ ଏବଂ କାବ୍ୟର କ୍ଷେତ୍ର

(୧୦) ଛାୟାବାଦ ଯୁଗ - ଶ୍ରୀ ଶମ୍ଭୁନାଥ ସିଂହ - ପୃ-୫୬

ବିଶୃଙ୍ଖଳା ଠାରୁ ବିଶୃଙ୍ଖଳ ପରିସ୍ଥିତିରେ ମଧ୍ୟ ଏପରି ଅନ୍ତଃସଂଗଠିତ ହୋଇଥାଏ ଯେ ଏଥିରେ କୌଣସି ସୃଜନଶୀଳ ସାହିତ୍ୟକାର, କଳାକାର ଅଥବା କବିକୁ ଏକ ସ୍ୱତନ୍ତ୍ର ସତ୍ତା ଭାବରେ ଦେଖିବା ତା'ର ରୂପକୁ ବିକୃତ କରିବା ସହିତ ସମାନ।"

"ଦୃଷ୍ଟିକୋଣ ଔର ଶବ୍ଦାବଲୀ ମେଁ ଥୋଡା ଅନ୍ତର ହୋତେ ହୁଏ ଭି ପ୍ରାୟ ସମସ୍ତ ଛାୟାପଦୀ କବିୟୋଁକୀ ଧାରଣା ହୈ କୀ ନିଜ ଅନୁଭୂତିୟୋଁକୀ ଅଭିବ୍ୟକ୍ତି ହିଁ କାବ୍ୟ ହୈ।"

ଏମାନେ ଜୀବନକୁ ପର୍ଯ୍ୟାଲୋଚନା କରୁଥିଲେ ଭିନ୍ନ ଦୃଷ୍ଟିରେ। ଏମାନେ ସେମାନଙ୍କର ପୂର୍ବବର୍ତ୍ତୀ ସୂରୀଙ୍କଠାରୁ ଭିନ୍ନ ଅଭିବ୍ୟକ୍ତିର ଏକ ନୂତନ ଶୈଳୀ ଗ୍ରହଣ କରିଥିଲେ। ଓଡ଼ିଆ ସାହିତ୍ୟର ସବୁଜ ଧାରାରେ ଯେପରି ପରିବର୍ତ୍ତନ ଦେଖାଯାଇଥିଲା ହିନ୍ଦୀ ସାହିତ୍ୟରେ ମଧ୍ୟ ସୁମିତ୍ରା ନନ୍ଦନ ପନ୍ଥ ଏବଂ ସୂର୍ଯ୍ୟକାନ୍ତ ତ୍ରିପାଠୀ (ନିରାଲା)ଙ୍କ ରଚନାବଳୀରେ ମଧ୍ୟ ପୂର୍ବ ଯୁଗଠାରୁ ଭିନ୍ନ ଅଭିବ୍ୟକ୍ତିର ଏକ ନୂତନ ଶୈଳୀ ଗ୍ରହଣ କରିବାର ଦେଖାଯାଇଥିଲା। ଏମାନଙ୍କ ଲେଖାରେ ନବଯୁଗର ସନ୍ଧାନ ମିଳିଥିଲା। ଏ ଯୁଗର ନୂତନ କଳାକାରମାନେ ସମ୍ପୂର୍ଣ୍ଣ ଭାବେ କବିତାର ଛନ୍ଦ ଓ ଲଘୁ ଗୁରୁକ୍ରମକୁ ବାଦ୍ ଦେଇ ଆପଣାର ତାଳ ଓ ଲୟକୁ ନେଇ କବିତା ଲେଖିଥିଲେ। ନୂଆ ଉପମା, ନୂଆ ରୂପକ, ନୂଆ ପ୍ରତୀକର ସଂଯୁକ୍ତିରେ ସେମାନେ ପୂର୍ବବର୍ତ୍ତୀ ଶୈଳୀକୁ ବଦଳାଇ ଦେଲେ। ବିଭିନ୍ନ ପରିପ୍ରେକ୍ଷୀରେ ନିଜ ନିଜ ଜୀବନର ପ୍ରତ୍ୟକ୍ଷ ଅନୁଭୂତି, ତା'ର ପ୍ରେମ, ପ୍ରଣୟ, ସୁଖ-ଦୁଃଖ, ଆନନ୍ଦ-ଅଶ୍ରୁ, ଈଶ୍ୱରବିଶ୍ୱାସ, ପ୍ରକୃତି, ପ୍ରୀତି, ବେଦନାବୋଧ, ସ୍ୱଦେଶ ପ୍ରେମ, ଏ ସମସ୍ତଙ୍କୁ ଅତି ଜୀବନ୍ତ ଭାବରେ ଫୁଟାଇ ପାରିଛି ତା'ର କବିତା ମାଧ୍ୟମରେ। ଏହାହିଁ ଛାୟାବାଦୀ କବିତାର ବିଶେଷତ୍ୱ। ଏହି ବିଶେଷତ୍ୱ ମଧ୍ୟ ଅନୁରୂପ ଭାବେ ଆମ ଓଡ଼ିଆ ସାହିତ୍ୟର ସବୁଜଧାରାରେ ପରିଲକ୍ଷିତ ହୁଏ। ନିଜର ପ୍ରଣୟୀକୁ କେତେବେଳେ ପ୍ରତ୍ୟକ୍ଷ ପୁଣି କେତେବେଳେ ପରୋକ୍ଷ ଭାବରେ ଛାୟାବାଦୀ କବି ଅଭିବ୍ୟଞ୍ଜିତ କରିଛି। ଛାୟାବାଦୀ ଯୁଗର କବିମାନେ ବିସ୍ତୃତ ଆଲୋଚନା ବଦଳରେ ସଂକ୍ଷିପ୍ତ ଆଲୋଚନାକୁ ପୂରଣ କରିଥାନ୍ତି। ମହାଦେବୀ ବର୍ମା ଈଶ୍ୱର ଓ ତାଙ୍କ ମଧ୍ୟରେ କୌଣସି ଭିନ୍ନତା ଦେଖିବାକୁ ପାଇନାହାନ୍ତି। ବାହ୍ୟ ଦୃଷ୍ଟିରେ ଯାହା ହେଇଥାଉନା କାହିଁକି ଅନ୍ତଃଦୃଷ୍ଟିରେ ଈଶ୍ୱରଙ୍କ ସହିତ ତାଙ୍କ ଅନ୍ତରଙ୍ଗତା ପ୍ରକଟିତ ହୋଇଛି 'ଯାମା' କବିତାଗୁଚ୍ଛରେ।

"ମୈ ତୁମ୍‌ସେ ହୁଁ ଏକ ଏକ ହୈ ଜୈସେ ରଶ୍ମୀ ପ୍ରକାଶ
ମୈଁ ତୁମ୍‌ସେ ହୁଁ ଭିନ୍ନ ଭିନ୍ନ ଜୈସେ ଘନ୍ ସେ ତଡ଼ିତ ବିଲାସ।"

ଭଗବତ୍ ସତ୍ତା ପାଇଁ କବି ଅନ୍ତରରେ ଅପୂର୍ବ ଏବଂ ନିବିଡ଼ ଭଲପାଇବାକୁ

କବିତାର ଭାବନାରେ ଖୁବ୍ ସୁନ୍ଦର ଭାବରେ ରୂପାୟିତ କରିପାରିଛନ୍ତି । କେଉଁଠି ପ୍ରେମିକା ଭାବୁଛି ତା'ର ହୃଦୟ ମଧ୍ୟରେ ପ୍ରିୟ ରହିଥିଲେ ମଧ୍ୟ ସେ ଅଯଥାରେ ଭ୍ରମି ହେଉଛି । ସାରାସଂସାରରେ ଏହି ଅନୁରୂପ ଭାବଧାରା କାଳିନ୍ଦୀ ଚରଣ ଏବଂ ବୈକୁଣ୍ଠନାଥଙ୍କ ରଚନାବଳୀରେ ଆମେ ପାଇଥାଉ । ପୁଣି ନିରାଲା ଏବଂ ମହାଦେବୀ ବର୍ମା ମଧ୍ୟ ଅନୁରୂପ ଭାବେ ପରମ ପ୍ରେମିକ ସହିତ ଆପଣାର ସଂପର୍କକୁ ଯୋଡ଼ିଛନ୍ତି ।" (୧୦) ଅସୀମ ସହିତ ନିଜ ସଂପର୍କର ଅନ୍ତରଙ୍ଗତାରେ ବିଶ୍ୱାସୀ ଏହି କବିମାନେ ଦେହର ସୀମାରେ ବନ୍ଦୀ ହୋଇ ମଧ୍ୟ ନିଜକୁ ଅସୀମର ପ୍ରତିଭୂ ବୋଲି ମନେ କରିଛନ୍ତି । (୧୧)

ବ୍ୟକ୍ତିତ୍ୱର ପ୍ରତ୍ୟେକଟି ଦିଗ ଏହି ଗୀତିକବିତା ଗୁଡ଼ିକରେ ଏପରି ମନୋହର ଭାବରେ ଅଭିବ୍ୟଞ୍ଜିତ ଯେ ପ୍ରତ୍ୟେକଟିକୁ ଉଦ୍ଧାର କରିବାକୁ ଇଚ୍ଛା ହୁଏ । ସରସ ସୁନ୍ଦର ଅନୁଭୂତିକୁ ରୂପ ଦେଲାବେଳେ ଏହି କବି ଯେପରି ରସସିକ୍ତ ଭାବବିଭୋର ଉନ୍ମୁକ୍ତ ବନ୍ଧନହୀନ ନିର୍ଝରିଣୀ ପରି କଳକଳ ଛଳଛଳ - ଜୀବନର ସଂଘର୍ଷ, ଦୁଃଖ, ବ୍ୟଥା ବିଡ଼ମ୍ବନାକୁ ସାମ୍ନା କଲାବେଳେ ମଧ୍ୟ ସେମିତି ଦୃଢ଼ ଅନମନୀୟ, ନିର୍ବିକାର ଓ ନିଶ୍ଚଳ । ଏହି ନିଷ୍ପାପର ବ୍ୟକ୍ତିତ୍ୱକୁ ଯେତେବେଳେ ଆମେ କବିତାରେ ଭେଟୁ ସେତେବେଳେ ଆପେ ଆପେ କବି ପ୍ରତି ମନ ଶ୍ରଦ୍ଧାରେ ଭରିଯାଏ । (୧୨) ସବୁଜପତ୍ର ଏବଂ କଲ୍ଲୋଳ ଯୁଗର ଏହି ସାମ୍ୟ ଯେପରି ଛାୟାବାଦ କବିତାରେ ଦେଖାଯାଏ, ଠିକ୍ ସେହିପରି କାଳିନ୍ଦୀଚରଣ ଓ ବୈକୁଣ୍ଠନାଥଙ୍କ ରଚନାରେ ମଧ୍ୟ ଦେଖିବାକୁ ମିଳେ । ମହାଦେବୀ ବର୍ମା, ସିୟାରାମ୍ ଶରଣଗୁପ୍ତ, ମୋହନଲାଲ୍, ମହାତୋ, ଭଗବତୀ ଚରଣ ବର୍ମା, ଉଦୟ ଶଙ୍କର ଭଟ୍ଟଙ୍କ କବିତାରାଜି ପଠନ କଲେ ଜଣାଯାଏ ଏମାନେ ଅତ୍ୟଧିକ ସ୍ୱପ୍ନବିଳାସୀ ହୋଇ ଉଠିବା ସଙ୍ଗେ ସଙ୍ଗେ ରହସ୍ୟବାଦରେ ମଧ୍ୟ ସେମାନଙ୍କ ମନ ଆଚ୍ଛନ୍ନ ଥିଲା । ଏ ଯୁଗର ଅନ୍ୟ ଏକ ବିଶେଷତ୍ୱ ହେଉଛି ଏମାନେ ପ୍ରଥମ ଭାଗରେ ରୋମାଣ୍ଟିକ୍ ଓ ଦ୍ୱିତୀୟ ଭାଗରେ ବାସ୍ତବବାଦୀ ।

> "Never durst poet touch pen to write
> until his ink were tempered with love's signs."
>
> (Shakespeare)

---

(୧୧) (କ) "ତୁମ୍ ଅମର ପ୍ରତୀକ୍ଷା ହୋ ମୈଁ ପରା ବିରହ ପଥିକ କା ଧୀମା
ଆତେ ଯାତେ ମିଟ୍ ଯାଉଁ ପାଉଁ ନ ପଥ୍‌କୀ ସୀମା (ୟାମା) ।"
ମହାଦେବୀ ବର୍ମା

(ଖ) "ତୁମ୍ ତୁଙ୍ଗ୍ ହିମାଳୟ ଶୃଙ୍ଗ ଔର୍ ମୈହ ଚଞ୍ଚଲ୍ ଗତିସୁର୍ ସରିତ
ତୁମ୍ ବିମଲ୍ ହ୍ରିଦୟ ଉଚ୍ଛ୍ୱାସ ଔର ମୈ କାନ୍ତକାମିନୀ କବିତା ।"

(୧୨) ସବୁଜ କବିତା ଓ କବି ବୈକୁଣ୍ଠନାଥ - ଡକ୍ଟର ସ୍ନିଗ୍ଧା ବିଶ୍ୱାଳ

ପ୍ରେମ ଓ ପ୍ରଣୟ ମୂଳକ କାବ୍ୟାନୁଚିନ୍ତା ସମଗ୍ର ବିଶ୍ୱ ସାହିତ୍ୟର ଏକ ବଳିଷ୍ଠ ଆଭିମୁଖ୍ୟ। କିନ୍ତୁ ଛାୟାବାଦୀ କବିତାରେ ପ୍ରେମ, ପ୍ରଣୟ ଦେହଜ ନୁହେଁ। କବିର କାବ୍ୟମାନସ ସାଧାରଣ କାମନା ବାସନା ଊର୍ଦ୍ଧ୍ୱରେ ଏକ ଉଚ୍ଚତର ପ୍ରତ୍ୟୟ ଲୋକରେ ସେ ଅଧିବାସୀ। ପ୍ରେୟସୀ ନୟନର ଅନନ୍ତ ଅସୀମ ସୌନ୍ଦର୍ଯ୍ୟ ଏଠାରେ ପ୍ରଣୟୀକୁ ଆତ୍ମବିସ୍ମୃତ କରେ। ନିଜକୁ ଭୁଲି ପ୍ରେମାସ୍ପଦ କୁହେ -

"ତୁହ୍ମାରୀ ଆଁଖୋକା ନୀଲାକାଶ
ସରଲ ଆଖୋଁ କା ନୀଲାକାଶ
ଖୋଗୟା ମେରା ଖଗ ଅନ୍‌ଜାନ୍
ମୃଗେକ୍ଷଣି ! ଇନ୍‌ମେ ଖଗ ଅନ୍‌ଜାନ୍। (୧୩)

ପ୍ରଣୟର ଆହୁରି ମନଛୁଆଁ ବର୍ଣ୍ଣନା ମିଳେ ଯେତେବେଳେ ସେ ବାସ୍ତବ ଜଗତ ଅପେକ୍ଷା ତା' ମନର ବିହାର ପାଇଁ ଏକ ସ୍ୱପ୍ନର ଭାବଲୋକକୁ ଉଡ଼ିଯାଏ। ପ୍ରଣୟୀ ପ୍ରଣୟିନୀଙ୍କର ମିଳନ ମୁହୂର୍ତ୍ତଗୁଡ଼ିକ କବିଲେଖନୀରେ ଅତ୍ୟନ୍ତ ସଜୀବ ହୋଇଉଠେ। ମନର ସୂକ୍ଷ୍ମାତିସୂକ୍ଷ୍ମ ଭାବଲହରୀର ଏପରି ସାର୍ଥକ ଅଙ୍କନ ପ୍ରଣୟ ପୁଲକିତ ହୃଦୟରେ ଉଦ୍‌ବେଳିତ ହେଉଥିବା ଭାବନାର ଏହି ଅନ୍ତରଙ୍ଗ ଅଭିବ୍ୟକ୍ତି ସତେ ଯେମିତି ପାଠକ ହୃଦୟର ସେହି ନିର୍ଦ୍ଦିଷ୍ଟ ତାରଟିକୁ ଛୁଇଁଯାଏ।

"ଅରୁଣ କପୋଲ ପର ଲଜ୍ଜାକୀ ଭିନୀ ସୀମୁସ୍‌କାନ୍ ଲୀଏ
ସୁରଭିତ ଶ୍ୱାସୋଁ ମେଁ ଯୌବନକୀ ଅଲ୍‌ସାଏ ସେମାନ ଲିଏ
ଦରସ୍ ପଡି ହୋଠ ମରେ ମରୁ ମେଁ ତୁମ୍ ସହସା ରସ୍‌ଧାର ବନୀ
ତୁମ୍ ମେଁ ଲୟ ହୋକର ଅଭିଲାଷା ଏକ୍‌ବାର୍ ସାକାର ବନୀ।"

(ପ୍ରେମ ସଙ୍ଗୀତ - ଭଗବତୀ ଚରଣ ବର୍ମା)

କେବଳ ପ୍ରଣୟୀ ନୁହେଁ, ପ୍ରଣୟିନୀ ହୃଦୟର ମଧୁର ମହକରେ ସୁରଭିତ ଏହି କବିତାଗୁଚ୍ଛ। 'କାମାୟନୀ'ରେ ମନ୍ତ୍ରଘନର ପ୍ରଣୟ ନିବେଦନ ଶ୍ରବଣ କରି ଶ୍ରଦ୍ଧାଙ୍କର ତନୁ ମନର ଶିହରଣର ଜୀବନ୍ତ ଛବି ପ୍ରସାଦ ବର୍ଣ୍ଣନା ଯେପରି କରିଛନ୍ତି ଠିକ୍ ସେହିପରି ସୁମିତ୍ରା ନନ୍ଦନ ପନ୍ଥ ମଧ୍ୟ ପ୍ରଣୟିନୀ ମନର ଲଜ୍ଜା ଏବଂ ଲାଳସା ମଧ୍ୟରେ ଉଠୁଥିବା ଦ୍ୱନ୍ଦ୍ୱର ଚିତ୍ରଣ ଅଧର ଏବଂ କପୋଳର ରକ୍ତିମା ଜରିଆରେ ବର୍ଣ୍ଣନା କରିଛନ୍ତି।

"ହୋଗୟା ବିସ୍ମୃତ ମାନବ ଲୋକ
ହୁଏ ଜାତେ ହେଁ ବେକ୍ଷୁବ୍ଧ ପ୍ରାଣ
କିନ୍ତୁ ତେରା ନୀରବ ସଂଗୀତ ନିରନ୍ତର କରଣ ଆହ୍ୱାନ।" (ୟାମା)

---

(୧୩) ଗୁଁଜନ- ସୁମିତ୍ରା ନନ୍ଦନ ପନ୍ଥ - ପୃ:୪୦

ରବୀନ୍ଦ୍ରିୟ ଭାବନାର ପ୍ରତିଫଳନ ଆମେ ଉପରୋକ୍ତ କବିତାରେ ଶିଖିବାକୁ ପାଉ। ସବୁଜ କବିତାରେ ମଧ୍ୟ ଅନୁରୂପ ଭାବେ ଏହାର ପ୍ରତିଫଳନ ଦେଖିବାକୁ ମିଳେ। ଛାୟାବାଦୀ ଯୁଗର କବିମାନଙ୍କ ଲେଖାରେ ପ୍ରକୃତି ଚିତ୍ରଣ ଓ ବେଦନାବୋଧର ପରିପ୍ରକାଶ ଚିତ୍ର ଦେଖାଯାଇଥିଲା। ବେଦନାର ଗଭୀର ଅବବୋଧ ଏବଂ ତା'ର ସଂବେଦନଶୀଳ କରୁଣ ପ୍ରକାଶ ବୋଧହୁଏ ଥିଲା ସେହି ଯୁଗର ବିଶେଷତ୍ୱ। ତେଣୁ ଆମେ ବଙ୍ଗଳା, ଓଡ଼ିଆ, ହିନ୍ଦୀ ସାହିତ୍ୟରେ ଏହାର ଏକ ସଫଳ ରୂପାୟନ ଦେଖିବାକୁ ପାଉ। ଛାୟାବାଦୀ କବିର ବେଦନାସିକ୍ତ ଅଭିବ୍ୟକ୍ତି ନେଇ ସମାଲୋଚକମାନେ କୁହନ୍ତି-

"ଛାୟାବାଦୀ କବିୟୋଁକେ ବିଷୟମେଁ ସଂବେଦନ୍‌ଶୀଲତା ଔର ଭାବୁକତାକେତ କାରଣ ଇନ୍ହେ ଦୁଃଖ୍ କୀ ଗହରୀ ଅନୁଭୂତ ହୋତୀଥୀ।"

ସେମାନଙ୍କର ଅଧିକାଂଶ କବିତା ବେଦନାସିକ୍ତ। ଯାହାକୁ ପଠନ କଲେ ପାଠକ ପାଠିକାଙ୍କ ଅନ୍ତର ମଧ୍ୟ ବେଦନାବିଧୁର ହୋଇଯାଏ। ସେମାନଙ୍କର ଅଧିକାଂଶ କବିତା ଦୁଃଖଦ। ଜଗତର ନୈରାଶ୍ୟ, ଦୁଃଖ, ତାପ, ଶୋକ ଭାବୁକ ପ୍ରାଣରେ ଖୁବ୍ ଆଘାତ ଦେଇଛି। ଫଳରେ ତାହାହିଁ କବିର କବିତା ହୋଇ ବୋହିଯାଇଅଛି।

ପୁଣି ନିରାଶ ପ୍ରେମିକ ନିଜକୁ ଉପେକ୍ଷିତ ମନେ କରିଛି ଏବଂ ତା'ର କରୁଣ ଆକୁଳ ଆର୍ତ୍ତି ପ୍ରତିଧ୍ୱନିତ ହୋଇ ଉଠୁଛି ଚତୁର୍ଦ୍ଦିଗରେ। ଆପଣାର ଦୁଃଖ ଦଗ୍ଧ ହୃଦୟର କରୁଣ ଗାଥାକୁ ବର୍ଣ୍ଣନା କରୁ କରୁ କବିର ହୃଦୟ ଅଶ୍ରୁପୂରିତ ହୋଇଯାଇଅଛି। ଦୁଃଖର ନିଦାରୁଣ ଶୂନ୍ୟତା ମଧ୍ୟରେ ସେ ଜଳି ଜଳି ଯାଉଛି। ଗଙ୍ଗା ପରି ସରଳ ପବିତ୍ରତାକୁ ଯଦି କଳଙ୍କିତ ମନେ କରାଯାଇଛି, ତେବେ ଛାର କବିତାର ପବିତ୍ରତାରେ ପୂର୍ଣ୍ଣ ମନ ବିଳପି ନ ଉଠିବ କାହିଁକି ?

ସୁମିତ୍ରା ନନ୍ଦ ପନ୍ଥ ତାଙ୍କ 'ବୀଣା' କବିତାଟିରେ ବେଦନାକୁ ପ୍ରକାଶ କରିବାକୁ ଯାଇ ଲେଖିଛନ୍ତି -

"ଆଜି ବେଦନେ ଆତୁଟ୍ କୋଭି ଗାଗା କର ଜୀବନ ନେହୁଁ।"

ମହାଦେବୀ ବର୍ମାଙ୍କର କାବ୍ୟ ଯେପରି ବେଦନାର ଏକ ଦୀର୍ଘାୟିତ ଗାଥା। ବେଦନାର ସୁନ୍ଦର ମର୍ମସ୍ପର୍ଶୀ ଚିତ୍ରଣ ନିଷ୍ପାର ପରିଚୟ ବହନ କରେ। ଅନୁଭୂତିର ଗଭୀରତାକୁ କବି ମାପି ଦେଇଛନ୍ତି। ତାଙ୍କ 'ଦୀପଶିଖା' କବିତାରେ "ପ୍ରତିଧ୍ୱନିକା ଇତିହାସ ପ୍ରସ୍ତରୋ ଦିଗ୍ ଖୋଗୟା।" (ମହାଦେବୀ ବର୍ମା)

ପ୍ରଥମେ କରୁଣ ଆହ୍ୱାନ ତତ୍ ପରେ ଶୂନ୍ୟରେ ଶବ୍ଦ ତୋଳୁଥିବା ତା'ର ପ୍ରତିଧ୍ୱନି, ପୁଣି ସେହି ପ୍ରତିଧ୍ୱନି ଧୀରେ ଧୀରେ ନିଶ୍ଚିହ୍ନ ହୋଇଯିବା - ଏଥିରେ ଅନ୍ତରର

ନିଗୂଢ଼ତମ ପୀଡ଼ାର ପରିଚୟ ଦିଆଯାଇଛି। ବ୍ୟଥାର ଏହି ମର୍ମସ୍ପର୍ଶୀ ଚିତ୍ରଣ 'ଦୀପଶିଖା'ରେ ହୃଦୟସ୍ପର୍ଶୀ ହୋଇ ଉଠିଛି।

"ରାତ୍‌ସୀ ନୀରବ ବ୍ୟଥା ତମ୍‌ସୀ ଅଗମ୍ ମେରୀ କାହାନୀ
ଫେରତେ ଦେଁ ଦୁଃଖ ସୁନ୍‌ହେଲେ ଆଁସୁଓଁ କା କ୍ଷଣିକ୍‌ଦାନୀ।"

ବ୍ୟଥାର ଏହି ମର୍ମଭେଦୀ ଚିତ୍ରଣରେ ମହାଦେବୀ ବର୍ମାଙ୍କର କବିତା ବେଶ୍ ମନୋଜ୍ଞ ଓ ମାଧୁର୍ଯ୍ୟରେ ପରିପୂର୍ଣ୍ଣ। ବ୍ୟଥାବିଧୁର କବି ଏପରି ନୂତନତ୍ୱ କରି ତୋଳିଛନ୍ତି ତାଙ୍କ କବିତାରେ ତାହା ପାଠକର ମନକୁ ବେଶ୍ ଛୁଇଁ ଛୁଇଁ ଯାଏ। ସୌଭାଗ୍ୟବଶତଃ ଯଦି ପ୍ରିୟାର ଅନେକ ଦିନ ବ୍ୟବଧାନରେ ପ୍ରିୟ ସହିତ ସାକ୍ଷାତ ହୁଏ, ତେବେ ସେହି ମିଳନ ମୁହୂର୍ତ୍ତକୁ ତା' ହୃଦୟ ମଧ୍ୟରେ ଧରି ରଖିବା ପ୍ରଣୟିନୀ ପକ୍ଷରେ କଷ୍ଟକର ହୁଏ। ଅତି ଚମତ୍କାର ଭାବନା କବିଙ୍କର।

ଛାୟାବାଦୀ କବିର ଲେଖନୀରେ ପ୍ରକୃତିର ସୂକ୍ଷ୍ମ ଏବଂ ବିରାଟ ବିଭବ ନବୀନ ରୂପରେ ଅଭିବ୍ୟକ୍ତ। ନିଜର ମନୋଭୂମିରେ ପ୍ରକୃତିକୁ ନେଇ ଛାୟାବାଦୀ କବିର ବିଶ୍ୱାସ ଅତ୍ୟନ୍ତ ହୃଦୟସ୍ପର୍ଶୀ ଏବଂ ମନୋଜ୍ଞ। ପ୍ରକୃତି ତା' ପାଇଁ କେବଳ ନିଜର ପ୍ରତିବିମ୍ବ ମାତ୍ର ନୁହେଁ, ତାହା ସେହି ବିରାଟ ଶକ୍ତିରୁ ଉଦ୍‌ଭୂତ, ଯେଉଁଥିରୁ ତା'ର ନିଜର ଉତ୍ପତ୍ତି। ସେ ବିଶ୍ୱାସ କରେ ତା' ହୃଦୟରେ ଅସୀମ ତତ୍ତ୍ୱର ଯେଉଁ ସ୍ପନ୍ଦନ ସେଇ ସ୍ପନ୍ଦନ ପ୍ରକୃତି ମଧ୍ୟରେ ମଧ୍ୟ ରହିଛି। ଏଥିପାଇଁ ପ୍ରକୃତିର ପ୍ରତ୍ୟେକଟି ସ୍ୱରୂପ ଦିବ୍ୟସତ୍ତା ଯୁକ୍ତ ହୋଇଥିବାରୁ ଏହା କବି ସମ୍ମୁଖରେ ଜୀବନ୍ତ ଭାବରେ ପ୍ରକଟିତ। (୧୪) ଛାୟାବାଦୀ ଯୁଗରେ ପ୍ରକୃତି କେତେବେଳେ ମାନବୀୟ ଚେତନାର ପ୍ରତୀକ ଭାବେ ଦେଖାଦେଇଛି ତ କେତେବେଳେ ପ୍ରକୃତି ମଧ୍ୟରେ ପରମ ତତ୍ତ୍ୱର ପ୍ରକାଶର ଗଭୀର ଉପଲବ୍ଧି ମଧ୍ୟ ଦେଖିବାକୁ ମିଳେ। ବାହ୍ୟ ପ୍ରକୃତି ସହ ଅନ୍ତଃ ପ୍ରକୃତିର ସମ୍ମିଶ୍ରଣ ଛାୟାବାଦୀ କବିର ଲେଖାକୁ ଆହୁରି ରସାଳ କରି ତୋଳି ପାରିଛି। ଅସ୍ତଗାମୀ ସୂର୍ଯ୍ୟ, ବାଦଲ ମଧ୍ୟରେ କିରଣର ଆତ୍ମପ୍ରକାଶ, ଧୂଳିଧୂସରିତ ଦିଗନ୍ତରୁ କାଳିମା ବିସ୍ତାରିତ ହୋଇ ଧୀରେ ଧୀରେ ଆକାଶକୁ ବ୍ୟାପିଯିବା, ଏକା ଏକା ଦମ୍ପତିଙ୍କର ବିଚ୍ଛେଦର ଦୃଶ୍ୟ, ଆପଣାର ଅବସାଦପୂର୍ଣ୍ଣ ଜୀବନକୁ ଆହୁରି ବ୍ୟଥାତୁର କରିଦେଇଛି।

ସୂର୍ଯ୍ୟକାନ୍ତ ତ୍ରିପାଠୀ (ନିରାଲା) ମଧ୍ୟ 'ଅନାମିକାର ପ୍ରେୟସୀ' ଶୀର୍ଷକ ରଚନାରେ ସୂର୍ଯ୍ୟଙ୍କର ପ୍ରଥମ କିରଣର କମ୍ପନ, ବସନ୍ତର ପ୍ରଥମ ପୁଷ୍ପର ହାସ, ପକ୍ଷୀଗଣର ଗୁଞ୍ଜାୟମାନ

---

(୧୪) ଛାୟାବାଦୀକୀ ପ୍ରକୃତି ଘଟକୂପ ଆଦି ମେଁ ଭରେ ଜଲ୍‌କୀ ଏକ୍‌ରୂପ ତୋକେ ସମାନ୍ ଅନେକ ରୂପୋଁ ମେଁ ପ୍ରକଟ୍ ଏକ ମହାପାଣ୍ ବନ୍‌ଗଇ। ଅତଃ ଅବ ମନୁଷ୍ୟ ଏକ ଅଶ୍ରୁ, ମେଘକେ ଜଲ୍‌କଣ୍ ଔର ପୃଥ୍ୱୀକେ ସେ ବିନ୍ଦୁଓଁକା ଏକ୍ ହୀ କାରଣ ଏକ୍ ହୀ ମୂଲ୍ୟ ହେଁ।

ସ୍ୱର ଏବଂ ପବନର ପ୍ରଥମ ସ୍ପର୍ଶରେ ପୁଲକିତ କବିର ପ୍ରଥମ କମ୍ପନ ସହିତ ପ୍ରେୟସୀର ପ୍ରଥମ ପ୍ରଣୟସୁଲଭ ସଂକୋଚନ ଜନିତ କମ୍ପନ, ସ୍ମିତହାସ, ଭାବୋଦ୍‌ଗାର ତଥା ପ୍ରଥମ ସ୍ପର୍ଶଜାତ ରୋମାଞ୍ଚକୁ ଏକ ବିରାଟ ତତ୍ତ୍ୱ ସହିତ ସଂପର୍କିତ ବୋଲି ବିଶ୍ୱାସ କରିଛନ୍ତି।

ମାନବୀୟ ଭାବନା ଏବଂ ପ୍ରକୃତିର ଅଭିନ୍ନତା ଉଦ୍‌ଘାଟନ କରିବା ବ୍ୟତୀତ ଏହି କବିମାନେ ପ୍ରକୃତିର ବିଭିନ୍ନ ବିଭାଗରେ ପ୍ରଣୟୀ ହୃଦୟର ଭାବନା ଆରୋପଣ କରି ତା'ର ମାନବୀୟ ସଂବେଦନାମୟ ସ୍ୱରୂପର ଅତ୍ୟନ୍ତ ଭବ୍ୟ ଏବଂ ଆକର୍ଷକ ଚିତ୍ରଣ କରିଛନ୍ତି। ଛାୟାବାଦୀ କବିମାନେ ପ୍ରକୃତିକୁ ଏକ ଜୀବନ୍ତ ରୂପ ପ୍ରଦାନ କରିଅଛନ୍ତି। ପ୍ରକୃତି ସୁନ୍ଦରୀର ଉଷା, ସନ୍ଧ୍ୟା ଏବଂ ରାତ୍ରି ଏହି ତିନିଟି ପର୍ଯ୍ୟାୟ ତଥା ତା'ର ରମଣୀୟ ରୂପରେ ବାଦଲ, ପର୍ବତ, ନିର୍ଝର, ସରିତ, ଶିଶିର, ପବନ, ବୃକ୍ଷଲତାର ଚିତ୍ର ଛାୟାବାଦୀ କବିର ଚିତ୍ରଣରେ ଅବିସ୍ମରଣୀୟ ଅଟେ। ବିରାଟ ପ୍ରକୃତି, ନଦୀର ଅନିନ୍ଦ୍ୟ ସୌନ୍ଦର୍ଯ୍ୟ ଏବଂ ଦିବ୍ୟ ମାଧୁର୍ଯ୍ୟକୁ ମହାଦେବୀ ବର୍ମା 'ଯାମା'ରେ ଜୀବନ୍ତ ଭାବେ ଆଙ୍କିଚନ୍ତି।

ଛାୟାବାଦୀ କାବ୍ୟରେ ପ୍ରଭାବ, ସନ୍ଧ୍ୟା ଏବଂ ରାତ୍ରିର ଅନେକ ସଜୀବ ଏବଂ ମାନବୀୟ ସଂବେଦନାଯୁକ୍ତ ଚିତ୍ର ଉପଲବ୍ଧ ହୁଏ ଇଭାଚାନ୍ଦ ଯୋଶୀଙ୍କର 'ବିଜନବତୀ'ରେ।

'ଅସ୍ତାଗମିତ ରବିକେ ଅନ୍ତିମ ଚୁମ୍ବନସେ ରକ୍ତମେଘ ହୈ ଲଜ୍ଜିତ'ର କଳ୍ପନା ଅତ୍ୟନ୍ତ ମନୋରମ। ଏହିଭଳି ଭାବରେ ସୁମିତ୍ରାନନ୍ଦ ପନ୍ଥଙ୍କ 'ଗୁଁଜନ୍' କବିତାରେ ଅସ୍ତଗାମୀ ସୂର୍ଯ୍ୟର ବର୍ଣ୍ଣନା ନିରାଲାଙ୍କର 'ପରିମଲ୍' କବିତାରେ ସନ୍ଧ୍ୟାର ଚିତ୍ର ଅତ୍ୟନ୍ତ ନୟନାଭିରାମପୂର୍ଣ୍ଣ।

ଅସାଧାରଣ ସଂବେଦନା ଶକ୍ତି, ବିପୁଳ କଳ୍ପନା ଏବଂ ସ୍ୱପ୍ନଦୃଷ୍ଟି ଯୋଗୁଁ ଏହି ପ୍ରକୃତି ମୋହ କବିତା ରୂପରେ ଛାୟାବାଦୀ କବିର କଲମ ମୁନରେ ଅତି ମନୋରମ ଭାବେ ଅଭିବ୍ୟକ୍ତ ହୋଇଛି। ଓଡ଼ିଆ ସାହିତ୍ୟର ସବୁଜ ଧାରାରେ ମଧ୍ୟ ପ୍ରକୃତିର ଚିତ୍ର ଛାୟାବାଦୀ ଯୁଗ ଭଳି ବେଶ୍ ହୃଦୟସ୍ପର୍ଶୀ।

ଛାୟାବାଦୀ ଯୁଗ କବିମାନଙ୍କ ଲେଖାରେ ରହସ୍ୟବାଦୀ ଦିଗଟି ମଧ୍ୟ ବେଶ୍ ସ୍ପଷ୍ଟ ଭାବରେ ବିଚାରଯୋଗ୍ୟ। ଅସୀମ ପ୍ରିୟର ଅନନ୍ତ ବିରାଟ ଏବଂ ସର୍ବ ବ୍ୟାପକ ସ୍ୱରୂପର ଚିତ୍ରଣ କରିବା ସଙ୍ଗେ ସଙ୍ଗେ ତା' ସହିତ ନିଜର ମଧୁର ଅବିଚ୍ଛିନ୍ନ ସଂପର୍କର ବର୍ଣ୍ଣନ ଛାୟାବାଦୀ କବି କରିଛି। ଛାୟାବାଦୀ ରହସ୍ୟାନୁଭୂତିରେ ବେଦାନ୍ତର ଅଦ୍ୱୈତ ଛାୟାଦୃଷ୍ଟି ଗୋଚର ହୁଏ। 'ଝଙ୍କାର'ରେ ଗୁପ୍ତଜୀ ବ୍ରହ୍ମାଙ୍କୁ ବିରାଟ ପୃଥିବୀ ଏବଂ ଆକାଶକୁ ତାଙ୍କ ବୀଣାର ଦୁଇଟି ତୁମ୍ବା ବୋଲି କଳ୍ପନା କରିଛନ୍ତି। "ତୁହ୍ମାରୀ ବୀଣା ହୈ ଅନମୋଲ/ ହେ ବିରାଟ, ଜିସ୍‌କେ ଦୋ ତୁମ୍ବେ ଭୂଗୋଲ ଖଗୋଲ।" ଏହି ବିରାଟ

ବ୍ରହ୍ମ ଜୀବ ମଧ୍ୟରେ ଆତ୍ମାରୂପରେ ବ୍ୟାପତ। ପ୍ରସାଦଙ୍କର 'କୋମାୟନୀ', ମହାଦେବୀ ବର୍ମାଙ୍କର 'ୟାମା' ଇତ୍ୟାଦି କବିତାରେ ରହସ୍ୟବାଦୀ ଧାରା ବେଶ୍ ପରିଲକ୍ଷିତ।

ଛାୟାବାଦୀ କାବ୍ୟରେ ଦେଖିବାକୁ ମିଳୁଥିବା ରହସ୍ୟାନୁଭୂତି କେବଳ କଠୋର ବାସ୍ତବତାରୁ ପଳାୟନର ଅଭିଳାଷ ନୁହେଁ କିମ୍ବା ମଧ୍ୟଯୁଗୀୟ ଆଧ୍ୟାତ୍ମିକ ରହସ୍ୟାନୁଭୂତି ସଦୃଶ ମଧ ନୁହେଁ। ସେହି ବିରାଟ ସତ୍ତାର ଉପସ୍ଥିତି ନିଜ ଭିତରେ ଏବଂ ବାହାରେ ଚତୁର୍ଦ୍ଦିଗରେ ଅନୁଭବ କରି ତାଙ୍କ ମଧ୍ୟରେ ନିଶ୍ଚିହ୍ନ ହୋଇ ଯିବାର ଆତୁର କାମନା ଏବଂ ମଧୁର ସମର୍ପଣର ଭାବନାରେ ଏହି କବିତା ଗୁଡ଼ିକ ଉର୍ଜ୍ଜସ୍ୱଳ।

ଅସମୀୟା ସାହିତ୍ୟ

ଅସମୀୟା ସାହିତ୍ୟକାରମାନଙ୍କ ମଧ୍ୟରେ ଲକ୍ଷ୍ମୀନାଥ ବେଜ୍‌ବରୁଆ, ଚନ୍ଦ୍ରକୁମାର ଅଗ୍ରୱାଲ ଏବଂ ହେମଚନ୍ଦ୍ର ଗୋସ୍ୱାମୀ ଅସମୀୟା ସାହିତ୍ୟରେ ପ୍ରତିଷ୍ଠା କରିଥିଲେ ନୂତନ ଆଦର୍ଶ ଓ ନୂତନ ଆଭିମୁଖ୍ୟ, ମୂଲ୍ୟବୋଧ ଏବଂ ବୈପ୍ଲବିକ ଚିନ୍ତାଧାରା। 'ଜୋନାକୀ' ପତ୍ରିକା ସେ ସମୟରେ ପ୍ରକାଶ ପାଇଥିଲା। ଚନ୍ଦ୍ରକୁମାର ଅଗ୍ରୱାଲଙ୍କୁ ରୋମାଣ୍ଟିକ୍ କବି ଭାବରେ ସେ ସମୟରେ ପରିଗଣିତ କରାଯାଉଥିଲା। ମାତୃଭୂମି ଏବଂ ମାତୃଭୂମିର ମହାନମାନଙ୍କର ଜୟଗାନ ହିଁ ତାଙ୍କ କବିତାର ମୁଖ୍ୟସ୍ୱର ଥିଲା। ତାଙ୍କର 'ବୀଣାବରଗୀ' କବିତାଟି ପାଠ କଲେ ଜଣାପଡ଼େ ତା'ର ଅନ୍ତଃସ୍ୱର ମାନବ ଜୀବନ ଓ ପ୍ରକୃତିକୁ ନେଇ ଉଦ୍‌ଭାସିତ ହୋଇ ଉଠିଥିଲା।

'ଜୋନାକୀ' ଗୋଷ୍ଠୀର ଅନ୍ୟତମ ଅପ୍ରତିଦ୍ୱନ୍ଦ୍ୱୀ ଏକାଧାରରେ କବି, ପ୍ରାବନ୍ଧିକ ଓ ସାମ୍ବାଦିକ ଲକ୍ଷ୍ମୀନାଥ ବେଜବରୁଆ କବିତାର ସମସ୍ତ ପ୍ରାଚୀନ ପରଂପରାକୁ ଭାଙ୍ଗି ନୂତନ କାବ୍ୟ ରୂପକ ଛନ୍ଦ ପ୍ରତିଷ୍ଠା କରିବାରେ ଅଗ୍ରଣୀ ଥିଲେ। ତାଙ୍କର ଅସଂଖ୍ୟ ପ୍ରେମଗୀତିକା ପ୍ରକୃତିମୂଳକ, ବର୍ଣ୍ଣନାମୂଳକ ଗୀତିକା ଏବଂ ଗାଥା କବିତା ଆସାମୀ ସାହିତ୍ୟକୁ ସମୃଦ୍ଧ କରିଛି। ସେ ପ୍ରକୃତରେ ଥିଲେ ଜଣେ ରୋମାଣ୍ଟିକ୍ କବି ଠିକ୍ ଯେପରି ସବୁଜ ଧାରାରେ କବି ଅନ୍ନଦାଶଙ୍କର।

ଏ ସମୟରେ କମଳାକାନ୍ତ ଭଟ୍ଟାଚାର୍ଯ୍ୟ ମଧ ଏକ ଅବିସ୍ମରଣୀୟ ପ୍ରତିଭା। ଓଡ଼ିଆ ସାହିତ୍ୟରେ ରାଧାନାଥଙ୍କ କାବ୍ୟ ପ୍ରତିଭା ସହିତ ତାଙ୍କର କେତେକ ସାମ୍ୟ ଉପଲବ୍ଧି କରିହୁଏ। ତାଙ୍କର ଦୁଇଟି ବିଖ୍ୟାତ କବିତା ସଂକଳନ 'ଚିନ୍ତା' ଓ 'ଚିହ୍ନା ତରଙ୍ଗ'।

ଏ ସମୟରେ ଦାର୍ଶନିକ ତତ୍ତ୍ୱ ପ୍ରଧାନ କାବ୍ୟରଚନା କ୍ଷେତ୍ରରେ ଦୁର୍ଗେଶ୍ୱର ବର୍ମା ଓ ନୀଳମଣି ଫୁକନ୍ ପାଠକର ଦୃଷ୍ଟି ଆକର୍ଷଣ କରିଥାନ୍ତି। ଫୁକନ୍‌ଙ୍କର 'ମାନସୀ'

ଏବଂ 'ମରମବାଣୀ' କବିତା ଦୁଇଟି ଅତ୍ୟନ୍ତ ଆକର୍ଷଣୀୟ। 'ବିହଗୀ'ର କବି ରଘୁନାଥ ଚୌଧୁରୀ ଏହି ଗୋଷ୍ଠୀର ଅନ୍ୟତମ ବିଶିଷ୍ଟ କବି। ପକ୍ଷୀ ଓ ଫୁଲମାନଙ୍କୁ ନେଇ ସେ କବିତା ରଚନାରେ ଅନୁବ୍ରତୀ ହୋଇଥିଲେ। ପୁଣି ଯତୀନ୍ଦ୍ରନାଥ ଦୁଅରଙ୍କ କବିତାରେ ମଧ୍ୟ ରୋମାଣ୍ଟିକ୍ ଚେତନା ସୁସ୍ପଷ୍ଟ। ସବୁଜ କବିମାନଙ୍କ ପରି ଆସାମୀ କବି ଯତୀନ୍ଦ୍ରନାଥଙ୍କ ଶବ୍ଦ ଓ ଛନ୍ଦର କମନୀୟତାରେ ତାଙ୍କ କବିତା ହୋଇଛି ଅଧିକ କମନୀୟ।

ବିଶ୍ୱକବି ରବୀନ୍ଦ୍ରନାଥଙ୍କ ପ୍ରଭାବ ଆସାମୀ କବି ରତ୍ନାକର ବରକାକ୍‌ତିଙ୍କ କବିତା ଶୈଳୀରେ ପଡ଼ିଅଛି। 'ସନ୍ଧ୍ୟାର ସୁର', 'ସୋପାନର ସୁର', 'ପରଶମଣି' ପ୍ରଭୃତି ତାଙ୍କର ଏହି ତିନିଗୋଟି କାବ୍ୟ ସଂକଳନରେ ରହସ୍ୟବାଦିତାର ପରିଚୟ ମିଳିଥାଏ। ତୁଳନାତ୍ମକ ଭାବେ ସବୁଜ ଧାରାର କବି ବୈକୁଣ୍ଠନାଥଙ୍କ କବିତାରେ ରହସ୍ୟବାଦୀ ଚିନ୍ତାଧାରାର ସମନ୍ୱୟ ଲକ୍ଷ୍ୟ କରାଯାଇପାରେ।

ମାଲୟାଲମ ସାହିତ୍ୟ

ବିଂଶ ଶତାବ୍ଦୀର ଶୁଭ ଶଙ୍ଖନାଦ କରି ମାଲୟାଲାମ୍ ସାହିତ୍ୟାକାଶରେ ଏକ ନୂତନ ବୈପ୍ଳବିକ ଚିନ୍ତାଧାରା ନେଇ ଉଲ୍ଲୁର୍, ଏସ୍. ପରମେଶ୍ୱର ଆୟାର, କୁମାରନ୍ ଆସନ୍ ଏବଂ ଭାଲ୍ଲାଥୋଲି ନାରାୟଣ ମେନନ୍ ଉଦ୍‌ଭାସିତ ହୋଇ ଉଠିଥିଲେ।

କୁମାରନ୍ ଆସନ୍ ରୋମାଣ୍ଟିସିଜିମ୍‌କୁ ତାଙ୍କ କବିତାରେ ମୁଖ୍ୟ ସ୍ଥାନ ଦେଇଥିଲେ। ତାଙ୍କ କବିତା 'ଲୀଳା'ରେ ରୋମାଣ୍ଟିକ୍ ଚେତନାର ଦିଗ ବେଶ୍ ସୁରକ୍ଷିତ। ସେ ଏହି କବିତାରେ ପ୍ରେମିକ ପ୍ରେମିକାଙ୍କର ବିୟୋଗାନ୍ତ ପରିଣତି ବର୍ଣ୍ଣନା କରିଛନ୍ତି। ତାଙ୍କ କବିତାରେ ନାହିଁ ପରମ୍ପରାଗତ ସ୍ଥାନ। ସେ ପ୍ରେମ ପ୍ରଣୟକୁ ଏକ ନୂତନ ଦୃଷ୍ଟି ଦେଇ ଦେଇଛନ୍ତି।

ଭାଲ୍ଲାଥୋଲ ନାରାୟଣ ମେନନଙ୍କ ଗୀତିକବିତା ସମୂହ ବ୍ୟକ୍ତିନିଷ୍ଠ, ସୌନ୍ଦର୍ଯ୍ୟବୋଧ ତଥା ଅନୁଭୂତିର ଗଭୀରତା ଦ୍ୱାରା ଦରଦପୂର୍ଣ୍ଣ। ମାନବ ସମାଜ ତଥା ପ୍ରାକୃତିକ ସୌନ୍ଦର୍ଯ୍ୟର ସେ ଥିଲେ ଉପାସକ। ସେ ଦୁଃଖଟାକୁ ସମାଜ ମାଧ୍ୟମରେ ସମାଧାନ କରିବାକୁ ଚାହୁଁଥିଲେ। ସେ ଦୁଃଖକୁ ସହ୍ୟ ନ କରିପାରି ସଂସାର ବାହାରକୁ ଯିବାକୁ ଇଚ୍ଛା କରୁ ନ ଥିଲେ। 'ସାହିତ୍ୟ ମଞ୍ଜରୀ', 'ବୀର ଶ୍ରୀଙ୍ଖଳା', 'ଦିବାସ୍ୱପ୍ନ' ତାଙ୍କର ପ୍ରତ୍ୟେକଟି କବିତା ଗୁଚ୍ଛର କଳାତ୍ମକ ମୂଲ୍ୟ ଅସାଧାରଣ। ଜନ୍ମ ମାଟିର ବନ୍ଦନା ଏବଂ ତା'ର ମହିମା ବର୍ଣ୍ଣନାରେ କବି ଲେଖନୀ ସଦାସର୍ବଦା ବ୍ୟସ୍ତ ରହି ଆସିଛି। କେରଳ ତା'ର ଅପୂର୍ବ ଶ୍ରୀ ମଣ୍ଡିତ ପ୍ରକୃତି, ଖେତ ଖମାରର ନର, ନାରୀ, ନଡ଼ିଆଗଛ

ସବୁକିଛି ତାଙ୍କ କବିତାରେ ବର୍ଣ୍ଣିତ ହୋଇଛି। ସବୁଜ ଗୋଷ୍ଠୀର କବିମାନେ ଯେପରି ପ୍ରାରମ୍ଭରେ ରୋମାଣ୍ଟିକ୍ କବିତ୍ୱରେ ପରିଚୟ ବହନ କରି ଦଣ୍ଡାୟମାନ ଥିଲେ ହେଁ ପରବର୍ତ୍ତୀ କାଳରେ ସାମାଜିକ ପରିସ୍ଥିତି ସହ ନିଜକୁ ଖାପ ଖୁଆଇ ବିପ୍ଳବାତ୍ମକ କବିତା ରଚନା କରିବାରେ ବ୍ରତୀ ହେଲେ। ଠିକ୍ ସେହିପରି ଆସନ୍‌ଙ୍କ କବିତାରେ ମଧ୍ୟ ପ୍ରତିକ୍ରିୟା ଓ ବିପ୍ଳବ ହିଁ ପ୍ରଧାନ ବିଷୟବସ୍ତୁ ଥିଲା। ଭାଲ୍ଲାଥୋଲାଙ୍କ କବିତା ପାଠ କଲେ ଜଣାଯାଏ ତାଙ୍କ ଉପରେ ମହାତ୍ମା ଗାନ୍ଧୀଙ୍କ ଅହିଂସା ଆନ୍ଦୋଳନର ପ୍ରଭାବ ପଡ଼ିଥିଲା। କୃଷ୍ଣ ବଲେଇଙ୍କ 'ଲଜକ୍ କୁଲା' କବିତା ସମଗ୍ର କେରଳର ସର୍ବହରା ସମାଜର ଅଶ୍ରୁଲିପି।

କନ୍ନଡ଼ ସାହିତ୍ୟ

କନ୍ନଡ଼ ସାହିତ୍ୟକାରଙ୍କ ମଧ୍ୟରେ ଇଂରାଜୀ ଅଧ୍ୟାପକ କବି ବି.ଏମ୍. ଶ୍ରୀକାନ୍ତାୟା, ଆର୍ ବେନ୍ଦ୍ରେ, କେ.ଭି. ପୁଟ୍ଟାପ୍ପା ପ୍ରଭୃତି ଏକ 'ନବ୍ୟକାବ୍ୟ' ଆନ୍ଦୋଳନ ଆରମ୍ଭ କରିଥିଲେ। ଏମାନେ କବିତାର ଉଭୟର ଆତ୍ମିକ ଓ ଆଙ୍ଗିକ କ୍ଷେତ୍ରରେ ନୂତନତ୍ୱକୁ ଆବାହନ କରି କବିତାର ଗତିର ମୋଡ଼ ବଦଳାଇଦେଲେ। ଲି କେ ଆବୁକେ 'ନବ୍ୟକାବ୍ୟ'ର ପ୍ରବର୍ତ୍ତକ। ଏମାନଙ୍କ କବିତାର ଆଭିମୁଖ୍ୟ ହେଲା ରୋମାଣ୍ଟିକ୍ ଭାବପୂର୍ଣ୍ଣ କବିତା ରଚନା। ଦର୍ଶନ ଓ ଜୀବନତତ୍ତ୍ୱକୁ ମଧ୍ୟ ଏମାନେ ଗୁରୁତ୍ୱ ଦେଇଥିଲେ। ଆର୍. ବେନ୍ଦ୍ରେଙ୍କ କବିତାରେ ଜାତୀୟତାବାଦୀ ଚେତନାଟି ବେଶ୍ ଗୌରବାବହ ସ୍ଥାନ ଦାବି କରେ। ତାଙ୍କ ଗୀତିକବିତା ଦ୍ୱାରା ବହୁସ୍ଥଳରେ ବ୍ୟକ୍ତି ଓ ସମାଜ ତୀକ୍ଷ୍ଣ ଭାବରେ ସମାଲୋଚିତ ହୋଇଛନ୍ତି। ସାଧାରଣ ସରଳପ୍ରାଣା ଜନସାଧାରଣ କିପରି ଶାସକ ଗୋଷ୍ଠୀଙ୍କ ହାତରେ ନିର୍ଯାତିତା ହୋଇଛନ୍ତି ତାହାର ବର୍ଣ୍ଣନା ଆମେ ଦେଖିବାକୁ ପାଉ 'କାରୁଡ କୁନିତା' କବିତାଟିରେ। କାବ୍ୟିକ ଜୀବନର ଶେଷ ପର୍ଯ୍ୟାୟରେ ତାଙ୍କ ସହିତ ବୈକୁଣ୍ଠନାଥଙ୍କ ଚିନ୍ତା ଚେତନାର ସାମ୍ୟ ଦେଖିବାକୁ ମିଳେ।

ଠିକ୍ ସେହିଭଳି ପି.ଟି. ନରସିଂହାଚାର୍ଯ୍ୟଙ୍କ କବିତାରେ ପ୍ରକୃତିର ରୋମାଣ୍ଟିକ୍ ଚିତ୍ର ପ୍ରକାଶ ପାଇଛି।

ତେଲୁଗୁ ସାହିତ୍ୟ

ବିଂଶ ଶତାବ୍ଦୀର ପ୍ରଥମ ପାଦରେ ତେଲୁଗୁ ସାହିତ୍ୟରେ ମଧ୍ୟ ବିଭିନ୍ନ କାରଣରୁ ବୈପ୍ଳବିକ ପରିବର୍ତ୍ତନର ସୂତ୍ରପାତ ହୋଇଥିଲା। ଏହାର ମୂଳରେ ଥିଲା ବଙ୍କିମଚନ୍ଦ୍ର ଓ ରବୀନ୍ଦ୍ରିୟ ରଚନାବଳୀ ତଥା ଇଂରାଜୀ ଶିକ୍ଷାର ପ୍ରଭାବ। ଏହା ତେଲୁଗୁ ସାହିତ୍ୟରେ

ଏକ ନବ୍ୟଯୁଗ ଧାରା ସୃଷ୍ଟି କରିବାରେ ସହାୟକ ହୋଇଥିଲା। ପ୍ରଥମ ବିଶ୍ୱଯୁଦ୍ଧର ପ୍ରଭାବ ତଥା ନାନା ସାହିତ୍ୟିକ ଆନ୍ଦୋଳନ ତେଲୁଗୁ ସାହିତ୍ୟ ରଚନାରେ ଅଭାବନୀୟ ସୂତ୍ରପାତ କରିଥିଲା। ରୋମାଣ୍ଟିକ୍ ଧର୍ମ ଥିଲା ଏ ଯୁଗ କବିତାର ପ୍ରଧାନ ଉପଜୀବ୍ୟ। ଏହା ତେଲୁଗୁ କବିତାକୁ ନୂତନ ରସରେ ରସାଣିତ କରିଥିଲା। ତେଲୁଗୁ ଲେଖକମାନଙ୍କ ମିଳିତ ଉଦ୍ୟମରେ ସାହିତ୍ୟ ସୃଷ୍ଟି କରାଇବାରେ ଅଗ୍ରଣୀ ଥିଲା 'ନବ୍ୟ ସାହିତ୍ୟ ପରିଷଦ।' ଏହି ଗୋଷ୍ଠୀର କବିମାନେ ହେଲେ- ଶିବଶଙ୍କର ଶାସ୍ତ୍ରୀ, ଦେବୁଲାପଲ୍ଲୀ, କୃଷ୍ଣ ଶାସ୍ତ୍ରୀ, ବିଶ୍ୱନାଥ ସତ୍ୟ ନାରାୟଣା, ନରସିଂହ ଶାସ୍ତ୍ରୀ ପ୍ରମୁଖ। ପରବର୍ତ୍ତୀ କାଳରେ ବିଶ୍ୱନାଥ ସତ୍ୟ ନାରାୟଣ କବି ସମ୍ରାଟ ରୂପେ ଖ୍ୟାତି ଲାଭ କରିଥିଲେ। ସେ ନୂତନ ରୀତି, ନୂତନ ଶୈଳୀକୁ ଆଧାର କରି ସେତେବେଳେ କବିତାର ବିଷୟବସ୍ତୁକୁ ନୂତନ ଭଙ୍ଗୀରେ ଲେଖିଥିଲେ ଏବଂ ତଦ୍ଵାରା ଯେଉଁ କବିତା ସୃଷ୍ଟି ହୋଇଥିଲା ତାହାକୁ 'ଭାବକବିତା' ବୋଲି କୁହାଯାଉଥିଲା। ରବୀନ୍ଦ୍ରନାଥଙ୍କ ରହସ୍ୟବାଦୀ ଭାବଧାରା ଏ ତେଲୁଗୁ କବିଙ୍କ ଉପରେ ବିଶେଷ ଭାବରେ ପଡ଼ିଥିବାର ତାଙ୍କ ରଚନାରୁ ସ୍ପଷ୍ଟ। ୧୯୨୧ରେ ପ୍ରତିଷ୍ଠିତ 'ସାହିତ୍ୟ ସମିତି' ଆଧୁନିକ କାବ୍ୟ କବିତାର ପରିବର୍ତ୍ତନ ଆଣିଥିଲା। ତା'ର ମୁଖପତ୍ର ଥିଲା 'ସାହିତ୍ୟ'। ଓଡ଼ିଆ ସାହିତ୍ୟରେ ସବୁଜ ଧାରା ପରି ତେଲୁଗୁ ସାହିତ୍ୟରେ ମଧ୍ୟ କଳ୍ପନାବିଳାସ ଓ ପରୀମହଲ ସ୍ୱପ୍ନର ବହୁଳତା ଦେଖାଦେଇଥିଲା। ଓଡ଼ିଆ ସାହିତ୍ୟରେ ପ୍ରଗତିବାଦୀ ଗୋଷ୍ଠୀ ଏହି ଚିନ୍ତାଧାରା ବିରୋଧରେ ବିଦ୍ରୋହ କରି ସଂପୂର୍ଣ୍ଣ ବାସ୍ତବଧର୍ମୀ ସାହିତ୍ୟ ସୃଷ୍ଟି କରିବା ପରି ତେଲୁଗୁ ସାହିତ୍ୟରେ ଶ୍ରୀରଙ୍ଗମ୍ ଶ୍ରୀନିବାସ ରାଓଙ୍କ ନେତୃତ୍ୱରେ ଏହିପରି ଏକ ଆନ୍ଦୋଳନ ମୁଣ୍ଡ ଟେକି ଉଠିଥିଲା।

ତାମିଲ ସାହିତ୍ୟ

ବିଂଶ ଶତାବ୍ଦୀର ପ୍ରଥମ ଦଶକରେ ତାମିଲ ସାହିତ୍ୟରେ ମଧ୍ୟ ନବଯୁଗର ସୂତ୍ରପାତ ହୋଇଥିଲା। ତାମିଲ ସାହିତ୍ୟର ଯୁଗାନୁକାରୀ, ପ୍ରତିଭାଶାଳୀ ଲେଖକଙ୍କ ମଧ୍ୟରେ ସୁବ୍ରମଣ୍ୟ ଭାରତୀଙ୍କ ନାମ ଉଲ୍ଲେଖଯୋଗ୍ୟ। ତାଙ୍କ କବିତାରେ ଭାରତବର୍ଷର ଜାତୀୟତାବାଦୀ ଆନ୍ଦୋଳନର ପ୍ରଭାବ ବେଶ୍ ସୁସ୍ପଷ୍ଟ। 'ବନ୍ଦେ ମାତରମ୍'ର ଐତିହାସିକ ପ୍ରେରଣାର ପ୍ରତିମୂର୍ତ୍ତି ହେଉଛି ଭାରତୀଙ୍କ ସାହିତ୍ୟିକ କୃତି। ସ୍ୱାଧୀନତାର ଉପାସକ ଭାରତୀୟ ନୂତନ ସମାଜର ସ୍ୱପ୍ନରେ ବିଭୋର ଥିଲେ। ଦାରିଦ୍ର୍ୟ ବିରୋଧରେ ତାଙ୍କ କବିତା ଅହରହ ସଂଗ୍ରାମ କରି ଆସୁଥିଲା। ତାଙ୍କ ଲିଖିତ କବିତାଗୁଡ଼ିକ ମଧ୍ୟରେ 'କାଳୀ କୃଷ୍ଣ' ଏବଂ 'ଭାରତୀୟ ନାଇଟିଙ୍ଗଲ୍' କବିତା ସ୍ମରଣୀୟ। ଓଡ଼ିଆ ସବୁଜ ସାହିତ୍ୟରେ

ଯେପରି କାଳିନ୍ଦୀ ଚରଣ ଓ ବୈକୁଣ୍ଠନାଥ ବାସ୍ତବ ସଂଘର୍ଷର ସମ୍ମୁଖୀନ ହୋଇ ପରବର୍ତ୍ତୀ କାଳରେ ବିଦ୍ରୋହୀ ହୋଇ ଉଠିଥିଲେ ଓ ବିପ୍ଳବାତ୍ମକ କବିତା ରଚନା କରିଥିଲେ ଠିକ୍ ସେହିପରି ଭାରତୀଙ୍କ କାବ୍ୟ ଜୀବନରେ ମଧ୍ୟ ଆମେ ଅନୁରୂପ ଅଭିଜ୍ଞତା ଦେଖିବାକୁ ପାଇଥାଉ। ତାଙ୍କର ଶ୍ରେଷ୍ଠ ରଚନା କୃତି 'ଓକା ନରଥମ' ଭାରତୀୟ ଦର୍ଶନ ଓ ପରଂପରାକୁ ଭିତ୍ତି କରି ଲିଖିତ।

ଭାରତୀଙ୍କ ପରି କବିମଣି ଦେଶୀନାୟକମ୍ ପିଲାଇ ତାମିଲ କାବ୍ୟକବିତାରେ ବୈପ୍ଳବିକ ଚେତନା ଆଣିଥିଲେ। ତାଙ୍କ ସାହିତ୍ୟରେ ମାନବିକତାବାଦ ହିଁ ଅଧିକ ପ୍ରତିବିମ୍ବିତ। ଭାରତୀ ଓ ପିଲାଇ ଏ ଦୁଇଜଣ କବି ତାମିଲ ସାହିତ୍ୟରେ ଅଭ୍ୟମ୍ କବି ଭାବରେ ପରିଗଣିତ। ୱାଡ୍ସୱର୍ଥଙ୍କ ପରି ତାଙ୍କ କବିତାରେ ଶିଶୁପ୍ରାଣର ନିଷ୍କପଟ ସୌନ୍ଦର୍ଯ୍ୟ ଅତି ସାର୍ଥକ ଭାବରେ ପ୍ରତିଫଳିତ ସମସାମୟିକ କୁସଂସ୍କାରଗ୍ରସ୍ତ ସମାଜ, ଦାରିଦ୍ର୍ୟ ଶୋଷଣ ଆଦି ସମସ୍ତ ତାଙ୍କ କବିତାରେ ବିଦ୍ରୋହର ଧ୍ୱନି ତୋଳିଛି। ମୀରାବାଈ, ରବୀନ୍ଦ୍ରନାଥ, ସୁବ୍ରମଣ୍ୟ ଭାରତୀଙ୍କୁ କେନ୍ଦ୍ର କରି ଲିଖିତ ତାଙ୍କର କେତୋଟି କବିତା ବେଶ୍ ବ୍ୟକ୍ତିତ୍ୱଧର୍ମୀ।

ମରାଠୀ ସାହିତ୍ୟ

(୧୯୨୦-୩୦)

ଓଡ଼ିଆ ସାହିତ୍ୟରେ ସବୁଜ ଗୋଷ୍ଠୀ ପରି ମରାଠୀ ସାହିତ୍ୟରେ 'ରବିକିରଣ ମଣ୍ଡଳ' (୧୯୨୦) ମରାଠୀ କବିତାରେ ନୂତନତ୍ୱ ଆଣିବାରେ ସହାୟକ ହୋଇଥିଲା। ଏହି କବିମାନଙ୍କ ମଧ୍ୟରେ ୱାଇ.ଟି. ପେଣ୍ଡାରକର୍ (ଯଶୋବନ୍ତ), ଏମ୍.କେ. କାନେଟ୍କର (ଗିରୀଶ), ଏମ୍.ଟି. ପଟ୍ଟବର୍ଦ୍ଧନ, (ମାଧବ ଜୁଲିଆନ୍), ଏନ୍. ଭି. ତିଳକ, ବିନାୟକ ଚନ୍ଦ୍ରଶେଖର ବତାମ୍ଭେ ପ୍ରଭୃତିଙ୍କ ରଚନାବଳୀ ମରାଠୀ ସାହିତ୍ୟରେ ଯୁଗାନ୍ତର ଆଣିଛି। ଏମାନଙ୍କ କବିତାରେ ଦେଶର ସେ ସମୟର ବିଭିନ୍ନ ରାଜନୈତିକ ଘଟଣାଦି କିମ୍ବା ବିଶ୍ୱଯୁଦ୍ଧ ଅଥବା ମହାତ୍ମା ଗାନ୍ଧୀ ପ୍ରଭୃତିଙ୍କ ପରି ବିଶିଷ୍ଟ ନେତାଙ୍କ ପ୍ରଭାବ ପଡ଼ି ନ ଥିଲା; ବରଂ ସେମାନେ ଏ ସବୁଥିରୁ ଦୂରେଇ ଯାଇ ପ୍ରେମ, ପ୍ରଣୟ, ଯୌବନ, ଫୁଲ ଓ ଫସଲର ମୋହକୁ ନେଇ ନିଜ ନିଜ କବିତାର ବଳୟ ନିର୍ମାଣ କରିଥିଲେ। ସେମାନେ ସଫଳ ଗୀତି କବିତା ରଚନାରେ ବ୍ରତୀ ହୋଇଥିଲେ। କେଶବ ସୁତ୍ଙ୍କ କବିତାରେ ପ୍ରକୃତି ପ୍ରାଣତାର ବେଶ୍ ଚମତ୍କାରିତା ଦେଖା ଦେଇଥିଲା। ସେମାନେ ଜୀବନର ଗୁରୁତ୍ୱହୀନ ଘଟଣାବଳୀ ପ୍ରତି ଅଧିକ ସଚେତନ ଥିଲେ। ଫଳରେ ସେହି ଘଟଣାଗୁଡ଼ିକ ତାଙ୍କ କବିତାରେ ସ୍ଥାନ ପାଉଥିଲା ଏବଂ ସାର୍ଥକ କବିତା ଭାବେ ମଧ୍ୟ ପରିଗଣିତ ହୋଇପାରିଥିଲା। ତାଙ୍କ କବିତାର ସରଳ, ସାବଲୀଳ ଶୈଳୀ ପାଠକ

ପ୍ରାଣକୁ ମୁଗ୍ଧ କରିଥିଲା। ତାଙ୍କ କବିତାରେ ନ ଥିଲା ପାଣ୍ଡିତ୍ୟ କିମ୍ବା ଅଳଙ୍କାର। ସେମାନେ ସରଳ, ନିରାଡ଼ମ୍ବର ଶବ୍ଦାବଳୀ ଦ୍ୱାରା ମନଛୁଆଁ କବିତା ଲେଖିପାରୁଥିଲେ।

ଦାର୍ଶନିକ କବି ରେଭେରେଣ୍ଡ ନାରାୟଣ 'ବାମନ ତିଳକଙ୍କ' କବିତାରେ ଶିଶୁପ୍ରାଣର ସରଳତା, ସୌନ୍ଦର୍ଯ୍ୟ, ପ୍ରେମ, ଗଭୀର ଭଗବତ୍ ଭକ୍ତି ପ୍ରତିଫଳିତ। ତାଙ୍କ କବିତାରେ ପ୍ରକୃତି ଚିତ୍ର ତା'ର ଅଭିନବତ୍ୱ ମଧ୍ୟ ଦେଖାଯାଇଥାଏ।

'ବନବାସୀ ଫୁଲ' ଓ 'ସୁଶୀଳ' କବିତା ଦୁଇଟି କବିଙ୍କର ଉଲ୍ଲେଖଯୋଗ୍ୟ କୃତି। ଇଂରାଜୀ କାବ୍ୟକୁ ଅବଲମ୍ବନ କରି ନୂତନ କାବ୍ୟ ପ୍ରଣେତା ଭାବରେ ଚନ୍ଦ୍ରଶେଖରଙ୍କ ନାମ ଆମ ମନକୁ ଆନ୍ଦୋଳିତ କରେ। ଜଣେ ସ୍ୱପ୍ନବାଦୀ ଦାର୍ଶନିକ କବି ଭାବରେ ମରାଠୀ ସାହିତ୍ୟରେ ସେ ବେଶ୍ ଉଲ୍ଲେଖଯୋଗ୍ୟ। କେଶବ ସୁତ୍‌ଙ୍କର କବିତାରେ ଭାବୋଲ୍ଲାସ, ବ୍ୟକ୍ତିସ୍ୱାତନ୍ତ୍ର୍ୟ, ସାମାଜିକ ପ୍ରଗତିବାଦ, ଗଦେକରୀଙ୍କ କବିତାରେ ପ୍ରତିଧ୍ୱନିତ। ପ୍ରକୃତି ତାଙ୍କ କବିତାରେ ଲାସ୍ୟମୟୀ ଭାବରେ ପ୍ରତିଭାତ ହୋଇଥାଏ। ପରକ୍ଷଣରେ ଏକ ଗଭୀର ବିଷାଦବାଦ ଦ୍ୱାରା ତାଙ୍କ କବିତା ଭାରାକ୍ରାନ୍ତ।

ଓଡ଼ିଆ କବିତାର ସବୁଜ ଗୋଷ୍ଠୀ ପରି ମରାଠୀ ସାହିତ୍ୟରେ ରବିକିରଣ ମଣ୍ଡଳ। ବିଂଶ ଶତାବ୍ଦୀର ଦ୍ୱି ଦଶନ୍ଧିରେ ତା'ର ଆଧିପତ୍ୟ ବିସ୍ତାର କରିଥିଲା। ଏହି କବିମାନଙ୍କ ଲେଖାରେ ଅଧିକ ଭାବରେ ସ୍ୱପ୍ନପ୍ରବଣତା ସ୍ଥାନ ପାଇଛି। ଏପରିକି ଏ ସମୟର କବିମାନେ ଦେଶର ଗୁରୁତ୍ୱପୂର୍ଣ୍ଣ ଘଟଣାବଳୀକୁ ଭୁଲି ବ୍ୟକ୍ତି ଜୀବନର ସ୍ୱପ୍ନିଳ ଅନୁଭୂତିକୁ କାବ୍ୟ ପରିସରଭୁକ୍ତ କରିବାକୁ ଚାହିଛନ୍ତି। ଫଳରେ କବିତାରେ ସେମାନେ ଅତିରିକ୍ତ କଳ୍ପନା ପ୍ରବଣତା ଓ ସ୍ୱପ୍ନବାଦିତାକୁ ସ୍ଥାନ ଦେଇଛନ୍ତି। ତଥାପି ସେମାନଙ୍କ କବିତାରେ ପ୍ରେମ, ପ୍ରଣୟ, ଯୌବନ, ଫୁଲ ଓ ଫସଲର ମୋହ ସହିତ ଚମତ୍କାର ଗାନଯୋଗ୍ୟ ଗୀତି କବିତାର ଆଙ୍ଗିକରୀତି ଅନୁସୃତ ହେଉଥିଲା। ଏମାନଙ୍କ ମଧ୍ୟରୁ ଶ୍ରୀ ପକ୍ ବର୍ଦ୍ଧନଙ୍କ ପ୍ରେମ କବିତାଗୁଡ଼ିକରେ ମାଟି, ପାଣି ଓ ପବନର ସ୍ପର୍ଶ ନ ଥିବା ପରି ମନେହୁଏ। ସେହିପରି ପେଣ୍ଡାର କରଙ୍କ କବିତା ଅଧିକ ଲୋକପ୍ରିୟ ହୋଇପାରିଥିଲା। କିନ୍ତୁ ନିଜର ବ୍ୟକ୍ତିଗତ ଖେଦ ଓ କ୍ଲେଦର ଚିତ୍ରଣକୁ କବିତାକୁ ଅତିରିକ୍ତ ଆତ୍ମମଗ୍ନ କରି ଦେଇଥିଲା। (୧୫) ମୋଟ ଉପରେ କହିବାକୁ ଗଲେ ଏମାନଙ୍କ କବିତାରେ ବିଷୟବସ୍ତୁର ଗଭୀରତା ବା ବିଶିଷ୍ଟତା ଉପଲବ୍ଧି କରାଯାଇପାରେ ନାହିଁ।

ଉପରୋକ୍ତ ସମସ୍ତ ପ୍ରାନ୍ତୀୟ ସାହିତ୍ୟକୁ ପର୍ଯ୍ୟାଲୋଚନା କଲେ ଜଣାଯାଏ ସମସାମୟିକ ଏହି ପ୍ରାନ୍ତୀୟ ସାହିତ୍ୟର ଚିନ୍ତାଧାରା ସହିତ ସବୁଜପନ୍ଥୀ ଧାରାର ବେଶ୍ ସାମଞ୍ଜସ୍ୟ ପ୍ରତିଷ୍ଠିତ। ■

---

(୧୫) ସବୁଜରୁ ସାଂପ୍ରତିକ - ଡ. ନିତ୍ୟାନନ୍ଦ ଶତପଥୀ

ଓଡ଼ିଆ ସାହିତ୍ୟରେ ସବୁଜ କବିତା: ସ୍ରଷ୍ଟା ଓ ସୃଷ୍ଟି ବଳୟ

ଅନ୍ନଦା ଶଙ୍କର ରାୟ

ରୋମାଣ୍ଟିକ୍ କବି ଅନ୍ନଦା ଓ ତାଙ୍କର ସୃଷ୍ଟି, କଳ୍ପନା, ସ୍ୱପ୍ନପ୍ରବଣ ଓ ପଳାୟନବାଦୀ ମନୋଭାବ, ଯୌବନର ପୂଜକ, ବୈପ୍ଳବିକ ଭାବନା, ପ୍ରକୃତି ପ୍ରୀତି, ବିଷାଦବାଦୀ ଚେତନା, ବାସ୍ତବ ପ୍ରତି ସଚେତନତା, ନୂତନ ଛନ୍ଦର ପ୍ରୟୋଗ।

ଓଡ଼ିଆ ସାହିତ୍ୟରେ ସବୁଜ ସୃଷ୍ଟିର ସମୟସୀମା ୧୯୨୧ ଠାରୁ ୧୯୩୫ ପର୍ଯ୍ୟନ୍ତ ପରିବ୍ୟାପ୍ତ। ସବୁଜ ଦଳର ସ୍ରଷ୍ଟାମାନଙ୍କ ମଧ୍ୟରେ ରୋମାଣ୍ଟିକ୍ କବି ଅନ୍ନଦାଶଙ୍କର ଜଣେ ବରେଣ୍ୟ କାବ୍ୟ ପ୍ରତିଭା। ସବୁଜ ଗୋଷ୍ଠୀର ଏହି ସମ୍ଭାବନାଶୀଳ ସାଧକ ଅନ୍ନଦା ଶଙ୍କର ୧୯୨୨ରୁ ୧୯୨୬ ମାତ୍ର ଚାରିବର୍ଷ ତାଙ୍କର ଓଡ଼ିଆ ସାହିତ୍ୟକୁ ଅବଦାନ ଦେଇଛନ୍ତି। ସେ ନିଜେ ତାଙ୍କ 'ସବୁଜ ଅକ୍ଷର' ପୁସ୍ତକର ଭୂମିକାରେ ଲେଖିଛନ୍ତି -

"ଅଠର ବର୍ଷ ବୟସରେ ମୁଁ ଓଡ଼ିଆ ସାହିତ୍ୟରେ ପହଞ୍ଚିଲି। ବାଇଶି ବର୍ଷ ବୟସରେ ଓଡ଼ିଆ ସାହିତ୍ୟରୁ ମେଲାଣି ନେଲି। ୧୯୨୨ରୁ ୧୯୨୬ ଚାରିବର୍ଷ ଖଣ୍ଡେ ମୁଁ 'ଉତ୍କଳ ସାହିତ୍ୟ', 'ସହକାର' ଓ 'ସବିତା'ରେ ଲେଖିଥିଲି। କବିତା ଦଶଟି କି ବାରଟି, ପ୍ରବନ୍ଧ କୋଡ଼ିଏଟି କି ବାଇଶଟି। ଗଳ୍ପ ଗୋଟିଏ। ଉପନ୍ୟାସର ତିନିଟି ପରିଚ୍ଛେଦ।" (୧) ଏହାହିଁ କବିଙ୍କର ସୃଷ୍ଟିସମ୍ପଦ ଓଡ଼ିଆ ସାହିତ୍ୟ ପାଇଁ। ତା'ରି ମଧ୍ୟରେ ଆମେ କବିଙ୍କର ପାଣ୍ଡିତ୍ୟ ବିଷୟରେ ସହଜରେ ଜାଣିପାରୁ। ତା'ପରେ

---

(୧) ସବୁଜ ଅକ୍ଷର - ଅନ୍ନଦା ଶଙ୍କର ରାୟ- ପୃ:୧

ସେ ହଜିଯାନ୍ତି ବଙ୍ଗଳା ସାହିତ୍ୟର ଦିଗନ୍ତ ବିସ୍ତାରି ନୀଳିମା ମଧ୍ୟରେ। 'ସବୁଜ ଅକ୍ଷର'ରେ ସଂକଳିତ କବିତାମାନଙ୍କ ମଧ୍ୟରେ 'ପ୍ରଳୟ ପ୍ରେରଣା', 'ସୃଜନ ସ୍ୱପ୍ନ', 'ମାନସୀ ଓ ମୁଁ', 'ଯଉବନ ଥରେ ଗଲେ ଆଉ ଆସେନା', 'ପରୀ ମହଲ', 'ପ୍ରଣୟୀ', 'କମଳା ବିଳାସୀର ବିଦାୟ', 'ସାଗର ପ୍ରତି', 'ଉଦ୍‌ଭିନ୍ନ ଯୌବନ', 'ଏ ଜୀବନ ଦେଲା ମତେ କିଏ', 'କୌଣସି ପ୍ରିୟା ପ୍ରତି କୌଣସି ପ୍ରିୟ', 'ସବିତା'। ଏତଦ୍‌ବ୍ୟତୀତ ଆଉ ଦୁଇଟି କବିତା, ଯଥାକ୍ରମେ 'ଚିରନ୍ତନରେ ଚାହେଁ ଚିରନ୍ତନ ନାରୀ' ଓ 'ନୀରବ କବି', 'ସବୁଜ ଅକ୍ଷର'ରେ ସଂକଳିତ ହୋଇପାରି ନ ଥିଲା। ତାହା ଉତ୍କଳ ସାହିତ୍ୟରେ ୧୯୨୬ ମସିହାରେ ଯଥାକ୍ରମେ ୨୯ ଭାଗ ଷଷ୍ଠ ଓ ସପ୍ତମ ସଂଖ୍ୟାରେ ପ୍ରକାଶିତ ହୋଇଥିଲା। ମାତ୍ର ୧୪ଟି ଗୀତି କବିତାର ସ୍ରଷ୍ଟା ଅନ୍ନଦା ଯେ ଓଡ଼ିଆ ସାହିତ୍ୟରେ ଜଣେ ଅବିସ୍ମରଣୀୟ ପ୍ରତିଭା ତାହା ତାଙ୍କ ସଂପର୍କରେ ହୋଇଥିବା ବିଶଦ ଆଲୋଚନା ହିଁ କହିବ। 'ସବୁଜ ଅକ୍ଷର' କବିତା ସଂକଳନଟିର ପ୍ରକାଶନ ସମୟରେ ଲୋକରତ୍ନ କୁଞ୍ଜବିହାରୀ ଦାସଙ୍କ ପାଖକୁ ଏକ ଚିଠିରେ ଅନ୍ନଦାଶଙ୍କର ଲେଖିଥିଲେ- "ଏଥର ମୁଁ ଦେଖୁଛି 'ଯଉବନ ଥରେ ଗଲେ' ଯେ ଭାବରେ କପି ସଜାଇଥିଲି ସେ ଭାବରେ ଛାପି ନାହାନ୍ତି, ଦୁଇ ଲାଇନ୍‌କୁ ଯୋଡ଼ି ଏକ ଲାଇନ୍ କରି ଦେଇଛନ୍ତି। ଏଥିରେ କବିତାର ମାଧୁର୍ଯ୍ୟ ହ୍ରାସ ହୁଏ। କାଗଜ କରି ବଞ୍ଚିଲେ କିବା ହେବ! Re-arrange କରିବା ଦରକାର।" (୨) ଏଥିରୁ ଜଣାପଡ଼େ କବିଙ୍କର ବିଚାର ଶକ୍ତି ଓ ନିଜ ସୃଷ୍ଟି ସଂପର୍କରେ ସଚେତନତା କିଭଳି ଭାବରେ କବିତାଟିଏ ଛପାଗଲେ ପାଠକ ପାଖରେ ଆଦୃତ ହେବ ତା ମଧ୍ୟ ସେ ଚିନ୍ତା କରୁଥିଲେ।

କବି ଅନ୍ନଦା ଶଙ୍କର 'ଉତ୍କଳ ସାହିତ୍ୟ'ର ନିୟମିତ ଲେଖକ ଥିଲେ। 'ଉତ୍କଳ ସାହିତ୍ୟ'ର ସଂପାଦକ ବିଶ୍ୱନାଥ କର ଏଥିପାଇଁ ତାଙ୍କୁ ଖୁବ୍ ଉତ୍ସାହ ଦେଉଥିଲେ। ବିଶ୍ୱନାଥ କରଙ୍କ 'ଖୁବ୍ ଖାଅ, ଖୁବ୍ ଖେଳ, ଖୁବ୍ ଗପ, ଖୁବ୍ ଲେଖ' ଏଇ କଥାଟିଏ ତାଙ୍କ ହୃଦୟକୁ ଖୁବ୍ ରେଖାପାତ କରିଥିଲା। ବାଲ୍ୟକାଳରୁ କବିଙ୍କର ସାହିତ୍ୟିକ ହେବାର ପରିକଳ୍ପନା ନ ଥିଲେ ମଧ୍ୟ ମାତ୍ର ନଅ ଦଶବର୍ଷ ବୟସରୁ ତାଙ୍କର ସାହିତ୍ୟିକ ପ୍ରତିଭା ଜଣାପଡ଼ିଥିଲା।

ଢେଙ୍କାନାଳ ସେତେବେଳେ ତାଙ୍କର ବାସସ୍ଥଳୀ ଥିଲା। ତାଙ୍କ କକା ହରିଶ୍ଚନ୍ଦ୍ର ରାୟଙ୍କ ଜରିଆରେ ସେ 'ଉତ୍କଳ ସାହିତ୍ୟ', 'ମୁକୁର' ଆଦି ପତ୍ରିକା ପଢ଼ିବାକୁ ସକ୍ଷମ

---

(୨) ସବୁଜ ଅକ୍ଷର - ଲୋକରତ୍ନ ଡକ୍ଟର କୁଞ୍ଜବିହାରୀ ଦାଶଙ୍କୁ ଲିଖିତ ଅନ୍ନଦା ଶଙ୍କର ରାୟଙ୍କ ପତ୍ରାବଳୀ- ପୃ:୨୮୦

ହୋଇଥିଲେ ଏବଂ ମନେ ମନେ ସ୍ୱପ୍ନ ଦେଖିଥିଲେ ଏହିଭଳି ପତ୍ରିକାରେ ସେ କିପରି ଲେଖନ୍ତେ। ତାଙ୍କର ପ୍ରଥମ ଓଡ଼ିଆ ପ୍ରକାଶିତ ରଚନା ଥିଲା 'ଗୋଟିଏ ସର୍କସ ଦଳ ବିଷୟରେ ମନ୍ତବ୍ୟ'। ଏକଥା ସେ ତାଙ୍କର ସାହିତ୍ୟ ସ୍ମୃତିରେ ପ୍ରକାଶ ମଧ୍ୟ କରିଛନ୍ତି - "ଥରେ ଗୋଟିଏ ସର୍କସ ଦଳ ଢେଙ୍କାନାଳକୁ ଆସି ଗରିବ ଲୋକଙ୍କର ବହୁତ ଟଙ୍କା ଲୁଟ କଲେ। ଦୟାନିଧି ଦାସ ଛଦ୍ମନାମରେ ମୁଁ ଏମାନଙ୍କ ବିରୁଦ୍ଧରେ ଗୋଟିଏ ଚିଠି ଲେଖି 'ଉତ୍କଳ ଦୀପିକା'କୁ ପଠାଇଲି। ଦୀପିକା ତାହା ପ୍ରକାଶ କରିଥିଲା। ସେ ମୋର ପ୍ରଥମ ପ୍ରକାଶିତ ଓଡ଼ିଆ ରଚନା। (୩) ସେତେବେଳେ କବିଙ୍କର ବୟସ ଥିଲା ମାତ୍ର ପନ୍ଦର ବର୍ଷ। କବି ୧୯୧୯ ମସିହାରେ ଢେଙ୍କାନାଳରୁ ଯାଇ ପୁରୀ ସ୍କୁଲ୍‌ରେ ଭର୍ତ୍ତିହେଲେ। ସେଠାରେ କବି କାଳିନ୍ଦୀଚରଣଙ୍କର ବନ୍ଧୁତାର ସୁଯୋଗ ମିଳିଲା। ପୁଣି ମାତ୍ର ଛଅମାସ ପରେ ଢେଙ୍କାନାଳକୁ ଫେରିଆସି ସେହି ସ୍କୁଲ୍‌ରେ ପୁନର୍ବାର ନାମ ଲେଖାଇବା ଫଳରେ ବୈକୁଣ୍ଠନାଥ ପଟ୍ଟନାୟକଙ୍କ ସହିତ ତାଙ୍କର ବନ୍ଧୁତା ହେଲା। (୪) ଅଜ୍ଞାତ ଭାବରେ ସେହିଦିନଠାରୁ ହିଁ ସବୁଜ ଧାରାର କବିମାନଙ୍କର ହେଲା ଅପୂର୍ବ ବନ୍ଧୁତ୍ୱର ମିଳନ। ୧୯୨୧ ମସିହାରେ କଟକର ରେଭେନ୍‌ସା କଲେଜର ପ୍ରଥମ ବାର୍ଷିକ କଳାରେ ନାମ ଲେଖାନ୍ତି ଅନ୍ନଦାଶଙ୍କର। ସେହିଠାରେ ପୁରାତନ ବନ୍ଧୁ କାଳିନ୍ଦୀ, ବୈକୁଣ୍ଠଙ୍କ ସହିତ ଶରତ୍‌ଚନ୍ଦ୍ର ମୁଖାର୍ଜୀଙ୍କ ସହିତ ପରିଚୟ ଓ ଆଳାପ ହେଲା।

ଏକ ତରୁଣ ସୁଲଭ ମନୋଭାବ ନେଇ Nonsense Clubର ଗଠନ ହେଲା। ତା'ର ହସ୍ତଲିଖିତ ପତ୍ରିକାର ଭାର ନେଲେ ଅନ୍ନଦାଶଙ୍କର। ସେହି ପତ୍ରିକାରେ ଇଂରାଜୀ, ଓଡ଼ିଆ, ବଙ୍ଗଳା - ଏହି ତିନି ଭାଷାରେ ଲେଖାମାନ ପ୍ରକାଶ ପାଇଥିଲା। ସେହିଠାରୁ ହିଁ ଭବିଷ୍ୟତର ସବୁଜ ସାହିତ୍ୟିକମାନଙ୍କର ମୂଳଦୁଆ ପଡ଼ିଥିଲା ବୋଲି କହିଲେ ଅତ୍ୟୁକ୍ତି ହେବ ନାହିଁ। (୫) ତା'ପରେ ବିଶ୍ୱନାଥ କରଙ୍କ ସଙ୍ଗେ ପରିଚିତି ହେଲା ଅନ୍ନଦାଙ୍କର।

---

(୩) ସବୁଜ ଅକ୍ଷର - ଅନ୍ନଦା ଶଙ୍କର ରାୟ, ସାହିତ୍ୟସ୍ମୃତି - ପୃ:୨୦୦

(୪) ଢେଙ୍କାନାଳରୁ ପୁରୀକୁ ଯାଇ ସେଠି ସ୍କୁଲ୍‌ରେ ଭର୍ତ୍ତି ହେଲେ ଆଉ କାଳିନ୍ଦୀଚରଣଙ୍କୁ ବନ୍ଧୁ ରୂପରେ ପାଇଲି। ଏହା ୧୯୧୯ କଥା। ଛଅ ମାସ ପରେ ଢେଙ୍କାନାଳକୁ ଫେରିଆସି ପୁଣି ସେ ସ୍କୁଲ୍‌ରେ ପଢ଼ିଲି। ସେତେବେଳେ ବୈକୁଣ୍ଠନାଥ ପଟ୍ଟନାୟକଙ୍କ ସହିତ ମୋର ବନ୍ଧୁତା ହେଲା।

(ସାହିତ୍ୟ ସ୍ମୃତି - ପୃ:୨୪୪)

(୫) କଲେଜରେ ଆମର ପାଠ୍ୟ ପୁସ୍ତକ ଥିଲା ଇଂରେଜ କବି କୁପାର (Cowper)ଙ୍କ ଚିଠିପତ୍ର। ସେଥିରେ Nonsense Club ନାମରେ ଗୋଟିଏ କ୍ଲବ୍‌ର ଉଲ୍ଲେଖ ଥିଲା। ବୈକୁଣ୍ଠ କିମ୍ବା କେହି ଜଣେ ପ୍ରସ୍ତାବ କଲେ ଆମେ ବି Nonsense Club ଖୋଲି କ୍ଲବ୍‌ଟିଏ ଗଢ଼ିବା। ତା'ର ହସ୍ତଲିଖିତ ପତ୍ରିକାର ଭାର ମୋ ଉପରେ ପଡ଼ିଲା। ସେଥିରେ ଇଂରାଜୀ, ଓଡ଼ିଆ, ବଙ୍ଗଳା ଏହି ତିନି ଭାଷାରେ ଲେଖା

କେବଳ ସାହିତ୍ୟିକଟିଏ ହିଁ ଚିହ୍ନିପାରେ ପ୍ରକୃତ ସାହିତ୍ୟିକକୁ। ତେଣୁ ଉତ୍କଳ ସାହିତ୍ୟର ସୁଯୋଗ୍ୟ ସନ୍ତାନ ସେହି ପ୍ରଥମ ଦେଖାରୁ ହିଁ କୋଳେଇ ନେଇଥିଲେ ଅନ୍ନଦାଙ୍କୁ। କିଛି ଲେଖିବାକୁ ପ୍ରବଳ ଉତ୍ସାହ ପ୍ରଦାନ କରୁଥିଲେ ସବୁ ସମୟରେ। କିନ୍ତୁ ହଠାତ୍ ଉତ୍କଳ ସାହିତ୍ୟ ସହିତ ସମ୍ପର୍କ ଘନିଷ୍ଠରୁ ଘନିଷ୍ଠତର ହେବାକୁ ଯାଉଥିବାବେଳେ ଅନ୍ନଦା ଆଇ.ଏ ପାସ୍ କରି ଉଚ୍ଚଶିକ୍ଷା ପାଇଁ ଶରତ ଚନ୍ଦ୍ରଙ୍କ ସହିତ ପାଟନା ଚାଲି ଆସିଥିଲେ। ଏଥିରେ ତାଙ୍କ ମନରେ ଖୁବ୍ ଦୁଃଖ ହୋଇଥିଲା। ସେ ଏ ଦୁଃଖକୁ ନିଜେ ଏକାକୀ ସହ୍ୟ କରି ନ ପାରି ବିଶ୍ୱନାଥ କରଙ୍କ ପାଖକୁ ଏକ ଚିଠି ଲେଖିଥିଲେ- "ପାଟଣାକୁ ଆସି ଦେଖୁଛି ଓଡ଼ିଶାକୁ ଛାଡ଼ିବା ମୋ ପକ୍ଷରେ କେତେ କଷ୍ଟକର ହୋଇଛି। ଏ କଷ୍ଟ ଆଂଶିକ ଭାବେ ଦୂର ହୋଇପାରେ ଯଦି ମୁଁ ନିୟମିତ ଭାବେ ଓଡ଼ିଆରେ କିଛି କିଛି ଲେଖେ। ଲେଖା ଆରମ୍ଭ କରିଦେଲି ଦେଖେ କେତେ ଦୂର ଯାଏ।" (୬) ପାଟନା ଯାଇ ଅନ୍ନଦା ଶଙ୍କର ବଙ୍ଗଳା ଲେଖା ଉପରେ ଅଧିକ ମନୋନିବେଶ କଲେ। ଓଡ଼ିଆ ଭାଷାକୁ କବି ଅତ୍ୟନ୍ତ ଭଲପାଉଥିଲେ। ଏତେ ଶୀଘ୍ର ବା ଓଡ଼ିଆକୁ ଭୁଲିଯାନ୍ତେ କିପରି ? ୧୯୨୪ ମସିହାରେ ଗ୍ରୀଷ୍ମ ଛୁଟିରେ କାଳିନ୍ଦୀଙ୍କ ସହ ସାକ୍ଷାତ ହେଲା ପରେ ଓଡ଼ିଆ ସାହିତ୍ୟରେ ଗୋଟିଏ 'ବାରୋଆରି' ଉପନ୍ୟାସ ଲେଖିବାକୁ ମନସ୍ଥ କଲେ। ବାରଜଣ ଲେଖକ ଲେଖିକା ବାରମାସ ଲେଖି ତାହା ଶେଷ କରିବେ। ଏଇ ସିଦ୍ଧାନ୍ତ ନେଇ ବିଶ୍ୱନାଥ କରଙ୍କ ନିକଟକୁ ଗଲେ। ବିଶ୍ୱନାଥଙ୍କର ମଧ୍ୟ ଏଥିରେ ଖୁବ୍ ଉତ୍ସାହ ଦିଅନ୍ତେ, 'ବାସନ୍ତୀ' ନାମରେ ଏହି ଧାରାବାହିକ ଉପନ୍ୟାସ ବହୁଦିନ ଯାଏ 'ଉତ୍କଳ ସାହିତ୍ୟ'ର ପୃଷ୍ଠା ପୂରଣ କଲା। ସେଥିପାଇଁ ବିଶ୍ୱନାଥ କରଙ୍କର ଉଦ୍ୟମ ଥିଲା ଅନନ୍ୟ। "ବିଶ୍ୱନାଥ ବାବୁ ଆମ୍ଭମାନଙ୍କୁ ଅସାମାନ୍ୟ ସ୍ୱାଧୀନତା ଦେଇଥିଲେ, ସଂପୂର୍ଣ୍ଣ ବିଶ୍ୱାସ କରୁଥିଲେ। ଏଥିଲାଗି ଆମେ ତାଙ୍କଠାରେ ଚିରକୃତଜ୍ଞ ଥିଲୁ।" (୭) ପୁଣି ସବୁଜ ଦଳ ବୋଲି ସେମାନେ କିପରି ଓଡ଼ିଆ ସାହିତ୍ୟରେ ଚିହ୍ନିତ ହେଲେ ସେ ସମ୍ବନ୍ଧରେ କବି ଲେଖନ୍ତି- "'ବାସନ୍ତୀ' ଆରମ୍ଭ ହେବା ସଙ୍ଗେ ସଙ୍ଗେ ମୁଁ ଓଡ଼ିଆରେ ଲେଖିବାକୁ ଗୋଟାଏ ପ୍ରେରଣା ଲାଭ କଲି। ମୋର ବହୁତ ଲେଖା ସ୍ୱନାମରେ ଓ ବିଭିନ୍ନ ଛଦ୍ମନାମରେ 'ଉତ୍କଳ-

---

ନିଆଯାଉଥିଲା। ସେ ପତ୍ରିକା କେତେଦିନ ଯାଏ ଚଳିଥିଲା, କେତେଖଣ୍ଡ ବାହାରିଥିଲା, ମୋର କିଛି ମନେ ନାହିଁ। ତାହା ଦ୍ୱାରା ଗୋଟିଏ ମାତ୍ର ଉଦ୍ଦେଶ୍ୟ ସାଧିତ ହୋଇଥିଲା। ଭବିଷ୍ୟତରେ ଯେଉଁମାନେ ସବୁଜ ସାହିତ୍ୟିକ ବୋଲି ପରିଚିତ ହେଲେ ସେମାନେ ଏକତ୍ରିତ ହୋଇଥିଲେ, ଭାବ ବିନିମୟ କରୁଥିଲେ।

(ସାହିତ୍ୟ ସ୍ମୃତି - ପୃ:୨୪୫)

(୬) ସବୁଜ ଅକ୍ଷର - ପୃ:୨୫୪ - ଶ୍ରୀ ଅନ୍ନଦା ଶଙ୍କର ରାୟଙ୍କ ଚିଠିପତ୍ର

(୭) ସବୁଜ ଅକ୍ଷର - ସାହିତ୍ୟ ସ୍ମୃତି - ପୃ:୨୪୭

ସାହିତ୍ୟ'ରେ ବାହାରିଲା। ସମ୍ପାଦକ ମୋତେ ସାଧାରଣତଃ ପ୍ରଥମ ପୃଷ୍ଠାରେ ସ୍ଥାନ ଦେଲେ। ମୋ ବନ୍ଧୁ ଶରତ୍ କାଳିନ୍ଦୀ ଓ ବୈକୁଣ୍ଠ ପ୍ରଭୃତି ସେଥିରେ ଲେଖିବାକୁ ମନ ବଳାଇଲେ। 'ଉତ୍କଳ ସାହିତ୍ୟ' କ୍ରମେ ଆମ କେତେଜଣଙ୍କର ମୁଖପତ୍ର ହୋଇଗଲା। ଲୋକେ ଜାଣିଲେ, ସବୁଜ ଦଳ ବୋଲି ଏକ ଲେଖକ ଗୋଷ୍ଠୀ ଅଛନ୍ତି।" (୮) ଦୁଇବର୍ଷ ଧରି ଉତ୍କଳ ସାହିତ୍ୟରେ କ୍ରମାନ୍ୱୟରେ ଲେଖାଲେଖି କରି ସେ ଏକ ସିଦ୍ଧାନ୍ତରେ ଉପନୀତ ହେଲେ ଯେ ସେ କେବଳ ଗୋଟିଏ ଭାଷାରେ ତାଙ୍କର ସମସ୍ତ କଥା କହିପାରିବେ, ତାହା ହେଉଛି ବଙ୍ଗଳା ଭାଷା। କାରଣ ମହାନ୍ ବ୍ୟକ୍ତିତ୍ୱର ଅଧିକାରୀ ଅନ୍ନଦାଶଙ୍କର ଜୀବନରେ କେବେ ଦ୍ୱିତୀୟ ହେବାକୁ ଚାହିଁ ନ ଥିଲେ। ପ୍ରତିଦ୍ୱନ୍ଦ୍ୱିତା କରି ହାରିଗଲେ ତାଙ୍କର ଲଜ୍ଜା ନ ଥିଲା। କିନ୍ତୁ ସେ ନିଜେ ହୃଦୟଙ୍ଗମ କରିଥିଲେ ଯେ ଓଡ଼ିଆ ସାହିତ୍ୟରେ କାଳିନ୍ଦୀ ହିଁ ଜଣେ ଅନନ୍ୟ ଅସାଧାରଣ ପ୍ରତିଭାର ଅଧିକାରୀ। ତାଙ୍କୁ ଟପିଯିବା ଖୁବ୍ କଷ୍ଟକର। ସେ ସେଥିପାଇଁ 'ସାହିତ୍ୟ ସ୍ମୃତି'ରେ ସ୍ପଷ୍ଟ ଏକଥା ଉଲ୍ଲେଖ କରିଥିଲେ। (୯) ଏଥିପାଇଁ ତାଙ୍କର ଲଜ୍ଜା ନ ଥିଲା। କେବଳ ତାଙ୍କର ଏହା ଏକ ବଡ଼ ଦୁର୍ବଳତା ଥିଲା। ସେ ତାଙ୍କର ବନ୍ଧୁମାନଙ୍କୁ ଅତ୍ୟନ୍ତ ଭଲପାଉଥିଲେ। ବିଶ୍ୱନାଥ କରଙ୍କ ପାଖକୁ ଗୋଟିଏ ଚିଠିରୁ ସ୍ପଷ୍ଟ ପ୍ରତିଭାତ ହୁଏ ତାଙ୍କର ବନ୍ଧୁ ପ୍ରେମ ସମ୍ପର୍କରେ। (୧୦) ୧୯୨୬ ମସିହାରୁ ସେ ଓଡ଼ିଆ ସାହିତ୍ୟାକାଶରୁ ବିଦାୟ ନେଇ ବଙ୍ଗଳା ସାହିତ୍ୟ ମଧ୍ୟରେ ହଜିଗଲେ ଏବଂ ଖୁବ୍ ସୁନାମ ମଧ୍ୟ ଅର୍ଜନ କଲେ।

ଓଡ଼ିଆ ସାହିତ୍ୟରେ ଅନ୍ନଦାଶଙ୍କରଙ୍କ ରୋମାଣ୍ଟିକ୍ ଗୀତିକବିତା ଗୁଡ଼ିକ ହିଁ

---

(୮) ସବୁଜ ଅକ୍ଷର - ସାହିତ୍ୟ ସ୍ମୃତି - ପୃ:୨୦୭

(୯) "ମୋ ବନ୍ଧୁ କାଳିନ୍ଦୀର ଲେଖା ମତେ ଖୁବ୍ ଭଲ ଲାଗୁଥିଲା। ମୁଁ ଧରି ନେଇଥିଲି ଓଡ଼ିଆ ସାହିତ୍ୟରେ ମୁଁ କେବେ ହେଲେ କାଳିନ୍ଦୀକି ଅତିକ୍ରମ କରିପାରନ୍ତି ନାହିଁ। ଆଉ ଚିରକାଳ ଦ୍ୱିତୀୟ ସ୍ଥାନରେ ରହିବି ଏକଥା ମୁଁ କେବେ ଭାବିପାରୁ ନ ଥିଲି। ଏହା ଅବଶ୍ୟ ମୋର ଦୁର୍ବଳତା।"

(ସାହିତ୍ୟ ସ୍ମୃତି - ସବୁଜ ଅକ୍ଷର - ପୃ:୨୯)

(୧୦) "ମୋର ବନ୍ଧୁ କାଳିନ୍ଦୀକୁ ଆପଣ ଚିହ୍ନନ୍ତି। କିନ୍ତୁ ଜାଣି ନାହାନ୍ତି। ସେ କେତେ ମୂଲ୍ୟବାନ ରତ୍ନଟିଏ। ମୋର ବନ୍ଧୁ ଶରତର ଲେଖା ଏଥର ପ୍ରକାଶ କରିଛନ୍ତି 'ଇଂଲଣ୍ଡର ପଲ୍ଲୀ ଜୀବନ', କିନ୍ତୁ ଜାଣିନାହାନ୍ତି ନବ୍ୟ ଉତ୍କଳର ସେ ଗୋଟିଏ coming man, ସେ ବିଶ୍ୱବିଦ୍ୟାଳୟରେ ଦ୍ୱିତୀୟ ସ୍ଥାନ ଅଧିକାର କରି ମୋ ସାଙ୍ଗରେ ପାସ୍ କରିଥିଲା। ଚାରିଟି ମଧ୍ୟରୁ ତିନିଟିଙ୍କୁ ଜାଣିଲେ ବାକି ରହିଲେ ମୋର ବନ୍ଧୁ ବୈକୁଣ୍ଠନାଥ ପଟ୍ଟନାୟକ। ଆତ୍ମନିର୍ଭର, ସ୍ୱାଧୀନତାକର୍ମୀ ଅତ୍ୟନ୍ତ ସାହସୀ ଖାଣ୍ଟି କବି ବୈକୁଣ୍ଠକୁ ଆପଣ ଚିହ୍ନି ନାହାନ୍ତି। ସେ ତାର ଲେଖା ଗୋପନ ରଖିଛି। ତାର ଲେଖା ଯେ ଉତ୍କଳର କାବ୍ୟ-ରାଜ୍ୟରେ ନବଯୁଗର ସୂଚନା କରୁଛି, ତାହା ଆପଣଙ୍କ ପରି (Sympathetic Critic) ଗୁଣଗ୍ରାହୀ ବ୍ୟକ୍ତି ସହସରେ ବୁଝିପାରିବ।

(ସବୁଜ ଅକ୍ଷର - ପରିଚୟପତ୍ର - ପୃ:୨୫୪)

ସମ୍ମାନିତ ସ୍ଥାନ ପାଇଛି। ଯଦିଓ ସେ ଉପନ୍ୟାସ, ଗଳ୍ପ ଓ କେତୋଟି ପ୍ରବନ୍ଧ ଲେଖାରେ ମଧ୍ୟ ହାତ ଦେଇଥିଲେ ସେ ହଠାତ୍ ଏକ ଦ୍ୱନ୍ଦ୍ୱ ମଧ୍ୟରେ ପଡ଼ି ଓଡ଼ିଆ ଭାଷାକୁ ଛାଡ଼ି ବଙ୍ଗଳା ଭାଷାରେ। କିଛି ସୃଷ୍ଟି କରିବାକୁ ମନ ବଳାଇଥିଲେ ମଧ୍ୟ ତାଙ୍କ ପ୍ରିୟ ଓଡ଼ିଆ ଭାଷାକୁ ସହଜରେ ଛାଡ଼ିପାରୁ ନ ଥିଲେ। ତେଣୁ ସେ ଏକ ଆତ୍ମ ଦ୍ୱନ୍ଦ୍ୱରେ ପଡ଼ି ଛଟପଟ ହେଉଥିଲେ। ସେଇ ଆତ୍ମଦ୍ୱନ୍ଦ୍ୱ ତାଙ୍କର କବିତା 'ପ୍ରଳୟ ପ୍ରେରଣା'ରେ ପ୍ରତିଭାତ ହେଲା ଭଳି ଲାଗେ। ୧୯୨୪ ମସିହାରେ ସେ ଏହି କବିତାଟି ଲେଖିଥିଲେ। କବିଙ୍କର କବିତା ସୃଷ୍ଟି ସମ୍ଭାରକୁ ଅବଲୋକନ କଲେ ଜଣାଯାଏ ତାଙ୍କର ପ୍ରାୟ ୧୪ଟି ଯାକ କବିତାରେ ଊଣା ଅଧିକେ ରୋମାଣ୍ଟିକ୍ ଚେତନା ବି ସ୍ପଷ୍ଟ ପ୍ରତିଭାତ ହୁଏ। ତେଣୁ ସବୁଜ ଧାରାର କବିମାନଙ୍କ ମଧ୍ୟରୁ ଅନ୍ନଦାଶଙ୍କରଙ୍କୁ ହିଁ କେବଳ ରୋମାଣ୍ଟିକ୍ କବିର ଆଖ୍ୟା ଦିଆଯାଇଛି। କାରଣ ବୈକୁଣ୍ଠନାଥ ଓ କାଳିନ୍ଦୀଙ୍କ କାବ୍ୟମାନସକୁ ଅନୁଧ୍ୟାନ କଲେ ଜଣାଯାଏ ସେମାନେ ଆଦ୍ୟଭାଗରେ ରୋମାଣ୍ଟିକ୍ କବି ଭାବେ ଲୋକଲୋଚନକୁ ଆସିଥିଲେ ହେଁ କବିତା ରଚନାର ପରବର୍ତ୍ତୀ କାଳରେ ଯଥାକ୍ରମେ ବାସ୍ତବବାଦୀ ଏବଂ ରହସ୍ୟବାଦୀ କବି ଭାବରେ ଆଖ୍ୟାୟିତ ହୋଇଛନ୍ତି। ତା' ମାନେ ଯେ କବି ଅନ୍ନଦା ଶଙ୍କର କାବ୍ୟରେ ବିପ୍ଳବର ଆଭାସ, ବିଷାଦବାଦୀ ଚିନ୍ତା ତଥା ବାସ୍ତବତା ପ୍ରତି ସଚେତନତା ନ ଥିଲା ତାହା ନୁହେଁ, କିନ୍ତୁ ସେ ସମସ୍ତ ଚିନ୍ତାଧାରା ରୋମାଣ୍ଟିକ୍ ଚେତନା ମାଧ୍ୟମ ଦେଇ ଆସିଥିବାର ଜଣାଯାଏ।

ରୋମାଣ୍ଟିକ୍ କବିତା:

କବିଙ୍କର ପ୍ରାୟ ସମସ୍ତ କବିତା ଅର୍ଥାତ୍ ୧୪ଟି ଯାକ ଗୀତିକବିତାରେ ରୋମାଣ୍ଟିକ୍ ଚେତନାରେ ହିଁ ପ୍ରଥମ ଆଭାସ ମିଳେ। ଏପରିକି ସେ ତାଙ୍କର ଯେଉଁ କବିତାଟିକୁ ବିପ୍ଳବର କିଛି ଆହ୍ୱାନ ଦେଇ ବିପ୍ଳବାତ୍ମକ କବିତା ଭାବେ ରଚନା କରିବାକୁ ଚାହିଁଛନ୍ତି। ସେଠାରେ ମଧ୍ୟ ରୋମାଣ୍ଟିକ୍ ଶବ୍ଦାବଳୀ ସ୍ୱତଃ ଆସିଯାଇଛି। ଉଦାହରଣ ସ୍ୱରୂପ 'ପ୍ରଳୟ ପ୍ରେରଣା' କବିତାଟିକୁ ଆମୂଳଚୂଳ ପାଠକଲେ ଯେ କେହି ପାଠକ ଜାଣିପାରିବେ ଯେ କବିଙ୍କର ପ୍ରଥମ କବିତାଟିରେ ନିଶ୍ଚିତ ଭାବରେ ବୈପ୍ଳବିକ ଚିନ୍ତାଧାରା ଥିଲା। ସେ ସେଇ ଢାଞ୍ଚାରେ ମଧ୍ୟ କବିତାଟି ମୂଳରୁ ରଚନା କରିଆସିଲେ। କିନ୍ତୁ ମଝିରେ ଏପରି କେତୋଟି ରୋମାଣ୍ଟିକ୍ ଶବ୍ଦର ସଂଯୋଗ କରିଦେବା ଫଳରେ କବିତାର ପାଠକମାନଙ୍କ ସମ୍ମୁଖରେ ଭିନ୍ନ ରୂପ ଧାରଣା କଲା। କବି ପ୍ରଥମ, ଦ୍ୱିତୀୟ ଏବଂ ତୃତୀୟ ପଦରେ ଭୀଷଣ ବୈପ୍ଳବିକ ଚିନ୍ତାଧରା ନେଇ କବିତା ରଚନା କଲେ ଏବଂ ସେହିଭଳି ଦୃପ୍ତ ଶବ୍ଦାବଳୀ ମଧ୍ୟ ସଂଯୋଗ କଲେ। ଅର୍ଥାତ୍-

"ଅଗ୍ନିକଣା ଅଗ୍ନିକଣା / ଦେହଦୀପେ ଜାଳ ଦୀପ୍ତଶିଖା
ତୀବ୍ରତେଜେ ଦହିବି ମୁଁ / ଜଡ଼ ତାର ଅନ୍ଧକୁଜ୍‌ଝଟିକା
ଶକ୍ତି ମଦେ କ୍ଷିପ୍ର କର / ଶକ୍ତି ପାଇଁ ସର୍ବାଙ୍ଗ ଅଧୀର
ଆଲୋକ- ଆସବ ଦେଇ / କର ମାତେ ଉନ୍ମାଦ ମଦିର।

x x x

ମୋତେ କର ବଂଶୀ ତବ / ବଜାଇବି ଭୈରବ ରାଗିଣୀ
ଝଞ୍ଜାରାଣି ମୋ ସଂଗୀତେ / ମିଶୁ ତବ କଙ୍କଣ କିଙ୍କିଣି।"

ଠିକ୍ ଚତୁର୍ଥ ପଦରେ ବଂଶୀ, ରାଗିଣୀ, ଝଞ୍ଜାରାଣୀ, କଙ୍କଣ, କିଙ୍କିଣି ଆଦି ରୋମାଣ୍ଟିକ୍ ଶବ୍ଦ ବ୍ୟବହାର କଲେ। ତେଣୁ ପାଠକମାନେ ଚିନ୍ତା କଲେ ଏ କବିତାଟିକୁ କି କବିତାର ବାଗରେ ବସାଯାଇ ପାରିବ। ରୋମାଣ୍ଟିକ୍ କବିତା ନା ବୈପ୍ଳବିକ ଚେତନାଧାରୀ କବିତା? ଯଦି କବି ତାଙ୍କ ୧୨ଟି କବିତା ମଧ୍ୟରୁ ବୈପ୍ଳବିକ ମନୋଭାବ ନେଇ ଆଉ ଦୁଇ/ ତିନିଟି କବିତା ରଚନା କରିଥାନ୍ତେ ତେବେ ତାହା ବିଚାରଯୋଗ୍ୟ ହୋଇଥାନ୍ତା। ଯେହେତୁ ତାଙ୍କର ବାକି ସମସ୍ତ କବିତା ରୋମାଣ୍ଟିକ୍ ଭାବାପନ୍ନ, ତେଣୁ ଏକ ଦ୍ୱନ୍ଦ୍ୱ ଦେଖା ଦେଇଛି ଉକ୍ତ କବିତାଟିରେ। ଏହି କବିତାରେ ସମସାମୟିକ ସମାଜ ଚେତନାର ସଂସ୍କାରକାମୀ ଅଭିଳାଷ କିଛି ମାତ୍ରାରେ ପରିଲକ୍ଷିତ ହେଲେ ହେଁ ସଂପୂର୍ଣ୍ଣ ଭାବରେ ଯେ ଭାରତର ମୁକ୍ତି ସଂଗ୍ରାମକୁ ନେଇ କିମ୍ବା ବିଶ୍ୱଯୁଦ୍ଧର କିଛି ବୈପ୍ଳବିକ ଚିନ୍ତାଧାରାକୁ ନେଇ କବିତାଟି ରଚିତ ହୋଇଛି, ତାହା କୁହାଯାଇ ନ ପାରେ।

ଉକ୍ତ କବିତାଟରେ କବି ପୁଣି କହୁଛନ୍ତି- ଧର୍ମ ଓ ନୀତିକୁ ଦ୍ୱାହି ଦେଇ ସମାଜରେ ଯେଉଁ ସବୁ ପାପ, ମିଥ୍ୟା, ମୋହ, ପ୍ରବଞ୍ଚନା ଭଳି ଯେତେ ଆବର୍ଜନା କାର୍ଯ୍ୟ କରି ଚାଲିଛି ଏବଂ ଯେତେ ସବୁ ଭେଦାଭେଦ ଭାବ, ବୈଷମ୍ୟ, ଭଣ୍ଡତାର ଛଦ୍ମରୂପ ଦେଇ ଦୁର୍ବଳକୁ ଶୋଷଣ କରି ଚାଲିଛନ୍ତି, ସେମାନେ ସେ ସମସ୍ତ କବିଙ୍କ ଚକ୍ଷୁରେ ପ୍ରଳୟ ଭଳି ଦେଖାଯାଇଛି। ନିଜେ କବି ଏସବୁ ସହ୍ୟ କରି ନ ପାରି ନିଷ୍ଠୁର ନିର୍ମମ ଭାବରେ ଏସବୁର ସମାଧାନ ପାଇଁ ସେ ସବୁ ଜାଳିଦେବାକୁ ଚାହିଁଛନ୍ତି। କବି କବିତାର ଅନେକ ପଦରେ ପ୍ରଳୟର କଥା କହିଛନ୍ତି।

"ମୁକ୍ତି ମନ୍ତ୍ରେ ଦୀକ୍ଷା ଦିଅ / ଦିଅ ମୋତେ ଜ୍ୱଳନ୍ତ ଜୀବନ
କଣ୍ଠେ ମୋର ବଜ୍ରବାଣୀ / ନେତ୍ରେ ମୋର ପ୍ରଳୟ ଦୀପନ...

x x x

ଛିନ୍ନ କରି ଜୀର୍ଣ୍ଣ କରି / ଯେତେ ବାଧା ଯେତେକ ବନ୍ଧନ

ମାନବ କଳଙ୍କ ଭାରେ / ରଚି ବି ମୁଁ ପ୍ରଳୟ ଇନ୍ଧନ।"
ଏହିଭଳି ପ୍ରଳୟ କଥା କହୁ କହୁ ପୁଣି ମଝିରେ କହିଛନ୍ତି -
"ଏହି ଭସ୍ମ ଅବଶେଷ / ଉପରେ ମୁଁ ରଚିବି ନନ୍ଦନ
ମର୍ତ୍ତ୍ୟରେ ଅମରାବତୀ / ଜଡ଼ ଦେହେ ଜୀବନ ସ୍ପନ୍ଦନ।

x x x

ନାରୀ ତୁମ୍ଭେ ଆସ ଆସ / ଧର ହାତ, ହୁଅ ସହଚରୀ
ସେବା-ସ୍ନେହ-ସମବ୍ୟଥା / ବିନା ନର ବଞ୍ଚିବ କିପରି ?"

ଏଥିରୁ ଜଣାଯାଏ କବିତାଟିର ଏହି ପର୍ଯ୍ୟାୟରେ ଆପେ ଆପେ କବିଙ୍କର ଅଗ୍ନିଗର୍ଭା ବାଣୀରେ ଶିଥିଳତା ଆସିଛି ଏବଂ ରୋମାଣ୍ଟିକ୍ ଶବ୍ଦଗୁଡ଼ିଏ ମଧ୍ୟ ଯୋଡ଼ିଛନ୍ତି। ଯଦିଓ 'ପ୍ରଳୟ ପ୍ରେରଣା' କବିତାଟିରେ କବି ପ୍ରଳୟ ଅଥବା ବିପ୍ଳବର ବହୁତ କଥା କହିଛନ୍ତି, ତଥାପି ମଝିରେ ମଝିରେ ଲଘୁ ଶବ୍ଦାବଳୀ ମାଧ୍ୟମରେ ରୋମାଣ୍ଟିକ୍ ଚେତନାଟି ସ୍ପଷ୍ଟ ପ୍ରତିଭାତ ହୁଏ। ତେଣୁ ପ୍ରଫେସର ନିତ୍ୟାନନ୍ଦ ଶତପଥୀ ତାଙ୍କର ଏହି କବିତାଟି ସଂପର୍କରେ ଯଥାର୍ଥରେ କହିଛନ୍ତି- "ପ୍ରଥମ କବିତାଟିରେ କବି ଯେଉଁ ପ୍ରଳୟ କଥା ଚିନ୍ତା କରିଛନ୍ତି ତା'ର ରୂପରେଖ, ସାମାଜିକ ଅସ୍ତିତ୍ୱ ଓ ପ୍ରୟୋଜନୀୟତା ପ୍ରତି ସେ ନିଜେ ସଚେତନ ନୁହନ୍ତି। କାରଣ ସମସାମୟିକ ସମାଜ-ରାଜନୀତିକ ସ୍ୱର ଏହି କବିତାରେ ଶୁଣାଯାଏ ନାହିଁ। ଏଥିରେ କେବଳ ତାରୁଣ୍ୟର ଏକ ଅପ୍ରତିହତ ଉଚ୍ଛ୍ୱାସ ଦିଗହୀନ ବଲ୍‌ଗାହୀନ ଭାବେ ପ୍ରକଟିତ।" (୧୧)

କବିଙ୍କର ଦ୍ୱିତୀୟ କବିତା 'ସୃଜନ ସ୍ୱପ୍ନ' ପ୍ରଥମ କବିତାଟିର ବିରୋଧାଭାସ ଭାବେ ପ୍ରତିଭାତ ହୁଏ ପାଠକମାନଙ୍କ ଚକ୍ଷୁ ସାମ୍ନାରେ। ଉକ୍ତ କବିତାରେ ରୋମାଣ୍ଟିକ୍ ଚେତନା ସ୍ପଷ୍ଟ ପରିଲକ୍ଷିତ ହୁଏ। କବି ଏଠାରେ ମାନିଯାଇଛନ୍ତି ଯେ ପୂର୍ବବର୍ତ୍ତୀ କବିତାଟିରେ ସେ ଯେଉଁ ବିପ୍ଳବର ଧ୍ୱନି ଶୁଣାଇଥିଲେ ତାହା ପ୍ରକୃତରେ ତାଙ୍କ ମନର କଥା ନ ଥିଲା, କିମ୍ବା ସେଭଳି କବିତା ରଚନା କରିବାରେ ତାଙ୍କ ହୃଦୟ ବ୍ୟଥାରେ ହରି ଯାଇନାହିଁ। ସେ କଥା ସେ ସଂପୂର୍ଣ୍ଣ ଭୁଲିଯିବାକୁ ଚାହାନ୍ତି; ତେଣୁ ସେ ଲେଖିଛନ୍ତି-

"ଶୁଣିବ ଯଦି ଶୁଣ ଗୋ ରାଣି /ସେ ନୁହେଁ ମୋର ମରମବାଣୀ
ସେ ନୁହେଁ ମନ କଥା ମୋ
ଯେ ଗୀତ ଦେଲି ସେଦିନ ଗାଇ / ସେ ଗୀତେ ମୋ ହୃଦୟ ନାହିଁ
ନାହିଁ ସେ ଗୀତେ ବ୍ୟଥା ଗୋ।" (୧୨)

---

(୧୧) ସବୁଜରୁ ସାଂପ୍ରତିକ - ପୃ:୧୪, ଡ. ନିତ୍ୟାନନ୍ଦ ଶତପଥୀ

(୧୨) ସବୁଜ ଅକ୍ଷର - ସୃଜନ ସ୍ୱପ୍ନ- ପୃ:୮

ଏହି କବିତାଟିରେ ଅନୁଶୋଚନାର ସ୍ୱର ପ୍ରକାଶ ପାଇଛି । କବି ସ୍ପଷ୍ଟ ସୂଚାଇଦେବାକୁ ଚାହାଁନ୍ତି ଯେ ତାଙ୍କର ଧ୍ୱଂସରେ ମନ ନାହିଁ । ସେ ପ୍ରଳୟ କିମ୍ବା ବିପ୍ଳବ ଚାହାନ୍ତି ନାହିଁ । ଯଦିବା କେବେ ଚାହିଁଥିଲେ ଆଜି ସେ କଥା ଓ ସେ ବ୍ୟଥାକୁ ଏକଦମ୍ ଭୁଲିଯାଇଛନ୍ତି । (୧୩) ଧ୍ୱଂସ, ପ୍ରଳୟ କିମ୍ବା କାହାର ବିନାଶ କଥା ଚିନ୍ତା କରି ସେ ପାଇବେ ବା କ'ଣ ? ବରଂ ସେ ଦେଖିବାକୁ ଚାହାଁନ୍ତି ତାଙ୍କ ପ୍ରେୟସୀର ମୋହିତ ଆଖିରେ ଚଳ ଚପଳ ଚାହାଣିକୁ । ଏଠାରେ କବି ପ୍ରଳୟ ପ୍ରେରଣା କବିତାଟିରେ ଯେଉଁ ସବୁ କଥା କହିଥିଲେ ତାହା ତାଙ୍କର ଛଦ୍ମ ବକ୍ତବ୍ୟ ଥିଲା ବୋଲି ପ୍ରକାଶ କରିଛନ୍ତି । (୧୪)

ସେ ଏ କବିତାଟିରେ ଯୌବନର କଥା କହିବାକୁ ଚାହାଁନ୍ତି । ତାଙ୍କର କଳ୍ପଲୋକରେ ପ୍ରିୟାକୁ କିପରି ସୁବୋଧ କରାଇବେ । ତା'ର ସୌନ୍ଦର୍ଯ୍ୟରେ ବିଭୋର ହୋଇ ଗ୍ରହତାରକା ସବୁକୁ ପଛରେ ପକାଇ ଏପରି ଏକ ଜାଗାକୁ ପଳାଇ ଯାଇ ନୀଡ଼ ରଚନା କରିବେ, ଯେଉଁଠାରେ କି ଯୌବନର ଚେଷ୍ଟା ମଳୟର ଶେଷ ନ ଥିବେ । (୧୫) କବି ଏଠାରେ ସଂପୂର୍ଣ୍ଣ ରୋମାଣ୍ଟିକ୍ ଭାବାପନ୍ନ ହୋଇ ଉଠିଛନ୍ତି । କବିଙ୍କ ମନରେ ରୋମାଣ୍ଟିକ୍ ଚେତନା ଛଡ଼ା ଅନ୍ୟକିଛି ପଶିପାରି ନାହିଁ । କବି ଏଠାରେ ଭୀଷଣ ଭାବରେ ପଳାୟନବାଦୀ ହୋଇଯାଇଛନ୍ତି । ଏ ପୃଥିବୀରୁ ଦ୍ରୁତ ପଳାୟନ ଚାହାଁନ୍ତି । ତେଣୁ 'ସୃଜନ ସ୍ୱପ୍ନ' କବିତାଟି ସଂପୂର୍ଣ୍ଣ ରୋମାଣ୍ଟିକ୍ ଚେତନାଧର୍ମୀ ଏବଂ ପଳାୟନବାଦୀ

---

(୧୩) ଆଜି ଏ ଶୁଭ ଶାରଦ ପ୍ରୀତ / ଶ୍ୟାମ ତରୁଣ ଆଲୋକସ୍ନାତ ସମୀର ବହେ ମଧୁର
ଶେଫାଳୀ ବାସେ ବିହଗ ଗୀତେ / ପାସୋରି ଗଲି ଆଚମବୀତେ ଜଗତ ବ୍ୟଥା ବିଧର ।
(ସବୁଜ ଅକ୍ଷର - ସୃଜନ ସ୍ୱପ୍ନ - ପୃ:୯)

(୧୪) ନିବିଡ଼ କଳା ଅଳକା ତୋହୁଁ / ସୃଜିଲାଗିଲେ, ସୃଜନ ମୋହ
ପୂରିଲା ପ୍ରାଣ ଆବେଶେ
ରହିଲା ମୋର ପ୍ରଳୟରଣ / ତେଜିଲି କ୍ଷଣେ ସେ ଆବରଣ
ଛଦ୍ମ ମୋର ସେ ବେଶେ ।
(ସବୁଜ ଅକ୍ଷର - ସୃଜନ ସ୍ୱପ୍ନ - ପୃ:୧୩)

(୧୫) ଯିବି ପଳାଇ ଦୂରେ ସୁଦୂରେ/ ସ୍ୱପନେ ଲୋକେ ଗୋପନ ପୁରେ
ଗ୍ରହତାରକା ଏଡ଼ାଇ
ଯୌବନର ଝରଣା କୂଳେ / ମଳୟ ଯହିଁ ନିୟତ ବୁଲେ
କୁସୁମ କେତେ ଉଡ଼ାଇ
(ସବୁଜ ଅକ୍ଷର - ସୃଜନ ସ୍ୱପ୍ନ - ପୃ:୧୩)

କବିତା ଭାବେ ନାମିତ କରାଯାଇପାରେ। ତେଣୁ ଏହି କବିତାଟିର ଆଭିମୁଖ୍ୟ କିଛି ନାହିଁ।" (୧୬)

କବିଙ୍କର ତୃତୀୟ କବିତାଟି 'ମାନସୀ ଓ ମୁଁ' ମଧ୍ୟ ସଂପୂର୍ଣ୍ଣ ରୋମାଣ୍ଟିକ୍ ଚେତନାଧର୍ମୀ କବିତା ଅଟେ। ଉକ୍ତ କବିତାରେ କବି ନିଜେ ନିଜର ପ୍ରେମିକ ଓ ଉପଭୋକ୍ତା। ଏଠାରେ କବି ସୁଦୂରର ମୋହ ଛାଡ଼ିପାରୁ ନାହାନ୍ତି କିମ୍ବା ମାଟିର ମୋହ ମଧ୍ୟ ସଂପୂର୍ଣ୍ଣ ଭାବେ ପରିତ୍ୟାଗ କରିପାରୁନାହାନ୍ତି। ଏହାହିଁ କବିର ଯଥାର୍ଥରେ ସଚେତନ ଓ ଅବଚେତନର ମନସ୍ତାତ୍ତ୍ୱିକ ଉପଲବ୍ଧି। ଚେତନା ହିଁ କେବଳ ଏକ ଅଦେହୀ ଅଭିସାରର ସ୍ୱପ୍ନ। ସେ ନିଜେ ନିଜର ପ୍ରେମିକ ଓ ପ୍ରେମିକା, ସବୁକିଛି। ସେ ନିଜେ ପୁରୁଷ, ନିଜେ ନାରୀ, ଏକ ଦେହ। ଭିନ୍ନ ଭିନ୍ନ ଚେତନାର ଭାବ ପ୍ରକାଶ ପାଇଛି ଏହି କବିତାଟିରେ।

"ମୋହରି କର ଧରି/ କହେ ମୁଁ ସୁନ୍ଦରି,/ ମୁଁ ପରାପୁରୁଷ ଗୋ,/ ମୁଁ ପରାପରବାସୀ ?

ଏହି ଦେହ ଓ ମନ ତଳେ ଦୁଇଟି ବିହଗ ଓ ବିହଗୀ ସବୁବେଳେ କଳକୂଜନରତ, "ଜାଣି ନ ଥିଲି ମୁହିଁ / ଏ ଦେହ ତଳେ ଦୁଇ / ବିହଗ ବିହଗୀ ଯେ / କଳକୂଜନ-ରତ।"

କବି ଯାହା ସବୁ କବିତାରେ ଭାବିଯାଇଛନ୍ତି, ଯାହା କହିଯାଇଛନ୍ତି ସେସବୁ ସେ ନିଜକୁ ନେଇ ଭାବିଛନ୍ତି କିମ୍ବା ନିଜ କଥା ହିଁ କହିଛନ୍ତି। (୧୭)

ଉକ୍ତ କବିତାଟି ଅବଚେତନ ମନର ଏକ ସୁନ୍ଦର ମନସ୍ତାତ୍ତ୍ୱିକ ଉପଲବ୍ଧି ଅଟେ। ନିଜେ ସେ ରମଣ ପୁଣି ନିଜେ ମଧ୍ୟ ସେ ରମଣୀ। ସେ ନିଜକୁ ନିଜେ ପ୍ରେମ ଗୀତ ଶୁଣାଇ ଖୁସିରେ ମସଗୁଲ ହୋଇ ପଡ଼ନ୍ତି। ପୁଣି କେତବେଳେ ମନକୁ ମନ ନିରବତା ମଧ୍ୟ ରକ୍ଷା କରନ୍ତି। (୧୮) କବିଙ୍କର ଅବଚେତନ ମନ କେତେବେଳେ ଗାମ୍ଭୀର୍ଯ୍ୟରେ

(୧୬) 'ସୃଜନ ସ୍ୱପ୍ନ' ଏଠାରେ ନୂତନ ସୃଷ୍ଟିର ଅଭିମନ୍ତ୍ର ନୁହେଁ, ବରଂ ରଣ ଉନ୍ମାଦ ପଦଯାତ୍ରାର ଏକ ପରାଙ୍ମୁଖ ପ୍ରତି ଗତି - ଯୁଦ୍ଧ ଅର୍ଥରେ ରିଟ୍ରିଟ୍। ଏ କବିତାଟିର ଚିନ୍ତାରେ ତେଣୁ କୌଣସି ସଂଗଠନ ନାହିଁ, ଆଭିମୁଖ୍ୟ ନାହିଁ। କେବଳ ପ୍ରେୟସୀର ସ୍ୱପ୍ନ, ଗୋଧୂଳି, ଆକାଶ, ଛାୟାଲୋକ, ମୋହ ଏକ ସଂପୂର୍ଣ୍ଣ ପଳାୟନବାଦୀ ଅନୁଚିନ୍ତା। ପୁଣି ସୃଜନମୋହରେ କବି ଏତେ ବ୍ୟଗ୍ର ଯେ ଏ ପୃଥିବୀରୁ ସେ ଦ୍ରୁତ ପଳାୟନ ଚାହାନ୍ତି।

(୧୭) "ଏ ସନ ପରକାରେ/ ଚେତନା ପରପାରେ/ ମୋତେ ମୁଁ କହେ କଥା/ ନୀରବେ ନିରାଜନେ।"

(ସବୁଜ ଅକ୍ଷର - ମାନସୀ ଓ ମୁଁ - ପୃ:୧୯)

(୧୮) "ମୋତେ ମୁଁ ନୀତି ନୀତି/ ଶୁଣାଏ ପ୍ରେମଗୀତି/ ଗଭୀର ଅନୁରାଗେ/ ନିଗୂଢ଼ ନୀରବତା।"

(ସବୁଜ ଅକ୍ଷର - ମାନସୀ ଓ ମୁଁ - ପୃ:୨୦)

ପରିପୂର୍ଣ୍ଣ ତ କେତେବେଳେ ଆନନ୍ଦମୁଖର। ଯାହା ବି ହେଉ କବି ନିଜେ ହିଁ ନିଜକୁ ଏ କବିତାରେ ଉପଲବ୍ଧି କରିପାରିଛନ୍ତି। ପରେ ପରେ କବିଙ୍କର ଯୁବକ ସୁଲଭ ଅଥବା ତରୁଣ ସୁଲଭ ମନୋଭାବ ପ୍ରକାଶ ପାଇଛି ତାଙ୍କର 'ଯଉବନ ଥରେ ଗଲେ ଆଉ ଆସେନା' କବିତାରେ। ଏ କବିତାର କାବ୍ୟସ୍ୱର ଯୌବନ ଜନିତ ବିଷାଦ ଚେତନାକୁ କେନ୍ଦ୍ର କରି ସଞ୍ଚାରିତ। କବି ଏଠାରେ ଏତେ ରୋମାଣ୍ଟିକ୍ ହୋଇ ଉଠିଛନ୍ତି ଯେ ଜୀବନ ପର୍ଯ୍ୟାୟରୁ ଯୌବନର ପଳାୟନ ସହିତ ନିଜ ଜୀବନର ଅବସାଦ ପାଇଁ କାମନା କରିବାକୁ ପଛାଇ ନାହାନ୍ତି। ଯେପରି ଯୌବନ ହିଁ ମଣିଷର ଜୀବନ ପରିଧିରେ ଏକମାତ୍ର କାମ୍ୟ ଓ ସତ୍ୟ। ଯୌବନ ବିନା ଜୀବନ ଅନ୍ଧକାରପୂର୍ଣ୍ଣ। ଯୌବନ ଚାଲିଯିବା ସଙ୍ଗେ ସଙ୍ଗେ ଜୀବନର ସମସ୍ତ ସୁଖ, ଶାନ୍ତି ମଧ୍ୟ ନିମିଷକେ ମଧ୍ୟରେ ଜୀବନ ପରିଧିରୁ ନିଷ୍କ୍ରାନ୍ତ ହୋଇଯାଏ। କବି ଯୌବନକୁ ଏତେ ନିବିଡ଼ ଭାବରେ ଭଲପାଇଛନ୍ତି ଯେ ସେ ଭାବିଛନ୍ତି ଯୌବନରେ ସବୁ ଜିନିଷ ଥରେ ଗଲେ ଆଉ ଥରେ ହୁଏତ ଆସିପାରେ ଅର୍ଥାତ୍ ଫୁଲଟିଏ ଫୁଟିଥାଏ, ତାହା ଝଡ଼ି ପଡ଼ିଲେ ପୁଣି ତହିଁ ଆରଦିନ ଫୁଲଟିଏ ଫୁଟି ଗଛର ସୌନ୍ଦର୍ଯ୍ୟ ବଢ଼ାଏ। ସୌନ୍ଦର୍ଯ୍ୟର ପ୍ରତୀକ ପୂର୍ଣ୍ଣିମା ଚନ୍ଦ୍ରମା। ଥରେ ବୁଡ଼ିଗଲେ ପୁଣି ଦେଖାଯାଏ ଆସନ୍ତା ପୂର୍ଣ୍ଣିମାରେ। କିନ୍ତୁ ଯଉବନ ଥରେ ପଳାଇଗଲେ ଆଉ କେବେ ଆସେ ନାହିଁ। (୧୯)

କବିଙ୍କ ହୃଦୟ ଏଥିପାଇଁ ଦୁଃଖରେ ପୂର୍ଣ୍ଣ ହୋଇ ଯାଇଛି। (୨୦)

କବି କହିଛନ୍ତି ଜଗତରେ କିଛି ହଜେ ନାହିଁ। ଯେଉଁ ଜିନିଷ ହଜିଯାଏ ତାହା ପୁଣି ଥରେ ପୂର୍ଣ୍ଣ ହେଇ ଜଗତଟାକୁ ଆହୁରି ସୁନ୍ଦର କରିଦିଏ। କିନ୍ତୁ ଯଉବନ ଯଦି ଶରୀରରୁ ଥରେ ଚାଲିଯାଇଛି ତେବେ ଯେତେ ଚେଷ୍ଟା କଲେ ମଧ୍ୟ ତାହା ଆଉ ଫେରି ଆସିବନି। (୨୧)

ଏହି ଆଗୋନି ରୋମାଣ୍ଟିକ୍ ଚେତନାର ଏକ ବଳିଷ୍ଠ ଉଦାହରଣ ଅଟେ। କବି ରଚିତ ପଞ୍ଚମ କବିତା 'ପରୀ ମହଲ' ଏକ ଦୀର୍ଘ ତଥା ରୋମାଣ୍ଟିକ୍‌ଧର୍ମୀ

---

(୧୯) "ଯଉବନ ସାଥେ ଯାଉ ଜୀବନ ମୋର/ ଜରା - ଚୋର ସାଥେ ଆସୁ ମରଣ ଚୋର"
(ସବୁଜ ଅକ୍ଷର - ଯୌବନ ଥରେ ଗଲେ ଆଉ ଆସେନା - ପୃ:୨୨)

(୨୦) "ଫୁଲ ଝଡ଼େ, ଫୁଲ ଫୁଟେ/ କାନ୍ଦେନା ବନ;
ଶଶୀ ବୁଡ଼େ, ଶଶୀ ଉଠେ/ ସହେ ଗଗନ,
ମଧୁ ଋତୁ ଯାଏ ଆସେ/ ଲୁଚି ନ ରହେ,
ଅବନୀ ଉଦାସ ହେବ/ କାହା ବିରହେ।"
(ସବୁଜ ଅକ୍ଷର - ଯୌବନ ଥରେ ଗଲେ ଆଉ ଆସେନା - ପୃ:୨୩)

କବିତା ଅଟେ। କବିଙ୍କର ରୋମାଣ୍ଟିକ୍ ଭାବନା ଏବଂ ସୌନ୍ଦର୍ଯ୍ୟବୋଧ ମର୍ତ୍ତ୍ୟର ମାନବୀ ଅଥବା ମର୍ତ୍ତ୍ୟର ପ୍ରେମିକା ଠାରେ ପରିତୃପ୍ତ ହୋଇପାରେ ନାହିଁ। ଫଳରେ କବି ବିଭିନ୍ନ ପରୀରାଣୀଙ୍କୁ ଆହ୍ୱାନ କରନ୍ତି ମର୍ତ୍ତ୍ୟକୁ। ସେମାନେ ବିଭିନ୍ନ ଫୁଲରେ ସଜ୍ଜିତ ହୋଇଥାନ୍ତି। କବି ଏମାନଙ୍କୁ କଳ୍ପନାରେ ହିଁ ଦର୍ଶନ କରନ୍ତି। ସେ ତାଙ୍କର ସୁଦୀର୍ଘ କବିତା 'ପରୀ ମହଲ'ରେ ପାଞ୍ଚଟି ପରୀଙ୍କୁ ଆବାହନ କରନ୍ତି, ଯଥା- ଶ୍ୱେତ ପରୀ, କନକ ପରୀ, ସବୁଜ ପରୀ, ଗୋଲାପୀ ପରୀ, ଆସମାନ୍ ପରୀ। ସେ ତାଙ୍କ କଳ୍ପନାରେ ପରୀମାନଙ୍କୁ ଆମନ୍ତ୍ରଣ କରି ଆଣନ୍ତି ଏବଂ ସ୍ୱପ୍ନରେ ପରୀମାନଙ୍କୁ ଦର୍ଶନ କରି ସୁଦୀର୍ଘ କ୍ଳାନ୍ତିମୟ ଜୀବନ ପଥର ଯାତନାକୁ ସେ ଭୁଲିଯାନ୍ତି। (୨୧) ତାଙ୍କ ରଚିତ 'ପ୍ରଣୟୀ' କବିତାଟି ମଧ୍ୟ ସଂପୂର୍ଣ୍ଣ ରୋମାଣ୍ଟିକ୍‌ଧର୍ମୀ। କେତେବେଳେ କବିଙ୍କର ସୁନ୍ଦରୀ ତରୁଣୀ ବସନ୍ତର ଚମ୍ପା ଭଳି ଫୁଟି ଚତୁର୍ଦ୍ଦିଗ ମହକାଇ ଦିଏ ତ କେତେବେଳେ ତାଙ୍କ ସୁନ୍ଦରୀ ତରୁଣୀର ଗଣ୍ଡଦେଶରେ ରୂପବିଳାସୀ ଭ୍ରମରମାନେ ଚୁମ୍ବନର ଦାଗ ଆଙ୍କି ଦିଅନ୍ତି। (୨୨) କବି ଏ କବିତାରେ ରାଶି ରାଶି ରୋମାଣ୍ଟିକ୍ ଶବ୍ଦ ଖଞ୍ଜିଛନ୍ତି। ପୁଣି କବିଙ୍କର ସବୁଜ ଅକ୍ଷର ସଂକଳିତ 'କମଳାବିଳାସୀର ବିଳାପ' କବିତାରେ ରୋମାଣ୍ଟିକ୍ ଆବେଗ ସହିତ ବାସ୍ତବବାଦୀ ସଚେତନତାର ଚମତ୍କାର ସମନ୍ୱୟ ଘଟିଛି। ପଳାୟନବାଦୀ କବି ଏଠାରେ ସ୍ଥିତିପ୍ରଜ୍ଞ ଓ ବିଚାରସଂପନ୍ନ। କବି ଅତୀତର ସମସ୍ତ ସ୍ୱପ୍ନ ବିଳାସ, ପଳାୟନବାଦୀ, କଳ୍ପନାଠାରୁ ମେଲାଣି ଚାହିଁଛି। ତା' ପରିବର୍ତ୍ତେ ସେ ଜଞ୍ଜାଳମୟ ଜୀବନର ନିଷ୍ଠୁର ବାସ୍ତବତାର ଆହ୍ୱାନ ଶୁଣିବାକୁ ପାଇଛନ୍ତି। ଏ ଉତ୍କଟ ବାସ୍ତବକୁ ପ୍ରତ୍ୟାଖ୍ୟାନ କରି କବି ଆଉ କେତେଦିନ ପ୍ରେମ, ପ୍ରଣୟ, ଯୌବନ, କଳ୍ପଲୋକର ପରୀରାଜ୍ୟର ସ୍ୱପ୍ନ ଦେଖି ବିହ୍ୱଳ ହେବେ/ ପଦ୍ମଭୁକ୍ ସ୍ୱପ୍ନବିଳାସୀ କବି

---

(୨୧) "ଜଗତେ ହଜେନା କିଛି, ହଜେ ଜୀବନେ
ବାହାରେ ବେଦନା ନାହିଁ, ବେଦନା ମନେ।"

(ସବୁଜ ଅକ୍ଷର - ଯୌବନ ଥରେ ଗଲେ ଆଉ ଆସେନା - ପୃ:୨୪)

(୨୧) "ଆସ କଳ୍ପନା, ଆସ ମୋ ପରାଣ ପୁରେ ଗୋ/ ବିକଳେ ଝୁରଇ ଯହିଁ ବାସନା
ପାସୋରିବି ଆଜି ମୁଁ ତ ଦିବସର ତ୍ରାସ ଗୋ/ ଏ ଜୀବନ ମୁଁ ଦୀରଘ ଶ୍ୱାସ ଗୋ
ଉଡ଼ିଆସ ଉଡ଼ିଆସ ଅଞ୍ଚଳେ ଉଡ଼ାଇ/ ପରୀମାନେ ଆସ ମୋର ପାଶ ଗୋ।")

(ସବୁଜ ଅକ୍ଷର - ପରୀ ମହଲ - ଅନ୍ନଦାଶଙ୍କର ରାୟ- ପୃ:୨୫)

(୨୨)"ବସନ୍ତର ଚମ୍ପାସମ/ ତରୁଣୀ ଯେବେ ଫୁଟିଲା
ସୌରଭର ସୁରା ତାହାର/ ଦିଗ୍‌ବିଦିଗେ ଛୁଟିଲା।"

(ସବୁଜ ଅକ୍ଷର - ପ୍ରଣୟୀ - ପୃ:୩୪)

ସ୍ୱପ୍ନଜଗତରୁ ମେଲାଣି ମାଗିଛନ୍ତି। କାରଣ ବାସ୍ତବତାର ପଦଧ୍ୱନି ସେ ତାଙ୍କ ଚତୁଃପାର୍ଶ୍ୱରେ ଶୁଣିବାକୁ ପାଇଛନ୍ତି। ସେ ଲେଖିଛନ୍ତି-

"ନିଷ୍ଠୁର ବାସ୍ତବରଣେ ଆସିଛି ଆହ୍ୱାନ
ଥାଅ ମୁଗ୍‌ଧା ପ୍ରଣୟିନୀ; ସ୍ୱପ୍ନାଳାସା ବାଣୀ
କମଳ ବିଳାସୀ କବି ମାଗଇ ମେଲାଣି
ଆଜି ମୁଁ ଭୁଲିବି ମୋତେ, ଢାଳିଦେବି ପ୍ରାଣ।"

କଳ୍ପନାକୁ କବି ଏଠାରେ ପଦାଘାତ କରିବାକୁ ଚାହାଁନ୍ତି। ବାସ୍ତବ ଜୀବନରେ ଯାହା ସତ୍ୟ ତାହାହିଁ କବିଙ୍କ କାମ୍ୟ। ଏକ ଉଚ୍ଚାଟିତ ଆହ୍ୱାନରେ କବିତାର ସମସ୍ତ କୋମଳ ସ୍ମୃତିର ନିର୍ବାସନ ତା'ର କାମ୍ୟ। ତା'ର ଚେତନାରେ ଖାଲି ବସନ୍ତର ଉଲ୍ଲାସ ନୁହେଁ, ଗୀତର ହିମଶୀତଳ ଅତ୍ୟାଚାର ମଧ୍ୟ ସତ୍ୟ। କେବଳ ବିଶ୍ୱର ଆକାଶ ନୁହେଁ ସ୍ୱଦେଶର ଆକର୍ଷଣ ମଧ୍ୟ ଅବାରିତ ଅର୍ଥାତ୍ ପ୍ରତି ଧୂଳିକଣା, ପୃଥିବୀର ନଦୀର ଡାକରା ମଧ୍ୟ ସତ୍ୟ। (୨୩) କବି ନିର୍ମମ ବାସ୍ତବରାଜ୍ୟର ପଥିକଟିଏ ହୋଇ ଯାଇଛନ୍ତି। ଏଣିକି ସେ କାହାର ପ୍ରେମିକ ହେବାର ସ୍ୱପ୍ନ ଦେଖୁନାହାନ୍ତି, ଏବେ ବରଂ ମୁକ୍ତି ଓ ଦୀପ୍ତିର ସ୍ୱପ୍ନ ଦେଖିବାକୁ ଇଚ୍ଛୁକ। (୨୪) ପୁଣି ଏଇ କବିତାଟିର ଶେଷରେ କବିଙ୍କର ସ୍ୱର ବିଷଣ୍ଣତାରେ ଭରି ଯାଇଛି। କବି ଲେଖିଛନ୍ତି-

"କମଳ ବିଳାସୀ ଆଜି ମାଗୁଛି ବିଦାୟ
ଫେରିଲେ ଫେରିବି ଦିନେ ଉଦାସୀ ପରାୟ।"

ଏ ଉଦାସୀନତା ଏକ ଦୃଢ଼ ଅଙ୍ଗୀକାରର ଅଭାବରୁ ହିଁ ଜନ୍ମ ନେଇଛି। କ'ଣ

---

(୨୩) "ହିମାଳ ପରଶେ ମୋର ଶତ-ସିଂହାସନେ
ଥରି ଉଠୁ ଅତ୍ୟାଚାର ପାଣ୍ଡୁର ଆତଙ୍କେ
ମୁମୂର୍ଷୁ ପଲ୍ଲବ ସମ; ଉତ୍ପୀଡ଼ନ ରୁଦ୍ଧ କଣ୍ଠେ
ସ୍ଫୁରି ଉଠୁ ଦୃପ୍ତ ବାଣୀ ଧ୍ୱଂସର ହିଲ୍ଲୋଳେ
ବାତ୍ୟାସମ ନାଚିବି ମୁଁ ଛନ୍ଦହୀନ ଛନ୍ଦେ।")

(ସବୁଜ ଅକ୍ଷର - କମଳା ବିଳାସୀ ବିଦାୟ - ପୃ:୪୦)

(୨୪) "ନ ଜାଣେ ନ ଜାଣେ ମୁହିଁ କାହାର ପ୍ରେମିକ
କ୍ଷଣେ ଶାନ୍ତି କ୍ଷଣେ ଶୁଣିଛି ଡାକେ କର ଠାରି,
x x x
ନିର୍ମମ ବାସ୍ତବ ରାଜ୍ୟେ, ପଥର ପଥିକ
କରି ସେ ଯେ ଆରମ୍ଭେ ପରଖି ମୋତେ ନିଏ
ମୁକ୍ତି ମୋର ଦୀପ୍ତି ମୋର ସୁପ୍ତିର ଅଧିକ।"

(ସବୁଜ ଅକ୍ଷର - କମଳା ବିଳାସୀର ବିଦାୟ - ପୃ:୪୨)

ତେବେ ଏଇ କବି ପୁରୁଷ କାବ୍ୟାନୁଚିନ୍ତାର ଦୃଢ଼ ଆତ୍ମପ୍ରତ୍ୟୟ ? ଡକ୍ଟର ମାନସିଂହଙ୍କ ଭାଷାରେ- "ଯୌବନର ସନ୍ଧିକାଳରେ ମନୁଷ୍ୟ ଚିତ୍ତ ଯେଉଁ ସମସ୍ତ ମାନସିକ ସଂଘର୍ଷରେ ମଥିତ ହୁଏ, ଏ କବିତା କେବଳ ତାହାର ଚିତ୍ର ନୁହେଁ, ସ୍ୱୟଂ ଅନ୍ନଦା ଶଙ୍କର ଓଡ଼ିଆ ଓ ଓଡ଼ିଶାକୁ ଛାଡ଼ି ଯେ ବଙ୍ଗ ଓ ବଙ୍ଗଳାର ଆଶ୍ରୟ ଲୋଡ଼ିଲେ, ସେ ବିଦାୟର ମଧ୍ୟ ଅସୁଖକର ପ୍ରତୀକ।" (୨୫) କମଳା ବିଳାସୀ କବି ଆଜି ବାସ୍ତବତାର କରାଘାତରେ ବିଦାୟ ମାଗୁଛି। ସେ ଓଡ଼ିଆ ସାହିତ୍ୟରୁ ବିଦାୟ ନେଇ ସତରେ ବଙ୍ଗଳା ସାହିତ୍ୟର ଦିଗନ୍ତବିସ୍ତାରୀ ନୀଳିମାରେ ହଜିଯାଇଛନ୍ତି ଏବଂ ପାଇଛନ୍ତି ମଧ୍ୟ ଅପୂର୍ବ ସଫଳତା।

କବିଙ୍କର ପରବର୍ତ୍ତୀ କବିତା 'ସାଗର ପ୍ରତି' ମଧ୍ୟ ରୋମାଣ୍ଟିକ୍‌ଧର୍ମୀ କବିତା ଅଟେ। ଏଠାରେ କବି ଜୀବନର ଝଡ଼ଝଞ୍ଜାରୁ ମୁକ୍ତି ପାଇବା ପାଇଁ ପ୍ରକୃତି କୋଳକୁ ପଳାୟନ କରିବାକୁ ଚାହାଁନ୍ତି। ମାତ୍ର ପ୍ରଥମ ଦର୍ଶନରେ ହିଁ ତାଙ୍କର ହୃଦୟ ପୁଲକରେ ଭରିଯାଇଛି। ସାଗରକୁ ବନ୍ଧୁ ଭାବରେ କବି ସମ୍ବୋଧନ କରିଛନ୍ତି। (୨୬) ସାଗରର ନୀଳ ବ୍ୟାପ୍ତିରେ କବିପ୍ରାଣ ଉଲ୍ଲସିତ ହୋଇଉଠେ। ସାଗରର ତରଙ୍ଗ କବିଙ୍କୁ ଚେତନା ସ୍ତରରୁ ଅବଚେତନ ସ୍ତରକୁ ନେଇ ଯାଇଛି। ସାଗରର ଗୁରୁ ଅଥବା ମୃଦୁ ଗରଜନ କବିଙ୍କ କାନକୁ ସ୍ୱର୍ଗର ସଂଗୀତ ଭଳି ଶୁଣାଯାଉଛି। (୨୭)

ପୁଣି ପ୍ରକୃତି ତାଙ୍କୁ ଜଗତର ଦୁଃଖ ବ୍ୟଥା, ବିଧୁର, ତାଙ୍କ ଶୋକକୁ ଭୁଲାଇ ଦିଏ। ତା' ପରିବର୍ତ୍ତେ କବିଙ୍କ ମନରେ ଆଣିଦିଏ ଏକ ଶାନ୍ତ, କୋମଳ ମୁହୂର୍ତ୍ତ। ଶୁଭ ଶାରଦୀୟ ପ୍ରଭାତ, ଚିର-ଶ୍ୟାମ-ତରୁ ଘେରା ଶତରଙ୍ଗା ଫୁଲ କବିଙ୍କର ମନକୁ ମୋହିତ କରିଦିଏ। (୨୮) ଉକ୍ତ କବିତାଟିରେ କବିଙ୍କର ପ୍ରକୃତିପ୍ରାଣତାକୁ ହୃଦୟଙ୍ଗମ କରିହୁଏ।

କବିଙ୍କ ପରବର୍ତ୍ତୀ କବିତା 'ଉଦ୍‌ଭିନ୍ନ ଯୌବନ'ରେ ରୋମାଣ୍ଟିକ୍ ଚେତନାଟି

---

(୨୫) ଓଡ଼ିଆ ସାହିତ୍ୟର ଇତିହାସ - ଡକ୍ଟର ମାୟାଧର ମାନସିଂହ - ପୃ: ୩୭୦

(୨୬) "ହେ ସାଗର ବନ୍ଧୁ ମୋର/ ଦୟାହୀନ ଭୟଙ୍କର ଅସିତ ବରଣ
ପ୍ରଳୟ ଉଲ୍ଲାସେ ଘୋର/ ସର୍ବାଙ୍ଗ ଯାଚଇ ମୋର ନିବିଡ଼ ମରଣ।"
(ସାଗର ପ୍ରତି - ସବୁଜ ଅକ୍ଷର - ପୃ:୪୮)

(୨୭) "କ୍ଷଣେ ଗୁରୁ ଗରଜନ/ କ୍ଷଣେ ମୃଦୁ କଳସ୍ୱନ/ ଭୈରବଲଳିତ,
ଶ୍ରବଣେ ବରଷୁ ସୁଧା/ ହରୁ ସର୍ବାଙ୍ଗରୁ କ୍ଷୁଧା/ ସେ ସ୍ୱର୍ଗ ସଙ୍ଗୀତ।"
(ସାଗର ପ୍ରତି - ସବୁଜ ଅକ୍ଷର - ପୃ:୪୯)

(୨୮) "ଚିର-ଶ୍ୟାମ-ତରୁଘେରା/ ଶତରଙ୍ଗା ଫୁଲେ ତୋରା/ ସେମୀୟ ମହଲେ,
ମୁକୁତା ଟୋପ ଉପରି/ ଶୁଆଅ ଯତନ କରି/ ବିଜନେ ବିରଳେ।")
(ସାଗର ପ୍ରତି - ସବୁଜ ଅକ୍ଷର - ପୃ:୫୦)

ସ୍ପଷ୍ଟ ପରିଲକ୍ଷିତ ହୁଏ । ଏଠାରେ ଯୌବନ କବିଙ୍କ ଅଙ୍ଗେ ଅଙ୍ଗେ ଫୁଟି ଉଠିଲାବେଳେ କବି ଆନନ୍ଦରେ ଆତ୍ମହରା ହୋଇ ଉଠିଛନ୍ତି ଓ ବର୍ଣ୍ଣନା କରିଛନ୍ତି -

"ଆଜି ମୋର ଦେହ ମନେ ଏ କି ଯୁଗାନ୍ତର !
ଆଜି ମୋର ତରୁଣ ଅନ୍ତର/ ଜୀବନର ଏ ପ୍ରଭାତେ ଯୌବନର ରଶ୍ମିପାତେ,
ଶତବର୍ଣ୍ଣେ ଫୁଟିଲା ସତେ କି ?/ ବସନ୍ତର ମଳୟ ଚଞ୍ଚଳେ/ କୁସୁମ ଅଥଳେ/
ଛୁଇଁଲା ମୋତେ କି ?/ ଇନ୍ଦ୍ରିୟେ ଇନ୍ଦ୍ରିୟେ ମୋର ବିଶ୍ୱ ଆଜି ଜାଣ ।"

(ଉଦ୍‌ଭିନ୍ନ ଯୌବନ - ସବୁଜ ଅକ୍ଷର - ପୃ:୫୧)

ଯୌବନ ଯେ କେବଳ ବିଜୟର ସଂଗୀତ ଗାନ କରେ କବି ସେ କଥା ବର୍ଣ୍ଣନା କରି ଲେଖିଛନ୍ତି-

"ଅଧୀର ଆକୁଳ ଚିତ୍ତ/ ଯୌବନ ବିଜୟ ଗୀତ ଗାଏ ।"

(ଉଦ୍‌ଭିନ୍ନ ଯୌବନ - ସବୁଜ ଅକ୍ଷର - ପୃ:୫୨)

'ଏ ଜୀବନ ଦେଲା ମୋତେ କିଏ' ଗୀତି କବିତାରେ କବିଙ୍କର ଈଶ୍ୱର ଭକ୍ତି ବା ଈଶ୍ୱରୀୟ ଚେତନା ପ୍ରକାଶ ପାଇଛି । କବିଙ୍କର ଜୀବନରେ ସ୍ୱପ୍ନ, ପିପାସା, ଆବେଗ ଏ ସମସ୍ତ କିଏ ଦେଲା ବୋଲି କବି ପ୍ରଥମ ପଦରେ ପ୍ରଶ୍ନ କରିଛନ୍ତି । (୨୯)

ଏ ଧରଣୀକୁ ଯିଏ ଜୀବନ୍ୟାସ ଦେଇଛି ଯାହାର ଇଙ୍ଗିତରେ ଏ ସୃଷ୍ଟି ବିରାଜିତ । ସେହି ଧରଣୀ ବକ୍ଷରେ ଏ ନଦ, ନଦୀ, ସ୍ରୋତ, ତଟ, ଝରଣା, ବୃକ୍ଷ, ଲତା ବିରାଜିତ ହୋଇ ପ୍ରକୃତିର ଚାରୁ ଶୋଭାକୁ ଦ୍ୱିଗୁଣିତ କରନ୍ତି । ସେହିଭଳି ସ୍ଥାନରେ କବି ଜନ୍ମ ନେଇ ତାଙ୍କ ଜୀବନ ଚରିତାର୍ଥ ହୋଇଯାଇଛି ବୋଲି ସେ କହିଛନ୍ତି । (୩୦)

---

(୨୯) "ଏ ଜୀବନ ଦେଲା ମୋତେ କିଏ ? ଏ ସ୍ୱପନ
ଦେଲା ମୋତେ କିଏ ? ମୋ ଲୋଚନେ ଏ ଜୀବନ,
ମୋ ଅଧରେ ଏ ପିପାସା ଇନ୍ଦ୍ରିୟେ
ଅତୀନ୍ଦ୍ରିୟେ ଏ ଆବେଗ, ଦେଲା ମୋତେ କିଏ ?

(ଏ ଜୀବନ ଦେଲା ମୋତେ କିଏ - ସବୁଜ ଅକ୍ଷର - ପୃ:୫୩)

(୩୦) "ଜୀବନ ଦାୟିନୀ, ମାଗୋ ବିପୁଳା ଧରଣୀ
ଇଚ୍ଛା ହୁଏ ଭସାନ୍ତି ଏ ଜୀବନ-ତରଣୀ
ତୋହରି ଅନନ୍ତ ସ୍ରୋତେ, ତୋ ବକ୍ଷ ନୀରେ

କବି ଏହି କବିତାରେ ଧରଣୀକୁ 'ମା' ରୂପରେ ସମ୍ବୋଧନ କରି କହିଛନ୍ତି -

"ଇଚ୍ଛା ହୁଏ ମାଗୋ ତୋର କୋଟି ପ୍ରାଣୀଜଳେ
ବିଚିତ୍ର ରୂପରେ ଥରେ ଭ୍ରମିଥାନ୍ତି ହେଳେ

x x x

ସମୀର ଦୋଳାରେ ନିତି ଦୋହଲି ଦୋହଲି
ବନସ୍ପତି ଆଲିଙ୍ଗନେ ରହନ୍ତି ଓହଳି।"

କବି ଇଚ୍ଛା କରନ୍ତି ସେ ଏ ସୁନ୍ଦର ଧରଣୀରେ କେତେବେଳେ ଲତାଟିଏ ହୋଇଯାନ୍ତେ କି ତାଙ୍କ ଦେହରେ ପତ୍ରଗୁଡ଼ିକ ବଂଶୀର ସ୍ୱର ଭଳି ପବନରେ ଦୋହଲନ୍ତା। ପୁଣି ସେ ସାଗରଟିଏ ହୋଇଯାନ୍ତେ କି ପ୍ରକୃତିର ସମସ୍ତ ସୁଷମା ତାଙ୍କ ଦେହରେ ଭରପୂର ହୋଇଯାନ୍ତା। କବି କେତେବେଳେ ପର୍ବତ ଅଥବା ଗିରିଗୁହା, ସିନ୍ଧୁ ଇତ୍ୟାଦି ହୋଇଯିବାକୁ ଚାହାନ୍ତି। ପୁଣି କେତେବେଳେ ସେ ଆକାଶ ଅଥବା ଜ୍ୟୋତିଷ୍କଟିଏ ହୋଇଯିବାକୁ ମଧ୍ୟ ଇଚ୍ଛା କରନ୍ତି। କବି ପୁଣି ଶେଷରେ ଭାବିଛନ୍ତି ଏ ଜୀବନଟା ଏପରି ଯେ ଯେତେ ଭୋଗ କଲେ ମଧ୍ୟ ତୃଷା ବଢ଼ିଯାଏ ସିନା ମେଣ୍ଟେ ନାହିଁ। (୩୧)

ପରବର୍ତ୍ତୀ କବିତା 'କୌଣସି ପ୍ରିୟା ପ୍ରତି' କୌଣସି ପ୍ରିୟ ମଧ୍ୟ ରୋମାଣ୍ଟିକ୍ ଚେତନାଧର୍ମୀ ଅଟେ। କବିଙ୍କ ରଚିତ ସବିତା ନବଜାଗରଣର ପ୍ରତୀକ ଅଟେ। ଏଠାରେ କବି ଏକ ସୁନ୍ଦର ସମୟ ଓ ସମୃଦ୍ଧ ଦେଶକୁ ଆନ୍ତରିକ ଭାବେ ମନାସିଛନ୍ତି ଓ ତରୁଣ ତରୁଣୀଙ୍କ ଅମିତ ଶକ୍ତିକୁ ଆହ୍ୱାନ କରିଛନ୍ତି।

"ନିଶୀଥିନୀର କୁହୁକ ଭୋଳେ/ ରହନା ଶୋଇ ସ୍ୱପନ କୋଳେ
ଆଜି ଉଷାରେ ଉଠ ତୁ ବାରେ କବିରେ।"

ଯେତେ ତଟ ଯେତେ ଘାଟ ଅଛି ତୀରେ ତୀରେ
ସେ ସବୁରେ ଲଗାଇ ତରଣୀ ମହା ସୁଖେ
ଶିଖନ୍ତି ତୋ ଚାରୁ ଶୋଭା ବିସ୍ମୟେ କୌତୁକେ।"

(ଏ ଜୀବନ ଦେଲା ମୋତେ କିଏ - ସବୁଜ ଅକ୍ଷର - ପୃ:୫୩)

(୩୧) "ଏ ଜୀବନ ଯେତେ କରେଁ ଭୋଗ, ତେତେ ମୋର
ଭୋଗ ଲିପ୍‌ସା ବଢ଼ିଯାଏ ତୃଷା ହୁଏ ଘୋର
ବହୁ ଜୀବନର ବହୁ ବିଚିତ୍ର ମଦିରା
ପାନ ଅଭିଳାଷେ ଝୁରେ ଶିରା-ଉପଶିରା।"

(ଏ ଜୀବନ ଦେଲା ମତେ କିଏ - ସବୁଜ ଅକ୍ଷର - ପୃ:୫୬)

x x x

ଜାଗରେ ଜାଗ ଉତ୍କଳର ତରୁଣ ସୁତାସୁତ ନିକରେ
ନବଜଗତେ ଜାଗରେ ନବ ଯୁଗରେ।"

(ସବିତା - ସବୁଜ ଅକ୍ଷର - ପୃ:୬୩)

ଏହିଭଳି ଭାବେ କବିଙ୍କର ୧୨ଟି ଯାକ ଗୀତିକବିତା 'ସବୁଜ ଅକ୍ଷର' ପୁସ୍ତକରେ ସଂକଳିତ। ଅସଂକଳିତ 'ଚିରନ୍ତନ ନର ଚାହେଁ ଚିରନ୍ତନ ନାରୀ' ଏବଂ 'ନୀରବ କବି' କବିତା ଦୁଇଟିର ପୃଷ୍ଠଭୂମି ମଧ୍ୟ ରୋମାଣ୍ଟିକ୍‌ଧର୍ମୀ ଅଟେ।

କଳ୍ପନା, ସ୍ୱପ୍ନପ୍ରବଣତା ଓ ପଳାୟନବାଦୀ ମନୋଭାବ:

'ସୃଜନ ସ୍ୱପ୍ନ' କବିତାରେ କବିଙ୍କର ସ୍ୱପ୍ନପ୍ରବଣତା, କଳ୍ପନା ଓ ପଳାୟନବାଦୀ ମନୋଭାବର ସ୍ପଷ୍ଟ ପରିଚୟ ମିଳେ। ଯେଉଁ ନିତ୍ୟ ନବ ସୁଖ ଓ ଅଭିସାର ପାଇଁ କବିପ୍ରାଣ ଆକୁଳ ଅଥବା ଆଶାୟୀ ସେ ସୁଖ ଏ ପୃଥିବୀରେ ମିଳେନା ବୋଲି କବି ମନେ କରିଛନ୍ତି। ଏ ପୃଥିବୀଟା କବିଙ୍କର 'ମରୀଚିମୟ'। ସେ ତେଣୁ ଅମରାବତୀରେ ନୀଡ଼ ରଚିବାକୁ ତାଙ୍କ ପ୍ରିୟାକୁ ଆହ୍ୱାନ କରନ୍ତି।

"ଚାଲ ସେ ଲୋକେ ଯିବା ଗୋ ପ୍ରିୟେ
ଏ ମର ମରୁ ସହିବ କିଏ ? ମରୀଚି ମୟଭବ ଏ
ନିରମି ନୀଡ଼ ସେ ଅମରାରେ/ ନିତ୍ୟ ନବ ସୁଖାଭିସାରେ
ଯାପିବା ଦିନ ଉଭୟେ।"

ଏ ଧରାରେ ଯୌବନଟା କ୍ଷଣସ୍ଥାୟୀ। ପ୍ରେମ, ପ୍ରଣୟ ଏଠାରେ ଠିକ୍ ଭାବରେ ଚରିତାର୍ଥ ହୋଇପାରେ ନାହିଁ। କବି ତାଙ୍କ ପ୍ରେୟସୀକୁ ଇଚ୍ଛାମତେ ସୁବେଶ କରାଇ ପାରନ୍ତି ନାହିଁ। ତେଣୁ କବି ତାଙ୍କର କଳ୍ପନାର କଳ୍ପଲୋକକୁ ଗ୍ରହତାରକାକୁ ଅତିକ୍ରମ କରି ପଳାଇ ଯିବାକୁ ଚାହାଁନ୍ତି। ଯେଉଁଠାରେ ଯୌବନ ଓ ମଳୟର ଶେଷ ନାହିଁ।(୩୨)

---

(୩୨) "ଯିବି ପଳାଇ ଦୂରେ ସୁଦୂରେ/ ସ୍ୱପନ ଲୋକେ ଗୋପନ ପୁରେ
ଗହତାରକା ଏଡ଼ାଇ;
ଯୌବନର ଚରଣା କୂଳେ/ ମଳୟ ଯହିଁ ନିୟତ ବୁଲେ
କୁସୁମ କେତେ ଉଡ଼ାଇ।"

(ସୃଜନ ସ୍ୱପ୍ନ - ସବୁଜ ଅକ୍ଷର - ପୃ-୧୮)

ସେହିଭଳି ଏକ କଳ୍ପଲୋକକୁ କବି ସ୍ୱାଗତ କରିଛନ୍ତି। ଯେଉଁଠାରେ ସ୍ୱପ୍ନ କିମ୍ବା ପ୍ରେମ ପୁରୁଣା ହୋଇ ନଥିବ। (୩୩)

କବି ଏଭଳି ଏକ ଅବାସ୍ତବ ରାଜ୍ୟର ପରିକଳ୍ପନା କରିଛନ୍ତି। ସେ ଏ ଧରାରେ ବାସ କରି ସୁଦ୍ଧା ଏ ପୃଥିବୀକୁ ଅସ୍ୱୀକାର କରିଛନ୍ତି। ତପନ, ତାରା, ଗଗନ, ଭବନ, ସେହିମାନେ ହିଁ କବିଙ୍କର ଅନ୍ତରଙ୍ଗ ମନେ ହୋଇଛନ୍ତି। ସେହି ନବ ଲୋକରେ ହିଁ ସେ ତାଙ୍କର ପ୍ରେୟସୀକୁ ଇଚ୍ଛା ମତେ ସୁବେଶ କରାଇ ପାରିବେ, ଅଥବା ସ୍ୱପ୍ନରେ ହିଁ ତାଙ୍କ ପ୍ରେୟସୀର ରୂପକୁ ରଚି ପାରିବେ। ଏହି କବିତାଟି ସଂପୂର୍ଣ୍ଣ ଭାବରେ ପଳାୟନବାଦୀ କବିତା ଅଟେ।

ଯୌବନର ପୂଜକ:

'ଯଉବନ ଥରେ ଗଲେ ଆଉ ଆସେନା' ଏବଂ 'ଉଦ୍‌ଭିନ୍ନ ଯୌବନ' ଏ କବିତା ଦ୍ୱୟରେ କବି ଯୌବନକୁ ବନ୍ଦନା କରିଛନ୍ତି। କବିଙ୍କ ମତରେ- ଯଉବନ ଯଦି ଥରେ ମାତ୍ର ଏ ଶରୀରରୁ ଚାଲିଯାଏ ତେବେ ଯେତେ ଝୁରିଲେ ମଧ୍ୟ ଆଉ ଫେରିଆସେ ନାହିଁ। କବି ସୌନ୍ଦର୍ଯ୍ୟ ଏବଂ ଯୌବନର କ୍ଷଣିକତାକୁ ସହ୍ୟ କରିପାରନ୍ତି ନାହିଁ। ଯୌବନ ତାଙ୍କ ଜୀବନ ପରିଧିରୁ ଅତିକ୍ରାନ୍ତ ହୋଇଗଲେ ଜୀବନ ଧାରଣ କରିବା ଅର୍ଥହୀନ ହୋଇପଡ଼େ। ତେଣୁ ଯୌବନ ଚାଲିଯିବା ସହିତ ତାଙ୍କ ଜୀବନ ମଧ୍ୟ ଚାଲିଯିବାକୁ ସେ ଚାହିଁଛନ୍ତି। (୩୪)

ସେ କହିଛନ୍ତି ଫୁଲ ଥରେ ଝଡ଼ିଗଲେ ଆଉ ଥରେ ଫୁଟିପାରେ, ଶଶି ଥରେ ବୁଡ଼ିଗଲେ ଆଉ ଥରେ ଉଠିପାରନ୍ତି। ବସନ୍ତ ଋତୁ ଥରେ ଚାଲିଗଲେ, ଆଉ ଥରେ ନିଶ୍ଚୟ ଆସେ। ତେଣୁ ଏ ଧରା ବା ଅବନୀ କ'ଣ ପାଇଁ ଉଦାସ ରହିବ। (୩୫) କିନ୍ତୁ ଥରେ ଯଉବନ ଚାଲିଗଲେ ଆଉ କ'ଣ ଶରୀରରେ ଆସିବ କି? ତେଣୁ ଜଗତରେ

---

(୩୩) "ନୟନ ପରେ ନୟନ ରଖି/ ମରମ ସାଥେ ମରମ ଯୋଖି
ସ୍ୱପନ ସୁଖେ ଥିବା ଗୋ
ପ୍ରେମ ପୁରୁଣା ନ ହୁଏ ଯହିଁ/ ଚାଲ ସେ ପୁରେ ଯିବା ଗୋ ସହି,
ଚାଲ ସେ ପୁରେ ଯିବା ଗୋ।"
(ସୃଜନ ସ୍ୱପ୍ନ - ସବୁଜ ଅକ୍ଷର - ପୃ:୧୪)

(୩୪) "ଯଉବନ ସାଥେ ଯାଉ ଜୀବନ ମୋର,
ଜରା ତୋର ସାଥେ ଆସୁ ମରଣ ମୋର।"
(ଯଉବନ ଥରେ ଗଲେ ଆଉ ଆସେନା, ସବୁଜ ଅକ୍ଷର - ପୃ:୨୩)

(୩୫)

ଯାହା ଯାହା ଘଟୁଛି ସେସବୁରେ ପୁନର୍ଜନ୍ମ ଅଛି କିନ୍ତୁ ମନୁଷ୍ୟ ଜୀବନରେ ଯାହା ଘଟିଯାଇଛି ତାହା ଆଉ ଫେରି ଆସିବ ନାହିଁ। (୩୬)

'ଉଦ୍‌ଭିନ୍ନ ଯୌବନ'ରେ କବି ଯୌବନ ଶରୀରକୁ ଆସିଲେ କିପରି ଦେହ ମନ ପୁଲକିତ ହୋଇ ଉଠେ ତାହା ବର୍ଣ୍ଣନା କରିଅଛନ୍ତି। (୩୭) ଯୌବନର ପୂଜକ କବି ଅନ୍ନଦା ଶଙ୍କରଙ୍କର ଏ ଦୁଇଟି କବିତା ଯୌବନ ଉଦ୍ଦେଶ୍ୟରେ ଲିଖିତ।

ବୈପ୍ଲବିକ ଭାବନା:

'ପ୍ରଳୟ ପ୍ରେରଣା' କବିତାରେ କବିଙ୍କର ବୈପ୍ଲବିକ ଭାବନା ପ୍ରକାଶ ପାଇଛି। ପଳାନୟପନ୍ଥୀ କବି ଅନ୍ନଦା ଶଙ୍କର 'ପ୍ରଳୟ ପ୍ରେରଣା'ରେ ଉକତ ବିପ୍ଲବାତ୍ମକ ବାଣୀ ଶୁଣାଇବାକୁ କବିତାର ଆଦ୍ୟରେ ଚାହିଁଥିଲେ ହେଁ ପରକ୍ଷଣରେ ତରଳ ରୋମାଣ୍ଟିକ୍ ଭାବ ବିନ୍ୟାସରେ ସେଇ ବିପ୍ଳବାତ୍ମକ କବିତାଟି ନିଜର ଭାରସାମ୍ୟ ହରାଇ ଏକ ଦ୍ୱନ୍ଦ୍ୱାତ୍ମକ ମନୋଭାବ ନେଇ ଠିଆ ହୋଇଛି। ତଥାପି କବି ଏହି କବିତାରେ ଅନେକ ବିପ୍ଳବର କଥା କହିଛନ୍ତି। ଯେହେତୁ ସେ ନିଜେ ରୋମାଣ୍ଟିକ୍‌ର ଗୁଣଗ୍ରାହୀ। ତେଣୁ କବିତାରେ ମଝିରେ ମଝିରେ ରୋମାଣ୍ଟିକ୍ ଶବ୍ଦପୁଞ୍ଜ ଖଞ୍ଜି ଦେଇଛନ୍ତି। ଫଳରେ କବିତାଟି ଉଗ୍ର ବିପ୍ଳବାତ୍ମକ କବିତା ହୋଇପାରିନାହିଁ। କବି ବିପ୍ଳବର ବାଣୀ ଶୁଣାଇ କହିଛନ୍ତି-

"ଅଗ୍ନିକଣା ! ଅଗ୍ନିକଣା ! / ଦେହଦୀପେ ଜାଳ ଦୀପ୍ତଶିଖା,/
ତୀବ୍ର ତେଜେ ଦହିବି ମୁଁ ଜଡ଼ତାର ଅନ୍ଧ କୁଜ୍‌ଝଟିକା।"

ପୁଣି ରୋମାଣ୍ଟିକ୍ ଶବ୍ଦାବଳୀ ଗ୍ରହଣ କରି କବି ଲେଖିଛନ୍ତି- "ମୋତେ କର ବଂଶୀ ତବ-/ ବଜାଇବି ଭୈରବୀ ରାଗିଣୀ,/ ଝଞ୍ଜାରାଣି ! ମୋ ସଂଗୀତେ/ ମିଶୁ ତବ କଙ୍କଣ କିଙ୍କିଣି।"

---

(୩୬) "ଜଗତେ ହଜେନା କିଛି, ହଜେ ଜୀବନେ,
ବାହାରେ ବେଦନା ନାହିଁ, ବେଦନା ମନେ।"
(ଯଉବନ ଥରେ ଗଲେ ଆଉ ଆସେନା- ପୃ: ୨୪- ସବୁଜ ଅକ୍ଷର)

(୩୭) "ଆଜି ମୋର ଦେହ ମନେ ଏ କି ଯୁଗାନ୍ତର
ଆଜି ମୋର ତରୁଣ ଅନ୍ତର
ଜୀବନର ଏ ପ୍ରଭାତେ
ଯୌବନର ରଶ୍ମି ପାତେ
ଶତ ବର୍ଣ୍ଣେ ଫୁଟିଲା ସତେ କି ?"
(ଉଦ୍‌ଭିନ୍ନ ଯୌବନ, ପୃ-୫୧, ସବୁଜ ଅକ୍ଷର)

ତଥାପି କବି 'ପ୍ରଳୟ ପ୍ରେରଣା'ରେ କିଛି ବିପ୍ଳବର ବାଣୀ ଶୁଣାଇଛନ୍ତି, ଯାହା ତତ୍‌କାଳୀନ ସମୟରେ ଓଡ଼ିଆ ସାହିତ୍ୟ ପାଇଁ ସଂପୂର୍ଣ୍ଣ ନୂଆ ଏକ ସ୍ୱର ପରି ମନେ ହେଉଥିଲା। ସେ ସ୍ୱର ତାଙ୍କ କବିତାରେ ଅଗ୍ରଗତି ଲାଭ କରି ନ ପାରି ଏକ ପ୍ରଗତିଶୀଳ ଆଭିମୁଖ୍ୟକୁ ହରାଇ ବସିଛି।

ଜୀବନର ଅପ୍ରାପ୍ତି, ଅବସୋସ ଜନିତ ବ୍ୟଥାକୁ ଦୂର କରିବାକୁ ଯାଇ କବି ସୁକୋମଳ ପ୍ରକୃତିର ମୁଲାୟମ କୋଳକୁ ପଳାୟନ କରିବାକୁ ଆଶା ପୋଷଣ କରନ୍ତି। ପୁଣି ପ୍ରକୃତି ତାଙ୍କୁ ଜଗତର ଯେତେକ ଦୁଃଖ, ଶୋକ, ତାପ, ବ୍ୟଥାକୁ ଦୂର କରିବାରେ ସାହାଯ୍ୟ କରେ। ଶୁଭ ଶାରଦୀୟ ପ୍ରଭାତ, ଆଲୋକସ୍ନାତ ତୃଣରାଜି, ମଧୁ ସମୀରଣ, ଶେଫାଳୀର ସୁବାସ ଓ ପକ୍ଷୀର କଳଗୀତ ତାଙ୍କ ପ୍ରାଣରୁ ଦୁଃଖ ହରଣ କରିନିଏ।

"ଆଜି ଏ ଶୁଭ ଶାରଦ ପ୍ରାତ ଶ୍ୟାମଳ ତୃଣ ଆଲୋକ ସ୍ନାତ
 ସମୀର ବହେ ମଧୁର
ଶେଫାଳି ବାସେ ବିହଗଗୀତେ, ପାଶୋରି ଗଲି ଆଚମ୍ବିତେ
 ଜଗତ ବ୍ୟଥା ବିଧୁର।"

(ସୃଜନ ସ୍ୱପ୍ନ, ସବୁଜ ଅକ୍ଷର, ପୃ:୯)

ପୁଣି କବି ସାଗରକୁ ବନ୍ଧୁ ବୋଲି ସମ୍ବୋଧନ କରନ୍ତି। ତା'ର ଭୟଙ୍କର ନୀଳ ଜଳରାଶିର ଗର୍ଜନରେ କବି ବରଂ ଭୟଭୀତ ନ ହୋଇ ଉଲ୍ଲସିତ ହୋଇ ଉଠନ୍ତି।

"ହେ ସାଗର, ବନ୍ଧୁ ମୋର/ ଦୟାହୀନ ଭୟଙ୍କର ଅସିତ ବରଣ
ପ୍ରଳୟ ଉଲ୍ଲାସେ ଘୋର/ ସର୍ବାଙ୍ଗ ଯାଚଇ ମୋର ନିବିଡ଼ ମରଣ।"

(ସାଗର ପ୍ରତି, ସବୁଜ ଅକ୍ଷର, ପୃ:୪୮)

ପ୍ରକୃତି କୋଳକୁ ପଳାୟନ କରିବାକୁ କିମ୍ବା ପ୍ରକୃତିର ରୂପ ବୈଭବ କବି ପ୍ରାଣକୁ ଖୁବ୍ ଆନନ୍ଦ ଦେଇଛି।

ବାସ୍ତବବାଦୀ ଚେତନା:

ପଦ୍ମଭୁକ୍ ସ୍ୱପ୍ନଠାରୁ ବିଦାୟ ନେଇ ଆସ୍ତେ ଆସ୍ତେ ବାସ୍ତବ ଜଗତର ଧୂସର ପାଣ୍ଡୁର ମଳିନ ରାସ୍ତାକୁ ଅବତରଣ କରିଛନ୍ତି। ତତ୍କାଳୀନ ସାମାଜିକ, ରାଜନୀତିକ ପରିସ୍ଥିତି ପ୍ରତି କବି ଧ୍ୟାନ ଦେଇଛନ୍ତି। ସେ ଆଉ କଳ୍ପଲୋକର ସ୍ୱପ୍ନରାଜ୍ୟରେ ବିଚରଣ କରିବାକୁ ଚାହିଁନାହାନ୍ତି। ତେଣୁ ସେ ସ୍ୱପ୍ନପ୍ରବଣତା, ଜଡ଼ତା, ନିଶ୍ଚେଷ୍ଟତା ଓ ପରାଧୀନତା ବିରୁଦ୍ଧରେ ସ୍ୱର ଉତ୍ତୋଳନ କରିଛନ୍ତି। କବିଙ୍କ ରଚିତ 'ସବିତା' କବିତା ଏହାର ଏକ ବଳିଷ୍ଠ ଉଦାହରଣ।

"ଜାଗରେ ଜାଗ ଉତ୍କଳର ତରୁଣ ସୁତା ସୁତ ନିକର
ନବ ଜଗତେ ଜାଗରେ ନବ ଯୁଗରେ।"

(ସବିତା, ସବୁଜ ଅକ୍ଷର, ପୃ:୬୩)

କବିଙ୍କର ଅନ୍ୟ ଗୋଟିଏ କବିତା 'କମଳା ବିଳାସୀର ବିଦାୟ'ରେ ମଧ୍ୟ ବାସ୍ତବତା ପ୍ରତି ସଚେତନତା ପ୍ରକାଶ ପାଇଛି। ଏଠାରେ ସ୍ୱପ୍ନବାଦୀ, ପଦ୍ମଭୁକ୍ କବି ଅନ୍ନଦା ଶଙ୍କର ବିଚାରସଂପନ୍ନ ହୋଇ ଉଠିଛନ୍ତି। ପଳାୟନବାଦୀ କବି ଅତୀତର ସମସ୍ତ ସ୍ୱପ୍ନ ବିଳାସକୁ ଦୂରକୁ ଠେଲି ଦେବାକୁ ଚାହିଁଛନ୍ତି। କାରଣ ଜୀବନ ସଂଗ୍ରାମର ନିଷ୍ଠୁର ବାସ୍ତବତାର ଆହ୍ୱାନ ସେ ଶୁଣିବାକୁ ପାଇଛନ୍ତି। ଏହି ଉତ୍କଟ ବାସ୍ତବତା ତା'ର ଚକ୍ଷୁ ସାମ୍ନାରେ ସଦାସର୍ବଦା ଉଦ୍‌ଭାସିତ ହୋଇ ଉଠିଛି। ସେ ଏ ବାସ୍ତବତାକୁ ପରିହାର କରି କେତେକାଳ ଆଉ ଯୌବନ, କଳ୍ପନା, ପ୍ରେମ, ପ୍ରଣୟ, ପ୍ରିୟା, ପ୍ରୀତିକୁ ନେଇ ସ୍ୱପ୍ନ ଦେଖିବ? କବି ଏସବୁଥିରୁ ତୁରନ୍ତ ମେଲାଣି ଚାହାଁନ୍ତି।

"କମଳ-ବିଳାସୀ ଆଜି ମାଗୁଛି ବିଦାୟ;
ଫେରିଲେ, ଫେରିବ ଦିନେ ଉଦାସୀ ପରାୟା।"

ଏ କବିତାଟିର ଶେଷରେ ବିଷଣ୍ଣତାର ସ୍ୱର ପ୍ରକାଶିତ। କବିଙ୍କୁ ବିଷାଦବାଦୀ ଚିନ୍ତାଧାରା ଘାରିଛି। କବି ଆଉ ପଦ୍ମଭୁକ୍ ନ ହୋଇ ବାସ୍ତବବାଦୀ ହୋଇଯିବାକୁ ସବୁଦିନ ପାଇଁ ଚାହିଁଛନ୍ତି ଏହି କବିତାଟିରେ। ବାସ୍ତବର ଉଚ୍ଚାଟ ଆହ୍ୱାନରେ କବିଙ୍କର ପ୍ରେମ, ପ୍ରଣୟ, ଯୌବନ, ପରୀରାଜ୍ୟର ସ୍ୱପ୍ନ ଏ ସମସ୍ତ ନିର୍ବାସିତ ହୋଇଯାଇଛନ୍ତି କବିଙ୍କ ହୃଦୟରୁ। "କବିର ଚେତନାରେ ଖାଲି ବସନ୍ତର ଉଲ୍ଲାସ ନୁହଁ; ଶୀତର ହିମ ଶୀତଳ ଅତ୍ୟାଚାର ମଧ୍ୟ ସତ୍ୟ, କେବଳ ବହିଃ ବିଶ୍ୱର ନୁହେଁ, ସ୍ୱଦେଶର ପ୍ରତି ଧୂଳିକଣା ପୃଥିବୀର ନଦୀଗିରିର ଡାକରା ମଧ୍ୟ ସତ୍ୟ। ପୁଣି ତା' ଚେତନାରେ ରୋଗ-ଶୋକ-ଦୁଃଖ-ଦୈନ୍ୟ ପ୍ରପୀଡ଼ିତ ମଣିଷର ସ୍ୱର ଏକ ପ୍ରଗତିବାଦୀ ଚେତନାର ବୈତାଳିକ ଭାବେ ବେଶ୍ ମନୋଜ୍ଞ ଓ ମନନଶୀଳ। ତା'ର ଶ୍ୱାସରେ ପ୍ରଳୟର ଉତ୍‌କ୍ଷିପ୍ତ କମ୍ପନ, ପ୍ରତି ରକ୍ତକଣାରେ ତରଳ ଲାଭା ସ୍ରୋତ।" (୩୮) ଏହାହିଁ କବି ଚେତନାର ଏକ ସମନ୍ୱୟ ଶୀଳ ଶାଣିତ କାବ୍ୟ ପ୍ରତିକ୍ରିୟା ବୋଲି କହିବାକୁ ହେବ।

ବିଷାଦବାଦୀ ଚେତନା:

କବିଙ୍କର 'କମଳା ବିଳାସୀର ବିଦାୟ' କବିତାରେ ବିଷାଦବାଦୀ ଚିନ୍ତାଧାରା

---

(୩୮) ସବୁଜରୁ ସାଂପ୍ରତିକ - ପ୍ରଫେସର ନିତ୍ୟାନନ୍ଦ ଶତପଥୀ - ପୃ:୧୬

ଦର୍ଶାଯାଇଛି। କବି ପୂର୍ବରଚିତ ସ୍ୱପ୍ନପ୍ରବଣ କବିତା ଗୁଡ଼ିକୁ ନିଜ ମାନସପଟରୁ ବିଦାୟ ଦେବାକୁ ଚାହିଁଛନ୍ତି। କଳ୍ପନାର କୁଟୀର ରଚନା କରି ଏକ ଅବାସ୍ତବ ରାଜ୍ୟର ପରିକଳ୍ପନା କରିବାକୁ ସେ ଚାହାଁନ୍ତି ନାହିଁ। ବାସ୍ତବତା ପ୍ରତି କବି ସଚେତନ ହୋଇ ଉଠିଛନ୍ତି। ତେଣୁ ଉକ୍ତ କବିତାରେ କବି ପୂର୍ବର କମଳ ବିଳାସୀ କବିକୁ ବିଦାୟ ଦେଇଛନ୍ତି ବିଷାଦବାଦ ଦେଇ।

ନୂତନ ଛନ୍ଦର ପ୍ରୟୋଗ:

ଓଡ଼ିଆ କବିତାର ସମସ୍ତ ପୁରାତନ ଛନ୍ଦକୁ କବି ତାଙ୍କ କବିତାଗୁଡ଼ିକରେ ପରିହାର କରିଛନ୍ତି ଏବଂ ନୂତନ ଛନ୍ଦ ପ୍ରୟୋଗ କରିଛନ୍ତି। ସେ ଧାବମାନ ଛନ୍ଦ ଓ ମାତ୍ରା ବୃତ୍ତ ଛନ୍ଦର ପ୍ରଚଳନ କରିଛନ୍ତି ତାଙ୍କ ଗୀତିକବିତା ଗୁଡ଼ିକରେ।

କବି ଅନ୍ନଦାଶଙ୍କର ଓଡ଼ିଆ ସାହିତ୍ୟରେ ମାତ୍ର ୧୪ ଗୋଟି ଗୀତିକବିତା ଲେଖି ମଧ୍ୟ ସେ ଏକ ସ୍ୱତନ୍ତ୍ର ଆସନର ଅଧିକାରୀ ହୋଇପାରିଛନ୍ତି। ସେ ତା'ପରେ ଓଡ଼ିଆ ସାହିତ୍ୟରୁ ଯାଇ ବଙ୍ଗଳା ସାହିତ୍ୟରେ ପ୍ରବେଶ କରିଛନ୍ତି ଏବଂ ଅଦ୍ଭୁତ ସିଦ୍ଧିର ଅଧିକାରୀ ମଧ୍ୟ ହୋଇପାରିଛନ୍ତି। ଅନ୍ନଦାଶଙ୍କରଙ୍କୁ ଏଥିପାଇଁ ଓଡ଼ିଶାରେ ଅନେକ ଭୁଲ୍ ବୁଝିଥାନ୍ତି ଯେ କ'ଣ ପାଇଁ ସେ ଓଡ଼ିଆ ସାହିତ୍ୟରୁ ବିଦାୟ ନେଲେ। ଏ ସମ୍ବନ୍ଧରେ ନିଜେ ଅନ୍ନଦା ଶଙ୍କର କହନ୍ତି, "ମୋର ଓଡ଼ିଶା ଛାଡ଼ିବା କାରଣ ମଧ୍ୟ ଲୋକେ ଭୁଲ୍ ବୁଝନ୍ତି। ଓଡ଼ିଆ ଓ ବଙ୍ଗଳା ଦୁଇଟା ଭାଷାରେ ସାହିତ୍ୟ ସୃଷ୍ଟି କରିବା ସମ୍ଭବ ନୁହେଁ। ରାଧାନାଥଙ୍କ ଜୀବନରେ ଏଭଳି ଗୋଟିଏ ସଂକଟ ମୁହୂର୍ତ୍ତ ଆସିଥିଲା। ସେ ବଙ୍ଗଳା ଛାଡ଼ି ଓଡ଼ିଆକୁ ବାଛିନେଲେ। ମୁଁ ଓଡ଼ିଆ ଛାଡ଼ି ବଙ୍ଗଳାକୁ ବାଛିନେଲି। ଯେଉଁଦିନ ବଙ୍ଗଳାକୁ ବାଛି ନେବାର ସିଦ୍ଧାନ୍ତ ନେଲି, ସେଦିନ ମୁଁ ଜାଣି ନ ଥିଲି ଯେ ବଙ୍ଗଳାରେ ମୁଁ ବଡ଼ ବଡ଼ ବହି ଲେଖିବି ବା ଲୋକେ ମୋ ବହି କିଣିବେ ବା ସାହିତ୍ୟ କ୍ଷେତ୍ରରେ ମୋର ଗୋଟାଏ ସ୍ଥାନ ହେବ। ବରଂ ଓଡ଼ିଆରେ ଅଳ୍ପ ବୟସରେ ବହୁତ ସାଫଲ୍ୟ ଲାଭ କରିଥିଲି। ନିଶ୍ଚିତକୁ ଛାଡ଼ି ଅନିଶ୍ଚିତକୁ ବରଣ କରିବା କୌଣସି ବୁଦ୍ଧିମାନ ବ୍ୟକ୍ତିର କାମ ନୁହେଁ। କିନ୍ତୁ ଦେଖାଯାଉଛି ମୁଁ ମୋର ଏକ-ନିଷ୍ଠତା ଦ୍ୱାରା ଅନିଶ୍ଚିତକୁ ଅନୁକୂଳ କରିପାରିଛି।" (୩୯) ଓଡ଼ିଆ ପାଠକ ମନରୁ ଭ୍ରାନ୍ତ ଧାରଣା ଦୂର ହେବା ପାଇଁ ସେ ଏ ଚିଠିଟି ଲେଖିଥିଲେ।

ରୋମାଣ୍ଟିକ୍ ଅନ୍ନଦାଶଙ୍କର ନିଜ ଦେଶ ଜାତିକୁ ଭଲପାଉଥିଲେ। ଓଡ଼ିଶାବାସୀ

---

(୩୯) ସବୁଜ ଅକ୍ଷର - ପରିଶିଷ୍ଟ - ୧ ଚିଠି, ଅନ୍ନଦା ଶଙ୍କର, ପୃ:୨୫୬

ତଥା ଓଡ଼ିଆ ଭାଷା ପ୍ରତି ତାଙ୍କର ଶ୍ରଦ୍ଧା ଅତ୍ୟନ୍ତ ଥିଲା। ତେଣୁ ସେ ଲେଖିଥିଲେ, "ଆଧୁନିକ ଯୁଗ ସମ୍ବନ୍ଧରେ ଆମର ଔତ୍ସୁକ୍ୟ ଆମମାନଙ୍କର ଦେଶ-ପ୍ରୀତି ହ୍ରାସ କରି ନ ଥିଲା। ଦେଶର ରସଧାରାରେ ଆମେ ଆନନ୍ଦର ସହିତ ଅବଗାହନ କରିଥିଲୁ। ତାହା ଯଦି ହୋଇ ନ ଥାନ୍ତା, ତେବେ ଆମେ କାହିଁକି ଇଂରାଜୀରେ ନ ଲେଖି ଓଡ଼ିଆରେ ଲେଖିଥାନ୍ତୁ? ନିଜ ଭାଷା, ନିଜ ସାହିତ୍ୟ, ନିଜ ଦେଶ, ନିଜ ଜାତି, ନିଜ ସମାଜ, ନିଜ ଧର୍ମ ଆମର ପରମ ପ୍ରିୟ ଥିଲା। ଆମେ ତାହାରି ଧ୍ୟାନ କରୁଥିଲୁ।"(୪୦)

ମାତ୍ର ଏଇ ଚଉଦଟି କବିତା ମଧ୍ୟରେ ଅନ୍ନଦାଶଙ୍କରଙ୍କର କୃତିତ୍ୱ ବେଶ୍ ପରିଲକ୍ଷିତ। "ତାଙ୍କ କବିତା ତାରୁଣ୍ୟର ଉଗ୍ରତା, ଉଦ୍ଧତ ଯୌବନର ଫେନିଳ ଉଦ୍ଦାମତା, ପୁଣି ବାର୍ଦ୍ଧକ୍ୟସୁଲଭ ବିଚାର ନିଷ୍ଠା ଓ ଭୀରୁତାର ପରିଚାୟକ ସମସ୍ତ ବାଧା ବନ୍ଧନ ବିରୁଦ୍ଧରେ ଏ କବିତା ଯେତିକି ଅବାରିତ ବିଦ୍ରୋହଶୀଳ ସେତିକି ସ୍ଥବିରତାରେ କୁଣ୍ଠିତ ଓ ମ୍ରିୟମାଣ। ସମାଜର ଦଳିତ ସ୍ଥିତି ବିରୁଦ୍ଧରେ ନବୀନ ସୃଷ୍ଟିର ଉନ୍ମାଦନା ଓ ପଳାୟମାନ ଅବସୋସ ଏହିପରି ଦ୍ୱୈତ ସ୍ୱରରେ ତାଙ୍କ କାବ୍ୟ ଚେତନା ସବୁବେଳେ ଆନ୍ଦୋଳିତ ହୋଇଛି।"(୪୧)

ପ୍ରକୃତରେ ଅଗ୍ରଜ ଅନ୍ନଦାଶଙ୍କର ସବୁଜ ଧାରାର ଜଣେ ବଳିଷ୍ଠ କାବ୍ୟ ପ୍ରତିଭା ଅଟନ୍ତି।

---

(୪୦) ସାହିତ୍ୟ ସ୍ମୃତି, ପୃ:୨୫୧

(୪୧) ସବୁଜରୁ ସାଂପ୍ରତିକ, ଡ. ନିତ୍ୟାନନ୍ଦ ଶତପଥୀ, ପୃ:୧୭

ବୈକୁଣ୍ଠନାଥ ପଟ୍ଟନାୟକ

ସଖା ବୈକୁଣ୍ଠ, ସବୁଜ ଧାରାରେ ପଞ୍ଚସଖା ମଧ୍ୟରୁ ଅନ୍ୟତମ ବିଶିଷ୍ଟ କବି ଭାବରେ ନିଜକୁ ବେଶ୍ ସୁପ୍ରତିଷ୍ଠିତ କରିପାରିଥିଲେ ଓଡ଼ିଆ ସାହିତ୍ୟରେ। ସେ ଜଣେ ନିରଳସ ତଥା ନିଷ୍ଠାପର ସାଧକ ଥିଲେ। ବିଭିନ୍ନ ପୁଷ୍ପମଣ୍ଡିତା ତାଙ୍କ ଉଦ୍ୟାନ। ଜୀବନର ପ୍ରାରମ୍ଭରୁ ଖୁବ୍ ନିଷ୍ଠାପର ତଥା ତନ୍ନତନ୍ନ କରି କବିତା ବିଭାଗଟିକୁ ଆପଣେଇ ନେଇଥିଲେ। କେବଳ କବିତା ଦିଗଟି ଦ୍ୱାରା ସେ ଓଡ଼ିଆ ସାହିତ୍ୟରେ ସୁପ୍ରତିଷ୍ଠିତ ହୋଇ ପାରିଛନ୍ତି। କବିତା ତାଙ୍କ ଜୀବନର ସବୁକିଛି। (୧)

ତାଙ୍କ କବିତାର ଦିଗ ଅନେକ ରଙ୍ଗରେ ରଙ୍ଗାୟିତ। କେତେବେଳେ ରୋମାଣ୍ଟିକ୍‌ର ରସର ପ୍ଲାବନରେ ଭାସିଯାଇଛନ୍ତି ତ କେତେବେଳେ ସେ ବିପ୍ଳବୀ ବିଦ୍ରୋହୀର ମନୋଭାବ ନେଇ ଭାରାକ୍ରାନ୍ତ ହୋଇଛନ୍ତି କ କେତେବେଳେ ବିଭୁପାଦ ହିଁ ଜୀବନର ଶ୍ରେୟ ବୋଲି ମଣିଛନ୍ତି। ପୁଣି ଶେଷରେ ରହସ୍ୟାବୃତ୍ତରେ ଛନ୍ଦି ହୋଇ ପଡ଼ିଛନ୍ତି କବି ବୈକୁଣ୍ଠ। ବିଚିତ୍ର ବର୍ଣ୍ଣବିଭାରେ ବିମଣ୍ଡିତା ତାଙ୍କ କବିତା ସମଗ୍ର। ପରକ୍ଷଣରେ କବିଙ୍କର ଜୀବନ ମନେ ହେଉଥିଲା ନିଃସ୍ୱ। ଏହିପରି ନିଃସଙ୍ଗତା ଓ ବେଦନାବୋଧ ବୈକୁଣ୍ଠନାଥଙ୍କ କବିତାର ପ୍ରାରମ୍ଭରୁ ପ୍ରକାଶିତ। କବି ରୋମାଣ୍ଟିକ୍ କବିତା ଲେଖିଛନ୍ତି ସତ କିନ୍ତୁ ତା'ର ଉତ୍ତାଳ ସ୍ରୋତରେ ଭାସିଯାଇନାହାନ୍ତି। ସେ ବିମର୍ଷ ହୋଇ ଉଠିଛନ୍ତି। (୨)

ବୈକୁଣ୍ଠଙ୍କ ବ୍ୟକ୍ତିତ୍ୱ ମହାନ୍। ନିଜ ପାଇଁ କିଛି କରି ନାହାନ୍ତି। ତାଙ୍କର ବ୍ୟକ୍ତିତ୍ୱର ବର୍ଣ୍ଣନା ଖୁବ୍ ସୁନ୍ଦର ଭାବରେ 'ବୈକୁଣ୍ଠନାଥ ଗ୍ରନ୍ଥାବଳୀ'ରେ ପ୍ରଥମ ଭାଗରେ ବର୍ଣ୍ଣିତ। "ଶୁଦ୍ଧପୂତ ଚରିତ୍ର, ମୁକ୍ତ ଆତ୍ମା, ସରଳ ସୁସ୍ଥ ହୃଦୟ ବୈକୁଣ୍ଠନାଥ ବାର୍ଦ୍ଧକ୍ୟ ଓ ବ୍ୟାଧି

---

(୧) "କବିତା ତାଙ୍କ କୈଶୋର-ସଙ୍ଗୀ, ଯୌବନର ପ୍ରିୟା, ବାର୍ଦ୍ଧକ୍ୟର ଅବଲମ୍ବନ ଯଷ୍ଟି। କବିତା ତାଙ୍କର ସୌଖ୍ୟବିଳାସ, ବେଦନା-ସମବେଦନା ଧ୍ୟାନ, ଧୀମତ୍ତା ଓ ଜୀବନ ଦର୍ଶନର ବାଣୀ ବହନ କରେ। ଜୀବନର ଘୋର ରୌଦ୍ରର ଛାୟା ସେ, ପିପାସାର୍ତ୍ତେ ପ୍ରାଣର ଶାନ୍ତି ବାରି।"

(ବୈକୁଣ୍ଠନାଥ ଗ୍ରନ୍ଥାବଳୀ, ପୃ-୧, ପ୍ରଥମ ଭାଗ)

(୨) କାବ୍ୟ ଚେତନାର ଏହି ମହକ କାରୁଣ୍ୟରେ ସବୁଜର ଉଦ୍ଦାମ ଆବେଗ ପ୍ରାୟ ତିରୋହିତ। କବି ଯୌବନର ପୂଜା କରିଛନ୍ତି; ତାରୁଣ୍ୟର ଉଚ୍ଛଳ ତରଙ୍ଗରେ କିନ୍ତୁ ଭାସି ନାହାନ୍ତି; ଜୀବନ ସହିତ ଜରାର ମୃତ୍ୟୁର ଭୀମ ସଂକେତରେ ସଂକୁଚିତ ଓ ମ୍ରିୟମାଣ। ସତେ ଯେପରି ମୂଳରୁ ହିଁ ସବୁଜ ହୋଇଛି, ଦଳିତ ଓ ଜରାଗ୍ରସ୍ତ।

(ଡକ୍ଟର ନିତ୍ୟାନନ୍ଦ ଶତପଥୀ - ସବୁଜରୁ ସାଂପ୍ରତିକ - ପୃ:୩୩)

ଭିତରେ ଗୋଧୂଳି ରଶ୍ମିରେ ଦୀପ୍ତିମନ୍ତ ଦିଶନ୍ତି।" (୩) କବି ଭାବରେ ସେ କେବେ ରୋମାଣ୍ଟିକ୍, କେବେ ବିପ୍ଳବୀ, କିନ୍ତୁ ଆମୂଳାନ୍ତ ଦାର୍ଶନିକ ଭାବାପନ୍ନ। ମାନବ ଜୀବନ ଅନିତ୍ୟ, ସଂସାର ପ୍ରବାସ ସାମୟିକ ଖେଳାଘର, ତାଙ୍କ କବିତାର ଭାବଗାମ୍ଭୀର୍ଯ୍ୟ ଚିତ୍ତକୁ ଶାନ୍ତ ସ୍ନିଗ୍ଧ ଓ ସମାହିତ କରେ।" (୪) ତୁଳସୀ ଦୁଇ ପତ୍ରରୁ ବାସି ଉଠିବ ପରି ପିଲାଟିଦିନରୁ କବି ହେବାର ବାସ୍ନା ତାଙ୍କ ଚତୁର୍ଦ୍ଦିଗକୁ ମହକାଇ ଦେଉଥିଲା କିନ୍ତୁ ସେ ତାଙ୍କର ଉଦାର ହୃଦୟରେ ନିଜେ ନିଜେ ଘୋଷଣା କରିଥିଲେ ତାଙ୍କର କେବେ କବି ହେବାର ବାସନା ନ ଥିଲା ବୋଲି। (୫) କିନ୍ତୁ ରାଶି ରାଶି କବିତା ସେ ଲେଖିଥିଲେ। ଏଥିପାଇଁ ତାଙ୍କୁ ଭଗବତ ଆଶୀର୍ବାଦ ମିଳିଥିଲା ବୋଲି ସେ ତାଙ୍କ ଗ୍ରନ୍ଥାବଳୀରେ ବର୍ଣ୍ଣନା କରିଥିଲେ। (୬) କବିତା ହିଁ ସତେ ଯେପରି ତାଙ୍କ ବଞ୍ଚିବାର ପାଥେୟ ଥିଲା। ବହୁ କବିତା ନାଟକ ଲେଖି ସେ ତାକୁ ହଜାଇ ଦେଇଥିଲେ। ସେଥିପାଇଁ କିନ୍ତୁ ତାଙ୍କର ଦୁଃଖ ନ ଥିଲା। କିଛି ପ୍ରକାଶ କରିବାର ଇଚ୍ଛା ମଧ୍ୟ ତାଙ୍କର ନ ଥିଲା। ସେ ରବୀନ୍ଦ୍ର ନାଥଙ୍କ ଅନୁପ୍ରେରକ ଥିଲେ। ରବୀନ୍ଦ୍ର ନାଥଙ୍କୁ ଅନୁସରଣ କରି ସେ କବିତା ମଧ୍ୟ ଲେଖିଥିଲେ। "ଶୁଦ୍ଧ ଓ ଉତ୍କୃଷ୍ଟ ରୁଚି ହେତୁରୁ ରବୀନ୍ଦ୍ରନାଥଙ୍କର ରଚନାବଳୀ ମୋ ଜୀବନରେ ଗୀତାର ସ୍ଥାନ ଲାଭ କରିଅଛି।" (ବୈକୁଣ୍ଠନାଥ ଗ୍ରନ୍ଥାବଳୀ, ପୃ:୩୪)

ତା'ଛଡ଼ା କବି ଭକ୍ତଚରଣଙ୍କ 'ମନବୋଧ ଚଉତିଶା', ଦୀନକୃଷ୍ଣଙ୍କର 'କୃପାସିନ୍ଧୁ ବଦନ', ସାମନ୍ତସିଂହାରଙ୍କର 'ବିଦଗ୍ଧ ଚିନ୍ତାମଣି', ଭୀମ ଭୋଇଙ୍କ ଭଜନ, କଲେଜ ଜୀବନରେ 'ସ୍ମୃତି ଚିନ୍ତାମଣି', ସ୍କୁଲ୍ ଜୀବନରେ ମଧୁସୂଦନ

---

(୩) ବୈକୁଣ୍ଠନାଥ ଗ୍ରନ୍ଥାବଳୀ - କବି ବୈକୁଣ୍ଠନାଥ, ଜୀବନୀ ଓ କୃତି - ପୃ:୨

(୪) କବି ହେବାର ବାସନା ମୋର କେବେ ନ ଥିଲା। "It at all I am a poet that is accident." ବାଲ୍ୟକାଳରୁ ବିପ୍ଳବ କରିବାର ଇଚ୍ଛା ମୋର ଥିଲା। ଓ ରାଜନୀତିଜ୍ଞ ହେଲେ ରାଜ୍ୟର ପରିସ୍ଥିତି ବଦଳାଇ ପାରିବି ବୋଲି ବିଶ୍ୱାସ ଥିଲା। ପ୍ଲାଟ୍‌ଫର୍ମରେ ଠିଆହୋଇ ଲମ୍ବା ବକ୍ତୃତା ଦେଉଥିବା କଥା ସ୍ୱପ୍ନରେ ଦେଖିଛି। କବିତାର ସ୍ୱପ୍ନ ଥରେ ମାତ୍ର ଦେଖିଥିଲି।

(ବୈକୁଣ୍ଠନାଥ ଗ୍ରନ୍ଥାବଳୀ - କବି ବୈକୁଣ୍ଠନାଥ ଜୀବନୀ ଓ କୃତି - ପୃ:୩୫)

(୫) ଜଣେ ଦେବୀ ଗୋଟିଏ ଉଚ୍ଚ ପତାକା ଧରିଥିଲେ। ସେଥିରେ କବିତାର ଗୋଟିଏ ଧାଡ଼ି ଲେଖା ଥିଲା। ମନେହୁଏ ସେ ମୋତେ ଅଙ୍ଗୁଳି ନିର୍ଦ୍ଦେଶ କରି କହିଲେ- "ବାକି ଧାଡ଼ିଗୁଡ଼ିକ ତୁ ପୂରଣ କର।" ମୁଁ ତହିଁ ଆରଦିନ ଉଠି ଯେଉଁ କବିତାଟି ଲେଖିଲି ସେଇଟି ଢେଙ୍କାନାଳ ସ୍କୁଲ୍‌ର ହାତଲେଖା ପତ୍ରିକାରେ ପ୍ରକାଶିତ ହୋଇଥିଲା, ମନେହେଉଛି।"

(ବୈକୁଣ୍ଠନାଥ ଗ୍ରନ୍ଥାବଳୀ, ପୃ:୧୮)

(୬) ମୁଁ ଓଡ଼ିଆ ସାହିତ୍ୟରେ ଅତି କମ୍ ନମ୍ବର ରଖି ଫେଲ୍ ହୋଇଗଲି।

(ବୈକୁଣ୍ଠନାଥ ଗ୍ରନ୍ଥାବଳୀ, ପୃ:୩୮)

ବିଶେଷତଃ ତାଙ୍କର ବସନ୍ତ ଗାଥା 'ଗ୍ରେଟ୍ ହଙ୍ଗର୍' ଉପନ୍ୟାସ ପୁସ୍ତକ ଘନ ଅନ୍ଧକାରରେ ଆଲୋକର ବର୍ତ୍ତିକା ସଦୃଶ କବିଙ୍କୁ ଅଭିଭୂତ କରି ପ୍ରେରଣା ଦେଇଥିଲା। କବି ବୈକୁଣ୍ଠ ତାଙ୍କ ବ୍ୟକ୍ତିଗତ ଜୀବନରେ ଖୁବ୍ ନମ୍ର, ଭଦ୍ର ଥିଲେ। ସେ କେବେହେଲେ ନିଜର ବଡ଼ିମା ଦେଖାଇବାକୁ ଚେଷ୍ଟା କରୁ ନ ଥିଲେ। ଏତେ ବଡ଼ ପ୍ରତିଷ୍ଠିତ ସାହିତ୍ୟିକ ଯେ ଓଡ଼ିଆ ସାହିତ୍ୟରେ ଅତି କମ୍ ନମ୍ବର ପାଇଁ ବି.ଏ. ଫେଲ୍ ହୋଇଯାଇଥିଲେ ଏବଂ ୧୯୨୬ ମସିହାରେ ପୁଣି ପାସ୍ କଲେ ତାହା ସେ ନିଜେ ଗ୍ରନ୍ଥାବଳୀରେ ପ୍ରକାଶ କରିଥିଲେ। (୬) ସେ ଇଂରାଜୀ ସାହିତ୍ୟରେ ମଧ୍ୟ ଖୁବ୍ ଭଲ ନମ୍ବର କଲେଜରେ ରଖି ପାରୁଥିଲେ। କିନ୍ତୁ ସେ କୌଣସି ଦିନ ପ୍ରତିଯୋଗିତାର ସମ୍ମୁଖୀନ ହେବାକୁ ଚାହୁଁ ନ ଥିଲେ। (୭) ରେଭେନ୍ସା କଲେଜରେ ହିଁ ପ୍ରକୃତରେ ସବୁଜ ଗୋଷ୍ଠୀର ଅଭ୍ୟୁଦୟ ହେଲା। ସେହି ପାଞ୍ଚଜଣ ମିଶି 'ସବୁଜ ସମିତି' ଗଠନ କରିପାରିଥିଲେ। ଏ ସମ୍ବନ୍ଧରେ ମୁଁ ପୂର୍ବୋକ୍ତ ଅଧ୍ୟାୟରେ ବର୍ଣ୍ଣନା କରିଅଛି। କଲେଜ ପାଠ୍ୟବସ୍ଥାରେ ବୈକୁଣ୍ଠଙ୍କ ଘରୁ ଖୁବ୍ ସୀମିତ ପରିମାଣ ଟଙ୍କା ଆସୁଥିବାରୁ ସେ ହଷ୍ଟେଲ୍‌ରେ ରହି ନ ପାରି ତାଙ୍କ ଦୂରସଂପର୍କୀୟ ପିଉସା (ଯିଏକି ପଶୁ ଡାକ୍ତର ଥିଲେ)ଙ୍କ ପଶୁ ଡାକ୍ତରଖାନାର ଏକ କ୍ଷୁଦ୍ର କୁଟୀରରେ ବସବାସ କରୁଥିଲେ ଏବଂ ସେହି କ୍ଷୁଦ୍ର କୁଟୀର ହିଁ ବୋଧହୁଏ ପଞ୍ଚସଖାଙ୍କ ମନର ମିଳନକୁ ଆହୁରି ଦୃଢ଼ କରି ଦେଇପାରିଥିଲା। ସେହି କୁଟୀର ମଧ୍ୟରେ ହିଁ ଅନ୍ନଦାଶଙ୍କର ଓ କବି ବୈକୁଣ୍ଠ ମିଶି ବିଲାତର କବି ଉଇଲିୟମ୍ କାଉପର୍‌ଙ୍କ ଭଳି ଗୋଟିଏ Nonsense Club ଗଠନ କରିବାର ପ୍ରସ୍ତାବ ଦେଇଥିଲେ। ଶେଷରେ ସେ ଏହି କ୍ଲବ୍ ଗଠନ କରି ଏକ ହାତଲେଖା ପତ୍ରିକା ପ୍ରକାଶ କଲେ। ଏହାର ନାମକରଣ ହରିହର କରିଥିଲେ। (୮) ତତ୍କାଳୀନ 'ଉତ୍କଳ ସାହିତ୍ୟ'ର ସଂପାଦକ ବିଶ୍ୱନାଥ କରଙ୍କ ସହାୟତାରେ 'ଉତ୍କଳ ସାହିତ୍ୟ'ରେ ପଞ୍ଚସଖାଙ୍କର ଅନେକ କାବ୍ୟ, କବିତା, ପ୍ରବନ୍ଧ, ଗଳ୍ପ 'ବାସନ୍ତୀ' ଉପନ୍ୟାସର କେତୋଟି ପରିଚ୍ଛେଦ ଧାରାବାହିକ ଭାବରେ ପ୍ରକାଶ ପାଉଥିଲା। କହିବାକୁ ଗଲେ

---

(୭) "କଲେଜରେ ଅଧ୍ୟୟନ କାଳରେ ଇଂରାଜୀ ସାହିତ୍ୟ ଓ ଇତିହାସରେ ମୋର କେତେକ ପରିମାଣରେ ଦକ୍ଷତା ଥିଲେ ସୁଦ୍ଧା ମୁଁ କେବେହେଁ ପ୍ରତିଯୋଗିତାର ସମ୍ମୁଖୀନ ହେବାକୁ ଚେଷ୍ଟା କରିନାହିଁ।

(ବୈକୁଣ୍ଠନାଥ ଗ୍ରନ୍ଥାବଳୀ, ପୃ:୪୧)

(୮) "ହରିହର ସବୁ ବନ୍ଧୁଙ୍କ ନାମ ରଖି ପତ୍ରିକାର ନାମ 'ଅବକାଶ' ଦେଲେ। ମାତ୍ର ଏହା ଗୂଢ଼ ବ୍ୟଞ୍ଜନାତ୍ମକ ହୋଇ ନ ଥିବାରୁ ପତ୍ରିକାର ନାମ 'ଶକ୍ତି ସାଧନ' ରଖାଗଲା।

(ବୈକୁଣ୍ଠନାଥ ଗ୍ରନ୍ଥାବଳୀ, ପ୍ରଥମ ଭାଗ, ପୃ:୪୩)

୧୯୨୨-୨୩ ସାଲରୁ ଆରମ୍ଭ କରି ଗୋଟାଏ ଯୁଗ ପର୍ଯ୍ୟନ୍ତ 'ସବୁଜ ଗୋଷ୍ଠୀ' ଉତ୍କଳ ସାହିତ୍ୟକୁ ଏକଚାଟିଆ ଅଧିକାରରେ ରଖିଥିଲେ। ଏଥିରୁ ଜଣାପଡ଼େ ସାବୁଜିକ ସୁଷମାର ଭରପୂର ମନ ନେଇ ଖୁବ୍ ଆନ୍ତରିକ ଶ୍ରଦ୍ଧା ସହକାରେ ସେମାନେ ଓଡ଼ିଆ ସାହିତ୍ୟକୁ ପ୍ରତିଷ୍ଠିତ କରିପାରିଥିଲେ। ଏହିଭଳି ଭାବରେ କବିଙ୍କର କବି ଜୀବନର ଅୟମାରମ୍ଭ ହୋଇଥିଲା।

କବି ବୈକୁଣ୍ଠଙ୍କର କବିତାଗୁଡ଼ିକୁ ପ୍ରାୟ ତିନିଟି କବିତା ସଂକଳନରେ ରଖାଯାଇଛି। ତା'ଛଡ଼ା ତାଙ୍କର 'ଅନ୍ୟାନ୍ୟ କବିତା' ବିଭାଗଟିଏ ମଧ୍ୟ ଅଛି।

(୧) ଅରୁଣ ଶ୍ରୀ, (୨), କାବ୍ୟ ସଞ୍ଚୟନ, (୩) ଉତ୍ତରାୟଣ, (୪) ଅନ୍ୟାନ୍ୟ କବିତା।

ଉନ୍ନତ କବି ପ୍ରତିଭା ଓ ଚରିତ୍ରବତ୍ତାର ଅଧିକାରୀ କବି ବୈକୁଣ୍ଠଙ୍କର ବ୍ୟକ୍ତିତ୍ୱର ବୈଶିଷ୍ଟ୍ୟ ଥିଲା କଳ୍ପନା ବିଳାସ ସହ ନିର୍ଭୀକତା, ଆତ୍ମସମ୍ମାନବୋଧ, କର୍ତ୍ତବ୍ୟ ପରାୟଣତା ଓ ଆଦର୍ଶ ନିଷ୍ଠା। ଉଚ୍ଚଶିକ୍ଷା ଲାଭ କରି ସେ ଶିକ୍ଷକତାକୁ ହିଁ ନିଜର କର୍ମ ଜୀବନ ଭାବେ ବାରି ନେଇଥିଲେ। ଧନ କିମ୍ବା କ୍ଷମତାକୁ ସେ ଅସ୍ୱୀକାର କରି ଶିକ୍ଷାଦାନ ଓ ସାହିତ୍ୟ ସୃଷ୍ଟି ଲାଗି ଆଜୀବନ ନିଜକୁ ହଜାଇ ଦେଇଥିଲେ। ୧୯୪୦-୪୨ ମଧ୍ୟରେ ସେ ପୁରୀ ଜିଲ୍ଲା ସ୍କୁଲ୍‌ରେ ଶିକ୍ଷକ ଭାବେ ଅବସ୍ଥାପିତ ଥିଲେ। ସେତେବେଳକୁ ସେ କବି ଭାବରେ ସୁପ୍ରତିଷ୍ଠିତ। ଦୀର୍ଘକାୟ ସୁପୁରୁଷ, ପରିଚ୍ଛନ୍ନ ବେଶ ପରିପାଟୀ, ମାର୍ଜିତ ଚାଲିଚଳନ, ଗମ୍ଭୀର ଅଥଚ ସୁସ୍ପଷ୍ଟ ଉଚ୍ଚାରଣ ଭଙ୍ଗୀ। ଅନ୍ୟ ଶିକ୍ଷକମାନଙ୍କ ମଧ୍ୟରେ ତାଙ୍କର ଏହିସବୁ ସ୍ୱାତନ୍ତ୍ର୍ୟ ବେଶ୍ ବାରିହୋଇ ପଡୁଥିଲା। ସେତେବେଳର ଛାତ୍ର ସମାଜ ତାଙ୍କ ପ୍ରତି ଆକୃଷ୍ଟ ହେବା ସ୍ୱାଭାବିକ ମନେ ପଡୁଛି। ଏଇ ସମୟରେ ସେ ବାମପନ୍ଥୀ ରାଜନୈତିକ ଆଦର୍ଶ ପ୍ରତି ଅନୁରାଗୀ ଥିଲେ ଓ ଛାତ୍ରମାନଙ୍କୁ ଅକୁତୋଭୟ ତଥା ସାହସୀ ହେବା ଲାଗି ପରାମର୍ଶ ଦେଉଥିଲେ। (୯) ବିଂଶ ଶତକର ଆଦର୍ଶ କବି ବୈକୁଣ୍ଠନାଥ ସବୁଜ ଗୋଷ୍ଠୀର ପରିଧି ବଳୟରେ ସତ୍ୟବାଦୀର ସମସ୍ତ ଆଦର୍ଶ ବହନ କରି, ଅଜସ୍ର ଖଣ୍ଡ ଓ କ୍ଷୁଦ୍ର କ୍ଷୁଦ୍ର କବିତା ରଚନା କରି ଓଡ଼ିଆ ସାହିତ୍ୟରେ ଅମର ହୋଇ ରହିପାରିଛନ୍ତି। ଛାତ୍ରାବସ୍ଥାରେ ସେ ତାଙ୍କର ଅବସର ବିନୋଦନ ସମୟକୁ ଇତିହାସ ଓ ଓଡ଼ିଆ ସାହିତ୍ୟ ଚର୍ଚ୍ଚାରେ ବିନିଯୋଗ କରୁଥିଲେ। ସର୍ବପ୍ରଥମେ ସେ ପରାଧୀନ ଭାରତବର୍ଷର ରାଜନୈତିକ ସମସ୍ୟାକୁ 'ବଜ୍ରବାଦଲ' ଓ 'ଜରଦ୍‌ଗବ' ଛଦ୍ମନାମରେ ପ୍ରକାଶ କରି ଜଣେ ରଜା ଉଗ୍ର ରାଜନୈତିକ ମତବାଦୀ କବି ଭାବରେ

---

(୯) ବୈକୁଣ୍ଠନାଥ ପରିକ୍ରମା, କବି ବୈକୁଣ୍ଠନାଥ ବ୍ୟକ୍ତି ଓ ବ୍ୟକ୍ତିତ୍ୱ, ପୃ-୩୯/୪୦

ନିଜକୁ ଆତ୍ମପ୍ରତିଷ୍ଠା କରିଥିଲେ। କିନ୍ତୁ ପରବର୍ତ୍ତୀ ଜୀବନରେ ସେ ତାଙ୍କ ଜୀବନଧାରାକୁ ବଦଳାଇ ଦେଇଥିଲେ। ଏକ ଦିଗରେ ପରମ୍ପରାଗତ ରସକବିତାର ଧାରା ଓ ଅନ୍ୟ ଦିଗରେ ଆଧୁନିକ ମାନସର ବିଷାଦବାଦିତା ତାଙ୍କ ପ୍ରାଣକୁ କଠୋର ଆଘାତ କରିଥିଲା। ଏଇଥିରୁ ହିଁ ତାଙ୍କର ନବ ନବ କାବ୍ୟର ଧାରା ଚତୁର୍ଦ୍ଦିଗକୁ ପ୍ରବାହିତ ହୋଇଥିଲା।(୧୦) କବିଙ୍କ କବିତାରାଜି ବିଭିନ୍ନ ଚେତନା ସମ୍ବଳିତ। ଯଥା: ରୋମାଣ୍ଟିକ୍ ଚେତନା, ବିଭୁ ଚେତନା, ରହସ୍ୟବାଦୀ ଚେତନା, ଐତିହାସିକ ଚେତନା ଓ ବାସ୍ତବବାଦୀ ଚେତନା।

ବୈକୁଣ୍ଠନାଥ ଗ୍ରନ୍ଥାବଳୀରେ ସଂକଳିତ 'ଅରୁଣଶ୍ରୀ' ଓ 'କାବ୍ୟ ସଞ୍ଚୟନ' କବିତାଗୁଚ୍ଛ ପ୍ରଥମେ 'ଉତ୍କଳ ସାହିତ୍ୟ' ପୃଷ୍ଠାରେ ପ୍ରକାଶିତ ହୋଇଥିଲା। ନିଜ ଦେଶ ତଥା ପ୍ରବାସରେ କବିଙ୍କ ହୃଦୟାବେଗର ନିରୁଦ୍ଧ ବେଦନା ଏହି କବିତା ଗୁଡ଼ିକରେ ପ୍ରକାଶିତ। 'ଅରୁଣଶ୍ରୀ' କବିତା ସଂକଳନର ପ୍ରାୟ ଅର୍ଦ୍ଧଶତ ଗୀତି-କବିତାରେ ପ୍ରକୃତି ଓ ପ୍ରଣୟ ପତିତ ମାନବ ଜୀବନ ପ୍ରତି ସମ୍ବେଦନଶୀଳତା, ମହାପୁରୁଷଙ୍କ ପ୍ରତି ଅନ୍ତରର ଶ୍ରଦ୍ଧା ଅର୍ଘ୍ୟ ନିବେଦନ ସଂଗେ ସଂଗେ ଆତ୍ମାନୁଭୂତି ଓ ଜୀବନଦର୍ଶନ ବିଦ୍ୟମାନ।

ରୋମାଣ୍ଟିକ୍ କବି ବୈକୁଣ୍ଠନାଥ:

ରୋମାଣ୍ଟିକ୍ ଦର୍ଶନ ବା ଚେତନା ଦ୍ୱାରା କବି ବୈକୁଣ୍ଠନାଥ ବେଶ୍ ଅନୁପ୍ରାଣିତ ଥିଲେ। ସେ ରବୀନ୍ଦ୍ରନାଥଙ୍କ ଚେତନାରେ ଅନୁପ୍ରାଣିତ ଥିଲେ ବୋଲି ତାଙ୍କର ଜୀବନୀ ଓ କୃତିରେ ସ୍ୱୟଂ ବର୍ଣ୍ଣନା କରି ଅଛନ୍ତି। (୧୧) ସବୁଜ କବି ବୈକୁଣ୍ଠନାଥ ମୁଖ୍ୟତଃ କଳ୍ପନାବିଳାସୀ, ଭାବପ୍ରବଣ, ମନ ଦେଇ ରୋମାଣ୍ଟିକ୍ କବିତା ରଚନା

---

(୧୦) ଏ ସମସ୍ତ ଉତ୍‌ଥାନ - ପତନ, ବିକ୍ଷୁବ୍ଧ ଭାବନା, ଖଣ୍ଡ ଓ କ୍ଷୁଦ୍ରର ମୋହ, ସାମୟିକ ଅଜସ୍ର ଘଟଣା ପ୍ରବାହର ଉର୍ଦ୍ଧ୍ୱରେ ଏକ ଅବ୍ୟକ୍ତ, ଅରୂପ, ଅନ୍ତଃଚେତନାରୁ ସ୍ୱତଃ ନିଃସରିତ ଏକ ବିଭୁ ଭାବନା ତାଙ୍କୁ ଅନୁପ୍ରାଣିତ କରିଥିଲା। ପ୍ରକୃତି ଓ ମାନବ ଜୀବନ ଥିଲା କବିଙ୍କର ନିରନ୍ତର ଅଧ୍ୟୟନ ସାମଗ୍ରୀ। ଉତ୍କଳୀୟ ପାର୍ବତ୍ୟ ପ୍ରକୃତି, ନିରନ୍ଧ୍ର ଅରଣ୍ୟାନୀର ସବୁଜିମା, ଦୂର ପର୍ବତର ନୀଳ ଚୂଡ଼ାରେ ଧୂସର ନବ ବାରିବାହର ବପ୍ରକ୍ରୀଡ଼ା, ସମୁଦ୍ରର ଅନନ୍ତ ତରଙ୍ଗୋଚ୍ଛ୍ୱାସ, ଦୂର ଦିଗ୍‌ବଳୟର ଅଜସ୍ର ଆହ୍ୱାନ ଓ ନିକଟରେ ପକ୍ଷୀର କାକଳି, ପୁଷ୍ପର ସୁରଭି, ମନୁଷ୍ୟର ଦୁଃଖ, ସବୁକିଛି କବିଙ୍କର ହୃଦୟକୁ ଉଦ୍‌ବେଳିତ କରିଥିଲା। ଅତୀତର ସୁଦୀର୍ଘ ପରମ୍ପରାକୁ ରୂପମୟ, ଭାବମୟ, ରସମୟ ଧାରାରେ ଅନାଗତ ଭବିଷ୍ୟତ ମୁଖରେ ପ୍ରବାହିତ କରିଦେବାର ଏକ ସାର୍ଥକ ପ୍ରୟାସ ହିଁ ବୈକୁଣ୍ଠଙ୍କ କାବ୍ୟ ଜଗତର ସୃଷ୍ଟି।

(ବୈକୁଣ୍ଠନାଥ ପରିକ୍ରମା, ପୃ:୪୫)

(୧୧) "'ନବଯୌବନ' ପଦ୍ୟର ଛନ୍ଦ ବିନ୍ୟାସ ଓ ତା'ର ଅବାଧ ଉଚ୍ଛ୍ୱସିତ ଗତି ମୂଳରେ ବଙ୍ଗୀୟ କବି କାଜି ନଜ୍‌ରୁଲ୍ ଇସ୍‌ଲାମ୍ ଓ ରବୀନ୍ଦ୍ରନାଥଙ୍କ ପ୍ରଭାବ ପଡ଼ିଥିବାର ମୁଁ ଅନୁଭବ କରେ।"

(ବୈକୁଣ୍ଠନାଥ ଗ୍ରନ୍ଥାବଳୀ, ପ୍ରଥମ ଭାଗ, ପୃ:୫୬)

କରିଥିଲେ।(୧୨) ତାଙ୍କ ଉପରେ ଇଂରାଜୀ ରୋମାଣ୍ଟିକ୍ କବିମାନଙ୍କର ପ୍ରଭାବ ମଧ୍ୟ ପଡ଼ିଥିଲା। ସେ ଇଂରାଜୀ କବିମାନଙ୍କର ଅନେକ ପୁସ୍ତକ ଅଧ୍ୟୟନ କରିଥିଲେ। (୧୩) ତେଣୁ ତାଙ୍କ ଲେଖାଗୁଡ଼ିକରେ ମାଧୁର୍ଯ୍ୟ ଅପେକ୍ଷା ଅଧିକ ଚାତୁର୍ଯ୍ୟ ଓ ପ୍ରବଣତା ଦେଖାଯାଏ। ଯାହା ତାଙ୍କର କବିତାବଳୀକୁ ଭିନ୍ନ ସ୍ୱାଦରେ ସ୍ୱାଦିତ କରିବା ସଙ୍ଗେ ସଙ୍ଗେ ସୌନ୍ଦର୍ଯ୍ୟ ବୃଦ୍ଧି କରେ। ବିଭିନ୍ନ କବିଙ୍କର ପ୍ରଭାବର ସମାହାରରେ ତାଙ୍କ କବି ବ୍ୟକ୍ତିତ୍ୱ ଗଠିତ।(୧୪)

ସେ ରବୀନ୍ଦ୍ରନାଥଙ୍କୁ ନିଜର କାବ୍ୟ ଗୁରୁ ଭାବେ ଗ୍ରହଣ କରିଥିଲେ। ତେଣୁ ତାଙ୍କ କାବ୍ୟ ଚେତନାରେ କାହିଁକି ସବୁଜ ଗୋଷ୍ଠୀର ପ୍ରାୟ ସମସ୍ତ କବିଙ୍କ ରଚନାର ଆଦ୍ୟକାଳରେ ରୋମାଣ୍ଟିକ୍ ଚେତନା ପ୍ରତି ଅଧିକ ଆକର୍ଷଣ ଥିବା ପରି ମନେହୁଏ। "ସବୁ କାଳରେ କଳା ସୃଷ୍ଟି କ୍ଷେତ୍ରରେ ଯାହା ସୁନ୍ଦର, ଆଲୋକିତ, ଅଶ୍ରୁସ୍ନାତ, ପୁଣି ଅନ୍ତରଙ୍ଗ ତାହା ହିଁ ରୋମାଣ୍ଟିକ୍ ସୃଷ୍ଟି। ପୁନଶ୍ଚ ସ୍ରଷ୍ଟା ବିଶେଷରେ ଏହି ଚେତନା ସ୍ୱତନ୍ତ୍ର ଦିଗାଭିମୁଖୀ। (୧୪) ଏହା ଡକ୍ଟର ପ୍ରତିଭା ଶତପଥୀ ତାଙ୍କ 'କଳ୍ପନା'ର

---

(୧୨) "ଆମ ଆଦର୍ଶ ବିଷୟରେ ମୋର ଆଉ ବିଶେଷ କିଛି କହିବାର ନାହିଁ। ତେବେ ତାରୁଣ୍ୟକୁ ଦେଶରେ ଚିର ଜାଗ୍ରତ ଓ ନୂଆ ନୂଆ ଭାବ ସୃଷ୍ଟି କରି ସାହିତ୍ୟ ମାଧ୍ୟମରେ ଦେଶ ଆଗରେ ଉପସ୍ଥାପିତ କରିବା ହେଲା ଆମ ସବୁଜ ଗୋଷ୍ଠୀର ମୁଖ୍ୟ ନୀତି ଓ ଲକ୍ଷ୍ୟ। ସେଥିଲାଗି ଉଚ୍ଛୃଙ୍ଖଳ ବିପ୍ଳବ ଅପେକ୍ଷା କଳ୍ପନା ଓ ଭାବପ୍ରବଣତାର ପ୍ରୟୋଜନ ଅଧିକ।

(ସବୁଜ କବିତା, ପୃ:୮)

(୧୩) "କଲେଜରେ ଅଧ୍ୟୟନ କାଳରେ ମୁଁ ରବୀନ୍ଦ୍ରନାଥ ଓ ରୋମାରେଲାଁ ଶରତ୍‌ଚନ୍ଦ୍ର, ୱ୍ୟାଲଟ୍ ୱାଇଟ୍‌ମ୍ୟାନ୍, ୱାର୍ଡସୱାର୍ଥ, ସେଲି ବ୍ରାଉନିଂ ପଢ଼ିଥିଲି। ବ୍ରିଟିଶ କବିମାନଙ୍କ ମଧ୍ୟରେ ୱାର୍ଡସୱାର୍ଥ, ସେଲିଙ୍କର ପ୍ରଭାବ ମୁଁ ବହୁ ପରିମାଣରେ ଅନୁଭବ କରିଅଛି। ଏକୁଟିଆ ଥିଲାବେଳେ ମୁଁ ମନେ ମନେ ସେମାନଙ୍କ ଲେଖାକୁ ଆବୃତ୍ତି କରିଥାଏ। ପ୍ରାପ୍ତବୟସ୍କ ହୋଇ ସୁଦ୍ଧା ୱାର୍ଡସୱାର୍ଥଙ୍କର କେତେକ ପଙ୍‌କ୍ତି ଆବୃତ୍ତି କରି ନିଜେ ନିଜେ ଉପଭୋଗ କରେ।"

(ବୈକୁଣ୍ଠନାଥ ଗ୍ରନ୍ଥାବଳୀ, ୧ମ ଖଣ୍ଡ, ପୃ: ୩୨/୩୩)

(୧୪) ଏଭଳି ଜଣେ କବି, ଯାହାର ଶିକ୍ଷାଗୁରୁ ନୀଳକଣ୍ଠ ଓ ଗୋଦାବରୀଶ ଯାହାର ଆଦର୍ଶ ବିଲ୍ୱମଙ୍ଗଳ, ଯାହାର ହାତ ଧରି ବଂଶୀଧାରୀଙ୍କ ବଂଶୀ ଲେଖାଏ କବିତା, ଯିଏ ସମାଜକୁ ବଦଳାଇ ଦେବାର ସ୍ୱପ୍ନ ଦେଖେ, ଯିଏ ସାରାଜୀବନ ଶିକ୍ଷକ ହୋଇ ରହିବାକୁ ଚାହେଁ, ଯିଏ ଅଭିମନ୍ୟୁ ସାମନ୍ତସିଂହାରଙ୍କ ଶ୍ରୀରାଧାଙ୍କଠାରୁ ପ୍ରେମର ମନ୍ତ୍ର ଶିଖେ, ଭୀମଭୋଇଙ୍କ 'ସ୍ତୁତି ଚିନ୍ତାମଣି' ଯାହାକୁ ଆଲୋକବର୍ତ୍ତିକା ଭଳି ଦିଶେ, ୱର୍ଡସୱର୍ଥ - ଶେଲୀ ଓ ୟେଟ୍‌ସ ଯାହାର ପ୍ରିୟ ଇଂରାଜୀ କବି, ଯିଏ ସାମ୍ୟବାଦରେ ଅନୁପ୍ରାଣିତ ହେଲାବେଳେ ଭାବେ ଯେ ବିଦୁରଙ୍କ ଘରେ ଶାକାନ୍ନ ଖାଇଥିବା ଶ୍ରୀକୃଷ୍ଣ ହିଁ ସାମ୍ୟବାଦର ପ୍ରକୃତ ଜନ୍ମଦାତା ଓ ସେଇ କବି ଯିଏ ସାରା ଜୀବନରେ କବିତାର ସ୍ୱପ୍ନ ମାତ୍ର ଥରକ ପାଇଁ ଦେଖେ ସେ ବୈକୁଣ୍ଠନାଥ ପଟ୍ଟନାୟକ।

(ଆଧୁନିକତାର ପରଂପରା - ହରପ୍ରସାଦ ଦାସ - ପୃ:୨୪୯)

ଅଭିଷେକରେ ଲେଖିଛନ୍ତି। ରୋମାଣ୍ଟିକ୍ ଚେତନାଟିକୁ ନେଇ ବିଭିନ୍ନ ଆଲୋଚକ ଭିନ୍ନ ଭିନ୍ନ ମତ ପ୍ରଦାନ କରିଛନ୍ତି। ତେଣୁ ରୋମାଣ୍ଟିକ୍ ନିଜେ ହିଁ ଦୁର୍ବୋଧ। ଯଦି ପ୍ରକୃତରେ ରୋମାଣ୍ଟିକ୍‌ର ଅର୍ଥ ସେମାନେ ବୁଝିଥାନ୍ତେ, ତେବେ ମାତ୍ର ଗୋଟିଏ ସଂଜ୍ଞା ହିଁ ତା'ର ଥାନ୍ତା। କିନ୍ତୁ ରୋମାଣ୍ଟିକ୍ ଚେତନା ସମ୍ବନ୍ଧରେ ଶତାଧିକ ମତ ବିଶ୍ୱ ସାହିତ୍ୟରେ ଦେଖାଯାଏ। କେଉଁଟି ଠିକ୍ କେଉଁଟି ତା' ମଧ୍ୟରୁ ଭୁଲ୍ ତାହା ଏପର୍ଯ୍ୟନ୍ତ ନିଖୁଣ ଭାବରେ କେହି କହିପାରି ନାହାନ୍ତି। ଏହି ରୋମାଣ୍ଟିକ୍ ଚେତନା ସମ୍ପର୍କରେ ମୁଁ ପୂର୍ବୋକ୍ତ ଅଧ୍ୟାୟରେ ବିଶ୍ଳେଷଣ କରିଅଛି। ଯେହେତୁ ରୋମାଣ୍ଟିସିଜିମ୍‌କୁ କୌଣସି ସାହିତ୍ୟିକ ବା ସମାଲୋଚକ ଠିକ୍ ଭାବେ ଏପର୍ଯ୍ୟନ୍ତ ବୁଝାଇ ପାରି ନାହାନ୍ତି। ତେଣୁ ବୈକୁଣ୍ଠନାଥ ମଧ୍ୟ ତାଙ୍କ କବିତାଗୁଡ଼ିକରେ କିଛିକାଂଶରେ ଅସ୍ପଷ୍ଟ ହୋଇଯାଇଛନ୍ତି। ତଥାପି ତାଙ୍କର କବିତା ଗୁଡ଼ିକ ଯେଉଁ ପ୍ରକୃତି ପ୍ରୀତି - ପ୍ରଣୟ, ଦାର୍ଶନିକ ଚିନ୍ତାଧାରା, କଳ୍ପନାବିଳାସ, ସୁଦୂର ପ୍ରତି ଆକର୍ଷଣ, ଅତୀତ ପ୍ରତି ମୋହ, ଦେଶପ୍ରୀତି - ରୋମାଣ୍ଟିକ୍ କବି ପାଇଁ କଳ୍ପନା ବାସ୍ତବ ଅପେକ୍ଷା ଅଧିକ ସତ୍ୟ ଏବଂ ସେହି କଳ୍ପନା ଈଶ୍ୱରଙ୍କ ସମକକ୍ଷ। "The Imagination in nothing less than god." (୧୫) ସେହି କଳ୍ପନାବିଳାସୀ କବିମାନେ ବିଶ୍ୱାସ କରନ୍ତି ଦୃଶ୍ୟ ଜଗତ ଅପେକ୍ଷା ଏକ ଅପୂର୍ବ ସୁନ୍ଦର ଅଦୃଶ୍ୟ ଜଗତ ରହିଛି। ତାହା ସାଧାରଣ ଲୋକଙ୍କ ଚକ୍ଷୁରେ ଏତେ ଶୀଘ୍ର ଧରାପଡ଼େ ନାହିଁ। କବି ତା'ର ଦିବ୍ୟଚକ୍ଷୁ ବଳରେ ତାକୁ ଏକ ସୁନ୍ଦର ରୂପରେ ରୂପାନ୍ୱିତ କରିପାରେ। ପ୍ରତିଟି ଚେତନାରେ ସେମାନେ ଅନ୍ୟମାନଙ୍କ ଚକ୍ଷୁଠାରୁ ନିଜର ଚକ୍ଷୁରେ ଭିନ୍ନତା ଆଣି ପାରନ୍ତି। "ସେ ଅନ୍ୟେର୍ ଚେୟେ ସ୍ୱତନ୍ତ୍ର। ଅନ୍ୟେର୍ ଚେୟେ ଭାଲ। ଜ୍ଞାନେ, ଗୁନେ, ପ୍ରେମେ ଏଇ ବୈଶିଷ୍ଟ୍ୟ ରୋମାଣ୍ଟିକ୍‌ର କାମ୍ୟ। ସେ ଭାଷାୟ ଛନ୍ଦେ, ଚିନ୍ତାୟ, ଏଇ ବୈଶିଷ୍ଟ୍ୟ ଫୁଟିୟେ ତୁଲିତେ ଚାୟ।" (୧୬) ଠିକ୍ ରବୀନ୍ଦ୍ର ନାଥଙ୍କ ଭଳି ବୈକୁଣ୍ଠନାଥଙ୍କ କାବ୍ୟ ଚିନ୍ତନରେ ମଧ୍ୟ ଏହି ସ୍ୱାତନ୍ତ୍ର୍ୟ ଦେଖିବାକୁ ମିଳେ। କବି ରଚିତ, କବିତା ସଂକଳନ 'ଅରୁଣଶ୍ରୀ', 'କାବ୍ୟ ସଞ୍ଚୟନ', 'ଉତ୍ତରାୟଣ' ପୁସ୍ତକଗୁଡ଼ିକର କେତେକ କବିତାରେ ରୋମାଣ୍ଟିକ୍ ଚେତନା ଦେଖିବାକୁ ମିଳେ।

---

(୧୫) "Romantic Imagination" - C.M. Bowra - Page-3

(୧୬) ଜିଜ୍ଞାସୁ ରବୀନ୍ଦ୍ରନାଥ, ଶ୍ରୀ ଭବାନୀଶଙ୍କର ଚୌଧୁରୀ, ପୃ-୧୨୨

ଅନ୍ୟାନ୍ୟ ସବୁଜ କବିମାନଙ୍କ ପରି ତାଙ୍କ କାବ୍ୟକୃତିର ଆଦ୍ୟ ଜୀବନ ପ୍ରେମ, ପ୍ରଣୟ, କଳ୍ପନାବିଳାସ, ସ୍ୱପ୍ନପ୍ରବଣକୁ ନେଇ ଗଠିତ ହୋଇଥିଲା। କିନ୍ତୁ ସେ ସବୁଜ ଗୋଷ୍ଠୀରେ ରୋମାଣ୍ଟିକ୍ କବି ଭାବେ ପରିଚିତ ନ ଥିଲେ। ସେ ରହସ୍ୟବାଦୀ, ବିଷାଦବାଦୀ କବି ବୋଲି ପରିଗଣିତ ହେଉଥିଲେ। ତାଙ୍କ କାବ୍ୟ ସ୍ୱରର ନୈରାଶ୍ୟ ହେଉ ବା ବିଷାଦ କବିତା ହେଉ ସବୁକିଛି ରୋମାଣ୍ଟିକ୍ ଅନୁଭୂତିରୁ ହିଁ ସୃଷ୍ଟି। "ବେଦନାରେ ଆନନ୍ଦ ପାଇବା ରୋମାଣ୍ଟିକ୍ ଦୃଷ୍ଟିଭଙ୍ଗୀର ପରିଚୟ। ମାତ୍ର ସବୁଜ କବିର ଦୁଃଖ ଓ ଦେବନାର ଚିହ୍ନ ଭିନ୍ନମୁଖୀ। ଏମାନଙ୍କର କାବ୍ୟ କବିତାରେ ବିପ୍ଳବର ସ୍ୱର ନିର୍ଣ୍ଣିତ ହୋଇନାହିଁ। କିନ୍ତୁ ସ୍ୱପ୍ନ ଫୁଲର ମାଳ ଗୁନ୍ଥି କଳ୍ପଲୋକରେ ଆନନ୍ଦ ପ୍ରାପ୍ତି ପାଇଁ ଏମାନଙ୍କ ମନରେ ଯେଉଁ ଦୁରାଶା ଜାତ ହୋଇଥିଲା ତାହାହିଁ ସ୍ୱାଭାବିକ ଭାବରେ ବୈକୁଣ୍ଠନାଥଙ୍କୁ କରିଥିଲା ବିଷାଦବାଦୀ।" (୧୭)

ସେ ଯାହା ହେଉ କବି ବୈକୁଣ୍ଠନାଥଙ୍କ ୧୯୨୩ରୁ ୧୯୩୦ ସମୟର ରଚନାଗୁଡ଼ିକରେ ରୋମାଣ୍ଟିକ୍ ଚେତନାର ପରିଚୟ ମିଳେ। ଏହି କବିତା ଗୁଡ଼ିକ ମଧ୍ୟରେ 'ଯୌବନ ପୂଜା' (୧୯୨୨), 'ନବଯୌବନ' (୧୯୨୩), 'ଚିଲିକାରେ ରାତ୍ରି', 'ନିର୍ଜନ ଉପବନେ', 'ପୌଷ ପବନ', 'କବି ପ୍ରେୟସୀ', 'ଶାରଦସ୍ପର୍ଶ', 'ପ୍ରୀତି ଆବାହନ', 'ବର୍ଷା ସଙ୍ଗୀତ', 'ପ୍ରଣୟୀର ସ୍ୱପ୍ନ', 'ଗୋପବାଳାର ଅନୁଭୂତି', 'ଗୋପବାଳାର ଅଭିଯୋଗ', 'ପ୍ରଭାତ ସ୍ୱପ୍ନ', 'ରାଜଜେମା' ଇତ୍ୟାଦି।

କବି ରଚିତ 'ନବଯୌବନ' କବିତାଟି ସଂପୂର୍ଣ୍ଣ ସବୁଜ ବା ରୋମାଣ୍ଟିକ୍ ଚେତନାର ପରିଚୟ ବହନ କରିଛି। କବିତାଟିର ପ୍ରଥମ ପଦରେ ନବଯୌବନ, ଚୁମ୍ବନ ସ୍ୱପ୍ନ, ମଧୁ - ଏହିଭଳି ଅତି ରୋମାଣ୍ଟିକ୍ ଶବ୍ଦ ରହିଛି। (୧୮)

---

(୧୭) ସବୁଜ କବିତାର ଧାରା, ଆଧୁନିକ ଓଡ଼ିଆ ସାହିତ୍ୟର ଭୂମି ଓ ଭୂମିକା, ପୃ- ୧୧୩, ଶ୍ରୀ ରାଘବାନନ୍ଦ ନାୟକ

(୧୮) ମୁଁ ଗୋ ଆସିଅଛି ନବଯୌବନ/ ନବଯୌବନ
ମୁଁ ଗୋ ମଧୂ ସହଚର ଆସିଛି ଭାସି,/ ଭରି ଅଛି କରେ କୁସୁମ ରାଶି,
ମୁଁ ଗୋ ମଧୂ ତୁଲେ ନିତି ହସଇ ରସଇ/ ସ୍ୱପ୍ନେ ଭାସଇ, ସ୍ୱପ୍ନେ ଲସଇ
ସ୍ୱପ୍ନକୁ କରେ ଚୁମ୍ବନ !
ମୁଁ ଗୋ ଯୌବନ/ ନବ ଯୌବନ ! (ବୈକୁଣ୍ଠନାଥ ଗ୍ରନ୍ଥାବଳୀ, ପୃ- ୨୫୫)

ସତେ ଯେପରି 'ନବଯୌବନ' ଆସିବା ସମୟରେ ବିଶ୍ୱରେ ହଇଚଇ ସୃଷ୍ଟି ହୋଇଯାଏ। ନବଯୌବନର ଅନ୍ୟ ନାମ ମଧୁ ସହଚର। ଅର୍ଥାତ୍ ମଧୁ ରୋମାଣ୍ଟିକ୍‌ର ପ୍ରତୀକ। ପ୍ରାଣୀ ଜଗତରେ ଯୌବନ ଆସିବା ସମୟରେ ଯେପରି ଜଣାଯାଏ ମଧୁର ସହଚର ଆସିଛି ଏବଂ ଠିକ୍ ସେତେବେଳେ ସ୍ୱପ୍ନ, ହସ, ଚୁମ୍ବନ ଏସବୁ ମଧ ତା' ସାଙ୍ଗରେ ଆସିଥାଏ। ଏହି ଯୌବନ ଆସିବା ସମୟରେ ସକଳ ସୃଷ୍ଟି ହସ, ରସରେ ଭରିଯାଏ। ଚତୁର୍ଦ୍ଦିଗ କେବଳ ଆନନ୍ଦମୟ ଓ ସୁନ୍ଦର ଦେଖାଯାଏ। ଚନ୍ଦ୍ରର ଶୀତଳ କିରଣ ପଡ଼ି ଜଳ ଅଧିକ ଢଳଢଳ ଦେଖାଯାଏ।

ଉକ୍ତ କବିତାଟିରେ କବି ପ୍ରଚୁର ପରିମାଣରେ ରୋମାଣ୍ଟିକ୍ ଶବ୍ଦାବଳୀର ବ୍ୟବହାର କରିଛନ୍ତି, ଯଥା- କାନ୍ତ, ଚାହାଣି, ସ୍ନିଗ୍ଧ ଲଳିତ, ଗଭୀର ନୀରବେ, ଗୋଲାପୀ ଅଞ୍ଚଳେ, ପ୍ରଣୟ-ପସରା, ଲଜ୍ଜା, ନନ୍ଦନ, ମଧୁର ସ୍ୱପ୍ନେ, ଉଛୁଳି ଉଠଇ, ତଟିନୀ, ହାସ୍ନା ହେନାର ଗନ୍ଧେ, ମୋହିନି, ବିଜୁଳି, ପଲ୍ଲୀବାଳା, ହଂସଗତି, କକ୍ଷେ କଳସି, ସନ୍ଧ୍ୟା, ସୁନ୍ଦରୀ, ବକୁଳ, କୁସୁମ, ମଲ୍ଲୀ, କରବୀର ଇତ୍ୟାଦି। ଏହି କବିତାର ନିମ୍ନ ପଦକୁ ଲକ୍ଷ୍ୟ କଲେ ଜଣାପଡ଼େ ଯେ କବି ତାଙ୍କର ରଚନାର ଆଦ୍ୟକାଳରେ ସବୁଜ ଗୋଷ୍ଠୀର ଅନ୍ୟାନ୍ୟ କବିମାନଙ୍କ ଭଳି ସଂପୂର୍ଣ୍ଣ ଭାବେ ରୋମାଣ୍ଟିକ୍ କବିତା ହିଁ ରଚନା କରୁଥିଲେ। (୧୯)

କିନ୍ତୁ କବି ଖୁବ୍ କମ୍ କବିତା ମଧ୍ୟରେ ନିଜର ରୋମାଣ୍ଟିକ୍ ସ୍ଥାୟିତ୍ୱ ରକ୍ଷା କରିପାରିଥିଲେ। କାରଣ କବି ଯୌବନର ପୂଜା କରିଛନ୍ତି। ଯୌବନର ଆବାହନ କରିଛନ୍ତି ସତ କିନ୍ତୁ ତା'ର ଉତ୍ତାନ ତରଙ୍ଗରେ ଏକବାରେ ଭାସିଯାଇ ନାହାନ୍ତି। କାରଣ ସେ ଅନୁଭବ କରିଛନ୍ତି ଯେଉଁଠି ଯୌବନ ଅଛି ସେଠି ଜରା ଏବଂ ମୃତ୍ୟୁ ମଧ ଅଛି। ତେଣୁ ସେ ହୋଇପଡ଼ିଛନ୍ତି ବିଷାଦଗ୍ରସ୍ତ ଏବଂ ରହସ୍ୟବାଦୀ। କିନ୍ତୁ ସବୁଜ ଗୋଷ୍ଠୀର ଅନ୍ୟ ଦୁଇଜଣ ବିଶିଷ୍ଟ କବି ଅନ୍ନଦା ଓ କାଳିନ୍ଦୀ ରୋମାଣ୍ଟିକ୍ କବିତା ରଚନା କଲାବେଳେ ଅନ୍ୟ କଥା ଚିନ୍ତା କରିନାହାନ୍ତି। ସେମାନେ ରୋମାଣ୍ଟିକ୍‌ର ଫେନିଳ ସ୍ରୋତରେ ସଂପୂର୍ଣ୍ଣ ରୂପେ ଭାସିଯାଇଛନ୍ତି। 'ଯୌବନ ପୂଜା' କବିତାରେ କବି

---

(୧୯) କେବେ କେବେ ମୁଁ ଗୋ/ ଚାହିଁ ରହେ ପ୍ରିୟ
ପଲ୍ଲୀବାଳାର ହଂସ ଗତି,
କକ୍ଷେ କଳସି ସରଳ ଚାହାଣି
ଚଳି ପଡ଼େ ଦେଖି ତରଳ ମତି।

(ବୈକୁଣ୍ଠନାଥ ଗ୍ରନ୍ଥାବଳୀ, ପୃ: ୨୫୭)

ଯୌବନକୁ ସର୍ବଦା କାମ୍ୟ ମନେ କରିବା ଉଚିତ ବୋଲି ବର୍ଣ୍ଣନା କରିଅଛନ୍ତି। ପୌଷ ମାସର ଜଡ଼ଶୀତରେ ପ୍ରାଣ ସିନା କାତର ହୋଇ ଉଠେ। କାରଣ ଯୌବନ ଆସିଯାଉଛି ବୋଲି ସେ ଜାଣିପାରେ। ସାରା ସ୍ୱପ୍ନରେ ଅଳସ ଆଖିରେ ପ୍ରୀତିର ଚାହାଣି ଥାଏ। ମଧୁର, ପୀରତି କଥା ସମସ୍ତଙ୍କ ମୁଖରୁ ଶୁଣାଯାଏ। ସତେ ଯେପରି ଜଣାଯାଏ, ବକୁଳ, ମଲ୍ଲୀର ସୁରଭି ନୀଳ ଗଗନରୁ ଝରି ପଡୁଛି ଏବଂ କୋକିଳ ତା'ର ସୁନ୍ଦର କୁହୁ ତାନରେ ପୀରତିର କଥା ଗାଇ ଉଠୁଛି। (୨୦)

ପୁଣି ଅଳସ ଗତିଶୀଳ ତରୁଣୀଟି ହଠାତ୍ ତା'ର ପ୍ରିୟ ଡାକରେ ଚମକି ଉଠି ପୁଣି ଅଳ୍ପ ହସିଦିଏ। କିନ୍ତୁ ଏ କବିତାର ଶେଷ ପର୍ଯ୍ୟାୟରେ କବି ଚେତନାରେ ଭିନ୍ନତା ଆସିଅଛି। ଜରା ଓ ମୃତ୍ୟୁକୁ କବି ଭୟ କରିଛନ୍ତି। (୨୧)

କବି ତେଣୁ ଲେଖିଛନ୍ତି:-

"ନିରେଖି ଜରା ପରାଣେ ପରା ଦେବତା କରେ କ୍ରନ୍ଦନ
ଶ୍ୟାମଳ କର, ନବୀନ କର, ଅମର ନବଯୌବନ।"

(ଯୌବନ ପୂଜା - ସବୁଜ କବିତା, ପୃ-୭୨, ଜାନୁଆରି ୧୯୨୮)

ଯୌବନ ସମ୍ବନ୍ଧରେ କବି ଅନେକ କବିତା ରଚନା କରି ଅଛନ୍ତି, ତେଣୁ ରୂପ ଓ ସୌନ୍ଦର୍ଯ୍ୟ ପ୍ରାଣ କବି ଯୌବନର ବନ୍ଦନା ଗାଇବା ସ୍ୱାଭାବିକ। 'ଯୌବନ ପୂଜା', 'ନବଯୌବନ' ଆଦି କବିତାରେ କବି ଯୌବନର ବନ୍ଦନା କରି ଅଛନ୍ତି। ରୋମାଣ୍ଟିକ୍ କବିଗଣ ସର୍ବଦା ଯୌବନର ପୂଜାରୀ।

କବି ବର୍ଣ୍ଣିତ 'ଚିଲିକାରେ ରାତ୍ରି' କବିତାଟି ମଧ୍ୟ ରୋମାଣ୍ଟିକ୍ କବିତା ଅଟେ। ଏଥିରେ ପ୍ରକୃତିର ବର୍ଣ୍ଣନା ରହିଛି। ପ୍ରକୃତି ଭାବନା ମଧ୍ୟ ରୋମାଣ୍ଟିକ୍ ଚେତନାର ଏକ ମୁଖ୍ୟ ବିଭାବ। ପ୍ରକୃତିର ଶୋଭାରେ ମୁଗ୍ଧ କବି ରୂପରେ ମୃତ୍ୟୁ ନାହିଁ ବୋଲି ଅନୁଭବ କରିଛନ୍ତି। ଚିଲିକାରେ ଯେଉଁ ଶୋଭାର ଭଣ୍ଡାର ଅଛି ତାହା ଚିର ଅମର। ତା'ର କ୍ଷୟ

---

(୨୦) "ବକୁଳ ମଲ୍ଲୀ/ ସୁରଭି ଟଢ଼ି/ ପଡ଼ଇ ନୀଳ ଗଗନୁ
ଉଠଇ ଗାଇ/ ପୀରତି ବାଇ/ କୋକିଳ ଦୂର କାନନୁ।"

(ପାଟଣା ୧୯୨୭, ବୈକୁଣ୍ଠନାଥ ଗ୍ରନ୍ଥାବଳୀ, ପ୍ରଥମ ଭାଗ, ଯୌବନ ପୂଜା,ପୃ-୩୩୬)

(୨୧) "ଯେଉଁଠି ଯୌବନର ସ୍ୱପ୍ନରେ କବି ବିଭୋର, ସେଠି ପୁଣି ଜରାର ଓ ମୃତ୍ୟୁର ଭୀମ ସଂକେତରେ ସଂକୁଚିତ ଓ ମ୍ରିୟମାଣ। ସତେ ଯେପରି ମୂଳରୁ ହିଁ ସବୁଜ ହୋଇଛି ପଳିତ ଓ ଜରାଗ୍ରସ୍ତ।"

(ଡକ୍ଟର ନିତ୍ୟାନନ୍ଦ ଶତପଥୀ - ସବୁଜରୁ ସାଂପ୍ରତିକ, ପୃ-୩୩)

କ୍ଷତି ନାହିଁ ବୋଲି ସେ ବର୍ଣ୍ଣନା କରିଅଛନ୍ତି। ସ୍ୱର୍ଗର ସୁଧାଧାରା ସମ ଚିଲିକାର ସୌନ୍ଦର୍ଯ୍ୟମୟୀ ରୂପକୁ କବି ଅତ୍ୟନ୍ତ ଭଲପାଇଛନ୍ତି। ତେଣୁ ସେ ମୃତ୍ୟୁହୀନ ଏହି ସୌନ୍ଦର୍ଯ୍ୟକୁ ଉପଭୋଗ କରିବାକୁ ଆହ୍ୱାନ ଦେଇଛନ୍ତି। (୨୪)

"ସତ୍ୟ ହିଁ ସୁନ୍ଦର ଏବଂ ସୁନ୍ଦର ହିଁ ସତ୍ୟ।" କୀଟ୍‌ସଙ୍କର ଏହି ବାଣୀକୁ ସେ ମର୍ମେ ମର୍ମେ ଅନୁଭବ କରିଛନ୍ତି। ବୈକୁଣ୍ଠନାଥଙ୍କ କବିତାବଳୀକୁ ଆଲୋଚନା କରିବାବେଳେ ତାଙ୍କର ପ୍ରକୃତି ସହିତ ନିବିଡ଼ତାରୁ ଏହି ଭାବନା ଉପଲବ୍ଧି କରିହୁଏ। ପ୍ରକୃତିର ରୂପରଙ୍ଗର ବିଭବରେ ସେ ମୁଗ୍ଧ ହୋଇଛନ୍ତି। ଏଇ ପ୍ରକୃତି ହିଁ ଦରକାର ବେଳେ ତାଙ୍କୁ ସାନ୍ତ୍ୱନା ଦେଇଛି, ସଚେତନ କରାଇଛି, ଜୀବନ ପଥରେ ଅନେକ ଜଟିଳ କଥାର ସମାଧାନର ପଥ ଶିଖାଇଛି ଏବଂ ଶେଷରେ ତାଙ୍କର ଜୀବନ ଦେବତାଙ୍କ ସହିତ ମିଳନର ପ୍ରଧାନ ଯୋଗସୂତ୍ର ହୋଇଛି। ତରୁଣ କାଳରେ ରୋମାଣ୍ଟିକ୍ ମନ ଦେଇ କବି ସ୍ୱପ୍ନରାଜ୍ୟକୁ ପଳାଇ ଯିବାର କଳ୍ପନାର କରିଛନ୍ତି। ସେ ତାଙ୍କ ବିଷଚକ୍ଷୁରେ ଦେଖିବାକୁ ପାଇଛନ୍ତି ଯେ ସେ ରାଜ୍ୟ ପ୍ରକୃତିର ଆଶୀର୍ବାଦ ନେଇ ଶ୍ୟାମାୟିତ ହୋଇ ଉଠିଛି। କବି ଧନ ପ୍ରାଚୁର୍ଯ୍ୟ କାମନା ନ କରି ଯେଉଁ ରାଜ୍ୟରେ ପ୍ରକୃତିର ଆଶୀର୍ବାଦ ରହିଛି ସେପରି ଏକ ରାଜ୍ୟକୁ ପଳାୟନ କରିବାକୁ ଚାହାଁନ୍ତି। (୨୫)

ତାଙ୍କ ରଚିତ 'ନିର୍ଜନ ଉପବନେ', 'ପୌଷ ପବନ', 'ଉଷା', 'ଅରୁଣ', 'ସନ୍ଧ୍ୟାତାରା', 'ଅକାଳ ବସନ୍ତ', 'ଫୁଲର ଫସଲ', 'ବାସନ୍ତୀ', 'ଇନ୍ଦ୍ରଧନୁ' ଇତ୍ୟାଦି କବିତାରେ ପ୍ରକୃତିର ଚିତ୍ର ପୂରି ରହିଛି। 'ପୌଷ ପବନ' କବିତାରେ କବି ପୌଷ

---

(୨୪) "ଏ ଶୋଭାର ନାହିଁ ତ ମରଣ ପ୍ରାଣସ୍ପର୍ଶୀ ନିତ୍ୟ ସୁମଙ୍ଗଳ
କର ଯୁବା ଆନନ୍ଦେ ବରଣ ପ୍ରେମ ପୂତ ଅଶ୍ରୁଜଳ।"
(ଚିଲିକାରେ ରାତ୍ରି, ବୈକୁଣ୍ଠନାଥ ଗ୍ରନ୍ଥାବଳୀ, ପୃ-୨୫୯)

(୨୫) ଯେ ଦେଶଭରା ମଳୟ ଚୋରା ଫୁଲ ପରାଗ ଯାଏ ଗୋ ବୋଳି
ପୀରତି ଦୋଳେ କାମିନୀ ଜନ/ ଉତ୍ତରୀୟ ଦିଏ ଗୋ ଖୋଲି
ଗଭୀର ଲାଜେ ନୁଆଇଁ ଆଖି
ବାନ୍ଧେ ପ୍ରିୟା ପୀରତି ଚାଖି
ନିଶ୍ଚୁନ ଭୂଇଁ ପ୍ରଣୟୀ ଚାହିଁ ଚୁମ୍ବନଟି ଯାଏ ଗୋ ତୋଳି,
ଉତ୍ତରୀୟ ଦିଏ ଗୋ ଖୋଲି
(ଅଳକା, ବୈକୁଣ୍ଠନାଥ ଗ୍ରନ୍ଥାବଳୀ, ପ୍ରଥମ ଭାଗ, ପୃ-୭)

ପବନକୁ ବନ୍ଧୁ ଭଳି ସ୍ୱାଗତ କରି ନିଜର ଦୁଃଖ ମୋଚନ କରିବାକୁ ଅନୁରୋଧ କରିଛନ୍ତି । (୨୬)

କବିଙ୍କର ପ୍ରିୟ ଋତୁ ବର୍ଷାକୁ ମଧ କବି 'ବର୍ଷା ବରଣ' କବିତା ମାଧ୍ୟମରେ ଆହ୍ୱାନ କରି ଅଛନ୍ତି । କାରଣ ଧରଣୀର ଦୁଃଖ ହରଣ କେବଳ ବର୍ଷାଋତୁ ହିଁ କରିଥାଏ । ଶିଶୁଟିଏ ମାତୃସ୍ତନ୍ୟ ପାଇଲା ଭଳି ଧରଣୀକୁ ଶୁଷ୍କତାରୁ କେବଳ ବର୍ଷାଋତୁ ହିଁ ରକ୍ଷା କରେ । ଏହି ବର୍ଷା ମାଧ୍ୟମରେ ହିଁ କବି ହୃଦୟରେ ପ୍ରେମଭାବ ବା ରୋମାଣ୍ଟିକ୍ ଚେତନାର ଉଦ୍ରେକ ହୁଏ । ସବୁ ରୋମାଣ୍ଟିକ୍ କବିତାମାନଙ୍କ ପରି ଏ କବିତାଗୁଡ଼ିକରେ ମଧ ତଟିନୀ, କୁସୁମ ରାଶି, ମଳୟ ପରଶ, ପ୍ରଣୟ ପସରା, ମୋହିନୀମନ୍ତ୍ର, ହାସ୍ନାହେନାର ଗନ୍ଧ, ଗୋଲାପୀ ଅଞ୍ଚଳେ, ମଲ୍ଲୀମାଳା, କରକଙ୍କଣ, ଗନ୍ଧକୁସୁମ, ପଲ୍ଲୀବାଳା, ହଂସଗତି, ଉଷାର ସ୍ନିଗ୍‌ଧ ଦୃଷ୍ଟି, ସନ୍ଧ୍ୟା ତାରା ମଳୟ ମଦିରାଧାରା, ଚୁମ୍ବନ, ନୟନନନ୍ଦନ ଏହିପରି ରୋମାଣ୍ଟିକ୍ ଶବ୍ଦ ପ୍ରୟୋଗ କରାଯାଇଅଛି । କବି ଏହିପରି ରୋମାଣ୍ଟିକ୍ ଶବ୍ଦ ପରି କଳ୍ପନା କରି ଆଉ ବାସ୍ତବ ଜଗତରେ ରହିବାକୁ ଚାହିଁନାହାନ୍ତି । ସେ ଏକ ସ୍ୱପ୍ନିଳ ତଥା ଅପରିଚିତ ଜାଗାକୁ ଯାଇ ଆନନ୍ଦରେ ରହିବାକୁ ଚାହାଁନ୍ତି । ସୁଦୂରର ଆକର୍ଷଣରେ ସେ ମୋହଗ୍ରସ୍ତ ହୋଇ ଉଠିଛନ୍ତି । ତେଣୁ ସେ ୧୯୨୩ରେ 'କବି ପ୍ରେୟସୀ'ରେ ଲେଖିଛନ୍ତି –

"ମୁଁ ଗୋ ଫୁଲ ଉପବନ ଭ୍ରମର
ମୁଁ ଗୋ ପରାଗର ରାଗେ ଅମର
ତୁଟାଇ ଦିଅ ଗୋ ବନ୍ଧନ
ଡାକେ ମୋତେ ଦୂର ଅମରାବତୀର ନନ୍ଦନ ।" (୨୭)

'ଶାରଦ ସ୍ପର୍ଶ' କବିତାରେ କବି ବର୍ଣ୍ଣନା କରିଅଛନ୍ତି ଯେ ଶାରଦ ସ୍ପର୍ଶରେ ସମଗ୍ର ପୁଷ୍ପଜଗତ ସଜାଗ ହୋଇଉଠେ ଏବଂ ଏକ ଆନନ୍ଦମୁଖର ପରିସ୍ଥିତି ସୃଷ୍ଟି ହୁଏ । ଉଦ୍ୟାନ ଜଗତ, ବନ୍ୟ ଜଗତ, ଚଞ୍ଚଳ ହୋଇ ଉଠନ୍ତି । ସେମାନଙ୍କୁ ଦେଖି ପ୍ରାଣୀଜଗତଙ୍କ

---

(୨୬) ପରମ ପରଶ ପୌଷ ପବନ/ ଛିନ୍ନ କର ଏ ମରମ
ସରିଆସେ ସବୁ ସଙ୍ଗୀତ ମୋର/ ମଉଳଇ ମୋର କରମ ।
(ପୌଷ ପବନ, ବୈକୁଣ୍ଠନାଥ ଗ୍ରନ୍ଥାବଳୀ, ପୃ-୨୬୧)

(୨୭) କବି ପ୍ରେୟସୀ, ବୈକୁଣ୍ଠନାଥ ଗ୍ରନ୍ଥାବଳୀ, ପୃ-୨୭୩

ମନରେ ରୋମାଣ୍ଟିକ୍ ଭାବ ଉଦ୍ରେକ ହୋଇ ଉଠେ। ଶେଫାଳୀର ଗନ୍ଧରେ ଏ ଧରା ଆତ୍ମହରା ହୋଇଉଠେ। (୨୮)

କାଶ ଫୁଲ, ମାଳତି, ମନ୍ଦହାସରେ ଖେଳି ବୁଲୁଥାନ୍ତି। (୨୯)

ଶରଦ ସ୍ପର୍ଶରେ ସାରା ଜଗତ ଯେତେବେଳେ ହସି ଉଠୁଛି ପ୍ରାଣୀଜଗତ ମଧ୍ୟ ହସଖେଳରେ ମାତି ଉଠନ୍ତୁ ବୋଲି କବି ଆହ୍ୱାନ କରିଅଛନ୍ତି। ନିରାଶରେ ନ ରହି ସେହିମାନଙ୍କ ପଥ ଅନୁସରଣ କର, ଯେଉଁମାନେ କି ସଦାସର୍ବଦା ହସଖୁସିରେ ରହିଥାନ୍ତି।

'ପ୍ରୀତି ଆବାହନ' କବିତାରେ କବି ଉଷାରେ ଅରୁଣଙ୍କ କିରଣ ପରି ଆନନ୍ଦଦାୟୀ ଏବଂ ଶାନ୍ତ ସୁଶୀତଳ ସେହିକଥା ବର୍ଣ୍ଣନା କରିଅଛନ୍ତି। ଉଷାର ସୂର୍ଯ୍ୟଙ୍କ କିରଣ ଦେଖି କବି ତାଙ୍କର ହତାଶା ବିକଳ ଜୀବନକୁ ମଧ୍ୟ ଭୁଲିଯାଇଛନ୍ତି। (୩୦) ଏବଂ ବିଷାଦ ପରିବର୍ତ୍ତେ ତାଙ୍କ ପ୍ରାଣରେ ରୋମାଣ୍ଟିକ୍ ଚେତନାର ଉଦ୍ରେକ ହୋଇଛି। କବିଙ୍କ ମତରେ ଉଷାର କିରଣ ହେଉଛି ପ୍ରିୟାର ମଧୁର ସ୍ୱପ୍ନ ଭଳି। ମଧୁର ପ୍ରଣୟ ଭଳି। (୩୧)

---

(୨୮) ଆକାଶ ଆଜି ଶୁଭ୍ର ବେଶେ/ ହେଲା ଚଞ୍ଚଳେ,
ସମୀରଣେ ଖେଳି ବୁଲେ/ ଏକା ଅଞ୍ଚଳ !
ଶେଫାଳିକା ଆତ୍ମହରା
ତାର, ଗନ୍ଧେ ଚତୁର୍ଦ୍ଦିଗ ଭରା/ ଆଜି ବିଶ୍ୱ ପ୍ରାଣ ପରଶିଗଲା।
ପୁଣ୍ୟ ମଙ୍ଗଳ !

(ଶାରଦ ସ୍ପର୍ଶ, ବୈକୁଣ୍ଠନାଥ ଗ୍ରନ୍ଥାବଳୀ, ପୃ-୨୭୪)

(୨୯) ସେ ଯେ, କାଶଫୁଲେ ଭରିଛି ତନୁ/ ଶ୍ୟାମଳ ଶିରେ
ତାର, ମନ୍ଦହାସ, ଖେଳି ବୁଲେ/ ନଭେ ଅସ୍ଥିରେ !
ମାଳତି ତାର କଙ୍କଣ,/ ସ୍ତୁରେ, ଅଙ୍ଗୁ ଗନ୍ଧ ଚନ୍ଦନ,
ପାଗଳ ସେ ଯେ ଖେଳିବୁଲେ/ ଦଳି ଅର୍ଗଳ।

(ଶାରଦ ସ୍ପର୍ଶ, ବୈକୁଣ୍ଠନାଥ ଗ୍ରନ୍ଥାବଳୀ, ପୃ-୨୭୪)

(୩୦) ତୁମେ ବୋଲି ହୋଇ ଆସ ଅରୁଣ ଉଷାର କିରଣ
ତୁମ ପଦ ସଞ୍ଚାରେ ଚମକି ଚାହେଁ ସ୍ୱପନେ
ମୁଁ ଗୋ ଭୁଲି ଯାଏଁ ମୋର ହତାଶ ବିକଳ ଜୀବନ
ତୁମେ, ନିତି ନିତି ମୋତେ ଡାକିନିଅ ମଧୁ ବିଜନେ।

(ପ୍ରୀତି ଆବାହନ, ବୈକୁଣ୍ଠନାଥ ଗ୍ରନ୍ଥାବଳୀ, ପୃ:୨୭୬)

(୩୧) x x x x x x
ମଧୁର ପ୍ରଣୟ ! ମଧୁର ସ୍ୱପ୍ନ ପ୍ରିୟ
ଅଶେଷାନନ୍ଦ ପୁଲକି ଉଠଇ ହିୟା।

(ପ୍ରୀତି ଆବାହନ, ବୈକୁଣ୍ଠନାଥ ଗ୍ରନ୍ଥାବଳୀ, ପ୍ରଥମ ଭାଗ, ପୃ:୨୭୬)

'ବର୍ଷା ସଙ୍ଗୀତ' କବିତାରେ ମଧ୍ୟ କବି 'ନବ ଯୌବନକୁ' କେନ୍ଦ୍ର କରି ଲେଖିଛନ୍ତି, ବଜ୍ରବାଦଲ ଏବଂ ସାଇଁ ସାଇଁ ପବନ ଦେଖି ପ୍ରଣୟୀ ପ୍ରଣୟିନୀଙ୍କ ମନରେ ମଧ୍ୟ ବିଦ୍ୟୁତ୍‌ର ଝଲକ ସୃଷ୍ଟି ହୋଇଯାଏ। ବର୍ଷା ପ୍ରଳୟର ଉନ୍ମାଦ ଡାକ ସହ ଯୌବନର ଉନ୍ମାଦନା ଶରୀରରେ ଭରିଦିଏ। ବର୍ଷା ପ୍ରଳୟର ଡାକରା ଏବଂ ଯୌବନର ଉନ୍ମାଦନା ମିଶିଗଲେ ଯେପରି ଲାଗେ ବିଶ୍ୱକୁ ମୁକ୍ତ କରିବାକୁ ଆହ୍ୱାନ କେହି ଦେଉଛି। (୩୨)

ବର୍ଷାର ଧାରା ବଢ଼ିବା ସଙ୍ଗେ ସଙ୍ଗେ ଯୌବନର ଭାବ ମନ ଓ ଶରୀର ଭିତରେ ଖେଳିଯାଏ। ଯୁବକ ଯୁବତୀ ନବ ଯୌବନର ମନ୍ତ୍ର ନେଇ ଛୁଟି ଚାଲନ୍ତି। (୩୩) ଏହା ସଂପୂର୍ଣ୍ଣ ରୋମାଣ୍ଟିକ୍‌ଧର୍ମୀ କବିତା ଅଟେ।

୧୯୨୪ରେ ରଚିତ 'ପ୍ରଣୟୀର ସ୍ୱପ୍ନ' କବିତାଟି ମଧ୍ୟ ସଂପୂର୍ଣ୍ଣ ରୋମାଣ୍ଟିକ୍। ଏହି କବିତାରେ ପ୍ରଚୁର ପରିମାଣରେ ରୋମାଣ୍ଟିକ୍ ଶବ୍ଦାବଳୀର ପ୍ରୟୋଗ କରାଯାଇଛି। ଯଥା- ସନ୍ଧ୍ୟାସ୍ନିଗ୍ଧ, ଅଳସ ନୟନେ, ମଳୟ, ପ୍ରଣୟର ଗୀତ, ନିତ୍ୟନବୀନ, ଯୌବନ ବୀଣା, ଗନ୍ଧ--ବକୁଳ, ହାସ୍ନା ହେନା, ଗୋଲାପ, ସୌରଭାକୁଳ, ମାଳତୀ ମଲ୍ଲୀ, ପ୍ରଣୟୀ କଣ୍ଠ, ଆଖିକ୍ଲାନ୍ତ, ଉଛୁଳେ, ତଟିନୀ କମଳ, ଘାସଫୁଲ, ଗଣ୍ଡେ ପରାଗ ବୋଳି, ଲତାରେ, ଝୁଲଇ କୁସୁମ, ଇନ୍ଦ୍ରଧନୁ, ମଧୁ କୋକିଳକଣ୍ଠ, ଚୁମ୍ବନ, ଗଗନେ ପବନେ, ଅସୀମ ସ୍ୱପ୍ନ, ମୁଗ୍ଧ ନୟନେ, ମଦିରା ଗନ୍ଧେ, ଯୌବନ, ବକୁଳ ବାସଇ ଆଜି। ଏହି କବିତାରେ କବି ସ୍ୱପ୍ନର ଅବାସ୍ତବ ରାଜ୍ୟକୁ ପଳାଇ ଯିବାକୁ ଚାହାଁନ୍ତି। ଯେଉଁଠି ସନ୍ଧ୍ୟାର ଏକ ସ୍ନିଗ୍ଧ ଅଳସ ନୟନ ଥିବ। ପୁଣି ମଳୟ କେବଳ ପ୍ରଣୟର ଗୀତ ହିଁ ଗାଉଥିବ ଏବଂ ସେଠାରେ କେବଳ

---

(୩୨) x x x x x x

ପ୍ରଳୟର ଏକ ଉନ୍ମାଦ ଡାକ/ ଏ କି ମୂର୍ଚ୍ଛନା ଥରେ ଆଖପାଖ
କେଉଁ ମତୁଆଲ ଡାକେ ଆସ ଆଜି/ ମୁକ୍ତ ବିଶ୍ୱ ଅଙ୍ଗନ
ସାଇଁ ସାଇଁ ବହେ ପବନ

(ବର୍ଷା ସଙ୍ଗୀତ, ବୈକୁଣ୍ଠନାଥ ଗ୍ରନ୍ଥାବଳୀ, ପ୍ରଥମ ଭାଗ, ପୃ:୨୮୧)

(୩୩) ବାହାରେ ଭିତରେ ଯୌବନ ଖେଳ/ ବରଷାର ଧାର ପ୍ରାନ୍ତରେ,
ଛୁଟଇ ଯେସନେ ଅନନ୍ତ ଯୁବା/ ନବଯୌବନ ମନ୍ତ୍ରରେ।

(ବୈକୁଣ୍ଠନାଥ ଗ୍ରନ୍ଥାବଳୀ, ପ୍ରଥମ ଭାଗ, ପୃ-୨୮୧)

ବୀଣାର ସ୍ୱରରେ ଯୌବନର ଗାନ ଥିବ। ଏହା ସଂପୂର୍ଣ୍ଣ ସାବୁଜିକ ତଥା ତରୁଣ ମନର କଥା ଅଟେ। (୩୪)

କବି ଏପରି ଏକ ରାଜ୍ୟ ଚାହାନ୍ତି ଯେଉଁଠାରେ ନିଃଶ୍ୱାସ ଭରି ହାସ୍ନା ହେନାର ଗନ୍ଧ ହିଁ କେବଳ ଥିବ। ସନ୍ଧ୍ୟାର ପବନ ତୀକ୍ଷ୍ଣ ହେଲେ ମଧ୍ୟ ଗୋଲାପ ଭଳି ଏକ ନରମ ଫୁଲ ଝଡ଼ିପଡୁ ନ ଥିବ। କେବଳ ସେଠାରେ ମାଳତୀ ଓ ମଲ୍ଲୀ ଭଳି ବାସ୍ନାଫୁଲ ଫୁଟୁଥିବ। ଚତୁର୍ଦ୍ଦିଗରେ କେବଳ ରୋମାଣ୍ଟିକ୍ ବାତାବରଣ ହିଁ ଥିବ। ସେ ପୁଣି ତାଙ୍କ ପ୍ରଣୟିନୀକୁ ମଧ୍ୟ ତାଙ୍କ ସାଙ୍ଗରେ ସେହିଭଳି ଏକ ଅବାସ୍ତବ ରାଜ୍ୟକୁ ଆମନ୍ତ୍ରଣ କରିଛନ୍ତି ଏବଂ ପ୍ରଣୟୀ ଯୁଗଳ କେବଳ ବକୁଳର ବାସକୁ ଆଘ୍ରାଣ କରି ମତୁଆଲା ହୋଇ ଉଠିବେ ବୋଲି ପରିକଳ୍ପନା କରିଛନ୍ତି। ସେଠାରେ ସେମାନେ ମରଣର ବିଭୀଷିକାକୁ ମଧ୍ୟ ଭୁଲିଯାଇ ପାରିବେ। କେବଳ ଜୀବନ ଓ ଯୌବନର ସ୍ୱପ୍ନରେ ମତୁଆଲ ହୋଇ ଗାଇ ଉଠିବେ -

"ଆସ ପ୍ରଣୟିନୀ ସେ ଦେଶେ ଯିବା ଗୋ ଆସ,
ତୁମ ପାଶେ ଢଳି ପିଇବି ବକୁଳ ବାସ;
ଦେଖିବା ସ୍ୱପ୍ନ ପ୍ରଣୟ ଅମର ହାସ
ଭୁଲିବା ମରଣ ବେଦନା ବିକଳ ପ୍ରାସ।"

(ପ୍ରଣୟୀର ସ୍ୱପ୍ନ, ବୈକୁଣ୍ଠନାଥ ଗ୍ରନ୍ଥାବଳୀ, ପୃ-୨୮୨)

୧୯୨୫ରେ ରଚିତ 'ଗୋପ ବାଳକର ପ୍ରୀତି ଅନୁଭୂତି' ସଂପୂର୍ଣ୍ଣ ରୋମାଣ୍ଟିକ୍‌ଧର୍ମୀ କବିତା। କେଉଁ ଅତୀତ କାଳରୁ ରାଧାକୃଷ୍ଣ ପ୍ରେମ ସମ୍ବଳିତ ବହୁ କାବ୍ୟ କବିତା ଓଡ଼ିଆ ସାହିତ୍ୟରେ ରଚିତ ହୋଇଅଛି। କବି ବୈକୁଣ୍ଠନାଥଙ୍କ ଅବଚେତନରେ ସେହି ପ୍ରେମତତ୍ତ୍ୱ ଯେକୌଣସି ଆଧୁନିକ ଗୋପାଳ ବାଳକର ପ୍ରୀତି ନିବେଦନରେ ଚିରାୟତ ହୋଇଅଛି। ନିରାଡ଼ମ୍ବର ସରଳ ଲଳିତ କେତୋଟି ଶବ୍ଦ ମାଧ୍ୟମରେ ବାଳକଟି ତା'ର ପ୍ରେମିକା ପାଖରେ ଭାବ ନିବେଦନ କରୁଅଛି। ତା' ମନ ମଧ୍ୟରେ ପ୍ରେମିକାର ରୂପ ଓ ଅପାଙ୍ଗକୁ ସେ ଆସ୍ୱାଦନ କରୁଛି ଏବଂ କହୁଛି ତା'

---

(୩୪) ଯହିଁ ସନ୍ଧ୍ୟା ସ୍ନିଗ୍ଧ ଅଳସନୟନେ ଚାହେଁ,
ଯହିଁ ମଳୟ ଅସୀମ ପ୍ରଣୟର ଗୀତ ଗାଏ,
ଯହିଁ ନିତ୍ୟ ନବୀନ ଯୌବନ ବୀଣା ଗାଏ,
ସେ ଦେଶେ ଯିବି ମୁଁ ସେ ଦେଶେ ଯିବି।

(ପ୍ରଣୟୀର ସ୍ୱପ୍ନ, ବୈକୁଣ୍ଠନାଥ ଗ୍ରନ୍ଥାବଳୀ, ପ୍ରଥମ ଭାଗ, ପୃ-୨୮୨)

ପ୍ରେମିକାର କଜଳ କଳା ଆଖି ଦେଖିଲେ ପଥିକଟିଏ ମଧ୍ୟ ପ୍ରୀତି ଫାନ୍ଦରେ ପଡ଼ିଯିବ। ସେଇ ଆଖି ଯୋଡ଼ିକ ମଧ୍ୟଦେଇ ସତେ ଯେପରି ବ୍ରହ୍ମାଣ୍ଡର ସବୁ ଭଲପାଇବା ବିଗଳିତ ହୋଇପଡ଼େ। (୩୬)

ଗୋପୀଟିଙ୍କୁ ଦେଖିଲେ ସେ କିପରି ଲାଜରେ ମଥା ତଳକୁ ପୋତେ ତାହାର ଚମତ୍କାର ବର୍ଣ୍ଣନା ଏହି କବିତାରେ ଖୁବ୍ ରସାଳ ଭାବେ ପ୍ରକାଶିତ। ଶ୍ୟାମଳ ଶାଢ଼ିରେ ଗୋପୀଟିର ଯଉବନ ଅତ୍ୟନ୍ତ ସ୍ପଷ୍ଟ ହୋଇଉଠେ। ତା'ର ସୁନ୍ଦର ଲଳିତର ଉପମା କେତେ ବଡ଼ ବଡ଼ ବିଦ୍ୱାନ ପଣ୍ଡିତ ମଧ୍ୟ ଭଲ ଭାବରେ ଦେଇପାରି ନାହାନ୍ତି। କିନ୍ତୁ କବି ବୈକୁଣ୍ଠନାଥ ସରଳ ସୁନ୍ଦର ଭାବରେ ସେହି ରୂପର ବର୍ଣ୍ଣନା କରି ଅଛନ୍ତି। ଏହା ଏକାନ୍ତ ରୋମାଣ୍ଟିକ୍ ପୂର୍ଣ୍ଣ କବିତା ଅଟେ।

୧୯୨୯ରେ ରଚିତ 'ରାଜଜେମା' କବିତାଟିକୁ ଲକ୍ଷ୍ୟ କଲେ ଜଣାଯାଏ, କବି ତାଙ୍କ ନିକଟକୁ ସର୍ବଦା ଅବହେଳା କରିଛନ୍ତି। ସେ ସ୍ୱପ୍ନରାଜ୍ୟରେ ବିଚରଣ କରିବାକୁ ଚାହାଁନ୍ତି ଏବଂ ସେହି ସ୍ୱପ୍ନରାଜ୍ୟରେ ସେ ରାଜାର ତନୟାକୁ କଳ୍ପନାକୁ କରି ରୋମାଣ୍ଟିକ୍ ପ୍ରଣୟରେ ଭାସିଯାଇଛନ୍ତି। ତାଙ୍କ ସ୍ୱପ୍ନର ରାଜକୁମାରୀ ସଙ୍ଗୀତ ସୁଲଳିତ ମୂର୍ଚ୍ଛନାର ରାଜ୍ୟରେ ବାସ କରେ। (୩୭) ସେହି ସ୍ୱପ୍ନର ରାଜକୁମାରୀର ରୂପ ଏତେ ଆକର୍ଷଣୀୟ ଯେ ସମଗ୍ର ସୃଷ୍ଟି ମଧ୍ୟ ତାକୁ ଦେଖି ମୁଗ୍ଧ ହୋଇ ଉଠିଛି। ଏପରିକି ରାଜତନୟାର ଚାଲିରେ ତାର ଗଭାରୁ ପୁଷ୍ପ ଖସି ପଡୁଛି। ତା'ର ଗତି ମଧ୍ୟ ସଂପୂର୍ଣ୍ଣ ଛନ୍ଦମୟ। ସେହି ରାଜଜେମାର ରୂପରେ ମୁଗ୍ଧ ତା'ର ମନ ମଣିଷ ବୀଣାର ସ୍ୱରରେ କେବଳ ତା'ର ରୂପ ଗୁଣକୁ ହିଁ ଗାଇବାରେ ଲାଗିଥାଏ। ଅର୍ଥାତ୍ କବି ନିଜେ ଶେଷରେ ନିଜର ସ୍ୱପ୍ନର ରାଜକୁମାରୀଙ୍କୁ ଭେଟନ୍ତି। ଏବଂ ଏକ ଅଦର୍ଶିତ ସ୍ୱପ୍ନ ବଳୟ ଭିତରେ ନିଜର ପ୍ରାଣର ରାଜକୁମାରୀଙ୍କୁ ଆବିଷ୍କାର କରି ଏହିଭଳି ଏକ ସାର୍ଥକ ରୋମାଣ୍ଟିକ୍

---

(୩୬) ଦେଖିଲେ ଥରେ ତା'ର   କଜଳ କଳା ଆଖି
ପଥିକ ପ୍ରୀତି ଫାନ୍ଦେ   ପରାଣ ଯିବ ଲାଖି
କଳା ସେ କଳା ହେଉ   ଶୋଚନା କିଛି ନାହିଁ
ମୁଁ ଗୋ ତାହାରି ପାଇଁ   ସେ ତ ମୋହରି ପାଇଁ।
(ବୈକୁଣ୍ଠନାଥ ଗ୍ରନ୍ଥାବଳୀ, ୧ମ ଭାଗ, ପୃ:୨୯୦)

(୩୭) ରାଜାର ତନୟା ସ୍ୱପ୍ନରାଜ୍ୟେ/ ସଙ୍ଗୀତେ ତାର ବାସ,
ଏଇ ପଥେ ଯାଉଁ ଢାଳିଗଲା କେତେ ? କୁସୁମ ଧବଳ ହାସ !
ନ ଥିଲା ତା ଅବକାଶ।
(ବୈକୁଣ୍ଠନାଥ ଗ୍ରନ୍ଥାବଳୀ, ରାଜଜେମା, ପୃ:୩୪୮)

କବିତା ରଚନା କରିଛନ୍ତି । ବୈକୁଣ୍ଠନାଥଙ୍କ ରୋମାଣ୍ଟିକ୍ କବିତାଗୁଚ୍ଛକୁ ଅନୁଧ୍ୟାନ କଲେ ଜଣାଯାଏ ତାଙ୍କ କବିତାରେ ନିକଟକୁ ସେ ପ୍ରତ୍ୟାଖ୍ୟାନ କରିଛନ୍ତି । ଏକ ସୁଦୂର ଆକର୍ଷଣରେ ନିଜକୁ ହଜାଇ ଦେଇଛନ୍ତି ।

ରୋମାଣ୍ଟିକ୍ କବିଗଣ ସର୍ବଦା ସୌନ୍ଦର୍ଯ୍ୟର ପୂଜାରୀ । ସେମାନେ ତାଙ୍କର ଧୀଶକ୍ତି ଦ୍ୱାରା ଗଭୀରରୁ ଗଭୀରତରକୁ ଯାଇ ପାରନ୍ତି ଏବଂ ଦେଖିପାରନ୍ତି ଅନେକ କିଛି ଏବଂ ତାକୁ ହିଁ କବିତା ମାଧ୍ୟମରେ ପ୍ରକାଶ କରି ଯାଆନ୍ତି । ଏ ସୃଷ୍ଟିରେ ସବୁଠାରୁ ବିଚିତ୍ର ହେଉଛନ୍ତି ସ୍ରଷ୍ଟା ଯାହାଙ୍କ ପରିଚାଳନାରେ ଏ ସୃଷ୍ଟି ପରିଚାଳିତ । ଠିକ୍ ସେହିପରି କବିଙ୍କର ହାତରେ କବିତାର ଜଗତ ଗଢ଼ା । କବିଟିଏ ସୁନ୍ଦର ରୂପରେ ରୂପାୟିତ କରିପାରେ ତା'ର ବାସ୍ତବ ଅବାସ୍ତବ ଜଗତକୁ । ସେହି କଳ୍ପନାର ଅବାସ୍ତବ ରାଜ୍ୟ ପ୍ରତି କବି ବୈକୁଣ୍ଠଙ୍କ ତୃତୀୟ ଚକ୍ଷୁ ଦେଇ ଅନେକ ରୋମାଣ୍ଟିକ୍ କବିତାର ପରିକଳ୍ପନା କରିଥିଲେ ।

ବୈକୁଣ୍ଠ କାବ୍ୟମାନସରେ ବିଭୁ ଚେତନା:

କବି ଶ୍ରୀ ବୈକୁଣ୍ଠନାଥ ପଟ୍ଟନାୟକ ସବୁଜ ଚେତନାର ସର୍ବଶ୍ରେଷ୍ଠ କବି । ଏକ ଦିଗରେ ସେ ଥିଲେ ସ୍ୱପ୍ନପ୍ରବଣ ଏବଂ ତାଙ୍କ ବ୍ୟକ୍ତିତ୍ୱକୁ ଦୃଢ଼ ଭାବରେ ଧରି ରଖିଥିଲା କଳ୍ପନା ପ୍ରବଣତା, ରଙ୍ଗ ବିହ୍ୱଳ ସୁଦୂରର ଆକର୍ଷଣ ଓ ସ୍ୱପ୍ନରାଜ୍ୟରେ ବିଚରଣ । ଅନ୍ୟପକ୍ଷରେ ଈଶ୍ୱରାନୁରକ୍ତି ବା ଆଧିଭୌତିକ ଅନୁଚିନ୍ତା ତାଙ୍କ କାବ୍ୟ ମାନସକୁ ଆକ୍ରାନ୍ତ କରିଥିଲା । ଚିନ୍ତା ସ୍ୱଚ୍ଛରୁ ପ୍ରଚ୍ଛନ୍ନ, ପ୍ରକଟିତରୁ ଅପ୍ରକଟିତ ଓ ଚାକ୍ଷୁଷରୁ ଇନ୍ଦ୍ରିୟାତୀତ ଚିନ୍ତାଧାରା ଆଡ଼କୁ ଗତିଶୀଳ ଏବଂ ଏହା ହିଁ କବିଙ୍କ ଚେତନାରେ ରହସ୍ୟବାଦୀ ଭାବନାର ପରିପ୍ରକାଶ ।" (୩୮) ସମଗ୍ର ବିଶ୍ୱ ଜଗତ ଭଗବାନ୍‌ଙ୍କର ହସ୍ତର ବିକାଶ ମାତ୍ର । ତେଣୁ ପ୍ରତ୍ୟେକ ବ୍ୟକ୍ତି ସେହି ବିଶ୍ୱନିୟନ୍ତାଙ୍କ ଚରଣ ତଳେ ଆଶ୍ରିତ । ସେ ହୃଦୟଙ୍ଗମ କରେ ତା'ର ନିଜର ବିକାଶରେ କୌଣସି ମୂଲ୍ୟ ନାହିଁ । ତାକୁ ଚଳେଇବାକୁ ଏକ ଅନ୍ତର୍ନିହିତ ସତ୍ତାର ସ୍ଥିତି ପୂରାପୂରି ଆବଶ୍ୟକ । ଏହି ଅନୁଭବଟିକୁ ଆହୁରି ଦୃଢ଼ୀଭୂତ କରିବା ପାଇଁ ଡକ୍ଟର ମାୟାଧର ମାନସିଂହ ଲେଖିଥିଲେ- "ଏହି ଜୀବନ ଓ ଜଗତ ପ୍ରତି ନିବିଡ଼ ତୃଷ୍ଣା ଓ ମମତା ସତ୍ତ୍ୱେ ଏହା ମଧ୍ୟ ସତ୍ୟ ଯେ ତା'ର ଅବଚେତନରେ ମନୁଷ୍ୟ ଏମାନଙ୍କ ପ୍ରତି ବିଦ୍ରୋହୀ । ଚିରକାଳ ତେଣୁ ସେ ଏମାନଙ୍କର ବନ୍ଧନ କାଟି ସ୍ୱାଧୀନ ହେବାର ସ୍ୱପ୍ନ ଦେଖି ଆସିଛି । ସେ ବରାବର ଗରୁଡ଼ ପରି ସୁଧାପାନ କରିବା ପାଇଁ ଇନ୍ଦ୍ରର ବଜ୍ର ପ୍ରହାରର ଆଶଙ୍କା ସତ୍ତ୍ୱେ ଅନ୍ତରୀକ୍ଷ ଆଡ଼କୁ ଧାବମାନ ହୋଇ

(୩୮) ଡକ୍ଟର ନିତ୍ୟାନନ୍ଦ ଶତପଥୀ, ସବୁଜରୁ ସାଂପ୍ରତିକ, ପୃ-୩୫

ଚାଲିଛି। ଜଗତର ସୀମିତତା, କ୍ଷୁଦ୍ରତା, ସଂକୀର୍ଣ୍ଣତାକୁ କାଟି ମନୁଷ୍ୟର ଚିତ୍ତ ଚାହିଁ ଆସିଛି। ଏକ ବନ୍ଧନହୀନ ସୀମାହୀନ ବିରାଟ ସତ୍ତାରେ ନିଜକୁ ମିଳାଇ ଦେବାକୁ।"(୩୯)

ବୈକୁଣ୍ଠନାଥଙ୍କ କବିତାବଳୀର ଆଲୋଚନା ପ୍ରସଙ୍ଗରେ ତାଙ୍କ କାବ୍ୟ ମାନସକୁ ଏହି ବିଭୁ ଚେତନା ଅନେକାଂଶରେ ପ୍ରଭାବିତ କରିଛି। ତାଙ୍କର ସମସ୍ତ କର୍ମର ପଛରେ ଏକ ଅଦୃଶ୍ୟ ସତ୍ତା ଯେ ଉପବିଷ୍ଟ ସେ ତାହା ମର୍ମେ ମର୍ମେ ଉପଲବ୍ଧି କରିପାରିଛନ୍ତି। ତାଙ୍କ କବିତା ବହୁ ଭାବଧାରା ବିଶିଷ୍ଟ କିନ୍ତୁ ତାଙ୍କ କବିତାଗୁଡ଼ିକୁ ଗଭୀର ଭାବେ ଅନୁଧ୍ୟାନ କଲେ ଜଣାଯାଏ ସେ ସବୁର ଅନ୍ତଃସ୍ୱର ହେଉଛି ଗଭୀର ଈଶ୍ୱରପ୍ରାଣତା। ସେ ପ୍ରଚଣ୍ଡ ଈଶ୍ୱରବିଶ୍ୱାସୀ ଥିଲେ। ତାଙ୍କ ଜୀବନର ପ୍ରତିଟି ପାହାଚ ଯେ ସେହି ମହାନ୍ ସତ୍ତା ଦ୍ୱାରା ପରିଚାଳିତ ସେ ତାହା ବିଶ୍ୱାସ କରୁଥିଲେ। ୧୯୨୯ରୁ ୧୯୩୮ ମଧ୍ୟରେ ରଚିତ ଅସଂଖ୍ୟ କବିତାରେ କେବଳ ଏହି ବିଭୁ ଅନୁଚିନ୍ତାର ପରିପ୍ରକାଶ ଘଟିଛି। ସର୍ବତ୍ର ସେ କେବଳ ଭଗବତ୍ ସତ୍ତା ହିଁ ଉପଲବ୍ଧି କରୁଛନ୍ତି। ସେହି ଅଦୃଶ୍ୟ ନିୟନ୍ତାଙ୍କ ନିର୍ଦ୍ଦେଶରେ ଯେ ଏହି ତ୍ରିଭୁବନ ପରିଚାଳିତ ତାହା ସେ ଜାଣିପାରିଛନ୍ତି। ତେଣୁ ସେହି ପ୍ରିୟତମଙ୍କ ଉଦ୍ଦେଶ୍ୟରେ କବିଙ୍କର ଅକୁଣ୍ଠିତ ପ୍ରେମ, ସ୍ନେହ, ସବୁ କବିତା ମାଧ୍ୟମ ଦେଇ ବୋହି ଯାଇଅଛି। ତାଙ୍କର ଏହି ଅନୁଚିନ୍ତାରେ ରବୀନ୍ଦ୍ରନାଥଙ୍କ ପ୍ରଭାବ ସଂପୂର୍ଣ୍ଣ ରୂପେ ପଡ଼ିଥିଲା। ସେ ଓଡ଼ିଆ ସାହିତ୍ୟର ଭକ୍ତକବି ମଧୁସୂଦନଙ୍କୁ ମଧ୍ୟ ଅନୁସରଣ କରିଥିଲେ ବୋଲି ନିଜେ ସ୍ୱୀକାର କରି ଅଛନ୍ତି। ବୈକୁଣ୍ଠନାଥ ମଧୁସୂଦନ ରାଓଙ୍କୁ ନିଜର କାବ୍ୟ ଗୁରୁ ରୂପେ ଗ୍ରହଣ କରିଥିଲେ। ସେ ଏକଥା 'କବି ବୈକୁଣ୍ଠନାଥ ଜୀବନୀ ଓ କୃତି' ବୈକୁଣ୍ଠନାଥ ଗ୍ରନ୍ଥାବଳୀ ପ୍ରଥମ ଭାଗରେ ଲେଖିଥିଲେ- "ପିଲାଦିନୁ ମୋତେ ଭକ୍ତକବି ମଧୁସୂଦନ ଓ ପ୍ରାଚୀନ କବି ଭକ୍ତଚରଣ ଦାସ ବହୁ ପରିମାଣରେ ଆକୃଷ୍ଟ କରିଥିଲେ।" (୪୦) "ସ୍କୁଲ୍ ଜୀବନରେ ମଧୁସୂଦନ ବିଶେଷତଃ ତାଙ୍କର ବସନ୍ତ ଗାଥା, ଘନ ଅନ୍ଧକାରରେ ଆଲୋକର ବର୍ତ୍ତିକା ସଦୃଶ ମୋତେ ଅଭିଭୂତ କରି ପ୍ରେରଣା ଦେଇଅଛି। (୪୧) ପୁଣି ସେ କହିଥିଲେ- "ଯଦିଓ କାଳିନ୍ଦୀ ରାଧାନାଥଙ୍କ ସ୍ତାବକ, ମୁଁ ମଧୁବାବୁଙ୍କ ଭକ୍ତ।" (୪୨)

ତେଣୁ ଏଥିରୁ ସ୍ପଷ୍ଟ ପରିଲକ୍ଷିତ ହୁଏ ଯେ କବି ବୈକୁଣ୍ଠନାଥ ପଟ୍ଟନାୟକ ସଂପୂର୍ଣ୍ଣ ଭାବେ ମଧୁସୂଦନଙ୍କ ସ୍ତାବକ ଥିଲେ। ପ୍ରତ୍ୟେକ କବି ପୂର୍ବବର୍ତ୍ତୀ ସାରସ୍ୱତ

---

(୩୯) କବି ଓ କବିତା, ଶ୍ରୀ ମାୟାଧର ମାନସିଂହ, ପୃ:୪
(୪୦) ବୈକୁଣ୍ଠନାଥ ଗ୍ରନ୍ଥାବଳୀ, ଜୀବନୀ ଓ କୃତି, ପୃ-୧୮
(୪୧) ଜୀବନୀ ଓ କୃତି, ବୈକୁଣ୍ଠନାଥ ଗ୍ରନ୍ଥାବଳୀ, ପୃ-୩୫
(୪୨) ଜୀବନୀ ଓ କୃତି, ବୈକୁଣ୍ଠନାଥ ଗ୍ରନ୍ଥାବଳୀ, ପୃ-୩୮

ସାଧକର ଦାୟାଦ ଭାବେ ନିଜର ମାନସ ଭୂମିକୁ ପ୍ରସ୍ତୁତ କରିଥାନ୍ତି। ବୈକୁଣ୍ଠନାଥ ପୂର୍ବସୂରୀ ବିଶେଷତଃ ମଧୁସୂଦନଙ୍କୁ ମଧ୍ୟ ମାନସ ଦର୍ପଣରେ ସନ୍ଦର୍ଶନ କରିଛନ୍ତି।

ତାଙ୍କର ନିମ୍ନଲିଖିତ କବିତାଗୁଡ଼ିକରେ ଈଶ୍ୱରାନୁଚିନ୍ତା ବେଶ୍ ପରିଲକ୍ଷିତ ହୁଏ। ଯଥା- 'ଆରତି', 'ବନ୍ଦୀ ଭାବନା', 'ପଥଘାଟେ', 'ମୁକ୍ତି ସଙ୍ଗୀତ', 'ଦୋଳ ପୂର୍ଣ୍ଣିମା', 'କବିତା ଯୌବନ', 'ଉପାସନା', 'ବ୍ୟଥା ମାଧୁରୀ', 'ଶିଶୁ ଦର୍ଶନ', 'ଶେଷ ଗୀତି', 'ଭାଗ୍ୟ', 'ରାକ୍ଷୀ ପୂର୍ଣ୍ଣିମା', 'ଆଲୋକ ପଦ୍ମ', 'ସନ୍ଧ୍ୟାରାଗ', 'ନିଦ୍ରା ବିଭୂତି' ପ୍ରଭୃତି।

କବିଙ୍କର ୧୯୩୮ରେ ରଚିତ 'ଆରତି' କବିତାଟିକୁ ଅନୁଧ୍ୟାନ କଲେ ଜଣାଯାଏ ଏ ସୃଷ୍ଟିର ନିତ୍ୟ ନିୟାମକଙ୍କ ଇଚ୍ଛାରେ ହିଁ ସମଗ୍ର ବିଶ୍ୱ ପରିଚାଳିତ ବୋଲି ସେ ବର୍ଣ୍ଣନା କରିଥିଲେ।

"ତୁମ ଇଚ୍ଛା ଏ ସୃଷ୍ଟିର ନିତ୍ୟ ନିୟାମକ,
ମାତ୍ର କଳ କାହିଁ ପାଇଁ ସ୍ୱାଧୀନ ଚାଳକ।" (୪୩)

କାବ୍ୟ ଜୀବନର ଆରମ୍ଭରୁ ହିଁ ଆମେ ଅନୁଧ୍ୟାନ କରୁ ଏକ ନିତ୍ୟ ଅତୃପ୍ତି ଯେପରି ତାଙ୍କ ସମଗ୍ର ଚେତନାକୁ ଧରି ରଖିଛି। ସେ ଅନ୍ୟମାନଙ୍କ ଭଳି ଯୌବନର ଫେନିଳ ସ୍ରୋତରେ ଉଚ୍ଛୁଳି ଉଠି ମନଖୋଲା ହସ ହସିପାରିନାହାନ୍ତି। ସେ ଜାଣିପାରିଛନ୍ତି ଏ ସମଗ୍ର ସୃଷ୍ଟି ଅଳୀକ, ମିଥ୍ୟାମୋହ ଗ୍ରସ୍ତ ମାତ୍ର, ବିରହର ଏ ଅନୁଭୂତି କବି ପାଇଁ ଏତେ ତୀବ୍ର ଯେ ସେ ଲେଖିପକାଇଛନ୍ତି-

"ଟାଣିଲ କି ଲୀଳା ଭାବି ମଧ୍ୟେ ଯବନିକା,
ତୁମରି ବିରହ ? ସେ ଯେ ଘୋର ବିଭୀଷିକା।" (୪୪)

କବି ଶାନ୍ତି ପାଇ ପାରିନାହାନ୍ତି ଏ ଅଳୀକ ସଂସାରରେ। ତେଣୁ ବସନ୍ତର ଉଦ୍ଦାମ ପାହାଚ ଯେ କି ଜୀବନକ୍ଷେତ୍ରରେ ଯୌବନର ସମୟ ତାକୁ ମଧ୍ୟ ପ୍ରତ୍ୟାଖ୍ୟାନ କରି ସେହି ଶ୍ରୀ ପଦଙ୍କ ଆଶ୍ରୟ ଲାଗି ବ୍ୟାକୁଳ ହୋଇ ଉଠିଛନ୍ତି।

"ଫିଙ୍ଗି ତେଣୁ ମୋ ଯୌବନ ରାଜାର ସଂସାର
ଶ୍ରୀ ପଦ ଆଶ୍ରୟ ଲାଗି କରେ ହାହାକାର।" (୪୫)

ଭଗବତ୍ ସୃଷ୍ଟିରେ ଯେତେ ଐଶ୍ୱର୍ଯ୍ୟ ଏବଂ ଉପଭୋଗ୍ୟ ଜିନିଷ ସେ ସବୁକୁ କବି ମିଥ୍ୟା ବୋଲି କହିଛନ୍ତି। ଏ ଅଫୁରନ୍ତ ଯୌବନ, ରମଣୀର ଲାବଣ୍ୟ, ଏମିତିକି ଭଗବତ୍ ସୃଷ୍ଟିର ନନ୍ଦନକାନନ ମଧ୍ୟ ମିଥ୍ୟା କବିଙ୍କର କାବ୍ୟସୃଷ୍ଟି ମଧ୍ୟ ଅଳୀକ ମାତ୍ର। କେବଳ

(୪୩) ଆରତି, ବୈକୁଣ୍ଠନାଥ ଗ୍ରନ୍ଥାବଳୀ, ପୃ-୧୩
(୪୪) ଆରତି, ବୈକୁଣ୍ଠନାଥ ଗ୍ରନ୍ଥାବଳୀ, ପୃ:୧୩
(୪୫) ଆରତି, ବୈକୁଣ୍ଠନାଥ ଗ୍ରନ୍ଥାବଳୀ, ପୃ:୧୩

ଭଗବାନଙ୍କ ପାଦତଳେ ନିଜକୁ ସମର୍ପଣ ହିଁ ସତ୍ୟ। ଭଗବାନଙ୍କ ଇଚ୍ଛା ବ୍ୟତୀତ ନିଜର କୌଣସି ସ୍ୱତନ୍ତ୍ର ଇଚ୍ଛା ନାହିଁ। ଯେତେବେଳ ପର୍ଯ୍ୟନ୍ତ ଏହି ଭଗବତ୍ ନିର୍ଭରଶୀଳତା ମନୁଷ୍ୟ ଜୀବନରେ ସଂପୂର୍ଣ୍ଣ ରୂପେ ଆସିନାହିଁ ସେତେଦିନ ପର୍ଯ୍ୟନ୍ତ ଜୀବନରେ ପୂର୍ଣ୍ଣତା ଆସେ ନାହିଁ। 'ନିତ୍ୟ ଏହି ନିୟାମକ'ଙ୍କୁ କବି ବୈକୁଣ୍ଠ ବାରମ୍ବାର ନିଜ କବିତା ଗୁଚ୍ଛରେ ସମ୍ବୋଧନ କରିଛନ୍ତି। ଏଥିରୁ ତାଙ୍କର ମହାନ୍ ଈଶ୍ୱର ପ୍ରାଣତାର ପରିଚୟ ମିଳେ। ସେ ଈଶ୍ୱରଙ୍କଠାରୁ ଆପଣାକୁ ପୃଥକ୍ ବୋଲି କେବେ ଅନୁଭବ କରିପାରିନାହାନ୍ତି। ରବୀନ୍ଦ୍ର ଚେତନାର ପୂର୍ଣ୍ଣ ପରିପ୍ରକାଶ ଘଟିଛି ତାଙ୍କ କବିତାରେ। ସେ ନିଜ ଜୀବନ ପରିଧିରେ ସେହି ପରମ ପ୍ରିୟତମଙ୍କୁ ବାରମ୍ବାର ଅନୁଭବ କରିଛନ୍ତି। ସେ ତାଙ୍କରି ଚରଣରେ ଆଶ୍ରିତ। ତେଣୁ ଏ ସଂସାରରେ ସେ ଯଦି ଉପେକ୍ଷିତ ହୁଅନ୍ତି ତେବେ ସେ କାତର ହୁଅନ୍ତି ନାହିଁ। କାରଣ ତାଙ୍କ ପାଇଁ ତାଙ୍କ ପରମ ପ୍ରେମିକଙ୍କ ଦ୍ୱାର ସର୍ବଦା ଉନ୍ମୁକ୍ତ। ତେଣୁ ଲେଖିଛନ୍ତି-

'ଏ ମରତେ ନାହିଁ ଯଦି ମୋର ଥାନ,
କାହା ମନ୍ଦିରେ ନାହିଁ ଆସନ,
ଅଛି ପ୍ରିୟ ତବ ପ୍ରୀତି ଆହ୍ୱାନ
ହେ ମୋର ଜୀବନ ମୁକତି
ଅଶ୍ରୁରେ ମୋର ଆରତି।' (୪୬)

ଏହି ଉକ୍ତିରୁ ଜଣାଯାଏ, ସେହି ଅଚିନ୍ତନୀୟଙ୍କୁ ଯଦି ଥରେ ମାତ୍ର ପୂର୍ଣ୍ଣପ୍ରାଣରେ ଉପଲବ୍ଧି କରିହୁଏ ତେବେ ମନୁଷ୍ୟ ନିଜ ମଧ୍ୟରେ ଆବଦ୍ଧ ରହିପାରେ ନାହିଁ। କବି ବୈକୁଣ୍ଠନାଥ ମଧ୍ୟ ରବୀନ୍ଦ୍ରନାଥଙ୍କ ଭଳି ଆତ୍ମାକୁ ଚିହ୍ନିପାରିଛନ୍ତି। ସେ ବୁଝିପାରିଛନ୍ତି ଜୀବ ହିଁ ଶ୍ରେଷ୍ଠ। ସବୁଠାରେ ହିଁ ତା'ର ପ୍ରକାଶ। ତେଣୁ ସେ ଲେଖିଛନ୍ତି-

"ଯହିଁ ଫେରେ ମୋର ଦୃଷ୍ଟି/ ତୁମରି ରୂପର ସୃଷ୍ଟି

x x x x x x

ଜୀବନର ଯେତେ ବିଫଳ ପ୍ରୟାସ/ ବେଦନା ତୁମରି ତୁଷ୍ଟି,
ଏ ସକଳ ଘେନି ମୋର ଚିରନଟ/ ତୁମରି ରୂପର ସୃଷ୍ଟି।" (୪୭)

ଉପଲବ୍ଧି ଯେଉଁଠି ନିଗୂଢ଼, ଈଶ୍ୱର ବିଶ୍ୱାସ ଯେଉଁଠି ବଳବତ୍ତର ସେଠି ଏହି ବାସ୍ତବ ତଥା ଇହଜଗତର ଦୁଃଖ, ଶୋକ, ତାପ, ଯନ୍ତ୍ରଣା ପାଇଁ ଶୋକ କରିବାକୁ ଅବସର ତ ନାହିଁ। ସେଠି ତ ଜୀବନର ପ୍ରତ୍ୟେକ ପାହାଚ ବିଶ୍ୱନିୟନ୍ତାଙ୍କ ପୂଜାରେ ନ୍ୟସ୍ତ। ସମସ୍ତ ଅନ୍ଧକାରକୁ ମଧ୍ୟ ଅତିକ୍ରମ କରିଯାନ୍ତି ନିର୍ବିଘ୍ନରେ କବି। ତେଣୁ ସେ ଗାଇ

---

(୪୬) ଆରତି, ବୈକୁଣ୍ଠନାଥ ଗ୍ରନ୍ଥାବଳୀ, ପୃ:୧୫
(୪୭) ଆରତି, ବୈକୁଣ୍ଠନାଥ ଗ୍ରନ୍ଥାବଳୀ, ପୃ:୧୬

ଉଠନ୍ତି- "ମିଳନର ରାଗେ ବିରହ ଗୋ ଯାଏ ମିଳି,/ ଜୀବନ ସ୍ପର୍ଶେ ମୃତ୍ୟୁ ହୁଅଇ ଲୀନ,/ କି ମଧୁରେ ଡାକ ବସିଲେ ଦୁଆରେ କିଲି/ ଅମାଅନ୍ଧାର ଭେଦି ହସେ ଶୁଭ ଦିନ/ ଗାଏ ଜୀବନର ଗାଥା,/ ହେ ମୋର ଜୀବନଦାତା! (୪୮) ଯେଉଁଠାରେ ଭଗବାନଙ୍କ ପ୍ରୀତି ଅପାର, ଯେଉଁଠାରେ ଭଗବାନ ସ୍ୱୟଂ ଭକ୍ତର ଦୁଆରେ କରାଘାତ କରନ୍ତି ସେଠାରେ ସଂକୋଚ ଅଥବା ଭୟର ଅବକାଶ ନ ଥାଏ। "ନାହିଁ ସଂକୋଚ, ନାହିଁ ଭୟ/ ତୁମରି ପ୍ରୀତିରେ ପରାଣ ବିଲୟ/ ଜାଣେ ମୁଁ ଜୀବନ କରିବାକୁ ଅପରଣ;/ ଅଜ୍ଞାତେ ମୋର ଏ ସକଳ ଆୟୋଜନ!/ ଦିଅ ଗୋ କର୍ମଭାର;/ ତୁମରି ଆଜ୍ଞା ସାର!" (୪୯) କବି ଏକାଗ୍ର ଚିତ୍ତରେ କହିଛନ୍ତି କବିଙ୍କର ଏ କ୍ଷୁଦ୍ର ପ୍ରାଣକୁ ପବିତ୍ର ସୁନ୍ଦର କେବଳ ସେହି ଜୀବନଦାତା ହିଁ କରିପାରିବେ। ତାଙ୍କ ବିନା ଅନ୍ୟ ଗତି ନାହିଁ। ଜୀବନ ଜଞ୍ଜାଳର ସମସ୍ତ କର୍ମପୂର୍ଣ୍ଣ ମୁହୂର୍ତ୍ତରେ ମଧ୍ୟ ସେହି ଭଗବତ୍ ସତ୍ତା ପ୍ରତି ବିଶ୍ୱାସ ରଖିଲେ ହିଁ ଜୀବନ କ୍ଷେତ୍ରରେ ପରମ ଶାନ୍ତି ମିଳିପାରିବ। ଆନନ୍ଦରେ ଜୀବନପାତ୍ର ଭରି ଉଠିବ। ଆତ୍ମା ସହ ପରମାତ୍ମାର ମିଳନ ହିଁ ଏ ପୃଥିବୀରେ କେବଳ ସତ୍ୟ। ତେଣୁ କବି ଅତି ଅଶ୍ରୁ-ବିଗଳିତ ହୃଦୟରେ ସେହି ପରମ ସତ୍ତାଙ୍କ ସାନ୍ନିଧ୍ୟ ପାଇଁ ପ୍ରତୀକ୍ଷା କରିଛନ୍ତି।

"ପରାଣେ ପରାଣ ଦିଅ ଗୋ ମିଳାଇ
ସେନେହ ପ୍ରୀତିରେ ଦୁଃଖ ଯେ, ନାହିଁ
ଅଶ୍ରୁ-ଆକୁଳ-ପରାଣ ବିନୟେ,
କରେ ତୁମରି ପ୍ରତୀକ୍ଷା!
ତୁମରି ଇଚ୍ଛା ପୂର୍ଣ୍ଣ କର ଗୋ/ ଏତିକି ପୟରେ ଭିକ୍ଷା।" (୫୦)

ଈଶ୍ୱର ହିଁ ମାନବୀୟ ଦୁଃଖ-ଯନ୍ତ୍ରଣାର ତ୍ରାଣକର୍ତ୍ତା। ତାଙ୍କର ଉପସ୍ଥିତିରେ ହିଁ କେବଳ ଏ ଜୀବ ତା'ର ସମସ୍ତ ଦୁଃଖ ଯନ୍ତ୍ରଣାକୁ ଭୁଲିଯାଏ। ସେ ଅମୃତମୟ। ସେ ସୁନ୍ଦର ଭାବରେ ଏ ସୃଷ୍ଟିରେ ପ୍ରତିଭାତ। ପ୍ରଭାତ ଆଲୋକ ଭଳି ଭଗବତ୍ ସତ୍ତା ହିଁ ଖୁବ୍ ସୁନ୍ଦର। ଏହି ପଙ୍‌କ୍ତିଟିରେ ସେ ସଂପୂର୍ଣ୍ଣ ଭକ୍ତକବି ମଧୁସୂଦନଙ୍କୁ ହିଁ ଅନୁସରଣ କରିଛନ୍ତି। ଭକ୍ତକବି ମଧୁସୂଦନଙ୍କ 'ଏ ସୃଷ୍ଟି ଅମୃତମୟ'ରେ -

"ଏ ସକଳ ମଧ୍ୟେ ନିବସନ୍ତି ପ୍ରଭୁ/ ଶାଶ୍ୱତ ଅମୃତମୟ ହେ" ପଙ୍‌କ୍ତି ସହ ବୈକୁଣ୍ଠନାଥଙ୍କ 'ଆରତି'ର - "ପ୍ରଭାତ ଆଲୋକେ ସୁନ୍ଦର ପ୍ରତିଭାତ ଚିର ଅମୃତ ହେ ମୋ ଜୀବନନାଥ" ପଙ୍‌କ୍ତିର ସାମଞ୍ଜସ୍ୟ ଲକ୍ଷ୍ୟ କରାଯାଇପାରେ। ଏଥିରୁ ଜଣାଯାଏ

---

(୪୮) ଆରତି, ବୈକୁଣ୍ଠନାଥ ଗ୍ରନ୍ଥାବଳୀ, ପୃ-୧୭
(୪୯) ଆରତି, ବୈକୁଣ୍ଠନାଥ ଗ୍ରନ୍ଥାବଳୀ, ପୃ-୧୭
(୫୦) ଆରତି, ବୈକୁଣ୍ଠନାଥ ଗ୍ରନ୍ଥାବଳୀ, ପୃ:୧୮

ମଧୁସୂଦନ ହିଁ ବୈକୁଣ୍ଠନାଥଙ୍କ ଭଗବତ ଚେତନାର ମନ୍ତ୍ରଦାତା। ତାଙ୍କର 'ଉପାସନା'ରେ 'ଜୀବନଚିନ୍ତା'ର ଭାବଧାରା ପ୍ରତିଫଳିତ। ଭଗବତ୍ ବିଶ୍ୱାସରେ ଯାହାର ନିଃଶ୍ୱାସ ପ୍ରଶ୍ୱାସ ଗତିବାନ ତାଙ୍କୁ ଏ ମିଥ୍ୟା ଅଳୀକ ସଂସାର ଦୁଃଖ ଶୀଘ୍ର ଛୁଇଁପାରେ ନାହିଁ। ସେ ଅନୁଭବ କରନ୍ତି ଦୁଃଖ ଯେତେ ଘନେଇ ଆସିବ, ଭଗବାନଙ୍କ ନିକଟକୁ ନିଜେ ସେତେ ଶୀଘ୍ର ଘନେଇ ଯିବ। ତେବେ ବ୍ୟଥା ନିମିଷକେ ଦୂର ହୋଇଯିବ। ଏ ଜଗତର ଦୁଃଖ, ବେଦନା ତ ସେହି ବିଶ୍ୱନିୟନ୍ତାଙ୍କ ଦ୍ୱାରା ଗଢ଼ା। ତେଣୁ ଭୟ କରିବାର କ'ଣ ଅଛି ? କବି ଅତି ବିହ୍ୱଳ ହୋଇ ଖୁବ୍ ସୁନ୍ଦର ଭାବରେ ଭଗବାନଙ୍କୁ ସମ୍ବୋଧନ କରି ଲେଖିଛନ୍ତି-

"ବନ୍ଧୁ ମୋର, ସଖା ମୋର, ମୋର ଚିର ପ୍ରିୟା
ତୁମରି ବ୍ୟଥାର ପାତ୍ରଶୂନ୍ୟ କରିଦିଅ।" (୫୧)

ଭଗବାନଙ୍କ ଲୀଳାରେ ସବୁ ଅମୃତମୟ। ତେଣୁ ଏ ଜୀବନରେ କେତେ ଝଡ଼ଝଞ୍ଜା ବୋହି ଗଲାଣି, କେତେ ମଧ୍ୟ ଆସିବ, ସେସବୁକୁ କବି ବେଖାତିର କରିଛନ୍ତି। ଭଗବାନଙ୍କ ନିବିଡ଼ ଅନୁଭବରେ କବିଗୁରୁ ରବୀନ୍ଦ୍ରନାଥଙ୍କ ପରି ଦୁଃଖ ତାଙ୍କୁ ପ୍ରତୀୟମାନ ହୁଏ ନାହିଁ। ସେ ଜାଣନ୍ତି ଯେତେ ଦାରୁଣ ଭାବରେ ଦୁଃଖ ଆସିବ ସେତେ ଅନ୍ତରଙ୍ଗ ଭାବରେ ପ୍ରାଣପ୍ରିୟଙ୍କ ନିକଟକୁ ଆଉଜାଇ ହୋଇଯିବେ। ସବୁ ଦୁଃଖ ଉଭେଇଯିବ।

"ଯତ ଆଶ୍ରୟ ଭେଙ୍ଗେ ଭେଭଙ୍ଗେଯାୟସ୍ୱାମୀ
ଏକ ଆଶ୍ରୟ ରହେ ଯେନଚିଭେ ଲାଗିୟା
ଯେ ଅନଲା ତାପଯଖନ ସହିବ ଆମି,
ଦେୟ ଯେନତାହେ ତମନାବ ବୁକେ ଜାଗିୟା।" (ରବୀନ୍ଦ୍ରନାଥ ଠାକୁର)

ବୈକୁଣ୍ଠନାଥ ମଧ୍ୟ ଠିକ୍ ସେହିପରି ଦୁଃଖକୁ ଉଦରସ୍ଥ କରି ସୂଚାନ୍ତି-

'ମୋ ଜୀବନରାଜା ! ହେବ ତମ ଜୟ, ଦିଅ ଗୋ ଭରସା,
ଦିଅ ଗୋ ଅଭୟ, / ଦୁଃଖ ସେ ହେବ ମୋ ଶିର ମୁକୁଟ/ ଗୌରବ ମହାଦାନ'
(କବିବନ୍ଧୁ, ବୈକୁଣ୍ଠନାଥ ଗ୍ରନ୍ଥାବଳୀ, ପୃ-୩୬)

ଚତୁର୍ଦ୍ଦିଗରେ କବି କେବଳ ଭଗବତ୍ ସତ୍ତା ଉପଲବ୍ଧି କରିଛନ୍ତି। ତାଙ୍କରି ନିର୍ଦ୍ଦେଶରେ ବୃକ୍ଷରେ ପତ୍ର ଓ ଫୁଲ, ମରୁରେ ଝରଣା, ଉଷା ଓ ଅନ୍ଧାର, ସୂର୍ଯ୍ୟ ଓ ଚନ୍ଦ୍ର, ଅନ୍ଧାରରେ ବିଜୁଳି ନିର୍ଜୀବ ଅଙ୍ଗରେ ପୁଲକ ସୃଷ୍ଟି ହେଉଛି। (୫୨) ପୁଣି

---

(୫୧) କବିବନ୍ଧୁ, ବୈକୁଣ୍ଠନାଥ ଗ୍ରନ୍ଥାବଳୀ, ପୃ:୩୩

(୫୨) "ଅନ୍ଧାରେ ବିଜୁଳିର ଚମକେ/ ତୁଚ୍ଛତା ଭୀତିହର ପଲକେ
ନିର୍ଜୀବ ଅଙ୍ଗ ମୋ ପୁଲକେ/ ଲଭି ତୁମ ବାଣୀ ବରାଭୟ ହେ
ଜୟ ଚିର ମଙ୍ଗଳମୟ ହେ।"
(ବନ୍ଦୀ ବନ୍ଦନା, ବୈକୁଣ୍ଠନାଥ ଗ୍ରନ୍ଥାବଳୀ, ପୃ-୫୨୮)

ପଙ୍ଗୁ ଅଥର୍ବ ହେବାର ଅଭିଶାପ ମଧ୍ୟ ତାଙ୍କୁ ବିଚଳିତ କରି ପାରିନାହିଁ। ବ୍ୟଥା ବେଦନାର ଗାଢ଼ ତିମିର ମଧ୍ୟରେ ସେ ଅନିର୍ବାପିତ। ସେ ତେଣୁ ଗାଇ ଉଠିଛନ୍ତି-

"ଦିବା ଅବସାନେ ଅସ୍ତ ଅରୁଣ ରାଗେ
ବ୍ୟଥିତ ପଙ୍ଗୁ କି ଗାଇବ ଅନୁରାଗେ?
ଗମ୍ଭୀରେ ଗାଏ ଧନ୍ୟ କରିଛ
ଅଙ୍ଗ ପଙ୍ଗୁ କରି
ଧନ୍ୟ ହରି ହେ ହରି।" (୫୩)

କବିଙ୍କର ପ୍ରତିଟି ବିଭୁ ଚେତନାମୟ କବିତା ଖୁବ୍ ମର୍ମସ୍ପର୍ଶୀ। ସେ ପୁଣି କହିଛନ୍ତି ତୁମ୍ଭ ସଙ୍ଗୀତ ତ ମୁଁ ଶିଖିଛି ଆଉ ମୋର କଣ ଦରକାର? ପଙ୍ଗୁ ହେଲେ ମଧ୍ୟ ମୋର ଭୟ ନାହିଁ। ତୁମରି ସଙ୍ଗୀତକୁ ପାଥେୟ କରି ମୁଁ ବଞ୍ଚିପାରିବି।(୫୪)

ଚିରାଚରିତ ପୁଣି ସେହି ଅକପଟ ପ୍ରିୟତମଙ୍କ ଉଦ୍ଦେଶ୍ୟରେ କବିଙ୍କର କେତେ ବିନତି ଓ ଆକୁତି। ହେ ପ୍ରିୟତମ ତମରି ସ୍ମୃତିକୁ ଶଙ୍ଖୋଳି କରି ମୁଁ କେତେ ଦୁଃଖରେ ଦିନ କାଟୁଛି। ତମେ ମୋ ଡାକ ଶୁଣି ମୋ ଘରକୁ ଆସିଲେ ଘର ଅପୂର୍ବ ଶ୍ରୀ ମଣ୍ଡିତ ହେବ। ପର ଲୋକକୁ କେତେ ଆଶ୍ରା କରିବି। ସେମାନଙ୍କୁ କେତେ ପ୍ରୀତି କରିବି। ପର ପ୍ରୀତିରେ କ'ଣ ତୃଷା ମେଣ୍ଟିପାରେ? ଠିକ୍ ଯେପରି ଝରାଫୁଲରେ କି ଶ୍ରଦ୍ଧା ନିବେଦନ କରି ହୁଏ ନାହିଁ। ପ୍ରକୃତରେ ଏ ଉକ୍ତି ଖୁବ୍ ପ୍ରାଣସ୍ପର୍ଶୀ।(୫୫)

ଈଶ୍ୱର ହିଁ ମାନବୀୟ ଦୁଃଖ-ଯନ୍ତ୍ରଣାର ତ୍ରାଣକର୍ତ୍ତା। ତାଙ୍କର ଉପସ୍ଥିତିରେ ହିଁ କେବଳ ସେ ଶାନ୍ତି ପାଏ। ସମସ୍ତ ଦୁଃଖ କ୍ଳେଶକୁ ଭୁଲିଯାଏ। ଭକ୍ତିକବି ମଧୁସୂଦନଙ୍କ ଦ୍ୱାରା ସେ ବହୁ ଭାବରେ ପ୍ରଭାବିତ ହୋଇଥିବା ଏସବୁ ପଙ୍‌କ୍ତିରୁ ଜଣାଯାଏ। ମଧୁସୂଦନ ସର୍ବଦା ଉପନିଷଦ୍‌ର ବାଣୀକୁ ମର୍ମେ ମର୍ମେ ଉପଲବ୍ଧି କରୁଥିଲେ।

---

(୫୩) ପଙ୍ଗୁର ଆରତି, ବୈକୁଣ୍ଠନାଥ ଗ୍ରନ୍ଥାବଳୀ, ପୃ-୪୫୧

(୫୪) ନାହିଁ ଯେ ଦୈନ୍ୟ, ନାହିଁ କିଛି ଅନୁନୟ/ ତୁମ ସଙ୍ଗୀତ ଶିଖାଇ ହରିଛ ଭୟ
ତୁମରି ଇଚ୍ଛା ସହଜ ଲଭ୍ୟ କରି/ ପଙ୍ଗୁରେ ଆଜି ଧନ୍ୟ କରିଛ ହରି।
(ପଙ୍ଗୁର ଆରତି, ବୈକୁଣ୍ଠନାଥ ଗ୍ରନ୍ଥାବଳୀ, ପୃ-୪୫୨)

(୫୫) ତୁମରି ବିରହ ଆଜି ସ୍ମୃତି ଧାରା/ ଆସ ପ୍ରିୟତମ ମୋ ଘର ସୁନ୍ଦର
ପର ପରି କଲି କେତେ ହତାଦର;/ ପର ପ୍ରୀତିର ସେ ଶମଇ କି ତୃଷା?
ବଳଇ କି ପ୍ରୀତିଝରା ଫୁଲହାରେ।
(ପଥେଘାଟ, ବୈକୁଣ୍ଠନାଥ ଗ୍ରନ୍ଥାବଳୀ, ପୃ-୫୩୨)

"ଈଶଶବାସ୍ୟମିଦଂ ସର୍ବଯତ୍ କିଞ୍ଚିତ୍ ଜଗତ୍ୟାଂ ଜଗତ୍
ତେଜ ତାକ୍ତେନ ଭୁଞ୍ଜୀଥା ମାଗୃଧଃ କସ୍ୟସିଦ୍ଧନମ୍।"

ଏହି ସତ୍ୟକୁ ଉପଲଦ୍ଧି କରି ମଧୁସୂଦନ 'ଜୀବନଚିନ୍ତାରେ' ପ୍ରକାଶ କରିଥିଲେ-

"ଜଗତର ଲୋଚନନନ୍ଦନ/ ଯୁବତୀର ରକ୍ତାଧାର
ରମ୍ୟ ଜ୍ୟୋତି ନୟନର/ ସ୍ୱର୍ଣ୍ଣ ଘନସମ ବକ୍ଷ, ଚାରୁ ପଦ୍ମାନନ
ଇନ୍ଦ୍ରଧନୁ ଶୋଭାସମ ପଳାନ୍ତି ବହନ।"

ବୈକୁଣ୍ଠନାଥ ମଧ୍ୟ ଏହି ସତ୍ୟକୁ ହୃଦୟଙ୍ଗମ କରି ଲେଖିଛନ୍ତି-

"ଜୀବନ ଦୈନ୍ୟ ଦୁଃଖ ଅବସାଦ ମେଳେ
ଘୋର ଅନ୍ଧକାରେ ଏକ ଆଶାଦୀପ ଜଳେ
ସେ ଏକ ଆଲୋକ ରେଖା ! ଆଉ ସବୁ ମିଥ୍ୟା
ମିଥ୍ୟା ଧନ ମାନଯଶ ପୁତ୍ର କନ୍ୟା ଚିନ୍ତା।" (୫୬)

ପୁଣି ସେହି ଜୀବନ ଚିନ୍ତାରେ ମଧୁସୂଦନ ଲେଖିଲେ:-

"ଆସ ନାଥ ଅଗତିର ଗତି/ ତୁମ ବିନା ଏ ସଂସାରେ ମରଇ ମୁଁ ହାହାକାରେ।

ବୈକୁଣ୍ଠନାଥ ତାଙ୍କ 'ଉପାସନା' କବିତାରେ ଲେଖିଲେ-

"ସେହି ଭଗବାନ ଆଶ୍ର, ମାନବର ବଳ
ସେ ଯୋଗୁଁ ମୋ ମୃତ ପ୍ରାଣ ମ୍ଳାନ ଅଶ୍ରୁଜଳ।"

ସଂସାରର ସମସ୍ତ ମୋହ, ଆକର୍ଷଣ, ଯେତେବେଳେ କବିଙ୍କୁ ପ୍ରଲୁବ୍ଧ କରିପାରିନାହିଁ, ସେତେବେଳେ ସେହି ପରମ ସତ୍ତାଙ୍କ ନିବିଡ଼ ବନ୍ଧନକୁ ଖୁବ୍ ଅନ୍ତରର ସହିତ ଉପଲଦ୍ଧି କରିଛନ୍ତି ଏବଂ ସେ ନିଜକୁ ଭଗବାନଙ୍କଠାରୁ ଅଲଗା ରହିବା ପାଇଁ ମୁହୂର୍ତ୍ତେ ମଧ୍ୟ ଇଚ୍ଛା କରିନାହାନ୍ତି। ସେ 'କବିବନ୍ଧୁ'ର ଲେଖିଛନ୍ତି-

"ଯିବି ମୁଁ ତୁମରି ପଥେ ନାହିଁ ପ୍ରୟୋଜନ
ଏ ସଂସାରେ ପଛ କରି କଳ୍ପନା ସ୍ୱପନ
ବିଶ୍ୱାସ ଭକତି ପ୍ରେମ ଆପିଏ ପରାଣେ
ଚଳିବ ସନ୍ନ୍ୟାସୀ କବି ଅମୃତ ସନ୍ଧାନେ।" (୫୭)

---

(୫୬) ଉପାସନା, ବୈକୁଣ୍ଠନାଥ ଗ୍ରନ୍ଥାବଳୀ, ପ୍ରଥମ ଖଣ୍ଡ, ପୃ-୨୭

(୫୭) କବିବନ୍ଧୁ, ବୈକୁଣ୍ଠନାଥ ଗ୍ରନ୍ଥାବଳୀ, ପ୍ରଥମ ଖଣ୍ଡ, ପୃ-୩୧

'ହୃଦୟର ଧନ' ଯେ ଲକ୍ଷ ଲକ୍ଷ ବୁଭୁକ୍ଷୁ ନିପୀଡ଼ିତ ମଧ୍ୟରେ ବିରାଜିତ। ଏହି ବିଶ୍ୱାସ ତାଙ୍କର ବହୁ କବିତାରେ ବର୍ଣ୍ଣିତ। 'ମୂକ ଭଗବାନ' ଏହାର ଜ୍ୱଳନ୍ତ ସାକ୍ଷ୍ୟ। ୧୯୩୦ରେ ରଚିତ କବିଙ୍କର ଦୁଇଟି ଉଚ୍ଚକୋଟୀର ଈଶ୍ୱରାନୁଚିନ୍ତା ମୂଳକ କବିତା ହେଉଛି 'ଦୀକ୍ଷା ଓ ରୁଦ୍ର'। ଏ ଦୁଇଟି କବିତାରେ ଜୀବନର ସକଳ ଦୁଃଖ ଓ ନିରାଶା ମଧ୍ୟରେ ଚିର ନର୍ତ୍ତକ ରୂପ ଦେଖିବା ପାଇଁ ବଳବତୀ ଆଗ୍ରହ କବିଙ୍କ ବିଭୁ ଅନୁରକ୍ତିକୁ ସ୍ପଷ୍ଟ କରି ଦେଇଛି। (୫୮)

ଭକ୍ତ କବି ମଧୁସୂଦନ ଯେପରି ଅନୁଭବ କରିଥିଲେ-

"ଭୂ ଲୋକେ ଦ୍ୟୁଲୋକେ ବ୍ରହ୍ମ ସାଗରେ ପର୍ବତେ ବ୍ରହ୍ମ/ ଜଳେ ବହ୍ମ, ମୂଳେ ବ୍ରହ୍ମ / ବିଶ୍ୱ ବ୍ରହ୍ମ ନିକେତନ।" ଠିକ୍ ସେହିପରି ବୈକୁଣ୍ଠନାଥ ମଧ୍ୟ ଏ ସଚରାଚର ଜଗତରେ ପରଂ ବ୍ରହ୍ମଙ୍କୁ ଉପଲବ୍ଧି କରିଛନ୍ତି। ସବୁଜ ଚେତନାର କବି ଯେ ଏତେ ପରିମାଣରେ ଈଶ୍ୱରାନୁରକ୍ତ ହୋଇ ଉଠିଥିଲେ ଭାବିଲେ ଆଶ୍ଚର୍ଯ୍ୟ ଲାଗେ।

କବିଙ୍କର ଅନ୍ୟାନ୍ୟ ଈଶ୍ୱରାନୁଚିନ୍ତନ କବିତା ମଧ୍ୟରେ ୧୯୩୦ରେ ରଚିତ 'ଶେଷ ପୂଷ୍ପା', 'ଚିର ନବୀନ', 'କବି ପ୍ରେୟସୀ', 'ଉତ୍ସବ ଦୀପ' ଇତ୍ୟାଦି ଉଲ୍ଲେଖଯୋଗ୍ୟ। ଏ ସମସ୍ତ କବିତାରେ ଈଶ୍ୱରଙ୍କ ପ୍ରତି ପ୍ରଗାଢ଼ ଭକ୍ତି ପରିଲକ୍ଷିତ ହୁଏ।

ଏଥିରୁ ସ୍ପଷ୍ଟ ପରିଲକ୍ଷିତ ହୁଏ ଯେ କବି ବୈକୁଣ୍ଠନାଥ ସେହି ଶ୍ରେଣୀର କବି ଯେଉଁ ଶ୍ରେଣୀର ରବୀନ୍ଦ୍ରନାଥ, ଓ୍ୱାର୍ଡସଓ୍ୱର୍ଥ ଓ ମଧୁସୂଦନ ଆସୀନ। (୫୯)

ମୋ ମତରେ ଯିଏ ଭଗବତ୍ ତଥ୍ୟକୁ ଭୁଲିଯାଏ ତାକୁ କବି ହିଁ ପରୋକ୍ଷରେ ସୂଚେଇ ଥାଏ। ଠିକ୍ ସେହିପରି କବି ବୈକୁଣ୍ଠନାଥ ତାଙ୍କର କବିତାବଳୀ ଦ୍ୱାରା ଆମର ଜୀବନପଥର ନୈରାଶ୍ୟ ଏବଂ ହତାଶାର ଗାଢ଼ ଅନ୍ଧକାର ମଧ୍ୟରେ ଆଲୋକ ପ୍ରଜ୍ୱଳିତ କରନ୍ତି।

---

(୫୮) ସବୁଜରୁ ସାଂପ୍ରତିକ, ଡକ୍ଟର ନିତ୍ୟାନନ୍ଦ ଶତପଥୀ, ପୃ-୩୭

(୫୯) କିନ୍ତୁ ଓଡ଼ିଆ ଭକ୍ତି ସାହିତ୍ୟର ଯେଉଁ ବଳିଷ୍ଠ ଧାରା ମଧ୍ୟଯୁଗୀୟ ପଞ୍ଚସଖା ସାହିତ୍ୟ ତଥା ଅଭିମନ୍ୟୁ, ଦୀନକୃଷ୍ଣ, ଗୋପାଳ କୃଷ୍ଣ, ଭକ୍ତଚରଣଙ୍କ କାବ୍ୟ କବିତା ମଧ୍ୟ ଦେଇ ଭକ୍ତକବି ମଧୁସୂଦନଙ୍କ ଯାଏ ପ୍ରବାହିତ, ବୈକୁଣ୍ଠନାଥ ଆଧୁନିକ ଓଡ଼ିଆ କାବ୍ୟ ସାହିତ୍ୟରେ ସେହି ପରଂପରାରେ ଜଣେ ସାର୍ଥକ ପ୍ରତିନିଧି ଏହା ସ୍ୱୀକାର କରିବାକୁ ହେବ।

(କବି ବୈକୁଣ୍ଠନ ନାଥ ପଟ୍ଟନାୟକ, ଶ୍ରୀ ହୃଦା ଚରଣ କୁଅଁର, ପୃ-୧୭)

ରହସ୍ୟବାଦ ଓ କବି ବୈକୁଣ୍ଠ:

ଜୀବ ଓ ପରମର ମହାମିଳନ ହିଁ 'ରହସ୍ୟବାଦ' ବା mysticism ଭାବେ ଆମ ଓଡ଼ିଆ ସାହିତ୍ୟରେ ପରିଗୃହୀତ। ଓଡ଼ିଆରେ ଏହି ରହସ୍ୟବାଦର ପ୍ରତିଶବ୍ଦ ଭାବେ ଅତୀନ୍ଦ୍ରିୟବାଦ, ମରମବାଦ ପ୍ରଭୃତି କୁହାଯାଇଥାଏ। ଏହି କ୍ଷେତ୍ରରେ ଭାବୁକ ରୂପ ସହିତ ଅରୂପର, ଶାନ୍ତ ସହିତ ଅନନ୍ତର, ଦୃଶ୍ୟ ସହିତ ଅଦୃଶ୍ୟ ରାଜ୍ୟର ସଂପର୍କ ସ୍ଥାପନ ହୋଇଥାଏ। ତେଣୁ ସେହି ଅରୂପ ପ୍ରତି ବ୍ୟାକୁଳତା ପ୍ରକାଶ କରି ରବୀନ୍ଦ୍ରନାଥ କହିଥିଲେ- "ଆମି ରୂପ ସାଗରେ ଡୁବ୍ ଦିୟେଛି ଅରୂପ ରତନ ଆଶାୟ।" ଏହି ମିଷ୍ଟିକ୍ ଭାବନାଟି ସହଜରେ ବୁଝି ହୁଏ ନାହିଁ। ସେହି ପରମ ପ୍ରେମକୁ ଯେଉଁ ଜ୍ଞାନ ଦ୍ୱାରା ଉପଲବ୍ଧି କରିହୁଏ ଜାଣିହୁଏ ତାହାହିଁ ହୁଏତ ରହସ୍ୟବାଦ। ଏହା ଅତ୍ୟନ୍ତ କୌତୂହଳ ଜନିତ। ତେଣୁ ଏ ସମ୍ବନ୍ଧରେ ଗୋଟିଏ ସଂଜ୍ଞା ହେଉଛି- "One who believes in spiritual apprehension of truths beyond the under standing." ତେଣୁ ରହସ୍ୟବାଦୀ କବି ପ୍ରତ୍ୟକ୍ଷ ଭାବରେ କିଛି ବର୍ଣ୍ଣନା କରିପାରେ ନାହିଁ। ସେ ପ୍ରତୀକର ଆଶ୍ରୟ ନିଏ। (୬୦)

ଆଧୁନିକ ଓଡ଼ିଆ ସାହିତ୍ୟରେ ରହସ୍ୟବାଦୀ କବି ହିସାବରେ ଭକ୍ତକବି ମଧୁସୂଦନ ରାଓ କାନ୍ତକବି ଲକ୍ଷ୍ମୀକାନ୍ତ ମହାପାତ୍ରଙ୍କ ପରେ ପରେ ବୈକୁଣ୍ଠନାଥଙ୍କୁ ହିଁ ସ୍ମରଣ କରାଯାଇଥାଏ। ତାଙ୍କ କାବ୍ୟ ଚେତନାରେ ରହସ୍ୟବାଦର ଚିହ୍ନ ଅତ୍ୟନ୍ତ ସ୍ପଷ୍ଟ। ରହସ୍ୟବାଦୀ କବି ଭାବରେ ସେ ଆମ ଓଡ଼ିଆ ସାହିତ୍ୟରେ ଖୁବ୍ ପରିଚିତ।

ଶ୍ରୀ ରାଘବାନନ୍ଦ ନାୟକ ତାଙ୍କ 'ଆଧୁନିକ ଓଡ଼ିଆ ସାହିତ୍ୟର ଭୂମି ଓ ଭୂମିକା'ର ସବୁଜ କବିତାର ଧାରା ଶୀର୍ଷକରେ ଲେଖିଛନ୍ତି- "ଏହି ସବୁଜ କବିମାନଙ୍କର କାବ୍ୟ କବିତାରେ ବିପ୍ଲବର ସ୍ୱର ନିର୍ଣ୍ଣିତ ହୋଇନାହିଁ; କିନ୍ତୁ ସ୍ୱପ୍ନ ଫୁଲର ମାଳଗୁନ୍ଥି କଳ୍ପଲୋକରେ ଆନନ୍ଦପ୍ରାପ୍ତି ପାଇଁ ଏମାନଙ୍କ ମନରେ ଯେଉଁ ଦୁରାଶା ଜାତ ହୋଇଥିଲା, ତାହାହିଁ ସ୍ୱାଭାବିକ ଭାବରେ ବୈକୁଣ୍ଠନାଥଙ୍କୁ କରିଥିଲା ବିଷାଦବାଦୀ।" (୬୧)

---

(୬୦) "ମିଷ୍ଟିକ୍ କବିର ଭାଷା ହେଉଛି ପ୍ରତୀକଧର୍ମୀ। ରହସ୍ୟବାଦୀ କବି ଯେତେବେଳେ ନିଜକୁ ପ୍ରକାଶ କରେ, ସେ କୌଣସି ପ୍ରତୀକର ଆଶ୍ରୟ ଗ୍ରହଣ କରିଥାଏ। ସେ ବହୁ ମଧ୍ୟରେ ଏକର, ବିଭିନ୍ନ ମଧ୍ୟରେ ଅଭିନ୍ନର ରୂପାଲୋକ ସନ୍ଦର୍ଶନ କରେ। ମିଷ୍ଟିକ୍ କବିତାରେ ଅନନ୍ତ ଓ ଅସୀମର ସନ୍ଧାନ ମିଳିଥାଏ। କ୍ଷୁଦ୍ର ମଧ୍ୟରେ ବିରାଟର ଅନୁଭବ ଆସେ। ରୂପ ମଧ୍ୟରେ ରୂପାତୀତର ସନ୍ଧାନ ଦିଏ ମରମୀ କବି।" (ବୈକୁଣ୍ଠନାଥ ପରିକ୍ରମା, ରହସ୍ୟବାଦ ଓ କବି ବୈକୁଣ୍ଠନାଥ, ଅଧ୍ୟାପକ ପଠାଣି ପଟ୍ଟନାୟକ, ପୃ-୧୩୭)

(୬୧) ସବୁଜ କବିତାର ଧାରା, ଶ୍ରୀ ରାଘବାନନ୍ଦ ନାୟକ, ଆଧୁନିକ ଓଡ଼ିଆ ସାହିତ୍ୟର ଭୂମି ଓ ଭୂମିକା, ପୃ-୧୧୩

ଏବଂ ଡକ୍ଟର ନିତ୍ୟାନନ୍ଦ ଶତପଥୀ ତାଙ୍କ 'ସବୁଜରୁ ସାଂପ୍ରତିକ' ପୁସ୍ତକରେ ଲେଖିଛନ୍ତି- "ସରଳ ସ୍ୱଚ୍ଛ ମଧୁସୂଦନୀୟ ଶିଶୁସୁଲଭ ବିଭୁ ଚେତନା କବି ବୈକୁଣ୍ଠନାଥଙ୍କ ଚିର ବିଷାଦବାଦୀ ମନକୁ ଏକ ଅବ୍ୟକ୍ତ, ଅରୂପ ରହସ୍ୟଘେରା ଇନ୍ଦ୍ରିୟାତୀତ ଚେତନା ଆଡ଼କୁ କ୍ରମେ ଆକୃଷ୍ଟ କରି ନେଇଛି।" (୬୨) କବି ବ୍ଲେକ୍‌ଙ୍କ ରହସ୍ୟବାଦର ସ୍ୱରୂପ ଥିଲା- "To see the world in a grain of sand." ତେଣୁ ରହସ୍ୟବାଦର କୌଣସି ମୀମାଂସା ନାହିଁ। ବହୁ ପରୀକ୍ଷାନିରୀକ୍ଷା କରି ମଧ୍ୟ ରହସ୍ୟବାଦର ପ୍ରକୃତ ତଥ୍ୟ ସମ୍ବନ୍ଧରେ ଅଥବା ନିର୍ଦ୍ଦିଷ୍ଟ ସଂଜ୍ଞା ଏପର୍ଯ୍ୟନ୍ତ ଦିଆଯାଇ ନାହିଁ। କବି ରବୀନ୍ଦ୍ରନାଥ ତାଙ୍କର ଜୀବନସ୍ମୃତିରେ ଗୋଟିଏ ସ୍ଥାନରେ କହିଛନ୍ତି- "ଆମାର୍ ତୋ ମନେ ହୟେ ଆମାର୍ କାବ୍ୟ ରଚନାର୍ ଏଇ ଏକଟି ମାତ୍ର ମଧେଇ ଅସୀମେର ମିଳନ ସାଧନେର ପାଲା।" ତେଣୁ ରହସ୍ୟବାଦୀ କବି ତା'ର ଆୟତ୍ତର ସଂସାରର ବାହାରେ ଆଉ ଏକ ମହାନ୍ ସତ୍ତାକୁ ଉପଲବ୍ଧି କରିପାରେ ଏବଂ ତା'ର ପ୍ରେରଣା ମଧ୍ୟ ପାଇଥାଏ। ଏହାକୁ ବୋଧହୁଏ ଓଡ଼ିଆ ସାହିତ୍ୟରେ ରହସ୍ୟବାଦ ଭାବରେ କୁହାଯାଇଛି।

ଓଡ଼ିଆ ସାହିତ୍ୟରେ ଚର୍ଯ୍ୟାଗୀତିକା ଯୁଗ ତଥା ପରବର୍ତ୍ତୀ ପଞ୍ଚସଖା ଭକ୍ତି ସାହିତ୍ୟିକମାନେ ଏହି ଆତ୍ମା ସହିତ ପରମାତ୍ମାର ନିଗୂଢ଼ ତଥ୍ୟ ତଥା ଶକ୍ତି ବିଷୟରେ ସମାଧାନ ପାଇଁ ପ୍ରଗାଢ଼ ଚେଷ୍ଟା କରିଥିଲେ। କିନ୍ତୁ ସଂପୂର୍ଣ୍ଣ ଫଳ ପାଇ ପାରି ନ ଥିଲେ। ସେମାନେ ଥିଲେ ସଂପୂର୍ଣ୍ଣ ଧର୍ମାତ୍ମିକ। ତାଙ୍କ ସାହିତ୍ୟର ମୂଳ ଉଦ୍ଦେଶ୍ୟ ଥିଲା ଧର୍ମ। କିନ୍ତୁ ପରବର୍ତ୍ତୀ ଆଧୁନିକ ଯୁଗରେ ସାହିତ୍ୟରେ ଏହି ଭଗବତ୍ ଭାବନାକୁ କବିମାନେ ସହଜ ମନେ କଲେ ନାହିଁ। ସେମାନେ ରୂପର ଅଗୋଚରରେ ଅରୂପର, ଦୃଶ୍ୟର ଅଗୋଚରରେ ଅଦୃଶ୍ୟ ରାଜ୍ୟ ସହିତ ସଂପର୍କ ସ୍ଥାପନ କରିବାକୁ ଲାଗିଲେ। ତାହା ସାଧାରଣ ପାଠକଙ୍କ ଆଗରେ ରହସ୍ୟମୟ ବୋଧ ହେଲା। ଆଧୁନିକ ଯୁଗର କବିମାନେ ବୁଝିପାରିଲେ ପ୍ରତ୍ୟକ୍ଷ ଭାବରେ ଭଗବାନଙ୍କ ସହିତ ସଂପର୍କ ରଖି କବିତା ରଚନା କଲେ ତାହା ମିଥ୍ୟା ବା ବ୍ୟଙ୍ଗ ହୋଇଯିବ। କାରଣ ଏ ମର ଜଗତରେ ପ୍ରକୃତରେ ଭଗବତ୍ ସତ୍ତା କେହି ପ୍ରତ୍ୟକ୍ଷ ଭାବରେ ଉପଲବ୍ଧି କରି ପାରନ୍ତି ନାହିଁ। ତେଣୁ ରୂପ ସହିତ ଅରୂପର ମିଳନ ଏ ଅଦୃଶ୍ୟ ଜଗତରେ ସମ୍ଭବ ବୋଲି କବି କବିତାରେ ପରିକଳ୍ପନା କରେ। ତାହାହିଁ ରହସ୍ୟବୋଧ, ସସୀମ ଓ ଅସୀମ ମଧ୍ୟରେ ସପ୍ରେମ ମିଳନର ଏହି ଅନୁଭବ ରହସ୍ୟବାଦୀ ଚେତନାର ଆତ୍ମା। ଏହି ପ୍ରସଙ୍ଗରେ କବି ମଧୁସୂଦନ, କାନ୍ତକବି ଲକ୍ଷ୍ମୀକାନ୍ତ ଏବଂ ସର୍ବୋପରି ସବୁଜ କବି ବୈକୁଣ୍ଠନାଥ ପ୍ରଭୃତିଙ୍କ କବିତା ବେଶ୍ ଉଲ୍ଲେଖଯୋଗ୍ୟ।

---

(୬୨) ସବୁଜରୁ ସାଂପ୍ରତିକ, ପୃ-୩୭

'ଋଷି ପ୍ରାଣେ ଦେବାବତରଣ' କବିତାରେ ଉଷାର ଅମୀୟ ସ୍ପର୍ଶରେ ଏହିପରି ଅନୁଭୂତିର ବର୍ଣ୍ଣନା ଉପଲବ୍ଧି ହୁଏ। (୬୩) କବିଙ୍କର ଚେତନା ଏଠାରେ ଏତେ ଅଧିକ ଯେ ସେ ଯାହା ଦେଖୁଛନ୍ତି ଭାବିଛନ୍ତି ସବୁ ସେହି ମହାନ୍ ସତ୍ତାର ଉପସ୍ଥିତି ନିମନ୍ତେ ଗ୍ରାହ୍ୟ। ପୁଣି ଭକ୍ତକବି ମଧୁସୂଦନ ରାଓ ଉଦାର କଣ୍ଠରେ ସେହି ବୈଦିକ ଋଷିର ବ୍ୟକ୍ତିତ୍ୱକୁ ପରିକଳ୍ପନା କରି 'ଋଷି ପ୍ରାଣେ ଦେବାବତରଣ' କବିତାରେ ଲେଖିଥିଲେ- "ଅମୂର୍ତ୍ତ ମୂରତି ଆହାରୂପ ଅନୁପମ/ ଅନନ୍ତ ଅନଳ-ବ୍ୟାପି ସ୍ଥାନର ଜଙ୍ଗମ,/ ଦେଶ କାଳାତୀତ ଦୃଶ୍ୟ କଳ୍ପନା-ଅତୀତ,/ ଅଥଚ ଜ୍ୟୋତିର ଜ୍ୟୋତି ଚକ୍ଷୁ ଅଗ୍ରେ ସ୍ଥିତ।"

ଏଥିରୁ ଜଣାଯାଏ ରହସ୍ୟବାଦ ହେଉଛି ଏକ ଦିବ୍ୟ ଅନୁଭୂତି। "ଅତୀତର ଧର୍ମ ପ୍ରଧାନ ସାହିତ୍ୟରେ ଯେଉଁ ରହସ୍ୟବାଦୀ ଚେତନା ପ୍ରକଟିତ, ତାହା ଆଧାତ୍ମିକ ଏବଂ ଜ୍ଞାନ ପ୍ରଧାନ। କିନ୍ତୁ ଆଧୁନିକ କାବ୍ୟ ରାଜ୍ୟରେ ଯେଉଁ ରହସ୍ୟବାଦର ସ୍ପନ୍ଦନ ଅନୁଭୂତ ହୁଏ ତାହା ହେଉଛି ଭାବ ପ୍ରଧାନ।" ସେ ଯାହା ହେଉନା କାହିଁକି ସେହି ଅଦୃଶ୍ୟ ସତ୍ତାକୁ ଉପଲବ୍ଧି କରି ଅରୂପକୁ ମାନିନେଲେ ମଧ୍ୟ ତା'ର ଅନ୍ତରାଳରେ ରହିଥାଏ ଏହି ପାର୍ଥିବ ମିଛ ମାୟା ସଂସାର ପ୍ରତି ମମତା। ଅଥଚ ସେହି ମାୟା ମୋହକୁ ତ୍ୟାଗ କରି ସେ ଅରୂପ, ଅପାର୍ଥିବକୁ ଚାଲିଯିବାକୁ ଚାହେଁ। ତେଣୁ କାନ୍ତକବି ଲକ୍ଷ୍ମୀକାନ୍ତ ତାଙ୍କର 'ଜୀବନ ସଂଗୀତ'ରେ ଲେଖିଲେ:-

"କିଏ ସେ ଡାକୁଛି ନଈ ସେ ପାରିରେ
ରହି ରହି କେଡ଼େ ବାଗରେ
ଦୋଦୋଚିହ୍ନା ସ୍ୱର ଶୁଣିଥିଲି ପରା
କେତେ ଯୁଗ ଯୁଗ ଆଗରେ
କେଉଁ ଉହାଡ଼ରେ ଥାଇ ସେ ଡାକୁଛି
ଖଣ୍ଡି ସ୍ୱର ତାର ନ ହେଉଛି ବୁଝି,
କେଉଁ ଗୁହା ଭେଦି ପହଁରି ଆସିଛି
କେଉଁ ନିଛାଟିଆ ସାଗରେ।" (ଜୀବନ ସଙ୍ଗୀତ)

ରହସ୍ୟବାଦର ସଂଜ୍ଞା-ସ୍ୱରୂପ ସମ୍ବନ୍ଧରେ ମୁଁ ଏ ସନ୍ଦର୍ଭର ଅନ୍ୟ ଏକ ବିଭାଗ

---

(୬୩) "କେ ସେ ବରେଣ୍ୟ ଭର୍ଗ ପରମସୁନ୍ଦର/ ପୂର୍ଣ୍ଣ ଅପ୍ରତିମ ପୂରି ବାହ୍ୟ ଅଭ୍ୟନ୍ତର। x x x ଆବର କଲ୍ଲୋଳମୟୀ ମହାସରସ୍ୱତୀ/ ସ୍ୱସ୍ତିପୂର୍ଣ୍ଣ ସୁଗମ୍ଭୀରା ବାଣୀ ଭଗବତୀ/ ଉଷ ପ୍ରାୟେ ଉଚ୍ଚାରିତ ଭେଦି ହୃଦସ୍ତର/ ଅମୃତ ସୁନତ ନାଦେ ପୂରେ ଚିଦାମ୍ବର।"

ଯଥା 'ସବୁଜ ସାହିତ୍ୟରେ ବିଭିନ୍ନ ଚେତନାର ସମନ୍ୱୟ' ପରିଚ୍ଛେଦରେ ପ୍ରାଞ୍ଜଳ ଭାବରେ ବର୍ଣ୍ଣନା କରିଅଛି। ତେଣୁ ଏଠାରେ କବି ବୈକୁଣ୍ଠ ପରିଚ୍ଛେଦଟିରେ କବି ବୈକୁଣ୍ଠନାଥଙ୍କ କବିତାରେ ରହସ୍ୟବାଦିତା କିପରି ପ୍ରକଟିତ ହୋଇଛି ତାହା ବର୍ଣ୍ଣନା କରୁଅଛି।

କବି ବୈକୁଣ୍ଠଙ୍କର ଏକ ଅଦ୍ଭୁତ ବ୍ୟକ୍ତିତ୍ୱ। ସେ ତାଙ୍କ କାବ୍ୟ ଜୀବନର ପ୍ରାରମ୍ଭରେ ଦେଖା ଦେଇଥିଲେ ରୋମାଣ୍ଟିକ୍ କବି ଭାବରେ। କବି ନିଜେ ନିଜର ଗ୍ରନ୍ଥାବଳୀର ପ୍ରଥମ ଭାଗରେ ଲେଖିଥିଲେ ଯେ ତାଙ୍କର କବି ହେବାର ବାସନା ସୁଦ୍ଧା କେବେ ନ ଥିଲା। (୬୪) କବି ବିଭିନ୍ନ ଆଧ୍ୟାତ୍ମବାଦୀ କବିଙ୍କ ପ୍ରଭାବରେ ପ୍ରଭାବିତ ହୋଇଥିଲେ ବୋଲି ନିଜେ ସ୍ୱୀକାର କରି ଲେଖିଥିଲେ- "ଭକ୍ତଚରଣଙ୍କ 'ମନବୋଧ ଚଉତିଶା', ଦୀନକୃଷ୍ଣଙ୍କର 'କୃପାସିନ୍ଧୁ ବଦନ', ସାମନ୍ତ ସିଂହାରଙ୍କର 'ବିଦଗ୍ଧ ଚିନ୍ତାମଣି', ଭୀମ ଭୋଇଙ୍କ ଭଜନ, କଲେଜ ଜୀବନରେ 'ସ୍ତୁତି ଚିନ୍ତାମଣି', ସ୍କୁଲ୍ ଜୀବନରେ ମଧୁସୂଦନ ବିଶେଷତଃ ତାଙ୍କର 'ବସନ୍ତଗାଥା' ଉପନ୍ୟାସ ପୁସ୍ତକ ଘନ ଅନ୍ଧକାରରେ ଆଲୋକର ବର୍ତ୍ତିକା ସଦୃଶ ମୋତେ ଅଭିଭୂତ କରି ପ୍ରେରଣା ଦେଇଅଛି। ଜୀବନ ଯେ ଈଶ୍ୱରଙ୍କ ମହତ୍ ଦାନ ଓ ଉପଭୋଗ କରିବାର ବସ୍ତୁ, ସେକଥା ସେମାନେ ମୋ ମନରେ ଦୃଢ଼ ଭାବରେ ପ୍ରତିଷ୍ଠିତ କରିଥିଲେ।" (ବୈକୁଣ୍ଠନାଥ ଗ୍ରନ୍ଥାବଳୀ, ପୃ-୩୫) ତେଣୁ ଏ ସମ୍ବନ୍ଧରେ ପ୍ରଗାଢ଼ ଅଧ୍ୟୟନ କଲେ ଜଣାଯାଏ ଯେ କବି ଚେତନା ରହସ୍ୟବାଦୀ ଚିନ୍ତା ଚେତନା ଆଡ଼କୁ ଗତି କରିଥିଲା।

କବି ନିଜେ ମଧ୍ୟ ଏହାକୁ ନିଜର ହୃଦୟ ମଧ୍ୟରେ ଅନୁଭବ କରିପାରିଥିଲେ। "ଜୀବନର ଶେଷ ଭାଗରେ ପାଦରଖି ଆଜି ମନେ ହେଉଛି, ସମସ୍ତେ ମୋତେ କବି ବୋଲି କହିଛନ୍ତି। କିନ୍ତୁ ମୁଁ ଆଜିଯାଏଁ ନିଜକୁ କବି ବୋଲି ନିଜେ ସୁଦ୍ଧା ବୁଝିପାରିନାହିଁ। କେଉଁ ଅଦୃଶ୍ୟ ଶକ୍ତିର ପ୍ରଭାବ ବା ବଂଶୀନାଥ ଶୁଣି ଯେତେବେଳେ ଯାହା ଲେଖିଛି, ତା'ର ମୂଲ୍ୟାୟନ କରିବା ମୋ ପକ୍ଷେ ସମ୍ଭବ ହୋଇନାହିଁ।" (ବୈକୁଣ୍ଠନାଥ ଗ୍ରନ୍ଥାବଳୀ, ପ୍ରଥମ ଭାଗ, ପୃ-୫୫)

ଯୁଗେ ଯୁଗେ ଓଡ଼ିଆ ସାହିତ୍ୟରେ ଏହି ରହସ୍ୟବାଦୀ ଅନୁଚିନ୍ତା ଏକ ମୁଖ୍ୟ

---

(୬୪) କବି ହେବାର ବାସନା ମୋର କେବେ ନ ଥିଲା। "It at all I am a poet that is accident." ବାଲ୍ୟକାଳରୁ ବିପ୍ଳବ କରିବାର ଇଚ୍ଛା ମୋର ଥିଲା ଓ ରାଜନୀତିଜ୍ଞ ହେଲେ ରାଜ୍ୟର ପରିସ୍ଥିତି ବଦଳାଇ ପାରିବି ବୋଲି ବିଶ୍ୱାସ ଥିଲା। ପ୍ଲାଟ୍‌ଫର୍ମରେ ଠିଆହୋଇ ଲମ୍ବା ବକ୍ତୃତା ଦେଉଥିବା କଥା ସ୍ୱପ୍ନରେ ଦେଖିଅଛି। କବିତାର ସ୍ୱପ୍ନ ଥରେ ମାତ୍ର ଦେଖିଥିଲି।

(ବୈକୁଣ୍ଠନାଥ ଗ୍ରନ୍ଥାବଳୀ, ପ୍ରଥମ ଭାଗ, ପୃ-୩୫)

ବିଭବ ହୋଇ ରହି ଆସିଥିଲା। ଏହି ଚିନ୍ତାଧାରା ବୈକୁଣ୍ଠ କାବ୍ୟ ମାନସରେ ସ୍ପଷ୍ଟ ଭାବରେ ଉପଲବ୍ଧ। ଏହି ରହସ୍ୟବାଦୀ ଚିନ୍ତାଧାରାକୁ କବି କେତେବେଳେ ପ୍ରକୃତି ମାଧ୍ୟମ ଦେଇ ଦେଖିଛନ୍ତି ତ କେତେବେଳେ ଆତ୍ମଦୁଃଖ ମଧ୍ୟ ଦେଇ ଉପଲବ୍ଧି କରିପାରିଛନ୍ତି। ସେ କେତେବେଳେ ଏହି ରହସ୍ୟବାଦିତାକୁ ସନ୍ଧ୍ୟା ମଧୁର ମୂର୍ଚ୍ଛନାରେ ଅନୁଭବ କରିଛନ୍ତି ତ କେତେବେଳେ ଶାନ୍ତ ସକାଳର ନିରବତା ମଧ୍ୟରେ ଦେଖିପାରିଛନ୍ତି; ପୁଣି କେତେବେଳେ ପ୍ରକୃତିର ଅନ୍ଧକାରରେ ଦେଖିଛନ୍ତି। କବି ପ୍ରକୃତି ମାଧ୍ୟମ ଦେଇ ପରମାତ୍ମାଙ୍କ ସତ୍ତାକୁ ଅନୁଭବ କରି ପାରିଛନ୍ତି। ଆତ୍ମା ଓ ପରମାତ୍ମାର ମିଳନକୁ କବି ମର୍ମେ ମର୍ମେ ଉପଲବ୍ଧି କରିପାରିଛନ୍ତି। "ବୈକୁଣ୍ଠନାଥ ଭୀମ ଭୋଇଙ୍କ ପରି ଶୂନ୍ୟବାଦୀ ନୁହନ୍ତି ବା ମଧୁସୂଦନଙ୍କ ପରି ବ୍ରହ୍ମ ଉପାସନାର ଚିତ୍ର ଦେଇ ନାହାନ୍ତି। ସାକାର ଈଶ୍ୱରଙ୍କ ସ୍ଥିତି ପ୍ରତି ତାଙ୍କ ଚିନ୍ତାରେ ରହିଛି ବିପୁଳ ବିଶ୍ୱାସ।" (୬୫)

କବି ରଚିତ 'କାରାବାସୀର ସ୍ୱପ୍ନ', 'ବାସର ଗୃହ', 'ପଥଛାୟା', 'ପାନ୍ଥଶାଳା', 'ଯାତ୍ରା ସଙ୍ଗୀତ', 'ବର୍ଷାବରଣ', 'ନବବର୍ଷ ସଙ୍ଗୀତ' ପ୍ରଭୃତି କବିତାରେ ରହସ୍ୟବାଦୀ ଚିନ୍ତାଧାରା ସ୍ପଷ୍ଟ ଭାବରେ ପ୍ରତିଭାତ ହୋଇଉଠିଛି। କବି ବୈକୁଣ୍ଠନାଥଙ୍କ ରହସ୍ୟବାଦୀ ଚିନ୍ତାର ପ୍ରକୃତ ପରିଣତି 'ଯାତ୍ରା ସଙ୍ଗୀତ'ରେ ଦେଖିବାକୁ ମିଳେ। ମାନସ ହଂସ ମାନସକୁ ଉଡ଼ିଯିବାକୁ ସଦାସର୍ବଦା ବ୍ୟାକୁଳ ଓ ବ୍ୟଗ୍ର। କିନ୍ତୁ ସେ ନିଜର ଭ୍ରମ ଯୋଗୁଁ ହିଁ ତା'ର ଯାତ୍ରାପଥ ହୁଡ଼ି ମର୍ତ୍ତ୍ୟରେ ଅଟକି ଯାଇଛି। ତେଣୁ ସେ ଲେଖିଛନ୍ତି-

"ଚାଲରେ ଚାଲ ମନ ନିତ୍ୟ ବୃନ୍ଦାବନ ଦେଖିବୁ ପ୍ରିୟରାସ
  ଅଦୂରେ ଗୋଲକରେ,
ଅଦୂର ପଥେ ଆଜି ମିଳନ ତାର ସାଥେ ବିଜୟ ରଥେ
ତୋର ଜୀବନ ଆଲୋକରେ।" (ଯାତ୍ରା ସଙ୍ଗୀତ)

ପୁଣି ଏହି ଚେତନା ଅଧିକ ସୁସ୍ପଷ୍ଟ ହୋଇ ଉଠିଛି ତାଙ୍କ କବିତା 'କବିର ଦେଶ'ରେ। ସେ ପ୍ରାଣପ୍ରିୟଙ୍କ ଉଦ୍ଦେଶ୍ୟରେ ଲେଖିଛନ୍ତି-

"ସେ ଦେଶେ ମୋର ପରାଣ ପ୍ରିୟ
  ମୋ ପଥେ ଚାହିଁ ପଡ଼ଇ ଢଳି
ଦିବସ ଯାଏ ମୋହରି ମାୟା
  ହରିଣୀଯ ପଛେ ଭରମେ ଭୁଲି।" (କବିର ଦେଶ)

କବି ତାଙ୍କର ରହସ୍ୟବାଦୀ କବିତାଗୁଡ଼ିକରେ ମର୍ତ୍ତ୍ୟକୁ ପ୍ରବାସ ଭାବରେ

---

(୬୫) ସବୁଜରୁ ସାଂପ୍ରତିକ, ଡକ୍ଟର ନିତ୍ୟାନନ୍ଦ ଶତପଥୀ, ପୃ:୩୮

ପରିକଳ୍ପନା କରିଛନ୍ତି ଏବଂ ସେହି ଶାଶ୍ୱତ କୁଟୀର ପ୍ରତି ଆକର୍ଷିତ ହୋଇ ଉଠିଛନ୍ତି। ସବୁଜ ଗୋଷ୍ଠୀର କବିମାନଙ୍କ ମଧ୍ୟରେ ବୈକୁଣ୍ଠନାଥ ରହସ୍ୟବାଦୀ କବି ଭାବରେ ପରିଚିତ। ଏହା ତାଙ୍କର ନିଜସ୍ୱ ପରିଚୟ। କବିତାର ପ୍ରାରମ୍ଭରୁ ହିଁ ଏକ ଅଦୃଶ୍ୟ ଶକ୍ତି ପାଇଁ ତାଙ୍କ ମନ ବ୍ୟାକୁଳ ହୋଇ ଉଠିଥିଲା।

ଐତିହାସିକ ଭାବଧାରା:

କବି ବୈକୁଣ୍ଠନାଥ ପଟ୍ଟନାୟକଙ୍କ କବିତାରେ ଇତିହାସକୁ ଅବଲମ୍ବନ କରି ମଧ୍ୟ କେତେକ କବିତା ଦେଖିବାକୁ ମିଳେ। ବୌଦ୍ଧ ଯୁଗର ଇତିହାସକୁ ନେଇ ରଚିତ 'ଅମ୍ବାପାଲିର ଉତ୍କଣ୍ଠା' (୧୯୩୧), 'ବୁଦ୍ଧ ବନ୍ଦନା' (୧୯୩୧), 'ମହାନିର୍ବାଣ' (୧୯୩୫), 'ନିର୍ବାଣ ଆନନ୍ଦ' (୧୯୩୫), 'ବୁଦ୍ଧ ଓ ରାହୁଲ' (୧୯୩୫), 'ପରିନିର୍ବାଣ' (୧୯୩୫), 'କିସ୍‌ସା ଗୌତମୀ' (୧୯୩୬) ଆଦି କବିତା ଉଲ୍ଲେଖଯୋଗ୍ୟ। ଏହି ଐତିହାସିକ କବିତାଗୁଡ଼ିକରେ ବୁଦ୍ଧଦେବଙ୍କର ସାମାଜିକ ଜୀବନର ଅଶ୍ଳୀଳ କାହାଣୀ ପୂରି ରହିଛି, ଯାହାକୁ ପଢ଼ି ଓଡ଼ିଆର ପ୍ରାଣ ଓ ମନ ଚହଲି ଉଠେ। 'ବୁଦ୍ଧ ଓ ରାହୁଲ' କବିତାରେ କବି ସ୍ପଷ୍ଟ ଭାବରେ ସୂଚାଇଛନ୍ତି ଯେ ସଂସାର ବିରାଗୀ ତଥାଗତ ସଂସାରର ବନ୍ଧନ, ସ୍ନେହର ଆକର୍ଷଣ, କାମନାର ପ୍ରଲୋଭନ ଠାରୁ ବହୁତ ଦୂରରେ। ସେ ତେଣୁ ସନ୍ତାନକୁ ଦରିଦ୍ର ଭିକ୍ଷୁର ଦୀକ୍ଷା ବରଣ କରିନେବାକୁ ହିଁ ପରାମର୍ଶ ଦେଇଛନ୍ତି। ବୈକୁଣ୍ଠ କାବ୍ୟ ମାନସର ଏହି ପରିଣତି ଅଧିକ ପରିପୁଷ୍ଟ ହୋଇଛି ତାଙ୍କର କବିତା 'କିସ୍‌ସା ଗୌତମୀ'ରେ। ବୁଦ୍ଧଦେବ କିପରି ଗୌତମୀଙ୍କୁ କହିଛନ୍ତି ମୁଠାଏ ଭିକ୍ଷା ସେହି ପରିବାରରୁ ଆଣ, ଯେଉଁ ପରିବାରରେ ଆଜି ପର୍ଯ୍ୟନ୍ତ କେହି ମୃତ୍ୟୁବରଣ କରି ନ ଥିଲେ। ତେବେ ଯାଇ ତୁମ୍ଭର ପୁତ୍ର ସନ୍ତାନ ବଞ୍ଚିପାରିବ। ଗୌତମୀ ଦ୍ୱାର ଦ୍ୱାର ବୁଲି ଶେଷରେ ନିରାଶରେ ଫେରିଛନ୍ତି ଏବଂ ତାଙ୍କର ମୋହ ଭାଙ୍ଗିଯାଇଛି। ସେ ତେଣୁ କହିଛନ୍ତି-

"ସହି ହେବ ଶତ ସନ୍ତାନ-ଶୋକ ରହିଛି ରହିବ ପ୍ରାଣ
ସକଳ ଶୋକରୁ ବଳି ଅସହ୍ୟ ଆତ୍ମାର ଅପମାନ।"

ଏବଂ ତତ୍ ପରେ ମନ୍ଦ ମନ୍ଦ ହସି ବୁଦ୍ଧଦେବ କହିଛନ୍ତି-

"ଜାଣି ମୁଁ ଭଗିନି, ପଠାଇଲି ତହିଁ ପାଇବ ଜୀବନ-ପଥ
ନୁହେଁ ମୁଁ ଦେବତା ମାନବ ମାତ୍ର ରକ୍ତମାଂସ ଦେହ
ମାନବ ପକ୍ଷେ ସମ୍ଭବ ଯାହା ଲଭିବ ଶାନ୍ତି ଓ ସ୍ନେହ।"

ଏହି ଐତିହାସିକ ଗାଥା କବିତା ଗୁଡ଼ିକ ଖୁବ୍ ପ୍ରଭାବଶାଳୀ ଅଟେ। ଏହା ଓଡ଼ିଆ ସାହିତ୍ୟରେ ଏକ ସ୍ୱତନ୍ତ୍ର ଆସନ ଦାବି କରେ।

ବାସ୍ତବବାଦୀ ଚେତନା:

୧୯୩୫ ପରେ ପରେ ଓଡ଼ିଆ ସାହିତ୍ୟରେ ବାସ୍ତବବାଦୀ ଚେତନାର ଦୃଢ଼ ପ୍ରତିଫଳନ ଦେଖିବାକୁ ମିଳେ। ସବୁଜ ଗୋଷ୍ଠୀର କବି ବୈକୁଣ୍ଠନାଥ ପଟ୍ଟନାୟକଙ୍କ କବିତାରେ ମଧ୍ୟ ଏହି ଚେତନା ଅଲଭ୍ୟ ନୁହେଁ। ତାଙ୍କ ରଚିତ ବାସ୍ତବଧର୍ମୀ କବିତାଗୁଡ଼ିକ ହେଉଛି- 'ହରିଜନ' (ଜୁନ୍ ୧୯୪୦), 'ଉମା' (୧୯୪୧), 'ସେହି ମୋର ଭଗବାନ' (୧୯୪୭), 'ଉପମା ବିରୋଧ' (୧୯୪୩), 'ମେହେନ୍ତର' (୧୯୪୬), 'ସାବଧାନ ଶ୍ରମଜୀବୀ' (୧୯୪୭) ଏବଂ ଉତ୍ତର ପଚାଶର ସୃଷ୍ଟି 'ପତ୍ନୀ', 'ବୁଲାକୁତୀ' ପ୍ରଭୃତି ଅନେକ କବିତା।

ବିଷାଦବାଦୀ କବି ବୈକୁଣ୍ଠନାଥଙ୍କ କାବ୍ୟମାନସର ଏହା ଏକ ବିରାଟ ପରିବର୍ତ୍ତନ। ସେ ସମାଜର ଦୁଃଖ, ଦୈନ୍ୟ, ପ୍ରପୀଡ଼ିତ ଲୋକଙ୍କର ଭାଗ୍ୟ ଆଉ ଅଦୃଶ୍ୟ ନିୟନ୍ତାଙ୍କ ହାତରେ ନ୍ୟସ୍ତ କରି ସମାଜରେ ଥିବା ଭେଦଭାବକୁ ଦୂର କରିବାକୁ ଚାହିଁଛନ୍ତି। ନିତିଦିନିଆ ସମାଜର ଚିତ୍ର, ଦୁଃଖ, ସୁଖ, ଘଟଣାକୁ ସେ ତାଙ୍କ କବିତା ମାଧ୍ୟମରେ ଉପସ୍ଥାପିତ କରିବାକୁ ଚାହିଁଛନ୍ତି। ସେ ବାସ୍ତବତାର ପ୍ରକୃତ ମୂଲ୍ୟ ବୁଝିପାରିଛନ୍ତି। ରୋମାଣ୍ଟିକ୍ କବି ତେଣୁ 'ଉପମା ବିରୋଧ' ଭଳି ଏକ ବାସ୍ତବବାଦୀ କବିତା ଲେଖି ଖୁବ୍ ଲୋକପ୍ରିୟ ହୋଇପାରିଥିଲେ। ବୈକୁଣ୍ଠ କାବ୍ୟମାନସର ଏଇ ବାସ୍ତବ ଗତି କ୍ରମେ ସମାଜ ରାଜନୈତିକ ଦୁରବସ୍ଥାର ବିଦ୍ରୂପରେ ଅତ୍ୟନ୍ତ ଶାଣିତ। ଏ ଦୃଷ୍ଟିରୁ କବି ରଚିତ 'ରାଷ୍ଟ୍ର ରହସ୍ୟ' କବିତାଟି ଯୁଦ୍ଧ ପରବର୍ତ୍ତୀ ଏକ ଉଚ୍ଚକୋଟୀର ସୃଷ୍ଟି ଭାବେ ପରିଗଣିତ ହେବ। ସେ ସମୟରେ ସାମାଜିକ ବାସ୍ତବତା ପାଇଁ ସଚ୍ଚିଦାନନ୍ଦ, ଅନନ୍ତ ପଟ୍ଟନାୟକ ପ୍ରମୁଖ ଯେଉଁ ଉଗ୍ର ସ୍ୱର ଉତ୍ତୋଳନ କରିଥିଲେ, ତାହା ରୋମାଣ୍ଟିକ୍ କବିତାର ସ୍ୱପ୍ନପ୍ରବଣତାକୁ ଭାଙ୍ଗିଦେଇ ମେହନତୀ ମଣିଷର ଦାବି ଉପସ୍ଥାପନରେ ଅଗ୍ରସର ହୋଇଥିଲା। କବି ବୈକୁଣ୍ଠ ଉଗ୍ରବାଦର ଛଦ୍ମନାମରେ ଏହିପରି ଆଭିମୁଖ୍ୟକୁ ଉତ୍ତୋଳିତ କରି କେତୋଟି କବିତା ଲେଖିଥିଲେ, ତାହା ପୂର୍ବରୁ ସୂଚୀତ ହୋଇଅଛି।

କାଳିନ୍ଦୀଚରଣ ପାଣିଗ୍ରାହୀ

ସବୁଜ ଗୋଷ୍ଠୀର ଅନ୍ୟତମ ବନ୍ଧୁ ତଥା ବରେଣ୍ୟ କବି କାଳିନ୍ଦୀ ଚରଣ ପାଣିଗ୍ରାହୀ ଓଡ଼ିଆ ସାହିତ୍ୟ ଜଗତରେ ଜଣେ ବିଶିଷ୍ଟ ସାହିତ୍ୟିକ ଭାବରେ ସୁପରିଚିତ। ପଦ୍ମଭୂଷଣ କବି କାଳିନ୍ଦୀ ଚରଣଙ୍କ କାବ୍ୟ ଜୀବନର ଆରମ୍ଭ ହୋଇଥିଲା ପ୍ରାୟ ୧୯୨୦ ମସିହାଠାରୁ ଏବଂ ପ୍ରାୟ ୧୯୩୨-୩୩ ମସିହା ପର୍ଯ୍ୟନ୍ତ ସେଥିରେ ସାବୁଜିକ ସୁଷମା ପରିଲକ୍ଷିତ ହୋଇଥିଲା। ୧୯୩୨ ମସିହା ପରଠାରୁ ତାଙ୍କ କାବ୍ୟ ଚେତନା ଏକ ଭିନ୍ନ ସ୍ୱରର ରୂପ ନେଇ ପ୍ରତିଫଳିତ ହେଲା। ପ୍ରାୟ ୧୯୪୫ ମସିହା ପର୍ଯ୍ୟନ୍ତ ତାଙ୍କ କାବ୍ୟ ଚେତନାରେ ବାମପନ୍ଥୀ ପ୍ରଗତିବାଦୀ ଚିନ୍ତାଧାରା ଦେଖିବାକୁ ମିଳିଲା। ତତ୍‌ପରେ ସେ ଗଦ୍ୟ ସାହିତ୍ୟ ପଥରେ ନିଜକୁ ହଜାଇ ଦେଇଥିଲେ। ଲୋକପ୍ରିୟ କବି କାଳିନ୍ଦୀ ଏକାଧାରରେ ଜଣେ କାବ୍ୟକାର, ପ୍ରାବନ୍ଧିକ, ଔପନ୍ୟାସିକ, ଗାଳ୍ପିକ, ନାଟ୍ୟକାର ଅଟନ୍ତି। ତାଙ୍କର ସମସ୍ତ କାବ୍ୟ, କବିତା, ନାଟକ, ପ୍ରବନ୍ଧ, ଗଳ୍ପ, ଉପନ୍ୟାସ ତଥା ଦିନଲିପି ଡାଏରୀ, କାଳିନ୍ଦୀ ରଚନାଚୟ ପ୍ରଥମ ଭାଗ ଓ କାଳିନ୍ଦୀ ରଚନାଚୟ ଦ୍ୱିତୀୟ ଭାଗରେ ସନ୍ନିବିଷ୍ଟ ହୋଇଛି। 'କାଳିନ୍ଦୀ ରଚନାଚୟ' ପ୍ରଥମ ଭାଗରେ ଲେଖାଅଛି- "ଶ୍ରୀ କାଳିନ୍ଦୀ ଚରଣ ପାଣିଗ୍ରାହୀ ସୁପ୍ରସିଦ୍ଧ ଲେଖକ ରୂପେ ପରିଚିତ। ଏହି ସ୍ୱୀକୃତି ତାଙ୍କୁ ସଂପ୍ରତି ଭାରତ ସରକାରଙ୍କ 'ପଦ୍ମଭୂଷଣ' ସମ୍ମାନ ପୁଣି ଭାରତ ସାହିତ୍ୟ ଏକାଡେମୀର ଫେଲୋସିପ୍ ପ୍ରଦାନ ଦ୍ୱାରା ଦୃଢ଼ୀଭୂତ ହୋଇଅଛି। ବାସ୍ତବରେ କବି କାଳିନ୍ଦୀ ଚରଣ ଜଣେ ମହାନ ପ୍ରତିଭାର ଅଧିକାରୀ ଅଟନ୍ତି।

'ଅବକାଶ' ପତ୍ରିକାର ନାମ ବହନ କରି ଦଣ୍ଡାୟମାନ ହୋଇଥିବା ଚାରିଜଣ ତରୁଣ କବିଙ୍କର ସାହିତ୍ୟିକ ଜୀବନର ସୂତ୍ରପାତ ଓ ଉନ୍ମେଷ ହୋଇଥିଲା ୧୯୨୧ରୁ ୧୯୩୫ ମସିହା ମଧ୍ୟରେ। ସବୁଜ ଧାରା ନାମରେ ଏହି କବିମାନେ ଆମ ଓଡ଼ିଆ ସାହିତ୍ୟରେ ସୁପରିଚିତ। ଯଥା- ଅନ୍ନଦା, ବୈକୁଣ୍ଠ, କାଳିନ୍ଦୀ, ଶରତ ଚନ୍ଦ୍ର। ଏମାନଙ୍କ ସାଥୀରେ ପରେ ଆସି ଯୋଗ ଦିଅନ୍ତି ହରିହର ମହାପାତ୍ର। ଏହି ପାଞ୍ଚଜଣ ଯେ ଓଡ଼ିଆ ସାହିତ୍ୟରେ ଏକ ବିରାଟ ସ୍ଥାନ ଅଧିକାର କରିବସିବେ ଏକଥା ସେହି ପାଞ୍ଚଜଣ ମଧ୍ୟ ପ୍ରଥମେ ଜାଣି ନ ଥିଲେ। ଏକଥା ନିଜେ ଅନ୍ନଦା ଶଙ୍କର ମଧ୍ୟ ସ୍ୱୀକାର କରିଛନ୍ତି 'ସବୁଜ ଅକ୍ଷର' ପୁସ୍ତକର ଭୂମିକା ଅଧ୍ୟାୟଟିରେ। "ମୁଁ କୌଣସି ଦିନ କଳ୍ପନା କରି ନ ଥିଲି ଯେ ଓଡ଼ିଆ ସାହିତ୍ୟ ଇତିହାସରେ 'ସବୁଜ ଯୁଗ' ବୋଲି ଯୁଗଟିଏ ଗଣାହେବ

ଆଉ ଆମ ପାଞ୍ଚଜଣଙ୍କୁ ପରବର୍ତ୍ତୀମାନେ 'ପଞ୍ଚସଖା' ବୋଲି ସ୍ମରଣ କରିବେ। (୧) ପଞ୍ଚପ୍ରାଣ ଓ ପଞ୍ଚମନ ନେଇ ଓଡ଼ିଆ ସାହିତ୍ୟରେ ସବୁଜ ଧାରା ନାମରେ ଏକ ମୂଲ୍ୟବାନ ଅଧ୍ୟାୟ ସୃଷ୍ଟି କରିଯାଇଥିଲେ ସେମାନଙ୍କର ଅମୂଲ୍ୟ ଅବଦାନ ଦ୍ୱାରା। ସେମାନଙ୍କ ମଧ୍ୟରୁ କାଳିନ୍ଦୀଚରଣ ପାଣିଗ୍ରାହୀଙ୍କୁ ମଧ୍ୟ ଜଣେ ଅମୂଲ୍ୟ ରତ୍ନ ଭାବରେ ଓଡ଼ିଆ ସାହିତ୍ୟ ଜଗତରେ ପାଇଥିବାରୁ ଆମ୍ଭେମାନେ ଗର୍ବିତ ହେବା ସ୍ୱାଭାବିକ। କାଳିନ୍ଦୀଙ୍କ ସମ୍ବନ୍ଧରେ ଅନ୍ନଦାଶଙ୍କର ଲେଖିଛନ୍ତି- "ମୋର ବନ୍ଧୁ କାଳିନ୍ଦୀଙ୍କୁ ଆପଣ ଚିହ୍ନନ୍ତି - କିନ୍ତୁ ଜାଣି ନାହାନ୍ତି ସେ କେତେ ଅମୂଲ୍ୟ ରତ୍ନଟିଏ।" (୨) ସବୁଜ ଧାରାର କବିମାନଙ୍କ ମଧ୍ୟରେ କିପରି ଚିହ୍ନା ପରିଚୟ ହୋଇଥିଲା ତାହା ବର୍ଣ୍ଣନା କରିଅଛନ୍ତି। "ଅନ୍ନଦାଶଙ୍କରଙ୍କ ସହିତ ପ୍ରଥମ ମିଳନ ମୋର ପୁରୀ ଜିଲ୍ଲା ସ୍କୁଲ୍ ୧୯୧୮/୧୯ ମସିହାରୁ ହୁଏ ସହପାଠୀ ଭାବରେ। ପୁରୀ ସମୁଦ୍ରର ବେଳାଭୂମିରେ କେତେ ରମଣୀୟ ସନ୍ଧ୍ୟାର ଲହରୀର ନୃତ୍ୟ ଭିତରେ ଜାତୀୟ ଓ ଆନ୍ତର୍ଜାତୀୟ ସାହିତ୍ୟର ଆଲୋଚନା କରୁ। ସେହି ପୁରୀଠାରେ ଲେଖକଙ୍କର ବାସଭବନ ନିକଟରେ ବୈକୁଣ୍ଠନାଥଙ୍କ ଉଭୟ ପରିବାର ବଲ୍ଲିବଜାର ସ୍ଥିତ ଲେନ୍‌ରେ ଏକତ୍ର ଗୋଟିଏ ଘରେ ଅବସ୍ଥାନ। ସେହି ଘରକୁ ଆସନ୍ତି ବନ୍ଧୁ ହରିହର ମହାପାତ୍ର, ଶରତ ଚନ୍ଦ୍ର ମୁଖାର୍ଜୀ, ନବକୃଷ୍ଣ ଚୌଧୁରୀ ଓ ଶ୍ରୀମତୀ ମାଳତୀ ଦେବୀ ପୁଣି ଶ୍ରୀମତୀ ସରଳା ଦେବୀ। ବୈକୁଣ୍ଠନାଥଙ୍କ ସହିତ ଗୋଟିଏ ପରିବାର ହୋଇ ମିଶିଯିବାର ସୁଯୋଗ ଘଟେ କେବଳ ତାଙ୍କରି ପ୍ରସ୍ତାବ ଅନୁସାରେ।" (୩)

ଏହିପରି ଭାବରେ ସର୍ବପ୍ରଥମେ ପରସ୍ପର ସହିତ ସମ୍ପର୍କ ପ୍ରତିଷ୍ଠା ହୋଇଥିଲା ଏବଂ ପରବର୍ତ୍ତୀ ପର୍ଯ୍ୟାୟରେ ଏହି କବିମାନେ ଓଡ଼ିଆ ସାହିତ୍ୟରେ ବିଭିନ୍ନ ଦିଗକୁ ଦୃଢ଼ୀଭୂତ କରିପାରିଥିଲେ ନିଜ ନିଜର ପ୍ରତିଭା ବଳରେ।

କବି କାଳିନ୍ଦୀଚରଣଙ୍କର ୧୯୦୧ ମସିହାରେ ପୁରୀ ଜିଲ୍ଲାର ବିଶ୍ୱନାଥପୁର ଶାସନଠାରେ ଆବିର୍ଭାବ ହୋଇଥିଲା। ପିଲାଟିଦିନରୁ ସାହିତ୍ୟ ପ୍ରତି ଆନ୍ତରିକତା ତାଙ୍କର ଜାଗି ଉଠିଥିଲା। (୪) ଏହି ସାହିତ୍ୟାକର୍ଷଣ ବୟସର ବୃଦ୍ଧି ସଙ୍ଗେ ସଙ୍ଗେ ପ୍ରବଳତର

---

(୧) ସବୁଜ ଅକ୍ଷର, ଅନ୍ନଦା ଶଙ୍କର ରାୟ, ଭୂମିକା

(୨) ସବୁଜ ଅକ୍ଷର, ଅନ୍ନଦା ଶଙ୍କର ରାୟ, ପରିଚୟ ପର୍ବ, ପୃ:୨୫୪

(୩) ବୈକୁଣ୍ଠନାଥ ପରିକ୍ରମା, ବନ୍ଧୁ ବୈକୁଣ୍ଠନାଥ, ପୃ:୨୧୭

(୪) ବାଲ୍ୟକାଳରୁ ସେ ଥିଲେ ସାହିତ୍ୟ ପ୍ରତି ଅନୁରାଗୀ। ସ୍କୁଲ୍‌ରେ ପଢ଼ିବାବେଳେ 'ଛାତ୍ର ଦର୍ପଣ' ନାମକ ଏକ ହସ୍ତ ଲିଖିତ ପତ୍ରିକା ପ୍ରକାଶ କରୁଥିଲେ - ଓଡ଼ିଆ ସାହିତ୍ୟ ସଂକ୍ଷିପ୍ତ ପରିଚୟ, ବୃନ୍ଦାବନ ଆଚାର୍ଯ୍ୟ, ପୃ:୨୭୭

ହେବାକୁ ଲାଗିଲା। କଲେଜ ଜୀବନରେ ବୈକୁଣ୍ଠ, ଅନ୍ନଦା, ଶରତଚନ୍ଦ୍ର, ହରିହର ମହାପାତ୍ର ତଥା କାଳିନ୍ଦୀଙ୍କ ସହଯୋଗରେ ନନ୍‌ସେନ୍‌ସ କ୍ଲବ୍ ଗଠନ ହୋଇଥିଲା ଏବଂ Nonsense Club Magazine 'ଅବକାଶ' ନାମରେ ଗୋଟିଏ ହସ୍ତଲିଖିତ ପତ୍ରିକା ମଧ୍ୟ ବାହାରିଥିଲା। ସେଥିରେ ତରୁଣ ଯୁବମାନସର କିଛି ଉଚ୍ଚାଟିତ ରଚନା ପ୍ରକାଶ ପାଇଥିଲା ଓଡ଼ିଆ, ବଙ୍ଗଳା, ଇଂରାଜୀ ଓ ଭାଷାରେ। ତାହାପରେ ବିଶ୍ୱନାଥ କରଙ୍କ ସମ୍ପାଦନାରେ ପ୍ରକାଶ ପାଉଥିବା ପତ୍ରିକା 'ଉତ୍କଳ ସାହିତ୍ୟ'ରେ ମଧ୍ୟ ଏମାନଙ୍କର ଲେଖା କିଛି କିଛି ବାହାରିବାକୁ ଲାଗିଲା। ତା'ପରେ ଓଡ଼ିଆ ସାହିତ୍ୟରେ ସବୁଜଧାରାର ଭିତ୍ତି ସ୍ଥାପିତ ହୋଇଗଲା। ପ୍ରକୃତରେ ସବୁଜର ଚିହ୍ନଟା ଯେ ବୈକୁଣ୍ଠ, କାଳିନ୍ଦୀଙ୍କର ଜୀବନବ୍ୟାପୀ ସାଧନା ଦ୍ୱାରା ଦୃଢ଼ୀଭୂତ ହୋଇଥିଲା ତାହା ନିଜେ ଅନ୍ନଦା ଶଙ୍କର ସ୍ୱୀକାର କରିଛନ୍ତି। (୫) କାରଣ ଓଡ଼ିଆ ସାହିତ୍ୟକୁ ଅନ୍ନଦାଶଙ୍କରଙ୍କ ଅବଦାନ ତୁଳନାତ୍ମକ ଭାବେ ଖୁବ୍ କମ୍। ପ୍ରକୃତ କ୍ଷେତ୍ରରେ ଦେଖିବାକୁ ଗଲେ ହୁଏତ ପାଞ୍ଚଜଣଙ୍କ ଉଦ୍ୟମରେ ସବୁଜ ଧାରାର ଭିତ୍ତି ପ୍ରସ୍ତର ସ୍ଥାପିତ ହୋଇଥିଲା। କିନ୍ତୁ ଓଡ଼ିଆ ସାହିତ୍ୟରେ କାଳିନ୍ଦୀ ଓ ବୈକୁଣ୍ଠଙ୍କ ଲେଖା ଦ୍ୱାରା ହିଁ ସବୁଜଧାରାର ବୈଶିଷ୍ଟ୍ୟ ପରିଲକ୍ଷିତ ହୋଇଥିଲା। 'ଉତ୍କଳ ସାହିତ୍ୟ'ରେ ଯେ ବୈକୁଣ୍ଠ, କାଳିନ୍ଦୀଙ୍କର ଗୋଟିଏ ଗୋଟିଏ ସ୍ୱତନ୍ତ୍ର ଆସନ ଥିଲା, ତାହା ଅନ୍ନଦା ଶଙ୍କର ଖୁବ୍ ଦୃଢ଼ତାର ସହିତ କହିଥିଲେ। (୬) ଏହିଭଳି ଭାବେ ଦେଖିବାକୁ ଗଲେ ଓଡ଼ିଆ ସାହିତ୍ୟରେ କାଳିନ୍ଦୀ ଚରଣ ପାଣିଗ୍ରାହୀଙ୍କ ସ୍ଥାନ ସ୍ୱତନ୍ତ୍ର ଅଟେ। ତାଙ୍କର ସାଧନା ପ୍ରଗାଢ଼। ତାଙ୍କ କାବ୍ୟ ଜୀବନକୁ ଖୁବ୍ ସୁନ୍ଦର ଭାବେ ଆକଳନ କରିଛନ୍ତି ଡକ୍ଟର ନିତ୍ୟାନନ୍ଦ ଶତପଥୀ। ତାଙ୍କ ମତରେ କବି କାଳିନ୍ଦୀ ଚରଣ ପାଣିଗ୍ରାହୀ ହିଁ ସବୁଜ ଗୋଷ୍ଠୀ ମଧ୍ୟରେ ଅଧିକ ସଚେତନ ଶିଳ୍ପୀ ଅଟନ୍ତି। ତାଙ୍କ କବିତାରେ

---

(୫) ମୁଁ ଯେତେଦୂର ଜାଣେ ସବୁଜ ଦଳ ନାଁଟା ଆମେ ଦେଇ ନ ଥିଲୁ, ଦେଇଥିଲେ ଆଲୋଚକମାନେ। ସେମାନେ କହୁଥିଲେ ଏମାନେ ସବୁଜ ଦଳ ପୋଖରୀରେ ଯେପରି ମାଛ ମଳା ଦେଖାଯାଏ। ସେମାନେ ଭାବିଥିଲେ ଆମେ ଭାସି ଭାସି ଆସିଛୁ - ଭାସିଯିବୁ - ଓଡ଼ିଆ ସାହିତ୍ୟରେ ଆମ ଚିହ୍ନ ରହିବ ନାହିଁ। ବୈକୁଣ୍ଠ, କାଳିନ୍ଦୀ ସେମାନଙ୍କ ଜୀବନ ବ୍ୟାପୀ ସାଧନା ଦ୍ୱାରା ପ୍ରମାଣ କରି ଦେଇଛନ୍ତି ଯେ ଓଡ଼ିଆ ସାହିତ୍ୟର ବିକାଶରେ ସବୁଜ ଗୋଷ୍ଠୀର ଭୂମିକା ଅକିଞ୍ଚିତ୍ କିଛି ନୁହେଁ।

(ବୈକୁଣ୍ଠନାଥ ପରିକ୍ରମା, ସଖା ବୈକୁଣ୍ଠ, ପୃ:୨୧୧)

(୬) ଦୂରେ ଥାଇ ମୁଁ ଲକ୍ଷ୍ୟ ରଖୁଥାଏ ଯେ 'ଉତ୍କଳ ସାହିତ୍ୟ'ରେ ବୈକୁଣ୍ଠ ଓ କାଳିନ୍ଦୀଙ୍କ ଅପ୍ରତିଦ୍ୱନ୍ଦ୍ୱୀ ଆସନ। x x x ଆନନ୍ଦିତ ହେଲି। ରବି... ବୋଧକଲି।

(ବୈକୁଣ୍ଠନାଥ ପରିକ୍ରମା, ସଖା ବୈକୁଣ୍ଠ, ଅନ୍ନଦାଶଙ୍କର ରାୟ, ପୃ-୨୧୨)

ଖୁବ୍ ନୂତନତ୍ୱ ଉପଲବ୍ଧି କରିହୁଏ। କବି ବେଶ୍ ଗତିବାନ ମନେ ହୁଅନ୍ତି। (୭) ପ୍ରଥମେ ତାଙ୍କ ସୃଷ୍ଟି ସମ୍ପଦକୁ ମୁଁ ଖୁବ୍ ସଂକ୍ଷିପ୍ତ ଭାବରେ ନିମ୍ନରେ ଉଲ୍ଲେଖ କରୁଛି। କାଳିନ୍ଦୀ ରଚନାଚୟ ପ୍ରଥମ ଭାଗ ଏବଂ କାଳିନ୍ଦୀ ରଚନାଚୟ ଦ୍ୱିତୀୟ ଭାଗ ଏହିଭଳି ଦୁଇଟି ଗ୍ରନ୍ଥାବଳୀରେ ତାଙ୍କର ସମସ୍ତ କାବ୍ୟ, କବିତା, ନାଟକ, ପ୍ରବନ୍ଧ, ଗଳ୍ପ, ଉପନ୍ୟାସ ତଥା ଦିନଲିପି ଡାଏରୀ ସନ୍ନିବିଷ୍ଟ ହୋଇଅଛି। କାଳିନ୍ଦୀ ରଚନାଚୟ ପ୍ରଥମ ଭାଗରେ ତାଙ୍କ ସୃଷ୍ଟି ସମ୍ପଦକୁ ପାଞ୍ଚଟି ଭାଗରେ ବିଭକ୍ତ କରିଦିଆଯାଇଅଛି। ପ୍ରଥମେ ୧ରୁ ୧୧୯ ପୃଷ୍ଠା ମଧ୍ୟରେ ୨ଟି ଉପନ୍ୟାସ ସ୍ଥାନ ପାଇଛି। ତା'ପରେ ରହିଛି କବିତା ବିଭାଗ। ଏଥିରେ ଦୁଇଟି କବିତା ସଂକଳନ ସ୍ଥାନ ପାଇଛି। (କ) 'ଛୁରିଟିଏ ଲୋଡ଼ା', (ଖ) 'କ୍ଷଣିକ ସତ୍ୟ'। ତା'ପରେ ତୃତୀୟ ଭାଗରେ କେତେଗୁଡ଼ିଏ କ୍ଷୁଦ୍ରଗଳ୍ପ ଏବଂ ପଞ୍ଚମ ଭାଗରେ ଗୋଟିଏ ନାଟକ ସ୍ଥାନ ପାଇଛି। ସେହିଭଳି କାଳିନ୍ଦୀ ରଚନାଚୟ ଗ୍ରନ୍ଥାବଳୀ ୨ୟ ଭାଗରେ ମଧ ପ୍ରଥମ ଭାଗ ଭଳି ପ୍ରଥମେ ଉପନ୍ୟାସ ତା'ପରେ କବିତା ବିଭାଗ ସ୍ଥାନ ପାଇଛି। କବିତା ବିଭାଗରେ ୨ଟି କବିତା ସଂକଳନ ସ୍ଥାନ ପାଇଛି- (କ) 'ମନେ ନାହିଁ', (ଖ) 'ମହାଦୀପ'। ତୃତୀୟ ଭାଗରେ କେତେଗୁଡ଼ିଏ ପ୍ରବନ୍ଧ ଦିଆଯାଇଛି - ତା'ପରେ ଗଳ୍ପ ବିଭାଗ ଏବଂ ଶେଷରେ ଅନ୍ୟାନ୍ୟ ବିଭାଗରେ 'ଦିନଲିପି ଡାଏରୀ'ଟି ସ୍ଥାନ ପାଇଛି। ମୋଟ ଉପରେ କହିବାକୁ ଗଲେ କାଳିନ୍ଦୀ ରଚନାଚୟର ପ୍ରଥମ ଭାଗରେ ୨ଟି କବିତା ସଂକଳନ ଓ କାଳିନ୍ଦୀ ରଚନାଚୟ ଦ୍ୱିତୀୟ ଭାଗରେ ଦୁଇଟି କବିତା ସଂକଳନ ସ୍ଥାନ ପାଇଛି।

ପ୍ରଥମ ଭାଗରେ- (କ) 'ଛୁରିଟିଏ ଲୋଡ଼ା' ସଂକଳନରେ ଥିବା କବିତାଗୁଡ଼ିକ ହେଉଛି - 'ମଧୁ ବିବାହ', 'ନରବଳି', 'ଚେତନା ସ୍ପର୍ଶ', 'ମୋ ବାଣୀ', 'ହସେ ପାହାନ୍ତି ତାରା', 'ଫଗୁଣ ଜ୍ୟୋତ୍ସ୍ନା', 'ଅବୁଝା', 'ବିରହୀ ପକ୍ଷ', 'ପ୍ରୌଢ଼ ପ୍ରେମ', 'କଟକ-ରାଜନୀତି', 'ମୁକୁଳି ପଡ଼ ଗୋ', 'ଏକାକୀ ପଥର', 'ଚାଳର ଘର', 'ବର୍ଷା ନାୟିକା', 'ବ୍ୟର୍ଥଗତି', 'ସିନ୍ଧୁ', 'ପ୍ରାଖନା', 'କସ୍ତୁରବା', 'ପୌଷ ସନ୍ଧ୍ୟା',

(୭) କବି କାଳିନ୍ଦୀ ଚରଣଙ୍କର କାବ୍ୟ ଜୀବନର ପ୍ରାରମ୍ଭ ୧୯୨୦ରୁ ଏବଂ ଏହାର ସବୁଜ ସ୍ଥିତି ପ୍ରାୟ ୧୯୩୨ ପର୍ଯ୍ୟନ୍ତ। ୧୯୩୨ ମସିହା ପରେ ତାଙ୍କ କାବ୍ୟ ସ୍ୱରରେ ଏକ ସଚେତନ ଭିନ୍ନ ଗତି ପରିଲକ୍ଷିତ ହୁଏ ଏବଂ ଏ ଗତି ପ୍ରାୟ ୧୯୪୫ ମସିହା ପର୍ଯ୍ୟନ୍ତ ବିକାଶପ୍ରାପ୍ତ। ତା'ପରେ କବି କାଳିନ୍ଦୀଚରଣ ଗଦ୍ୟର ଦିଗନ୍ତ ବିସ୍ତୃତି ବିତାନରେ ହଜିଯାଆନ୍ତି। ତାଙ୍କ କବିତା ପରିଣତମୁଖୀ ହୋଇପାରେ ନାହିଁ। ଅନ୍ନଦାଶଙ୍କରଙ୍କର କାବ୍ୟ ଜୀବନରେ ପ୍ରାରମ୍ଭ ଅଛି, କିନ୍ତୁ ବିକାଶ ବା ପରିଣତି ନାହିଁ। କିନ୍ତୁ କାଳିନ୍ଦୀଚରଣଙ୍କର କାବ୍ୟ ଜୀବନରେ ପ୍ରାରମ୍ଭ ଓ ବିକାଶ ଅଛି, ପରିଣତି ନାହିଁ। ତଥାପି ସବୁଜ ଗୋଷ୍ଠୀ ମଧ୍ୟରେ କବି କାଳିନ୍ଦୀ ଚରଣ ହିଁ ସବୁଠାରୁ ଅଧିକ ସଚେତନ ଶିଳ୍ପୀ।

(ସବୁଜରୁ ସାଂପ୍ରତିକ, ଡକ୍ଟର ନିତ୍ୟାନନ୍ଦ ଶତପଥୀ, ପୃ-୧୮)

'ବ୍ୟଥାର ସାଧନା', 'ପୀରତି ବ୍ୟାଖ୍ୟା', 'ପୁରୁଷ ସୂକ୍ତ', 'ହତାଶାର ଗାନ', 'ପ୍ରେମର ଅର୍ଥ', 'ବିରହୀ', 'ଅଭିମାନ', 'ତୁମରି ପ୍ରେମ', 'ଚିତ୍ରୋତ୍ପଳା', 'ପୌଷ ମଳୟ', 'ବର୍ଷାରତି', 'କୁହୁପ୍ରାସ', 'ରଜ', 'ବ୍ୟର୍ଥସ୍ୱପ୍ନ', 'ମିଳନ', 'ସ୍ୱଦ୍ୟର ଗାନ', 'ମାନସୀ', 'ସ୍ୱପ୍ନ ସୃଜନ', 'ଆଗାମୀ' ଏହିପରି ୩୮ଟି କବିତା ଏଥିରେ ସ୍ଥାନ ପାଇଛି 'ଛୁରିଟିଏ ଲୋଡ଼ା'।

(ଖ) 'କ୍ଷଣିକ ସତ୍ୟ' କବିତା ସଂକଳନରେ ସ୍ଥାନ ପାଇଥିବା କବିତାଗୁଡ଼ିକ ମଧ୍ୟରେ 'ରୂପର ମୋହ', 'ପ୍ରତିମା', 'ଜୟ ଭଗବାନ', 'ରବୀନ୍ଦ୍ର ବନ୍ଦନା', 'ଭକ୍ତି ଓ ଚାବୁକ', 'ରୂପର ସ୍ତବ', ପୃଷ୍ପଶୋଭା', 'ସୁନା', 'ପ୍ରଭାତ ପ୍ରାସ', 'ଜୀବନ ମରଣ', 'ପଥର ପ୍ରେମିକା', 'ଅତିମାନବ', 'ବ୍ୟବଧାନ', 'ପ୍ରାଚୀନ ଓ ନବୀନ', 'ବର୍ଷାବଧୂ', 'ଆଦାନ ପ୍ରଦାନ', 'ସନ୍ଧ୍ୟାଲୋକ', 'ଭିକ୍ଷୁକ', 'ସୃଷ୍ଟି ଓ ସ୍ତୂପ', 'ଆଶ୍ଳେଷ ସ୍ୱର୍ଗ', 'ତୁମେ ଓ ମୁଁ', 'ଜୀବନର ସ୍ପର୍ଶ', 'ସନ୍ଧ୍ୟା ପଥେ', 'ନୀରବତା', 'ପ୍ରକୃତି ପୁରୁଷ', 'କବିର ବ୍ୟଥା', 'ଅରୂପର ଆହ୍ୱାନ', 'ଯାଦୁଘର', 'ପ୍ରଭାତ', 'ଲୋଟଣୀ ପାରା', 'ଆଷାଢ଼ ସନ୍ଧ୍ୟା. 'କିଏ ଶଳା ସଇତାନ', 'ବିଶ୍ୱ ଗ୍ରନ୍ଥ', 'ଶେଷ ଦାନ', 'ଦେବ ଶିଶୁ ଯୀଶୁ', 'କ୍ଷଣିକ ସତ୍ୟ' ଏହିଭଳି ୩୫ଟି କବିତା ସ୍ଥାନ ପାଇଛି।

ସେହିଭଳି କାଳିନ୍ଦୀ ରଚନାଚୟ ଗ୍ରନ୍ଥାବଳୀ ୨ୟ ଭାଗରେ ମଧ୍ୟ ଦୁଇଟି କବିତା ସଂକଳନ ସ୍ଥାନ ପାଇଛି। (କ) 'ମନେ ନାହିଁ' - ଏହି କବିତା ସଂକଳନ ମଧ୍ୟରେ 'ଯୌବନ ଯାତ୍ରୀ', 'ଚିରନ୍ତନ ଲୁହ', 'ଅମର ଆଶା', 'ଆସ୍ତିକର ଆକୁତି', 'ପାସୋରି ଦେଲିରେ ଶିମୁଳିପାଳ', 'ଲୋହିତ ବ୍ୟଥା', 'ଗୋପନ ପୂରେ', 'ଛନ୍ଦ ନାୟିକା', 'ଆଶିଷ', 'ଆରେ ଦୁମିଦ ଜାତି', 'ଧାନର ବାଣୀ', 'ମରଣ ପାଳି', 'ବୈଶାଖ ଭାବନା', 'ବଉଳ ଅମାସ୍ୟା', 'ପୁରାତନ କଥା', 'ଅଭୟ', 'ଚକ୍ରବାକ', 'ଉଦ୍‌ଭ୍ରାନ୍ତ ଗୀତ', 'ମନେ ନାହିଁ' ପ୍ରଭୃତି ୧୮ଟି କବିତା ସ୍ଥାନ ପାଇଛି।

(ଖ) 'ମହାଦୀପ' କବିତା ସଂକଳନ ମଧ୍ୟରେ ୨୯ଟି କବିତା ସ୍ଥାନ ପାଇଛି। ଯଥା- 'ଏ ଦେହକୁ ଭଲପାଏ ମୁହିଁ', 'ଦୁଇଟି କଳା ଆଖି', 'ବନ୍ଦୀର ବିଳାପ', 'ଶିଶିର ହାସ୍ୟ', 'ଜୀବନ ଦୋଳି', 'ପଥ କାହିଁ', 'ବର୍ଷା ଅଶ୍ରୁ', 'ନୀରବ ଆହ୍ୱାନ', 'ବଂଶୀ ଧ୍ୱନି', 'ଶରତ ସନ୍ଧ୍ୟା', 'ସୃଜନ ବ୍ୟଥା', 'ଜୀବନ', 'ଏହି ଯେ ପାହାଡ଼', 'ରୂପ ଓ ବାଣୀ', 'ଭାରତ ଆସିବ ଫେରି', 'ଜୟପୁର ଘାଟ', 'ଶତାବ୍ଦୀ ସୈନିକ', 'ଯାଗ ଯାଗ ଗାନ୍ଧୀ', 'ରକ୍ତସ୍ରୋତ', 'ଶୂନ୍ୟ ଚିନ୍ତା', 'ଜାଗ୍ରତ ଆଘାତ', 'ତୁମେଟି ଚାଲିବା ଜାଣ', 'ଜଡ଼ ଦର୍ଶନ', 'ଅଗଣିତ ଆଗୁଆନ୍', 'ଆଶ୍ୱାସନା', 'ବିଶ୍ୱର ଆହ୍ୱାନ', ନିଜ ଭୁଲ୍', 'ଚାଷୀର ଭାଗ୍ୟ' ଇତ୍ୟାଦି।

ଏତଦ୍‌ବ୍ୟତୀତ ଆଉ ୮ଟି କବିତା ମଧ୍ୟରେ ସେ ଲେଖିଥିଲେ। କିନ୍ତୁ ସେଗୁଡ଼ିକ ଗ୍ରନ୍ଥାବଳୀରେ ସନ୍ନିବିଷ୍ଟ ହୋଇନାହିଁ। ସେଗୁଡ଼ିକ 'ପ୍ରସାଧନ', 'ସେହି ମୁଁ ନିଜେ', 'ବ୍ୟାଖ୍ୟା', 'ପୁରୀ ମନ୍ଦିର', 'ପାପ', 'ବିଦାୟ ଭଗବାନ', 'ସ୍ୱପ୍ନ ସୃଜନ' ଏବଂ 'ପ୍ରତିମା'।

କାଳିନ୍ଦୀଙ୍କ ରୋମାଣ୍ଟିକ୍ ଚେତନା:

ରୋମାଣ୍ଟିକ୍ କାବ୍ୟାନୁଚିନ୍ତା ଓଡ଼ିଆ କାବ୍ୟ ଜଗତର ଏକ ବଳିଷ୍ଠ ଆଭିମୁଖ୍ୟ। ଓଡ଼ିଆ ସାହିତ୍ୟରେ ଏହି ରହସ୍ୟଟିକୁ ଉପେକ୍ଷା କରି ହେବ ନାହିଁ। ଏହା ଯେ କୌଣସି ତରୁଣ କବିର କବିତା ମଧ୍ୟରୁ ସ୍ପଷ୍ଟ ପ୍ରତିପନ୍ନ ହୋଇ ପାରିବ। Shakespeare ଥରେ କହିଥିଲେ- 'Never durst poet touch pen to white until his ink was tempered with love's sighs.' ପୃଥିବୀର ସବୁ ପ୍ରତିଷ୍ଠାପନ୍ନ ସାହିତ୍ୟରେ ଏହି ରୋମାଣ୍ଟିକ୍ ଭାବନା ଓ ଅନୁଭୂତି ସମ୍ମିଳିତ ହୋଇଛି। ପାଶ୍ଚାତ୍ୟ ସାହିତ୍ୟରେ ମଧ୍ୟ ଏହି ଚେତନା ୧୮ଶ ଶତାବ୍ଦୀର ଶେଷ ଭାଗରୁ ଆରମ୍ଭ ହୋଇ ୧୯ଶ ଶତାବ୍ଦୀର ମଧ୍ୟଭାଗ ପର୍ଯ୍ୟନ୍ତ ଗତିବିସ୍ତାର କରିଅଛି। ଫରାସୀ ସାହିତ୍ୟରେ ମଧ୍ୟ ରୁଷୋ, ବାଲ୍‌ଯାକ୍, ଡମାସ୍, ହ୍ୟୁଗୋ ପ୍ରଭୃତି ଲେଖକଗଣ ଏହି ଭାବଧାରାକୁ ତାଙ୍କ ସାହିତ୍ୟରେ ଆଣିଥିଲେ। ସେହିପରି କଲ୍‌ରିଜ୍, ଓ୍ୱାର୍ଡସଓ୍ୱର୍ଥ, ସେଲୀ, ସ୍କଟ୍, ବାଇରନ୍, କୀଟ୍‌ସ, ଲ୍ୟାମ୍ବ, ହ୍ୟାଜଲିଟ୍, ଆରନୋଲ୍‌ଡ, ଡିକେନ୍‌ସ, ଷ୍ଟିଭେନ୍‌ସନ୍ ପ୍ରଭୃତି ଇଂରାଜୀ ଲେଖକମାନେ ମଧ୍ୟ ଏହି ରୋମାଣ୍ଟିକ୍ ଭାବଧାରାକୁ ତାଙ୍କ ସାହିତ୍ୟରେ ସୁପ୍ରତିଷ୍ଠିତ କରି ଯାଇଥିଲେ। ପ୍ରକୃତରେ ଦେଖିବାକୁ ଗଲେ ଇଂରାଜୀ ସାହିତ୍ୟରେ 'ରେଷ୍ଟୋରେସନ୍ ଯୁଗ' ପରେ ଆମେ ଏହି ରୋମାଣ୍ଟିକ୍ କବିମାନଙ୍କୁ ଆବିଷ୍କାର କରିପାରୁ। ପୋପ୍, ଡ୍ରାଇଡେନ୍ ପ୍ରଭୃତିଙ୍କ ପରେ ଓ୍ୱାର୍ଡସଓ୍ୱର୍ଥ, ସେଲି ପ୍ରଭୃତି ରୋମାଣ୍ଟିକ୍ ଭାବଧାରାକୁ ତାଙ୍କ କାବ୍ୟ କବିତାରେ ଆଣିଥିଲେ। ଏହି ଯୁଗକୁ ଇଂରାଜୀ ସାହିତ୍ୟରେ Romantic Revival କୁହାଯାଏ। ଠିକ୍ ସେହିପରି ଭାରତୀୟ ପ୍ରାଚୀନ ସାହିତ୍ୟରେ ରୋମାଣ୍ଟିସିଜମ୍‌ର ଏକ ଅକ୍ଷୟ ନାମକରଣ ହୋଇ ନ ଥିଲା ସତ, କିନ୍ତୁ ସମସ୍ତ କାବ୍ୟ କବିତାରେ ଏହାର ଚେତନା ପରିଲକ୍ଷିତ ହେଉଥିଲା। ପ୍ରାଚୀନ ଓଡ଼ିଆ କାବ୍ୟ କ୍ଷେତ୍ରରେ ମଧ୍ୟଯୁଗର କବି ଉପେନ୍ଦ୍ର ଭଞ୍ଜଙ୍କ କାବ୍ୟ କବିତାରେ ପ୍ରଚୁର ରୋମାଣ୍ଟିକ୍ ଚିନ୍ତାଧାରା ପରିଲକ୍ଷିତ ହୁଏ। ଆଧୁନିକ ଯୁଗର କବି ରାଧାନାଥଙ୍କ କାବ୍ୟ କବିତାରେ ମଧ୍ୟ କଳ୍ପନାରୂପୀ ରୋମାଣ୍ଟିକ୍ ଚେତନା ସ୍ପଷ୍ଟ ପ୍ରତିଭାତ ହୁଏ। ଏହି ସମୟରେ ଓଡ଼ିଆ ସାହିତ୍ୟରେ ଗୀତି କବିତା ଏକ ନୂତନ ବିଭୂତି ନେଇ ପ୍ରକାଶ ପାଇଲା ଏବଂ ଗୀତିକବିମାନଙ୍କ ଲେଖାରେ ରୋମାଣ୍ଟିକ୍ ଚେତନା

ବହୁ ନୂତନ ବିଭବକୁ ନେଇ ଆତ୍ମପ୍ରକାଶ କଲା। ଓଡ଼ିଆ ସାହିତ୍ୟ କ୍ଷେତ୍ରରେ ରାଧାନାଥ-ମଧୁସୂଦନ-ଫକୀରମୋହନ ଏହି ତ୍ରିବେଣୀ ସଂଗମର ସ୍ୱର ଯେତେବେଳେ ନୀରବ ହୋଇ ଆସିଲା ସେମାନଙ୍କର ଯଥାର୍ଥ ଉତ୍ତରଦାୟାଦ ହୋଇ ଠିଆ ହୋଇଥିଲେ କେତେଜଣ ତରୁଣ କବି ୧୯୨୧ରୁ ୧୯୩୫ ମଧ୍ୟରେ। ବଙ୍ଗଳାର କବିଗୁରୁ ରବୀନ୍ଦ୍ରନାଥ ୧୯୧୩ ମସିହାରେ ନୋବେଲ ପୁରସ୍କାର ପାଇଲା ପରେ ତାଙ୍କର କାବ୍ୟିକ ପ୍ରଭାବ ପ୍ରାୟ ଭାରତୀୟ ପ୍ରତ୍ୟେକ ପ୍ରାନ୍ତୀୟ ସାହିତ୍ୟରେ ଦେଖିବାକୁ ମିଳିଲା। ଓଡ଼ିଆ ସାହିତ୍ୟ ବା ସେଥିରୁ ମୁକ୍ତ ହୁଅନ୍ତା କିପରି ? ସବୁଜ ଧାରାର କବି ପାଞ୍ଚଜଣ ପ୍ରତିଭାତ ହେଲେ ୧୯୨୧ରୁ ୧୯୩୫ ମସିହା ମଧ୍ୟରେ। ମୁଖ୍ୟତଃ ଏହି ଗୋଷ୍ଠୀର ୩ ଜଣ କବି ପ୍ରତିଷ୍ଠାଲାଭ କରିଥିଲେ। ତନ୍ମଧ୍ୟରୁ କାଳିନ୍ଦୀ ଚରଣ ଅନ୍ୟତମ। କବି ଅନ୍ନଦାଶଙ୍କର ତାଙ୍କର 'ସବୁଜ ପରୀକ୍ଷ କବିତାରେ ରୋମାଣ୍ଟିକ୍ ଚେତନାଟିକୁ ଦେଖାଇଥିବାବେଳେ କାଳିନ୍ଦୀ ଚରଣ ସବୁଜ ଶବ୍ଦଟି 'ଗ୍ରୀନ୍' ଶବ୍ଦରୁ ଆଧାରିତ ବୋଲି ପ୍ରତିପାଦିତ କରିଛନ୍ତି ଏବଂ ହରିହର ମହାପାତ୍ର ଓ ଅନ୍ନଦାଶଙ୍କର ବଙ୍ଗଳା ପତ୍ରିକା 'ସବୁଜ ପତ୍ର'ରୁ ସବୁଜ ଚିନ୍ତାଧାରା ଆସିଅଛି ବୋଲି ସ୍ୱୀକାର କରନ୍ତି। (୮) ଭିନ୍ନ ଭିନ୍ନ ମତ ଦେଲେ ହେଁ ସବୁଜ ଧାରାର ପ୍ରତ୍ୟେକ କବି ନିଜ ନିଜ କବିତାରେ ରୋମାଣ୍ଟିକ୍ ଭାବନାକୁ ମୁଖ୍ୟ ସ୍ଥାନ ଦେଇ କବିତା ରଚନା କରିଥିଲେ। ନିଜେ ଅନ୍ନଦାଶଙ୍କର ସବୁଜ ପତ୍ର ସହିତ ତାଙ୍କର ଆତ୍ମିକ ସମ୍ବନ୍ଧ ସମ୍ପର୍କରେ ଉଲ୍ଲେ କରିଛନ୍ତି। ରବୀନ୍ଦ୍ର ନାଥଙ୍କ "ଓ ରେ ସବୁଜ, ଓ ରେ ଅବୁଝ, ଆଧମରା ଦେର ମେରେ ତୁଇ ବାଁଚ" ତାଙ୍କର ମୂଳ ମନ୍ତ୍ର ଥିଲା। ସେ ଯାହାହେଉ ସବୁଜ ଧାରାର କବିମାନଙ୍କର ରଚନାର ମୂଳମନ୍ତ୍ର ଥିଲା ରୋମାଣ୍ଟିସିଜମ୍। ସେମାନେ କଳ୍ପଲୋକକୁ କଳ୍ପନାରେ ପଳାୟନ ପ୍ରୟାସୀ ଥିଲେ। ସୁଦୂରରୁ ମୋହ ସେମାନଙ୍କୁ ବେଶୀ ଆକୃଷ୍ଟ କରିଥିଲା। ଇଂରାଜୀ ସାମଲୋଚକ ରୋମାଣ୍ଟିସିଜମ୍‌ର ଗୁଣ ଓ ସଂଜ୍ଞା ନିର୍ଦ୍ଦେଶ କରିବାକୁ ଯାଇ କହିଥିଲେ ରୋମାଣ୍ଟିକ୍ କାବ୍ୟ କବିତାରେ ସୁଦୂରର ମୋହ, ନିଃସଙ୍ଗ, ଅସହାୟତା, ସ୍ୱପ୍ନଭଙ୍ଗ, ବିପର୍ଯ୍ୟୟ, ଆବେଗୋଚ୍ଛ୍ୱାସ, ବିଷାଦବାଦ ଏବଂ କଳ୍ପନାର ସର୍ବତୋମୁଖୀ ଭାବ ସମନ୍ୱିତ ବିବିଧ ଗୁଣାବଳୀ ପରିଲକ୍ଷିତ ହୁଏ ଏବଂ ଏହା

---

(୮) କବି ଅନ୍ନଦାଶଙ୍କର ତାଙ୍କର 'ସବୁଜ ପରୀ' କବିତାରେ ଏହି ରୋମାଣ୍ଟିକ୍ ଚିନ୍ତାଧାରାର ମଙ୍ଗଳାଚରଣ ଗାନ କରିଛନ୍ତି। ସବୁଜ ଶବ୍ଦଟି ଇଂରାଜୀ 'ଗ୍ରୀନ୍' ଶବ୍ଦରୁ ଅବଧାରିତ ବୋଲି କବି 'କାଳିନ୍ଦୀ ଚରଣ' ସ୍ୱୀକାର କଲାବେଳେ ହରିହର ଓ ଅନ୍ନଦାଶଙ୍କର ଆଦି ବଙ୍ଗଳାରେ ପ୍ରକାଶ ପାଇଥିବା 'ସବୁଜ ପତ୍ର'କୁ ସବୁଜ ଚିନ୍ତାଧାରାର ଅଗ୍ରଜ ରୂପେ ଗ୍ରହଣ କରନ୍ତି।

(କଳ୍ପନାର ଅଭିଷେକ, ସବୁଜ କବିତା ଆଦି ଓ ଆବର୍ତ୍ତ, ଡକ୍ଟର ପ୍ରତିଭା ଶତପଥୀ, ପୃ-୨୨୧)

ଅଲୌକିକତା, ଦୁଃସାହସିକ ଅଭିଯାନ ଏବଂ ଅଜ୍ଞାତ ଓ ଅଲଭ୍ୟ ଲାଗି ଅତୃପ୍ତ ଅଭିଳାଷ ପ୍ରଭୃତିର ଦ୍ୟୋତକ। (୯) ସବୁଜଧାରାର କବିମାନେ ବୋଧହୁଏ ଏହି ପଳାୟନବାଦୀ ମନୋଭାବ ଇଂରାଜୀ ସାହିତ୍ୟରୁ ପାଇଥିଲେ। ଇଂରାଜୀ ସାହିତ୍ୟରେ 'ରୋଷ୍ଟୋରେସନ୍' ଯୁଗ ପରେ ପରେ Romantic Revival ହୋଇଥିଲା। କାରଣ ସେତେବେଳକୁ ଯାନ୍ତ୍ରିକ ବିପ୍ଳବ ପରେ ପରେ ଦେଶରେ ସାମାଜିକ, ରାଜନୈତିକ ଜୀବନରେ ତୁମୂଳ ଆଲୋଚନା ସୃଷ୍ଟି ହୋଇଥିଲା। ସମାଜଠାରୁ କବି କରଛଡ଼ା ଦେଲା। ସେ ଶାନ୍ତିରେ ନିଃଶ୍ୱାସ ମାରିବାକୁ ଚାହିଁଲା। ସେହି ଶାନ୍ତି ଟିକକ ସେ ପ୍ରକୃତ ସମାଜରେ ଖୋଜି ପାଇ ପାରିଲା ନାହିଁ। ତେଣୁ ସେ ଯୁଗର ପ୍ରାୟ ପ୍ରତ୍ୟେକ କବି ଅନାୟାସରେ ପଳାୟନପନ୍ଥୀ ବା escapist ହୋଇଗଲେ। ସେମାନେ ବାସ୍ତବ ରାଜ୍ୟକୁ ପରିହାର କରି ଏକ ଅବାସ୍ତବ କପୋଳକଳ୍ପିତ ରାଜ୍ୟରେ କାଳ୍ପନିକ ନୀଡ଼ ରଚନାରେ ପ୍ରୟାସୀ ହେଲେ। କେହି କେହି ନିଜର ଶାନ୍ତି ଖୋଜିବାକୁ ଯାଇ ପ୍ରକୃତି କୋଳରେ ଆଶ୍ରୟ ନେଲେ ତ କିଏ ନିଜର ପ୍ରିୟା କୋଳ ଖୋଜି ବୁଲିଲା। କିଏ ରହସ୍ୟାବୃତ୍ତ ହୋଇପଡ଼ିଲା ତ କିଏ ଅତୀତକୁ ଖୋଜି ବସିଲା। ତେଣୁ ସେ ଯୁଗର କବିମାନେ ନିଜ ଜୀବନଠାରୁ ପଳାୟନ କରି ନ ଥିଲେ। ବରଂ ଜୀବନକୁ ପଳାୟନ କରିଥିଲେ। କେତେକଙ୍କ ମତରେ- "It is not an escape from life but to life." ଏହି ରୋମାଣ୍ଟିକ୍ ସାହିତ୍ୟର ସ୍ୱରୂପ ଓ ସୌନ୍ଦର୍ଯ୍ୟ ନିରୂପଣ କରିବାକୁ ଯାଇ ଶ୍ରୀ ସୁରେନ୍ଦ୍ର ମହାନ୍ତି କହିଛନ୍ତି- "ସବୁଜ ଗୋଷ୍ଠୀର ପଳାୟନପନ୍ଥୀ ରହସ୍ୟବାଦ ପରିଚ୍ଛନ୍ନ ସୌନ୍ଦର୍ଯ୍ୟବୋଧ, ସ୍ମୃତି, କାରୁଣ୍ୟ ପ୍ରକୃତି ଚିତ୍ରଣରେ ଅଭିନବ ଦୃଷ୍ଟିଭଙ୍ଗୀ, ଅଶରୀରୀ ବା ସଶରୀରୀ କୌଣସି ମାନସୀ କନ୍ୟା ପାଇଁ ଅତୃପ୍ତ ରୋମାଣ୍ଟିକ୍ ଆକୁଳତା ପୁଣି ଛନ୍ଦ କ୍ଷେତ୍ରରେ ନାନା ଅଭିନବ ଅନୁଶୀଳନ ଓଡ଼ିଆ କବିତା କ୍ଷେତ୍ରରେ ଏକ ନୂତନ ହିଲ୍ଲୋଳ ସୃଷ୍ଟି କରିଥିଲା। (୧୦) ଏଥିରୁ ମନେହୁଏ ଓଡ଼ିଆ ସାହିତ୍ୟର ସବୁଜଧାରାର କବିମାନେ ଇଂରାଜୀ ସାହିତ୍ୟର ରୋମାଣ୍ଟିକ୍ ଯୁଗ ଭାବଧାରା ଦ୍ୱାରା କିଛି ମାତ୍ରାରେ ପ୍ରଭାବିତ ହୋଇଥିଲେ। ସେ ଯାହାହେଉ ରୋମାଣ୍ଟିକ୍ କବି କାଳିନ୍ଦୀ ଚରଣଙ୍କର କାବ୍ୟ ରଚନା ସୀମା ୧୯୨୦ରୁ ୧୯୪୫ ମଧ୍ୟରେ ସୀମିତ। ତାଙ୍କର

---

(୯) The term is charaterised by the qualities of remoteness desolation, disillusion, decay, passion, divine unrest, melancholy and the embracing bows of the imagination. It is suggestive of strangers and adventure. Never satisfied aspiration after the unknown and unattainable.

(୧୦) ଓଡ଼ିଆ ସାହିତ୍ୟର କ୍ରମ ବିକାଶ, ସୁରେନ୍ଦ୍ର ନାଥ ମହାନ୍ତି, ପୃ-୩୪୬

ପ୍ରାୟ ୧୨୯ଟି କବିତା ଓଡ଼ିଆ ସାହିତ୍ୟକୁ ଅତୁଳନୀୟ ଅବଦାନ ଅଟେ। ୧୯୪୫ ମସିହା ପରେ କବି ଗଦ୍ୟ ସାହିତ୍ୟ ପ୍ରତି ଆକୃଷ୍ଟ ହୁଅନ୍ତି। ତାଙ୍କର ସମସ୍ତ କବିତାକୁ ପୁଙ୍ଖାନୁପୁଙ୍ଖ ଆଲୋଚନା କଲେ ଜଣାଯାଏ ଯେ ସେ ବିଭିନ୍ନ ଚେତନା ସମ୍ବଳିତ କବିତା ରଚନା କରିଥିଲେ। ତାଙ୍କର ପ୍ରଥମ ପର୍ଯ୍ୟାୟ କବିତାକୁ ଆମେ ୧୯୨୦ରୁ ୧୯୩୨ ମଧ୍ୟରେ ଧରିଲେ ଜଣାଯାଏ ଏହି ପର୍ଯ୍ୟାୟର କବିତାଗୁଡ଼ିକ ରୋମାଣ୍ଟିକ୍ ଅଟେ। ସାବୁଜିକ ସୁଷମାରେ ଭରପୂର ଏହି କବିତାଗୁଡ଼ିକ ମଧ୍ୟରେ 'ବିରହୀ ପକ୍ଷ' (୧୫.୫.୧୯୨୦), 'ରଜ' (୧୫.୬.୧୯୨୦), 'ବ୍ୟର୍ଥ ସ୍ୱପ୍ନ', (୧୯୨୦ ଜୁନ୍), 'ଲୋହିତ ବ୍ୟଥା' (୧୯୨୪), 'ମାନସୀ' (୪.୩.୧୯୩୩), 'ପଉଷ ସନ୍ଧ୍ୟା' (୨୩.୧୨.୧୯୩୨), 'ମଧୁ ବିବାହ' (୧୭.୧୨.୧୯୨୫), 'ଫଗୁଣ ଜ୍ୟୋତ୍ସ୍ନା' (୨୧.୨.୧୯୨୬), 'ରୂପର ସ୍ତବ' (୧୯୩୩), 'ପ୍ରସାଧାନ' (୧୯୩୨), 'ପ୍ରଭାତ ପ୍ରାସ' (୧୯୩୨), 'ସନ୍ଧ୍ୟାପଥେ' (୧୯୩୧), 'ଛନ୍ଦ ନାୟିକା' (୧୯୩୩), 'ରୂପର ମୋହ' (୧୯୩୩), 'ଶରତ ସନ୍ଧ୍ୟା' (୨୧.୯.୧୯୩୧), 'କୁହୁ ପ୍ରାସ' (୧୯୩୧), 'ମନେ ନାହିଁ' (୧୯୩୪), 'ବ୍ୟବଧାନ' (୯.୩.୧୯୨୫), 'କବିର ବ୍ୟଥା' (୧୯୨୪), 'ବର୍ଷା ନାୟିକା', 'ହତାଶାର ଗାନ' (୨୩.୧୧.୧୯୨୫) ପ୍ରଭୃତି ଉଲ୍ଲେଖଯୋଗ୍ୟ।

୧୯୨୦ରେ ରଚିତ 'ବିରହୀ ପକ୍ଷ' କବିତାଟିରେ କବି କାଳିନ୍ଦୀ ଚରଣ ରୋମାଣ୍ଟିକ୍ ଶବ୍ଦର ବହୁଳ ବ୍ୟବହାର କରିଛନ୍ତି, ଯଥା- 'ଆଷାଢ଼ର ପ୍ରଥମ ଦିନ', 'ନୟନ ତାରା', 'ବରଷା ଧାରା', 'ବିଜୁଳି', 'କଜଳ', 'ମେଘ', 'ପ୍ରଭାତେ', 'ଓଢ଼ଣା', 'ସିକ୍ତ', 'ଚାରୁ', 'କେଶ', 'ସଖୀ' ପ୍ରଭୃତି। ଏହି କବିତାରେ ରାଧାନାଥୀ କାବ୍ୟାନୁଭୂତି ପରିଲକ୍ଷିତ ହୁଏ। ରାଧାନାଥ ତାଙ୍କ 'ଚନ୍ଦ୍ରଭାଗା' କବିତାରେ ଲେଖିଛନ୍ତି- "ଅସମ୍ଭାଳେ ଫିଟି କୁନ୍ତଳ ଭୂମି ଯାଏ ପରଶି/ ଯେଣେ ଅନାଉଛି ଲଳନା ଫୁଲଯାଏ ବରଷି।" ଏବଂ କାଳିନ୍ଦୀ ଲେଖିଲେ- "ସିକ୍ତ ହୋଇଥିବା ଚାରୁ ଚରଣ ଦୁଇ/ ଫିଟି ଲୋଟୁଥିବ କେଶ ଧରଣୀ ଛୁଇଁ।" କବି ଏହି କବିତାରେ କଳ୍ପନାରେ ହଜିଯାଇଛନ୍ତି। ଅତ୍ୟନ୍ତ ରୋମାଣ୍ଟିକ୍ ସ୍ୱପ୍ନରେ ଆଚ୍ଛାଦିତ ହୋଇଯାଇଛି କବିଙ୍କ ମନ। ବରଷାର ବାରିଧାରା ତାଙ୍କ ପ୍ରିୟାର ବାରଣ ଆଣିଛି। ପ୍ରିୟା ତା'ର ମନର ମଣିଷକୁ ଦେଖିବାକୁ ନ ପାଇ ନିଶ୍ଚୟ ବ୍ୟତିବ୍ୟସ୍ତ ହୋଇ ପଡୁଥିବ। ତା'ର କେଶ ବ୍ୟସ୍ତତାରେ ବିପର୍ଯ୍ୟସ୍ତ ହୋଇ ଧରଣୀ ଛୁଉଁଥିବ। ଚରଣ ଦୁଇଟି ସିକ୍ତ ହୋଇ ପଡୁଥିବ। ଅଥବା ପ୍ରିୟ ବିହୁନେ କୁଟୀର ମଧ୍ୟରେ ଓଢ଼ଣା ଦେଇ ଲୋତକ ଗଡ଼ାଉଥିବ। ଏହି ରୋମାଣ୍ଟିକ୍ ଚେତନା ଅଧିକ ସ୍ପଷ୍ଟ

ଭାବେ 'ରଜ' କବିତାରେ ଦେଖାଯାଏ। ବର୍ଷାକାଳରେ ବିରହିଣୀର ଦୁଃଖକୁ କବି ବର୍ଣ୍ଣନା କରିଛନ୍ତି। ଏହା ଏକ ପାରମ୍ପରିକ ରଚନା ଭଳି ମନେହୁଏ। ମଧ୍ୟଯୁଗୀୟ କବିମାନେ ବର୍ଷାକୁ ନେଇ ଅନେକ କାବ୍ୟ କବିତା ରଚନା କରିଥିଲେ। ଠିକ୍ ସେହିପରି କାଳିନ୍ଦୀଚରଣ ମଧ୍ୟ ପାରମ୍ପରିକତା ରକ୍ଷା କରିଥିବାର ଜଣାଯାଏ। (୧୧) କାଳିଦାସଙ୍କ 'ମେଘଦୂତ'ର ଗ୍ରାମ ସୀମନ୍ତିନୀର ପରିକଳ୍ପନାରେ କାଳିନ୍ଦୀ ଲେଖିଥିଲେ-

"ହଳଦୀ ଅଳତା ଲଗାଇ ମୁଣ୍ଡ ବାନ୍ଧି ଯତନେ
ଗ୍ରାମ ସୀମନ୍ତିନୀ ଆଦରେ ଚାହିଁଥିବ ଗଗନେ।
ବରଷା କାଳ ଆରମ୍ଭ ବିରହିଣୀର ଦୁଃଖ
କାନ୍ତକଥା ଭାଳି ବିତିବ ମନେ ପଡ଼ିବ ସୁଖ।"

ଉପରୋକ୍ତ ପଙ୍କ୍ତିରୁ ଏହି କବିତାର ବଳିଷ୍ଠ ରୋମାଣ୍ଟିକ୍ ଚେତନା ସଂପର୍କରେ ଅନୁମାନ କରାଯାଇପାରେ। ଏଠାରେ ନନ୍ଦକିଶୋରଙ୍କର 'ପଲ୍ଲୀ ଜୀବନ' କବିତା ସଂକଳନଟି ମଧ୍ୟ ମନକୁ ଆସେ। କବି ଖୁବ୍ ସୁନ୍ଦର ଭାବରେ ବରଷାକାଳ ଯେ ବିଚ୍ଛେଦର ସ୍ମୃତିକୁ ଆହୁରି ଘନ କରିଦିଏ ସେ କଥା ସୂଚାଇ ଅଛନ୍ତି। ବିରହ ବେଦନା ଯେ ବର୍ଷାର ଆଗମନରେ ବେଶୀ ତୀବ୍ର ହୋଇଉଠେ ଏକଥା କବି ବର୍ଣ୍ଣନା କରିଛନ୍ତି।

ତା'ପରେ କବିଙ୍କର ଆଉ ଏକ କବିତା 'ବ୍ୟର୍ଥ ସ୍ୱପ୍ନ'ରେ ଏହି ରୋମାଣ୍ଟିକ୍ ଚେତନା ଆହୁରି ପରିସ୍ଫୁଟ ମନେହୁଏ। କବି କଳ୍ପନାରେ ଭାସିଯାଇ ଦେଖିବାକୁ ପାଇଛନ୍ତି ପ୍ରଣୟିନୀକୁ। ସେ ତାଙ୍କ ପ୍ରଣୟିନୀର ସ୍ୱପ୍ନରେ ବିମୁଗ୍ଧ ଓ ଉତ୍‌ଫୁଲ୍ଲ ହୋଇ ଉଠିଛନ୍ତି। ତା'ର ସୁନ୍ଦର ରୂପକୁ ପରିକଳ୍ପନା କରି ମୁଗ୍ଧ ହୋଇ ଯାଇଛନ୍ତି। କିନ୍ତୁ ପରକ୍ଷଣରେ ସେ ବୁଝିପାରିଛନ୍ତି ଏ ସବୁ ଅବାସ୍ତବ। ବାସ୍ତବରେ ଏହାର କୌଣସି ମାନେ ନାହିଁ, ସ୍ଥିତି ନାହିଁ। କବିର ତନ୍ଦ୍ରା ଭାଙ୍ଗିଯାଇଛି। କବି କାଳିନ୍ଦୀଙ୍କର ଏହି ସ୍ୱପ୍ନପ୍ରବଣତା ଆହୁରି ସାର୍ଥକ ଲାଭ କରିଛି ତାଙ୍କ ରଚିତ 'ଲୋହିତ ବ୍ୟଥା' କବିତାରେ। 'ଲୋହିତ ବ୍ୟଥା' କବିତାରେ କବି ଅନେକ ରୋମାଣ୍ଟିକ୍ ଶବ୍ଦପୁଞ୍ଜି ବ୍ୟବହାର କରିଛନ୍ତି। 'ବଂଶୀ', 'ସନ୍ଧ୍ୟା ସୁନ୍ଦରୀ', 'ସଜଳ ନୟନେ', 'ନିବିଡ଼', 'ବେଦନା', 'ବସନ୍ତ', 'ଜୋଛନା', 'ସଲାଜପରଶେ', 'ପୁଲକୀ ହରଷେ', 'ସନ୍ଧ୍ୟାରାଣୀ', 'ସନ୍ଧ୍ୟାର ମରମଠାଣୀ', 'ଅରୁଣ ରାଗିଣୀ' ଇତ୍ୟାଦି। ଏଠାରେ କବି କାଳିନ୍ଦୀଚରଣ ଅତୀତର ଗୀତିମୟ ବ୍ୟଥାର ମୂର୍ଚ୍ଛନା

---

(୧୧) ତେଣୁ କାଳିନ୍ଦୀଚରଣଙ୍କ କାବ୍ୟ ଜୀବନ ଏକ ପାରମ୍ପରିକ ଚେତନା ଭିତରୁ ଆରମ୍ଭ ହୋଇଥିଲା ବୋଲି କହିଲେ ଅତ୍ୟୁକ୍ତି ହେବ ନାହିଁ।

(ସବୁଜରୁ ସାଂପ୍ରତିକ, ଡକ୍ଟର ନିତ୍ୟାନନ୍ଦ ଶତପଥୀ, ପୃ-୧୯)

ନିଜର ହୃଦୟରେ ଅନୁଭବ କରିଛନ୍ତି। ବଂଶୀର ସ୍ୱର ହୁଏତ ତରଙ୍ଗାୟିତ ହୋଇ ଦୂର ବିଲବନ ପାହାଡ଼ ଅତିକ୍ରମ କରି ଯାଇଛି କିନ୍ତୁ ବଂଶୀର ସେ କରୁଣ ସ୍ୱର କବିଙ୍କ ଅନ୍ତରରେ ରହିଯାଇଛି ସବୁଦିନ ପାଇଁ। କବିଙ୍କର ବ୍ୟକ୍ତିଗତ ଅନୁଭୂତି ଏଠାରେ ପ୍ରକାଶ ପାଇଛି। କବି ଏ କବିତାରେ କେଉଁଠି ଦୁଃଖରେ ଭାଙ୍ଗିପଡ଼ିଛନ୍ତି ତ କେଉଁଠି ଆନନ୍ଦରେ ଅଧୀର ହୋଇ ଉଠିଛନ୍ତି। (୧୨)

"କେବେ ଜୋଛନାର ସଲାଜ ପରଶେ,
ପ୍ରାଣ ଉଠିଥିଲା ପୁଲକି ହରଷେ।"

ପୁଣି କେବେ ହଳିଆର ମନଖୋଲା ଉଲ୍ଲାସ ଆନନ୍ଦପୂର୍ଣ୍ଣ ଗୀତ ମଧ୍ୟ କବିଙ୍କ କାନରେ ପଡ଼ିଥିଲା। ପୁଣି ପରକ୍ଷଣରେ କବି ଉଦାସ ହୋଇ ଯାଉଛନ୍ତି ଠିକ୍ ସନ୍ଧ୍ୟାରାଣୀ ତା'ର ବ୍ୟଥିତ ବାଣୀ ନଦୀ ଆଗରେ ପ୍ରକାଶ କଲା ଭଳି। ଏଠାରେ କବିଙ୍କ ମନରେ ଘୋର ଅସ୍ଥିରତା ପ୍ରକାଶ ପାଇଛି। ମନ ବିଚଳିତ ହୋଇ ଉଠିଛି। କ'ଣ କ'ଣ କରିବେ ଠିକ୍ କରିପାରୁନାହାନ୍ତି। (୧୩) କବିଙ୍କର ଆଉ ଏକ ରୋମାଣ୍ଟିକ୍ କବିତା ହେଉଛି 'ମାନସୀ'। ଏହି କବିତାରେ ନିଜର ମାନସୀ ପାଇଁ ପାଗଳ ହୋଇଯାଇଛନ୍ତି। ତା'ର ରୂପ କଳ୍ପନା କରି ଖୁବ୍ ଉଲ୍ଲସିତ ହୋଇ ଉଠିଛନ୍ତି। ମାନସୀର ବିରହରେ ତାଙ୍କ ହୃଦୟରେ ଆପେ ଆପେ ଅନେକ କଥା ଲେଖି ହୋଇଯାଇଛି। ଯାହାର ମାତ୍ର କ୍ଷଣିକ ମିଳନରେ ହିଁ ଆଖିପତା ସଜଳ ହୋଇଉଠେ।

ସେହି ମନର ମାନସୀ ପାଇଁ କବି କିପରି ଚିଟାଉ ଲେଖିବେ, କି ଭାଷା ପ୍ରୟୋଗ କରିବେ ସେଥିପାଇଁ ବ୍ୟସ୍ତ ହୋଇ ଶବ୍ଦ ଖୋଜିବାରେ ଲାଗିପଡ଼ିଛନ୍ତି। ସେହି ମନର ମାନସୀ ଅଥବା କଳ୍ପନାର ମାନସୀ ପାଇଁ କବି ଅଙ୍ଗରେ ଭସ୍ମ ଏବଂ ଶିରରେ ଜଟା ମଧ୍ୟ ବୋହିବାକୁ ପ୍ରସ୍ତୁତ; ଅର୍ଥାତ୍ ସାଧାରଣ ମନୁଷ୍ୟଠାରୁ ଯୋଗୀ ହେବାକୁ ମଧ୍ୟ ସେ ଉଚିତ ମନେ କରିଛନ୍ତି। ସଦା ସର୍ବଦା ତା'ରି କଥା ବେଦନା ହୋଇ ଅନ୍ତର ମଧ୍ୟରେ ଝରିବାକୁ ଲାଗିଛି। ତଥାପି ଏତେ ଦୁଃଖ ପାଇଁ ପ୍ରସ୍ତୁତ ଥିଲେ ମଧ୍ୟ ସେହି ମନର ମାନସୀ ତାଙ୍କୁ ହଟହଟା କରିବାରେ ଲାଗିଛି। କବିଙ୍କ ଭାଷାରେ ହୁଏତ ଲୋକଙ୍କ

---

(୧୨) ଅବଶ୍ୟ ବ୍ୟକ୍ତିଗତ ଅନୁଭୂତିର ମାତ୍ରାଧିକ୍ୟ ହେତୁ ତାଙ୍କ କାବ୍ୟସ୍ୱର କେତେବେଳେ କରୁଣ ବା ବିଷାଦବାଦୀ, କେତେବେଳେ ଉଲ୍ଲସିତ ଓ ଆନନ୍ଦମୁଖର ମନେହୁଏ।

(ସବୁଜରୁ ସାଂପ୍ରତିକ, ଡକ୍ଟର ନିତ୍ୟାନନ୍ଦ ଶତପଥୀ, ପୃ-୨୦)

(୧୩) ପ୍ରାରମ୍ଭିକ କବିତାଗୁଡ଼ିକରେ ତେଣୁ ପାଠକ ସମତା ସଂପୂର୍ଣ୍ଣ କୌଣସି ଗୁରୁତ୍ୱପୂର୍ଣ୍ଣ ଭାବନାର ପରିଚୟ ପାଏ ନାହିଁ।

(ସବୁଜରୁ ସାଂପ୍ରତିକ, ଡକ୍ଟର ନିତ୍ୟାନନ୍ଦ ଶତପଥୀ, ପୃ-୨୦)

ପାଇଁ ଏହା ମିଛ ହୋଇପାରେ କିନ୍ତୁ କବି ତାଙ୍କ ମାନସୀକୁ ଏତେ ପ୍ରେମ କରନ୍ତି ଯେ ତାଙ୍କ ଅନୁଭବରେ ଜୀବନର ଏକମାତ୍ର ସତ୍ୟ ଭାବେ ସେହି ମାନସୀ ହିଁ ପ୍ରତୀତ ହୁଏ। ଆଉ ସବୁ କ୍ଷଣିକ ଲାଗେ ତାଙ୍କୁ। ତା' ବିନା କବିଙ୍କୁ ସବୁ ଅନ୍ଧକାର ଦିଶେ। ତା' ବିନା କବି ବାଚାଳ ହୋଇ ପଡ଼ିଛନ୍ତି ଏବଂ ଶେଷରେ କବିଙ୍କ ମାନସୀ ଅରୂପ ଏକ ଅନୁଭୂତିରେ ରୂପାନ୍ତରିତ ହୋଇଯାଇଛନ୍ତି। କବି ତାକୁ ଇହ ଜଗତରେ ଖୋଜି ପାଇନାହାନ୍ତି। ତାଙ୍କୁ ଉପାସନା କରିବା ହିଁ ସାର ହୋଇଛି। ଯଦିଓ ଏ କବିତାଟି ସଂପୂର୍ଣ୍ଣ ପ୍ରେମଧର୍ମୀ ତଥାପି ଏଥିରେ ରୂପ ଅରୂପର ମେଟାଫିଜିକାଲ୍ ସମ୍ବନ୍ଧ ନିରୂପିତ ହାଇଛି। ଏଥିରେ ଭାଗବତ ଭାବନା ମଧ୍ୟ ଦେଖାଯାଏ। ତେଣୁ ଏହା ରହସ୍ୟଧର୍ମୀ ଏକ ବ୍ୟତିକ୍ରମ ସୃଷ୍ଟି ଭଳି ମନେହୁଏ। କବିଙ୍କର ଆଉ ଏକ ସାର୍ଥକ ରୋମାଣ୍ଟିକ୍ କବିତା ହେଉଛି 'ପୌଷ ସନ୍ଧ୍ୟା'। ଏହି କବିତାରେ ପକ୍ୱଧାନ, ଦୂର ବିଲବନ, ସନ୍ଧ୍ୟା ସୁନ୍ଦରୀ, ଚକ୍ରବାକ, ଗୋଧୂଳି ପଥ, କାକଳିର କେଳି, ବନପଥ, ଜ୍ୟୋସ୍ନା, ବର୍ଷା ଆଦି ରୋମାଣ୍ଟିକ୍ ପରିବେଶ କବିଙ୍କୁ ବେଶ୍ ଆକର୍ଷିତ କରେ। ପୌଷ ଶେଷରେ ପାଚିଲା ଧାନ ଗଛଗୁଡ଼ିକର ଖୁବ୍ ଆକର୍ଷଣ ଥାଏ, ଠିକ୍ ଯେପରି ମଧୁ ମକ୍ଷିକାର ମଧୁ ଉତ୍ସ ପ୍ରତି ଥାଏ ଆକର୍ଷଣ।

ଏଇ ପୌଷ ସନ୍ଧ୍ୟାରେ ସାଗରରେ ବୋଇତ ଭାସିଲା ସଦୃଶ ଆକାଶରେ ମଧ୍ୟ ବଉଦ ଭାସି ଭାସି ଯାଏ ଏବଂ ଗାଗରୀ କାଖେ ଧରି ପଦପାତରେ ଯାଉଥିବା ନାଗରୀର ଆଖି ପତାରେ ସନ୍ଧ୍ୟାର ସ୍ୱର୍ଣ୍ଣରୂପକ ଅଞ୍ଜନ ବୋଲି ହୋଇ ଖୁବ୍ ସୁନ୍ଦର ଦେଖାଯାଉଥାଏ। କବି ଏଲହିଭଳି ଏକ ସନ୍ଧ୍ୟାକୁ କଳ୍ପନାରେ ସ୍ୱାଗତ କରି ତା'ର ବନ୍ଦନା କରିଛନ୍ତି। (୧୪) ଏହା ଏକ ସଫଳ ରୋମାଣ୍ଟିକ୍ କବିତା ବୋଲି ନିର୍ବିବାଦରେ କୁହାଯାଇପାରେ।

'ମଧୁ ବିବାହ' କବିତାଟି ସଂପୂର୍ଣ୍ଣ ଭାବେ ପ୍ରକୃତିକୁ ନେଇ ବର୍ଣ୍ଣିତ। କବି ଏଠାରେ ମନୁଷ୍ୟକୁ ପ୍ରକୃତିଠାରୁ ଭିନ୍ନ କରିଦେଇପାରି ନାହାନ୍ତି। କବି ତାଙ୍କର ପ୍ରଥମ ପଦରେ ମନୁଷ୍ୟର ମଙ୍ଗଳ ସୂଚକ ବିବାହ ଶଙ୍ଖ ସହିତ ପ୍ରକୃତିର ଶୁଭ ସୂଚକ ଚିହ୍ନ ପକ୍ୱଧାନ, ସୋରିଷର ଫୁଲ, ଗଗନ, ପବନ, ଭୁବନ ସବୁକୁ ମିଶାଇ ଦେଇଛନ୍ତି। (୧୫) ପଉଷ ବାଆ କବିଙ୍କ ପାଇଁ ବିବାହର ନିମନ୍ତ୍ରଣ ଆଣିଛି ବୋଲି କବି ଖୁବ୍

---

(୧୪) ବଉଦ ଚଳେ ଆକାଶ ପଥେ/ ବୋଇତ ଚଳେ ସାଗରେ
ଗାଗରୀ କାଖେ ନାଗରୀ ଚଳେ/ ପରମ ଅନୁରାଗରେ
ପତାରେ ତା'ର ସ୍ୱର୍ଣ୍ଣତବ/ ଅଞ୍ଜନ ହେ ଅଞ୍ଜନ
ପଉଷ ଶେଷ ସନ୍ଧ୍ୟା ଘେନ/ ବନ୍ଦନ ! (ପଉଷ ସନ୍ଧ୍ୟା)

(୧୫) ବିବାହ ଶଙ୍ଖ ଉଠୁ ଗୋ ମନ୍ଦେ ବାଜି/ ପକ୍ୱ ଧାନର ବିପୁଳ ଗନ୍ଧେ
ସୋରିଷ ଫୁଲର ମାଦକ ଛନ୍ଦେ/ ପୂରିଛି ଗଗନ ଭାସିଛି ଭୁବନ ଥରିଛି ପବନ ଆଜି।
ବିବାହ ଶଙ୍ଖ ଉଠୁ ଗୋ ମନ୍ଦେ ବାଜି। (ମଧୁ ବିବାହ)

ଆନନ୍ଦର ଓ ପୁଲକର ସହିତ ବର୍ଣ୍ଣନା କରିଛନ୍ତି। କବିଙ୍କ ମନ ହୃଦୟ ରୋମାଣ୍ଟିକ୍ କଳ୍ପନାରେ ଆର୍ଦ୍ର ହୋଇ ଉଠିଛି। କବି ବର୍ଣ୍ଣନା କରିଛନ୍ତି ଯେ ଏପର୍ଯ୍ୟନ୍ତ କବିଙ୍କର ଯୌବନ ସରିନାହିଁ କିମ୍ବା ବିବାହର ସେହି ଆନନ୍ଦ ଘନ ମୁହୂର୍ତ୍ତ ଏ ପର୍ଯ୍ୟନ୍ତ ମଧ୍ୟ ତାଙ୍କ ମନରୁ ଲିଭି ନାହିଁ। ହୁଏତ ବିବାହର ତିଥି ଚାଲିଯାଇଛି, କିନ୍ତୁ ପ୍ରିୟା ପ୍ରିୟର ସେହି ପ୍ରଥମ ଅପୂର୍ବ ମିଳନ ମୁହୂର୍ତ୍ତ ଏବେ ମଧ୍ୟ କବିଙ୍କ ମନ ଗହନକୁ ପୁଲକିତ କରୁଛି।

ତାଙ୍କ ବିଧି ଠିକ୍ ତୃତୀୟା ଜୋଛନା ଭଳି ଧୀର ଓ ଲଳିତ ଭାବରେ ଆସି କମ୍ପିତ କରଟି କବିଙ୍କ ଆଡ଼କୁ ବଢ଼ାଇ ଦିଏ। ଲଜ୍ୟାରେ ତା'ର କଣ୍ଠରୁ ବଚନ ସ୍ଫୁରେ ନାହିଁ। ଠିକ୍ ମେଘରେ ବଉଦ ଲୁଚିଗଲା ଭଳି ତା' ମଥାକୁ ମଧ୍ୟ ସେ ଓଢ଼ଣା ତଳେ ଲୁଚାଇ ନିଏ। ଏ ପୀରତି କବିଙ୍କର ମନେପଡ଼ିଗଲେ ଗଭୀର ବ୍ୟଥା ଲାଗେ ତାଙ୍କ ମନରେ। ସେ ତାଙ୍କ ପ୍ରେୟସୀକୁ କେତେବେଳେ ଧ୍ରୁବ ତାରା ସହିତ ସମାନ କରିଛନ୍ତି ତ କେତେବେଳେ ବସନ୍ତର ଫୁଲ ସହ ତୁଳନା କରିଛନ୍ତି। କବି ଶେଷରେ ତାଙ୍କ ପ୍ରିୟା ଯେ ଚିର ଯୌବନର ଅଧିକାରିଣୀ ତାହା ବର୍ଣ୍ଣନା କରିଛନ୍ତି। (୧୬) ପୁଣି କବି ତାଙ୍କ ପ୍ରେୟସୀକୁ ବିଭିନ୍ନ ଭାବରେ ଉପଲବ୍ଧି କରିଛନ୍ତି। ସେ କବିଙ୍କ କୈଶୋରରେ ସ୍ୱପ୍ନର ସାଥୀ ସଦୃଶ ପୁଣି ବୃଦ୍ଧକାଳରେ ହୃଦୟର ରାଣୀ, ପୁଣି ଜରା ବ୍ୟାଧିରେ ତା'ର ସୁନ୍ଦର ବାଣୀ ମଧ୍ୟ କବିଙ୍କୁ ନିଆଁରେ ଜଳ ପଡ଼ିବା ସଦୃଶ ଶାନ୍ତି ଦେବ ବୋଲି ସେ ଭାବିଛନ୍ତି। (୧୭) ବାସ୍ତବିକ କବିଙ୍କର ରୋମାଣ୍ଟିକ୍ ଚେତନା ଯେ କେତେ ବଳିଷ୍ଠ ତାହା ଉପରୋକ୍ତ କବିତା ପାଠ କଲେ ହିଁ ଜଣାଯିବ। ତାଙ୍କର ପ୍ରେୟସୀ ଏଠାରେ ଏକା ଧାରରେ ରୂପ ସ୍ନେହ ମମତାର ଗନ୍ତାଘର ଅଟେ। (୧୮)

'ଫଗୁଣ ଜ୍ୟୋତ୍ସ୍ନା' କବିତାରେ କବି ବସନ୍ତ ଋତୁର ଉନ୍ମାଦ ଯୌବନକୁ ଖୁବ୍ ସୁନ୍ଦର ଭାବରେ ରୂପାୟିତ କରିଛନ୍ତି। କବି ଡକ୍ଟର ପ୍ରତିଭା ଶତପଥୀଙ୍କ ଭାଷାରେ "ବସନ୍ତ ଋତୁର ଜ୍ୟୋତ୍ସ୍ନା ପ୍ରାଣରେ ଯୌବନର ଉନ୍ମାଦନା ଭରିଦିଏ। ପୀଡ଼ିତ ଉଦାସ

---

(୧୬) ସେ ପ୍ରେୟସୀ ମୋର ଚିର ଯୌବନା/ ନବୀନ ସେ ଚିରନ୍ତନ। (ମଧୁ ବିବାହ)

(୧୭) କୈଶୋର ମୋର ସ୍ୱପନର ସାଥୀ/ ପୌଢ଼େ ହୃଦୟ ରାଣୀ
ଜରା-ଅଙ୍ଗେ ମୋ ଢାଳିବ ନବୀନା/ କ୍ଳାନ୍ତି ହର ତା' ବାଣୀ। (ମଧୁ ବିବାହ)

(୧୮) ତାଙ୍କ କଳ୍ପନାରେ ଏଠି ପ୍ରେୟସୀ ରୂପ-ସାମ୍ରାଜ୍ୟର ସାମ୍ରାଜ୍ଞୀ, ସ୍ନେହ ମମତା ପ୍ରଣୟ ପ୍ରୀତିରେ ଅନୁପମା, ଯୌବନର ଏକ ଅସରନ୍ତି ଝରଣା।
(ସବୁଜରୁ ସାଂପ୍ରତିକ, ଡକ୍ଟର ନିତ୍ୟାନନ୍ଦ ଶତପଥୀ, ପୃ-୨୧)

ମନକୁ ରସାଣିତ କରେ - ଅଜଣା ଫୁଲର ମହକରେ ଆମୋଦିତ କରିଦିଏ ଘ୍ରାଣେନ୍ଦ୍ରିୟ।"(୧୯) ତେଣୁ ତାଙ୍କର କବିତାଗୁଡ଼ିକ ପଠନ କଲେ ଜଣାଯାଏ ଯେ ତାଙ୍କ କବିତାରେ ବିରହ ମିଳନ, ଆନନ୍ଦ ଆଶ୍ରୁ, ପ୍ରେମ, ବିରହ, ପାଇବା ଓ ହଜାଇବାରେ ଦ୍ୱୈତ ସତ୍ତା ବେଶ୍ କାବ୍ୟିକ ଭାରସାମ୍ୟ ରକ୍ଷା କରି ପାରିଛି। ଯେଉଁ ଅନୁଭୂତି ଅନ୍ନଦାଶଙ୍କରଙ୍କ କବିତାରେ ଅଭାବ ଥିଲା, କାଳିନ୍ଦୀ ଚରଣଙ୍କ କବିତାରେ ତାହା ଐକାନ୍ତିକତାରେ ସ୍ୱରିତ। (୨୦) କବି ଯୌବନର ଅତଳ ତରଙ୍ଗରେ ଭାସିଯାଇ ତାଙ୍କ ମନକୁ ଆବଦ୍ଧ କରିପାରିନାହାନ୍ତି। ତାଙ୍କୁ ଏ ଧରଣୀ ନୀଳ ଜଳରାଶି ସବୁ ଯୌବନ ଆଚ୍ଛାଦିତ ଭଳି ମନେ ହୋଇଛି। ପବନ ମଧ୍ୟ ତାଙ୍କ କାନରେ ଯେପରି ତାଙ୍କ ପ୍ରିୟା କଥା କହୁଛି। ପୁଣି ହଠାତ୍ କେଉଁ ଏକ ଅଜଣା ଫୁଲ ବାସି ଉଠି ପରିପୂର୍ଣ୍ଣ କରିଦେଇଛି ତାଙ୍କ ମନକୁ। କବି ଖୁବ୍ ଆନନ୍ଦରେ ବିଭୋର ହୋଇ ଉଠିଛନ୍ତି। ଫଗୁଣ ମାସର ହୋରି ଖେଳ ଗୀତ ତାଙ୍କର ମନେ ପଡ଼ିଯାଇଛି। ସେହି ହୋରି ଏ ଧରାକୁ ଆସିଛି। ସମସ୍ତଙ୍କ ଆନନ୍ଦ ଦେବା ପାଇଁ। ତେଣୁ କବି ତାଙ୍କର ସମସ୍ତ ସାଂସାରିକ ଦୁଃଖକୁ ଭୁଲିଯାଇ ଆନନ୍ଦ ମନରେ ନାଚିକୁଦି ଖେଳିବାକୁ ଏ ଜୋଛନା ରାତିରେ ଇଚ୍ଛା କରିଛନ୍ତି। (୨୧) 'କୁହୁପ୍ରାସ' କବିଙ୍କର ଆଉ ଏକ ରୋମାଣ୍ଟିକ୍ କବିତା। ଏହି କବିତାରେ କୋକିଳର ମଧୁର ରାଗିଣୀ ତାଙ୍କ ପ୍ରାଣକୁ ପୁଲକିତ କରି ଦେଇଛି। କବି ଦୁଃଖକୁ ଭୁଲିଯାଇଛନ୍ତି। (୨୨) କୋକିଳର ସୁମଧୁର ଧ୍ୱନି ସହ କପୋତ, ଡାହୁକ, ସାରୀ, ଶୁକ କାହାର ଧ୍ୱନି ସମକକ୍ଷ ନୁହେଁ ବୋଲି କବି ବର୍ଣ୍ଣନା କରିଛନ୍ତି। (୨୩)

---

(୧୯) ଡକ୍ଟର ପ୍ରତିଭା ଶତପଥୀ, କଳ୍ପନାର ଅଭିଷେକ, ପୃ-୨୪୪

(୨୦) ଡକ୍ଟର ନିତ୍ୟାନନ୍ଦ ଶତପଥୀ, ସବୁଜରୁ ସାଂପ୍ରତିକ, ପୃ-୨୮

(୨୧) ଫଗୁଣର ହୋରି ଖେଳ ଗୀତ ହେ / ଆସିଛି ଧରାରେ ପ୍ରାଣ ମିତ
ଆଜି ଖାଲି ହସିବାର ଭୁଲିବାର / ଜୋଛନାରେ ନାଚ ଆଜି ବାରବାର
ପୋଛି ଆସ ନୟନରୁ ଲୁହଧାର / ବିଶ୍ୱ ହୋଇଛି ଉଲ୍ଲସିତ ଯେ।
(ଫଗୁଣ ଜ୍ୟୋସ୍ନା - ୨୨-୨-୧୯୨୬)

(୨୨) ଧରଣୀ ହେଲା କୋମଳ ତମ/ ଆକାଶ କମନୀୟ
ମରଣ ହେଲା ମଧୁର ତର/ ଜୀବନ ହେଲା ପ୍ରିୟ
ସେ ଗୀତେ ମୁଁ ତ ଯାଇନି ହଜି/ ନିଜକୁ ତହିଁ ପାଇଲି ଖୋଜି
ସେ ଗୀତେ ମୋର ପରାଣ ଭରି/ ଝରିଲା କି ଅମି ଅ,
ମରଣ ହେଲା ମଧୁର ତର/ ଜୀବନ ହେଲା ପ୍ରିୟ। (କୁହୁପ୍ରାସ)

(୨୩) କପୋତ ଡାକ ଡାହୁକ ଡାକେ/ ଡାକଇ ସାରୀ ଶୁକ
ତଥାପି ଧରା ଲାଗଇ କିବା/ ରହିଛି ପଡ଼ି ମୂକ। (କୁହୁ ପ୍ରାସ)

ସ୍ୱପ୍ନର ବ୍ୟର୍ଥତାର ପରିଣତି ସାର୍ଥକ ରୂପ ନେଇଛି ତାଙ୍କ ରଚିତ 'କବିର ବ୍ୟଥା' କବିତାରେ। ସେ ଯେଉଁ ପ୍ରଣୟୀ ପାଇଁ ମିଛରେ ଏତେ ସ୍ୱପ୍ନ ଦେଖି ଆନନ୍ଦରେ ବିଭୋର ହୋଇଯାଇଥିଲେ ତାହାର ବାସ୍ତବ ସ୍ଥିତି ଯେ କିଛି ନାହିଁ ସେ ଏ ଦୁଃଖ ମର୍ମେ ମର୍ମେ ଅନୁଭବ କରିଛନ୍ତି ଏବଂ ତାଙ୍କର ଏହି ବେଦନାକୁ ସେ ତାରା, ଆକାଶ, ବସନ୍ତ, ପିକ, ଶୁକ, ଗୋଲାପ, ଯୁଇ, ସାଗର, ନଦୀ, ସମସ୍ତଙ୍କ ଆଗରେ ପ୍ରକାଶ କରିଛନ୍ତି। ଏହାକୁ ଡକ୍ଟର ନିତ୍ୟାନନ୍ଦ ଶତପଥୀ ଖୁବ୍ ସୁନ୍ଦର ଭାବରେ ନିମ୍ନୋକ୍ତ କେତୋଟି ବାକ୍ୟରେ ପ୍ରକାଶ କରି ଲେଖିଛନ୍ତି- "ଯେଉଁ ସ୍ୱପ୍ନର ପରିସମାପ୍ତିରେ କବି ମନରେ ଏତେ ବେଦନା ଓ ବେପଥୁ ତାହାହିଁ ସେ ବ୍ୟକ୍ତ କରିଛି ପ୍ରକୃତିର ସ୍ଥାବର ଓ ଜଙ୍ଗଲ ସମସ୍ତଙ୍କ ପାଖରେ। ତାରା, ଗିରି, ବସନ୍ତ ବାଆ, ପିକ ଓ ଶୁକ, ଗୋଲାପ, ନଦୀ ଓ ସାଗର, ସମସ୍ତେ ତା'ର ବ୍ୟଥିତ ସ୍ୱପ୍ନର ସାକ୍ଷ୍ୟ ବହନ କରନ୍ତୁ ବୋଲି ସେ କହିଛନ୍ତି।" 'ଲୋହିତ ବ୍ୟଥା' କବିତାଟି କବିଙ୍କର ଅନ୍ୟ ଏକ ରୋମାଣ୍ଟିକ୍ କବିତା। କବିଙ୍କର ସମସ୍ତ ରୋମାଣ୍ଟିକ୍ କବିତାକୁ ଧ୍ୟାନ କଲେ ଜଣାଯାଏ ଯେ ଇଂରାଜୀ ସାହିତ୍ୟର ରୋମାଣ୍ଟିକ୍ କବିମାନଙ୍କ କାବ୍ୟକୃତିର ବିପୁଳ ପ୍ରଭାବ କବି କାଳିନ୍ଦୀ ଚରଣଙ୍କର କବିତାରେ ସ୍ପଷ୍ଟ ପ୍ରତିଭାତ ହୋଇଛି।

ପ୍ରକୃତି ପାଇଁ ଏତେ ଆସକ୍ତି, ବ୍ୟାକୁଳତାର ସ୍ୱର ଅନ୍ୟ କୌଣସି ସମୟର କବିଙ୍କ କବିତାରେ ପ୍ରକାଶ ପାଇଥିଲା କି ନାହିଁ ତାହା ସନ୍ଦେହ ଜନକ। ତେଣୁ 'ସବୁଜର' ଆକ୍ଷରିକ ଅର୍ଥର ଯଥାର୍ଥତା ବହନ କରିଛନ୍ତି କାଳିନ୍ଦୀଚରଣ। ଏଠାରେ ସବୁଜ, ମାଟିର ଧୂଳି ମଳିନ ଜୀବନ ଅପେକ୍ଷା ଏକ ଚିର ସବୁଜ, ସ୍ନିଗ୍ଧ, ସୁଶୀତଳ, ସ୍ୱପ୍ନମୟ କଳ୍ପଲୋକକୁ ସ୍ୱାଗତ କରନ୍ତି। ଯେଉଁଠାରେ କି ଜରା, ବ୍ୟାଧି, ଦୁଃଖ, ତାପ, ଶୋକ କୌଣସିର ଆଭାସ ରହେ ନାହିଁ। ଭାବପ୍ରବଣତାର ଉତ୍ସ ସର୍ବତ୍ର ଅନୁଭୂତ ହୁଏ। ସେଠି ବାସ୍ତବତା ନ ଥାଏ, ଖାଲି ଥାଏ ହଜିଯିବାର ଉଡ଼ିଯିବାର ସ୍ୱପ୍ନ। ଯଦିଓ ସେ ତାଙ୍କ କବିତାର ଦ୍ୱିତୀୟ ପର୍ଯ୍ୟାୟରେ ନିଜକୁ ପ୍ରକୃତିସ୍ଥ କରି ବାସ୍ତବତା ପ୍ରତି ଅଧିକ ଦୃଷ୍ଟି ଦେଇଛନ୍ତି ତଥାପି ତାଙ୍କ କବିତା ଅନ୍ତରାଳରୁ ରୋମାଣ୍ଟିକ୍ ଚେତନା ସ୍ୱତଃ ଉର୍ଦ୍ଧ୍ୱମାରେ ଓ ତାଙ୍କ ଓଡ଼ିଆ ସାହିତ୍ୟରେ ଜଣେ ବଳିଷ୍ଠ ରୋମାଣ୍ଟିକ୍ କବି ଭାବେ ଅନାୟାସରେ ପ୍ରମାଣିତ କରିଚି।

ଏହି ରୋମାଣ୍ଟିକ୍ ଚେତନାଟି ଏକ ଚିରନ୍ତନ ଚେତନା। ଏକ ଶାଶ୍ୱତ ଅନୁଭବ। ଏହା କେଉଁ ଆଦିମ ଯୁଗରୁ ଆଜିଯାଏ ଲମ୍ବି ଆସିଛି। ଏହି ଚେତନାକୁ ଅବଜ୍ଞା କରିହେବ ନାହିଁ। ଇଂରାଜୀ ସାହିତ୍ୟରୁ ଆରମ୍ଭ କରି ଓଡ଼ିଆ ସାହତ୍ୟ ପର୍ଯ୍ୟନ୍ତ ଏ ବିଶ୍ୱରେ ଯେଉଁ ଯେଉଁ ଭାଷାରେ ସାହିତ୍ୟ ସୃଷ୍ଟି ହେଇଛି କେହି ରୋମାଣ୍ଟିକ୍ ଚେତନାକୁ ପରିହାର

କରିପାରିନାହାନ୍ତି । ଆଧୁନିକ ମଣିଷର ଜଞ୍ଜାଳଗ୍ରସ୍ତ ଜୀବନକୁ କିଛି ମାତ୍ରରେ ପ୍ରଦୀପିତ କରେ ଏହି ରୋମାଣ୍ଟିକ୍ ଚେତନା । ଏକାଧାରରେ କହିବାକୁ ହେଲେ ଏହି ଚେତନା ହେଉଛି ବ୍ୟଥା ଓ ବେଦନା, ବିରହ ଓ ଅଶ୍ରୁ, କଳ୍ପଲୋକରେ କିଛି ହଜେଇବା ଓ ପାଇବା ପ୍ରକୃତିକୁ ନେଇ ଆତ୍ମୀୟତା ପୁଣି ମିଳନର ସ୍ମୃତି ଓ ତାରୁଣ୍ୟର ଉଚ୍ଛ୍ୱାସ ମାତ୍ର । କବି କାଳିନ୍ଦୀ ଚରଣଙ୍କର ଏହି ରୋମାଣ୍ଟିକ୍ ଭାବ ତାଙ୍କ କାବ୍ୟ ଜୀବନର ପ୍ରଥମ ବାର ତେର ବର୍ଷ ଅର୍ଥାତ୍ ୧୯୨୦-୩୩ ମଧ୍ୟରେ ପରିସୀମିତ ରହେ । ତାଙ୍କ ରୋମାଣ୍ଟିକ୍ ଚେତନାର ଅନ୍ତରାଳରୁ ବେଳେବେଳେ ରହସ୍ୟବାଦୀ ଭାବନା ମୁଣ୍ଡଟେକେ ଯଦିଓ ତହା କବି କାଳିନ୍ଦୀଚରଣଙ୍କ କବିତାରେ ବଳିଷ୍ଠ ପରିଚୟ ନୁହେଁ ।

ରହସ୍ୟଘେରରେ କବି କାଳିନ୍ଦୀ:

ରୋମାଣ୍ଟିକ୍, ବାସ୍ତବବାଦୀ ଓ ବୈପ୍ଲବିକ ଚିନ୍ତାଧାରରେ ବିଚରଣ କରୁଥିବା କବି କାଳିନ୍ଦୀ ଚରଣଙ୍କର ଏ ରହସ୍ୟବାଦୀ ଚିନ୍ତା ନିଶ୍ଚିତ ଭାବରେ ରବୀନ୍ଦ୍ର ଭାବାନୁସୃତ । ରୋମାଣ୍ଟିକ୍ ଭାବନାର ମଙ୍ଗଳା ଚରଣ କରୁ କରୁ କବିଙ୍କ କବିତ୍ୱରେ ହଠାତ୍ ଦୁଃଖ ବେଦନା ଜାତ ହୋଇଛି ଏବଂ ଏଥିରୁ ହିଁ ବୈରାଗ୍ୟବାଦିତାର ଉପଲବ୍ଧି ହୋଇଛି; ଇନ୍ଦ୍ରିୟଲବ୍ଧ ରୂପର ମୋହ କ୍ରମେ ଅପସାରିତ ହୋଇ ଏକ ଅରୂପ ଅଚିନ୍ତନୀୟ ପ୍ରୀତି ପ୍ରତି ଆସିଛି ଅଧିକରୁ ଅଧିକ ଆସକ୍ତି । ତାଙ୍କ ରଚିତ ରହସ୍ୟବାଦୀ କବିତାଗୁଡ଼ିକ ହେଉଛି- 'ଆସ୍ତିକର ଆକୂତି' (୧୯୭୪), 'ଅରୂପର ଆହ୍ୱାନ', 'ଦୁଇଟି କଳା ଆଖି' (୧୯୩୪), 'ପଥର ପ୍ରେମିକ' (୫.୧.୧୯୩୫), 'ନୀରବ ଆହ୍ୱାନ' (୧୯୩୨), 'ପ୍ରସାଧନ' (୧୯୩୨), 'ଜଡ଼ ଦର୍ଶନ', 'ଆଶ୍ଳେଷ ସ୍ୱର୍ଗ' (୧୯୩୨)।

ଆସ୍ତେ ଆସ୍ତେ ୧୯୩୨ ମସିହା ବେଳକୁ କବିଙ୍କ କାବ୍ୟ ଚେତନାରେ କେତେକ ଭିନ୍ନତା ପରିଲକ୍ଷିତ ହୁଏ । କବିଙ୍କ ଦୃଷ୍ଟିଭଙ୍ଗୀ ଖୁବ୍ ସଂଯତ ଓ ଯୁକ୍ତିପୂର୍ଣ୍ଣ ମନେହୁଏ । (୨୪) ହଠାତ୍ କବିଙ୍କର ସାବୁଜିକ ମନୋଭାବ ପରିବର୍ତ୍ତିତ ହୋଇ ଭଗବତ୍ ଚେତନା ପ୍ରତି କିଞ୍ଚିତ୍ ଆକୃଷ୍ଟ ହୋଇ ପଡ଼ିଥିଲା । ରବୀନ୍ଦ୍ରିୟ ଚିନ୍ତା ଚେତନାକୁ ଅନୁସରଣ କରି ରୋମାଣ୍ଟିକ୍ କବି କାଳିନ୍ଦୀ ରହସ୍ୟବାଦୀ ଚିନ୍ତାରେ ଛନ୍ଦି ହୋଇପଡ଼ିଥିଲେ ।

---

(୨୪) ୧୯୩୨ ବେଳକୁ ରଚିତ କବିତାରେ ପ୍ରେମ ପ୍ରତି, ଜୀବନ ପ୍ରତି, ସମାଜ ପ୍ରତି କବିର ଦୃଷ୍ଟିଭଙ୍ଗୀ ଖୁବ୍ ଯୁକ୍ତିପୂର୍ଣ୍ଣ, ସଂଯତ ଓ ସମାହିତ ମନେହୁଏ ।

(ଡକ୍ଟର ନିତ୍ୟାନନ୍ଦ ଶତପଥୀ, ସବୁଜରୁ ସାଂପ୍ରତିକ, ପୃ-୨୨)

କଳ୍ପଲୋକର ମୁଗ୍ଧ ନାୟିକା ରୂପ-ଚର୍ଯ୍ୟା କରୁ କରୁ କବିଙ୍କ କବିତ୍ୱରେ ହଠାତ୍ ନୈରାଶ୍ୟବାଦିତାର ଉପଲବ୍ଧି ହୋଇଛି। ଏବଂ ତାହା କ୍ରମେ କ୍ରମେ ଏକ ଅରୂପ ଅଚିନ୍ତନୀୟ ମୋହ ପ୍ରତି ଆକୃଷ୍ଟ ହୋଇ ପଡ଼ିଛି। କବି ସେହି ପରମ ସତ୍ତାଙ୍କ ନିକଟରେ ମନ, ପ୍ରାଣ ଓ ଆତ୍ମା ସମର୍ପଣ କରିବାକୁ ବାଧ ହୋଇଛନ୍ତି। ଆତ୍ମାର ଶାନ୍ତି ପାଇଁ କବି ମନ ବ୍ୟାକୁଳ ହୋଇ ଉଠିଛି। ସେ ବୁଝିପାରିଛନ୍ତି ଏ ମିଛ ମାୟାରେ ବୁଡ଼ିବା ଅପେକ୍ଷା ବରଂ ଭଗବତ୍ ସତ୍ତାରେ ନିଜକୁ ଆତ୍ମସମର୍ପଣ କରିବା ଶତଗୁଣେ ଭଲ। କବି ଏଠାରେ ପାରମ୍ପରିକତାକୁ ଭୁଲିଯିବାକୁ ଚେଷ୍ଟା କରିଛନ୍ତି। (୨୫) ୧୯୩୨ରେ ରଚିତ 'ପ୍ରସାଧାନ', 'ନୀରବ ଆହ୍ୱାନ', 'ଆଶ୍ଳେଷ ସ୍ୱର୍ଗ' କବିତାଗୁଡ଼ିକରେ କବି ହୃଦୟର ରହସ୍ୟବାଦିତା ଅର୍ଥାତ୍ ସେହି ପରମ ସତ୍ତାଙ୍କ ନିକଟରେ ନିଜକୁ ସମର୍ପଣର ଇଚ୍ଛା ପ୍ରକାଶ ପାଇଛି। ଏ ଜଞ୍ଜାଳଗ୍ରସ୍ତ ଜୀବନରୁ କବି ତ୍ରାହି ପାଇଁ ଲୋଡ଼ିଛନ୍ତି ଭଗବତ୍ ଚେତନାର ଏକ ଶାନ୍ତ ଅନାମୟ ପରିବେଶ। ଅବସାଦରେ କବିଙ୍କ ହୃଦୟ ଭରିଯାଇଛି। ଏ ମିଛ ମାୟା ଭରା ସଂସାରରେ ସବୁ କ୍ଷଣିକ। କେବଳ ଭଗବତ୍ ବିଶ୍ୱାସ ହିଁ ସତ୍ୟ, ତାହା ସେ ବୁଝିପାରିଛନ୍ତି। କେବଳ ଯେ ଭଗବତ୍ ଚିନ୍ତା ହିଁ ତାଙ୍କ ମନର ବିଷାଦ ଭାବକୁ ଦୂର କରିପାରିବ ସେ ଉପଲବ୍ଧି କ୍ରମେ ତାଙ୍କ ମନରେ ଜାଗରିତ ହୋଇଛି। (୨୬) କବିଙ୍କର କେତେ ଅପୂର୍ଣ୍ଣ ବାସନା, ଭାବନା ଯେ କେବଳ ସେହି ଭଗବାନଙ୍କ ଏକମାତ୍ର ଆଲିଙ୍ଗନରେ ପୂର୍ଣ୍ଣ ହୋଇଯିବ ସେ କଥା ନିମ୍ନ ପଙ୍‌କ୍ତିମାନଙ୍କରେ ଚମତ୍କାର ଭାବେ ପ୍ରକାଶ କରିଛନ୍ତି।

ଅପୂର୍ଣ୍ଣ କେତେ ବାସନା/ ଗଭୀର ଶତ ଭାବନା
  ବାଜି ଉଠିବ ଗୋ ଶୁଭ ମିଳନର ତାରେ
ସବୁ ଦୁରାଶା ଅଶାନ୍ତି/ ସକଳ ଯାତନା ଭ୍ରାନ୍ତି
  ନିଭିଯିବ ନିଘଞ୍ଚ ଏ ଘୋର ଅନ୍ଧକାରେ। (ଆଶ୍ଳେଷ ସ୍ୱର୍ଗ, ପୃ-୧)

'ପ୍ରସାଧାନ' କବିତାଟି ରବୀନ୍ଦ୍ର ଚିନ୍ତାଧାରା ଦ୍ୱାରା ସଂପୂର୍ଣ୍ଣ ଭାବେ ପ୍ରଭାବିତ ହୋଇଥିବା ମନେ ହୁଏ। କବି ମନ, ପ୍ରାଣ, ଶରୀର ସବୁକିଛି ସେଇ ଭଗବାନଙ୍କ ନିମନ୍ତେ ଉଦ୍ଦିଷ୍ଟ

---

(୨୫) "ସତେ ଯେପରି ପାରମ୍ପରିକ ଭାବେ କବିତା' ଜୀବନର ସମସ୍ତ କ୍ଷୟକ୍ଷତି ଦୁଃଖ ଶୋକକୁ ଭୁଲିବାକୁ ସେଇ ପରମ ଅନନୁଭୂତ ସତ୍ତା ପାଖରେ ଆଶ୍ରୟ ନେବାକୁ ବାଧ ହୋଇଛି। ସେ ହୋଇଛି ଛିନ୍ନପକ୍ଷ, ତେଣୁ ତା'ର ଆତ୍ମାର ପ୍ରଶାନ୍ତି ପାଇଁ ଲୋଡ଼ା ଭଗବତ ଚେତନାର ଶୀତଳ ପ୍ରଲେପ।

(ସବୁଜରୁ ସାଂପ୍ରତିକ, ଡକ୍ଟର ନିତ୍ୟାନନ୍ଦ ଶତପଥୀ, ପୃ-୨୩)

(୨୬) ଶୀତଳ ବିଦ୍ୟୁତ୍ ସମ/ ସେ ପରଶ ଲାଗି ମମ
ଘୁଞ୍ଚାଉ ବିଷାଦ ଛାୟା ମନୁଁ।

(ଆଶ୍ଳେଷ ସ୍ୱର୍ଗ, କାଳିନ୍ଦୀ ଚରଣ କବିତା ଓ ନାଟକ ସମଗ୍ର, ପୃ-୧୫)

ବୋଲି ବର୍ଣ୍ଣନା କରି ଅଛନ୍ତି। କବି ହସେ ସେଇ ଭଗବାନଙ୍କ ହସରେ, ଚାଲେ ସେହି ଭଗବାନଙ୍କ ଇଙ୍ଗିତରେ। ପ୍ରେମ କରେ କେବଳ ଭଗବାନଙ୍କ ପ୍ରେମ ଲାଭ ପାଇଁ ଏବଂ କବିଙ୍କ ଦେହ ଶୀତଳ ହୋଇଯାଏ କେବଳ ଭଗବାନଙ୍କ ଅଙ୍ଗ ଲାଗିବ ବୋଲି। (୨୭) କବିଙ୍କ ମତରେ ଯେତେ ଯଶ, କୀର୍ତ୍ତି, ଯାତନା, ଲଢ଼ାଇ ସବୁକିଛିର ହର୍ତ୍ତାକର୍ତ୍ତା ହେଉଛନ୍ତି ସେହି ଭଗବାନ। ତେଣୁ ତିଳେ ମାତ୍ର ପୀରତି ପାଇଲେ ହିଁ କବି ଜୀବନର ସାର୍ଥକତା ଆସିବ ତାହା ଚମତ୍କାର ଭାବେ ବର୍ଣ୍ଣନା କରିଛନ୍ତି। କେବେଳ ଯେ ପ୍ରଭୁ ପ୍ରେମ ଏ ଭୁବନରେ ଭଲ ଲାଗେ ସେ କଥା କବି ବର୍ଣ୍ଣନା କରିଅଛନ୍ତି। ହତାଶା ଓ ମରଣକୁ ମଧ୍ୟ କବି ଭୟ କରନ୍ତି ନାହିଁ।

"ତୁମରି ପ୍ରେମେ ଭୁବନ ଭଲ ଲାଗଇ,
ଚେତନା ସମ ସକଳ ପଥେ ଜାଗଇ
ହତାଶେ ଆଉ ନୁହେଁ ମୁଁ ଜଡ଼
ମରଣ ଆଉ ନ ମଣେ ବଡ଼
ତୁମରି ଲାଗି, ଶତ ଜୀବନ ଆଜି ଗୋ ଏଥି ମାଗଇ।"

(ପ୍ରସାଧନ-୧୯୩୨ - ପୃ:୪୧)

କବି ରଚିତ 'ନୀରବ ଆହ୍ୱାନ' ମଧ୍ୟ ଏକ ରହସ୍ୟବାଦୀ କବିତା। କବି ଯେପରି ତାଙ୍କର ସାରା ଜୀବନ ଅନ୍ଧକାର ମଧ୍ୟରେ ହିଁ ଲୁଚକାଳି ଖେଳି ଆସିଛନ୍ତି ବୋଲି ଉପଲବ୍ଧି କରିଛନ୍ତି। ସେ ଯେ ଅନ୍ଧକାରରେ ଘାଣ୍ଟି ହୋଇ ହୋଇ କେବଳ ଦୁଃଖକୁ ଆଦରି ନେଇଛନ୍ତି ସେ କଥା ସ୍ୱୀକାର କରିଛନ୍ତି ସେ ନିଜେ। ସେ ଖୁବ୍ ଆର୍ତ୍ତ ଓ ବ୍ୟାକୁଳ ହୋଇ ଅନ୍ଧାର, ସନ୍ଧ୍ୟା, ଆକାଶ, ତାରା ସମସ୍ତଙ୍କ ଆଗରେ କହିବାକୁ ଚାହିଁଛନ୍ତି। ଯଦି କେହି କବିଙ୍କ ଦୁଃଖ ଶୁଣିବାକୁ ନାରାଜ ତେବେ ସେ ଦକ୍ଷିଣ ବତାସ ଆଗେ ମଧ୍ୟ ତାଙ୍କ ଦୁଃଖକୁ ଢାଳି ଦେବାକୁ ଇଚ୍ଛା କରିଛନ୍ତି। ସେ ଜାଣିପାରନ୍ତି, କଳ୍ପନା, ସ୍ୱପନ ସବୁକିଛି ମନୁଷ୍ୟ ଜୀବନ ପାଇଁ ତୁଚ୍ଛ। କେବଳ

---

(୨୭) ତୁମରି ହାସ ହସଇ ମୁହିଁ
କରଇ ପ୍ରେମ ଆକାଶ ଭୂଇଁ
ଚାଲଇଁ ପ୍ରିୟ ମଧୁରେ ଆଜି ତୁମରି ଗତି ବ୍ୟାଜରେ
ତୁମରି ପ୍ରେମ ଲଭିବା ଆଶେ
  ନିଜକୁ କରେଁ ପ୍ରେମ
ଅଙ୍ଗତବ ଲାଗିବ ବୋଲି
  ଏ ଦେହ ମଣେ ହେମ।

(ପ୍ରସାଧନ, କାଳିନ୍ଦୀ ଚରଣ ପାଣିଗ୍ରାହୀ)

ସେହି ଶବ୍ଦହୀନ ନୀରବର ଡାକ ହିଁ ସତ୍ୟ। ତେଣୁ ଏହି ଜଞ୍ଜାଳମୟ ବାସ୍ତବ ଜୀବନର ସମସ୍ତ କୋଳାହଳକୁ ଅତିକ୍ରମ କରି କବି ସେହି ଅରୂପର ଡାକ ଶୁଣିବାକୁ ବ୍ୟଗ୍ର ହୋଇ ଉଠିଛନ୍ତି। ଏହାଛଡ଼ା କବିଙ୍କର 'ଆଶ୍ଳେଷ ସ୍ୱର୍ଗ' କବିତରେ ମଧ୍ୟ ରହସ୍ୟବାଦୀ ଚେତନା ଦେଖିବାକୁ ମିଳେ। ସ୍ୱପ୍ନରାଜ୍ୟରେ ବିଚରଣ କରୁ କରୁ କବି କାଳିନ୍ଦୀ ଯେ ହଠାତ୍ ରହସ୍ୟାବୃତ୍ତ ହୋଇପଡ଼ିବେ ତାହା ଭାବିଲେ ଆଶ୍ଚର୍ଯ୍ୟ ଲାଗେ। କାଳିନ୍ଦୀ ଚରଣଙ୍କ କବିତା ଯେ ବହୁ ଚେତନା ସମ୍ବଳିତ ଡକ୍ଟର ନିତ୍ୟାନନ୍ଦ ଶତପଥୀଙ୍କ ଭାଷାରେ–

"କାଳିନ୍ଦୀ ଚରଣଙ୍କ କବିତାରେ ବିରହ, ମିଳନ, ଆନନ୍ଦ ଅଶ୍ରୁ, ଭଗବାନଙ୍କ ନିକଟରେ ଆତ୍ମସମର୍ପଣ, ପ୍ରେମ ବିରହ, ପାଇବା ଓ ହଜାଇବାରେ ଦ୍ୱୈତ ସତ୍ତା ବେଶ୍ କାବ୍ୟିକ ଭାରସାମ୍ୟ ରକ୍ଷା କରିପାରିଛି। ଯେଉଁ ଅନୁଭୂତି ଅନ୍ନଦା ଶଙ୍କରଙ୍କ କବିତାରେ ଅଭାବ ଥିଲା, କାଳିନ୍ଦୀ ଚରଣଙ୍କ କବିତାରେ ତାହା ଐକାନ୍ତିକତାରେ ସ୍ୱରିତ।" (ସବୁଜରୁ ସାଂପ୍ରତିକ, ପୃ-୨୧)

(୨୮) କ୍ରମେ ଏହି ରହସ୍ୟବାଦୀ ଭାବନା ସ୍ରଷ୍ଟାମାନସର ସାଧାରଣ ସ୍ଥିତିଠାରୁ ଊର୍ଦ୍ଧ୍ୱରେ ଏକ ଅରୂପ, ଅସ୍ପଷ୍ଟ ଜଗତର ଭାବନାରେ ନିମ୍ନରେ ରହିଥିବା ବେଳେ କବିଙ୍କ ଚେତନାରେ ବାସ୍ତବତାର ଆହ୍ୱାନ ବେଶ୍ ବିସ୍ମୟୋଦ୍ଦୀପକ ମନେହୁଏ।

ବାସ୍ତବତାର କଠୋର ପଥରେ କବି କାଳିନ୍ଦୀ:

ରଚନାର ଆଦ୍ୟକାଳରେ କାଳିନ୍ଦୀଚରଣ ରୋମାଣ୍ଟିକ୍‌ଧର୍ମୀ ଥିଲେ ହେଁ ପରବର୍ତ୍ତୀ ସମୟରେ ସମାଜର ନଗ୍ନ ବାସ୍ତବତାକୁ ଖୁବ୍ ଆଦରି ନେଇଥିଲେ। ପ୍ରଥମ ବିଶ୍ୱଯୁଦ୍ଧ ଜନିତ ଅବସାଦଗ୍ରସ୍ତ ସମାଜର ମାନସିକ ସ୍ଥିତି ଯେ କେତେ ବିପର୍ଯ୍ୟସ୍ତ ତାହା ସେ ହୃଦୟଙ୍ଗମ କଲେ। ୧୯୩୫ ମସିହା ବେଳକୁ କାଳିନ୍ଦୀ କାବ୍ୟ ମାନସରେ ଏକ ଦୋଦୁଲ୍ୟମାନ ପରିସ୍ଥିତି ଆସିଥିଲା। ରୋମାଣ୍ଟିକ୍ ରହସ୍ୟବାଦୀ ଭାବନାକୁ ନେଇ ଗତି କରୁ କରୁ ସେ ଧାରଣା ମଣିଷର ବ୍ୟଥା ବେଦନାର ଚିତ୍ର ପ୍ରତି ଆକୃଷ୍ଟ ହୋଇଥିଲେ। ଗୋଟିଏ ପରିବାରର ଦୁଇ ଭାଇ ଦୁଇ ଭିନ୍ନ ଆଭିମୁଖ୍ୟ ନେଇ ପ୍ରଥମରୁ ଗତି କରି

---

(୨୮) ଜଗତର ଅସ୍ତି ନାସ୍ତି ଜନ୍ମ ମୃତ୍ୟୁ
ଅନ୍ତରାଳେ ଅଛି ଯେଉଁ ଫାଙ୍କ
ସବୁ କୋଳାହଳ ଭେଦି ଶୁଣିବି ମୁଁ
ଶବ୍ଦହୀନ ନୀରବତା ଡାକ।
(ନୀରବ ଆହ୍ୱାନ, ପୃ-୧୭୫, କାଳିନ୍ଦୀ ଚରଣ କବିତା ନାଟକ ସମଗ୍ର)

ଆସିଥିଲେ। କାଳିନ୍ଦୀଚରଣ ଅତ୍ୟନ୍ତ ରୋମାଣ୍ଟିକ୍ ଥିବାବେଳେ ତାଙ୍କ ଅନୁଜ ଭଗବତୀଚରଣ ପାଣିଗ୍ରାହୀ ଥିଲେ କଠୋର ବାସ୍ତବତାର ପଥରେ ପଥିକ। ୧୯୩୫ ମସିହାରେ ତାଙ୍କ ଅନୁଜ ଶ୍ରୀ ଭଗବତୀ ଚରଣ ପାଣିଗ୍ରାହୀଙ୍କ ନେତୃତ୍ୱରେ 'ନବଯୁଗ ସାହିତ୍ୟ ସଂସଦ' ଗଠିତ ହେଲା। ଗୋଟିଏ ପରିବାରର ଦୁଇ ଭିନ୍ନ ଦିଗ ଯାତ୍ରୀ।(୨୯) ଏଥିରେ ଭଗବତୀ ଚରଣ ହିଁ ଉତ୍ତୀର୍ଣ୍ଣ ହୋଇଯାଇଥିଲେ। 'ଶିକାର' ଗଳ୍ପ ମାଧ୍ୟମ ଦେଇ ସେ ସମାଜର ଅତ୍ୟାଚାର ଓ ଅନାଚାରକୁ ଲୋକଲୋଚନକୁ ଆଣିପାରିଥିଲେ। ଘିନୁଆ ଚରିତ୍ର ମାଧ୍ୟମରେ ଭଗବତୀ ଏକ ନୂତନ ସମାଜ ଗଠନର ସ୍ୱପ୍ନକୁ ସାକାର କରିଥିଲେ। ତେଣୁ କାଳିନ୍ଦୀ-କାବ୍ୟ-ମାନସ ଭଗବତୀଙ୍କ ବାମପନ୍ଥୀ ପ୍ରଗତିବାଦୀ ଚିନ୍ତାଧାରା ପ୍ରତି କ୍ରମେ ଆକୃଷ୍ଟ ହେବାକୁ ଲାଗିଲା। କବି ଠିକ୍ ବୁଝିପାରିଲେ ଏ ରୋମାଣ୍ଟିକ୍ ସ୍ୱପ୍ନ ବିଳାସ କେବଳ ନିମିଷକ ମାତ୍ର। ସମାଜରେ ବଞ୍ଚିବାକୁ ହେଲେ ବାସ୍ତବତା ପ୍ରତି ଧ୍ୟାନ ଦେବା ଆବଶ୍ୟକ। ତେଣୁ ତାଙ୍କ କବିତାରେ ୧୯୩୫ ମସିହା ବେଳକୁ ସମାଜର ବାସ୍ତବ ରୂପର ପ୍ରତିଫଳନ ଦେଖିବାକୁ ମିଳେ। ଜଣେ ବାମପନ୍ଥୀ କବି ଭାବରେ ସେ ତାଙ୍କର ପୂର୍ବବର୍ତ୍ତୀ ଚେତନାକୁ ପ୍ରାୟ ପରିହାର କରି କବିତାରେ ମାନସିକ ପ୍ରତିକ୍ରିୟା ସୃଷ୍ଟି କରିଥିଲେ। ତାଙ୍କର ପ୍ରଥମ କବିତା 'ପ୍ରତିମା'କୁ ଲକ୍ଷ୍ୟ କରାଯାଉ। କବିଙ୍କ ମତରେ ପ୍ରତିମା ରୂପକ ଦିଅଁକୁ ପୂଜା କରି ଲାଭ କ'ଣ ? ଯେତେ ଯତ୍ନ ଆଦର କରି ତା'ର ମୂର୍ତ୍ତିକୁ ଆଗ୍ରହରେ ଗଢ଼ି ମନ୍ଦିରରେ ସ୍ଥାପନ କଲେ ମଧ୍ୟ ସେ ମୂକ, କିଛି କୁହେ ନାହିଁ। ତା' ଆଗରେ ଯେତେ ଦୁଃଖରେ ଆପତ୍ତି କଲେ ମଧ୍ୟ ସେ ଶୁଣେ ନାହିଁ। ତେବେ ସେଭଳି ଦିଅଁକୁ ପୂଜାକରି ଲାଭ କ'ଣ ? ଡାକି ଡାକି କଣ୍ଠ ଶୁଖିଗଲେ ମଧ୍ୟ ଶାନ୍ତି ଟିକେ ମିଳେ ନାହିଁ। (୩୦) ତେଣୁ କବି ସମସ୍ତ ମାନବ ଜାତିକୁ ଆହ୍ୱାନ କରିଛନ୍ତି ପୂଜାର ଆସନ ଛାଡ଼ି ମୁକ୍ତ

---

(୨୯) "ଗୋଟିଏ ସ୍ୱପ୍ନର ଝଲମଲ ଦୃଷ୍ଟି ସୀମାତୀତ ବର୍ଣ୍ଣବିଭା ତ ଅନ୍ୟଟି ଜୀବନର ଧୂସର ବାସ୍ତବତା ପ୍ରତି ସଚ୍ଚୋଟ ଦୃଷ୍ଟିଭଙ୍ଗୀ।"

(ଡକ୍ଟର ନିତ୍ୟାନନ୍ଦ ଶତପଥୀ, ସବୁଜରୁ ସାଂପ୍ରତିକ, ପୃ-୨୬)

(୩୦) ନ ଶୁଣଇ କେହି କାହିଁ ନ ମିଳେ ଉତ୍ତର,
ଅଚଞ୍ଚଳ ସେ ମୂକ ପ୍ରସ୍ତର !
ନ ମିଳେ ତୃପତି
ଡାକି ଡାକି ଶୁଖେ କଣ୍ଠ କାହିଁ ଶାନ୍ତି କାହିଁରେ ମୁକତି ?
ଦୂରେ ଫିଙ୍ଗି ପୂଜା ଧୂପ
ଠେଲି ଦିଏଁ ଦେବତାର ରୂପ
ଘୃଣା ଭରେ।

(କାଳିନ୍ଦୀ ଚରଣ କବିତା ଓ ନାଟକ ସମଗ୍ର, ପୃ-୧୮୨ - କବିତା- ପ୍ରତିମା)

ରାଜପଥକୁ ଚାଲିଆସ; ବରଂ ନିଜେ ନିଜର କର୍ମ କରିଯାଅ। ତମେ ନିଜେ ନିଜେ ହିଁ ଜଣେ ଜଣେ ଭଗବାନ।(୩୧) ଶେଷରେ କବି ଜୀବନ୍ତ ଭଗବାନଙ୍କୁ ହିଁ ଉପାସନା କରିଛନ୍ତି ତାଙ୍କ କବିତାରେ। ତେଣୁ ଏ କବିତାଟି ପାଠକ କଲେ ଜଣାଯାଏ କବି ବେଶ୍ ବାମପନ୍ଥୀ ହୋଇ ଉଠିଛନ୍ତି। ବାସ୍ତବବାଦୀ କବିତାଗୁଡ଼ିକ ମଧ୍ୟରେ 'ଜୀବନର ସ୍ପର୍ଶ', 'ଯାଦୁଘର', 'ବିଦାୟ ଭଗବାନ', 'ଭକ୍ତି ଓ ଚାବୁ', 'ଛୁରିଟିଏ ଲୋଡ଼ା', 'ଆଗାମୀ', 'ଜୟ ଭଗବାନ', 'କିଏ ଶଳା ଶଇତାନ' ଇତ୍ୟାଦି ପ୍ରଧାନ ଅଟେ। ସବୁବେଳେ କାଳିନ୍ଦୀ କାବ୍ୟ ମାନସ ଦ୍ୱନ୍ଦ୍ୱାତ୍ମକ। ୧୯୩୫ରେ କବି ଏତେ କଠୋରତାର ସହିତ ପଥରର ଦିଅଁକୁ ପ୍ରତ୍ୟାଖ୍ୟାନ କରିଛନ୍ତି ଅଥଚ ୧୯୩୭ରେ ରଚିତ 'ପୁରୁଷ ସୂକ୍ତ' କବିତାରେ ଏକ ପାରମ୍ପରିକ ବୋଧକୁ ଆବୋରି ବସିଛନ୍ତି। ଯେଉଁ କବି ଲେଖିଥିଲେ, "ନ ଶୁଣଇ କେହି କାହିଁ ନ ମିଳେ ଉତ୍ତର ଅଚଞ୍ଚଳେ ସେ ମୂକ ପ୍ରସ୍ତର" ସେ ପୁଣି ଲେଖିଲେ- "ହେ ମହାପୁରୁଷ ଚରଣ ତୁମରି ବନ୍ଦେ"। ତେଣୁ ଏଠାରେ ଦେଖାଦେଇଛି କବି ବାମପନ୍ଥୀ ବିଶ୍ୱାସୀ ହେଲେ ମଧ୍ୟ ପ୍ରାଚୀନ ବିଶ୍ୱାସକୁ ପରିହାର କରିପାରି ନାହାନ୍ତି। ପୁଣି ୧୯୩୬ ମସିହାରେ ରଚିତ 'ବିଦାୟ ଭଗବାନ' କବିତାରେ କବି "ଭଗବାନ! ଏ ଧରାରୁ ବିଦାୟ ନେବ କି ସତେ ଆଜି" ବୋଲି ଲେଖିଛନ୍ତି। ଭଗବାନ ଯେ ଭଣ୍ଡତାର ଏକ ମହା ଅସ୍ତ୍ର ସାଜିଛନ୍ତି ତାହା କବି ବର୍ଣ୍ଣନା କରିଛନ୍ତି। ସେ ଭଗବାନ ବୋଲି ଯେ ଜଣେ ଅରୂପ ସତ୍ତା ଏ ସାରା ବିଶ୍ୱକୁ ପରିଚାଳିତ କରୁଛନ୍ତି ତାହା ଅସ୍ୱୀକାର କରିଛନ୍ତି। ବହୁ ଧର୍ମ, ଶାଖା ଏବଂ ବିଭିନ୍ନ ରୂପ ନେଇ ଯୁଗ ଯୁଗ କାଳ କାଳରେ ଦେବତା ବୋଲି ନିଜକୁ ପରିଗଣିତ କରୁ କରୁ ଶେଷରେ ମାନବ ଅବତାରକୁ ସେ ନିଜେ ହିଁ ସ୍ୱୀକାର କରିଥିଲେ। ତେଣୁ ଦେବତାର ଛଦ୍ମବେଶ ନେବା ଅନାବଶ୍ୟକ। (୩୨) ଏ ବହୁ ଧର୍ମ ମତ ନେଇ ଯେଉଁ ମନ୍ଦିର ତୋଳା ଯାଇଛି ତାହା ସଂପୂର୍ଣ୍ଣ ମିଥ୍ୟା। ମନ୍ଦିର ଗାତ୍ରରେ ଶିଳ୍ପୀମାନେ ଯେଉଁ ଶିଳ୍ପ ଅଙ୍କନ କରିଛନ୍ତି ତାହା ଯେ ସଂପୂର୍ଣ୍ଣ ଛଳନା ତାହା କହିଲେ

---

(୩୧) ଜୀବନ୍ତ ଦେବତା ଦେଖ ଉଭା ଚଉପାଶେ
ସତ୍ୟ ଲାଗି ଜନ୍ମ ତବ, ନୁହେଁ ସେ ତ କଳ୍ପନା ସକାଶେ।
(କାଳିନ୍ଦୀ ଚରଣ କବିତା ଓ ନାଟକ ସମଗ୍ର, ପୃ-୧୮୩ - କବିତା- ପ୍ରତିମା)

(୩୨) "ବହୁଧର୍ମ, ବହୁଶାଖା, ବହୁରୂପ ବହି ଦେବତାର
ଶେଷେ ପରାଜୟ ମାନି ଘେନିଲ ମାନବ-ଅବତାର
ଦେବତାର ଛଦ୍ମବେଶେ ଅନୀତିର ବାଖ୍ୟା କଲ ନୀତି
ସବୁ ପାପ କ୍ଷମଣୀୟ ଗଦ୍ୟତବ ହେଲେ ସବୁ ଗୀତି।"
(ବିଦାୟ ଭଗବାନ, କାଳିନ୍ଦୀ କବିତା ଓ ନାଟକ ସମଗ୍ର, ପୃ-୧୬୫)

ଅତ୍ୟୁକ୍ତି ହେବ ନାହିଁ। ତେଣୁ ଦେବତାଙ୍କୁ କବି ପ୍ରାର୍ଥନା କରିଛନ୍ତି। ଏ ଛଳନା ଓ ଭଣ୍ଡତାରୁ ବରଂ ବିଦାୟ ନେବା ହିଁ ଶ୍ରେୟସ୍କର।

ପୁଣି କବି ରଚିତ ୧୯୩୮ରେ 'ଭକ୍ତି ଓ ଚାବୁକ' କବିତାଟି ତାଙ୍କ ପୂର୍ବ ଭାବନାର ସଂପୂର୍ଣ୍ଣ ବିପରୀତ ମନେହୁଏ। କବିଙ୍କ ମତରେ ଭାରତବର୍ଷରେ ବହୁ ମନ୍ଦିର, ଧାର୍ମିକ ଅନୁଷ୍ଠାନ ପରିପୂର୍ଣ୍ଣ ହୋଇ ରହିଛି ଏବଂ ଧର୍ମକୁ ଦ୍ୱାହି ଦେଇ ବହୁ ପୂଜା, ଅର୍ଚ୍ଚନା ଚାଲିଛି। ବହୁ ଅର୍ଥ ବ୍ୟୟ ହେଉଛି। କିନ୍ତୁ ଏସବୁ କାହିଁକି ହେଉଛି ? ଏତେ ପୂଜା, ଅର୍ଚ୍ଚନା କରିବା ଦ୍ୱାରା ପ୍ରକୃତରେ ମନୁଷ୍ୟକୁ କିଛି ସୁଫଳ ମିଳୁଛି କି ? ମନୁଷ୍ୟ ମନରେ ଶାନ୍ତି ଆସୁଛି କି ? ତା'ର ଯୌକ୍ତିକ ତର୍ଜମା କେହି କେବେ କରିଛି କି ? ତେଣୁ ଏସବୁ ହେଉଛି ଯୁକ୍ତିବିହୀନ ଭକ୍ତି। (୩୩) କେବଳ ତର୍କ ନ କରି ବିଶ୍ୱାସ ରଖିବାକୁ ସବୁ ପୁରାଣ ପୋଥିରେ ଲେଖାହୋଇଛି। କିନ୍ତୁ ରାଷ୍ଟ୍ରନାୟକଙ୍କ ଚାବୁକ କିମ୍ବା ଯୁଦ୍ଧର ଗୋଳାଗୁଳି କମାଣ ମଣିଷ ସମାଜକୁ ବିପନ୍ନ କଲାବେଳେ କାହିଁ ଭଗବାନ ତ ସେଥିରୁ ନିବୃତ୍ତ କରିପାରୁନାହାନ୍ତି। ମନୁଷ୍ୟ ଜାତି ତ ଏତେ ଭଗବତ୍ ବିଶ୍ୱାସୀ କିନ୍ତୁ ବିଶ୍ୱଯୁଦ୍ଧ, ଦେଶର ଅଶାନ୍ତି, ସାମାଜିକ, ରାଜନୈତିକ ଅର୍ଥାତ୍ ଆର୍ଥିକ ସଙ୍କଟ ଏ ଦେଶରେ ଏତେ ଦେଖାଦେଉଛି କାହିଁକି ? ତେଣୁ ଏ ଭକ୍ତି ସବୁ ଅର୍ଥହୀନ ବୋଲି କବି ସିଦ୍ଧାନ୍ତ କରିଅଛନ୍ତି। ସବୁଠାରେ ଖାଲି ବିଶ୍ୱାସ କରିବା ପାଇଁ ଆହ୍ୱାନ ମିଳିଛି। ଏପରିକି ଜେରୁଜେଲମରୁ ମକ୍କା ଏବଂ ହିମାଳୟରୁ କୁମାରିକା ପର୍ଯ୍ୟନ୍ତ ସବୁଠାରେ କେବଳ ସେହି ବିଶ୍ୱାସର କଥା ଶୁଣାଯାଉଛି। କିନ୍ତୁ ଏତେ ଭଗବତ୍ ବିଶ୍ୱାସୀ ହେଇ ମଧ୍ୟ ସେମାନେ କମାଣ କିମ୍ବା ଗୁଳି ବାରୁଦରୁ ତ ରକ୍ଷା ପାଇପାରୁନାହାନ୍ତି। କବି ଏଠାରେ ସଂପୂର୍ଣ୍ଣ ଭାବରେ ଭଗବାନଙ୍କ ସ୍ଥିତିକୁ ଉପେକ୍ଷା କରିଛନ୍ତି। ପୁଣି ୧୯୩୬ ମସିହାରେ ଲିଖିତ 'ଜୟ ଭଗବାନ' କବିତାରେ ମଧ୍ୟ କବି ଦେଶର ଶାସକମାନଙ୍କୁ ଭଗବାନ ଆଖ୍ୟା ଦେଇଥିଲେ। କାରଣ ପ୍ରତ୍ୟେକ ଦେଶ ତା'ର ଶାସକକୁ ପ୍ରଭୁ ବୋଲି ଭାବିଥାଏ। ପ୍ରତ୍ୟେକ ଦେଶର ଶାସକର ଅଛି ଯୁଦ୍ଧଖୋର ମନୋବୃତ୍ତି। କବି ତେଣୁ ଏ ଯୁଦ୍ଧଖୋର ଶାସକମାନଙ୍କୁ ଭଗବାନ ଆଖ୍ୟା ଦେଇ ବିଦ୍ରୂପ କରିବାକୁ ପଛାଇ ନ ଥିଲେ। କବିଙ୍କ ମତରେ ଏବେ ଦେବତା ଅନ୍ୟ କେଉଁଠାରେ ନ ରହି ଗୁଳି ବାରୁଦରେ ରହିଛନ୍ତି। ଯେଉଁ ଦେବତା ଗୁଳି ବାରୁଦ ବିନା ତିଷ୍ଠି ପାରେ ନାହିଁ ସେ

---

(୩୩) "ଧଳା ମଣିଷର ଭଗବାନ ଯେହ୍ନୁ କଳାର ସେ ସଇତାନ
ଇଟାଲି ଦେଶର ଭଗବାନ ଖାଏ ଆବିସିନିଆର ପ୍ରାଣ।"
(ଜୟ ଭଗବାନ, କାଳିନ୍ଦୀ ଚରଣ କବିତା ଓ ନାଟକ ସମଗ୍ର, ପୃ-୨୪୪)

ଦେଶର କି ଉପକାର ବା କରିବେ? କବି ଏହି କବିତାରେ 'ଭଗବାନ'ଙ୍କର ବିରାଟ ଅସ୍ତିତ୍ୱକୁ ଅତି ସଂକୁଚିତ କରିଦେଇଅଛନ୍ତି ଏବଂ କବିଙ୍କର ବାସ୍ତବବାଦୀ ଚେତନାଟି ଏଠାରେ ଖୁବ୍ ଦୃଢ଼ତାର ସହିତ ପ୍ରକାଶ ପାଇଛି। (୩୪)

ଡକ୍ଟର ନିତ୍ୟାନନ୍ଦ ଶତପଥୀଙ୍କ ଭାଷାରେ- ପୁଣି ଏହି ଭଗବାନଙ୍କ ବ୍ୟାପ୍ତିକୁ କବି ଶ୍ଳେଷପୂର୍ଣ୍ଣ ଭାବରେ ଆହୁରି ସଂକୁଚିତ କରି ଏକ ବାସ୍ତବବାଦୀ ଚେତନାର ପରିଚୟ ଦେଇଛନ୍ତି ଏହି କବିତାରେ। ଅବଳାର ଭଗବାନ ହେଉଛି ନିଷ୍ଠୁର ରୁକ୍ଷ ପୁରୁଷ। ମନ୍ଦିରରେ ହିଂସାର ମହାଦୀପ ଜଳୁଛି। ଆଇନ ତଳେ ସତୀ ନାରୀ ବାରାଙ୍ଗନା ସାଜୁଛି। ଘରେ ଘରେ ନାରୀ ତା' ନିଜତ୍ୱକୁ ବିକି ପୁରୁଷର ମନ କିଣୁଛି। ପୁଣି ପୁରୋହିତ ଦେବତାର ମଧ୍ୟସ୍ଥ (go-between) ଭାବେ ତଥାପି ଭକ୍ତକୁ ପ୍ରଲୁବ୍ଧ କରୁଛି। ସମାଜକୁ ନିୟନ୍ତ୍ରଣ କରୁଛି। ବିଚାରାଳୟରେ ସତ ମିଛ ଓ ଧଳା କଳା ହେଉଛି। ନ୍ୟାୟ ହୋଇଛି ଅର୍ଥର ଦାସ। କେବଳ ଭଗବାନ ନାମକୁ ଭରସା କରି ମୂଢ଼ ଦୁର୍ବଳ ନିଜକୁ ଦୁର୍ବଳତର କରି ଦେଉଛି। ଅଭାବର ଘୋରଣା ଭିତରେ ପେଷି ହୋଇ ସେ ମୁହଁରେ 'ହରି ହରି ବାଣୀ ଉଚ୍ଚାରଣ କରୁଛି। ଯେତେ କିଛି ବାଧିତ, ରୁଗ୍ଣ (ଚିନ୍ତାଧାରାରେ) ସେଇମାନେ ସମାଜର ଚାଳକ। ଭଗବାନ ନାମରେ ସକଳ ଦୁର୍ବଳ ତାଜା ଲହୁ ପାନ କରୁନାହିଁ କି? ପ୍ରକୃତରେ ଏ କବିତାଟି ଏକ ନିରାଟ ବାସ୍ତବତାର ବିପ୍ଳବାତ୍ମକ ଉଚ୍ଚାରଣ ଅଟେ।(୩୫)

୧୯୩୮ରେ ରଚିତ 'ଯାଦୁଘର' କବିତାଟି ମଧ୍ୟ ସଂପୂର୍ଣ୍ଣ ବାସ୍ତବବାଦୀ ଅଟେ। ଏ କବିତାରେ କବି ଆଜିର ସମାଜକୁ ବିଦ୍ରୂପ କରିଛନ୍ତି ଓ ସମାଜ ପ୍ରତି ଘୃଣାରେ ତାଙ୍କର ମନ ଭରିଯାଇଛି। ଧର୍ମ ନାମରେ ଏ ସମାଜରେ ଯେ ଘୋର ଅନ୍ୟାୟ ହୋଇ ଚାଲିଛି। କୁକର୍ମ ଓ ଅପକର୍ମ ଦେଖିବାକୁ ମିଳିଛି, ତାହା ବର୍ଣ୍ଣନା କରିଅଛନ୍ତି। (୩୬) କବିଙ୍କ ମତରେ ଏ ଦେଶରେ ଗୀର୍ଜା ଅଛି, ଦେଉଳ ଅଛି, ଅନେକ ଧର୍ମ ଅନୁଷ୍ଠାନ

---

(୩୪) ଗୁଳି ବାରୁଦରେ ଦେବତା ରହିଛି/ ସେହି ଏକା ବରାଭୟ
ସେହି ଈଶ୍ୱର ଶାସଇ ଭୁବନ/ ଜୟ ଭଗବାନ ଜୟ !
(ଜୟ ଭଗବାନ, କାଳିନ୍ଦୀ କବିତା ଓ ନାଟକ ସମଗ୍ର, ପୃ-୨୪୪)

(୩୫) ସବୁଜରୁ ସାଂପ୍ରତିକ, ପୃ-୨୬, ଡକ୍ଟର ନିତ୍ୟାନନ୍ଦ ଶତପଥୀ

(୩୬) ଦେଉଳେ ଦେଖିଲି ଧର୍ମ ଯାଇଅଛି ଗୀର୍ଜାରେ ସେତ ଆନ
କିଏ ଅବା ଛେଳି କିଏ ପୁଣି ଗୋରୁ କାଟିବା ପାଇଁ କି ଥାନ
କିଛି ନ କାଟିବା ପାଇଁ ଯେଉଁଠାରେ କହିଲେ ଧର୍ମଗୁରୁ
ଲକ୍ଷ୍ୟ ସେଠାରେ ମଣିଷର ବେକ ମଣିଷର ପାଦ ଉରୁ।
(ଯାଦୁଘର, କାଳିନ୍ଦୀ ଚରଣ କବିତା ଓ ନାଟକ ସମଗ୍ର, ପୃ-୧୫୫)

ଅଛି। ଲୋକେ ଖୁବ୍ ପୂଜାପାଠ ମଧ୍ୟ କରୁଅଛନ୍ତି। କିନ୍ତୁ ତାହା ଏକ ମହାନ୍ ଫାଙ୍କାବାଦୀ। କାରଣ ମନ୍ଦିର ଗୀର୍ଜା ନାମରେ କେଉଁଠାରେ ଛେଳି, ଗୋରୁ, ମଣିଷ ମଧ୍ୟ ବଳି ପଡୁଛି। ତେଣୁ ଏହା ଯେ ଧର୍ମ ନାମରେ ଏକ ମାରାତ୍ମକ କର୍ମ ଏଥିରେ ତିଳେମାତ୍ର ସନ୍ଦେହ ନାହିଁ। କବି ଏହି କବିତାରେ ନିରାଟ ସାମାଜିକ ସତ୍ୟକୁ ଉତ୍‌ଥାପନ କରିଛନ୍ତି। ଏ ଧରାକୁ ଯେଉଁ ଧର୍ମର ମହତ୍ୱ ଧରି ରଖିଥିଲା କେଉଁ ଆଦିମ କାଳରୁ ଏବଂ ମଣିଷ ଜାତିକୁ ଯୁଗ ଯୁଗ ଧରି ସହାୟ ହୋଇ ଆସୁଥିଲା ତାହ ଆଜି କାହିଁ? ବୁଦ୍ଧ, ଯୀଶୁ, ମହମ୍ମଦ, ଖୋଦା ଏସବୁ ମିଥ୍ୟା ନ ହୋଇ ପାରନ୍ତି। କିନ୍ତୁ ସେମାନଙ୍କ ମନ୍ତ୍ର ବଦଳରେ ଆଜିର ମାନବ ସମାଜ କେବଳ ଗୋଳା ବାରୁଦକୁ ଆମନ୍ତ୍ରଣ କରୁଛି। (୩୭) ଆଜିର ଓକିଲ, ବିଚାରପତି, ସରକାର ଏ ଦେଶର ଶାସକ ସମସ୍ତେ ହେଇଯାଇଛନ୍ତି ଧୋକ୍କାବାଜ। ପ୍ରକୃତରେ କବିଙ୍କର ଏ ଉକ୍ତି ସମାଜ ପ୍ରତି ତୀକ୍ଷ୍ଣ ଛୁରୀର ଧାର ପରି ଅଟେ। ଧର୍ମକୁ ଦ୍ୱାହି ଦେଇ ଆଜିର ସମାଜ ଶହେଟା ପାପ କଲେ ମଧ୍ୟ ସେ ମାଫ ହେଇଯାଉଛି। କିନ୍ତୁ ଏହା କ'ଣ ଠିକ୍ କଥା? ମଣିଷ ପାଇଁ ଯାହା ଧର୍ମ ତାହା କେବଳ ଜୀବହୀନ ଯାଦୁଘରର ସାମଗ୍ରୀ ହୋଇଛି। ଏଠାରେ ଧର୍ମ କେବଳ କଙ୍କାଳ ମାତ୍ର, ତା'ର ନିଜତ୍ୱ ନୈତିକତା ସେ ହରାଇ ବସିଛି।

୧୯୩୯ରେ ରଚିତ 'ଛୁରିଟିଏ ଲୋଡ଼ା' କବିତାରେ ଧର୍ମ ସଂସ୍କାର, ଭଗବାନ, ଦେଶର ଶାସକ ଏପରିକି ଏ ମଣିଷ ଜାତି ପ୍ରତି କବିପ୍ରାଣର ଘୋର ଅବିଶ୍ୱାସର ପ୍ରତିକ୍ରିୟା ଏକ ସାର୍ଥକ ରୂପ ବହନ କରିଛି। ଯୁଗ ଯୁଗ ଧରି ମଣିଷ ତା'ର ସମସ୍ତ ସୁଖ, ଦୁଃଖକୁ କେବଳ ପରମ ସତ୍ତାଙ୍କ ନିକଟରେ ହିଁ ଜଣାଇ ଆସୁଥିଲା। କିନ୍ତୁ ତାହାର ଫଳସ୍ୱରୂପ ସେ ପାଇଥିଲା ଗଭର ନୀରବତା ଓ ନୈରାଶ୍ୟ। ପରିଶେଷରେ ସେ ସେହି ଭଗବାନଙ୍କ ନିକଟରୁ ଦୂରେଇ ଆସି ମଣିଷ ଆଡ଼କୁ ଦୃଷ୍ଟି ନିବଦ୍ଧ କରି ଦେଖିବାକୁ ପାଇଲା ସେଠାରେ ମଧ୍ୟ ନିଷ୍ଫଳତାର ଶେଷ ନାହିଁ। କାଷ୍ଠ କିମ୍ବା ପାଷାଣର ମୂକ ମୂର୍ତ୍ତିଠାରୁ ଭଲ ହେଉ ବା ମନ୍ଦ ହେଉ ଯେଉଁ ମଣିଷ ଜାତିର

---

(୩୭) କାହିଁରେ ସତ୍ୟ, କାହିଁରେ ଧର୍ମ? ଧରିଛି ଧରାକୁ ଯାହା
ଆଦିମ ଯୁଗରୁ ହୋଇଛି ସେ ପରା ମଣିଷ ଜାତିର ସାହା
ବୁଦ୍ଧ ଯୀଶୁର ମନ୍ତ୍ର କାହିଁ ବା କାହିଁ ମହମ୍ମଦ ଖୋଦା
ସବୁ ଦିଅଁ ଆଜି ବଳି ଲୋଡ଼ିଲେଣି, ମଣିଷ ହୋଇଛି ବୋଦା
ସକଳ ଧର୍ମ ଯୁକ୍ତି ତରକ ନିୟମ କାନୂନ କାଟି
ଧରିଛି ଧରାକୁ - ଜବାବ ଘୋଷୁଚି କମାଣ ବାରୁଦ ଫାଟି।
(ଯାଦୁଘର, କାଳିନ୍ଦୀ ଚରଣ କବିତା ଓ ନାଟିକା ସମଗ୍ର, ପୃ-୧୫୫)

ଲହୁଲୁହରେ ଏ ସମାଜ ଗଠିତ ତା'ରି ପାଖରେ ବରଂ ନିଜକୁ ନତମସ୍ତକ କରିବା ଶ୍ରେୟସ୍କର ବୋଲି କବି ମନେ ସିଦ୍ଧାନ୍ତ କରିଅଛନ୍ତି। (୩୮) ଜଣେ ମାନବବାଦୀ କବି ଭାବେ କାଳିନ୍ଦୀଚରଣ ଶେଷରେ ଏହି ମଣିଷ ଜାତକୁ ସ୍ୱୀକାର କରିଛନ୍ତି ପ୍ରକୃତରେ ମଣିଷ ହିଁ ମଣିଷର ସୁଖ ଦୁଃଖ ପଥର ସାଥୀ। କାରଣ ସେହି ମଣିଷ ଦ୍ୱାରା ହିଁ ଭଲ ମନ୍ଦର ସମାଜ ଗଠିତ। (୩୯) ପରକ୍ଷଣରେ କବିଙ୍କର ଏ ଭାବନାରେ ଭଟ୍ଟା ପଡ଼ିଥିଲା। କବି ପୁନଶ୍ଚ ଅନୁଭବ କଲେ ଯେଉଁମାନଙ୍କ ପାଇଁ ଏ ବିଶ୍ୱ ବ୍ରହ୍ମାଣ୍ଡର ସ୍ରଷ୍ଟାଙ୍କୁ ଅସ୍ୱୀକାର କରି କବି ମଣିଷ ପାଖକୁ ଦୌଡ଼ି ଆସିଥିଲେ ସେମାନେ ଦୂର ପର୍ବତ ପରି ସୁନ୍ଦର ଥିଲେ। ପାଖରେ ସେମାନଙ୍କର ରୂପ ଭିନ୍ନ ପ୍ରକାର ଥିଲା। କବି ଖୁବ୍ ଦୁଃଖିତ ହୋଇ ପଡ଼ିଥିଲେ। ସେମାନଙ୍କ ସଙ୍ଗେ ବନ୍ଧୁତା କଲେ ଯେ ଖୁବ୍ ବିପଦ ସମ୍ଭାବନା ଥାଏ ସେ କଥା ସମସ୍ତେ ଜାଣନ୍ତି। ଏ ମଣିଷ ଜାତି ମାନେ ହିଁ ପରଶ୍ରୀକାତର, ସ୍ୱାର୍ଥପର, ଈର୍ଷୁକ। ପ୍ରକୃତ ମନର ଓ ମେଳର ବନ୍ଧୁ ପାଇବା କଷ୍ଟକର କଥା। ତଥାପି କବି ମୂକ ପଥର ଅପେକ୍ଷା ମଣିଷ ଜାତିକୁ ଭଲ ପାଇବାକୁ ବାଧ୍ୟ ହୋଇଛନ୍ତି। କାରଣ ସେହିମାନଙ୍କ ସୌଖ୍ୟ, ସାନ୍ନିଧ, ଦୟା ଉପରେ ହିଁ ଏହି ମଣିଷ ଜାତି ତିଷ୍ଠି ରହିପାରିଛି।

କବିଙ୍କର ଆଉ ଏକ ବାସ୍ତବବାଦୀ କବିତା ହେଉଛି ୧୯୩୮ରେ ରଚିତ 'ବାଜି ରାଉତ' କବିତା। ୧୯୩୮ରେ ଘଟିଥିବା ଢେଙ୍କାନାଳର ପ୍ରଜା ଆନ୍ଦୋଳନ ବେଳର କଥା। ସେହି ଆନ୍ଦୋଳନରେ ପୋଲିସ୍ ଗୁଳିରେ ମରି ଶୋଇଥିବା ବାଜି ରାଉତ, ନଟ, ରଘୁ, ଗୁରି, ହୁରୁଷି ଓ ଲକ୍ଷ୍ମଣଙ୍କ ଶବାଧାରକୁ ଦେଖି କବି ଏ କବିତା ରଚନା କରିଥିଲେ। କବିଙ୍କର ଏହା ଏକ କାଳଜୟୀ ସୃଷ୍ଟି। ସାମନ୍ତବାଦୀ ଶାସନ ଯେ କେତେ ରୁକ୍ଷ ଓ ନିର୍ମମ ଥିଲା ତାହା କବି ବର୍ଣ୍ଣନା କରିଥିଲେ। କେତେ ନିରୀହ

---

(୩୮) ହେ ଦେବତା ବୋଲି ନୁଆଁଇଲି ଯେତେ ମଥା
ପାଷାଣେ ବାଜି ସେ ଲଭିଲା ଦାରୁଣ ବ୍ୟଥା
ବିଚାରେ ରଖିବା ପାଇଁ ଦେବତାର ଟେକ
ଛୁରିଟାଏ ଲୋଡ଼ା କାଟିବାକୁ ନିଜ ବେକ।

(ଛୁରିଟିଏ ଲୋଡ଼ା, ପୃ-୧୯୩)

(୩୯) 'ମଣିଷ' 'ମଣିଷ' ଶୁଭିଲା ଦୂରରୁ ଡାକ
ଦୁନିଆର ଯେତେ ଦଳିତ ପୀଡ଼ିତ ଯାକ
ସ୍ପନ୍ଦନ ସେହି ପୁଲକ ପରାସ ରେଖା
ବନ୍ଧୁର ପଥେ ବନ୍ଧୁ ସେ ମୋର ଏକା।

(କାଳିନ୍ଦୀ ଚରଣ କବିତା ଓ ନାଟକ ସମଗ୍ର, ପୃ-୧୯୪, ଛୁରିଟିଏ ଲୋଡ଼ା)

ପ୍ରଜାଙ୍କର ଜୀବନ ଦୁର୍ବିସହ ହୋଇ ପଡ଼ିଥିଲା ତା'ର କଳନା ନାହିଁ। ଲହୁ ଲୁହ ଦେଇ ଯେଉଁ ପ୍ରଜାଙ୍କ ଜୀବନରେ ସେ ରାଇଜ ଗଢ଼ା ହୋଇଥିଲା ସେହି ନିରୀହ ପ୍ରଜାମାନେ ହିଁ ଶେଷରେ ଶୋଷଣର ଶିକାର ହୋଇ ଗୁଳି ଚୋଟରେ ବଳି ପଡ଼ିଥିଲେ। ତେଣୁ ଏ କବିତାଟିରେ ଜଣେ ମାର୍କ୍ସିଷ୍ଟ୍ କବି ଭାବେ ସେ ସଂଗ୍ରାମ ତ ରକ୍ତପାତର ଆହ୍ୱାନ ଦେଇଛନ୍ତି।

ବାହୁ ଦେଇ ଯେତେ ଗଢ଼ିଲୁ ରାଇଜ ରଜା
ଲୁହ ଦେଇ ତୋର ହତିଆର ଆଜି ପଜା
 ବେଳ ଏହି ବେଳ ଏହି
ତୋଳିଥିଲୁ ଯା'କୁ, ତାଡ଼ିବକୁ ତାହାକୁ ନ ଶୁଅରେ ଆଉ ଚେଇଁ। (୪୦)

୧୯୪୨ ମସିହା ବେଳକୁ କବି ସଂପୂର୍ଣ୍ଣ ଭାବେ ବାସ୍ତବବାଦୀ ତଥା ସାମ୍ୟବାଦୀ ଚେତନା ଦ୍ୱାରା ଉଦ୍‌ବୁଦ୍ଧ ହୋଇ ସାରିଥିଲେ। ସେତେବେଳେ ତାଙ୍କ ମନରୁ ସବୁଜ ବା ରୋମାଣ୍ଟିକ୍ ଚିନ୍ତାଧାରା ଉଦ୍‌ଗତ ହୋଇ ସାରିଥିଲା। ସେ ସମାଜ ତଥା ଜୀବନ ପ୍ରତି ଖୁବ୍ ପରୀକ୍ଷା ନିରୀକ୍ଷା କରି ସାରିଥିଲେ। ୧୯୪୨ ବେଳକୁ ସେ ସଂପୂର୍ଣ୍ଣ ଭାବେ ମାର୍କସୀୟ ବାମପନ୍ଥୀ ଚେତନାବାଦୀ ହୋଇ ଉଠିଥିଲେ। ସମାଜର ଅବହେଳିତ ମାନବ ପ୍ରତି କବିଙ୍କର ଦୁଇଟି ପ୍ରସିଦ୍ଧ ବାମପନ୍ଥୀ କବିତା ହେଉଛି 'ଆଗାମୀ' ଏବଂ 'କିଏ ଶଳା ଶଇତାନ' ଏ ଦୁଇଟି କବିତା ତାଙ୍କ ବାସ୍ତବବାଦୀ ଚେତନାର ସାର୍ଥକ ପରିଣତି।

ଆଗାମୀ ଦିନର କବିତା ରଚନାରେ କବି ବ୍ୟସ୍ତ ଅଛନ୍ତି। ଭବିଷ୍ୟତ ହିଁ ମନୁଷ୍ୟ ମନରେ ଅନେକ ଆଶା ଓ ବିଶ୍ୱାସ ଆଣିଦିଏ। ଆଜି ଯେଉଁ କଥା ମିଛ ପରି ମନେହୁଏ ଭବିଷ୍ୟତରେ ହୁଏତ ତାହା ସତ୍ୟ ହୋଇପାରେ ସେହି ଆଶା ନେଇ ମଣିଷ ବଞ୍ଚିରହେ। କବି ସେହିଭଳି ଏକ ସୁଖ ସମ୍ପଦ ଭରା ସମାଜର ସୁନେଲି ଆଶାରେ ଆଶାବାଦୀ ହୋଇ 'ଆଗାମୀ' କବିତା ରଚନା କରିଥିଲେ। ଏ ମରଶରୀରର ବହନ କରି ପ୍ରତ୍ୟେକ ମନୁଷ୍ୟ ଜାଣେ ଯେ କାଳ ବା ଅକାଳରେ ହୁଏତ ସେ ମଉଳା କଢ଼ ଭଳି ଝଡ଼ିଯିବ। ବନ୍ୟା, ବିତ୍ପାତ ପରି ଶୋକ, ଦୁଃଖ, ତାପ ଆଘାତ

---

(୪୦) ତଥାପି ହୁଏତ ପାଇଛି ବନ୍ଧୁ କୋଟି
ଆଜି ଯାଏଁ ଯେଣୁ କାଟିନି କେହି ମୋତେଟି
ଆଜିଯାଏଁ ଯେଣୁ ଦେହ ଧରି ଅଛି ଭବେ
ମଣିଷ ଜାତିରୁ ଏହି ଦୟା ପାଇ ଲବେ।
(କାଳିନ୍ଦୀଚରଣ କବିତା ଓ ନାଟକ ସମଗ୍ର, ଛୁରିଟିଏ ଲୋଡ଼ା, ପୃ-୧୯୪)

ନିଶ୍ଚୟ ମାଡ଼ିଆସିବ। ତଥାପି କବି ଆଶାବାଦୀ ହୋଇ ଆଗାମୀକାଲିର କବିତା ରଚନାରେ ବ୍ୟସ୍ତ ଅଛନ୍ତି। ଏ ସମାଜରେ ବଞ୍ଚିବାକୁ ହେଲେ କେବଳ ରାଶି ରାଶି ଶୋକ ତାପକୁ ବରଣ କରିବାକୁ ପଡ଼ିବ। ଶେଷରେ ମୃତ୍ୟୁ ଯେ ଅବଶ୍ୟମ୍ଭାବୀ ତାହା ମଧ୍ୟ ମଣିଷ ଜାଣେ। ତଥାପି କବି ଏ ସବୁକୁ ଉପହାସ କରି ଆଗାମୀ ଦିନର କବିତା ରଚନା କରିଥିଲେ ଓ ଏକ ସୁନ୍ଦର ସାମ୍ୟବାଦୀ ସମାଜର ନକ୍ସା ଆଙ୍କି ପାରିଥିଲେ। ଏହା ଏକାନ୍ତ ତାତ୍ପର୍ଯ୍ୟର ବିଷୟ।

କବି ଏହି କବିତାଟିରେ ସମାଜର ଶ୍ରେଣୀ ବିଭାଗକୁ ଅସ୍ୱୀକାର କରିଛନ୍ତି। ଏକ ଶ୍ରେଣୀହୀନ ସମାଜକୁ ଆମନ୍ତ୍ରଣ କରିଛନ୍ତି। ସେ ଏଭଳି ଏକ ସମାଜ ଚାହୁଁଥିଲେ ଯେଉଁଠିକି ନିଜ ପର ଭାବ ନ ଥିବ। (୪୧) ଜଣେ ଅନ୍ୟର ଦୁଃଖ ବୁଝିପାରୁଥିବ। ଏ ବିରାଟ ସମାଜରେ ଯେ ପ୍ରତ୍ୟେକଙ୍କର କିଛି ନା କିଛି ମୂଲ୍ୟ ଅଛି ସେ କଥା ସମସ୍ତେ ହୃଦୟଙ୍ଗମ କରିପାରୁଥିବେ। (୪୨) କବି ଏପରି ଏକ ସମାଜ ଚାହାନ୍ତି ଯେଉଁଠାରେ ହିଁ ପ୍ରତ୍ୟେକ ମଣିଷ ରହିବାକୁ ବଖରେ ହେଲେ ଘର ପାଇ ପାରିବ। ଜଣେ ରାଜଐଶ୍ୱର୍ଯ୍ୟ ଲାଭ କରି ଧନ ଓ ପ୍ରତିପତ୍ତିର ଇମାରତ୍ ତୋଳୁଥିବ ଆଉ ଜଣେ ଦାଣ୍ଡର ଭିକାରି ହୋଇ ବୁଲୁଥିବ କବି ଏହା ଚାହାନ୍ତି ନାହିଁ। ସେ ଏପରି ଏକ ସମଜର ପରିକଳ୍ପନା କରିଛନ୍ତି ଯେଉଁଠି ସବୁ ବାଳକ ବାଳିକା ମୁଠାଏ ହେଲେ ଭାତ ଖାଇବାକୁ ପାଉଥିବେ। ସମସ୍ତେ ପିନ୍ଧିବାକୁ ଲୁଗା ପଢ଼ିବା ପାଇଁ ସୁବିଧା ପାଉଥିବେ। ଏହାଦ୍ୱାରା ଆସ୍ତେ ଆସ୍ତେ ସମସ୍ତେ କାର୍ଯ୍ୟକ୍ଷମ ହୋଇ ପାରିବେ। ଦେଶରୁ ଦୁଃଖ ଓ ଅଭାବ ଆସ୍ତେ ଆସ୍ତେ ଦୂର ହୋଇପାରିବ। ଜବରଦସ୍ତ ମରିବାର ଅଧିକାର କାହାର ନଥିବ। ଭିକ୍ଷା ପରି ନିନ୍ଦନୀୟ ଦୃଶ୍ୟ ଦେଖିବାକୁ ମିଳିବନି। ଗରିବ, ଧନୀ ଏ ଭେଦଭାବ ସମାଜରେ ରହିବ ନାହିଁ। ସମସ୍ତେ ସମାନ ଅଧିକାର ପାଇ ପାରିବେ। ଆଗାମୀ କାଳରେ କବି ଏଭଳି ଏକ

---

(୪୧) ଯୋଡ଼ଇ ଛନ୍ଦ ମୁଁ ବିପୁଳ ଜୀବନର
ଖେଳଇ ନିତି ଯହିଁ ବିଶ୍ୱ ଚରାଚର
ଚାଲିଛି ମରଣକୁ କରି ଯେ ଉପହାସ
ବେଦନା ଶୋକ ତାପେ ପାରିଛି କରି ଦାସ !
(କାଳିନ୍ଦୀ ଚରଣ କବିତା ଓ ନାଟକ ସମଗ୍ର, ଆଗାମୀ, ପୃ-୨୩୯)

(୪୨) ବିରାଟ ସେ ଜୀବନ ସବୁରି ଅଛି ମୂଳ
ବୁଝଇ ନର ତହିଁ ପହିଲେ ନିଜ ଭୁଲ।
(କାଳିନ୍ଦୀ ଚରଣ କବିତା ଓ ନାଟକ ସମଗ୍ର, ଆଗାମୀ, ପୃ-୨୪୦)

ସମାଜ ଚାହାନ୍ତି ବୋଲି ଏକ ଚିରନ୍ତନ ବାଣୀ ଶୁଣାଇଛନ୍ତି। (୪୩) କବି ପୁଣି ଧର୍ମ ସମ୍ବନ୍ଧରେ ମଧ୍ୟ ତାଙ୍କ ମତ ସ୍ପଷ୍ଟ ଭାବେ ପ୍ରକାଶ କରି ଅଛନ୍ତି। ଧର୍ମରେ ମଧ୍ୟ ସମାନତା ଆସିବା ଉଚିତ। ଏମିତି ଏକ ଧର୍ମ ସୃଷ୍ଟି କରାଯିବା ଉଚିତ ସେଠି କାହାରି ଜଣକର ଦାବି ନ ଥିବ। ପ୍ରତ୍ୟେକଙ୍କର ସମାନ ଅଧିକାର ଥିବ। ତେଣୁ ସମଗ୍ର ସାମ୍ୟବାଦୀ କବିଙ୍କ ଭଳି ଏକ ଶ୍ରେଣୀହୀନ ସମାଜ ହିଁ କବିଙ୍କର କାମ୍ୟ ଥିଲା। (୪୪)

୧୯୪୪ରେ ରଚିତ କବିଙ୍କର ଏକ ସାର୍ଥକ ବାସ୍ତବବାଦୀ କବିତା ହେଉଛି 'କିଏ ଶଳା ଶଇତାନ'। କବି ଏଠାରେ ଖୁବ୍ ଦୃଢ଼ତାର ସହ ବର୍ଣ୍ଣନା କରିଛନ୍ତି ଏ ମଣିଷ ସମାଜର ଅପାଙ୍କ୍ତେୟ ଖଟିଖିଆ ମେହନତୀ ଶ୍ରେଣୀର କଥା। କେତେଦିନ ମଣିଷ ନିଜର ପିଲାଛୁଆଙ୍କୁ ଭୋକରେ ଆଉଟୁ ପାଉଟୁ କରି ରଖିବ? ନିଜ ଘରକୁ ଅନ୍ଧକାରରେ ବୁଡାଇ ଧନୀ ପାଇଁ ବତି ଜାଳିବ? ମେହନତୀ ଶ୍ରେଣୀର ଲୋକେ ଯେଉଁମାନଙ୍କ ପାଇଁ ନିଜକୁ ତିଳ ତିଳ କରି ଜାଳିପୋଡ଼ିଦେବାକୁ ମଧ୍ୟ ପଛାନ୍ତି ନାହିଁ ସେମାନେ କି ଦିନେ ଏ ଗରିବ ଖଟିଖିଆଙ୍କ କଥା ଭାବନ୍ତି? ବଜାର, ହାଟ, ମନ୍ଦିର, ଦେବତା, ଭଲ ପିନ୍ଧା, ଭଲ ଖାଇବା, ସ୍କୁଲ୍, କଲେଜ, ଗାଡ଼ି ମୋଟର ସବୁକିଛି କେବଳ ଧନୀଙ୍କ ଗୋଷ୍ଠୀ ପାଇଁ। କିନ୍ତୁ ସେହି ଧନୀକ ଅଥବା ଶୋଷକ ଗୋଷ୍ଠୀ ତିଳେ ହେଲେ ଭାବନ୍ତି ନାହିଁ ଯେ ସେମାନେ ଯାହାଙ୍କୁ ଶୋଷଣ କରୁଛନ୍ତି ସେହିମାନଙ୍କର

---

(୪୩) କବିତା ଗଢ଼େ ଏକ ବିରାଟ ସମାଜର
ସବୁରି ପାଇଁ ଯହିଁ ବଖରେ ହେଲେ ଘର
ସକଳେ ଲଭିବାକୁ ମୁଠାଏ ଦୁଧଭାତ
ଯୋଗ୍ୟ ଯେତେ ଯହିଁ ବାଳକ ବାଳିକା ତ
ଦୁଇଟା ଲୁଗା ଜାମା ସବୁରି ପାଇଁ ମିଳେ
ପଢ଼ିବା ପାଇଁ ବାଧା କାହାରି ନାହିଁ ତିଳେ
ବେକାର ରହିବାକୁ ନାହିଁଟି ଅଧିକାର
ସବୁରି ପାଇଁ କାମ ଯୋଗାଏ ସରକାର
କହିବା ପାଇଁ କଥା ସବୁରି ଦାବି ଅଛି
ମୁଁ ସେହି ସମାଜର କବିତା ବସେ ରଚି !

(କାଳିନ୍ଦୀ ଚରଣ କବିତା ଓ ନାଟକ ସମଗ୍ର, ଆଗାମୀ, ପୃ-୨୪୦)

(୪୪) "ତେଣୁ ସବୁ ସାମ୍ୟବାଦୀ କବିଙ୍କ ଚିନ୍ତା ପରି ଶ୍ରେଣୀମୁକ୍ତ ସମାଜ ହିଁ ତାଙ୍କ କବିତାର ଲକ୍ଷ୍ୟନିଷ୍ଠ ଦୃଢ଼ ସିଦ୍ଧାନ୍ତ। ସମାଜର ସ୍ପଷ୍ଟ ଦିବାଲୋକରେ ଚାଲିଥିବା ଲୁଣ୍ଠନ ଓ ଶୋଷଣ ବିରୋଧରେ କବିଙ୍କର ଏହି ଆହ୍ୱାନରେ ଅଛି ଭୂମି କାଳର ସୂଚନା, ଆଗ୍ନେୟ ଗିରିର ଉଦ୍‌ଜାଗରଣ।"

(ଡକ୍ଟର ନିତ୍ୟାନନ୍ଦ ଶତପଥୀ, ସବୁଜରୁ ସାଂପ୍ରତିକ, ପୃ-୩୦)

ମେହେନତରେ ହିଁ ସେମାନେ ବଞ୍ଚି ରହିଛନ୍ତି। ଏମିତିକି ଶ୍ରେଣୀ ବିଭାଗ ସହିତ ଦିଅଁଙ୍କୁ ମଧ୍ୟ ସେମାନେ ବିଭାଜନ କରି ଦେଇଛନ୍ତି। ଧନୀର ଭଗବାନ ପିଠାପଣା ଖାଇବାକୁ ଯୋଗ୍ୟ ଅଥଚ ଗରିବର ଭଗବାନ ଉଖୁଡ଼ା ଗଣ୍ଡେ ମଧ୍ୟ ପାଉ ନାହାନ୍ତି। ଗରିବର ଝିଅ ବୋହୂଙ୍କର ମାନ ଇଜ୍ଜତ ନାହିଁ ଅଥଚ ଧନୀମାନଙ୍କର ସମାଜରେ ସବୁକିଛି ସୁବିଧା ଓ ସୁଯୋଗ ରହିଛି। (୪୫) ଏକ ଦିଗରେ କବିଙ୍କର ଶୋଷକ ଗୋଷ୍ଠୀ ପାଇଁ କ୍ରୁର ଦୃଷ୍ଟି ଅନ୍ୟ ଦିଗରେ ଗରିବ, ଖଟିଖିଆ, ମେହନତୀ ଗୋଷ୍ଠୀ ପାଇଁ ଉଦାର ମନୋଭାବ ଏ ଦୁଇଟିର ଚମତ୍କାର ସିନ୍ଥେସିସ୍ ଘଟିଛି 'କିଏ ଶଳା ଶଇତାନ'ରେ। କବି ପୁଣି କବିତାର ଶେଷ ପର୍ଯ୍ୟାୟରେ ଧନୀକ ଗୋଷ୍ଠୀ ପ୍ରତି ଦୃଷ୍ଟି ନିକ୍ଷେପ କରି କହିଛନ୍ତି- 'ଗାଡ଼ିରେ ଯିଏ ବସେ ସେ ନାଆରେ ବସିବାକୁ ମଧ୍ୟ ବାଧ୍ୟ। କାରଣ ପ୍ରତ୍ୟେକଙ୍କ ଜୀବନରେ ସବୁବେଳେ କେବଳ ଗାଡ଼ିରେ ବସିବାର ସୌଭାଗ୍ୟ ରହିବ ନାହିଁ। ତେଣୁ ଆଜିର ସମାଜରେ ଯେଉଁ ଧନୀକ ଗୋଷ୍ଠୀ ନିଜର ପ୍ରଭାବ ବିସ୍ତାର କରିଛନ୍ତି ଭବିଷ୍ୟତରେ ଯେ ଗରିବ ଖଟିଖିଆ ସମାଜ ଏ ଦେଶକୁ ଶାସନ କରିବେ ତାହା କିଏ କହିପାରିବ? (୪୬) ବୋଧହୁଏ ରୁଷ୍ ରାଷ୍ଟ୍ରର ରାଜନୈତିକ ପରିବର୍ତ୍ତନକୁ ଲକ୍ଷ୍ୟ କରି ଏ କବିତାଟି ରଚିତ ହୋଇଛି।

ବିଲେଇ କୁକୁର ମାନ ଅଭିମାନ ଓ ଅପମାନ ବୁଝୁଥିଲା ବେଳେ ମଣିଷ କ'ଣ ସବୁକାଳେ ସେପରି ଏକ ଉପଲବ୍ଧିରୁ ଦୂରରେ ରହିପାରିବ? ବୋହୂ ଯେ ନିଶ୍ଚିତ ଭାବରେ ଦିନେ ଶାଶୂ ହେବ ସେ କଥା ମନେ ରଖିବା ଉଚିତ। ସେପରି ଏକ ସୁଦିନ ପାଇଁ କବି ନିଶ୍ଚୟ ପ୍ରତୀକ୍ଷା କରିବେ। ସେହିଦିନ ହିଁ ଏ ସମାଜ ବୁଝିପାରିବ କିଏ ଜୋତାମାଡ଼ ଖାଇବା ଉଚିତ ଓ କିଏ ପୂଜା ପାଇବା ଉଚିତ। (୪୭) ଏ କବିତାଟିରେ ସାହିତ୍ୟିକ କଳାଚାତୁର୍ଯ୍ୟ ନ ଥାଇପାରେ କିନ୍ତୁ ଲେଖାର ଏକ ଅପୂର୍ବ ଭବିଷ୍ୟତ ବାର୍ତ୍ତା ରହିଛି। ଏ କବିତାଟି ଲେଖିସାରି କବି କାଳିନ୍ଦୀଚରଣ କବିତା କ୍ଷେତ୍ରରୁ ପ୍ରାୟ ଅପସରି

---

(୪୫) ଜନ୍ମ ଆମର ମଣିଷ କୂଳରେ/ ନାହିଁ ଇଜ୍ଜତ ମାନ
ଆମ ଝିଅ ବୋହୂ ସବୁରି ଶାଳୀ ହେ / ଆମେ ଶଳା ଶଇତାନ!
(କିଏ ଶଳା ଶଇତାନ, କାଳିନ୍ଦୀ କବିତା ଓ ନାଟକ ସମଗ୍ର, ପୃ-୨୬୦)

(୪୬) ମନ୍ଦେ ହେଜ ଥରେ ଗାଡ଼ି ପରେ ନାଆ
କେବେ ନାଆଠାରେ ଗାଡ଼ି
ସିଂହର ନାତି ଖାଇପାରେ ଦିନେ
ଶୃଗଳ ମୁଖରେ ତାତି!
(କିଏ ଶଳା ଶଇତାନ, କାଳିନ୍ଦୀ କବିତା ଓ ନାଟକ ସମଗ୍ର, ପୃ-୨୬୨)

(୪୭)

ଯିବାକୁ ଚାହିଁଛନ୍ତି । ସେ ପ୍ରକୃତରେ ମଣିଷକୁ ଚିହ୍ନିଛନ୍ତି ଓ ତିଳ ତିଳ କରି ଏ ମାନବ ସମାଜକୁ ପରୀକ୍ଷା ନିରୀକ୍ଷା କରିଛନ୍ତି । 'ଗାନ୍ଧାରୀର ଆଶୀର୍ବାଦ' ଭଳି ଏକ ଉଚ୍ଚକୋଟୀର କବିତାରେ ମାନବୀୟ ଧର୍ମକୁ ପୁଣି ଉଚ୍ଚ ମାନ୍ୟତା ପ୍ରଦର୍ଶନ କରିଛନ୍ତି । କାରଣ ମନୁଷ୍ୟ ଯେତେ ଯାହା ବୁଝିପାରିଲେ ମଧ୍ୟ ନିଜସ୍ୱ ଧର୍ମଠାରୁ ନିଜକୁ ବିଚ୍ଛିନ୍ନ କରିପାରିବ ନାହିଁ । ଗାନ୍ଧାରୀ ନିଜର ବିଧର୍ମୀ ପୁତ୍ରକୁ ବାରମ୍ବାର କହିଛନ୍ତି, "ଅକ୍ଷୟ ହେଉ ପୁଣ୍ୟ ଜଗତେ / ଧର୍ମର ହେଉ ଜୟ ।" ମଣିଷର ପାଶବିକତା ଓ ଆସୁରୀ ଶକ୍ତି ବିରୋଧରେ ଏହାହିଁ ଯୁଗେ ଯୁଗେ କଲ୍ୟାଣକାରୀ କବିର ଶାଶ୍ୱତ ବୈଦିକ ବାର୍ତ୍ତା । ତଥାପି ମଳିନ ହେବାର ନୁହେଁ । ଏହି କେତୋଟି କବିତା ପାଇଁ କବି କାଳିନ୍ଦୀ ଚରଣ ଯେ ଓଡ଼ିଆ ସାହିତ୍ୟରେ ସ୍ମରଣୀୟ ରହିବେ, ଏଥିରେ ସନ୍ଦେହ ନାହିଁ ।

■

ସବୁଜ କବିତାରେ ବିଭିନ୍ନ ଚେତନାର ସମନ୍ୱୟ

ପଞ୍ଚପ୍ରାଣ, ପଞ୍ଚମନର ବନ୍ଧୁତ୍ୱ ନେଇ ୧୯୨୧ରୁ ୧୯୩୫ ମଧ୍ୟରେ ଗଢ଼ି ଉଠିଥିବା ସବୁଜ ଧାରାର ସାହିତ୍ୟ ବିଭିନ୍ନ ଚେତନା ସମ୍ବଳିତ। ଓଡ଼ିଆ ସାହିତ୍ୟର ବିଭିନ୍ନ ଚେତନା ଦ୍ୱାରା ପରିପୁଷ୍ଟ ସେମାନଙ୍କ ଗୁଚ୍ଛ ଗୁଚ୍ଛ କବିତା ପାଠକଙ୍କ ଚକ୍ଷୁରେ ଖୁବ୍ ମନୋଜ୍ଞ। ନିମ୍ନରେ ସବୁଜ କବିତାରେ ବିଭିନ୍ନ ଚେତନାର କିପରି ସମନ୍ୱୟ ହୋଇଛି ତାହା ବର୍ଣ୍ଣିତ ହେଲା।

ସବୁଜ କବିତାରେ ରୋମାଣ୍ଟିକ୍ ଚେତନା:

ରୋମାଣ୍ଟିକ୍ ଚେତନାଟି ବହୁ ଆଦିମ କାଳରୁ ଆମ ଓଡ଼ିଆ ସାହିତ୍ୟରେ ରହିଆସିଅଛି। ପୃଥିବୀର ସମସ୍ତ ପ୍ରତିଷ୍ଠାପନ୍ନ ସାହିତ୍ୟରେ ଏହି ଚେତନାଟି ବେଶ୍ ବଳିଷ୍ଠ ଭାବରେ ଦେଖାଯାଏ। ବିଭିନ୍ନ ଦେଶର ସାମାଜିକ ପରିବେଶ ଓ ଚିନ୍ତାଧାରା ହିଁ କବି ମନରେ ରୋମାଣ୍ଟିକ୍ ଭାବଧାରା ଜାଗ୍ରତ କରାଇବାରେ ହେତୁ। ରୋମାଣ୍ଟିକ୍ ଚେତନା କଳାକାରର ଏକ ସ୍ୱତନ୍ତ୍ର ଚିତ୍ତବୃତ୍ତିକୁ ବୁଝାଏ। ରୋମାଣ୍ଟିସିଜମ୍ ସମ୍ବନ୍ଧରେ ବହୁ ପାଶ୍ଚାତ୍ୟ ସାହିତ୍ୟ ବିଭିନ୍ନ ସଂଜ୍ଞା ପ୍ରଦାନ କରି ଯାଇଥିଲେ ହେଁ ତା'ର ପ୍ରକୃତ ସ୍ୱରୂପ ଏ ପର୍ଯ୍ୟନ୍ତ ନିର୍ଦ୍ଧାରିତ ହୋଇନାହିଁ। ତେଣୁ ପାଶ୍ଚାତ୍ୟ ଲେଖକ ଗ୍ରୀୟରସନ୍ ମତବ୍ୟକ୍ତ କରିଛନ୍ତି -

"Romantic like classical was a term no attempt to define which ever seems entirely convincing to oneself or to others" - Back ground of English literature" by Grienson, Page-256

ରୋମାଣ୍ଟିକ୍‌ର ସଂଜ୍ଞା ନିରୂପଣ କରିବା ଯେ ପ୍ରକୃତରେ କଷ୍ଟକର ବ୍ୟାପାର E.B. Burgum ଏକଥା ମଧ୍ୟ କହିଛନ୍ତି। ରୋମାଣ୍ଟିକ୍ ଚେତନାର ପ୍ରକୃତ ସଂଜ୍ଞା ଏଯାଏ ନିରୂପଣ ନ ହେଲେ ମଧ୍ୟ ରୋମାଣ୍ଟିକ୍ ଭାବଧାରାକୁ ବୁଝାଇବାକୁ ଯାଇ ପାଶ୍ଚାତ୍ୟ ଲେଖକମାନେ କେତେଗୁଡ଼ିଏ ସଂଜ୍ଞା ପ୍ରଦାନ କରିଯାଇଅଛନ୍ତି। ରୋମାଣ୍ଟିକ୍ କବି ଗେଟେଙ୍କ ମତରେ- "ରୋମାଣ୍ଟିକ୍ ଚେତନା ଏକ ରୋଗ ଓ କ୍ଲାସିକ୍ ଚେତନା ସ୍ୱାସ୍ଥ୍ୟର ଲକ୍ଷଣ।" (The classic may be called healthy and romantic may be called diseased) (By - Goethe)

ପୁଣି ବ୍ରଷ୍ଟିୟରଙ୍କ ମତରେ- "କ୍ଲାସିକ୍ ଚେତନା ହେଉଛି ଉତ୍ତମ ଚିନ୍ତାଧାରାର ଶୃଙ୍ଖଳା ଓ ସଂଯମ। ରୋମାଣ୍ଟିକ୍ ଚେତନା ହେଉଛି କଳ୍ପନାର ବିଶୃଙ୍ଖଳା ଓ ଅହଂକାରର ଅନ୍ଧ ପ୍ରବାହ।"

ରୁଷୋଙ୍କ ମତରେ ରୋମାଣ୍ଟିକ୍ ଚେତନାର ସ୍ୱରୂପ ହେଉଛି- "ପ୍ରକୃତି କୋଳକୁ ପ୍ରତ୍ୟାବର୍ତ୍ତନ।" (Return to the nature)

ଫେଲ୍‌ପ୍‌ସଙ୍କ ମତରେ- "ଭାବପ୍ରବଣତା ଜନିତ ବିଷାଦବାଦ ହିଁ ରୋମାଣ୍ଟିକ୍ ଚେତନା।"

ଲୁକାସ ନିଜ ଦୃଷ୍ଟିକୋଣରୁ ରୋମାଣ୍ଟିକ୍ ଚେତନାକୁ ବୁଝାଇବାଇ ଯାଇ ଲେଖିଛନ୍ତି- "ଏହା ଅପେକ୍ଷାକୃତ ସ୍ୱଚ୍ଛ ସଚେତନ ମନର ପରିପ୍ରକାଶ ଏକ ମୁଗ୍ଧ ସ୍ୱପ୍ନରେ ସଞ୍ଚରଣ। କ୍ଲାସିକ୍ ଚେତନା ସଚେତନ ମନର ସଂଯତ ପ୍ରକାଶ।"

Herefordଙ୍କ ମତରେ- "ଅସାଧାରଣ ଭାବେ ବୃଦ୍ଧିପ୍ରାପ୍ତ କଳ୍ପନା ପ୍ରବଣତା ହେଉଛି ରୋମାଣ୍ଟିକ୍ ଚେତନା।"

ଏହିଭଳି ଭାବରେ ରୋମାଣ୍ଟିକ୍‌ର ସଂଜ୍ଞା ବିଭିନ୍ନ ଭାବରେ ବିଭିନ୍ନ ସମାଲୋଚକ ଦର୍ଶାଇଥିବା ବେଳେ ଜନୈକ ଇଂରାଜୀ ସମାଲୋଚକ ରୋମାଣ୍ଟିସିଜମ୍‌ର ସଂଜ୍ଞା ଓ ଗୁଣ ନିର୍ଦ୍ଦେଶ କରି ଲେଖିଛନ୍ତି- "The term in characterised by the qualities of remoteness, desolation, disillusion, decay, passion, divine unrest, melancholy and the all embracing power of the imagination. It is suggestive of strangeness and adventure never satisfied aspiration after the unknown or the unattainable."

ଅର୍ଥାତ୍ ଏହି ଧରଣର କାବ୍ୟ କବିତାରେ ସୁଦୂରର ମୋହ, ନିଃସଙ୍ଗତା, ଅସହାୟତା, ସ୍ୱପ୍ନଭଙ୍ଗ, ବିପର୍ଯ୍ୟୟ, ଆବେଗୋଚ୍ଛ୍ୱାସ, ବିଷାଦବାଦ ଓ କଳ୍ପନାର ସର୍ବତୋମୁଖୀ ଭାବ ସମନ୍ୱିତ ବିବିଧ ଗୁଣାବଳୀ ପରିଲକ୍ଷିତ ହୁଏ। ଏବଂ ଏହା ଅଲୌକିକତା, ଦୁଃସାହସିକ ଅଭିଯାନ ଏବଂ ଅଜ୍ଞାତ ଓ ଅଲଭ୍ୟ ଲାଗି ଅତୃପ୍ତ ଅଭିଳାଷ ପ୍ରଭୃତିର ମଧ୍ୟ ଦ୍ୟୋତକ।

ପାଶ୍ଚାତ୍ୟ ସାହିତ୍ୟରୁ ହିଁ ଏହି ରୋମାଣ୍ଟିସିଜମ୍‌ର ଆଗମନ। ଏହି ରୋମାଣ୍ଟିସିଜମ୍ ଆନ୍ଦୋଳନର ସୂତ୍ରଧର ଥିଲେ ଫରାସୀ ଲେଖକ ରୁଷୋ। ୧୮ଶ ଶତାବ୍ଦୀର ମଧ୍ୟଭାଗରୁ ଏହି ରୋମାଣ୍ଟିସିଜମ୍‌ର ପ୍ରଭାବ ପାଶ୍ଚାତ୍ୟ ସାହିତ୍ୟରେ ଅନୁସୃତ ହୋଇ ୧୯ଶ ଶତାବ୍ଦୀର ଶେଷ ଭାଗ ପର୍ଯ୍ୟନ୍ତ ପ୍ରଭାବିତ କରିଥିଲା।

ପରମ୍ପରାଗତ ନୀତି-ନିୟମର ନିର୍ଦ୍ଦିଷ୍ଟ ଶୃଙ୍ଖଳାବଦ୍ଧ କ୍ଲାସିକ୍ ପରମ୍ପରାଠାରୁ ଏହି କାବ୍ୟ କବିତାର ରଚନା ଶୈଳୀରେ ଆସିଥିଲା ନୂତନତା। ଏହି ମତବାଦୀ ଲେଖକମାନେ ତାଙ୍କ କାବ୍ୟ କବିତାରେ ପ୍ରକୃତିର ଆଶ୍ରୟ ନେଇଥିଲେ।

ଫରାସୀ ସାହିତ୍ୟରେ ରୁଷୋ, ବାଲ୍‌ଯାକ୍, ଡୁମାସ୍, ହ୍ୟୁଗୋ ପ୍ରଭୃତି ଲେଖକମାନେ ସାହିତ୍ୟରେ ନୂତନତା ଆଣିଥିଲେ। ସେହିପରି କଲେରିଜ୍, ୱାର୍ଡସୱର୍ଥ, ସେଲୀ, ସ୍କଟ୍, ବାଇରନ୍, କୀଟ୍‌ସ, ଲ୍ୟାମ୍ବ, ହ୍ୟାଜଲିଟ, ରସ୍କିନ୍, ଆରନୋଲ୍‌ଡ, ମ୍ୟାକେଲ୍ ଡିକେନ୍‌ସ, ଷ୍ଟିଭେନ୍‌ସନ୍ ପ୍ରଭୃତି ବହୁ ଇଂରାଜୀ ଲେଖକ ଗଦ୍ୟ, ପଦ୍ୟ ଉଭୟ ରଚନାରେ ରୋମାଣ୍ଟିସିଜମ୍ ଉପରେ ଗୁରୁତ୍ୱ ଆରୋପ କରିଥିଲେ। ଯେତେ ପରିମାଣରେ ସାହିତ୍ୟରେ ରୋମାଣ୍ଟିସିଜମ୍‌ରୁ ବହୁଳତା ଦେଖା ଦେଇଥିଲେ ହେଁ ବାସ୍ତବବାଦ (Realism)ର ଦ୍ରୁତ ଅଭ୍ୟୁଥାନ ଯୋଗୁଁ ଏହାର ଗତି ଧୀରେ ଧୀରେ ସଂକୁଚିତ ହେବାକୁ ଲାଗିଲା।

ଇଂରାଜୀ ସାହିତ୍ୟରେ 'ରେଷ୍ଟୋରେସନ୍' ଯୁଗ ପରେ ଆମେ ରୋମାଣ୍ଟିକ୍ କବିମାନଙ୍କୁ ସାହିତ୍ୟ ଦରବାରରେ ଦେଖିବାକୁ ପାଇଥାଉ। ପୋପ୍, ଡ୍ରାଇଡ୍ରେନ୍ ପ୍ରଭୃତି ନିଓ କ୍ଲାସିକ୍ ଯୁଗର କବିମାନଙ୍କ ପରେ ୱାର୍ଡସୱାର୍ଥ, ସେଲୀ, କୀଟ୍‌ସ, ବାଇରନ୍, କୋଲେରିଜ୍ ପ୍ରଭୃତି କବିମାନେ ତାଙ୍କ କବିତାରେ ରୋମାଣ୍ଟିସିଜମ୍‌କୁ ଗ୍ରହଣ କରିଥିଲେ। ତେଣୁ ଏହି ଯୁଗକୁ ଇଂରାଜୀ ସାହିତ୍ୟରେ 'Romantic Revival' କୁହାଯାଏ। ସେତେବେଳକୁ ଯାନ୍ତ୍ରିକ ବିପ୍ଳବ ଫଳରେ ୟୁରୋପରେ ରାଜନୈତିକ, ସାମାଜିକ ତଥା ଅର୍ଥନୈତିକ ସଂକଟ ଦେଖାଦେଇଛି। ସାଧାରଣ ଜନମାନସ ଧ୍ୱଂସ୍ତବିଧ୍ୱସ୍ତ ପ୍ରାୟ। ମନୁଷ୍ୟ ମନୁଷ୍ୟ ମଧ୍ୟରେ ସଂପର୍କର ଭଙ୍ଗା ପଡ଼ିଯାଉଛି ଧୀରେ ଧୀରେ। ଏ ସମୟର କବିର ମନ ତେଣୁ ଦୁଃଖ ଓ ସଂଶୟରେ ଅଧୀର ହୋଇ ଉଠିବା ସଙ୍ଗେ ସଙ୍ଗେ ସେ ସମାଜଠାରୁ ନିଜକୁ ଦୂରେଇ ନେବାକୁ ଚାହିଁଛି। ଫଳରେ ସେ ଯୁଗର ସମସ୍ତ କବି ହୋଇ ଉଠିଛନ୍ତି ପଳାୟନବାଦୀ ବା escapist। ଏହି ପଳାୟଟି ହେଉଛି ସଂଘର୍ଷପୂର୍ଣ୍ଣ ବାସ୍ତବ ଜୀବନ ଠାରୁ ଦୂରେଇ ଯାଇ ଅବାସ୍ତବ ସ୍ୱପ୍ନରାଜ୍ୟରେ ବିଚରଣ କରିବା। କାରଣ କେତେକଙ୍କ ମତରେ- "It is not an escape from life but to life." ଏ ସମୟର କବିମାନେ ଶାନ୍ତି ଖୋଜିବାକୁ ଯାଇ କିଏ ପ୍ରକୃତିର ସୁକୋମଳ କୋଳରେ

ତ କିଏ ସୁନେଲି ଭବିଷ୍ୟତର ସ୍ୱପ୍ନଲୋକରେ କିଏ ବା ଅତୀତର ମାୟା କାନନରେ ଆଶ୍ରୟ ନେଇଛନ୍ତି । ପୁଣି Art for Arts Shake ଏ ଯୁଗର କେତେକ କବିଙ୍କର ଆଦର୍ଶ ହୋଇ ଉଠିଛି । ଏହିଭଳି ରୋମାଣ୍ଟିକ୍ ଭାବଧାରାର ବିଂଶ ଶତାବ୍ଦୀର ଓଡ଼ିଆ ସାହିତ୍ୟରେ ପ୍ରଥମ ଦୁଇ ଦଶକ ପରେ ଦେଖାଦେଇଥିଲା ।

ରୋମାଣ୍ଟିସିଜମ୍ ସମ୍ବନ୍ଧରେ ବହୁ ପାଶ୍ଚାତ୍ୟ ଲେଖକ ଏହିଭଳି ଭାବରେ ବିଭିନ୍ନ ଆଲୋଚନା କରିଯାଇଛନ୍ତି । ଆମ ଓଡ଼ିଆ ସାହିତ୍ୟରେ ମଧ୍ୟ ପ୍ରଫେସର ନିତ୍ୟାନନ୍ଦ ଶତପଥୀ, ଡକ୍ଟର ପ୍ରତିଭା ଶତପଥୀ ନିଜ ନିଜର ସନ୍ଦର୍ଭରେ ବିଶଦ୍ ଆଲୋଚନା କରିଛନ୍ତି । ପ୍ରଫେସର ଶତପଥୀ ରୋମାଣ୍ଟିସିଜମ୍‌ର ଓଡ଼ିଆ ପ୍ରତିଶବ୍ଦ ଭାବେ 'ନବରାଗବାଦ'କୁ ନେଇଛନ୍ତି । ଏହି ରୋମାଣ୍ଟିକ୍ ଚେତନାଟିକୁ ଆମେ ବିଭିନ୍ନ ଯୁଗରେ ବିଭିନ୍ନ ରୂପରେ ଦେଖିଥାଉ । ବାସ୍ତବିକ କହିବାକୁ ଗଲେ ଆମ ଓଡ଼ିଆ ସାହିତ୍ୟରେ କବି ଉପେନ୍ଦ୍ର ଭଞ୍ଜ ହିଁ ଏହି କାଳ୍ପନିକ, ଉଚ୍ଛ୍ୱାସପୂର୍ଣ୍ଣ, ରୋମାଣ୍ଟିକ୍ କାବ୍ୟ କବିତାର ପ୍ରଧାନ ପୁରୋଧା । ତାଙ୍କର ପ୍ରାୟ ସମସ୍ତ କାଳ୍ପନିକ କାବ୍ୟ ଏହି ପର୍ଯ୍ୟାୟଭୁକ୍ତ ହୋଇପାରିବ । ପରବର୍ତ୍ତୀ ଯୁଗରେ କବିବର ଯୁଗସ୍ରଷ୍ଟା ରାଧାନାଥ ରାୟଙ୍କ କାବ୍ୟ କବିତାରେ ମଧ୍ୟ ଏହି କଳ୍ପନାର ଉଚ୍ଛ୍ୱାସ ପୂର୍ଣ୍ଣ ଭାବରେ ବିକଶିତ ହୋଇଥିବାର ପରିଲକ୍ଷିତ ହୁଏ । ସୁଦୂର ଅତୀତ ମାୟାପୁରୀରେ ବିଚରଣ କରୁ କରୁ ରାଧାନାଥ ଆମକୁ ଶୁଣାଇଛନ୍ତି 'ଚନ୍ଦ୍ରଭାଗା', 'ଉଷା', 'ନନ୍ଦିକେଶରୀ' ଓ 'ପାର୍ବତୀ'ର କରୁଣ ଜୀବନର ଇତିହାସ । ପ୍ରାୟ ପ୍ରତ୍ୟେକଟି କାବ୍ୟ ତାଙ୍କର ବିୟୋଗାନ୍ତକ ହେଲେ ହେଁ ରୋମାଣ୍ଟିକ୍ ଚେତନାର ବଳିଷ୍ଠ ପ୍ରଭାବରେ ତାହା ହୋଇଛି ରସାପ୍ଲୁତ । ପାଠକ ପ୍ରାଣକୁ କରିଛି ଆନ୍ଦୋଳିତ । ଠିକ୍ ସେହିପରି 'ଚିଲିକା' କାବ୍ୟରେ ପ୍ରକୃତିର ଅଭିନବତ୍ୱ ଖୁବ୍ ସୁନ୍ଦର ଭାବରେ ରୂପାୟିତ ହୋଇ ଉଠିଛି । ରାଧାନାଥ ତେଣୁ କହିଛନ୍ତି-

"ସ୍ନିଗ୍ଧ ରୂପ ତୋର ଚିତ୍ତ ଉଲ୍ଲାସକ
ସୁମଧୁର ଦ୍ୱୈତ ଭାବର ଦ୍ୟୋତକ ।"

ରାଧାନାଥଙ୍କ ପ୍ରଥମ କାବ୍ୟ 'କେଦାର ଗୌରୀ' (୧୮୮୫)କୁ ଅନୁଧ୍ୟାନ କଲେ ଜଣାଯାଏ ତାହା ଏକ ରୋମାଣ୍ଟିକ୍ କାବ୍ୟ । ପ୍ରେମିକ ପ୍ରେମିକାଙ୍କ ପାଇଁ ଗୃହର ରନ୍ଧ୍ର ହିଁ ଥିଲା ଏକମାତ୍ର ମିଳନର ପନ୍ଥା । ଉଭୟ ନିଜ ନିଜକୁ ମିଳିତ କରାଇ ନ ପାରି ରନ୍ଧ୍ର ପାଖରେ ବସି ଶୋକ ପ୍ରକାଶ କରୁଥିଲେ କେବଳ ଦୁହିଁଙ୍କର ବଚନ ହିଁ ରନ୍ଧ୍ର ବାଟ ଦେଇ ଉଭୟଙ୍କ ନିକଟରେ ପହଞ୍ଚୁଥିଲା ।

"ରବି ଅସ୍ତ ହେଲେ ବ୍ୟସ୍ତେ ଦୁହେଁ ଯାଇ
ବସନ୍ତି ସେ ରନ୍ଧ୍ର ପାଶେ,

ବେନିଙ୍କ ବଦନ ଆପ୍ଲୁତ ହୁଅଇ
 ବେନିଙ୍କର ଶୋକ ଶ୍ୱାସେ।" (୧)
 (କେଦାର ଗୌରୀ, ରାଧାନାଥ ରାୟ ଗ୍ରନ୍ଥାବଳୀ, ପୃ-୩୪)

ଏହି କବିତାରେ କେଦାର ଓ ଗୌରୀ ଉଭୟେ ମିଳନର ଅନ୍ୟ ବାଟ ନ ପାଇ ଗୃହତ୍ୟାଗ କରିଛନ୍ତି, ଠିକ୍ ସେହିପରି ଅନୁରୂପ ଚିତ୍ର ଦେଖିବାକୁ ମିଳେ 'ନନ୍ଦୀକେଶ୍ୱରୀ' କାବ୍ୟରେ। 'ନନ୍ଦିକେଶ୍ୱରୀ' ଯୁଦ୍ଧ ସମୟରେ ଶତ୍ରୁ ହେଲେ ମଧ୍ୟ ଚୋରଗଙ୍ଗଙ୍କ ପ୍ରେମରେ କିପରି ପଡ଼ିଯାଇଛନ୍ତି ସେହି ରୋମାଣ୍ଟିକ୍ ଚିତ୍ରଟି କବି ରାଧାନାଥ ଦର୍ଶାଇଛନ୍ତି ତାଙ୍କ କାବ୍ୟରେ -

"ଚୋର ହାତେ ଦେଲି ପ୍ରଣୟ ପସରା
ନ ଧରି ପଡ଼ିଲି ଚୋର ହାତେ ଧରା
ନାରୀ ମନ ଚୋର ଚୋର ମହାବୀର
ଚୋର ନାମ ତେଣୁ ରହିଛି ମହୀର
ଗଲା ହୃଦୟ ନ ଆସିବ ବାହୁଡ଼ି
ପକ୍ଷ ଥିଲେ ଦେହ ଯାଇଥାନ୍ତି ଉଡ଼ି।" (୨)
(ନନ୍ଦିକେଶରୀ, ରାଧାନାଥ ରାୟ ଗ୍ରନ୍ଥାବଳୀ, ପୃ-୫୮)

ପୁଣି ତାଙ୍କ ରଚିତ ୧୮୮୬ ମସିହାରେ 'ଚନ୍ଦ୍ରଭାଗା' କାବ୍ୟଟି ସଂପୂର୍ଣ୍ଣ ରୋମାଣ୍ଟିକ୍ ଚେତନାର ପରିଚୟ ବହନ କରି ଦଣ୍ଡାୟମାନ ହୋଇଛି। ଏଠାରେ କବି ଚନ୍ଦ୍ରଭାଗାର ସୌନ୍ଦର୍ଯ୍ୟ ବର୍ଣ୍ଣନା ମାଧ୍ୟମରେ ରୋମାଣ୍ଟିକ୍ ଦିଗଟିକୁ ସୂଚାଇ ଅଛନ୍ତି -

"ଅସମ୍ଭାଳେ ଫିଟି କୁନ୍ତଳ / ଭୂମି ଯାଏ ପରଶି
ଯେଣେ ଅନାଉଛି ଲଳନା / ଫୁଲ ଯାଏ ବରଷି।" (୩)

ପୁଣି କବି ସୂର୍ଯ୍ୟଦେବଙ୍କୁ ଡରି ଚନ୍ଦ୍ରଭାଗାର ପଳାୟନକୁ କାବ୍ୟରେ ଖୁବ୍ ସୁନ୍ଦର ଭାବେ ଉପସ୍ଥାପିତ କରି ଲେଖିଅଛନ୍ତି -

"ପଳାୟନେ ପୁଣି ସୁନ୍ଦରୀ ଦିଶେ ସୁନ୍ଦରରେ
ଅସମ୍ଭାଳେ ବେଶ-ଭୂଷଣେ ଆହା କି ମନୋରମ।" (୪)

ତାଙ୍କ ରଚିତ 'ଉଷା', 'ଯଯାତି କେଶରୀ' ଏ ସମସ୍ତ କାବ୍ୟ ରୋମାଣ୍ଟିକ୍ ଚେତନାର ଏକ ଯଥାର୍ଥ ସ୍ୱାକ୍ଷର ବହନ କରି ଓଡ଼ିଆ ସାହିତ୍ୟରେ ଏକ ଅପ୍ରତିଦ୍ୱନ୍ଦ୍ୱୀ ସ୍ଥାନ ଅଧିକାର କରିଅଛି।

ରାଧାନାଥ ଯୁଗ ପରେ ଓଡ଼ିଆ ସାହିତ୍ୟରେ କାବ୍ୟଯୁଗର ଅବସାନ ଘଟିଲା। ଗୀତି କବିତାର ଯୁଗ ବା Age of Lyrics ଆସିଲା। ନନ୍ଦକିଶୋର ବଳ (୧୮୭୫-

୧୯୨୮), ପଦ୍ମଚରଣ (୧୮୮୫-୧୯୫୫), କୁନ୍ତଳା କୁମାରୀ (୧୯୦୦-୧୯୩୮), ଗୋଦାବରୀଶ ମିଶ୍ର (୧୮୮୬-୧୯୫୬) ପ୍ରଭୃତି ଗୀତିକବିଙ୍କ କାବ୍ୟ କବିତାରେ ମଧ୍ୟ ଏହି ରୋମାଣ୍ଟିକ୍ ଭାବଧାରାଟି ବେଶ୍ ସୁସ୍ପଷ୍ଟ।

ପଲ୍ଲୀପ୍ରାଣ କବି ନନ୍ଦକିଶୋର ବଳଙ୍କ କବିତାରେ ମଧ୍ୟ ରୋମାଣ୍ଟିକ୍ ଭାବଧାରାଟି ଦେଖାଯାଏ। ସେ ଇଂରାଜି ରୋମାଣ୍ଟିକ୍ କବିମାନଙ୍କୁ ଖୁବ୍ ଅନୁସରଣ କରିଥିବାର ଜଣାଯାଏ। ତାଙ୍କ ରଚିତ 'ବସନ୍ତ କୋକିଳ' କବିତା ସଂକଳନଟି ରୋମାଣ୍ଟିକ୍ ସ୍ୱରର ପରିଚୟ ବହନ କରି ଠିଆହୁଏ ପାଠକଙ୍କ ସାମ୍ନାରେ। ତାଙ୍କର 'ସଫଳ ସ୍ୱପ୍ନ', 'ସ୍ରୋତ ସଙ୍ଗମ', 'ମାନସୀ ମୂର୍ତ୍ତି' ଆଦି ରସୋତ୍ତୀର୍ଣ୍ଣ କବିତା। ପଲ୍ଲୀକବି ନନ୍ଦକିଶୋର ଉତ୍କଳର ଜନତାକୁ ଖୁବ୍ ସାଧାରଣ ଅଥଚ ମନୋଜ୍ଞ ଭାବରେ ତାଙ୍କ କବିତାରେ ପ୍ରତିଭାତ କରାଇଛନ୍ତି। ତାଙ୍କ କବିତାରେ ପଲ୍ଲୀବାସୀଙ୍କ ଜୀବନଧାରା ଚାଲି ଚଳଣିର ଜୀବନ୍ତ ଚିତ୍ର ଦେଖାଯାଏ। ଏହା ରୋମାଣ୍ଟିକ୍ ଚେତନା ବୋଲି କୁହାଯିବ ନାହିଁ କି? କବି ଲେଖିଛନ୍ତି ତାଙ୍କ 'ନିର୍ଝରିଣୀ' କବିତାରେ କିପରି ନୂଆବୋହୂଟି ତାର ଜାଳେଣି ସଜାଡୁଛି, ତା' ସାଙ୍ଗକୁ ଭୋଦୁଅ ମାସର ଜହ୍ନିଫୁଲ ଗୀତ, ଖୁଦୁରୁକୁଣୀ ଓଷା ପୁଣି ପ୍ରକୃତିର ଶୋଭା, ତା' ସାଙ୍ଗକୁ ବର୍ଷା ଋତୁ ଏସବୁ ତାଙ୍କ ରୋମାଣ୍ଟିକ୍ କାବ୍ୟମାନସରେ ରୋମାଣ୍ଟିକ୍ ପ୍ରବଣତା ଲକ୍ଷ୍ୟ କରି ହୁଏ। ତାଙ୍କର 'କୋକିଳ ପ୍ରତି' କବିତାଟି ୱାର୍ଡସୱର୍ଥଙ୍କ 'To the Cuckoo'ର ଅନୁବାଦ। ପୁଣି ପ୍ରବାସୀ କବିତାଟି କବି ଟେନିସନ୍ଙ୍କ 'The Princess'ର ଅନୁବାଦରେ ରଚିତ।

"ନଶ୍ୱର ଯୌବନ ପୁଣି ନଶ୍ୱର ଜୀବନ
ନିଷ୍କପଟ ପ୍ରୀତି କିନ୍ତୁ ଅଟେ ଚିରନ୍ତନ।" (ପ୍ରବାସୀ)

ପଲ୍ଲୀପ୍ରାଣତାର ଚରମ ନିଦର୍ଶନ ସ୍ୱରୂପ କବିତାରେ ଲୋକଗୀତି ପ୍ରତି ଅନାବିଳ ମମତ୍ୱ ତାଙ୍କୁ ଅଧିକ ରୋମାଣ୍ଟିକ୍‌ଧର୍ମୀ କରି ତୋଳିଛି।

"ଡିବି ଡିବି ବାଜେ ଯୋଡ଼ି ନାଗରା ହେ
କାଉ ଡାକେ କାଆ ।କଆ;
ଖରା କରୁଅଛି ମେଘ ବରଷୁଛି
ବିଲୁଆ ପୁଅର ବାହା।" (ନିର୍ଝରିଣୀ)

ଏହିଭଳି ଭାବରେ ନନ୍ଦକିଶୋରଙ୍କ କବିତାରେ ରୋମାଣ୍ଟିକ୍ ଚେତନା ପରିଲକ୍ଷିତ ହୁଏ।

ରୋମାଣ୍ଟିକ୍ କବି ଗୋଦାବରୀଶଙ୍କ ରଚନା 'କାଳିଜାଇ', 'ଯାଚିକି ପାରିବି',

'ଆସିଛି', 'ଶାଳିଆ' ଆଦି ଗୀତିକବିତା ବେଶ୍ ରୋମାଣ୍ଟିକ୍ ଭାବଧାରାସଂପନ୍ନ। ତାଙ୍କର 'ସଖା' କବିତାରେ

"ବହ ରେ ସମୀର ଧାରା ଆସ ଫୁଲକେ ବହି
ଏ ତରୁ ଲତିକା ଯାଅ, ପ୍ରୀତି ପରଶେ ଛୁଇଁ।" (ସଖା)

ତାଙ୍କର 'ପତ୍ନୀ', 'ପ୍ରତ୍ୟାଖ୍ୟାନ', 'ଭାଲୁଥାଅ' ପ୍ରଭୃତି ପ୍ରେମମୂଳକ ଗୀତିକାରେ ରୋମାଣ୍ଟିକ୍ ଚେତନାର ସାର୍ଥକତା ରହିଛି। କବି କେତେକ ରୋମାଣ୍ଟିକ୍ କବି କୃତିକୁ ଅନୁବାଦ ମଧ୍ୟ କରିଛନ୍ତି। ଏଥିରୁ ରୋମାଣ୍ଟିକ୍ ସାହିତ୍ୟ ପ୍ରତି ତାଙ୍କର ଗଭୀର ଅନୁରାଗ ଓ ଆକର୍ଷଣ ଲକ୍ଷ୍ୟ କରାଯାଇପାରେ। ଟେନିସନ୍‌ଙ୍କ "The beggar maid ଓ The brook ଯଥାକ୍ରମେ କବି ଗୋଦାବରୀଶଙ୍କ ଅନୁବାଦରେ 'ଭିକାରୁଣୀ' ଓ 'ନିର୍ଝର' ରୂପେ ପ୍ରକାଶିତ। ୱାର୍ଡସୱାର୍ଥଙ୍କର 'We are Seven ଓ To the Cuckoo ଯଥାକ୍ରମେ 'ଆମେ ସାତ' ଓ 'କୋଇଲି'ରେ ରୂପାନ୍ତରିତ ହୋଇଛି।

"Her arms across her breast she laid
She was more fair than words can say
Bare-footed came the beggar maid
Before the king...."

(The Beggar Maid, Tennyson)

"କର ଯୁଗଳେ ସେ ଛନ୍ଦି ଆବୋରିଛି ବୁକୁ
ବଚନେ ନୋହିବ କହି ଶୋଭା ତାର
ଅର୍ଦ୍ଧ ଭଲ ଗନେ ଆସି ଭିକାରୁଣି ନାରୀ
ପରଶିଲା ପଦେ ନୃପ ସିଂହ ଦ୍ୱାରେ।"

(ଭିକାରୁଣୀ, ଚୟନିକା, ପୃ-୧)

"ରୋମାଣ୍ଟିକ୍ ଓଡ଼ିଆ ଗୀତି କବିତାର ଅଭିବୃଦ୍ଧି ଓ ଆତ୍ମିକ ସମୃଦ୍ଧି ପାଇଁ କବି ଗୋଦାବରୀଙ୍କ ଅବଦାନ ଏକ ଐତିହାସିକ ସ୍ମୃତି ହୋଇ ରହିବ, ଏଥିରେ ସନ୍ଦେହ ନାହିଁ।" (୩)

ରୋମାଣ୍ଟିକ୍ କବି ପଦ୍ମଚରଣ ଅନେକ ସାର୍ଥକ ରୋମାଣ୍ଟିକ୍ ଗୀତିକବିତା ରଚନା କରି ତାଙ୍କ କାବ୍ୟ ମାନସର ପରିଚୟ ଦେଇଛି। 'ସ୍ୱର୍ଣ୍ଣରେଣୁ', 'ପଦ୍ମପାଖୁଡ଼ା', 'ଗୋଲାପଗୁଚ୍ଛ', 'ଆଶାମଞ୍ଜରୀ' ଆଦି କବିତା ଗ୍ରନ୍ଥରେ କବିଙ୍କର ରୋମାଣ୍ଟିକ୍ ଭାବଟି

---

(୩) ଡକ୍ଟର ପ୍ରତିଭା ଶତପଥୀ, କଜ୍ଜଳର ଅଭିଷେକ, ପୃ: ୧୮୩

ବେଶ୍ ପରିଲକ୍ଷିତ ହୁଏ। ତାଙ୍କ ରଚନାରେ ଆମେ ପ୍ରେମ, ସ୍ୱପ୍ନପ୍ରବଣତା, ରହସ୍ୟାଚ୍ଛନ୍ନ, ଅନୁଭୂତି, ଜାତୀୟ ଚେତନା, ପ୍ରକୃତି ପ୍ରତି ନିବିଡ଼ ଆନ୍ତରିକତାର ଏକ ଅପୂର୍ବ ସମ୍ମିଶ୍ରଣ ଦେଖିବାକୁ ପାଉ। ଏହାହିଁ ତାଙ୍କ ରୋମାଣ୍ଟିକ୍ କାବ୍ର ଚେତନାର ଏକ ନିର୍ଦ୍ଦିଷ୍ଟ ତଥା ବଳିଷ୍ଠ ସ୍ୱାକ୍ଷର ବହନ କରି ଆସିଅଛି। ଅନ୍ନଦାଶଙ୍କର ରାୟ 'ଉତ୍କଳ ସାହିତ୍ୟ'ରେ କବି ପଦ୍ମଚରଣଙ୍କ ସମ୍ବନ୍ଧରେ କହିଛନ୍ତି- "କବି ପଦ୍ମଚରଣଙ୍କ କବିତାର ବିଶେଷତ୍ୱ ତାହାର ଅନାଡ଼ମ୍ବର ଚେହେରା, ଅନାଡ଼ମ୍ବର ବେଶ। ତାଙ୍କ କବିତା ଯେମିତି ଚଷାଘରର ଝିଅ, ତାହାର ଅଳଙ୍କାରର ଯମକ ନାହିଁ, ତା' ଶାଢ଼ୀ ଦେହରେ କାରିଗରି ନାହିଁ। - ଅଳ୍ପ କେତୋଟି ରଙ୍ଗ, ସ୍ପଷ୍ଟ କେତୋଟି ରେଖା, ନା ଅଛି କୌଶଳ, ନା ଅଛି ବାହୁଲ୍ୟ, ନା ଅଛି ବୈଚିତ୍ର୍ୟ। ଚଷାଝିଅ ମନଟି ସେମିତି। ସେ ମନରେ ଯୌବନର ଉନ୍ମାଦନା ନାହିଁ। (ସବୁଜ ଅକ୍ଷର - ପୃ:୧୧୮) କୈଶୋରର ସ୍ନିଗ୍ଧତା ଅଛି, ବୟସର ଛାପ ପଡ଼ିନାହିଁ। ଦେଖିଲେ ମନେହୁଏ ଚିର କିଶୋରୀ।"

'ସେହିପରି', 'ମନେପଡ଼େ', 'ନାମକରଣ', 'ପ୍ରବାସୀ', 'ସୈନିକର ଶେଷ ଚିନ୍ତା', 'ଅନୁରାଗ', 'ଗୋପବାଳାର ବ୍ୟଥା' ଆଦି କବିତାରେ କବିଙ୍କ ସୂକ୍ଷ୍ମ ପ୍ରେମାନୁଭୂତି ଓ ପ୍ରଣୟ ଚେତନା ପ୍ରମୂର୍ତ୍ତ। ତାଙ୍କର 'ପଦ୍ମପାଖୁଡ଼ା' ସଂକଳନସ୍ଥ 'ବର ହେ' କବିତା ରୋମାଣ୍ଟିକ୍ ଚେତନାର ଏକ ପ୍ରକୃଷ୍ଟ ଉଦାହରଣ। 'ରୂପସୀ' କବିତାରେ କବି ନାରୀ ହିଁ ମର୍ତ୍ତ୍ୟରେ ଅମରତ୍ୱ ଆଣିଦିଏ ଓ ରୂପମଦିରାରେ ବିଶ୍ୱର ବିଷଜ୍ୱାଳା ହରଣ କରିବାକୁ ସମର୍ଥ ହୁଏ ବୋଲି ବର୍ଣ୍ଣନା କରି ଲେଖିଛନ୍ତି-

"ଲୁଚି ଲୁଚି ଦେଖାଦିଅ ସୌନ୍ଦର୍ଯ୍ୟର ହାଟ ଖୋଲି
ସଂସାର ତାପିତ ନେତ୍ରେ ବୋଳରେ ଅଞ୍ଜନ ଗୋଳି।
ସଂସାର ଧୂଳି ହେଉ ପରଶରେ ସ୍ୱର୍ଣ୍ଣରେଣୁ
ମର କାରାଗାରେ ବାଜୁ ଅମରର ବୀଣା ବେଣୁ
ଢାଳ ଢାଳ ହେ ରୂପସୀ, ରୂପର ଅମୀୟ ଧାରା
ତବ ବିନା କେ ହରିବ ଏ ବିଷର ବିଷଜ୍ୱାଳା।"

କବି ପଦ୍ମଚରଣ ମଧ୍ୟ କେତେକ ରୋମାଣ୍ଟିକ୍ କବିତାକୁ ଅନୁବାଦ କରିଥିଲେ। କବି କ୍ରିଷ୍ଟିଆନ୍ ରସେଟିଙ୍କ 'Queen Rose'କୁ 'ଗୋଲାପ ରାଣୀ' ଶୀର୍ଷକରେ ଅନୁବାଦ କରିଛନ୍ତି। କବି ୱର୍ଡ଼ସୱାର୍ଥଙ୍କ 'Poets Epithaph' ଓ 'Lucy'କୁ ଯଥାକ୍ରମେ 'କବି ସମାଧି' ଓ 'ଚାଲିଗଲା' ନାମରେ ଅନୁବାଦ କରି ରୋମାଣ୍ଟିକ୍ ପ୍ରବଣତାର ପରିଚୟ ଦେଇଛନ୍ତି।

ନାରୀକବି କୁନ୍ତଳା କୁମାରୀ ସାବତ୍ ଓଡ଼ିଆ ସାହିତ୍ୟ ଜଗତରେ ଜଣେ ଅପ୍ରତିଦ୍ୱନ୍ଦ୍ୱୀ

କଳାକାର। ତାଙ୍କ ଗୀତିକବିତାଗୁଡ଼ିକ ମଧ୍ୟରେ 'ଅଞ୍ଜଳି' (୧୯୨୨), 'ଉଚ୍ଛ୍ୱାସ' (୧୯୨୪), 'ଅର୍ଚ୍ଚନା' (୧୯୨୭), 'ପ୍ରେମ ଚିନ୍ତାମଣି' (୧୯୨୮), 'ସ୍ଫୁଲିଙ୍ଗ' (୧୯୨୯), 'ଆହ୍ୱାନ' (୧୯୩୦) ଇତ୍ୟାଦି ପ୍ରଧାନ। 'ଅଞ୍ଜଳି', 'ଉଚ୍ଛ୍ୱାସ' ଓ 'ଅର୍ଚ୍ଚନା' ଏହି ତିନିଟି କବିତା ସଂକଳନରେ ପ୍ରେମ ପ୍ରଣୟ, ଈଶ୍ୱର ଲିପ୍‌ସା ଓ ପ୍ରକୃତି ପ୍ରୀତିର ମଂଜୁଳ ପ୍ରକାଶ ଦେଖାଦିଏ।

ଉପରୋକ୍ତ ରୋମାଣ୍ଟିକ୍ ଚେତନାଟିକୁ ଆମେ ବିଭିନ୍ନ ଯୁଗର ସୃଷ୍ଟିରେ ଦେଖିଥାଉ। ଓଡ଼ିଆ ସାହିତ୍ୟାକାଶରେ ଯେତେବେଳେ ରାଧାନାଥ, ଫକୀରମୋହନ ଓ ମଧୁସୂଦନଙ୍କ କଣ୍ଠ ନିରବ ହୋଇ ଆସୁଥିଲା ଏବଂ ଗଙ୍ଗାଧର ନନ୍ଦକିଶୋରଙ୍କ ଲେଖନୀ ତଥାପି ଥିଲା ସୃଷ୍ଟିରତ। ଠିକ୍ ସେତିକିବେଳେ ଇଂରାଜୀ ରୋମାଣ୍ଟିକ୍ ରିଭାଇଭାଲ୍‌ର ମଙ୍ଗଳାଚରଣ କରି ସେହି ସନ୍ଧିକ୍ଷଣରେ ସବୁଜ କବିମାନଙ୍କ ସମେତ ସଚ୍ଚିନ୍ଦ୍ରନାଥ, ବ୍ରଜମୋହନ, ପ୍ରିୟନାଥ, ଦୀନବନ୍ଧୁ ପ୍ରଭୃତି କେତେକ ଗୌଣ କବି ଓଡ଼ିଆ ସାହିତ୍ୟ ଜଗତରେ ଏକ ଅଭିନବ ସାହିତ୍ୟ ସୃଷ୍ଟି କରିଥିଲେ। ୧୯୧୩ରେ କବିଗୁରୁ ରବୀନ୍ଦ୍ରନାଥ ନୋବେଲ ପୁରସ୍କାର ବିଜେତା ହେବା ପରେ ତାଙ୍କର ସାହିତ୍ୟର ପ୍ରଭାବ ପ୍ରତ୍ୟେକ ପ୍ରାନ୍ତୀୟ ସାହିତ୍ୟରେ ଦେଖାଗଲା। ଓଡ଼ିଆ ସାହିତ୍ୟ ଜଗତରେ ମଧ୍ୟ ଏହାର ଅଲଂଘନୀୟ ପ୍ରଭାବ ପଡ଼ିଥିଲା। ଏହି କାବ୍ୟ ପ୍ରୟାସ ମୁଖ୍ୟତଃ ଏକ ସଂଗଠିତ ଉଦ୍ୟମ ମାଧ୍ୟମରେ ପ୍ରକଟିତ ହୋଇଥିବାରୁ ଏହାର ସ୍ରଷ୍ଟାମାନଙ୍କୁ ଏକ ନିର୍ଦ୍ଦିଷ୍ଟ ସାହିତ୍ୟିକ ଗୋଷ୍ଠୀରେ ଅନ୍ତର୍ଭୁକ୍ତ କରାଗଲା। ଏହି ଗୋଷ୍ଠୀରେ ପାଞ୍ଚଜଣ ଥିଲେ ହେଁ ଅନ୍ନଦାଶଙ୍କର, କାଳିନ୍ଦୀଚରଣ ଓ ବୈକୁଣ୍ଠନାଥ ହିଁ କାବ୍ୟ, କବିତା କ୍ଷେତ୍ରରେ ପ୍ରସିଦ୍ଧି ଲାଭ କରିଥିଲେ। ଶରତ୍ ଚନ୍ଦ୍ର ଓ ହରିହରଙ୍କ ଓଡ଼ିଆ ସାହିତ୍ୟକୁ ଅବଦାନ ସେତେ ଉଲ୍ଲେଖଯୋଗ୍ୟ ନ ଥିଲା। ଏହି ପାଞ୍ଚଜଣଙ୍କୁ ସବୁଜ ଗୋଷ୍ଠୀ ଭାବରେ ସମାଲୋଚକମାନେ ବର୍ଣ୍ଣନା କରିଥିଲେ। ଯେତେଦୂର ମନେହୁଏ ଇଂରାଜୀ ସାହିତ୍ୟର ରୋମାଣ୍ଟିକ୍ ଯୁଗ ଭାବଧାରାରେ ଏମାନେ ବେଶ୍ ଅନୁପ୍ରାଣିତ ହୋଇଥିଲେ। ସୁରେନ୍ଦ୍ର ମହାନ୍ତି ଏ ସମ୍ବନ୍ଧରେ କହିଛନ୍ତି "ସବୁଜ ଗୋଷ୍ଠୀର କବିମାନେ x x x ରୋମାଣ୍ଟିକ୍ ଆକୁଳତା, ପୁଣି ଛନ୍ଦ କ୍ଷେତ୍ରରେ ନାନା ଅଭିନବ ଅନୁଶୀଳନ ଓଡ଼ିଆ କବିତା କ୍ଷେତ୍ରରେ ଏକ ନୂତନ ହିଲ୍ଲୋଳ।

ସବୁଜ ଗୋଷ୍ଠୀରେ ରୋମାଣ୍ଟିକ୍ ଚେତନା କହିଲେ ପ୍ରେମ, କଳ୍ପନା ଓ ସୌନ୍ଦର୍ଯ୍ୟରେ ନିଜକୁ ବୁଡ଼ାଇ ରଖି ସ୍ୱପ୍ନାଭାବାବିଷ୍ଟ ହୋଇ କଳ୍ପଲୋକରେ କବି ନିଜର କବିତାର କୁଟୀର ନିର୍ମାଣ କରେ। ସବୁଜ ଗୋଷ୍ଠୀର କବିମାନେ ତାଙ୍କର ପ୍ରିୟା ସାଙ୍ଗରେ ନିଜକୁ ସଂପୂର୍ଣ୍ଣ ରୂପେ ବିଚ୍ଛିନ୍ନ କରି ଦେବାକୁ ଚାହାନ୍ତି। ବାସ୍ତବ ଜଗତଠାରୁ ଦୂରରେ ରହି ଏକ ଆନନ୍ଦ ଓ ସୌନ୍ଦର୍ଯ୍ୟମୟ ପରିବେଶର ସନ୍ଧାନରେ ସେମାନେ ବ୍ୟାପୃତ।

ସେହି ପରିବେଶଟି ହେଉଛି କବିର କଳ୍ପନାମୟ ଜଗତ। ଯେଉଁଠାରେ କବି ତାଙ୍କର କଳ୍ପନାର ପ୍ରେୟସୀର ସାନ୍ନିଧ ଲୋଡ଼ିଛନ୍ତି। ସବୁଜ ଧାରାର କବିମାନଙ୍କ ମଧ୍ୟରେ ଆମେ ଅନ୍ନଦା, କାଳିନ୍ଦୀ ଓ ବୈକୁଣ୍ଠନାଥଙ୍କ ରଚନାରୁ ରୋମାଣ୍ଟିକ୍ ଚେତନା ସମ୍ବନ୍ଧରେ ଯଥେଷ୍ଟ ଆଭିମୁଖ୍ୟ ପାଇଥାଉ।

କବି ଅନ୍ନଦା ଶଙ୍କର ତାଙ୍କ 'ସବୁଜ ପରୀ' କବିତାରେ ଏହି ରୋମାଣ୍ଟିକ୍ ଚିନ୍ତାଧାରାର ମଙ୍ଗଳାଚରଣ କରିଛନ୍ତି। ୧୯୨୨ରୁ ୧୯୨୬ ମାତ୍ର ଏହି ୪ ବର୍ଷ ହିଁ କବିଙ୍କର ଓଡ଼ିଆ ସାହିତ୍ୟାକାଶକୁ ଆଗମନ ଓ ନିଷ୍କ୍ରମଣ। ସେ ମାତ୍ର ୧୪ଗୋଟି ଗୀତିକବିତା ଲେଖିଥିଲେ। ଏ ସମସ୍ତ କବିତା ରୋମାଣ୍ଟିକ୍ ଭାବାପନ୍ନ। ୧୮ରୁ ୨୨ ବର୍ଷ ମଧ୍ୟରେ ସେ ଏ ସମସ୍ତ କବିତା ରଚନା କରିଥିଲେ। ସେଥିପାଇଁ ଏଥିରେ ଯୁବପ୍ରାଣର ସ୍ୱପ୍ନ ତରଳ ଓ ପଳାୟନ ମନୋଭାବ ଏତେ ତୀବ୍ର। ତାଙ୍କର ଉନ୍ନତ ସୃଷ୍ଟି ମଧ୍ୟରେ ଆମେ ତାଙ୍କର କବି ପ୍ରତିଭାର ପ୍ରକୃତ ପରିଚୟ ପାଇଥାଉ। ସେଗୁଡ଼ିକରେ ଆମେ 'ପ୍ରଳୟ ପ୍ରେରଣା'ରେ ଉଦ୍‌ବୁଦ୍ଧ ହୋଇ 'କମଳାବିଳାସୀ' ବିଦାୟ ଦେଖିବା ସଙ୍ଗେ ସଙ୍ଗେ ପ୍ରଣୟୀ ପ୍ରଣୟିନୀଙ୍କର 'ପରୀ ମହଲ'ରେ ସୃଜନ ସ୍ୱପ୍ନ ଦେଖୁ। ତାଙ୍କର ଏହି ପଳାୟନ ମନୋଭାବଟି ଦୁଇ ଭାଗରେ ବିଭକ୍ତ। "ପ୍ରଥମତଃ କଳ୍ପନାର କଳ୍ପଲୋକ ଗଢ଼ି ଅଖଣ୍ଡ ପ୍ରେମ ଯୌବନ ସମ୍ଭୋଗ ପାଇଁ ସେହି କଳ୍ପଲୋକକୁ ପଳାୟନ ଏବଂ ଦ୍ୱିତୀୟତଃ ସଂସାରର ସଂଘର୍ଷମୟ ଜୀବନର ବ୍ୟତିବ୍ୟସ୍ତତାରେ ଅତିଷ୍ଠ ହୋଇ ପ୍ରକୃତି କୋଳକୁ ପଳାୟନ।" (୪) କବି ଅନ୍ନଦାଶଙ୍କରଙ୍କ ରଚିତ 'ସୃଜନ ସ୍ୱପ୍ନ' କବିତାରେ ପ୍ରକୃତ ରୋମାଣ୍ଟିକ୍ ମାନସିକତା ଦେଖିବାକୁ ମିଳେ। ଏଠାରେ କବିଙ୍କର ପଳାୟନବାଦୀ ମନୋଭାବ (escapism)ର ପରିଚୟ ମିଳେ। କବି ଯେଉଁ ଅଖଣ୍ଡ ସୁଖ ଓ ଅଭିସାରର ଆଶା ରଖିଛନ୍ତି ସେ ସୁଖ ଯେ ଏ ପୃଥିବୀରେ ମିଳିବା ଅସମ୍ଭବ ସେକଥା କବି ଜାଣିପାରିଛନ୍ତି। କାରଣ ଏ ମିଛମାୟା ଭରା କ୍ଷଣିକ ସଂସାରରେ ସୁଖ ମିଳିବା କଷ୍ଟକର। ତେଣୁ ସେ ଏ ଭବକୁ ମରୀଚିକା ସହ ତୁଳନା କରିଛନ୍ତି ଏବଂ ନିଜର ପ୍ରିୟାକୁ ସେ ଏ ଭବ ସଂସାରରୁ ଦୂରେଇ ଯାଇ ଅମରାବତୀରେ ତାଙ୍କର ଆହ୍ଲାଦମୟ ଜୀବନ ବିତେଇବାକୁ ଚାହିଁଛନ୍ତି। ସୃଜନ ମୋହରେ କବି ବ୍ୟଗ୍ର ହୋଇ ଏ ପୃଥିବୀରୁ ପଳାଇବାକୁ ଚାହିଁଛନ୍ତି।

"ଏ ମରମରୁ ସହିବ କିଏ ? ମରୀଚିକା ମୟ ଭବ ହେ
ନିରମି ନୀଡ଼ ସେ ଅମରାରେ ନିତ୍ୟନବ ସୁଖାଭିସାର
ଯାପିବା ଦିନ ଉଭୟେ।"

---

(୪) ଡକ୍ଟର ପ୍ରତିଭା ଶତପଥୀ, କଳ୍ପନାର ଅଭିଷେକ, ପୃ-୨୨୯

ସ୍ୱପ୍ନଲୋକ ଅଥବା ଅବାସ୍ତବ ସଂସାର କଥା କବି କଳ୍ପନା କରିଛନ୍ତି। ଯେଉଁଟା କି ଏ ମର ଜଗତର ବ୍ୟକତି୍ ପକ୍ଷେ ନିତାନ୍ତ ଅଲଭ୍ୟ। ସେହିଭଳି ଏକ ବିସ୍ମୟଜନକ ପରିକଳ୍ପନାରେ କବି ତାଙ୍କ ମନକୁ ରୋମାଣ୍ଟିକ୍ ପରିବେଶରେ ବୁଡ଼ାଇ ରଖିବାକୁ ଚାହାଁନ୍ତି। କବିଙ୍କ ମତରେ ତାଙ୍କର ପ୍ରେମ-ପ୍ରଣୟର ଅଭିଳାଷ ଏ ମରଜଗତରେ ସାର୍ଥକ ହେବ ତ ଦୂରର କଥା, ସେ ତାଙ୍କର ପ୍ରେୟସୀକୁ ଇଚ୍ଛାମତେ ସୁବେଶ ମଧ୍ୟ କରାଇ ପାରନ୍ତି ନାହିଁ। ଏ ଧରାରେ ବାସ କରିବା କବି ପକ୍ଷରେ ଅତ୍ୟନ୍ତ ଅସହ୍ୟ। ତାଙ୍କ ମତରେ ଯୌବନ ଏଠାରେ କ୍ଷଣସ୍ଥାୟୀ। ସେ ଚାହାଁନ୍ତି ପ୍ରିୟା ସହିତ କବି ସଦାସର୍ବଦା ଯୌବନରେ ଉବୁଟୁବୁ ହୋଇ ରହନ୍ତେ। ତେଣୁ ତାଙ୍କ କଳ୍ପନାର କଳ୍ପଲୋକକୁ ଅଥବା ଏକ ଅବାସ୍ତବ ଦୂରବର୍ତ୍ତୀ ଓ ଅଦେଖା ସ୍ଥାନକୁ ପଳାୟନ କରିବାକୁ ସେ ଚାହାନ୍ତି। ସେଥିପାଇଁ ତାଙ୍କ ସମ୍ମୁଖରେ ଯେତେ ବାଧା ବନ୍ଧନ ଆସିଲେ ମଧ୍ୟ ତାକୁ ସେ ଅତିକ୍ରମ କରିଯିବାକୁ ଚାହିଁଛନ୍ତି। ସେ ଏପରିକି ଗ୍ରହ, ତାରକାକୁ ମଧ୍ୟ ଅତିକ୍ରମ କରି ଏମିତି ଏକ ଜାଗାକୁ ପଳାଇଯିବାକୁ ଚାହାଁନ୍ତି ଯେଉଁଠାରେ ଯୌବନ କେବେ ପଳିତ ହୁଏ ନାହିଁ ଏବଂ ମଳୟ ତା'ର ଫୁଲସମ୍ଭାର ଓ ସୁଗନ୍ଧ ନେଇ ନିୟତ ବିଚରଣ କରୁଥାଏ। ଅବନୀରେ ବାସ କରୁଥିବା ଏ ତରୁଣ କବି ଖୁବ୍ ସହଜ ଭାବରେ ଏ ଧରାକୁ ଅସ୍ୱୀକାର କରିଛନ୍ତି।

"ଯିବି ପଳାଇ ଦୂରେ ସୁଦୂରେ ସପନ ଲୋକେ ଗୋପନପୁରେ
  ଗ୍ରହ ତାରକା ଏଡ଼ାଇ
ଯଉବନର ଝରଣା କୂଳେ ମଳୟ ଯହିଁ ନିୟତ ବୁଲେ
  କୁସୁମକେତୁ ଉଡ଼ାଇ।" (୫)

ପଳାୟନପନ୍ଥୀ କବି ପୁଣି ତାଙ୍କ ପ୍ରିୟା ଉଦ୍ଦେଶ୍ୟରେ କହିଛନ୍ତି ସେ ଆଦୌ ଏ ଧରାରେ କ୍ଷଣେ ରହିବାକୁ ଚାହାଁନ୍ତି ନାହିଁ। ସେ ଏପରି ଏକ କଳ୍ପନାମୟ ଜଗତ ତାଙ୍କ ଦିବ୍ୟଚକ୍ଷୁରେ ସନ୍ଧାନ ପାଇଛନ୍ତି, ଯେଉଁଠାରେ କି ପ୍ରେମ କେବେ ପୁରୁଣା ହୁଏ ନାହିଁ। ଏହା ରୋମାଣ୍ଟିକ୍ ଚେତନାର ଏକ ବଳିଷ୍ଠ ଉଦାହରଣ ନୁହେଁ କି ? କବିଙ୍କର ରୋମାଣ୍ଟିକ୍ କବିତାଗୁଡ଼ିକ ମଧ୍ୟରେ 'ଯୌବନ ଥରେ ଗଲେ ଆଉ ଆସେନା' କବିତାଟି ପାଠ କଲେ ଜଣାଯାଏ, ଏ କବିତାଟିର କାବ୍ୟସ୍ୱରରେ ବିଷାଦବାଦୀ ଚିନ୍ତାଧାରାର ପରିଚୟ ଦେଲେ ହେଁ, କବିଙ୍କର ମନ ଏତେ ରୋମାଣ୍ଟିକ୍ ଭାବନାରେ ପରିପୂର୍ଣ୍ଣ ଯେ ସେ ଯୌବନର ନିଷ୍କ୍ରମଣ ସହିତ ଜୀବନର ଅବସାନ ପାଇଁ କାମନା କରିବାକୁ ମଧ୍ୟ ପଛାଇ ନାହାନ୍ତି।

(୫) ଅନ୍ନଦାଶଙ୍କର ରାୟ, ସବୁଜ କବିତା, ପୃ:୧୩

"ଛୋଟ ଏ ଜୀବନ ବୋଲି ଦୁଃଖ ନାହିଁ ତ,
ଯଉବନ ବିହୁନେ ମୋ ସୁଖ ନାହିଁ ତ,
ହିମନ ହେଉଣୁ ଗାଲେ ତପତ ଚୁମ୍ବ,
ବାସୀନ ହେଉଣୁ ଗଳେ ସଜ କୁସୁମ,
ଯଉବନ ସାଥେ ଯାଉ ଜୀବନ ମୋର
ପରା-ଚୋର ସାଥେ ଆସୁ ମରଣ ଚୋର।"

କବିଙ୍କ ରଚିତ 'ପରୀ ମହଲ' ଦୀର୍ଘ କବିତାରେ ରୋମାଣ୍ଟଇକ୍ ଫେନିଳ ଜୁଆର ମାତି ଉଠିଛି କେତେକ ରୋମାଣ୍ଟିକ୍ ଶବ୍ଦର ବ୍ୟବହାରରେ। 'ଫାଲ୍‌ଗୁନ ଜୋଛନା', 'ଅଭିସାରିକା', 'ଉତ୍ତରା ପବନ', 'ଫରୋଜା ଓଢ଼ଣୀ', 'ଆମ୍ରବକୁଳ', 'ଅରୁଣ ଓଢ଼ଣା', 'ଉଷା', 'ରବି', 'ଜୋଛନା' ପ୍ରଭୃତି। ଅନ୍ୟାନ୍ୟ କବିତା ମଧ୍ୟରେ 'କମଳବିଳାସୀର ବିଦାୟ', 'ପ୍ରଣୟୀ', 'ମାନସୀ' ଓ 'ମୁଁ' ଇତ୍ୟାଦି ପ୍ରଧାନ ଅଟେ।

ରୋମାଣ୍ଟିକ୍ କବି ଅନ୍ନଦାଶଙ୍କର ମାତ୍ର କେତେଗୋଟି ମୁଷ୍ଟିମେୟ କବିତା ରଚନା କରିଥିଲେ ହେଁ ତାହା ଥିଲା ସବୁଜଧାରାର କବିତାରେ ଏକ ଉଲ୍ଲେଖଯୋଗ୍ୟ ସଂଯୋଜନା। କବିଙ୍କ ରଚିତ ସର୍ବମୋଟ ଚଉଦ ଗୋଟି କବିତା ପ୍ରେମ, ସୌନ୍ଦର୍ଯ୍ୟବୋଧ, କଳ୍ପନା, ସ୍ୱପ୍ନପ୍ରବଣତାର ମିଶ୍ରଣ ଅଟେ। ତାଙ୍କର ପ୍ରେମ ମୁଖ୍ୟତଃ ସ୍ୱପ୍ନଲୋକର ଏକ ଅଶରୀରୀ ପ୍ରତିମା ପ୍ରତି ଉଦ୍ଦିଷ୍ଟ। ତେଣୁ ସେ 'ମାନସୀ' ଓ 'ମୁଁ' କବିତାରେ ଲେଖିଛନ୍ତି -

"ସ୍ୱପନର ସରାଗେ ଯେ ରୂପ-ମନେ-ଜାଗେ
ସେ ସିନା ମାନସୀ ତୋ ସେ ନୁହେଁ ମାନବୀ ତ।"

କବି ସ୍ୱପ୍ନଲୋକର ଅଶରୀରୀ ପ୍ରତିମାକୁ ତାଙ୍କ କଳ୍ପନାରେ ହିଁ ମାନସୀ କରିଥାନ୍ତି। ତା'ର ସତ୍ତା ସେ ନିଜ ମଧ୍ୟରେ ଉପଲବ୍ଧି ମଧ୍ୟ କରିପାରନ୍ତି। ସେ ନିଜେ ସ୍ୱୀକାର କରନ୍ତି ଯେ ତାଙ୍କ ମାନସୀ ସ୍ୱପ୍ନମୟୀ ମାନବୀ ନୁହେଁ। ଏ ଅସମ୍ଭବତାକୁ ମଧ୍ୟ ସେ ସମ୍ଭବରେ ପରିଣତ କରିବାକୁ ଲେଖିଛନ୍ତି- ସେ କିପରି ନିଜ ପ୍ରିୟାକୁ ସୁବେଶ କରାଇବାକୁ ଚାହାଁନ୍ତି କଳ୍ପଲୋକରେ। ଫୁଲର ପରାଗରେ, ପୁଣି ଜଗତର ଯେତେ ମିଠା ମିଠା ସ୍ୱରକୁ ତା' କଣ୍ଠରେ ଭରିଦେବାକୁ ଚାହାଁନ୍ତି।

ପୁଣି ତାଙ୍କ ରଚିତ 'ପରୀ ମହଲ' ଏ ଦୀର୍ଘ କବିତାଟି ସଂପୂର୍ଣ୍ଣ ଭାବରେ ରୋମାଣ୍ଟିକ୍‌ଧର୍ମୀ ଅଟେ। ଏଥିରେ ସେ ଶ୍ୱେତ, କନକ, ସବୁଜ, ଗୋଲାପ ତଥା ଆସ୍‌ମାନୀ ପରୀ ଏହିଭଳି ଭାବରେ ୫ ଜଣ ପରୀଙ୍କୁ ଏ କବିତାରେ ଆବାହନ କରିବାର କାରଣ ହେଉଛି କବି ଏ ମର୍ତ୍ତ୍ୟ ଜଗତରେ ସବୁ କ୍ଷଣିକ ବୋଲି ଜାଣିଛନ୍ତି। ଯୌବନ ଓ ସୌନ୍ଦର୍ଯ୍ୟ ସେ ମର୍ତ୍ତ୍ୟର ମାନବୀଠାରେ ସବୁଦିନ ପାଇଁ ପାଇ ପାରିବେ

ନାହିଁ। ବରଂ ସେ ଏକ ସ୍ଥାୟୀ ସୌନ୍ଦର୍ଯ୍ୟକୁ ବରାବର ଦେଖିବାକୁ ଚାହିଁ ଏହି ପରୀମାନଙ୍କୁ ଆମନ୍ତ୍ରଣ କରିଛନ୍ତି ଏବଂ ବିଭିନ୍ନ ଫୁଲରେ ସଜ୍ଜିତା ଏହି ପରୀ ରାଣୀମାନଙ୍କୁ ସେ କଳ୍ପନାରେ ହିଁ ବନ୍ଦପନା କରି ଆନନ୍ଦ ଲାଭ କରନ୍ତି। ଯାହା ବାସ୍ତବରେ ମିଥ୍ୟା, କବି ତାକୁ ହିଁ ଆପଣେଇ ନେଇ କବିତା ରଚନା କରିବାରେ ବ୍ରତୀ ହୋଇଛନ୍ତି। କବିଙ୍କ ମତରେ ଏହି କଳ୍ପନା ଏପରି ଏକ ଜିନିଷ ଯାହାକି ମନୁଷ୍ୟର ବାସ୍ତବ ଜଗତର ଦୁଃଖ, କେ୍ଦ, ଅଶାନ୍ତି ଓ କ୍ଲାନ୍ତିମୟ ଜୀବନପଥକୁ ଦୂରେଇ ଦେଇ ସୌନ୍ଦର୍ଯ୍ୟର ସନ୍ଧାନ ଦିଏ। ତେଣୁ ସେ ଜାଗରଣ ଅବସ୍ଥାରେ ମଧ୍ୟ ନିଜକୁ ସ୍ୱପ୍ନବିଳାସୀ ଓ ସ୍ୱପ୍ନରସପିପାସୁ ଭାବେ ଚରିତାର୍ଥ କରିଥାନ୍ତି। କବି ଅନ୍ନଦାଶଙ୍କରଙ୍କର କବିତାଗୁଡ଼ିକ ଆମୂଳଚୂଳ ପାଠ କଲେ ଜଣାଯାଏ ସବୁଥିରେ ରୋମାଣ୍ଟିକ୍‌ର ମାଦକତା ଭରି ରହିଛି।

ରୋମାଣ୍ଟିକ୍ କବି କାଳିନ୍ଦୀ ଚରଣ ପାଣିଗ୍ରାହୀଙ୍କର ୧୯୨୦ ଠାରୁ ୧୯୩୨ ମସିହା ପର୍ଯ୍ୟନ୍ତ ରଚିତ କବିତାଗୁଡ଼ିକରେ ସବୁଜ ଚେତନା ଅର୍ଥାତ୍ ରୋମାଣ୍ଟିକ୍ ଚେତନାର ଉତ୍ସାରଣ ଘଟିଛି। "ଏହି ପ୍ରାରମ୍ଭିକ ପର୍ଯ୍ୟାୟରେ ସବୁଜ ଚେତନା ସମ୍ବଳିତ କବିତାଗୁଡ଼ିକରେ କବିଙ୍କର ରୋମାଣ୍ଟିକ୍ ପ୍ରେମ, ସ୍ୱପ୍ନପ୍ରବଣତା, ଅଜଣା ଓ ସୁଦୂର ପ୍ରତି ମୋହ, ଅତ୍ୟଧିକ କଳ୍ପନା ପ୍ରବଣତା, ସୂକ୍ଷ୍ମ ରୂପାନୁଭୂତି, ପ୍ରକୃତିର ଶୋଭା ପ୍ରତି ଆସକ୍ତି, ବିଷାଦଭାବ ଓ ଦେଶପ୍ରୀତିର ପର୍ଯ୍ୟାପ୍ତ ପ୍ରକାଶ ଘଟିଛି। ସର୍ବତ୍ର ତାଙ୍କ ରଚନାରେ ରୋମାଣ୍ଟିକ୍ ଶବ୍ଦପୁଞ୍ଜର ପ୍ରଚୁର ପ୍ରୟୋଗ ପରିଦୃଷ୍ଟ ହୁଏ। (୫) କବି କାଳିନ୍ଦୀ ଚରଣଙ୍କର ରୋମାଣ୍ଟିକ୍ କବିତାଗୁଡ଼ିକ ମଧ୍ୟରେ 'ବିରହୀ ପକ୍ଷ' (୧୯୨୦), 'ରଜ' (୧୯୨୦), 'ବ୍ୟର୍ଥ ସ୍ୱପ୍ନ' (୧୯୨୦), 'କବିର ବ୍ୟଥା' (୧୯୨୪), 'ଲୋହିତ ବ୍ୟଥା' (୧୯୨୪), 'ମଧୁ ବିବାହ' (୧୯୨୫), 'ଫଗୁଣ ଜ୍ୟୋତ୍ସ୍ନା' (୧୯୨୬), 'ପୌଷ ସନ୍ଧ୍ୟା' ଓ 'ପ୍ରଭାତି ପ୍ରାସ (୧୯୩୨), 'ମାନସୀ', 'ରୂପର ମୋହ', 'ଶେଷ ଦାନ', 'ମରଣ ପାଳି', 'ଛନ୍ଦ ନାୟିକା' ଆଦି ପ୍ରଧାନ ଅଟେ।

ପ୍ରଥମ ବିଶ୍ୱଯୁଦ୍ଧ ପରେ ଅର୍ଥାତ୍ ୧୯୨୦ ମସିହା ବେଳକୁ ସ୍ୱୈରବାଦ ବା ରୋମାଣ୍ଟିସିଜମ୍‌ର ବହୁଳ ପ୍ରଚଳନ ବିଶ୍ୱ ସାହିତ୍ୟ ଦରବାରରେ ଦେଖାଦେବା ସଙ୍ଗେ ସଙ୍ଗେ ଓଡ଼ିଆ ସାହିତ୍ୟାକାଶକୁ ମଧ୍ୟ ଏ ଧାରା ଆସିଥିଲା। ସବୁଜ ଧାରାର କବି କାଳିନ୍ଦୀ ଚରଣ ୧୯୨୦ ମସିହାରେ ରଚନା କରନ୍ତି ରୋମାଣ୍ଟିକ୍ କବିତା 'ବିରହୀ ପକ୍ଷ'। ମାତ୍ର ୧୮/୧୯ ବର୍ଷ ବୟସରେ ସେ ଏ କବିତାଟି ରଚନା କରିଥିଲେ। ଏହି ବୟସରେ ତରୁଣ କବି କାଳିନ୍ଦୀଙ୍କ ମନରେ ସ୍ୱତଃ ରୋମାଣ୍ଟିକ୍ ଚେତନା ଜାଗ୍ରତ ହେବାର କଥା। ଏହି ପ୍ରାରମ୍ଭିକ ପର୍ଯ୍ୟାୟରେ ସବୁଜ ଚେତନା ସମ୍ବଳିତ କବିତା 'ବିରହୀ ପକ୍ଷ'ରେ କବି ତାଙ୍କର ପୂର୍ବସୂରୀମାନଙ୍କୁ ଅନୁସରଣ କରିଛନ୍ତି। କବିଙ୍କର ଯୁବସନକୁ ରାଧାନାଥଙ୍କ

ପରବର୍ତ୍ତୀ କାଳରେ ରୋମାଣ୍ଟିକ୍ ଚେତନାଟି କିଭଳି ଭାବରେ ଆନ୍ଦୋଳିତ କରିଛି ତାହା ଡକ୍ଟର ଶତପଥୀ ତାଙ୍କ ନିବନ୍ଧରେ ତୁଳନାତ୍ମକ ଭାବେ ପ୍ରତିପାଦନ କରିଛନ୍ତି। କାଳିନ୍ଦୀଚରଣଙ୍କର 'ବିରହୀ ପକ୍ଷ' (୧୯୨୦)ରେ-

"ସିକ୍ତ ହୋଇଥିବ ଚାରୁ ଚରଣ ଦୁଇ
ଫିତା ଲୋଟୁଥିବ କେଶ ଧରଣୀ ଛୁଇଁ।" ସହିତ
ରାଧାନାଥଙ୍କ 'ଚନ୍ଦ୍ରଭାଗା' କାବ୍ୟ (୧୮୮୭)ରେ-
"ଅସମ୍ଭାଳେ ଫିଟି କୁନ୍ତଳ ଭୂମି ଯାଏ ପରଶି
ଯେଣେ ଅନାଉଛି ଲଳନା ଫୁଲ ଯାଏ ବରଷି।"ର ସମାନତା ଦେଖାଯାଏ।

ଉପରୋକ୍ତ 'ବିରହୀ ପକ୍ଷ' କବିତାରେ କବି ଆଷାଢ଼ର ପ୍ରଥମ ଦିନକୁ ରୋମାଣ୍ଟିକ୍ ଚେତନାର ପ୍ରତୀକ ଭାବେ ନେଇଛନ୍ତି। କବି ପ୍ରତି ପଦରେ ଆଷାଢ଼ର ପ୍ରଥମ ଦିନ ଶବ୍ଦଟକୁ ଚମତ୍କାର ଭାବେ ସଂଯୋଜନା କରିଛନ୍ତି। ସେ ତାଙ୍କର ମାନସୀ କଥା ମନେ ମନେ ଭାବୁଛନ୍ତି। ସେ ତା'ରି କଥା ହିଁ ଶୟନେ, ସ୍ୱପନେ, ଜାଗରଣେ ମନେପକାଇ ବ୍ୟଥିତ ହେଉଛନ୍ତି। ଦିନ, ମାସ, ବର୍ଷ ପରେ ବର୍ଷ ବିତିଯାଉଛି, ତାଙ୍କ ପ୍ରିୟାର କଥାର ଭାବି ଭାବି। ଏପରିକି ସେ ତାଙ୍କର କବିତ୍ୱକୁ ମଧ୍ୟ ଉତ୍ସର୍ଗ କରିଦେବାକୁ ଚାହୁଁଛନ୍ତି ତାଙ୍କ ପ୍ରିୟାର ସାକ୍ଷାତ ପାଇଁ, ବ୍ୟଥାତୁର ହୃଦୟ ନେଇ ବରଷାର ଧାରାକୁ ପ୍ରଶ୍ନ କରିଛନ୍ତି- କି ବାରତା ତାଙ୍କ ପାଇଁ ବର୍ଷା ଆଣିଛି। ପୁଣି କବି ପରକ୍ଷଣରେ ମନକୁ ସାନ୍ତ୍ୱନା ଦେଇଛନ୍ତି ଆଷାଢ଼ର ପ୍ରଥମ ଦିନ ଏବେ ମଧ୍ୟ ଆସିନାହିଁ। ତାଙ୍କ ମନ କିଭଳି ଭାବରେ ରୋମାଣ୍ଟିକ୍ ଚେତନା ଦ୍ୱାରା ଅନୁପ୍ରାଣିତ ତାହାହିଁ ଏ କବିତାର ସାରନିର୍ଯ୍ୟାସ। ପୁଣି ୧୯୨୦ ମସିହାରେ 'ରଜ' କବିତାଟି ଅଧିକ ରୋମାଣ୍ଟିକ୍‌ଧର୍ମୀ। ଏହି କବିତାରେ ମଧ୍ୟ ନନ୍ଦକିଶୋରଙ୍କର 'ଗ୍ରାମସୀମନ୍ତିନୀ'ର ଅନୁସରଣ ବୋଲି ମନେହୁଏ। 'ରଜ' କବିତାଟିରେ ପାରଂପରିକ ଭାବେ ବର୍ଷାକାଳରେ ବିରହିଣୀର ବିରହ ବେଦନା କଥା ବର୍ଣ୍ଣିତ ହୋଇଅଛି। ବିରହିଣୀର ବର୍ଷାକାଳୀନ ବିରହ ବେଦନାର ବର୍ଣ୍ଣନା ଓଡ଼ିଆ ସାହିତ୍ୟରେ ଖୁବ୍ ଆଦ୍ୟଯୁଗରୁ ରହିଆସିଅଛି। ବିଶିଷ୍ଟ ବିଶିଷ୍ଟ ସାହିତ୍ୟକାରଙ୍କ କୃତିରେ ଏହାରେ ରୋମାଣ୍ଟିକ୍ ବର୍ଣ୍ଣନା ସୁପ୍ରେକ୍ଷ। ପରମ୍ପରାଗତ ଶୈଳୀକୁ କବି କାଳିନ୍ଦୀଚରଣ ମଧ୍ୟ ତାଙ୍କ କବିତାରେ ବର୍ଣ୍ଣନା କରିଅଛନ୍ତି। ତେଣୁ କାଳିନ୍ଦୀଚରଣଙ୍କର କାବ୍ୟଜୀବନ ନୀତିନିୟମ, ଶୃଙ୍ଖଳାପୂର୍ଣ୍ଣ ପରଂପରାଗତ ଚେତନା ମଧ୍ୟରୁ ଆରମ୍ଭ ହୋଇଥିବାର ମନେହୁଏ। ବର୍ଷାର ଆଦ୍ୟକାଳରୁ ବିରହିଣୀ କିପରି ନିଜର କାନ୍ତ କଥା ମନେପକାଇ ବିରହ ବେଦନାରେ ଘାଣ୍ଟି ଗୋଳେଇ ହୋଇଯାଏ। ତା'ର ଅପୂର୍ବ ବର୍ଣ୍ଣନା କବି କରିଛନ୍ତି। (୬)

"ହଳଦୀ ଅଳତା ଲଗାଇ ମୁଣ୍ଡବାନ୍ଧି ଯତନେ
ଗ୍ରାମସୀମନ୍ତିନୀ ଆଦରେ ଚାହିଁଥିବ ଗଗନେ
ବରଷା କାଳର ଆରମ୍ଭ ବିରହିଣୀର ଦୁଃଖ
କାନ୍ତ କଥା ଭାଳି ବିତିବ ମନେପଡ଼ିବ ସୁଖ।"

ସ୍ୱପ୍ନରେ କାନ୍ତ ସହିତ ସରଳ ଗ୍ରାମ୍ୟ ବଧୂଟିର ମିଳନରେ ମାନ ଅଭିମାନ ପାଣି ଫୋଟକା ପରି ମିଳେଇ ଯାଉଛି।

ପୁଣି ତାଙ୍କ ରଚିତ 'ବ୍ୟର୍ଥ ସ୍ୱପ୍ନ'ରେ ରୋମାଣ୍ଟିକ୍ ସ୍ୱପ୍ନପ୍ରବଣତାର ଚିତ୍ର ରହିଛି। ଯେଉଁ ପ୍ରଣୟିନୀର ସ୍ୱପ୍ନରେ କବି ମସଗୁଲ ବାସ୍ତବରେ ଯେ ତା'ର ସ୍ଥିତି ନାହିଁ ସେ କଥା ସେ ବର୍ଣ୍ଣନା କରିଅଛନ୍ତି ମାତ୍ର ଗୋଟିଏ ରାତିର ସ୍ୱପନରେ ତାଙ୍କ ପ୍ରଣୟିନୀର ସୁନ୍ଦର ରୂପରେ ବିମୋିତ ହୋଇ ସେ ଉତ୍‌ଫୁଲ୍ଲ ହୋଇ ଉଠିଛନ୍ତି। ହୃଦୟରେ ଖୁବ୍ ସାନ୍ତ୍ୱନା ମଧ୍ୟ ପାଇଛନ୍ତି। ହଠାତ୍ ସ୍ୱପ୍ନଟି ହଜିଯାଇଛି ତାଙ୍କର ଅଳସ ଚକ୍ଷୁକୁ ମେଲି ସେ ଦେଖିଛନ୍ତି ଅବିଶ୍ରାନ୍ତ ବାରିଧାରାରେ ସୁନ୍ଦର ପ୍ରଭାତ ମଧ୍ୟ ଅନ୍ଧକାରାଚ୍ଛନ୍ନ।

ଏହି ସ୍ୱପ୍ନର ଏକ ଚରମ ରୂପ ପ୍ରକାଶ ପାଇଛି ତାଙ୍କ କବିତା 'କବିର ବ୍ୟଥା' ଓ 'ଲୋହିତ ବ୍ୟଥା' ମାଧ୍ୟମରେ। ମିଥ୍ୟା ସ୍ୱପ୍ନ ଦେଖି ଦେଖି କବିର ମନ ଥକିଯାଇଛି ଏବଂ କବିର ମନରେ ଖୁବ୍ ବେଦନା ଜାତ ହୋଇଛି। ସେ ତାଙ୍କ ମନର ଦୁଃଖ ଓ ବେଦନାକୁ ତାରା, ଆକାଶ, ବନ, ଗିରି, ପିକ, ଶୁକ, ଗୋଲାପ, ଜୁଇ, ସାଗର, ନଦୀ ସମସ୍ତଙ୍କ ଆଗରେ ପ୍ରକାଶ କରିଛନ୍ତି। (୭)

"ଦେଖରେ ତାରା ଦେଖ ଆକାଶ/ ଲଭିଛି କବି କି ଗୁରୁ ଦୁଃଖ
ତୁମରି ସ୍ୱର ନୁହେଁ ମଧୁର/ କରିଛି ତାକୁ ମଉନ ମୂକ
ନ ପାରେ ତୁମ ସାଥିରେ ଉଡ଼ି/ ବେଦନା ତଳେ ଯାଇଛି ବୁଡ଼ି
ପବନ ତାକୁ ଠକିଲା ଆଜି/ ସ୍ୱପନେ ଏବେ ଦେଲା ଘଉଡ଼ି।"

(କବିର ବ୍ୟଥା, ପୃ:୭୪)

କାଳିନ୍ଦୀ କାବ୍ୟମାନସର ଏହି ରୋମାଣ୍ଟିକ୍ ଭାବ ଆହୁରି ଉତ୍ତରଳ ହୋଇ ଉଠିଛି 'ଲୋହିତ ବ୍ୟଥା' କବିତାରେ। କବି ଏଠାରେ ସ୍ୱପ୍ନଟା ତାଙ୍କର ଅତୀତ ହୋଇଯାଇଛି ବୋଲି ସୂଚାଇଛନ୍ତି। କେବେ ହୁଏତ କବି ତାଙ୍କ ସ୍ୱପ୍ନରାଜ୍ୟରେ ବିଚରଣ କରୁ କରୁ ବସନ୍ତ ପବନ ବୋହୁଥିବା ପୂର୍ଣ୍ଣଚାନ୍ଦକୁ ଦେଖି ତାଙ୍କ ପ୍ରାଣ ଉଲ୍ଲସିତ ହୋଇ ଉଠୁଥିବ ଅଥବା କେବେ ଶାନ୍ତ ସରଳ ଗୋଧୂଳି ବେଳାର ଠିକ୍ ପରମୁହୂର୍ତ୍ତରେ ହଳିଆଟିର ଗୀତ ଭାସିଆସି କବିପ୍ରାଣ ଓ ମନକୁ ଆନନ୍ଦରେ ଅଧୀର କରିଦେଉଥିବ। କିନ୍ତୁ ସେ ସ୍ୱପ୍ନ ଆଜି ଅତୀତ ହୋଇଯାଇଛି। କବି ଲେଖିଛନ୍ତି-

"ପଉଷ ଶୀତର ନିବିଡ଼ ବେଦନାପରେ
ବସନ୍ତ କ୍ଷଣେ ବହିଥିଲା କେବେଥରେ

x x x

ହଳିଆର ଗୀତ ଭାସି ଆସିଥିଲା ଖରେ।''

ଏ କବିତାର ପରିସର ମଧ୍ୟରେ ଆମେ ଦେଖିବାକୁ ପାଉ ବଂଶୀ, ଦୂର ବିଲବନ, ସନ୍ଧ୍ୟା ସୁନ୍ଦରୀ, ସ୍ୱର୍ଣ୍ଣ ମେଘ, ବନପଥ, ଜ୍ୟୋତ୍ସ୍ନା, ଗୋଧୂଳି, ସନ୍ଧ୍ୟାରାଣୀ ଆଦି ବହୁ ରୋମାଣ୍ଟିକ୍ ଶବ୍ଦପୁଞ୍ଜ। ତାଙ୍କର ପ୍ରେମ କବିତାଗୁଡ଼ିକରେ ବିରହ, ମିଳନ, ହାସ, ଅଶ୍ରୁ ଓ ତ୍ୟାଗ ମନୋବୃତ୍ତି ସ୍ପଷ୍ଟ ହୁଏ। ନିଜର ମାନସୀର ଚିତ୍ର ଆଙ୍କିବାକୁ ଯାଇ କବିର ବିରହ ହିଁ ପ୍ରକାଶ ପାଇଛି ତାଙ୍କର 'ମାନସୀ' କବିତାରେ। ଏହିଭଳି ଭାବରେ କାଳିନ୍ଦୀଚରଣଙ୍କ କବିତାରେ ରୋମାଣ୍ଟିକ୍ ଚେତନାର ନିଦର୍ଶନ ମିଳେ। "କବି କାଳିନ୍ଦୀଚରଣଙ୍କ ସୃଷ୍ଟି ସମ୍ଭାର ମଧ୍ୟରେ ଯେଉଁ ବିଭାବ ଅତ୍ୟନ୍ତ ଅବିରଳ ଭାବେ ପ୍ରକାଶିତ ତାହା ତାଙ୍କର ନିବିଡ଼ ପ୍ରେମାନୁଭୂତି, ସ୍ୱପ୍ନ ସୁଦୂରର ଆକର୍ଷଣ ଓ କଳ୍ପନା ପ୍ରବଣତା।" (୮)

ସବୁଜ ଯୁଗର ସୁନାମଧନ୍ୟ କବି ବୈକୁଣ୍ଠନାଥ ପଟ୍ଟନାୟକଙ୍କ ୧୯୨୩ରୁ ୧୯୩୦ ମସିହାର ରଚନାମାନଙ୍କରେ ରୋମାଣ୍ଟିକ୍ ଚେତନା ବେଶ୍ ପରିପୁଷ୍ଟ। ଏ ପର୍ଯ୍ୟାୟର କବିତାମାନଙ୍କ ମଧ୍ୟରେ 'ଯୌବନ ପୂଜା', 'ଚିଲିକାରେ ରାତ୍ରି', 'ନିର୍ଜନ ଉପବନ', 'ପୌଷ ପବନ', 'କବି ପ୍ରେୟସୀ', 'ପୌଷ ସମୀରଣ', 'ଶାରଦା ସ୍ପର୍ଶ', 'ପ୍ରୀତି ଆବାହନ', 'ବର୍ଷା ସଂଗୀତ', 'ପ୍ରଣୟୀର ସ୍ୱପ୍ନ', 'ଗୋପବାଳାର ଅନୁଭୂତି', 'ରାଜଜେମା' ଉଲ୍ଲେଖଯୋଗ୍ୟ।

ସବୁଜ କବି ବୈକୁଣ୍ଠନାଥ ମୁଖ୍ୟତଃ କଳ୍ପନାବିଳାସୀ, ଭାବପ୍ରବଣ କାବ୍ୟଶିଳ୍ପୀ। ଉନ୍ନତ କବି ପ୍ରତିଭା ଓ ଚରିତ୍ରବତ୍ତାର ଅଧିକାରୀ ଥିଲେ ବୈକୁଣ୍ଠନାଥ। କଳ୍ପନା ବିଳାସ ସହ ନିର୍ଭୀକତା, ଆତ୍ମସମ୍ମାନବୋଧ, କର୍ତ୍ତବ୍ୟ ପରାୟଣତା ଏବଂ ଆଦର୍ଶ ଓ ନିଷ୍ଠା ଥିଲା ତାହାଙ୍କ ବ୍ୟକ୍ତିତ୍ୱର ବୈଶିଷ୍ଟ୍ୟ। ବିଂଶ ଶତକର ନବ ଅରୁଣୋଦୟରେ ବୈକୁଣ୍ଠନାଥ ସବୁଜ ଧାରାର ପରିଧି ବଳୟରେ ଜନ୍ମଲାଭ କରି ସତ୍ୟବାଦୀର ଆଦର୍ଶବୋଧ ଓ ସାଂପ୍ରତିକ ଆଧୁନିକ କବିତାର ବିଚିତ୍ର ପ୍ରୟୋଗବାଦର ଅଖଣ୍ଡ ସେତୁ ରୂପେ ଐକାନ୍ତିକ ମାନବବାଦର ଧାରା ବହନ କରି ଅଜସ୍ର ଖଣ୍ଡ ଖଣ୍ଡ ଓ କ୍ଷୁଦ୍ର କବିତା ମଧ୍ୟରେ ତାଙ୍କର ଅମର କାବ୍ୟ-ଆତ୍ମା ଦୀପ୍ୟମାନ। କବି ବୈକୁଣ୍ଠନାଥ ତାଙ୍କ କାବ୍ୟ ଜୀବନର ପ୍ରାରମ୍ଭରୁ

(୮) କଳ୍ପନାର ଅଭିଷେକ, ଡକ୍ଟର ପ୍ରତିଭା ଶତପଥୀ, ପୃ:୨୩୭

କଳ୍ପନାବିଳାସୀ ରୋମାଣ୍ଟିକ୍ କବି ଭାବେ ଦେଖା ଦେଇଥିଲେ ହେଁ ଉତ୍ତର କାଳରେ ରାଶି ରାଶି ବୈଷ୍ଣବୀୟ ପ୍ରେମ ସଂବଳିତ କବିତା ରଚନା କରିବାରେ ନିଜକୁ ନିୟୋଜିତ କରିଥିଲେ। ତାଙ୍କ କାବ୍ୟ ଚେତନାର ପରିସରକୁ ବିଷାଦବାଦୀ ଚେତନାଟି ଆକ୍ରାନ୍ତ କରି ରଖିଥିବା ଭଳି ମନେ ହେଲେ ମଧ୍ୟ ତାହା ରୋମାଣ୍ଟିକ୍ କାବ୍ୟମାନସର ପରିଣତିକୁ ହିଁ ସୂଚାଇଥାଏ।

ସେ ନିଜେ ହିଁ ଏକଥା ସ୍ପଷ୍ଟ ସୂଚେଇଥିଲେ ଯେ- "ଆମ ଆଦର୍ଶ ବିଷୟରେ ମୋର ଆଉ କିଛି କହିବାର ନାହିଁ। ତେବେ ତାରୁଣ୍ୟକୁ ଦେଶରେ ଚିର ଜାଗ୍ରତ ଓ ନୂଆ ନୂଆ ଭାବ ସୃଷ୍ଟି କରି ସାହିତ୍ୟ ମାଧ୍ୟମରେ ଦେଶ ଆଗରେ ଉପସ୍ଥାପିତ କରିବା ହେଲା ଆମ ସବୁଜ ଗୋଷ୍ଠୀର ମୂଳ ନୀତି ଓ ଲକ୍ଷ୍ୟ। ସେଥିଲାଗି ଉଚ୍ଛୃଙ୍ଖଳା ବିପ୍ଳବ ଅପେକ୍ଷା କଳ୍ପନା ଓ ଭାବପ୍ରବଣତାର ପ୍ରୟୋଜନ ଅଧିକ। (୯) କବିଙ୍କର 'ଅରୁଣଶ୍ରୀ', 'କାବ୍ୟ ସଞ୍ଚୟନ', 'ଉତ୍ତରାୟଣ' କବିତା ସଂକଳନରେ କବିଙ୍କ ବ୍ୟକ୍ତିଗତ ସୂକ୍ଷ୍ମ ରୂପ ଚେତନା ପ୍ରେମ ରହସ୍ୟବାଦୀ ଭାବନା, ସ୍ୱପ୍ନ, କଳ୍ପନାବିଳାସ, ସୁଦୂର ପ୍ରତି ଆକର୍ଷଣ, ଅତୀତ ପ୍ରତି ମୋହ ଓ କ୍ଷୀଣ ଦେଶପ୍ରୀତି ବିଭିନ୍ନ ରୋମାଣ୍ଟିକ୍ ଶବ୍ଦାବଳୀ ମଧ୍ୟରେ ପ୍ରକାଶ ଲାଭ କରିଅଛି।" (୧୦) ଅନ୍ୟାନ୍ୟ ସମସ୍ତ ରୋମାଣ୍ଟିକ୍ କବିଗଣ ତାଙ୍କ କବିତାରେ ଯେପରି ରୋମାଣ୍ଟିକ୍ ଶବ୍ଦ ବ୍ୟବହାର କରିଛନ୍ତି, କବି ବୈକୁଣ୍ଠନାଥ ମଧ୍ୟ ତାଙ୍କ ରୋମାଣ୍ଟିକ୍ କବିତାଗୁଡ଼ିକରେ ତଟିନୀ, କୁସୁମରାଶି, ଚୁମ୍ବନ, ସ୍ୱପ୍ନ, ଚନ୍ଦ୍ରକିରଣ, ଗୋଲାପୀ ଅଞ୍ଚଳେ, ମଳୟ ପରଶ, ପ୍ରଣୟ ପସରା, ମୋହିନୀମନ୍ତ୍ର, ହାସ୍ନା-ହେନାର ଗନ୍ଧ, ମଧୁବସନ୍ତ, ଚୁମ୍ବନ, ତୃଷିତ ନୟନ - ଏହିପରି ବହୁ ରୋମାଣ୍ଟିକ୍ ଶବ୍ଦପୁଞ୍ଜ ବ୍ୟବହାର କରିଛନ୍ତି।

ସବୁଜ କବିତାର ସ୍ୱପ୍ନ ପ୍ରୟାସ କବି ବୈକୁଣ୍ଠନାଥଙ୍କ କବିତାରେ ଅପର୍ଯ୍ୟାପ୍ତ କଳ୍ପନାପ୍ରବଣତା ମଧ୍ୟରେ ଆତ୍ମପ୍ରକାଶ ଲୋଡ଼ିଛି। ସତେ ଯେପରି କବି ବାସ୍ତବ ଜୀବନରେ ତାଙ୍କ ପ୍ରୀୟାର ସେ ନିକଟବର୍ତ୍ତୀ ହୋଇପାରିନାହାନ୍ତି ବା ସଙ୍ଗଲାଭ କରିପାରିନାହାନ୍ତି। ସେ ସେହି ପ୍ରେମ ଓ ପ୍ରଣୟକୁ ପାଇଛନ୍ତି ତାଙ୍କର ସ୍ୱପ୍ନର ପ୍ରେୟସୀ ପାଖରେ। କବି ଲେଖିଛନ୍ତି -

"ମଧୁର ଆଜି ଜ୍ୟୋତ୍ସ୍ନାରାତି/ ପ୍ରେୟସୀ ମୋ ଆସ
ହାସ୍ନା ହେନାର ଗନ୍ଧ ବନେ/ ଲାଗିଛି ପ୍ରଣୟ ରାସ

---

(୯) ସବୁଜ କବିତା, ପୃ-୮

(୧୦) କବି ବୈକୁଣ୍ଠନାଥ ପରିକ୍ରମା, ପୃ-୭୪

ଗୋଲାପ କେତେ ସ୍ୱପ୍ନ ଦେଖେ/ ବିରଳେ କବି ଚିତ୍ରଲେଖେ
ସ୍ୱପ୍ନର ଏ ସୃଷ୍ଟି ମେଳେ/ ମଳୟ ମେଲେ ବାସ
ଆସ ଗୋ ପ୍ରିୟ ଆସ।"

ସ୍ୱପ୍ନର ଏହି ପ୍ରଣୟ ଓ ପ୍ରେୟସୀର ଚିନ୍ତା ମଧ୍ୟରେ କବି ପଳାୟନ କରିଛନ୍ତି ଏକ ଅଦର୍ଶିତ ସ୍ୱପ୍ନବଳୟ ଭିତରକୁ। ବୈକୁଣ୍ଠନାଥ ନିଜକୁ ପ୍ରତ୍ୟାଖ୍ୟାନ କରି ସୁଦୂରର ମୋହ ଦ୍ୱାରା ଆକର୍ଷିତ ହୋଇ ପଡ଼ିଛନ୍ତି।

"କବି ପ୍ରେୟସୀ'ରେ କବି ଲେଖିଛନ୍ତି -

"ମୁଁ ଗୋ ଫୁଲ ଉପବନେ ଭ୍ରମର
ମୁଁ ଗୋ ପରାଶର ରାଗେ ଅମର
ତୁଟାଇ ଦିଅ ଗୋ ବନ୍ଧନ
ଡାକେ ମୋତେ ଦୂର ଅମରାବତୀର ନନ୍ଦନ।"

ଏହି ସ୍ୱପ୍ନ ଅଳିକ, କ୍ଷଣିକ ଜାଣି ସୁଦ୍ଧା କବି ତାଙ୍କ ପିୟାକୁ ସ୍ୱପ୍ନରେ ଦେଖି ତାଙ୍କ ବାସ୍ତବ ଜୀବନର ହତାଶା, ଦୁଃଖ ଭୁଲିଯାଉଛନ୍ତି ବୋଲି ବର୍ଣ୍ଣନା କରିଛନ୍ତି ତାଙ୍କର 'ପ୍ରୀତି ଆବାହନ' କବିତାରେ।

"ତୁମେ ବୋଲି ହୋଇ ଆସ ଅରୁଣ ଉଷାର କିରଣ
ତୁମ ପଦ ସଞ୍ଚାରେ ଚମକି ଚାହେଁ ସ୍ୱପନେ
ମୁଁ ଗୋ ଭୁଲିଯାଏଁ ମୋର ହତାଶା ବିକଳ ଜୀବନ
ତୁମେ ନିତି ନିତି ମୋତେ ଡାକିନିଅ ମଧୁ ବିଜନେ।"

ପୁଣି କବି କାବ୍ୟ ସଞ୍ଚୟନର 'ପ୍ରଣୟୀର ସ୍ୱପ୍ନ' କବିତାରେ ଦର୍ଶାଇଛନ୍ତି ଯେ ଯେଉଁଠାରେ ଯୌବନର ଶେଷ ନାହିଁ, ଯେଉଁଠାରେ ମଳୟ କେବଳ ପ୍ରଣୟର ଗୀତ ଗାଏ ଅର୍ଥାତ୍ ଯେଉଁଠାରେ କେବଳ ପ୍ରୀତି, ଭଲପାଇବା, ପ୍ରଣୟ ପ୍ରେମ ହିଁ ସତ୍ୟ ସେହିଭଳି ଏକ ଦେଶକୁ ପଳାଇଯିବାକୁ ଚାହିଁଛନ୍ତି।

ଏହିପରି ଏକ ରାଜ୍ୟର ସ୍ଥିତି ନିଶ୍ଚିତ ଭାବରେ ଅସମ୍ଭବ ଜାଣି ସୁଦ୍ଧା ସେ ମର ପୃଥିବୀକୁ ମୃତଦେଶ ବୋଲି ସୂଚାଇ ନିଜ କଳ୍ପନାର କଳ୍ପଲୋକକୁ ଉଡ଼ିଯିବାକୁ ଚାହାଁନ୍ତି।

"କଳ୍ପନା ଚାଲ ପବନ ସହିତେ ଏହି ମୃତ ଦେଶେ ଜୀବନ
ନାହିଁ ଗୋ ଜୀବନ ନାହିଁ।" (ନବବର୍ଷା ସଙ୍ଗୀତ)

ସୁଦୂର ପ୍ରତି ମୋହ ଯେପରି କବିଙ୍କର ନିହାତି ଆପଣାର ଠିକ୍ ସେହିପରି ଯୌବନର ସ୍ୱପ୍ନପ୍ରବଣତା ପ୍ରତି କବି ଅଧିକ ଆକୃଷ୍ଟ। ଯୌବନ ସ୍ୱପ୍ନ ମାଧ୍ୟମରେ ଅଧିକ ସୁନ୍ଦର ସଫଳ। ତେଣୁ 'ନବନଯୌବନ' କବିତାରେ 'ଯୌବନ' ନିଜର ସ୍ୱପ୍ନମୟ

ସ୍ୱରୂପକୁ ପ୍ରକାଶ କରେ 'ଯୌବନ ଯେପରି କ୍ଷଣସ୍ଥାୟୀ, ସ୍ୱପ୍ନ ମଧ୍ୟ ସେହିପରି କ୍ଷଣସ୍ଥାୟୀ; ମଣିଷଠାରୁ ତା'ର କାର୍ଯ୍ୟ ସମାପନ କରି ଆପେ ଆପେ ସେମାନେ ଦୂରେଇଯାନ୍ତି। ମଣିଷ ଚାହିଁଲେ ମଧ୍ୟ ସେମାନଙ୍କୁ ଧରି ରଖିପାରେ ନାହିଁ। ଯଦିଓ କବି ନିଜେ ସ୍ୱପ୍ନ କ୍ଷଣସ୍ଥାୟୀ ବୋଲି ହୃଦୟଙ୍ଗମ କରିଛନ୍ତି ତଥାପି ସେ ସ୍ୱପ୍ନ ପ୍ରୟାସ ସହିତ ଏତେ ନିବିଡ଼ ଭାବରେ ଜଡ଼ିତ ଯେ ସେ ପ୍ରାତଃକାଳରେ ମଧ୍ୟ ସ୍ୱପ୍ନ ଦେଖିଛନ୍ତି ଅଳସ ନିଦ୍ରାରେ -

"ଉଦାସ ନୟନେ ଗୋଲାପ ରହିଛି ଚାହିଁ
ସ୍ନିଗ୍ଧ ସୋହାଗେ ଡାକିଯାଏ ଉଷା, ସହି
ପତର ଗହଳୁ ଖଞ୍ଜନ ଉଠେ ଗାଇ
ଅଳସ ସ୍ୱପ୍ନେ ବେଳା ମୋର ଯାଏ ବହି।"

ରୂପ ପ୍ରାଣ କବି ଯୌବନର ଗାନ କରି କରି, ଯୌବନକୁ ପୂଜା କରି କରି ଜରାକୁ ହତାଦର କରିଛନ୍ତି -

"ନିରେଖି ଜରା/ ପରାଣେ ପରା/ ଦେବତା କରେ କ୍ରନ୍ଦନ
ଶ୍ୟାମ କର/ ନବୀନ କର/ ଅମର ନବ ଯୌବନ।" (ଯୌବନ ପୂଜା)

'ଯୌବନ ପୂଜା', 'କବି ଯୌବନ', 'ନବ ଯୌବନ' ଆଦି କବିତା ଯୌବନର ଜୟଗାନରେ ମୁଖର। ବସ୍ତୁତଃ ସମସ୍ତ ସବୁଜ କବିଙ୍କ କାବ୍ୟ ଚେତନାରେ ଯୌବନର ଏଇ ଦିଗଟି ସମସାମୟିକ ଭାବେ ଆତ୍ମପ୍ରକାଶ କରିଛି ଓ ସେମାନଙ୍କୁ ତାରୁଣ୍ୟର ପୂଜକ ଭାବେ ଚିହ୍ନିତ କରାଇବାରେ ସହାୟକ ହୋଇଛି। 'କାବ୍ୟ ସଞ୍ଚୟନ'ର କବିତା ଗୁଡ଼ିକ ଯୌବନର ପ୍ରାଣବନ୍ୟା ଓ ପ୍ରବୀଣତାର ଶୁଭ୍ର ପ୍ରଜ୍ଞାର ମିଶ୍ର ରାଗରେ ଅନୁରଞ୍ଜିତ। କବି ଯେତେବେଳେ ରୂପକଥାର ରାଜ୍ୟରେ ଭ୍ରମଣ କରିଛନ୍ତି, ବସନ୍ତ ସୁଭରି କୁଞ୍ଜରେ ଜରାର ସକଳ ନିର୍ମୋକ ଖସିପଡ଼ିଛି। ଯୌବନ କବିଙ୍କ ପାଇଁ କେବଳ ଶକ୍ତି ଓ ସୌନ୍ଦର୍ଯ୍ୟର ପ୍ରତୀକ ନୁହେଁ ଆତ୍ମଦାନର ଗୁରୁ ଗୌରବରେ ମହିମାନ୍ୱିତ ମଧ୍ୟ। ସାଧନା ଓ ସିଦ୍ଧିର ସୀମାରେଖାକୁ ସଦା ପ୍ରସାରିତ କରିବା ଯୌବନର ଧର୍ମ।"(୧୧)

ରୋମାଣ୍ଟିକ୍ କବିଗଣ ସୌନ୍ଦର୍ଯ୍ୟର ପୂଜାରୀ। 'Beauty in truth, Truth in beauty' କବି କୀଟ୍‌ସ୍‌ଙ୍କର ଏହି ଉକ୍ତିକୁ ରୋମାଣ୍ଟିକ୍ କବିଗଣ ମଙ୍ଗଳାଚରଣ କରନ୍ତି ନିଜ ନିଜ କାବ୍ୟରେ। ସୌନ୍ଦର୍ଯ୍ୟର ଉପାସିକା କବି ବୈକୁଣ୍ଠନାଥ ବା ଏହାକୁ କିପରି ଉପେକ୍ଷା କରନ୍ତେ ?

---

(୧୧) କବି ବୈକୁଣ୍ଠନାଥ, ଡକ୍ଟର ନରେନ୍ଦ୍ର ନାଥ ମିଶ୍ର, ଝଙ୍କାର, ଜୁଲାଇ ୧୯୭୯

ତେଣୁ ପର ଜୀବନରେ ଅର୍ଥାତ୍ ୧୯୩୦ ଠାରୁ ୧୯୪୩ ପର୍ଯ୍ୟନ୍ତ ରଚିତ କବିତାଗୁଡ଼ିକ ଏକ ବୃହତ୍ତମ ଶକ୍ତି ନିକଟରେ ଅସହାୟ ଆତ୍ମସମର୍ପଣର ନିମୀଳିତ ଚେତନା। କ୍ରମେ କ୍ରମେ କବିଙ୍କ କବିତ୍ୱ ରହସ୍ୟବାଦୀ ଭାବନାରେ ବୁଡ଼ିଯାଇଛି। ଏହିଭଳି ଅସଂଖ୍ୟ କବିତା ପାଠ କରୁ କରୁ ତରୁଣ ବୟସର ରୋମାଣ୍ଟିକ୍ କବିତା ପାଠକ କଲେ ପାଠକ ପାଠିକା ସବୁଜ କବିଙ୍କ ସୃଷ୍ଟି ସଂପର୍କରେ ଅବହିତ ହୋଇପାରିବେ।

ସବୁଜ କବିତାରେ ରହସ୍ୟବାଦୀ ଚେତନା:

ଯୁଗେ ଯୁଗେ 'ରହସ୍ୟବାଦ' ଶବ୍ଦଟି ବିଭିନ୍ନ ସମାଲୋଚକ ତଥା ପଣ୍ଡିତମାନଙ୍କ ଦ୍ୱାରା ନାନା ଭାବେ ଆଲୋଚିତ ତଥା ବ୍ୟାଖ୍ୟାୟିତ ହୋଇଛି। ମନୁଷ୍ୟର ଚତୁର୍ଦ୍ଦିଗରେ ଯେଉଁ ଉନ୍ମୁକ୍ତ ବିଶ୍ୱ ରହିଛି ସେହି ବିଶ୍ୱର ସକଳ ସୌନ୍ଦର୍ଯ୍ୟ ହେଉଛି ରୂପ ସୃଷ୍ଟି। ସୃଷ୍ଟିର ଶ୍ରେଷ୍ଠ ଜୀବ ମଣିଷ। ତା'ର ଜୀବନଧାରା ତଥା ତା'ର ଚତୁର୍ଦ୍ଦିଗରେ ଘେରି ରହିଥିବା ବୃକ୍ଷଲତା, ଗିରି, ବନ, ଝରଣାର ବିପୁଳ ସୌନ୍ଦର୍ଯ୍ୟ ସବୁ ଇନ୍ଦ୍ରିୟଗ୍ରାହ୍ୟ ରୂପ ସମ୍ଭାର। ମନୁଷ୍ୟ ତା'ର ଚତୁର୍ଦ୍ଦିଗରେ ପରିପୂର୍ଣ୍ଣ ଏହି ସୌନ୍ଦର୍ଯ୍ୟ ସମ୍ଭାରକୁ ଆତ୍ମସ୍ଥ କରି ତଥା ନିତ୍ୟ ଉପଭୋଗ କରି ଯେତେବେଳେ କ୍ଲାନ୍ତି ଅନୁଭବ କରେ ସେତେବେଳେ ସେ ଅନ୍ୟ ଜଗତର ସନ୍ଧାନ ପାଇଁ ବ୍ୟାକୁଳ ହୁଏ। ଜଗତର ସସୀମତା ମଧ୍ୟରୁ ଦୂରେଇ ଯାଇ ତା'ର ମୁକ୍ତ ମନପକ୍ଷୀ ଅନ୍ୟ ଏକ ଜଗତର ସନ୍ଧାନ କରେ। ସେହି ଅନ୍ୟ ଜଗତର ନିଶାରେ ସେ ବିଭୋର ହୁଏ। ଆତ୍ମହରା ହୁଏ। ସେତେବେଳେ ହୃଦୟର ନିଭୃତ କନ୍ଦରରେ ପ୍ରାଣାରାମର ଆହ୍ୱାନ ଶୁଣେ। ସେତିକିବେଳେ ସେ ଏହି ପାର୍ଥିବ ରୂପସୃଷ୍ଟିର ସସୀମତାକୁ ଅତିକ୍ରମ କରି ଏକ ଅମର, ଅରୂପ, ରହସ୍ୟମୟ ଜଗତର ଉପଲବ୍ଧି କରିପାରେ। ଏହି ଅସୀମ, ଅତୀନ୍ଦ୍ରିୟ ଜଗତର ଉପଲବ୍ଧିରେ ତା' ଅନ୍ତରରେ ରହସ୍ୟମୟ ଭାବନା ଆପେ ଆପେ ଜାଗ୍ରତ ହୁଏ। ସେହି ରହସ୍ୟମୟ ଅରୂପ ଭାବନା ପ୍ରତି ତା' ଅନ୍ତରରେ ସୃଷ୍ଟି ହୁଏ ଏକ ସ୍ୱାଭାବିକ ଆବେଗ ବା ଅରୂପ ପ୍ରତି ଏକ ସ୍ୱାଭାବିକ ମୋହ। ଏହି ଭାବନାର ପ୍ରକାଶ ଓ ଉପଲବ୍ଧି ସ୍ରଷ୍ଟାପ୍ରାଣର ଛାୟା ଶରୀର ରହସ୍ୟାବୃତ୍ତ ମଧ୍ୟରେ ହିଁ ସମ୍ଭବ ହୁଏ। ତେଣୁ ଏହି ଅନୁଭବ ରହସ୍ୟବାଦ ଭାବରେ ହିଁ ପରିଚିତ ହୋଇଥାଏ। ଏହି ରହସ୍ୟବାଦୀ ଭାବନା ସ୍ରଷ୍ଟା ମାନସର ସାଧାରଣ ସ୍ଥିତିଠାରୁ ଊର୍ଦ୍ଧ୍ୱରେ ଏକ ଅରୂପ, ଅସ୍ପଷ୍ଟ ଜଗତର ଭାବନା।

ରହସ୍ୟବାଦ ଇଂରାଜୀ 'Mysticism' ଶବ୍ଦର ଏକ ପରିଭାଷା ମାତ୍ର। ସାଂପ୍ରତିକ ଭାଷା ସାହିତ୍ୟରେ ଏହି ଭାବରେ ହିଁ ଏହା ବ୍ୟବହୃତ। ମର୍ମବାଦ ବା ଅତୀନ୍ଦ୍ରିୟଭାବ

ନାମରେ ମଧ୍ୟ ଏହାର ବ୍ୟବହାର ରହିଛି। 'Mysticism' ଶବ୍ଦର ମୂଳ ଲାଟିନ୍ ଶବ୍ଦ ହେଉଛି 'Mystica' ଅର୍ଥାତ୍ ଦୁର୍ବୋଧ। କେହି କେହି ଏହାକୁ ଜର୍ମାନ୍ ଭାଷାର 'Mystik' (ସ୍ରଷ୍ଟା ଓ ସୃଷ୍ଟି ସଂଯୋଗର ରହସ୍ୟ ଏବଂ 'Mystrizymus' ଅର୍ଥାତ୍ ଆଧିଦୈବିକ ଶକ୍ତିର ବିଚାରରୁ ଉଦ୍‌ଭୂତ ବୋଲି ବିଚାର କରିଛନ୍ତି। ରହସ୍ୟବାଦ ସମ୍ବନ୍ଧରେ ବହୁ ଆଲୋଚନା ବା ମତବାଦ ଯୁଗେ ଯୁଗେ ରହି ଆସିଛି। ସାଧାରଣ ଅର୍ଥରେ ତାହାକୁ ଅସ୍ପଷ୍ଟ ରୂପ, 'Myst' ବା କୁହୁଡ଼ି, ଝାପ୍‌ସା ଦୃଷ୍ଟି ବୋଲି ବିଚାର କରାଯାଇଥାଏ।

ତେଣୁ ବିଭିନ୍ନ ସମାଲୋଚକ ରହସ୍ୟବାଦୀ ସଂପର୍କରେ ବିଭିନ୍ନ ସଂଜ୍ଞା ପ୍ରଦାନ କରି ଯାଇଥିଲେ ହେଁ ଅସ୍ପଷ୍ଟତା ଯେ ତା'ର ବୈଶିଷ୍ଟ୍ୟ ଏକଥା ନିଶ୍ଚିତ ରୂପେ ସତ୍ୟ। ନାନାଦି ପରୀକ୍ଷା ନିରୀକ୍ଷା, ସଂଜ୍ଞା ଦର୍ଶାଇ ମଧ୍ୟ ଏହା ଯେ ଏକ ନିର୍ଦ୍ଦିଷ୍ଟ ସଂଜ୍ଞା ପରିସର ବହିର୍ଭୂତ ଏହା ରହସ୍ୟାନୁଭୂତି ଲାଭ କରିଥିବା ବ୍ୟକ୍ତି ଓ ରହସ୍ୟବାଦ ସମ୍ପର୍କରେ ପ୍ରଚୁର ଜ୍ଞାନ ଅର୍ଜନ କରିଥିବା ବ୍ୟକ୍ତିମାନେ ହିଁ ସମସ୍ୱରରେ ଘୋଷଣା କରିଥାନ୍ତି। ତଥାପି ରହସ୍ୟବାଦ ସଂପର୍କରେ ଏକ ସ୍ଥୁଳ ଧାରଣ ପାଠକଙ୍କ ମନରେ ଜନ୍ମେଇବା ପାଇଁ ବିଶିଷ୍ଟ ବ୍ୟକ୍ତିମାନେ ଏହାର ସଂଜ୍ଞା ନିରୂପଣ କରିବାକୁ ଉଦ୍ୟମ କରିଛନ୍ତି।

୧- ସାଧାରଣଙ୍କ ମତରେ "ରହସ୍ୟ ଚେତନା ଚରମ ସତ୍ୟର ପ୍ରତ୍ୟକ୍ଷାନୁଭୂତି।" Encyclopaedica Britanica Vol-16ରେ ଏ ସମ୍ପର୍କରେ କୁହାଯାଇଛି- "It is a phase of thought or rather perhaps of a feeling which appers in connection with the endeavour of the human mind to grasp the divine essence or the ultimate reality of things and enjoy the blessedness of actual communication with the highest."

୨- "ଏହା ଏକ ଅଲୌକିକ ଚେତନା ସହ ବ୍ୟକ୍ତି ଚେତନାର ସଂଶ୍ରବାନୁଭୂତି।" "Broadly speaking I understand it to be the expression of the innate-tendency of human spirit towards complete harmony with the transcendental order." - 'Mysticism: Preface XIV by Evelyn under hill.'

୩- ଏହା ସ୍ୱତଃ ସିଦ୍ଧ ଯେ ଅଧିତତ୍ତ୍ୱ (Meta Physics)ର ଆଦି କାରଣ ବା ମୂଳ ସତ୍ତା ରୂପେ ରହସ୍ୟବାଦ ଗୃହୀତ। "What the world which truly knows nothing calls mysticism in the science of ultimates, the science of self eveident reality - which can not be reasoned about because It is the object of pure reason or perception." (Convently palmore the road and the root and the flower. ...... mysticism P-2)

ଅଧ୍ୟାପକ ପଠାଣି ପଟ୍ଟନାୟକଙ୍କ ମତରେ- "ଜୀବ ଓ ପରମର ମହାମିଳନର

ଅନୁଭୂତି ଯେଉଁଠାରେ ସମ୍ଭବ ହୁଏ ସେହିଠାରେ ଆମେ କହିଥାଉଁ ମିଷ୍ଟିକ୍ ଅନୁଭୂତି । ଓଡ଼ିଆରେ ଏହାକୁ ଅବଶ୍ୟ ରହସ୍ୟବାଦ ଅତୀନ୍ଦ୍ରିୟ ବାଦ, ମରମ ବାଦ ପ୍ରଭୃତି ନାମରେ ଆଖ୍ୟାୟିତ କରାଯାଇଛି । ମିଷ୍ଟିକ୍ ଅନୁଭୂତି ହେଉଛି ଗଭୀର ଅନ୍ତର୍ଦୃଷ୍ଟିର ଭାବନା । ଏହି ସ୍ଥଳରେ ଭାବୁକ ରୂପ ସହିତ ଅରୂପର, ଶାନ୍ତ ସହିତ ଅନନ୍ତର, ଦୃଶ୍ୟ ସହିତ ଅଦୃଶ୍ୟ ରାଜ୍ୟର ସଂପର୍କ ସ୍ଥାପନ କରିଥାଏ । (୧୨) ବିଶ୍ୱକବି ରବୀନ୍ଦ୍ରନାଥ ଏ ସଂପର୍କରେ କୁହନ୍ତି- "ଆମି ରୂପ ସାଗରେ ଡୁବ୍ ଦିୟେଛି ଅରୂପରତନ ଆଶାୟ ।" ଏହା ହେଉଛି ଏକ ଅବ୍ୟକ୍ତ ସତ୍ୟର ଅନୁଭୂତି । ଭୌତିକ ବନ୍ଧନଯୁକ୍ତ ମନୁଷ୍ୟ ମିଷ୍ଟିକ୍ ଚିନ୍ତନରେ ନିବିଡ଼ ଆଧ୍ୟାତ୍ମିକ ଆନନ୍ଦ ଲାଭ କରିଥାଏ । ମିଷ୍ଟିକ୍ ଚିନ୍ତାଯୁକ୍ତ ଭାବନା ସହଜ ଓ ସ୍ୱାଭାବିକ ଭାବରେ ପ୍ରକାଶିତ ହୁଏ ନାହିଁ । ଏଠାରେ ଇଙ୍ଗିତ ଆକାର ନୂତନ ସତ୍ୟ ପ୍ରକଟିତ ହୋଇଯାଏ । ପରମାତ୍ମାଙ୍କ ସହିତ ପ୍ରତ୍ୟକ୍ଷ ସଂପର୍କ ଯୋଡ଼ିବାର ବ୍ୟାକୁଳତା ଏଠାରେ ପ୍ରକାଶ ପାଇଥାଏ । ପରମ ସତ୍ତାଙ୍କୁ ଯେଉଁ ଜ୍ଞାନ ଦ୍ୱାରା ଅନୁଭବ କରାଯାଏ ତାହା ହେଉଛି ରହସ୍ୟବାଦ ।" (୧୩) Mysticism in the immediate feeling of the unity of the self with God." ଆତ୍ମା ପରମାତ୍ମାଙ୍କ ସହିତ ମିଳନକୁ ରହସ୍ୟାବୃତ୍ତ ଭାବରେ ପ୍ରକାଶ କରାଯାଉଥିଲା ବୋଲି ଭାରତୀୟ ସାହିତ୍ୟରେ ଏହାକୁ ରହସ୍ୟବାଦ ଭାବରେ ବର୍ଣ୍ଣନା କରାଯାଉଅଛି । ଭଗବାନ ହେଉଛନ୍ତି ଶୂନ୍ୟସତ୍ତା, ଯାହାଙ୍କ ସମ୍ବନ୍ଧରେ ଏକ ସ୍ଥୁଳ ଧାରଣା ଏପର୍ଯ୍ୟନ୍ତ କରାଯାଇ ପାରିନାହିଁ । ତେଣୁ ସେହି ଭଗବତ୍ ସତ୍ତା ସହ ଜୀବଜଗତର ସଂପର୍କ ଏକ କୌତୂହଳତାରୁ ହିଁ ସୃଷ୍ଟି ବୋଲି ଧାରଣା ହୁଏ । ଏହି ସଂପର୍କକୁ ରହସ୍ୟବାଦ ବା Mysticism ବୋଲି କୁହାଯାଇପାରେ ।

ଈଶ୍ୱରୀୟ ସତ୍ତା ମଧ୍ୟରେ ନିଜକୁ ଆତ୍ମବିଲୁପ୍ତ କରିବାର ଯେଉଁ ପ୍ରୟାସଟି ଜୀବସତ୍ତା ମଧ୍ୟରେ ଉପଲବ୍ଧି କରିହୁଏ ଅର୍ଥାତ୍ ଆଧ୍ୟାତ୍ମିକ ସତ୍ତାଟି ଜନ୍ମ ନିଏ, ତାହାକୁ ମଧ୍ୟ ପରୋକ୍ଷ ଅର୍ଥରେ Mysticism କୁହାଯାଇପାରେ ।

'Mysticism'ର ଅନ୍ୟ ଏକ ସଂଜ୍ଞା ହେଉଛି "One who believes in spiritual apprehension of truths beyond the understanding."

ଅଧ୍ୟାପିକା ଡକ୍ଟର ପ୍ରତିଭା ଶତପଥୀ ଏ ସଂପର୍କରେ କୁହନ୍ତି- "ଜୀବ ପରମ ମଧ୍ୟରେ ଏହି ରାଗାତ୍ମିକ ସଂପର୍କ ସସୀମ ଓ ଅସୀମ ମଧ୍ୟରେ ସପ୍ରେମ ମିଳନର ଏହି ଅନୁଭବ ରହସ୍ୟବାଦୀ ଚେତନାର ଆତ୍ମା । ଏତାଦୃଶ୍ୟ ରହସ୍ୟବାଦୀ ପ୍ରେମ ଚେତନାରେ

---

(୧୨) ବୈକୁଣ୍ଠନାଥ ପରିକ୍ରମା, ଅଧ୍ୟାପକ ପଠାଣି ପଟ୍ଟନାୟକ
(୧୩) ଅଧ୍ୟାପକ ପଠାଣି ପଟ୍ଟନାୟକ, ବୈକୁଣ୍ଠନାଥ ପରିକ୍ରମା

କବିଙ୍କର ଅନୁଭୂତି ଓ ଆକୁଳତା ସର୍ବଥା ମାନବୀୟ ପ୍ରେମ ଚେତନାର ଅନୁରୂପ ହଲେ ହେଁ ରହସ୍ୟବାଦୀ ପ୍ରେମ ଚେତନାରେ ପ୍ରିୟତମର ସ୍ୱରୂପ ଓ ମିଳନରୀତି ସଂପୂର୍ଣ୍ଣ ଭାବେ ପାର୍ଥିବ ଜଗତର ଅତିକ୍ରମଣ ବା Transcendence ଉପରେ ପର୍ଯ୍ୟବସିତ।" (୧୪) ଡକ୍ଟର ନିତ୍ୟାନନ୍ଦ ଶତପଥୀ ଏକ ଅତୀନ୍ଦ୍ରିୟ ଅନୁଭବରୁ ହିଁ ରହସ୍ୟବାଦର ସୃଷ୍ଟି। (୧୫) କହିବାବେଳେ ଅଧ୍ୟାପକ ବିଭୁଦତ୍ତ ମିଶ୍ର କୁହନ୍ତି, "ରହସ୍ୟବାଦୀ କବିମାନେ ଏକ ଅଲୌକିକ ବା ଅତିଲୌକିକ ଆଦର୍ଶରେ ପ୍ରଭାବିତ ହୋଇ ଅନ୍ୟ ଏକ ଅତିଭୌତିକ ଏବଂ କାଳ୍ପନିକ ଜଗତର ଚିତ୍ର ପ୍ରଦାନ କରିଥାନ୍ତି। ସେମାନେ ବାସ୍ତବ ଜଗତର ସୁଖ-ଦୁଃଖ, ବ୍ୟଥା-ବେଦନା, ବିରହ-ମିଳନ ସବୁକୁ ଅନ୍ୟ ଏକ ଜଗତର ଛାୟାରୂପେ ଗ୍ରହଣ କରିଥାନ୍ତି, ଯାହା କଳ୍ପନାତୀତ, ଅଜ୍ଞେୟ ଓ ଅଚିନ୍ତ୍ୟତାକୁ ନେଇ ଏକ ଅନାଗତ ଜଗତର ସ୍ୱପ୍ନ ଦେଖିବା ନିମନ୍ତେ ଏଇ କବିମାନଙ୍କର ଏକ ଅଦ୍ଭୁତ ମମତା ଜାଗ୍ରତ ହୋଇଥାଏ। (୧୬) ଏହି କଥା ରବୀନ୍ଦ୍ରନାଥ ଠାକୁର ମଧ୍ୟ କହିଛନ୍ତି। ତାଙ୍କ ମତରେ, "ଆମାର୍ ତ ମନେ ହୟେ, ଆମାର୍ କାବ୍ୟ ରଚନାର ଏଇ ଏକଟି ମାତ୍ର ପାଲା - ସେ ପାଲାର ନାମ ଦେଓୟା ଯାଇତେ ପାରେ ସୀମାର୍ ମଧ୍ୟେୟି ଅସୀମେର ସହିତ ମିଲନ୍ ସାଧନେର ପାଲା।"

ସେ ଯାହାହେଉ ରହସ୍ୟବାଦ ସହ ଦୁର୍ବୋଧତା ଅଙ୍ଗାଙ୍ଗୀ ଭାବେ ଜଡ଼ିତ। ତେଣୁ ରହସ୍ୟବାଦ ସଂପର୍କରେ ବିଶ୍ଳେଷଣ କଲେ ଯାବତୀୟ ଅବୋଧତା ମନ ମଧ୍ୟକୁ ପ୍ରବେଶ କରେ। ତେଣୁ ଏ ସଂପର୍କରେ କୁହାଯାଇପାରେ "ଯେ କୌଣସି ଗଭୀର ତାତ୍ତ୍ୱିକ ଅମୂର୍ତ୍ତ ଚିନ୍ତାଧାରା ଶବ୍ଦ ଦ୍ୱାରା ପ୍ରତୀକିତ ହେଲାବେଳେ କିଛି ପରିମାଣରେ ଭାଷା ଦୈନ୍ୟଗତ ଦୁର୍ବୋଧତାର ଶରବ୍ୟ ହୁଅନ୍ତି। ଏ ପ୍ରକାର ରହସ୍ୟ ଭାବ କିନ୍ତୁ 'ରହସ୍ୟବାଦ'ର ସ୍ୱତନ୍ତ୍ର ସଂଜ୍ଞା ସୀମା ପରିସର ବହିର୍ଭୂତ।" (୧୭)

ରହସ୍ୟବାଦର ସ୍ୱରୂପ ରହସ୍ୟବାଦର ଭାଷା ବିଜ୍ଞାନରେ ଭିନ୍ନାର୍ଥକ। କବି ବ୍ଲେକ୍‌ଙ୍କ ରହସ୍ୟବାଦର ସ୍ୱରୂପ ଥିଲା "To see the world in a grain of sand." ରହସ୍ୟବାଦର ଆଭିମୁଖ୍ୟ ଓ ଉତ୍ସାରଣକୁ ବିଶ୍ଳେଷଣ କରି ରହସ୍ୟ ଚେତନାର ସ୍ୱରୂପକୁ ସାଧାରଣତଃ ଆଲୋଚକମାନେ ଅନ୍ତର୍ମୁଖୀ ଓ ବହିର୍ମୁଖୀ ଏହିଭଳି ଦୁଇ ଭାଗରେ ବିଭକ୍ତ କରିଥାନ୍ତି।

---

(୧୪) ବୈକୁଣ୍ଠନାଥ ପରିକ୍ରମା, ପୃ-୭୭

(୧୫) ସବୁଜରୁ ସାଂପ୍ରତିକ, ପୃ-୩୭

(୧୬) ସବୁଜ ଯୁଗ ଓ କାବ୍ୟ ସଞ୍ଚୟନ, ପୃ-୩୭, ଅଧ୍ୟାପକ ବିଭୁଦତ୍ତ ମିଶ୍ର

(୧୭) ଆଧୁନିକ ଓଡ଼ିଆ କବିତାରେ ରହସ୍ୟବାଦୀ ଚେତନା, ଡକ୍ଟର ସୌଦାମିନୀ ଚୌଧୁରୀ, ପୃ-୨୧

ସେ ଯାହାହେଉ "ପୃଥିବୀର ବିଭିନ୍ନ ଧର୍ମଧାରା ମତବାଦ ଓ ଦର୍ଶନ ବିଚାରରେ ରହସ୍ୟ ସାଧକମାନଙ୍କର ଅନୁଭୂତି ଏବଂ ଚିନ୍ତାଧାରା ଅନୁଧ୍ୟାନ କରି ସେମାନଙ୍କ ମଧ୍ୟରେ ଏକ ଅପୂର୍ବ ଭାବଗତ ସାମ୍ୟର ସନ୍ଧାନ କରାଯାଇପାରେ। ସେହି ସମସ୍ତ ରହସ୍ୟାଶ୍ରୟୀ ଅଭିଭାଷଣର ମୂଳ କଥାଟି ହେଲା- "ଜଗତର ସମସ୍ତ କିଛି ଏକ ପରମ ସତ୍ୟ ବିହିତ। ଅନ୍ତର୍ହୀନ ଆତ୍ମା ସ୍ୱରୂପରେ ବିରାଜିତ ସେଇ ଏକ ସତ୍ତା ହିଁ ବିଶ୍ୱବ୍ୟାପ୍ତ ପରମ ଚୈତନ୍ୟ ପୁଣି ବିଶ୍ୱାତୀତ ନିର୍ଗୁଣ ନିର୍ଲିପ୍ତ ବ୍ରହ୍ମ। ଦେଶ କାଳ ବିଭକ୍ତ, ନାମ-ରୂପ ଆଶ୍ରିତ ବ୍ୟକ୍ତି ଅହଂ (ego) ସେଇ ନିତ୍ୟରୂପ ଏକୋଽହମ୍ ଆତ୍ମାକୁ (self) ଚରାଚର ପରିବ୍ୟାପ୍ତ ପରମାତ୍ମା (universal self) ସ୍ୱରୂପରେ; ପୁନଶ୍ଚ ଲୋକୌତ୍ତର ସର୍ବାତୀତ ବ୍ରହ୍ମ ସ୍ୱରୂପର 'ସୋଽହମ୍' ଉପଲବ୍ଧିରେ ପ୍ରାପ୍ତ ହୋଇଥାଏ। (୧୮)

ଏହିଭଳି ଭାବରେ ବିଭିନ୍ନ ଆଲୋଚକ ଭିନ୍ନ ଭିନ୍ନ ମତ ଦେଇଛନ୍ତି ରହସ୍ୟବାଦର ସଂଜ୍ଞା ଓ ସ୍ୱରୂପ ସଂପର୍କରେ। ଭାରତୀୟ ପ୍ରାଚୀନ କବିମାନେ ବହୁ ଭାବରେ ପ୍ରାଚୀନ ମୁନିଋଷିମାନଙ୍କର ଧ୍ୟାନ ମଗ୍ନତା ଅଥବା ଧ୍ୟାନରତାବସ୍ଥାରେ ସେ ଅନନ୍ତ ଶକ୍ତି ସହ ମିଳିତ ପ୍ରଭାବରେ ପ୍ରଭାବିତ ହେଉଥିଲେ ଏବଂ ସେମାନେ ମଧ୍ୟ ଯେତେବେଳେ କୌଣସି ଅଜ୍ଞାତ ଅନନ୍ତ ଶକ୍ତିର ସନ୍ଧାନ ପାଇଁ ବ୍ୟାକୁଳ ହୋଇଛନ୍ତି ଠିକ୍ ସେତିକିବେଳେ ରହସ୍ୟପୂର୍ଣ୍ଣ ଅଭିବ୍ୟକ୍ତି ମାଧ୍ୟମରେ ସାହିତ୍ୟ ରଚିତ ହୋଇଅଛି। ସାଧାରଣ ପାଠକଙ୍କ ନିକଟରେ ଏହାର ସ୍ୱାଦ ଉପଲବ୍ଧି ଏତେ ସହଜସାଧ୍ୟ ନୁହେଁ। ଗୁରୁ ପରଂପରା ଜରିଆରେ ଏହି ରହସ୍ୟପୂର୍ଣ୍ଣ ଭାବନାକୁ ବୁଝିବାକୁ ହୁଏ ତଥା ହୃଦୟଙ୍ଗମ କରିବାକୁ ହୁଏ। ବ୍ରହ୍ମ ପାଇଁ ଆତ୍ମାର ଅନନ୍ତ ପ୍ରେମ ଓ ବ୍ୟାକୁଳତା ଏହି କବିତାର ପ୍ରାଣବସ୍ତୁ। କାରଣ ଏକମାତ୍ର ବ୍ରହ୍ମ ହେଉଛି ସତ୍ୟ। ସମସ୍ତ ଜଗତ ଅଳୀକ ଓ ମିଥ୍ୟା। ତେଣୁ ଏହାକୁ ଆଖି ଆଗରେ ରଖି ପ୍ରାଚୀନ କବିଗଣ ଭକ୍ତ ଓ ଭଗବାନଙ୍କ ମଧ୍ୟରେ ଅଭିନ୍ନ ସଂପର୍କ ପ୍ରତିଷ୍ଠା କରିଥିଲେ। 'ବୌଦ୍ଧଗାନ-ଦୋହା' ତଥା ସହଜିଆ ସାହିତ୍ୟଠାରୁ ଆରମ୍ଭ କରି ପଞ୍ଚସଖାଙ୍କ ସାହିତ୍ୟରେ ଏହିଭଳି ପିଣ୍ଡ ବ୍ରହ୍ମାଣ୍ଡ ତତ୍ତ୍ୱ ଅଥବା ବୈଷ୍ଣବ କାବ୍ୟ ସାହିତ୍ୟରେ ପ୍ରକୃତି ଓ ପୁରୁଷର ମିଳନ କଳ୍ପନାରେ ଏହି ରହସ୍ୟମୟୀ ଭାବନା ପ୍ରତିଷ୍ଠା ଲାଭ କରିଥିଲା। କେତେକ ରହସ୍ୟବାଦକୁ ଦୁର୍ବୋଧ୍ୟର ପରିଭାଷା ଭାବେ ଗ୍ରହଣ କରିଥିଲେ। ଚର୍ଯ୍ୟାସାହିତ୍ୟ ଠାରୁ ଆରମ୍ଭ କରି ପରବର୍ତ୍ତୀ ପଞ୍ଚସଖା ସାହିତ୍ୟରେ ମୂଳ ଉତ୍ସ ଥିଲା ଧର୍ମ ଧାରଣ ବା ଆଧ୍ୟାତମିକତାରେ ବିଶ୍ୱାସ। କେବଳ ଆତମ୍। ଓ ପରମାତ୍ମା ମଧ୍ୟରେ ସଂପର୍କ ସ୍ଥାପନା ହିଁ ଭକ୍ତି ସାହିତ୍ୟର ମୂଳ ଉତ୍ସ ଥିଲା। ସେ ଯୁଗରେ

(୧୮) ଆଧୁନିକ ଓଡ଼ିଆ କବିତାରେ ରହସ୍ୟବାଦୀ ଚେତନା, ଡକ୍ଟର ସୌଦାମିନୀ ଚୌଧୁରୀ, ପୃ-୨୩

ରହସ୍ୟବାଦୀ ଚେତନା ଏହାକୁ ହିଁ ବୁଝାଇଥାଏ। କିନ୍ତୁ ଆଧୁନିକ ସାହିତ୍ୟକୁ ବିଚାର କଲେ ଗୋଟିଏ କଥା ସ୍ମରଣ ରଖିବାକୁ ହେବ ଯେ ଆଧ୍ୟାତ୍ମିକତା ଆଧୁନିକ କବିତାର ପ୍ରାଣଧର୍ମ ନୁହେଁ। ଆଧୁନିକ ଯୁଗର ସାହିତ୍ୟରେ ଯେଉଁ ରହସ୍ୟବାଦୀ ଚିନ୍ତାଧାରା ଦେଖାଯାଏ ତାହା ପ୍ରେରଣାଧର୍ମୀ ନୁହେଁ, ନିଜସ୍ୱ ଭାବନାର ଆବେଗରେ, କବି ଅରୂପ ଅଦୃଶ୍ୟ ରାଜ୍ୟ ସହିତ ଯେଉଁ ସଂପର୍କ ସ୍ଥାପନ କରିଅଛି ତାହା ପାଠକ ନିକଟରେ ରହସ୍ୟମୟ ବୋଧହୁଏ। ତେଣୁ ରହସ୍ୟବାଦୀ ଚିନ୍ତାଧାରାର ଉଦ୍ରେକ ହୁଏ। ଏହି ପ୍ରସଙ୍ଗରେ ଆଲୋଚନା କଲେ ବ୍ରାହ୍ମକବି ମଧୁସୂଦନ, କାନ୍ତକବି ଲକ୍ଷ୍ମୀକାନ୍ତ, କୁନ୍ତଳା କୁମାରୀ ସାବତ ଏବଂ ସର୍ବୋପରି ସବୁଜ କବି କାଳିନ୍ଦୀ ଚରଣ ଏବଂ ବୈକୁଣ୍ଠନାଥଙ୍କ କବିତା ଉଲ୍ଲେଖଯୋଗ୍ୟ ମନେହୁଏ।

ଭକ୍ତକବି ମଧୁସୂଦନଙ୍କ କବିତାରେ ପ୍ରାଚ୍ୟ ଓ ପାଶ୍ଚାତ୍ୟ ଉଭୟ ରହସ୍ୟବାଦୀ ଅଭିବ୍ୟକ୍ତି ପ୍ରତିଷ୍ଠା ଲାଭ କରିଅଛି। ପ୍ରାଚ୍ୟର ଉପନିଷଦୀୟ ବ୍ରହ୍ମତତ୍ତ୍ୱ ସହିତ ପାଶ୍ଚାତ୍ୟ ଏକେଶ୍ୱରବାଦ ଓ ପ୍ରେମଭକ୍ତି ଭାବନାରେ ମଧୁସୂଦନଙ୍କ କାବ୍ୟ ପ୍ରେରଣା ଓତପ୍ରୋତ ଜଡ଼ିତ। ୧୮୭୦ ଖ୍ରୀଷ୍ଟାବ୍ଦରେ ବ୍ରାହ୍ମଧର୍ମ ଗ୍ରହଣ ପରେ ବିଭିନ୍ନ ଉପାସନାକାଳୀନ ଉଦ୍‌ବୋଧନ ଓ ରଚନାମାନଙ୍କରେ ମଧୁ-ମାନସରେ ଧର୍ମଚେତନାର ଏକ ନିର୍ଦ୍ଦିଷ୍ଟ କର୍ମ ପରିଣାମୀ ଅଭିବ୍ୟକ୍ତି ଲକ୍ଷ୍ୟ କରାଯାଇପାରେ। ମଧୁସୂଦନଙ୍କର ସାହିତ୍ୟ ରଚନାର କାଳ ୧୮୭୩ ଖ୍ରୀଷ୍ଟାବ୍ଦଠାରୁ ୧୯୧୨ ମସିହା ପର୍ଯ୍ୟନ୍ତ। ପ୍ରଥମ ପ୍ରକାଶ 'ନିଶୀଥ ଚିନ୍ତା' ଓ 'ନିର୍ବାସିତର ବିଳାପ' - ଏ ଦୁଇଟି ଇଂରେଜ କବିତାର ମର୍ମାନୁବାଦ। ଏଥିରେ ତାଙ୍କର ଧର୍ମ ଭାବନାର କିଛି ମାତ୍ର ସଂକେତ ରହିଛି। ଖ୍ରୀ. ୧୮୭୮ ପରେ ତାଙ୍କ ରଚନାରେ କ୍ରମୋନ୍ନତି ବା ବିକାଶଧାରାକୁ ଲକ୍ଷ୍ୟ କରାଯାଏ। ଖ୍ରୀ: ୧୮୭୮ରେ ରଚିତ 'ଜୀବନ୍ତ ଚିନ୍ତା'ରେ ଆଧ୍ୟାତ୍ମିକ ଦିଗଟି ବେଶ୍ ପରିଲକ୍ଷିତ ହୁଏ ଏବଂ ତା'ର ବିକାଶତମ ରୂପ ୧୯୧୧ରେ 'ହିମାଚଳେ ଉଦୟ ଉତ୍ସବ'ରେ ସଂପୂର୍ଣ୍ଣ ଦେଖିବାକୁ ମିଳେ। ତାଙ୍କର ପ୍ରାୟ ସମସ୍ତ ରଚନା ଈଶ୍ୱର ସମ୍ବନ୍ଧୀୟ। 'ରାଜମାଳା', 'ପ୍ରଭାତ', 'ଆକାଶ ପ୍ରତି', 'ଆଶା', 'ଉଦ୍‌ବୋଧନ', 'ନବ ବସନ୍ତ ଭାବନା', 'ଋଷି ପ୍ରାଣେ ଦେବାବତରଣ', 'ଏ ସୃଷ୍ଟି ଅମୃତମୟ' ଓ 'ହିମାଚଳେ ଉଦୟ ଉତ୍ସବ' ପ୍ରଭୃତି କବିତାଗୁଡ଼ିକରେ ଆଧ୍ୟାତ୍ମିକ ଚିନ୍ତାର ଉତ୍ତରଣ ଘଟିଛି। ଦୃଶ୍ୟମାନ ଜଗତର ଅନିତ୍ୟତା ଏକ ଶାଶ୍ୱତର ଆକାଂକ୍ଷା ଓ ଅନୁସନ୍ଧାନ, ଅନ୍ତର ଭିତରେ ଆମର ଆତ୍ମାର ଆବିଷ୍କାର ଓ ବିଭୁକୃପାର ଉପଲବ୍ଧି ପରମଙ୍କୁ ଏ ଆତ୍ମାର ପୂର୍ଣ୍ଣ ସମର୍ପଣ ଦ୍ୱାରା ଜୀବନର ସାର୍ଥକତା ଲାଭ ପ୍ରଭୃତି ଉପାଦେୟ ଚେତନାରେ ତାଙ୍କ କାବ୍ୟଶ୍ରୀ ମଣ୍ଡିତା।

ଭକ୍ତକବି ମଧୁସୂଦନ ରାଓ ଉଦାର କଣ୍ଠରେ ଉପନିଷଦର ସେହି ବୈଦିକ

ଋଷିର ଦିବ୍ୟ ବ୍ୟକ୍ତିତ୍ୱକୁ କଳ୍ପନା କରିଛନ୍ତି ତାଙ୍କ କବିତା ମାଧ୍ୟମରେ। (୧୯) 'ଋଷିପ୍ରାଣେ ଦେବାବତରଣ' କବିତାଟି ଏହି ଚେତନାର ଏକ ପ୍ରୟାସ ମାତ୍ର ଏକ ପଦକ୍ଷେପ, ଏକ ଉଲ୍ଲଂଘନ, ଯାହା ସିଦ୍ଧିପ୍ରାପ୍ତ ହୋଇଛି, 'ହିମାଚଳେ ଉଦୟ ଉତ୍ସବ'ରେ। (୨୦)

ମଧୁସୂଦନଙ୍କର ରହସ୍ୟବାଦୀ କାବ୍ୟ ଚେତନାର ସର୍ବୋତ୍କୃଷ୍ଟ ଲେଖା 'ହିମାଚଳେ ଉଦୟ ଉତ୍ସବ' କବିତାଟିର କୋଣେ କୋଣେ ପ୍ରକୃତି ଓ ବ୍ୟକ୍ତି ଆତ୍ମାର ପରିପୂର୍ଣ୍ଣ ମିଳନର ଚିତ୍ର ପ୍ରଦତ୍ତ। କବିଙ୍କ ନିକଟରେ ପ୍ରକୃତି କେବଳ ମନୁଷ୍ୟ ପାଇଁ ଶୋଭାର ଭଣ୍ଡାର ନୁହେଁ କିମ୍ବା କେବଳ ତା'ର ସୌନ୍ଦର୍ଯ୍ୟରେ ଅଭିଭୂତ ହୋଇ କବିତା ରଚିତ ନୁହେଁ, ବରଂ କବି ପ୍ରକୃତି ମଧ୍ୟରେ ପରମ ପ୍ରାଣସତ୍ତାକୁ ଉପଲବ୍ଧି କରିଛନ୍ତି। 'ହିମାଚଳେ ଉଦୟ ଉତ୍ସବ' ଏକ ମୁକ୍ତିଲୀଳାର ଉତ୍ସବ। ଦ୍ୟୁଲୋକ, ଭୂଲୋକ ସର୍ବତ୍ର ସେ ମୁକ୍ତିର ପରିପୂର୍ଣ୍ଣ ଆୟୋଜନ। ଉଷାର ପ୍ରଥମ ଆଲୋକ ସଂପାତରେ ରଜନୀର ତିମିରାବରଣ ଭେଦ କରି କବି ଚେତନାରେ ନୂତନ ଆଲୋକ ସଂବାଦ ପ୍ରାପ୍ତ ହୋଇଛି। (୨୧)

ଠିକ୍ ସେହିଭଳି କାନ୍ତକବି ଲକ୍ଷ୍ମୀକାନ୍ତଙ୍କ ସମଗ୍ର 'ଜୀବନ-ସଙ୍ଗୀତ' ଏହି ରହସ୍ୟବାଦୀ ଭାବଧାରାରେ ସୁସ୍ପଷ୍ଟ। କେଉଁଠାରେ କବି ସେହି ଅଦୃଶ୍ୟ ସତ୍ତାର ଆଗମନୀ ଛନ୍ଦ ଶୁଣିଛନ୍ତି ତ କେଉଁଠି ତାଙ୍କ ପାଇଁ ରାତ୍ରି ଉଜାଗାର ହୋଇ ମିଳନ ଆକାଙ୍କ୍ଷାରେ ଅପେକ୍ଷା କରି ବସିଛନ୍ତି। କେଉଁଠି ନିକଟରେ ତ କେଉଁଠି ଦୂରରେ। ଏହି ଇନ୍ଦ୍ରିୟୋତ୍ତର ଅନୁଚିନ୍ତାରୁ ହିଁ ରହସ୍ୟବାଦର ସୃଷ୍ଟି।

"ଆଜି ମୋ ମାନସ କୁଞ୍ଜେ/ ମୃଦୁ ମୁରଲୀ ବଜାଏ -
ଉଠୁଅଛି ଜାଗି କାହାର ମୂରତି/ ମୋହନ ମଧୁର ବେଶେ।"
(କାନ୍ତ ସାହିତ୍ୟମାଳା, ଜୀବନ ସଙ୍ଗୀତ)

ଅତୀତର ଧର୍ମଭିତ୍ତିକ ସାହିତ୍ୟର ରହସ୍ୟବାଦୀ ଚେତନା ଆଧୁନିକ କାବ୍ୟରାଜ୍ୟର ରହସ୍ୟବାଦୀ ଚେତନା ମଧ୍ୟରେ କିଛିଟା ଭିନ୍ନତା ପରିଲକ୍ଷିତ ହୁଏ। ଅତୀତ ସାହିତ୍ୟ ହେଉଛି ଆଧ୍ୟାତ୍ମିକ ଏବଂ ଜ୍ଞାନପ୍ରଧାନ। ଆଧୁନିକ ରହସ୍ୟବାଦୀ ଚେତନା ହେଉଛି ଭାବପ୍ରଧାନ। ଏହି ଭାବନାରାଜ୍ୟରେ ବିଚରଣ କରୁ କରୁ କବି କେବେ କେବେ ବିଚଳିତ ହୋଇ ଉଠି କୌଣସି ଏକ ମହାନ୍ ସତ୍ତାଠାରେ ନିଜର ଆତ୍ମାକୁ ଦେଖିବାକୁ

---

(୧୯) "ଅମୂଲ୍ୟ ମୂରତି ଆହା ରୂପ ନିରୁପମ/ ଅନନ୍ତ ଅମର ବ୍ୟାପି ସ୍ଥାବର ଜଙ୍ଗମ
ଦେଶ କାଳାତୀତ ଦୃଶ୍ୟ କଳ୍ପନା ଅତୀତ ଅଥଚ ଦ୍ୟୋତିର ଜ୍ୟୋତିଚକ୍ଷୁ ଅଗ୍ରେ ସ୍ଥିତ।"
(ଋଷିପ୍ରାଣେ ଦେବାବତରଣ)

(୨୦) ଆଧୁନିକ ଓଡ଼ିଆ କବିତାରେ ରହସ୍ୟବାଦୀଚେତନା, ଡକ୍ଟର ସୌଦାମିନୀ ଚୌଧୁରୀ, ପୃ- ୧୨୧

(୨୧) ଆଧୁନିକ ଓଡ଼ିଆ କବିତାରେ ରହସ୍ୟବାଦୀଚେତନା, ଡକ୍ଟର ସୌଦାମିନୀ ଚୌଧୁରୀ, ପୃ-୧୫୫

ଚାହେଁ। ଯେଉଁଠାରେ ଏକ ଶାନ୍ତ, ନିର୍ମଳ ହୃଦୟର ବାତାବରଣ ମିଳିପାରିବ। ଯଦିଓ ସେ ସଂସାରର ମାୟାଜାଲ ସହ ସଂପୃକ୍ତ ତଥାପି ସେ ଏ ସମସ୍ତ ମାୟା ମୋହକୁ ତ୍ୟାଗ କରି ସେହି ପରମାତ୍ମା ସତ୍ତା ପାଖକୁ ଚାଲିଯିବାକୁ ଉତ୍କଣ୍ଠିତ ହୋଇଉଠେ। ଉକ୍ତ ଭାବନା କାନ୍ତକବି ଲକ୍ଷ୍ମୀକାନ୍ତଙ୍କ ଜୀବନ ସଂଗୀତରୁ ମିଳେ।

"କିଏ ସେ ଡାକୁଛି ନଈ ସେ ପାରିରେ/ ରହି ରହି କେଡ଼େ ବାଗରେ
ଦୋଦୋଚିହ୍ନା ସ୍ୱର ଶୁଣିଥିଲି ପରା/ କେତେ ଯୁଗ ଯୁଗ ଆଶରେ
କେଉଁ ଉହାଡ଼ରେ ଥାଇ ସେ ଡାକୁଛି/ ଖଣ୍ଡିସ୍ୱର ତାର ନ ହେଉଛି ବୁଝି
କେଉଁ ଗୁହା ଭେଦି ପହଁରି ଆସିଛି/ କେଉଁ ନିଛାଟିଆ ସାଗରେ।"

ନାରୀକବି କୁନ୍ତଳା କୁମାରୀଙ୍କ କବିତାରେ ମଧ୍ୟ ଆମେ ସେହି ରହସ୍ୟବାଦୀ ଚେତନାର ପରିଚୟ ପାଉ ତାଙ୍କର 'ଅଂଜଳି' (୧୯୨୨) କାବ୍ୟରେ। "ପ୍ରେମାସ୍ପଦ ପାର୍ଥିବ ବା ଅପାର୍ଥିବ ଯେ ହୋଇଥାନ୍ତୁ- ଆରାଧ୍ୟ ସ୍ୱରୂପରେ ସେ ସ୍ମରଣୀୟ ଏବଂ ତାଙ୍କୁ ଅବଲମ୍ବନ କରି ସେ ପ୍ରେମସାଧନାର ସ୍ୱରୂପଟି ମଧ୍ୟ ଊର୍ଦ୍ଧ୍ୱାୟିତ। 'ଅଂଜଳି' ଏକ ସରଳ ନିଷ୍କପଟ ଭାବ ନିବେଦନ ମୂଳକ କବିତା ସଂକଳନ। x x x ଏକ ବିରାଟ ସତ୍ତା ସହ ନିଜ କ୍ଷୁଦ୍ରତାର କଳନା ଏବଂ ପୁଣି ଏ କ୍ଷୁଦ୍ର ସେ ବିରାଟର ଅଂଶ ହରରୂପୀ ଆତ୍ମୀୟତା କବିଙ୍କର ପ୍ରେମ ପ୍ରତ୍ୟୟର ଭିତ୍ତିରୂପେ ଲପସ୍ଥାପିତ।" (୨୨) "ତୁମେ ପୂର୍ଣ୍ଣ ସୁଧାସିନ୍ଧୁରେ, ମୁଁ ତ କ୍ଷୁଦ୍ରସରିତ।" (୨୩) ରୋମାଣ୍ଟିକ୍, ବାସ୍ତବବାଦୀ, ମାନବବାଦୀ ଓ ବୈପ୍ଳବିକ ଚିନ୍ତାଧାରାର କବି କାଳିନ୍ଦୀଚରଣଙ୍କର ଏ ରହସ୍ୟବାଦୀ ଚିନ୍ତନ ନିଶ୍ଚିତ ଭାବରେ ଯେ ରବୀନ୍ଦ୍ର ଭାବାନୁସୃତ ଏଥିରେ ସନ୍ଦେହ ନାହିଁ। ରୋମାଣ୍ଟିକ୍ ସ୍ୱପ୍ନବିଭୋର କଳ୍ପଲୋକର ମୁଗ୍ଧ ନାୟିକାର ରୂପଚର୍ଯ୍ୟା କରୁ କରୁ କବିଙ୍କ କବିତ୍ୱରେ ହଠାତ୍ ନୈରାଶ୍ୟବାଦିତାର ଉପଲବ୍ଧି ହୋଇଛି ଏବଂ ଇନ୍ଦ୍ରିୟଲବ୍ଧ ରୂପର ମୋହ କ୍ରମେ ଅପସାରିତ ହୋଇ ଏକ ଅରୂପ ଅଚିନ୍ତନୀୟ ପ୍ରତି କ୍ରମେ ଆସିଛି ଅଧିକରୁ ଅଧିକ ଆସକ୍ତି। ସେ ତାଙ୍କ ପ୍ରିୟତମ ଭଗବାନଙ୍କ ଉଦ୍ଦେଶ୍ୟରେ କହିଛନ୍ତି -

"ତୁମ ଅପମାନ ପ୍ରିୟ ମରଣ ହୁଁ, ବଳି ଦେଉ ବ୍ୟଥା
ତବ ଅପମାନ କଲେ ମୂକ ହେଉ ମୋର ସବୁକଥା।" (ଆସ୍ତିକର ଆକୂତି)

ପୁଣି ସେ ଅରୂପକୁ ଆହ୍ୱାନ କରି ଲେଖିଛନ୍ତି -

---

(୨୨) ଆଧୁନିକ କବିତାରେ ରହସ୍ୟବାଦୀ ଚେତନା, ପୃ-୨୨୯
(୨୩) ଅଂଜଳି, କୁନ୍ତଳା କୁମାରୀ ଗ୍ରନ୍ଥାବଳୀ, ପୃ-୫

"ହେ ଅତନୁ! ତନୁଛାଡ଼ି ମିଳିବାକୁ ତୁମରି ଗତିରେ
ଲୋଡୁଅଛି ପ୍ରାଣ ମମ ଆଜି ଏଇ ଚଇତି ରାତିରେ
ନିବିଡ଼ ପରଶ ମୋର ପଥେ ଘାଟେ ଯିବାକୁ ବିତରି
ବିଶ୍ୱର ଅବକାଶ ବ୍ୟଗ୍ର ମୋ ଭାବନାରେ ଭରି।"

(ଅରୂପର ଆହ୍ୱାନ, କ୍ଷଣିକ ସତ୍ୟ, ପୃ-୮୮)

ତାଙ୍କ ରଚିତ 'ପ୍ରସାଧାନ', 'ନୀରବ ଆହ୍ୱାନ', 'କୁହୁ ପ୍ରାସ', 'ସିନ୍ଧୁ' ପ୍ରଭୃତି କବିତାରେ ରହସ୍ୟବାଦୀ ଚିନ୍ତାଧାରାର ପରିଚୟ ମିଳେ। ନିମ୍ନଲିଖିତ ପଙ୍‌କ୍ତି କେତୋଟିକୁ ଲକ୍ଷ୍ୟ କରନ୍ତୁ।

"ତୁମରି ପ୍ରେମେ ଭୁବନ ଭଲ ଲାଗଇ
ଚେତନାମମ ସକଳ ପଥେ ଜାଣଇ
ହତାଶେ ଆଉ ନୁହେଁ ମୁଁ ଜଡ଼
ତୁମରି ଲାଗି ଶତ ଜୀବନ ଆଜି ଗୋ ଏଥି ମାଗଇ।"

ସବୁଜଧାରାର କବିମାନେ ରୋମାଣ୍ଟିକ୍‌ଶ୍ରୟୀ ଥିବାବେଳେ ଉତ୍ତର ଯୌବନରେ ବୈକୁଣ୍ଠ କାବ୍ୟ ପୁରୁଷ ଆଧ୍ୟାତ୍ମିକ ଚେତନାରୁ ଉଦ୍ଭବ ଲାଭ କରି ସଂଶୟବାଦୀ ଭାବନାରେ ପରିମାର୍ଜିତ ହୋଇ ଏକ ଅହେତୁକ ରହସ୍ୟବାଦୀ ଭାବନାରେ ନିମଗ୍ନ ହୋଇ ଉଠିଛି। ବୈକୁଣ୍ଠନାଥ ନିଜେ କିପରି ବାଲ୍ୟକାଳରୁ ବିଭୁପ୍ରାଣ କବିତା ରଚନା ପ୍ରତି ଅନୁପ୍ରେରିତ ହୋଇଥିଲେ ସେକଥା ନିଜ ଜୀବନ ସ୍ମୃତିଲିପିରେ ସ୍ପଷ୍ଟ ପ୍ରକାଶ କରିଛନ୍ତି ଓ ତାହା ଆଗରୁ ଉଲ୍ଲିଖିତ ହୋଇଅଛି। ଅନେକ ପାଠକ ବୈକୁଣ୍ଠନାଥଙ୍କୁ ଅବୋଧ, ଅପ୍ରକଟ, ଅସ୍ପଷ୍ଟ ଓ ଭାବକ୍ଲିଷ୍ଟ କବି ବୋଲି କହିଥାନ୍ତି। ନିଜେ କବି ମାନସିଂହ ମଧ୍ୟ ତାଙ୍କ ସଂପର୍କରେ ମନ୍ତବ୍ୟ ରଖିଯାଇଛନ୍ତି- "ତଥାକଥିତ ସାମୂହିକ 'ସବୁଜ' କବିତା ମଧ୍ୟରେ ପୁଣି ତାଙ୍କରି ରଚନା ସବୁଠାରୁ ଅସ୍ପଷ୍ଟ।" (୨୪) ତେବେ କାବ୍ୟ ରଚନାର ଆଦ୍ୟକାଳରେ କବି ବିଭୁ ବିଶ୍ୱାସର ଯେଉଁ ଆଶୀର୍ବାଦ ଲୋଡ଼ିଥିଲେ ଯାହା ସକଳ ଘାତ ପ୍ରତିଘାତ ମଧ୍ୟରେ ବି ଜୀବନକୁ ଜୀବନଦେବତାଙ୍କ ସହ ନିତ୍ୟ ଦୃଢ଼ ବାନ୍ଧି ରଖିବ (୨୫) ତାହା ପରବର୍ତ୍ତୀ ସମୟରେ ସଂପୂର୍ଣ୍ଣ ଦୋହଲି ଯାଇଥିଲା। ତାଙ୍କ 'ମୃତ୍ତିକା ଦର୍ଶନ' ଥିଲା ଆମୂଳାନ୍ତ ଏହି ବିଶ୍ୱାସର ଉଚ୍ଛେଦ ସମ୍ବାଦ। (୨୬) 'ମୃତ୍ତିକା ଦର୍ଶନ' ଚାର୍ବାକ୍ ଚେତନାର ପ୍ରତିଧ୍ୱନି ବୋଲି ବେଳେବେଳେ ଭ୍ରମ ହୁଏ। ସେ ଏହି କବିତାରେ କହିଛନ୍ତି ଯେ ମଣିଷ ମାଟିରୁ

(୨୪) ଓଡ଼ିଆ ସାହିତ୍ୟର ଇତିହାସ, ପୃ-୩୭୧, ୧ମ ସଂସ୍କରଣ
(୨୫) ତୁମରି ବିଶ୍ୱାସେ ଦୁଃଖ ଦୈନ୍ୟ ସହିବାରେ ହୁଏ କ୍ଷମ - 'ଆରତି'
(୨୬) ହରିଛି ବିଶ୍ୱାସ ଦିବ୍ୟ ଜ୍ଞାନ ମୃତ୍ୟୁ କ୍ରୁର - 'ବୈକୁଣ୍ଠନାଥ ଗ୍ରନ୍ଥାବଳୀ', ପୃ ୪୮୫

ଜନ୍ମ ଓ ମାଟିରେ ହିଁ ତା'ର ବିଲୟ। ଈଶ୍ୱର, ଧର୍ମରାଷ୍ଟ୍ର, ଭଲମନ୍ଦ ଚିନ୍ତା ମୂଲ୍ୟହୀନ। ମୃତ୍ୟୁ ନିକଟରେ ମଣିଷ ଓ ତା'ର ଭାଗ୍ୟ ଏକାନ୍ତ ଅସହାୟ। ଦେହ ମାଟିରେ ମିଶିଗଲା ପରେ ମୁକ୍ତିର ପ୍ରଶ୍ନ ଅବାନ୍ତର। ଦେହ ବିନା ଜୀବ ନାହିଁ। ଆତ୍ମା ଏକ ଗାଲ ଗଳ୍ପ, ମିଥ୍ୟା କଳ୍ପନା, କେବଳ ସତ୍ୟ ହେଉଚି ମୃତ୍ୟୁ ଓ ମାଟିରେ ରୂପାନ୍ତର। ମୃତ୍ୟୁର ନୀତି ଓ ଅଙ୍କୁଶ ସବୁଠାରୁ ମହାନ୍ ସତ୍ୟ। ଜୀବନ ମହାଶୂନ୍ୟରେ ବାରିବାହର କ୍ରୀଡ଼ା ମାତ୍ର। ତେଣୁ ଅମରତ୍ୱର ଜୟଗାନ କାହିଁକି ? ସ୍ରଷ୍ଟା ବ୍ୟକ୍ତି ଜୀବନ ପ୍ରତି ଏକାନ୍ତ ଉଦାସୀନ, ସୃଷ୍ଟି ସହ ସଂପର୍କହୀନ। କ୍ଷଣିକାର ଖେଳ ଏ ମର୍ତ୍ତ୍ୟ ଜୀବନରେ ବ୍ୟକ୍ତି ପଥଧାରରୁ ସ୍ମୃତି ସଂଚୟ କରି ମୃତ୍ୟୁ ଅଭିମୁଖେ ଯାତ୍ରା କରେ। ମାଟିରୁ ସ୍ଥଳପଦ୍ମ ପରି ଜୀବନର କ୍ଷଣବିକାଶ - ସେତିକି ତା'ର ଆନନ୍ଦ ଓ ସମୁଦାୟ ଜୀବନର ପ୍ରାପ୍ୟ। ମୃତ୍ୟୁ ହିଁ ସାନ୍ତ୍ୱନା। ସ୍ରଷ୍ଟାପୁରୁଷ ନୁହନ୍ତି ମୃତ୍ୟୁ ହିଁ ଜୀବନ ପାଇଁ ଏକମାତ୍ର ଆଖ୍ୟାପ୍ରଦ ଏକ ଚରମ ପରିଣତି। (୨୭)

ଏପରି ଦୃଷ୍ଟିଭଙ୍ଗୀରୁ କେହି କେହି ବୈକୁଣ୍ଠଙ୍କୁ ସଂଶୟବାଦୀ ବା ଜଡ଼ବାଦୀ ବୋଲି କହିପାରନ୍ତି। ଅଥଚ ଅପରପକ୍ଷରେ ତାଙ୍କ 'ଆରତି' ଶୀର୍ଷକ କବିତାବଳୀ ଓ ରାଧାକୃଷ୍ଣ ପ୍ରୀତିତତ୍ତ୍ୱ ମୂଳକ କବିତାବଳୀ ତାଙ୍କ ଆସ୍ତିକ୍ୟ ମନୋବୃତ୍ତିର ପରିଚୟ ବହନ କରେ। କିନ୍ତୁ ନିଜ ସନ୍ତାନର ମୃତ୍ୟୁଜନିତ ଦୁଃଖ ତାଙ୍କୁ ଯେ ଏପରି ଭଗବତ୍ ଅବିଶ୍ୱାସୀ କରି ଦେଇଥିଲା ଏହା ତାଙ୍କ ଆତ୍ମଜୀବନୀରୁ ସ୍ପଷ୍ଟ ହୁଏ। ରାଧାକୃଷ୍ଣ ପ୍ରୀତିତତ୍ତ୍ୱ, ଗୋସ୍ୱାମୀ ପ୍ରତିପାଦିତ ଶୁଦ୍ଧାଭକ୍ତି ବିଶେଷତଃ ପ୍ରେମ ଓ ପରକୀୟା ତତ୍ତ୍ୱର ସହଜାନୁସରଣ ପୁଣି ଅଭିମନ୍ୟୁ, ଗୋପାଳକୃଷ୍ଣ ପ୍ରଭୃତିଙ୍କ ପ୍ରୀତିପୂର୍ଣ୍ଣ ରହସ୍ୟବାଦୀ ଅଲୌକିକ ବ୍ୟଞ୍ଜନା ତାଙ୍କ କାବ୍ୟ ମାନସ ତଥା ଭାବ ମାନସରେ ରେଖାପାତ କରିଥିଲା। ବୌଦ୍ଧ ଦର୍ଶନର ନିର୍ବାଣ ଶୂନ୍ୟତା, ସହଜ ସାଧନା ତତ୍ତ୍ୱ (ତନ୍ତ୍ର ଓ ଯୋଗ) ଓ ନିର୍ଗୁଣ ନିରାକାର ଉପାସନା ସହ ବୈଷ୍ଣବୀୟ ଅଲୌକିକ ଲୀଳା ପୁଣି ରବୀନ୍ଦ୍ର ଚିନ୍ତନର ରହସ୍ୟାନୁମୁଖୀ ଦିଗ ତାଙ୍କ କାବ୍ୟସ୍ୱରକୁ ଏକ ମିଶ୍ର ରାଗରେ ରଂଜିତ କରି ଦେଇଥିଲା। କାଳିନ୍ଦୀଚରଣ ଏବଂ ବୈକୁଣ୍ଠନାଥ ଉଭୟଙ୍କ ବାସ୍ତବବାଦୀ ଜୀବନରେ କମ୍ୟୁନିଷ୍ଟ ଦର୍ଶନର ପ୍ରଭାବ ପଡ଼ିଥିଲେ ହେଁ ବୈକୁଣ୍ଠନାଥଙ୍କ ସାଂସ୍କୃତିକ ଜନ୍ମ ବୈଷ୍ଣବ ଦର୍ଶନରୁ ହୋଇଥିଲା ବୋଲି ସେ ତାଙ୍କର ଗ୍ରନ୍ଥାବଳୀରେ ପ୍ରକାଶ କରିଛନ୍ତି। (୨୮)

---

(୨୭) ମୃତ୍ତିକା ଦର୍ଶନ, ବୈକୁଣ୍ଠନାଥ ଗ୍ରନ୍ଥାବଳୀ, ପୃ-୫୧୩

(୨୮) "ମୋର ସାସ୍କୃତିକ ଜନ୍ମ ବୈଷ୍ଣବ ଦର୍ଶନରୁ ଆରମ୍ଭ ହୋଇଥିଲେ ମଧ୍ୟ ଅସହଯୋଗ ଆନ୍ଦୋଳନ ପ୍ରତି ସଂପୂର୍ଣ୍ଣ ସହାନୁଭୂତି ଥିଲା। କମ୍ୟୁନିଷ୍ଟ ଦର୍ଶନ ମୋତେ ବହୁ ପରିମାଣରେ ଅନୁପ୍ରାଣିତ କରିଥିଲେ ମଧ୍ୟ ବୈଷ୍ଣବ ଦର୍ଶନରୁ ମୁଁ ସଂପୂର୍ଣ୍ଣ ମୁକ୍ତ ହୋଇପାରି ନ ଥିଲି।"

(ବୈକୁଣ୍ଠନାଥ ଗ୍ରନ୍ଥାବଳୀ, ପ୍ରଥମ ଭାଗ, ଜୀବନୀ ଓ କୃତି, ପୃ-୫୮)

ତାଙ୍କ କବିତାରାଜିକୁ ପାଠକଲେ ପାଠକ ପାଠିକାମାନେ ତାଙ୍କ କାବ୍ୟ ଚେତନାରେ ରହସ୍ୟବାଦୀ ଦିଗଟିକୁ ଅକ୍ଳେଶରେ ମୂଲ୍ୟାୟନ କରିପାରିବେ। କବି ନିଜେ ମଧ୍ୟ ଏକଥା ଅଙ୍ଗେ ଅଙ୍ଗେ ଅନୁଭବ କରିଥିଲେ। "ଜୀବନର ଶେଷଭାଗରେ ପାଦରଖି ଆଜି ମନେ ହେଉଛି, ସମସ୍ତେ ମୋତେ କବି ବୋଲି କହିଛନ୍ତି। କିନ୍ତୁ ମୁଁ ଆଜିଯାଏଁ ନିଜକୁ କବି ବୋଲି ଦିନେ ସୁଦ୍ଧା ବୁଝିପାରିନାହିଁ। କେଉଁ ଅଦୃଶ୍ୟ ଶକ୍ତିର ପ୍ରଭାବ ବା ବଂଶୀନାଦ ଶୁଣି ଯେତେବେଳେ ଯାହା ଲେଖୁଛି ତା'ର ମୂଲ୍ୟାୟନ କରିବା ମୋ ପକ୍ଷେ ସମ୍ଭବ ହୋଇନାହିଁ।

(ବୈକୁଣ୍ଠନାଥ ଗ୍ରନ୍ଥାବଳୀ, ପ୍ରଥମ ଭାଗ, ପୃ-୫୫)

ବୈକୁଣ୍ଠନାଥଙ୍କ ରହସ୍ୟବାଦୀ କବିତାଗୁଡ଼ିକ ହେଉଛି 'ଯାତ୍ରା ସଙ୍ଗୀତ', 'କବିର ଦେଶ', 'କାରାବାସୀ', 'କବିର ସ୍ୱପ୍ନ', 'ବାସର ଗୃହ' (୧୯୩୭), 'ପଥଛାୟା' (୧୯୩୫), 'ପାନ୍ଥଶାଳା' (୧୯୩୫), 'ପ୍ରଥମ ଆଶାର' (୧୯୩୦), 'ଦେବଦୂତ' (୧୯୩୩) ପ୍ରଭୃତି।

କବି ବୈକୁଣ୍ଠନାଥଙ୍କ କବିତାରେ ଏହି ରହସ୍ୟବାଦୀ ଚେତନା କେତେବେଳେ ପ୍ରକୃତିକୁ ନେଇ ତ କେତେବେଳେ ଆତ୍ମବେଦନା, ଅନୁଶୋଚନାରେ ରୂପାୟିତ ହୋଇଛି। ତେଣୁ କବି ବୈକୁଣ୍ଠନାଥ ପ୍ରତ୍ୟକ୍ଷ ଭାବରେ ପ୍ରାଚୀନ ବୈଷ୍ଣବ କବି ଏବଂ ସହଜିଆ କବିଙ୍କ ଦ୍ୱାରା ପ୍ରଭାବିତ ହେଲାବେଳେ ରବୀନ୍ଦ୍ରନାଥଙ୍କ ମିଷ୍ଟିକ୍ ସ୍ୱରରେ ମଧ୍ୟ ନିଜକୁ ସାମିଲ୍ କରିଛନ୍ତି। କବି ରବୀନ୍ଦ୍ରଙ୍କର ଏହି ମିଷ୍ଟିକ୍ ଚେତନା 'ଗୀତାଞ୍ଜଳି'ର ବହୁ ପୃଷ୍ଠାରେ ପ୍ରତିଫଳିତ।

"ତୋରା ଶୁନିସ୍‌ନିକି ଶୁନିସ୍‌ନିକି ତା'ର ପାୟେର ଧ୍ୱନି
ଐ ଯେ ଆସେ ଆସେ।"

ପବନ, ମଣିଷର ମନ, ନଦୀର ସ୍ରୋତ ଏ ସମସ୍ତ କାହିଁକି ସ୍ଥିର ନୁହେଁ। ଏମାନେ ସ୍ଥିର ନିଶ୍ଚୟ ହୁଅନ୍ତେ ଯଦି ସେହି ଅତୀନ୍ଦ୍ରିୟ ରାଜ୍ୟ ଉଦ୍ଦେଶ୍ୟରେ ଧାବମାନ ହୁଅନ୍ତେ ନାହିଁ। ସୃଷ୍ଟିର ତ ଏହାହିଁ ଚିରନ୍ତନ ସତ୍ୟ। ଏହାକୁ କିଏ ଉପେକ୍ଷା କରିପାରିବ ? କବି ରବୀନ୍ଦ୍ରନାଥଙ୍କର 'ନିର୍ଝରେର ସ୍ୱପ୍ନଭଙ୍ଗ' କବିତା ଏହି ଉଦ୍ଦେଶ୍ୟରେ ଲେଖାଯାଇଛି।(୨୮) ତାଙ୍କର ସୁଦୂରରୁ ଆହ୍ୱାନ ଅତି ଚମତ୍କାର ଭାବରେ ପ୍ରତିଧ୍ୱନି

---

(୨୮) "ଆଜି ଏ ପ୍ରଭାତେ ରଂଜର କର
କେମନେ ପଶିଲେ ପ୍ରାଣେର ପର
କେମନେ ପଶିଲ ଗୁହାର ଆଁଧାରେ ପ୍ରଭାତ ପାଖିର ଗାନ !
ନା ଜାନି କେନରେ ଏତଦିନ ପରେ ଜାଗିୟା ଉଠିଲ ପ୍ରାଣ
ଜାଗିୟା ଉଠିଛେ ପ୍ରାଣ, / ଓରେ ଉଥଲି ଉଠେ ଛେ ବାରି,
ଓରେ ପ୍ରାଣେର ବେଦନା ପ୍ରାଣେର ଆବେଗ ରୁଧିୟା ରାଖିଦେନାରି।"

(ରବୀନ୍ଦ୍ରଙ୍କ 'ନିର୍ଝରରେ ସ୍ୱପ୍ନଭଙ୍ଗ')

ହୋଇଛି ଉକ୍ତ କବିତାରେ। ସତେ ଯେପରି କବିପ୍ରାଣ ଆଜି ପର୍ଯ୍ୟନ୍ତ ଘୋର ଅନ୍ଧାରରେ ବୁଡ଼ି ରହିଥିଲା। କେବଳ ସେହି ସୁଦୂରରେ ଗାନ ଶୁଣି ହିଁ ତା' ମଧ୍ୟରେ ଆଲୋକ ପ୍ରବେଶ କଲା। ଠିକ୍ ସେହିପରି ବୈକୁଣ୍ଠନାଥଙ୍କ 'ଯାତ୍ରା ସଙ୍ଗୀତ'ରେ ମଧ୍ୟ କବିତ୍ୱର ଏ ଦିଗଟି ସ୍ୱଚ୍ଛଳ ହୋଇ ଉଠିଛି। ସେ ଆଉ ଏ ମିଛ ମାୟା ଭରା ଅଳୀକ ସଂସାରରେ ପଡ଼ିରହିବାକୁ ଚାହାଁନ୍ତିନି। (୨୯) ଆଜି ଆତ୍ମା ପରମାତ୍ମା ସହିତ ମିଳିତ ହେବାକୁ ଅତ୍ୟନ୍ତ ବ୍ୟାକୁଳ, ଯାହାର ଅଙ୍ଗୁଳି ନିର୍ଦ୍ଦେଶରେ ଏ ବିଶ୍ୱ ପରିଚାଳିତ ସେ ଅଦୃଶ୍ୟ ଆତ୍ମା ପାଖକୁ ପଳାଇଯିବାକୁ କବି ମନ ବ୍ୟଗ୍ର।

> "ଚାଲରେ ଚାଲ ମନ ନିତ୍ୟ ମଧୁବନ
> ଦେଖିବୁ ପ୍ରିୟରାସ, ଅଦୂର ଗୋଲକରେ,
> ଅଦୂର ପଥେ ଆଜି ମିଳନ ତାର ସାଥେ
> ବିଜୟ ରଥେ ତୋର ଜୀବନ ଆଲୋକରେ।"

ରବୀନ୍ଦ୍ରନାଥ ତାଙ୍କ 'ଗୀତାଞ୍ଜଳି'ରେ କହିଛନ୍ତି-

> "ଆମାର୍ ଆର୍ ହବେନା ଡେରି/ ଆମି ଶୁଣେଛି ଐ ବାଦେ
> ତୋମାର୍ ଭେରି।"

ପରମ ପ୍ରେମମୟ ସତ୍ତାଟିକୁ ଭେଟିବାକୁ ରବୀନ୍ଦ୍ରନାଥଙ୍କର କି ଦୁର୍ବାର ଆକାଂକ୍ଷା ସତେ! କବି ବୈକୁଣ୍ଠନାଥ ଆଦୌ ଚାହିଁନାହାନ୍ତି ଏହି ଜଞ୍ଜାଳ ପରିପୂର୍ଣ୍ଣ ମୋହ ମାୟାଗ୍ରସ୍ତ ସଂସାରରେ ଚିରକାଳ ବାନ୍ଧିହୋଇ ରହିବାକୁ। ଏସବୁ ମିଛ ମାୟା ମୋହ ବନ୍ଧନକୁ ତୁଟାଇଦେଇ ସେ ପରମ ସତ୍ତା ସହ ବିଲୀନ ହେବାକୁ ଇଚ୍ଛା ପ୍ରକାଶ କରିଛନ୍ତି।

> "ସେ ସୁଖକରି ହେଳା ଲଗାଇଲି ମୁଁ ଖେଳା
> ମିଳନ ମଧୁରାତି ପାହିଲା ଚାହୁଁ ଚାହୁଁ
> ମିଥ୍ୟା ବିପଣିରେ ବଣିଜ ମରଣ ଯେ
> ନ ଚେତି ତିଳେ ଯାହା କଲି ମୋ ମଣିହାର।" (ଯାତ୍ରା ସଙ୍ଗୀତ)

ପରିଶେଷରେ କବି ସେହି ମହାନ୍ ଆରାଧ୍ୟ ସତ୍ତାଙ୍କ ସାନ୍ନିଧ୍ୟ ଯଥାଶୀଘ୍ର ଲାଭ କରିବା ଆଶାରେ ତାଙ୍କରି ସୃଷ୍ଟି ସାଗରରେ ତରଣୀ ବାହିନେବା ପାଇଁ ଆସ୍ଥା ପ୍ରକାଶ କରିଛନ୍ତି ଏବଂ ଶୀଘ୍ର ଏ ଜୀବନ ରୂପକ ଦୀର୍ଘ ପଥର ଯାତ୍ରା ଶେଷ କରି ପରମଙ୍କ ସହିତ ମିଳିତ

---

(୨୯) ମାନସ ହଂସ ମୁଁ ମାନସେ ଯିବି ଉଡ଼ି/ ମୋ ଦୋଷ ପଥ ହୁଡ଼ି ଭରମେ ଅବିରତ
ଅଳ୍ପତୃଷା କ୍ଷୁଧା ଲଭି ତୁମରି ସୁଧା/ ତୃପତ ହେଲା ତେବେ ଲୋଡ଼ଇଁ ଏ ମରତ।"
(ଯାତ୍ରା ସଙ୍ଗୀତ, ବୈକୁଣ୍ଠନାଥ)

ହେଲେ ଜୀବନର ଯେତେ ପାପ ତାପ ସବୁ ଶୀଘ୍ର ଧୋଇ ହୋଇଯିବ ବୋଲି ମନେ କରିଛନ୍ତି।

କବି ବୈକୁଣ୍ଠନାଥଙ୍କର 'ପଥଛାୟା' ଏବଂ 'ପାନ୍ଥଶାଳା' କବିତା ଦୁଇଟି ମଧ୍ୟ ଏହି ରହସ୍ୟରେ ପୂର୍ଣ୍ଣ। ଜୀବନର ଏ ଅସରନ୍ତି ଯାତ୍ରାପଥରେ ଅର୍ଥାତ୍ ଭଗବାନଙ୍କ ସତ୍ତା ସହିତ ବିଲୀନ ହେବାକୁ ଯାଉଥିବା ଏ ଦୀର୍ଘପଥରେ କବି ପଥିକଟିଏ ମାତ୍ର। ତା' ଜୀବନଯାତ୍ରାରେ ଯେତେ ସ୍ମୃତି ସେସବୁକୁ କବି ମନେ ରଖିବାକୁ ଚାହୁଁ ନାହାନ୍ତି, ସେ ସୁଖ ହେଉ କି ଦୁଃଖ ହେଉ। କାଳ ଗର୍ଭରେ ସେ ସବୁ ଆସ୍ତେ ଆସ୍ତେ ଅତୀତ ହୋଇ ଲୀନ ହୋଇଯାଉଛି। ଜୀବରୂପୀ ଏ ପାନ୍ଥ କବି ଚାହାଁନ୍ତିନି ସବୁବେଳେ ସଂସାରରେ ବାନ୍ଧିହୋଇ ରହିବା ପାଇଁ। ପାନ୍ଥଶାଳାର ପଥିକ ପରି ତାଙ୍କ ମନ ଚଞ୍ଚଳ ହୋଇ ଉଠିଛି ଏବଂ ସେ ଅନନ୍ତ ମାଧୁର୍ଯ୍ୟମୟ ଅକ୍ଷୟ ସତ୍ତାଠାରେ ଖୁବ୍ ଶୀଘ୍ର ନିଜ ସତ୍ତା ବିଲୀନ ହୋଇଥିବା ଚାହାଁନ୍ତି। (୩୦) କବି ପୁଣି ତାଙ୍କ ସ୍ୱରଚିତ 'ପାନ୍ଥଶାଳା' କବିତାରେ କହିଛନ୍ତି-

"ଏହି ଜୀବନ ଲକ୍ଷ୍ୟ କୋଟି ପାନ୍ଥଶାଳା

ଅର୍ଦ୍ଧରାତ୍ରି ଛାୟାପଥ ସମ କ୍ଷୁଧାତୃଷ୍ଣା ହରି ଆହା ପୁଷ୍ଟ କଲେ ଏ ଜୀବନ ମମ।" ସେ ଏଇ କବିତାରେ ମଧ୍ୟ ସେଇ ଗୋଟିଏ କଥାର ପୁନରାବୃତ୍ତି କରିଛନ୍ତି, ତାହା ହେଉଛି ପରମାତ୍ମା ସହ ମିଳନ। ଏ ଜୀବନ କେତେ ସୁଖ, ଦୁଃଖ, ମାନ, ଅଭିମାନ, ଅପମାନ, ଐଶ୍ୱର୍ଯ୍ୟ ବିଳାସ ମଧ୍ୟ ଦେଇ ଗତି କରି ଚାଲୁଛି। ମାତ୍ର ସେସବୁ ଯେ ଚିରସ୍ଥାୟୀ ନୁହେଁ। ଋତୁଚକ୍ର ପରି ମନୁଷ୍ୟର ଜୀବନ ମଧ୍ୟ ଗଡ଼ି ଚାଲୁଛି। କେବଳ ତା'ର ସ୍ଥାୟିତ୍ୱ ଆସିବ ଗୋଟିଏ ଦିନ ମାତ୍ର, ଯେଉଁଦିନ ତା'ର ପରମ ଆତ୍ମା ସହ ମିଳନ ହେବ।(୩୧)

କବି ବୈକୁଣ୍ଠନାଥଙ୍କ 'ବାସର ଗୃହ' କବିତାରେ ରହସ୍ୟବାଦର ପରିବର୍ତ୍ତିତ ପରିମାର୍ଜିତ ରୂପ ଦେଖିବାକୁ ମିଳିଥାଏ। ବାସର ଗୃହର ବା ବାସର ରାତ୍ରିରେ ମଧ୍ୟ

---

(୩୦) "ମୁଁ ଚିର ପଥିକ ଯାତ୍ରୀ xxx ଏ ମରତେ ଦୂର ପରବାସୀ
ଜୀବନର ଅର୍ଘ ପଥେ କେତେ କଥା ମନେ ପଡ଼େ ଆସି !
ଅତୀତ ସହସ୍ର ସ୍ମୃତିଲୁପ୍ତ - ଅର୍ଦ୍ଧଲୁପ୍ତ, ଜାଗରିତ,
ରଜନୀର ଶେଷ ଯାମେ ଶାନ୍ତ ନଭେ ତାରକାଇଙ୍ଗିତ !
ପଥପାର୍ଶ୍ୱେ ଯେତେ ତରୁ ଏ ଯାତ୍ରୀରେ କଲେ ଛାୟାଦାନ
ଅଛିକି ସକଳ ମନେ ? ନାହିଁ ନାହିଁ ସର୍ବେ ମ୍ରିୟମାଣ !"
(ପଥଛାୟା, ବୈକୁଣ୍ଠନାଥ ଗ୍ରନ୍ଥାବଳୀ, ପୃ:୪୪)

(୩୧) "ଏ ଯାତ୍ରୀର ଆତ୍ମସତ୍ତା ତବ ପ୍ରୀତି - ସ୍ମୃତି ଇତିହାସ
ବିସ୍ମୃତ ଯେସନ ସତ୍ୟ ମାତ୍ର ନିତ୍ୟ ପରମ ପ୍ରକାଶ।" (ପାନ୍ଥଶାଳା)

ନାୟିକାର ପ୍ରେମ ମନୁଷ୍ୟର ଯାତ୍ରାପଥକୁ ଅଟକାଇ ପାରେ ନାହିଁ ତାହା ଅଳୀକ ଏ ସଂସାରରେ ଗୋଟିଏ ସତ୍ୟ କଥା। ଅନନ୍ତ ପଥର ଯାତ୍ରୀ ଆଉ ଏକ ଦୂରତମ ବାସର ଗୃହ ପ୍ରତି ଅଭିଳାଷରେ ତା'ର ମନ, ପ୍ରାଣ, ପାର୍ଥିବ ହସ, ଖୁସି ଏ ସବୁ ମନେପଡ଼ିବ କି? ତେବେ ଏ ମିଛ ମାୟାରେ ଘାଣ୍ଟି ଗୋଳେଇ ହେବା କି ଦରକାର ବୋଲି କବି କହିଛନ୍ତି। ସେହି ସୁଦୂରର ବଂଶୀ ସ୍ୱନ ହିଁ କେବଳ ସତ୍ୟ। ସେ ବଂଶୀର ସ୍ୱର ଥରେ ମାତ୍ର କାନରେ ବାଜିଲେ ସବୁ ତୁଚ୍ଛ ଅଳୀକ ଲାଗେ। କିନ୍ତୁ କବି ଜାଣିପାରୁନାହାନ୍ତି ସେ ମଧୁର ବଂଶୀସ୍ୱର ତାଙ୍କ ଭାଗ୍ୟରେ ଅଛି କି ନାହିଁ; ତଥାପି ସେ ଆଶାୟୀ। (୩୨) ସେ ନିଜର କର୍ତ୍ତବ୍ୟ ବିଷୟରେ ସଦା ସଚେତନ ରହି ନିଜ ପ୍ରିୟାଠାରୁ ହସି ହସି ବିଦାୟ ନେଇଛନ୍ତି। (୩୩) ଠିକ୍ ସେହିପରି 'ନବବର୍ଷା ସଂଙ୍ଗୀତ'ରେ କବି ବର୍ଣ୍ଣନା କରିଛନ୍ତି ବର୍ଷା ଆଗମନରେ ଆନନ୍ଦ ମୁଖର ପରିବେଶ। କିନ୍ତୁ ପରକ୍ଷଣରେ ସେ ଅନୁଭବ କରିଛନ୍ତି ଜୀବନ ପରିଧିରେ ଯେତେ ଆନନ୍ଦ, ଉଲ୍ଲାସ ଆସିଲେ ମଧ୍ୟ ସବୁ ବନ୍ଧନକୁ ଦିନେ ତୁଟାଇବାକୁ ପଡ଼ିବ ଏବଂ ସେହି ସୁଦୂର ଦେଶକୁ ପଳାଇଗଲେ ହିଁ ପ୍ରକୃତ ଶାନ୍ତି ମିଳିବ। ଯୌବନ କାଳରେ ଯୌବନର ତାପ ଏତେ ଉତ୍‌କ୍ଷିପ୍ତ ହୋଇଯାଏ ଯେ ଦିନେ ଯେ ତାକୁ ଜରା ନିଶ୍ଚୟ ଗ୍ରାସିବ ଏକଥା ମନୁଷ୍ୟ ମନେରଖେ ନାହିଁ। ବର୍ଷାର ଆଗମନରେ ବୃକ୍ଷ, ଲତା, ନଦ, ନଦୀ, ପର୍ବତ, ସମୁଦ୍ର ସମସ୍ତଙ୍କ ପ୍ରାଣ ପୁଲକିତ ହୋଇ ଉଠେ। ସମସ୍ତେ ଆନନ୍ଦରେ ମସଗୁଲ୍ ହୋଇ ଉଠନ୍ତି, କିନ୍ତୁ ପ୍ରକୃତରେ ଏହା କ୍ଷଣିକ ମାତ୍ର। କବି ତେଣୁ ବର୍ଣ୍ଣନା କରିଛନ୍ତି-

"ସକଳ କଣ୍ଠ ଜୀବନ! ଜୀବନ!
 ଅସୀମ ପୀରତି କାହିଁ!
ବନ୍ଧନସବୁ ମୁକ୍ତ କର ଗୋ
 ଦୂର ଦେଶେ ଯିବା ଧାଇଁ।"

କବି ତାଙ୍କର 'ବର୍ଷାବରଣ' କବିତାରେ ସେଇ ମେଘକୁ ଅମୃତର ଉତ୍ସ ରୂପରେ ଦେଖିଛନ୍ତି। କବିଙ୍କ ଦୃଷ୍ଟିରେ ବର୍ଷା ହେଉଛି ନୂତନ ସୃଷ୍ଟିର ଧାରକ। ତାହାର ଆଗମନରେ ଏ ନିର୍ଜୀବ ଜଡ଼ ଜୀବଜଗତଙ୍କ ପ୍ରାଣରେ ନୂତନ ଜୀବନ ସଂଚାର ହୁଏ। ଏ ବର୍ଷାକୁ ଯେ

---

(୩୨) "କରୁଣ ଡାକଇ ଦୂର ପଥ ଅବିରଳ
ସକଳ ତିଆମି ଦୂର ପରବାସୀଚଳା...." (ବାସର ଗୃହ, ପୃ-୪୪୩)

(୩୩) "ନ ଜାଣେ ମାତର କେବେ ଶୁଣି ତବ ଦୂର ବଂଶୀସ୍ୱନ
ତୁମରି ଆହ୍ୱାନ କିବା ଲଗାଇଲ ପ୍ରାଣେ ଉଚ୍ଚାଟନା।" (ବାସର ଗୃହ, ପୃ-୪୪୨)

ମର୍ତ୍ତ୍ୟକୁ ପଠାଏ ସେ ଅଦ୍ଭୁତ ସ୍ରଷ୍ଟା/ ପରମ ସତ୍ତାଙ୍କ ସହିତ ବୈକୁଣ୍ଠନାଥ ବନ୍ଧୁତ୍ୱ ସ୍ଥାପନ କରିବାକୁ ଚାହାନ୍ତି । ଏହିପରି ଭାବରେ ପରମାତ୍ମାଙ୍କ ସହିତ ପ୍ରତ୍ୟକ୍ଷ ସମ୍ପର୍କ ଯୋଡ଼ିବାରେ ବ୍ୟାକୁଳତା ସବୁଜ କବିମାନଙ୍କ ମଧ୍ୟରୁ କେବଳ ବୈକୁଣ୍ଠନାଥଙ୍କ କବିତାରେ ହିଁ ପ୍ରତିଭାତ ହୁଏ । (୩୫) ଏହି ଦୃଷ୍ଟିରୁ ବିଚାରଯୋଗ୍ୟ ଯେ ଓଡ଼ିଆ ସାହିତ୍ୟରେ ବୈକୁଣ୍ଠନାଥଙ୍କ ଅବଦାନ ଅନନ୍ୟ ଓ ଅସାଧାରଣ ।

"ପ୍ରଳୟର ଏ କି ଉନ୍ମାଦ ଡାକ/ ଏ କି ମୂର୍ଚ୍ଛନା ଥରେ ଆଖପାଖ
କେଉଁ ମତୁ ଆଳ ଡାକେ ଆସ ଆଜି/ ମୁକ୍ତ ବିଶ୍ୱ ଅଙ୍ଗନ ।" (ବର୍ଷା ସଙ୍ଗୀତ)

ସବୁଜ କବିତାରେ ବାସ୍ତବବାଦୀ ଚେତନା:

ମନୁଷ୍ୟର ସାମାଜିକ ଜୀବନରେ ଘଟୁଥିବା ବାସ୍ତବ ଚିତ୍ର ଅବିକଳ ଭାବେ ଯେଉଁ କବିତାରେ ରୂପାୟିତ ହୋଇଥାଏ ତାହାକୁ ବାସ୍ତବବାଦୀ ଚେତନା ସମ୍ବନ୍ଧୀୟ କବିତା ଭାବେ ଓଡ଼ିଆ-ସାହିତ୍ୟରେ ରୂପାୟିତ କରାଯାଇଥାଏ । ଏହାକୁ ଅନ୍ୟ ଭାଷାରେ ନିଷ୍ଠୁର ସତ୍ୟ, ଅପ୍ରିୟ ସତ୍ୟ ବୋଲି ମଧ୍ୟ ବିଚାର କରାଯାଇପାରେ । ନଗ୍ନ ବାସ୍ତବତାକୁ ଏହାର ଏକ ପରିଭାଷା ରୂପେ ଗ୍ରହଣ କରାଯାଇପାରେ । In literature the term realism may loosely be applied to any writing that seeks to portray life exactly as it is without embellishment or idealisation. In a more restricted sense it is applied to the style of such novelists as Gustave Flaubert in opposition to romanticism and Naturalism." (Encyclopaedia Brittanica, Vol-19, P-11)

"କୌଣସି ଶବ୍ଦାଳଙ୍କାର ବା ଆଦର୍ଶୀକରଣ ପ୍ରତି ଧ୍ୟାନ ନ ଦେଇ ଜୀବନକୁ ଅବିକଳ ଭାବେ ଚିତ୍ରଣ କରିବା ହିଁ ଯେକୌଣସି ସାହିତ୍ୟରେ ବାସ୍ତବବାଦର ପରିଭାଷା ଭାବେ ଗ୍ରହଣ କରାଯାଇପାରେ ।"

"Realism in art may be considered generally the antithesis of Idealism, that the representation of things as they are and no in imagined perfection as a technique, realism may logically handle any subject matter. But It has been chiefly concerned with common places of every day life of the middle and lower social classes." (Every man's Dictionary of pictorial art - Part II, P-213)

"କଳ୍ପନା ପରିବର୍ତ୍ତେ ନିତିଦିନିଆ ମାନବ ଜୀବନର ଲୌକିକ ଘଟଣା, ନିମ୍ନ ମଧ୍ୟବିତ୍ତ ଶ୍ରେଣୀର ଚରିତ୍ର ପ୍ରତି ଧ୍ୟାନ ଦେଇ ପରିସ୍ଥିତି ଅନୁଯାୟୀ ବାସ୍ତବ ବା ଜୀବନ୍ତ କଥାକୁ ଚିତ୍ରଣ କରିବା ହିଁ ବାସ୍ତବବାଦୀ ଚେତନା ।

କିନ୍ତୁ Turgnevଙ୍କ ମତରେ- "Realism by itself in fatal. Truth is the air without which, we cannot breathe, but art is a plant, sometimes even rather a fantastic one, which grows and develops in the air."

ବାସ୍ତବତାର ନଗ୍ନରୂପ ଅତି ମାରାତ୍ମକ, ସତ୍ୟର ସମୀରଣ ବିନା ଆମେ ମୁହୂର୍ତ୍ତ କାଳ ପାଇଁ ନିଃଶ୍ୱାସ ଗ୍ରହଣ କରିବାକୁ ଅସମର୍ଥ। କିନ୍ତୁ କଳା ଏପରି ଏକ ଉଦ୍ଭବ ଯାହା ଅନେକ ସମୟରେ ସଂପୂର୍ଣ୍ଣ କାଳ୍ପନିକ ହେଲେ ବି ଏଇ ସମୀରଣ ମଧ୍ୟରେ ହିଁ ଜନ୍ମ ଓ ବିକାଶଲାଭ କରିଥାଏ। (୩୬) "କୌଣସି ଦେଶରେ କୌଣସି କାଳରେ କେବଳ ନଗ୍ନ ବାସ୍ତବତାକୁ ନେଇ କବିତା କେବେ ସୃଷ୍ଟି ହୁଏ ନାହିଁ। ଯଦିବା ସୃଷ୍ଟି ହୁଏ ତେବେ ତାହା ଅନ୍ୟ କିଛି ହୋଇପାରେ; କିନ୍ତୁ କଳା ଗୌରବର ଅଧିକାରୀ ହୁଏ ନାହିଁ। ଅନ୍ୟପକ୍ଷରେ କଳା ବାସ୍ତବତା ବିନା ବଞ୍ଚିପାରେ ନାହିଁ। ତାହା କାଳ୍ପନିକ ହେଲେ ମଧ୍ୟ ତା'ର ଏକ ସୂକ୍ଷ୍ମ ବାସ୍ତବ ଭିତ୍ତିଭୂମି ରହିଛି।"

ସେ ଯାହାହେଉ ପ୍ରଥମ ବିଶ୍ୱଯୁଦ୍ଧର ବାସ୍ତବ କରାଳ ଛାୟା ୟୁରୋପୀୟ ଜନଜୀବନକୁ ଧ୍ୱସ୍ତବିଧ୍ୱସ୍ତ କରିଦେବା ଫଳରେ ସେ ସମୟରେ ୟୁରୋପୀୟ ସାହିତ୍ୟାକାଶରୁ ରୋମାଣ୍ଟିକ୍ ଚେତନା ଦୂରେଇ ଯାଇ ବାସ୍ତବ ଚିତ୍ର ଲେଖାଗଲା ଏବଂ ବାସ୍ତବବାଦୀ ଚିନ୍ତାଧାରାରେ କବିର ମନ ଆନ୍ଦୋଳିତ ହେବାକୁ ଲାଗିଲା। ବହୁ ବାଦ ବିସମ୍ବାଦ ପରେ ୟୁରୋପୀୟ ସାହିତ୍ୟରେ ପ୍ରଥମେ କ୍ଲାସିସିଜିମ୍‌ରୁ ରୋମାଣ୍ଟିସିଜିମ୍, ରୋମାଣ୍ଟିସିଜିମ୍‌ରୁ ନିଓରୋମାଣ୍ଟିସିଜିମ୍ ଓ ତତ୍‌ପରେ ସ୍ୱାଭାବବାଦ ଦେଇ ବାସ୍ତବବାଦ ଦିଗରେ ଗତି କରିବାକୁ ଲାଗିଲା। ଓଡ଼ିଆ ସାହିତ୍ୟ ଇତିହାସରେ କିନ୍ତୁ ଏହାର ପ୍ରଭାବ ଖୁବ୍ ଡେରିରେ ପଡ଼ିଥିଲା। xxx (୧୯୧୪-୧୯୧୮) ପରବର୍ତ୍ତୀ ବିଶ୍ୱ ସାହିତ୍ୟରେ ଯେଉଁ ନୂତନ ସ୍ୱର ପ୍ରକଟିତ ହେଲା ଏବଂ ପାରମ୍ପରିକତା ବା ଗତାନୁଗତିକତା ସାହିତ୍ୟ ପ୍ରଭାବରୁ ନିଜକୁ ମୁକ୍ତ କରି ଶିଳ୍ପୀପ୍ରାଣରେ ଯେଉଁ ନୂତନ ମାର୍ଗ ସୃଷ୍ଟି ହେଲା ତାହାର ବାସ୍ତବ ରୂପ ଆମେ ଦେଖିବାକୁ ପାଇଲୁ ୧୯୨୨ ମସିହାରେ ପ୍ରକାଶିତ Virginia Woolfଙ୍କ 'Jacob's Room', James Joyceଙ୍କ 'Ulyssess' ଉପନ୍ୟାସ, J.S. Eliotଙ୍କ 'Wasteland' କବିତା ଗ୍ରନ୍ଥରେ। ବିଶ୍ୱର କାବ୍ୟ ସାହିତ୍ୟରେ ଏହି ପାଶ୍ଚାତ୍ୟ ଶିଳ୍ପୀଗଣ ହିଁ ଏକ ନୂତନ ଆଭିମୁଖ୍ୟ ପ୍ରକାଶ କରି କବିତାର ଆଙ୍ଗିକ ଓ ଆତ୍ମିକ ରୂପରେ ପରିବର୍ତ୍ତନ ଆଣିବାରେ ନେତୃତ୍ୱ ପ୍ରଦାନ କରିଛନ୍ତି। ୧୯୩୬ ପରବର୍ତ୍ତୀ

(୩୬) ଆଧୁନିକ ଓଡ଼ିଆ କବିତାରେ ବାସ୍ତବବାଦୀ ଦୃଷ୍ଟିଭଙ୍ଗୀ, ଅଧ୍ୟାପକ ଚିନ୍ମୟୀ ବେହେରା, କାବ୍ୟ ଓ କଳାକାର, ପୃ-୨୫୬

ଓଡ଼ିଆ ସାହିତ୍ୟରେ କିଭଳି ବାସ୍ତବବାଦୀ ଚେତନା ଆସିଛି ତାର ଆଲୋଚନା କରିବା ପୂର୍ବରୁ ପ୍ରସଙ୍ଗକ୍ରମେ ଆମର ପୂର୍ବସୂରିଙ୍କ କାବ୍ୟ ସାଧନ ଓ ତା'ର ଅନ୍ତର୍ନିହିତ ବାସ୍ତବବାଦୀ ଦୃଷ୍ଟିଭଙ୍ଗୀର ଏକ ସଂକ୍ଷିପ୍ତ ପରିଚୟ ପ୍ରଦାନ କଲେ ଅପ୍ରାସଙ୍ଗିକ ହେବ ନାହିଁ। ରାଧାନାଥ ଯୁଗର ଅର୍ଥାତ୍ କବିବରଙ୍କ ସାହିତ୍ୟକୁ ଦୃଷ୍ଟି ନିକ୍ଷେପ କଲେ ଜଣାଯାଏ କିମ୍ୱା ଫକୀର ମୋହନ ନନ୍ଦକିଶୋରଙ୍କ କାବ୍ୟାବଳୀକୁ ଅନୁଧ୍ୟାନ କଲେ ଜଣାଯାଏ କେଉଁଠି ଅତୀତ ପରମ୍ପରାର ଆଦର୍ଶ ତ କେଉଁଠି ନୂତନ ଜୀବନର ବାସ୍ତବତା ବା କେଉଁଠି ଉଭୟର ମିଳିତ ଚିତ୍ର ପ୍ରକାଶିତ ହୋଇଛି। କିନ୍ତୁ ତାହା ଶିଳ୍ପୀର ରସ ଦୃଷ୍ଟି ମଧ୍ୟରେ ହିଁ ସର୍ବତ୍ର ପ୍ରକଟିତ। କବି ମନର ବାସ୍ତବବାଦୀ ଚିନ୍ତନ ଏ ଯୁଗରେ ସମାଜସଂସ୍କାର, ମାନବିକ ଅନୁଭୂତି ଓ ଆଭିଜାତ୍ୟ ପ୍ରତି ଅସନ୍ତୋଷ ଉପରେ ହିଁ ମୁଖ୍ୟତଃ ଦଣ୍ଡାୟମାନ। ରାଧାନାଥଙ୍କ 'ପାର୍ବତୀ', 'ଦରବାର', 'ମହାଯାତ୍ରା', ଗଙ୍ଗାଧରଙ୍କର 'କୀଚକ ବଧ', 'ତପସ୍ୱିନୀ' ଓ ନନ୍ଦକିଶୋରଙ୍କ 'ନିର୍ଝରିଣୀ', 'ପଲ୍ଲୀଚିତ୍ର' ପ୍ରଭୃତି କାବ୍ୟ କବିତାରେ ପ୍ରଥମେ କବିର ଆତ୍ମଚେତନା ମନୁଷ୍ୟ ଓ ଜୀବନ ପ୍ରତି ସମ୍ବେଦନଶୀଳତା ପ୍ରକାଶ ପାଇଛି। ଏହା କ'ଣ ବାସ୍ତବବାଦୀ ଚିନ୍ତାଧାରାର ପ୍ରଥମ ପାହାଚ ନୁହେଁ କି?

(୧୯୧୦-୧୯୨୧) ମଧ୍ୟରେ ସତ୍ୟବାଦୀ ଯୁଗର କାବ୍ୟ କଳାକୃତି ପ୍ରତି ଦୃଷ୍ଟି ନିକ୍ଷେପ କଲେ ଜଣାଯାଏ, ଜାତୀୟ ଚେତନା, ସାଂସ୍କୃତିକ ଜାଗରଣ, ଦେଶର ମୁକ୍ତି ଓ ପ୍ରଗତି ପାଇଁ କବିପ୍ରାଣର ସ୍ୱପ୍ନ ଏମାନଙ୍କ କବିତା ମଧ୍ୟରେ ବ୍ୟାପ୍ତି ଭିତ୍ତିକ। କିନ୍ତୁ ଜୀବନର ଯେଉଁ ସଂଗ୍ରାମ ଓ ବାସ୍ତବତାର ଚିତ୍ର ଏ ଯୁଗରେ ସାହିତ୍ୟରେ ପ୍ରକଟିତ, ତାହା କବି ଗୋଦାବରୀଶ ମିଶ୍ର ଓ ଗୋପବନ୍ଧୁଙ୍କ ସାହିତ୍ୟରେ ଯେଉଁ ନୂତନ ଓ ସ୍ୱାଧୀନ ମନୁଷ୍ୟର ଚିତ୍ର ଅଙ୍କିତ, ତାହା ଓଡ଼ିଆ ଜାତି ନିକଟରେ ଚିରକାଳ ସ୍ଲାଘ୍ୟ ବିବେଚିତ ହେବ।

ସତ୍ୟବାଦୀ ଯୁଗ ପରେ ଓଡ଼ିଆ ସାହିତ୍ୟରେ ଆସେ ସବୁଜଧାରା। ଏହି ସବୁଜଧାରାର କବି ଅନ୍ନଦା, କାଳିନ୍ଦୀ, ବୈକୁଣ୍ଠ, ହରିହର, ଶରତ୍‌ଚନ୍ଦ୍ର ପ୍ରଭୃତି କାବ୍ୟ ଜୀବନର ପ୍ରଥମ ଭାଗରେ ଥିଲେ ସଂପୂର୍ଣ୍ଣ ରୋମାଣ୍ଟିକ୍। ନିଜର କଳ୍ପନା କୁଟୀରରେ ସୌନ୍ଦର୍ଯ୍ୟର ରୂପ ଭରିଦେଇ ସେମାନେ କାବ୍ୟ କବିତା ରଚନା କରୁଥିଲେ। ଅନ୍ନଦାଶଙ୍କର ସେହି ରୋମାଣ୍ଟିକ୍ କବି ଭାବରେ ହିଁ ଓଡ଼ିଆ ସାହିତ୍ୟରୁ ବିଦାୟ ନିଅନ୍ତି। କିନ୍ତୁ କାଳିନ୍ଦୀ ଓ ବୈକୁଣ୍ଠନାଥଙ୍କ କବିତାରେ କଳ୍ପନା ପ୍ରବଣତା ପରେ ପରେ ଆସେ ବାସ୍ତବବାଦୀ ଚିନ୍ତାଧାରା। ପ୍ରକୃତରେ ଦେଖିବାକୁ ଗଲେ ୧୯୩୫ ମସିହାଠାରୁ ହିଁ କାଳିନ୍ଦୀ କାବ୍ୟମାନସରେ ବାସ୍ତବବାଦୀ ଚିନ୍ତନର ସୂର୍ଯ୍ୟ ଉଦୟ ହୁଏ। ୧୯୩୫ ମସିହାରେ କାଳିନ୍ଦୀଚରଣଙ୍କ ଅନୁଜ ଶ୍ରୀ ଭଗବତୀ ଚରଣ ପାଣିଗ୍ରାହୀଙ୍କ ନେତୃତ୍ୱରେ

ଗଠନ ହୁଏ ନବଯୁଗ ସାହିତ୍ୟ ସଂସଦ। ଏ ସମୟରେ ଯେଉଁ କାବ୍ୟ ଚେତନା ଆସିଛି ତା'ର ମୁଖ୍ୟ ସ୍ୱର ଏକ ଶୋଷଣମୁକ୍ତ ଶ୍ରମ ନିର୍ଭର ସମତୁଲ ସମାଜ ପ୍ରତିଷ୍ଠା ପାଇଁ ଉଦ୍ୟମ। ନବଯୁଗ ସାହିତ୍ୟ ସଂସଦ ସବୁଜ ଧାରାର ସ୍ୱପ୍ନିଳ ସବୁଜ ସାହିତ୍ୟ ସଂସଦ ପ୍ରତି ଏକ ସର୍ତ୍ତହୀନ ଯୁଦ୍ଧ ଘୋଷଣା। ଗୋଟିଏ ପଟେ ସ୍ୱପ୍ନର ତାଜମହଲ ତ ଅନ୍ୟଟି ଜୀବନ ପ୍ରତି ବାସ୍ତବତାର ଦୃଷ୍ଟିଭଙ୍ଗୀ। ଗୋଟିଏ ପଟେ 'ଶିକାର'ର ଘିନୁଆର ସଦ୍ୟକଟା ମୁଣ୍ଡକୁ ସରକାରଙ୍କ ପାଖରେ ପହଞ୍ଚାଇ ପୁରସ୍କାରର ଦାବି ତ ଗୋଟିଏ ପଟରେ ନିଜର ପ୍ରିୟାର କଳ୍ପନାର କୁଟୀରକୁ ସୁଦୂରକୁ ନେଇଯାଇ ସେଠାରେ ସୁବେଶ କରାଇବାରେ ଅପୂର୍ବ ଆନନ୍ଦ। ଗୋଟିଏ ପରିବାର ମଧ୍ୟରେ ଭିନ୍ନ ଦୁଇଟି ଦିଗ। ଜଣେ ରୋମାଣ୍ଟିକ୍‌ର ମଙ୍ଗଳାଚରଣ କଲାବେଳେ ଅନ୍ୟ ଜଣେ ମାର୍କସୀୟ ଚିନ୍ତା ଚେତନାକୁ ଜାବୁଡ଼ି ଧରି ସମାଜର ଦୈନ୍ୟ ପୀଡ଼ିତ, ତଳ ଶ୍ରେଣୀର ଲୋକଙ୍କ ପାଇଁ ସ୍ୱର ଉତ୍ତୋଳନ କରୁଥିଲେ। କିନ୍ତୁ ପର ମୁହୂର୍ତ୍ତରେ ଭଗବତୀ ହିଁ ଜିତାପଟ ନେଇଥିଲେ। "କାଳିନ୍ଦୀଙ୍କ କାବ୍ୟମାନସ ଭଗବତୀଙ୍କ ବାମପନ୍ଥୀ ପ୍ରଗତିବାଦୀ ଚିନ୍ତାଧାରା ପ୍ରତି ଆକୃଷ୍ଟ ହୋଇପଡ଼ିବା ସ୍ୱାଭାବିକ। ତାଙ୍କ ସାହିତ୍ୟରେ ତେଣୁ ପରେ ପରେ ଆମେ ଯୁଗମାନସର ସାର୍ଥକ ପ୍ରତିଫଳନ ଦେଖିବାକୁ ପାଇବା। ଜଣେ ସଚ୍ଚୋଟ ମାର୍କସୀୟ କବି ଭାବରେ ସେ ତାଙ୍କ ପୂର୍ବବର୍ତ୍ତୀ ସମସ୍ତ ଆସ୍ତିକତା ତଥା ଆଧିଭୌତିକ ବିଶ୍ୱାସକୁ ପରିହାସ କରି ତା' ପ୍ରତି କ୍ରମେ କାବ୍ୟ ପ୍ରତିକ୍ରିୟା ପ୍ରକାଶ କରିଛନ୍ତି।" (୩୭) ଏହାର ପ୍ରଥମ ପଦକ୍ଷେପ 'ପ୍ରତିମା' କବିତାରୁ ହିଁ ଲକ୍ଷ୍ୟ କରିହେବ। ପ୍ରତିମା ବା ଦିଅଁଙ୍କୁ ଯେତେ ଯତ୍ନରେ କିମ୍ବା ଆଦରରେ ଧୂପ, ଦୀପ, ଗନ୍ଧ, ପୁଷ୍ପ, ଭୋଗ, ରାଗ ଦେଇ ବନ୍ଦନା କଲେ ମଧ୍ୟ ସେ କ'ଣ କଥା କହିବେ ନା ଉତ୍ତର ଦେବେ ! ଅନ୍ତରର ଯେତେ ଶ୍ରଦ୍ଧା, ଭକ୍ତି, ବିଶ୍ୱାସ ତାଙ୍କର ପଦତଳେ ଢାଳିଦେଲେ ମଧ୍ୟ ସେ ନିବିଷ୍ଟ ଚିତ୍ତରେ ଶୁଣନ୍ତି ସିନା ତା'ର ଉତ୍ତର କିନ୍ତୁ ଦିଅନ୍ତି ନାହିଁ। (୩୮)

ଶେଷରେ କବି ଜୀବନ୍ତ ଦେବତା ଏହି ମଣିଷର ପୂଜା ବନ୍ଦନା କଲେ ପ୍ରକୃତ ଶାନ୍ତି ମିଳିବ ବୋଲି ଉପଲବ୍ଧି କରିଛନ୍ତି। ଏହି ଭାବନା ଅଧିକ ପରିପୁଷ୍ଟ ହୋଇଛି ତାଙ୍କର 'ବିଦାୟ ଭଗବାନ' କବିତାରେ। କବି ଏଇ କବିତାରେ ସିଧାସଳଖ ସେହି

---

(୩୭) ସବୁଜରୁ ସାଂପ୍ରତିକ, ଡକ୍ଟର ନିତ୍ୟାନନ୍ଦ ଶତପଥୀ, ପୃ: ୨୬

(୩୮) "ନ ଶୁଣଇ କେହି କାହିଁ ନ ମିଳେ ଉତ୍ତର
ଅଚଞ୍ଚଳେ ସେ ମୂକ ପ୍ରସ୍ତର !
ନ ମିଳେ ତୃପତି
ଡାକ ଡାକ ମୁଖେ କଣ୍ଠ କାହିଁ ଶାନ୍ତି କାହିଁରେ ମୁକତି ?"

କାଳ୍ପନିକ ସ୍ଥିତି ପ୍ରତି ଅବିଶ୍ୱାସ ଆରୋପ କରିଛନ୍ତି। ଏ କବିତାରେ କୌଣସି ସାଲିସ ନାହିଁ। ସେ ଦୈନ୍ୟ, ପୀଡ଼ିତ ଲୋକଙ୍କୁ ଦେଖି ଅତିକାୟ ଦୁଃଖିତ ହୋଇଛନ୍ତି। ମନୁଷ୍ୟର ଦୁର୍ଗତି ଓ ସଂକଟରୁ ତ ଭଗବାନ ଏ ମଣିଷ ସମାଜକୁ ରକ୍ଷା କରି ପାରୁନାହାନ୍ତି। ତେବେ ଏ ଅଧମ ମନୁଷ୍ୟର ଏ ପୂଜାଅର୍ଘ୍ୟ ଏତେ ବିଶ୍ୱାସ କାହା ଉଦ୍ଦେଶ୍ୟରେ? କ'ଣ ପାଇଁ? ପାଷାଣ ମୂର୍ତ୍ତି ପୂଜାର ଆସନରେ ଅତିଷ୍ଠିତ କରାଉଛି ଏ ମନୁଷ୍ୟ। ସେ ଯେଣୁ ଜ୍ଞାନର ଅତୀତ ଓ ଦୃଟେିର ଅତୀତ, ସେ ବରଂ ଚିରଦିନ ପାଇଁ ଏ ମର୍ତ୍ତ୍ୟ ଜଗତରୁ ବିଦାୟ ନେଇଯିବା ଉଚିତ ହେବ। ଯୁଗ ଯୁଗ ଧରି ଭଗବତ୍ ବିଶ୍ୱାସୀ ମନୁଷ୍ୟ ବିରୁଦ୍ଧରେ କାଳିନ୍ଦୀଙ୍କର ଏ ତୀକ୍ଷ୍ଣ କରାଘାତ ନିଶ୍ଚିତ ଭାବରେ ଲକ୍ଷ୍ୟନିଷ୍ଠ ଏଥିରେ ସନ୍ଦେହ ନାହିଁ।

"ଭଗବାନ! ଏ ଧରାରୁ ବିଦାୟ ଦେବ କି ସତେ ଆଜି,
ମାନବ-ବିଜୟ-ଗାନ ଉଠିବ ଚକିତେ ଏଥି ବାଜି?
ମୃତ୍ୟୁ - ଚିତା ପରେ ତବମାନବର ଜୀବନ-ପ୍ରଦୀପ
ଜଳିବକି ତମ ସାର ଆବରଣ କରି ଅନ୍ତରିତ?"

କବି ଉକ୍ତ କବିତାରେ ଭଗବାନଙ୍କୁ ଭଣ୍ଡ, ବଧିର, ଅଧମ, ଅନ୍ଧ ଆଦି ଏହିପରି ବିଭିନ୍ନ ଅଶ୍ରାବ୍ୟ ଭାଷାରେ ଗାଳିଗୁଲଜ କରିବାକୁ ପଛାଇ ନାହାନ୍ତି। ବହୁ ମନ୍ଦିର ତୋଳାଯାଇଛି, ଧର୍ମର ବହୁମତ ଦେଖାଦେଇଛି। ଏକ ଆରାମଦାୟକ ଭବନରେ ମନୁଷ୍ୟ ତୁମକୁ ବିରାଜମାନ କରାଇଛି କେବଳ ତା'ର ଦୁଃଖ ବେଦନା ବେଳେ ହେ ପ୍ରଭୁ ତମେ ସହାୟକ ହେବ ବୋଲି। କିନ୍ତୁ କାହିଁ, ଏ ପତିତ ମନୁଷ୍ୟର କରୁଣ ପ୍ରାର୍ଥନା ତମ କାନକୁ ଅଶୁଣା କରିଛନ୍ତି।

ପୁଣି ଏହି ବାସ୍ତବବାଚୀ ଚିନ୍ତନ କବିଙ୍କର 'ଭକ୍ତି ଓ ଚାବୁକ୍' ଓ 'ଜୟ ଭଗବାନ' କବିତାରୁ ମିଳିପାରିବ।

"ଧଳା ମଣିଷର ଭଗବାନ ଯେହୁ
କଳାର ସେ ସଇତାନ
ଇଟାଲି ଦେଶର ଭଗବାନ ଖାଏ
ଆବିସିନିଆର ପ୍ରାଣ।" (ଜୟ ଭଗବାନ)

ଏଠାରେ କବି ଯୁଦ୍ଧଖୋର ରାଷ୍ଟ୍ରନାୟକଙ୍କୁ ଭଗବାନ ଆଖ୍ୟା ଦେଇ ବିଦ୍ରୂପ କରିଛନ୍ତି। କବି ଭଗବାନଙ୍କ ବ୍ୟାପ୍ତିକୁ ଖୁବ୍ ନିମ୍ନ କରି ତୋଳି ଧରିଛନ୍ତି ତାଙ୍କ ଚକ୍ଷୁ ସାମ୍ନାରେ। ଏହା କବିଙ୍କର ବାସ୍ତବବାଦୀ ଚେତନାର ଏକ ଦୃପ୍ତ ପ୍ରତିଶ୍ରୁତି। ଦେଶ ଦେଶ ମଧ୍ୟରେ ଯୁଦ୍ଧଜନିତ ଘୋର ଅଶାନ୍ତିକୁ କବି ବର୍ଣ୍ଣନା କରିଛନ୍ତି। ତାଙ୍କ କବିତାରେ

ହିଟ୍‌ଲରଙ୍କର ଏକଛତ୍ରବାଦିତାକୁ ପ୍ରତ୍ୟକ୍ଷରେ ଘୃଣା କରିଛନ୍ତି; ତାଙ୍କର ନିଷ୍ଠୁର ଶାସନ ତଳେ ଯୁଦ୍ଧର ବିଭୀଷିକାମୟତାରେ କେତେ ଜନଜୀବନ ଯେ କ୍ଷତିଗ୍ରସ୍ତ ହୋଇପଡ଼ିଛି ତା'ର କଳନା ନାହିଁ। ଭଗବାନଙ୍କର ଦୋହିରେ ସବଳ ଦୁର୍ବଳର ରକ୍ତ ପିଇଯିବାକୁ ମଧ୍ୟ କୁଣ୍ଠାବୋଧ କରୁ ନାହିଁ। "ଭଗବାନ ନାମେ ସବଳ ପିଉଛି, ଦୁର୍ବଳ ଲହୁ - ତାପ" ଆଇନ ତଳେ ସତୀନାରୀ ବାରାଙ୍ଗନା ସାଜୁଛି, ଘରେ ଘରେ ନାରୀ ତା'ର ସତୀତ୍ୱକୁ ବିକି ଦେଉଛି, ବିଚାରାଳୟରେ ସତକୁ ମିଛ, ମିଛକୁ ସତ କରା ହେଉଛି। ନ୍ୟାୟ-ଅନ୍ୟାୟର ଏଠାରେ ମାନେ କିଛି ରହୁନାହିଁ। ଏତେ ନିଷ୍ପେଷିତ ହୋଇ ମଧ୍ୟ ଦୁର୍ବଳ ମନୁଷ୍ୟ ସମାଜ ଭଗବାନଙ୍କ ନାମକୁ ଭରସା କରି ଆହୁରି ଦୁର୍ବଳତର ହୋଇଯାଉଛି ସିନା ତା'ର ଦୁଃଖ ସବୁଦିନ ପାଇଁ ବଳବତ୍ତର ହୋଇ ଯାଉଛି। କିନ୍ତୁ ଅଭାବର ଘୋର ତାଡ଼ନାରେ ମୁହଁରେ ସେ 'ହରି ହରି' ଉଚ୍ଚାରଣ କରିବାରେ ଲାଗୁଛି। ତେଣୁ ଏ କବିତାଟି ଯେ ନିଶ୍ଚିତ ଭାବରେ ଏକ ବିପ୍ଳବ ଉଚ୍ଚାରଣ କରିଛି ତାହା ନିରାଟ ସତ୍ୟ।

କବିଙ୍କର ଅନ୍ୟ ଏକ କବିତା 'ଭକ୍ତି ଓ ଚାବୁକ୍' କବିତାରେ କବି ଲେଖିଛନ୍ତି- "ଯେତେ ଭଗବତ୍ ବିଶ୍ୱାସୀ ଆଜିର ଏ କଳଙ୍କିତ ଦେଶରେ ଥାଆନ୍ତୁନା କାହିଁକି ସେମାନେ କ'ଣ ଗୁଳି, ବାରୁଦ, କମାଣର ଗର୍ଜନରୁ ନିଜକୁ ମୁକ୍ତ କରିପାରିବେ? ସବୁଠାରେ କେବଳ ଭଗବତ୍ ମିଥ୍ୟା ବିଶ୍ୱାସ ପାଇଁ ଆହ୍ୱାନ। ଜେରୁଜେଲମ୍‌ରୁ ମକ୍‌କା ପର୍ଯ୍ୟନ୍ତ, ଜେନେଭାରୁ ଟୋକିଓ ପର୍ଯ୍ୟନ୍ତ ସବୁଠାରେ ସେଇ ଭଗବତ୍ ବିଶ୍ୱାସର ଅବତାରଣା। କିନ୍ତୁ ମଣିଷ ଯୁଦ୍ଧଖୋର ରାଷ୍ଟ୍ରର କମାଣର ଗର୍ଜ୍ଜନରୁ ନିଜକୁ ମୁକ୍ତ ରଖି ପାରୁନାହିଁ। ଯୁକ୍ତି ଓ ଭକ୍ତି ଏ ସବୁର ଉର୍ଦ୍ଧ୍ୱରେ ଅଛି କମାଣ, ଗୁଳି, ବାରୁଦର ଭୟ।

"ଯୁକତି ଭକତି ସବୁ କାଟି ଦେଖ/ ଚାବୁକ କମାଣ ଧାଏଁ
ଜେନେଭା ପାଖରୁ ବର୍ଲିନ୍ ପୁଣି/ ରୋମ୍ ବା ଟୋକିଓ ଯାଏଁ।"

ପରବର୍ତ୍ତୀ କବିତା 'ଯାଦୁଘର'ରେ ସାମାଜିକ ବ୍ୟଞ୍ଜନା ଓ ବିଦ୍ରୂପର ତୀବ୍ର ସ୍ୱର ଉଚ୍ଚାରିତ ହୋଇଛି। କବି ଏ କବିତାରେ ଧର୍ମକୁ ଖୋଜି ବୁଲିଛନ୍ତି ସବୁ ଜାଗାରେ। ତାଙ୍କ ମତରେ, ମଣିଷ ପାଇଁ ଯାହା ଧର୍ମ ନାମରେ ଏ ଜଗତରେ ବିରାଜିତ, ତାହା ପ୍ରକୃତରେ ଯାଦୁଘରର ଏକ ସାମଗ୍ରୀ ମାତ୍ର। ତା'ର ପ୍ରକୃତ ନିଜର କିଛି ସତ୍ତା ନାହିଁ। ସେ ଯାଦୁଘରର ଅତୀତର ଫସିଲ୍ ଅଥବା କଙ୍କାଳ ମାତ୍ର ହୋଇଯାଇଛି। କବି ସମସ୍ତ ଜାତିର ଧର୍ମ ପାଖରେ ପହଞ୍ଚିଛନ୍ତି। କି ମନ୍ଦିର, କି ମସଜିଦ୍, କି ଗୀର୍ଜା ସବୁଠାରେ ଏକଇ କଥା। ହିନ୍ଦୁ ଧର୍ମରେ ଗୋରୁ ନ କାଟି ଛେଳି କଟାଯାଉଛି। ମୁସ୍‌ଲିମ୍ ଧର୍ମରେ ଛେଳି କଟା ନ ଯାଇ ଗୋରୁ କଟାଯାଉଛି। ଏକଇ ବ୍ୟାପାର ତ? ତେବେ ଧର୍ମ ରହିଲା କେଉଁଠି? ପୁଣି ଯେଉଁଠାରେ ଧର୍ମଗୁରୁଙ୍କ ପରାମର୍ଶ ଅନୁଯାୟୀ ଏ ସମସ୍ତ କାର୍ଯ୍ୟ

ବନ୍ଦ ସେଠାରେ ମନୁଷ୍ୟର ବେକ, ହାତ କଟାଯାଉଛି। ଆଜିର ସମାଜରେ ଯେଉଁମାନେ ଶହ ଶହ ଗରିବଙ୍କର ତଣ୍ଟିଚିପି ଧନୀ ହେଉଛନ୍ତି ଅଥବା ଶହ ଶହ ନାରୀଙ୍କର ଯୌବନକୁ ଅପହରଣ କରୁଛନ୍ତି ସେହିମାନେ ହିଁ ଧର୍ମର ଖୋଳପା ପରିଧାନ କରି ଧାର୍ମିକ ବୋଲାଉଛନ୍ତି।

"ଧର୍ମ-ଘୋଡ଼ଣୀ ଭିତରେ ପଶିଲେ ସତ ଖୁଣୀଟେ ହବ ମାଫ
ଦରକାର ଯେଣୁ, କରିବା ଆମର ସଦ୍ୟ ଶହେଟା ପାପ।
ଦରକାର ଯେଣୁ ଶହେ ତୋଟି ଚିପି ବୋଲାଇବା ଆମେ ଧନୀ
ଶହେଟା ନାରୀର ଦେହ ଭୋଗ କରି ନୈଷ୍ଠିକ ସନାତନୀ।" (ଯାଦୁଘର)

ଉପରୋକ୍ତ କବିତାଟିର ଧର୍ମ, ମଣିଷ, ସମାଜ, ସଂସ୍କାର ପ୍ରତି ଅବିଶ୍ୱାସର ସ୍ୱରଟି ପରବର୍ତ୍ତୀ କବିତା 'ଛୁରିଟିଏ ଲୋଡ଼ା'ରେ ବେଶ୍ ଗଭୀର ଭାବେ ଉପଲବ୍ଧ। କବି ବେଶ୍ ଉପଲବ୍ଧି କରିଛନ୍ତି ଯେ ସମାଜ ଭଣ୍ଡ ଓ ଶଠତାରେ ପରିବର୍ତ୍ତିତ ହୋଇଯାଇଛି। ଆଜିର ଦୁନିଆରେ କେହି ଆପଣାର ନାହାନ୍ତି। ଯାହା ଆଡ଼କୁ ସେ ବନ୍ଧୁତାର ହାତ ବଢ଼ାଉଛନ୍ତି ତା' ପ୍ରତିବଦଳରେ ସେ ପାଉଛନ୍ତି ଈର୍ଷା, ସ୍ୱାର୍ଥାନ୍ୱେଷୀ-ଅହଙ୍କାରୀ। ଦୂର ପର୍ବତ ସୁନ୍ଦର ଭଳି ଦୂରରୁ ଯେଉଁ ମଣିଷ ପ୍ରତି କବି ଏତେ ଆସକ୍ତ ହୋଇଥିଲେ ତାହା ପାଖରେ ଥିଲା ଭୀଷଣ ଭୟଙ୍କର କଣ୍ଟକାକୀର୍ଣ୍ଣ। କବି ଶେଷରେ ହତାଶାର ଗାନ କରି କହିଛନ୍ତି- ଜଣେ ହେଲେ ମନ ବୁଝିବା ଭଳି ମଣିଷ ପାଇବାକୁ ନାହିଁ, ଯାହା ପାଖରେ ନିର୍ବିଚାରରେ ସମସ୍ତ ସୁଖ-ଦୁଃଖ ଢାଳିଦେଇ ପାରିଥାନ୍ତି।

"ମଣିଷ ମଣିଷ ଶୁଭିଲା ଦୂରରୁ ଡାକ
ଦୁନିଆର ଯେତେ ଦଳିତ ପୀଡ଼ିତ ଯାକ
ସ୍ପନ୍ଦନ ସେହି ପୁଲକ ପରାସ ରେଖା
ବନ୍ଧୁର ପଥେ ବନ୍ଧୁ ସେ ମୋର ଏକା।"

x x x

ଦୂରେ ଉଭା ହୋଇ ଟେକିଲି ଯା ଲାଗି ଧୂପ
ପାରୁଶେ ଆସି ତ ଦେଖିଲି ଅନ୍ୟରୂପ।"

ତଥାପି କବି ଏ ପାଷାଣ ପ୍ରତିମା ଅପେକ୍ଷା ମଣିଷ ଜାତିକୁ ଭଲପାଇବାକୁ ଚେଷ୍ଟା କରିଛନ୍ତି। ଯେହେତୁ ଏଇମାନଙ୍କ ଅବଦାନରେ ସମଗ୍ର ଜାତିର ପ୍ରାଣ ଗଠିତ ଓ ପରିପୁଷ୍ଟ। କବିଙ୍କର ଏହାହିଁ ଶେଷ ନିଷ୍ପତ୍ତି। ସେ ଏହାପରଠାରୁ ମଣିଷ ଜାତିର ଉନ୍ନତି ପାଇଁ ଅର୍ଥାତ୍ ଏକ ଖଟିଖିଆ, ମେହନତୀ, ଶୋଷଣ, ଦୈନ୍ୟ, ନିପୀଡ଼ିତ ମନୁଷ୍ୟ ପାଇଁ କବିତା ଲେଖିଛନ୍ତି। ତା' ପରେ ପରେ ତାଙ୍କ ରଚିତ 'ଜୀବନସ୍ପର୍ଶ', 'ଦେବତା ମଣିଷ'

୧୯୩୮ରେ ଢେଙ୍କାନାଳର ପ୍ରଜା ଆନ୍ଦୋଳନ ବେଳେ ପୋଲିସ୍ ଗୁଳିରେ ମରି ଶୋଇଥିବା ବାଳକ ବାଜି ରାଉତକୁ ନେଇ ସର୍ବଶ୍ରେଷ୍ଠ ବୈପ୍ଳବିକ କବିତା 'ବାଜିରାଉତ'ର ସୃଷ୍ଟି, ସମଗ୍ର ମନୁଷ୍ୟ ସମାଜର ମନକୁ ଚହଲାଇ ଦେଇଥିବା ପରି ମନେହୁଏ।

"ଝାଳ ଦେଇ ଯେତେ ଗଢ଼ିଲୁ ରାଇଜ ରଜା
ଲୁହ ଦେଇ ତୋର ହତିଆର ତହିଁ ପଜା
ବେଳ ଏହି ବେଳ ଏହି
ତୋଳିଥିଲୁ ଯାକୁ ତାଡ଼ିବୁ ତାହାକୁ ନ ଶୁଅରେ ଆଉ ଡେଇଁ।"

ଏହି ଚେତନାର ପରିଣତି କବିଙ୍କର 'ଆଗାମୀ' ଓ 'କିଏ ଶଳା ସଇତାନ' କବିତା ଦୁଇଟିରେ ଅତି ପ୍ରାଞ୍ଜଳ ଭାବରେ ଦେଖିବାକୁ ମିଳେ। (୧୯୨୪) ଓ (୧୯୪୭)ରେ ରଚିତ ଏ ଦୁଇଟି କବିତା ଉଗ୍ର ମାର୍କସୀୟ ବାମପନ୍ଥୀ ଚେତନାର ରୂପ ଦେଖିବାକୁ ମିଳେ। ଏଥିରେ ଏକ ସୁସ୍ଥ, ଶ୍ରେଣୀହୀନ ସମାଜ ଗଠନର ଦାବି ପ୍ରକାଶ ପାଇଛି।

"କବିତା ଗଢ଼େ ଏକ ବିରାଟ ସମାଜର
ସବୁରି ପାଇଁ ଯହିଁ ବଖୁରେ ହେଲେ ଘର
ସକଳେ ଲଭିବାକୁ ମୁଠାଏ ଦୁଧଭାତ
ଯୋଗ୍ୟ ଯେତେ ଯହିଁ ବାଳକ - ବାଳିକା ତ।
ଦୁଇଟା ଲୁଗା ଜାମା ସବୁରି ପାଇଁ ମିଳେ
ପଢ଼ିବା ପାଇଁ ବାଧା କାହାରି ନାହିଁ ତିଳେ।
ବେକାର ରହିବାକୁ ନାହିଁଟି ଅଧିକାର
ସବୁରି ପାଇଁ କାମ ଯୋଗାଏ ସରକାର
କହିବା ପାଇଁ କଥା ସବୁରି ଦାବୀ ଅଛି
ମୁଁ ସେଇ ସମାଜର କବିତା ବସେ ରଚି।" (ଆଗାମୀ - ୧୯୪୭)

ଉକ୍ତ କବିତାଟିର ପ୍ରତ୍ୟେକ ଧାଡ଼ିରେ ବିପ୍ଳବର ବୈଜୟନ୍ତୀ ସ୍ଫୁରିତ ହୁଏ। କବି ତାଙ୍କ କବିତାରେ ଏପରି ଏକ ସମାଜ ଗଢ଼ିବାକୁ ଚାହାଁନ୍ତି ଯେଉଁଠାରେ ସମସ୍ତେ ସମାନ ଅଧିକାର ନେଇ ବଞ୍ଚିପାରିବେ। ଗରିବ, ଧନୀ, ନିର୍ବିଶେଷରେ ସୁସ୍ଥ ଏହି ଶ୍ରେଣୀହୀନ ସମାଜରେ ସମସ୍ତଙ୍କର କିଛି କହିବାର ଅଧିକାର ଥିବ। ଭିକ୍ଷା ଅନାହାରର ତାଡ଼ନାରେ କେହି ଯେପରି ମରି ନ ଯାନ୍ତି କିମ୍ବା ଦିନରେ ଧନୀମାନେ ଗରିବମାନଙ୍କର ତଣ୍ଟିଚିପି ଶୋଷଣ ଯେପରି ନ କରନ୍ତି ସେପରି ନ ହୁଏ। ସମାଜରେ ଅଧେଲୋକ

ନାନାଦି ସୁମିଷ୍ଟ ବ୍ୟଞ୍ଜନରେ ଭାସୁଥିବାବେଳେ ଅନ୍ୟ ଜଣେ ଦୁଇବେଳା ଦୁଇମୁଠା ଭାତ ନ ପାଇଲା ପରି ସମାଜ କବି ଚାହାଁନ୍ତିନି। ତାଙ୍କ ପାଇଁ ଏଭଳି ଏକ ସୁନ୍ଦର, ଶାନ୍ତ, ସୁଶୀଳ ସମାଜ ଦରକାର ଯେଉଁଠାରେ କି ପ୍ରତ୍ୟେକ ବ୍ୟକ୍ତି ଦୁଇବେଳା ଭାତ ମୁଠିଏ ମାତ୍ର ଖାଇବାକୁ ପାଇ ପାରିବେ ଏବଂ ଦୁଇଟା ଭଲ ଲୁଗା ଜାମା ପିନ୍ଧିବାକୁ ପାଇପାରିବେ। ମୁଣ୍ଡ ଗୁଞ୍ଜିବାକୁ ସଭିଙ୍କର ମାତ୍ର ବଖୁରେ ହେଲେ ଘର ଥିବ। କବିଙ୍କର ଉକ୍ତ କବିତରେ ସାମ୍ୟବାଦର ଏକ ନମ୍ର ସ୍ୱର ଶୁଣାଯାଇଛି।

ଏଇ ନମ୍ର କାବ୍ୟମାନସର ଉଗ୍ର ପରିଣତି କବିଙ୍କର 'କିଏ ଶଳା ସଇତାନ'ରେ ଦେଖିବାକୁ ମିଳେ। ଏଠି କାବ୍ୟ ସ୍ୱରରେ ଶିଥିଳତା ନାହିଁ, ସାହସ ନାହିଁ, ବରଂ ଏଠାରେ ଉଗ୍ର ମାର୍କସୀୟ ଚେତନାରୁ ଅତି କଠୋର ବାସ୍ତବତାର ମୁହାଁମୁହିଁ ହେବାକୁ ହୁଏ। ଏଠି କାବ୍ୟସ୍ୱରରେ ନରମର ଶିଥିଳତା ନାହିଁ, ସାଲିସ୍ ନାହିଁ, ବରଂ କବି ଏକ ଆସନ୍ନ ଯୁଦ୍ଧର ବାରୁଦ ସ୍ତୂପ ଉପରେ ଠିଆ ହୋଇଥିବା ପରି ମନେ ହୁଅନ୍ତି। ସମାଜରେ ଥିଲା, ନ ଥିଲାର ଏଇ ଅତିକାୟ ପ୍ରାଚୀର ଉପରେ ସେ ବୋମାମାଡ଼ କରିବାକୁ ଚାହାନ୍ତି। ତେଣୁ ସବୁ ସାମ୍ୟବାଦୀ କବିଙ୍କ ଚିନ୍ତା ପରି ଶ୍ରେଣୀମୁକ୍ତ ସମାଜ ହିଁ ତାଙ୍କ କବିତାର ଲକ୍ଷ୍ୟନିଷ୍ଠ ଦୃଢ଼ ସିଦ୍ଧାନ୍ତ। ସମାଜରେ ସ୍ପଷ୍ଟ ଦିବାଲୋକରେ ଚାଲିଥିବା ଲୁଣ୍ଠନ ଓ ଶୋଷଣ ବିରୋଧରେ କବିଙ୍କର ଏହି ଆହ୍ୱାନରେ ଅଛି ଭୂମିକମ୍ପର ସୂଚନା, ଆଗ୍ନେୟଗିରିର ଉଦ୍‌ଗିରଣ।

"ଜନ୍ମ ଆମର ମଣିଷ କୂଳରେ ନାହିଁ ଇଜ୍ଜତ ମାନ
ଆମ ଝିଅ ବୋହୂ ସବୁରି ଶାଳୀ ହେ ଆମେ ଶଳା ସଇତାନ।"

କେତେଦିନ ଆଉ ଦେଶର ଖଟିଖିଆ, ମେହନତୀ ଜନତା ନିଜ ଘର ଅନ୍ଧାର ରଖି ଶୋଷକଙ୍କ ଘରେ ଆଲୁଅର ବତି ଜାଳିବେ? ନିଜର ଲହୁଲୁହକୁ ମିଶାଇ ଏକାକାର କରିଦେଇ ଯେଉଁମାନେ ବାଟଘାଟ ଯାନବାହାନ ଗଢ଼ିଥିଲେ ସେହିମାନଙ୍କୁ ହିଁ ସେଇ ରାସ୍ତାରେ ଚାଲିବାକୁ ମନା। ଶୋଷିତ ମଣିଷ ତା'ର ପିଲାମାନଙ୍କୁ ଭୋକରେ ଆଉଟୁପାଉଟୁ କରି ଶୀତରେ ନିଜ ପିଲାଙ୍କୁ ଫୁଙ୍ଗୁଳା ରଖି ଧନୀର ସନ୍ତାନ ପାଇଁ କେତେକାଳ ଆଉ ନିଜର ରକ୍ତକୁ ପଳ ପଳ କରି ନିଃଶେଷ କରିଦେବ? କବି ଅତ୍ୟନ୍ତ ଦୁଃଖରେ ଏବଂ କ୍ଷୋଭରେ କହି ଉଠିଛନ୍ତି- "ଦିନେ ନିଶ୍ଚୟ ଏ କଥାର ପରିସମାପ୍ତି ଘଟିବ। ଏଥିରେ ସନ୍ଦେହର ଅବକାଶ ନାହିଁ। ବିଲେଇ କୁକୁର ଯଦି ମଣିଷ ନ ହୋଇ ସେମାନଙ୍କର ଅପମାନ ବୁଝିପାରନ୍ତି, ଆଜିର ମନୁଷ୍ୟ ଶୋଷକ ଗୋଷ୍ଠୀ ଦେଶର ରାଜା ହୋଇ ଅଗଣିତ ଶୃଗାଳରୂପୀ ଜନତାର ରକ୍ତ ଶୋଷି ଯାନ୍ତି। କିନ୍ତୁ ଏପରି ଦିନ ଆସିବ ସେହି ଶୃଗାଳ ହିଁ ସିଂହର ନାଡ଼ି ମଧ୍ୟ ଖାଇବାକୁ ପଛେଇବ

ନାହିଁ। ଶାଶୂ ଯେ ସବୁଦିନ ପାଇଁ ଶାଶୂ ହେଇ ରହିବ କିମ୍ବା ବୋହୂ ସବୁଦିନ ପାଇଁ ବୋହୂ ହୋଇ ରହିବ ତାହା ତ ନୁହେଁ। (୩୯) ଦିନେ ଯେ ଏ ଖଟିଖିଆ ମେହେନତୀ ମନୁଷ୍ୟ ଏ ଦେଶର ଶାସକ ହେବ ସେକଥା କିଏ କହିପାରିବ ? ତେଣୁ ଭବିଷ୍ୟତରେ କାହା ଘରେ ଡକାୟତି ହେବ କିମ୍ବା କିଏ ପ୍ରକୃତରେ ଫାଶୀ ପାଇବାର ଯୋଗ୍ୟ ଅଥବା କାହାର ପିଠି ଜୋତା ବା ଚାବୁକ୍ ପ୍ରହାର ପାଇଁ ଉପଯୁକ୍ତ ସେକଥା ନିଶ୍ଚିତ ଭାବରେ ଜଣା ପଡ଼ିଯାଉଛି, ପଡ଼ିବ ମଧ୍ୟ। 'କାଳିନ୍ଦୀ କାବ୍ୟ ମାନସ'ରେ ଏହି ପରିବର୍ତ୍ତିତ ଭାବସତ୍ତା ଆଧୁନିକ ଓଡ଼ିଆ କାବ୍ୟ-କବିତାର ଇତିହାସରେ ଏକ ଅମ୍ଳାନ ସ୍ୱାକ୍ଷର ବହନ କରି ଚିରକାଳ ପ୍ରତିଭାତ ରହିବ।

ଆଧୁନିକ ଓଡ଼ିଆ ସାହିତ୍ୟରେ ସବୁଜ ଧାରାର ପ୍ରତିଷ୍ଠିତ କବି ବୈକୁଣ୍ଠନାଥ ପଟ୍ଟନାୟକଙ୍କୁ ବାସ୍ତବବାଦୀ କବି ଭାବରେ ମଧ୍ୟ ଆଖ୍ୟାୟିତ କରାଯାଇପାରିବ। ବାସ୍ତବବାଦୀ କବିତାଗୁଡ଼ିକ ମଧ୍ୟରେ 'ବନ୍ୟାବିପ୍ଳବ' (୧୯୩୪), 'ଯଶୋଲିପ୍ସା' (୧୯୩୫), 'ଯୁଗ୍ମରୂପ' (୧୯୩୫), 'ରିକ୍ସାବାଲା' (୧୯୩୬), 'ଦଣ୍ଡାଦେଶ' (୧୯୩୬), 'ଦେଶସେବା' (୧୯୩୭), 'ମୃତ୍ତିକା ଦର୍ଶନ' (୧୯୩୯), 'ହରିଜନ' (୧୯୪୦), 'ସୀମା' (୧୯୪୧), 'ସେହି ମୋର ଭଗବାନ' (୧୯୪୨), 'ଉପମା ବିରୋଧ' (୧୯୪୩), 'ମେହେନ୍ତର' (୧୯୪୬), 'ସାବଧାନ ଶ୍ରମଜୀବୀ' (୧୯୪୬), 'ପତ୍ନୀ' (୧୯୫୩), 'ଗର୍ଦ୍ଦଭର ଦୁର୍ଗା ପୂଜା' (୧୯୫୩), 'ବୁଲାକୁତୀ' (୧୯୫୩), 'ରାଷ୍ଟ୍ର ରହସ୍ୟ' (୧୯୪୬), 'ଖେଳାଉଛୁ କାଳୀୟନାଗ' (୧୯୫୩), 'ଅଗଷ୍ଟ ବିପ୍ଳବ' (୧୯୫୩) ଇତ୍ୟାଦି ଉଲ୍ଲେଖନୀୟ।

କବି ରଚିତ 'ବନ୍ୟା ବିପ୍ଳବ' କବିତାରେ କବିଙ୍କର ସାମ୍ୟବାଦୀ ଚେତନା, ବାସ୍ତବବାଦୀ ଚେତନା ଅଥବା ବୈପ୍ଳବିକ ଚେତନାଟି ଧୀରେ ଧୀରେ ଉଗ୍ର ସାମାଜିକ ଅଙ୍ଗୀକାରର ଧାରା ହରାଇ କୃଷ୍ଣ ଭଗବତ୍ ଚେତନା ପ୍ରତି ଧାବିତ ହୋଇ ଉଠିଛି। "ହୁଏତ ଏହାର କାରଣ ହୋଇପାରେ ନିଜେ ବୈକୁଣ୍ଠନାଥ ବ୍ୟକ୍ତିଗତ ଭାବେ ଥିଲେ ଜଣେ ଉଦାରପନ୍ଥୀ ନିରବ ସାଧକ କିମ୍ବା ସରକାରୀ ବୃତ୍ତିର ଭୀତି ତାଙ୍କ ଲେଖନୀକୁ ବୈପ୍ଳବିକ ସାମାଜିକ ଚିନ୍ତାଧାରାଠାରୁ ଜୋର୍ କରି ଦୂରେଇ ଦେଇଛି। ତେଣୁ ସମାଜରେ

---

(୩୯) "ମନେ ହେଜ ଥରେ ଗାଡ଼ି ପରେ ନାଆ/ କେବେ ନାଆ ପରେ ଗାଡ଼ି
ସିଂହର ନାଡ଼ି ଖାଇ ପାରେ ନିଜେ/ ଶୃଗାଳ ମୁଖରେ ତାତି
ଶାଶୂ ପାଳି ଗଲେ ଆସେ ବୋହୂ ପାଳି/ ଶଳା ବି ଭିଣୋଇ ହୁଏ।
ଯେବେ ଯାହା ପୁଣି ଘଟିପାରେ ଆଉ/ ନ ଆଣିବା ଆଉ ମୁହେଁ।"
(କିଏ ଶଳା ସଇତାନ, କାଳିନ୍ଦୀ ଚରଣ କବିତା ଓ ନାଟକ ସମଗ୍ର, ପୃ-୨୬୨)

ମଣିଷର ଏହି ଦୁର୍ଦ୍ଦଶା ପାଇଁ ଏକ ସ୍ୱାଭାବିକ ସିଦ୍ଧାନ୍ତ ରୂପେ ସେ ଭାଗ୍ୟ ଓ ଭଗବାନଙ୍କ ପାଖରେ ଆତ୍ମସମର୍ପଣ କରିବାକୁ ବାଧ ହୋଇଛନ୍ତି।" (୪୦) ନ ହେଲେ କି ସେ ଲେଖିଥାନ୍ତେ-

"ସାମ୍ୟବାଦୀ ଦେଶ ସେବୀ ଧନୀ - ସୌଧେ ଅଙ୍ଗୁଳି ଦର୍ଶାଇ,
ତର୍ଜି କହେ ଧ୍ୱଂସ ବିନା ପରିହର ଅନ୍ୟ ଗତି ନାହିଁ।
ପର ଅଙ୍ଗ ପୁଷ୍ଟ ଯେତେ ନିବସନ୍ତି ବିଳାସ ବ୍ୟସନେ
ଗତ୍ୟନ୍ତର ନାହିଁ ଯେବେ ନ ମିଶିବେ ମାଟିରେ ସେ ରଣେ
ବନ୍ୟାକ୍ଲିଷ୍ଟ ବୃଦ୍ଧ କହେ "ଲୋଡ଼ା ନାହିଁ ବାବୁ ଅଭିଶାପେ
ସୃଷ୍ଟିର ମଙ୍ଗଳ ହେଉ ଆମେ ପଛେ ମରୁଁ ଆତ୍ମ-ପାପେ।"
ଜାଣେ ଏକା ସେହି ସିନା ଅନ୍ଧାରରେ କିମ୍ପା ହେଲା ଠିଆ
ଉଦ୍ଦେଶ୍ୟ ତା' ହେଉ ସିଦ୍ଧ ଏ ଜୀବନ ଯାଉ ଦିଆନିଆଁ।" (୪୧)

ଏହି କାବ୍ୟ ମାନସରେ ନିଶ୍ଚିତ ଭାବରେ ବିପ୍ଳବର ସୂଚନା ନଥିଲା ନ ହେଲେ କବି ଉଗ୍ର ବିପ୍ଳବାତ୍ମକ ଶବ୍ଦାବଳୀ ଏ କବିତାରେ ପ୍ରୟୋଗ କରି ନ ଥାନ୍ତେ। ମୁଁ ପ୍ରଫେସର ଶତପଥୀଙ୍କ ମତ ସହିତ ସଂପୂର୍ଣ୍ଣ ଭାବେ ଏକମତ ଯେ କୌଣସି ଏକ ପରିସ୍ଥିତି କବିଙ୍କୁ ଯେପରି ବାଧ କରିଛି, ଭଗବାନଙ୍କ ନିକଟରେ ନିଜକୁ ଆତ୍ମସମର୍ପଣ କରିବାକୁ। ସେ ପରବର୍ତ୍ତୀ କବିତା 'ଯଶୋ ଲିପ୍‌ସା'ରେ ସେ ରାଜଦରବାରକୁ ପୁରସ୍କାର ପାଇଁ ଯିବେ ନାହିଁ - ଏ ଦ୍ୱନ୍ଦ୍ୱର ଚିତ୍ର ଦର୍ଶାଇଛନ୍ତି। ଠିକ୍ ସେହିଭଳି ତାଙ୍କ ରଚିତ 'ରିକ୍‌ସାବାଲା' କବିତାରେ ବର୍ଷାହେତୁ ଗରିବ ନିଃସହାୟ ରିକ୍‌ସାବାଲାଟି ଜନୈକ ଧନୀ ବ୍ୟକ୍ତିଙ୍କ ବାରଣ୍ଡାରେ ଆଶ୍ରୟ ନେଇଥିବା ହେତୁ ଗୃହସ୍ଥ ଓ ଗୃହିଣୀଙ୍କର ଅତି ନିଷ୍ଠୁର ବହିଷ୍କାରକୁ କବି ଉପସ୍ଥାପିତ କରିଛନ୍ତି। ଏଠାରେ କବିଙ୍କର ଦୁଃସ୍ଥ ଜନତା ପ୍ରତି ସହାନୁଭୂତି ପ୍ରକାଶ ପାଇଛି।

"ଯା ଯା କୋଢ଼ି ପଙ୍ଗୁ ଭାଷେ ଧନୀକ ଗୃହିଣୀ
x x x x x x x x
ଗୃହ ସ୍ୱାମୀ କହୁଛନ୍ତି ଚୋରଟାଏ ଆସି
ବସିଅଛି କାହୁଁ, ଦିଅ ଥାନାକୁ ପଠାଇ।
ଭୃତ୍ୟ ଆସି ଉଚ୍ଚେ କହେ କାହିଁ ପାଜି କାହିଁ।" (ରିକ୍ସାବାଲା)

(ବୈକୁଣ୍ଠନାଥ ଗ୍ରନ୍ଥାବଳୀ, ପ୍ରଥମ ଭାଗ, ପୃ:୪୯୫, କାବ୍ୟ ସଂଚୟନ)

---

(୪୦) ସବୁଜରୁ ସାଂପ୍ରତିକ, ପ୍ରଫେସର ନିତ୍ୟାନନ୍ଦ ଶତପଥୀ, ପୃ-୪୫

(୪୧) ବୈକୁଣ୍ଠନାଥ ଗ୍ରନ୍ଥାବଳୀ - ପ୍ରଥମ ଭାଗ (କାବ୍ୟ ସଞ୍ଚୟନ)

୧୯୩୯ ମସିହାରେ ନିଜ ସନ୍ତାନର ବିୟୋଗ ଜନିତ ଦୁଃଖ ତାଙ୍କ କାବ୍ୟର ମୋଡ଼୍‌କୁ ସଂପୂର୍ଣ୍ଣ ଭାବେ ବଦଳାଇ ଦେଇଥିଲା। ସେ ଯେଉଁ ଭଗବାନଙ୍କ ଉଦ୍ଦେଶ୍ୟରେ ରାଶି ରାଶି କବିତା ଲେଖିଥିଲେ ଯାହାଙ୍କ ପାଦତଳେ ନିଜକୁ ସମର୍ପଣ କରି ଦେଇଥିଲେ, ସେପରି ଈଶ୍ୱରବିଶ୍ୱାସୀ ଭାବ ତାଙ୍କ ପରେ ଆଉ ଦେଖା ଦେଲା ନାହିଁ। ସେ ସଂପୂର୍ଣ୍ଣ ଭାବେ ବାସ୍ତବବାଦୀ ହୋଇପଡ଼ିଲେ। ସେ ଆଉ ମଣିଷର ଦୁଃଖ, ଦୁର୍ଦ୍ଦଶା ଦୂର କରିବା ପାଇଁ ଭଗବାନଙ୍କ ଆଗରେ ନତମସ୍ତକ ହେଲେ ନାହିଁ କିମ୍ବା ଭଗବାନଙ୍କ ଉପରେ ଦାୟିତ୍ୱ ନ୍ୟସ୍ତ ନ କରି ନିଜେ ହିଁ କବିତାରେ ଲେଖିଚାଲିଲେ ସେହି ଦୁଃସ୍ଥ, ପ୍ରପୀଡ଼ିତ ମାନବର କଥା। ତାଙ୍କ ରଚିତ 'ହରିଜନ' ଓ 'ଉପମା ବିରୋଧ' କବିତା ପ୍ରତି ସଂପୂର୍ଣ୍ଣ ଭାବେ ଆଣ୍ଟିରୋମାଣ୍ଟିକ୍। ସବୁଜଧାରାର ଆଦ୍ୟକାଳରେ ରୋମାଣ୍ଟିକ୍ କବି ଭାବରେ ଯେଉଁ ବୈକୁଣ୍ଠନାଥ ପରିଚିତ ଥିଲେ ସେ ଏଠାରେ ସଂପୂର୍ଣ୍ଣ ବିପରୀତବାଦୀ ହୋଇ ଉଠିଛନ୍ତି। ଯେଉଁ ପ୍ରିୟାକୁ ସେ ସୁବେଶ କରାଇବାକୁ ଚାହୁଁଥିଲେ କଳ୍ପଲୋକରେ ତା'ର ପ୍ରୀତିକୁ କଳ୍ପନାରେ ସ୍ୱପ୍ନରେ ମଧ୍ୟ ଆକଣ୍ଠ ପାନ କରିଯାଉଥିଲେ ସେହି ପ୍ରିୟାର ନିଃଶ୍ୱାସ ତାଙ୍କୁ ଝାଞ୍ଜି ବୈଶାଖର ତତଲା ନିଃଶ୍ୱାସ ଭଳି ମନେ ହୋଇଛି। ସେ ତାହାକୁ ସହ୍ୟ କରିପାରୁନାହାନ୍ତି। ଯାହାର କାନ୍ତି ସୌରଭକୁ ସେ ଚମ୍ପାଫୁଲ ସଙ୍ଗେ ତୁଳନା କରିଥିଲେ ସେହି ଅଧରର ଶୋଭା ଏବେ ତାଙ୍କୁ ମନେ ହୋଇଛି ଭସ୍ମକୁଢ଼ ସଦୃଶ। ପୁଣି ପ୍ରିୟାର ଗୋଲାପ ରୂପ ମାଧୁରୀ ତାଙ୍କୁ କଣ୍ଟକିତ ମନେହେବା ସଙ୍ଗେ ସଙ୍ଗେ ପ୍ରିୟାର ମାଦକତା ଭରା ସ୍ନିଗ୍ଧ ଚାହାଣିକୁ ମୃତ୍ୟୁର ଅଟ୍ଟହାସ୍ୟ ଭଳି ମନେ କରିଛନ୍ତି। (୪୨) ଏହି ବାସ୍ତବବାଦୀ ଚିନ୍ତାଧାରା ଆହୁରି ଦୃଢ଼ୀଭୂତ ହୋଇଛି ତାଙ୍କର 'ରାଷ୍ଟ୍ର ରହସ୍ୟ' (୧୯୪୬) କବିତାରେ। ଯୁଦ୍ଧ ପରବର୍ତ୍ତୀ କାଳରେ, ସେ ଯୁଦ୍ଧଖୋର ରାଷ୍ଟ୍ରନିୟନ୍ତାମାନଙ୍କୁ ବିଦ୍ରୂପ

---

(୪୨) "ମଳୟ ପ୍ରିୟାର ନିଃଶ୍ୱାସ ବୋଲି
ପଛକୁ ଦେଲି ମୁଁ ଚାହିଁ
ବକ୍ଷେ ବାଜିଲା ବୈଶାଖ ଶ୍ୱାସ
ଫେରିଲି ଲଜ୍ଜ୍ୟା ପାଇ

x x x

ପଶ୍ଚାତେ ତାର ଅମା ଅନ୍ଧାର
ମୃତ୍ୟୁ ଅଟ୍ଟହାସ
ଅବଶ କଲା ମୋ ସର୍ବ ଅଙ୍ଗ
ଜଡ଼ୀଭୂତ ଯେତେ ପ୍ରାସ। (ଉପମା ବିରୋଧ)"

(ବୈକୁଣ୍ଠନାଥ ଗ୍ରନ୍ଥାବଳୀ, ପ୍ରଥମ ଭାଗ, ପୃଃ୫୬୬)

କରିଛନ୍ତି। (ପ୍ରଥମ ବିଶ୍ୱଯୁଦ୍ଧ ପରର ଭାଗ୍ୟବିଧାତା ଭାବରେ Wilson and Licyed George), ଦ୍ୱିତୀୟ ମହାସମର (୧୯୩୯-୧୯୪୫)ର ଭାଗ୍ୟବିଧାତା ଭାବରେ Roose Velt, Churchill, Chiang Kai Sekh, Stalin)ଙ୍କୁ ଧରାଯାଏ। ଏହିମାନଙ୍କୁ କବି ଶାଣିତ ବିଦ୍ରୂପ ପରୋକ୍ଷ ଭାବରେ କରିଥିଲେ ବୋଧହୁଏ। (୪୩) ତାଙ୍କର ଏହି ବିଦ୍ରୂପର ସ୍ୱର 'ଖେଳାଉଛୁ କାଳୀୟ ନାଗ' କବିତାରେ ଆହୁରି ବ୍ୟଞ୍ଜନାପୂର୍ଣ୍ଣ। ଏ କବିତାରେ କବି ଲୌହ, କମାଣ, ଗୁଳି, ବାରୁଦ ଏସବୁକୁ ଭୟ ନ କରି ଦେଶର ଭବିଷ୍ୟତ ସନ୍ତାନମାନଙ୍କୁ ଡାକରା ଦେଇଛନ୍ତି ଏମାନଙ୍କ ବିରୁଦ୍ଧରେ ସଂଗ୍ରାମ କରିବାକୁ। ସବୁଦିନ ସମାନ ଯାଏ ନାହିଁ ବୋଲି କବି କହିଛନ୍ତି। ତାଙ୍କର ଏହି ଚିନ୍ତାଧାରା ସହ କାଳିନ୍ଦୀଙ୍କର 'କିଏ ଶଳା ସଇତାନ' କବିତାର ସାମ୍ୟ ପରିଲକ୍ଷିତ ହୁଏ। ବୈକୁଣ୍ଠନାଥ ଲେଖିଛନ୍ତି-

"ସବୁଦିନ ଯାଏ କିରେ ସମାନ ?
କେତେ ଆଉ ଡରାଇବ କମାଣ ?
ଲୌହ କବାଟ ଆପେ ଫିଟିବ,
ସେ ଭାଷା ଆଲୋକ ପ୍ରାଣ ରସାଣ।" (ଅଗଷ୍ଟ ବିପ୍ଳବ)

(ବୈକୁଣ୍ଠନାଥ ଗ୍ରନ୍ଥାବଳୀ ଦ୍ୱିତୀୟ ଭାଗ, କାବ୍ୟ ସଂଚୟନ ସଂକଳନ)

ଏହି କବିତାରେ 'ରକ୍ତକରବୀ' ସାମ୍ୟବାଦର ପ୍ରତୀକ ଅଟେ।

କବି ଲେଖିଛନ୍ତି-

"ରକ୍ତ କରବୀ ଜବା ଫୁଟିବ
କୋଟି କଣ୍ଠୁ ଗୀତ ଛୁଟିବ।" (ବୈକୁଣ୍ଠନାଥ ଗ୍ରନ୍ଥାବଳୀ, ପୃ-୨୨)

ସାମ୍ୟବାଦୀ କବିଦ୍ୱର ଆମେ ପ୍ରକୃତ ପରିଚୟ ପାଉ ଉପରୋକ୍ତ ବାସ୍ତବବାଦୀ କବିତାଗୁଡ଼ିକ ପଠନ କଲେ।

---

(୪୩) "ମୂକ ମାନବର ଧରେ ସେ ଭାଗ୍ୟଚାବି
ପାଟି ଫିଟାଇଲେ କମାଣରେ ଦିଏ ଦାବି,
ରାଷ୍ଟ୍ର-ଯନ୍ତ୍ର ଚଳାଏ ସେ ଭଗବାନ
ବିପ୍ଳବେ ତୋର ଧାତାର ଧରଇ କାନ।"

(ରାଷ୍ଟ୍ର ରହସ୍ୟ, ପୃ: ୧୩, ବୈକୁଣ୍ଠନାଥ ଗ୍ରନ୍ଥାବଳୀ ୨ୟ ଭାଗ)

ସବୁଜ କବିତାରେ ବିଷାଦବାଦୀ ଚେତନା:

ଆଧୁନିକ ଓଡ଼ିଆ ସାହିତ୍ୟରେ ବିଷାଦବୋଧର ପ୍ରତିଶବ୍ଦ ଭାବେ ଆମେ ନିଃସଙ୍ଗତାବୋଧ, ବିଚ୍ଛିନ୍ନତାବୋଧ, ଏକାକୀତ୍ୱବୋଧ, ନୈରାଶ୍ୟବୋଧକୁ ନେଇ ପାରିବା। ମଣିଷର ଚିର ସହଚର ସୁଖ ଓ ଦୁଃଖ ଗୋଟିଏ ଟଙ୍କାର ଦୁଇଟି ପାର୍ଶ୍ୱ। ଏହି ସୁଖ ଦୁଃଖର ତିଳ ତଣ୍ଡୁଳିତ ଲୁଚିକାଳି ମଧ୍ୟରୁ ମନୁଷ୍ୟ ତା'ର ଜୀବନ ପରିଧିରେ ଦୁଃଖକୁ ହିଁ ଅଧିକ ଆପଣେଇ ନେଇଥାଏ। ଏହି ଦୁଃଖ ଓ ବେଦନାରୁ ହିଁ ଆସେ ବିଷାଦବୋଧ। ଆଧୁନିକ କବିତା ସର୍ବଦା ସଂକଟ ଦ୍ୱନ୍ଦ୍ୱର କବିତା। ପ୍ରାଚୀନ ଭଳି ଏହା ପ୍ରେମ, ପ୍ରଣୟ, ଚନ୍ଦ୍ର, ଚକୋର, କୋକିଳ, ବସନ୍ତ ଓ ମଳୟକୁ ନେଇ କବିତା ରଚନା କରାଯାଇନାହିଁ କିମ୍ୱା କେବଳ ପ୍ରଣୟୀ-ପ୍ରଣୟିନୀଙ୍କର ମିଳନ ହିଁ କବିତାର ସାର ନିର୍ଯ୍ୟାସ ହୋଇ ରହିନାହିଁ। ଆଧୁନିକ ଜୀବନରେ ପ୍ରେମ-ପ୍ରଣୟ-ମିଳନ ସତେ ଯେପରି ବିଡ଼ମ୍ୱିତ। ଆଧୁନିକ ମନୁଷ୍ୟକୁ ବ୍ୟଥା, ନୈରାଶ୍ୟବାଦ, ଶୂନ୍ୟତାବୋଧ, ବିଫଳତା ବିକଳାଙ୍ଗ ଓ ପଙ୍ଗୁ କରି ଦେଉଛି। ବାସ୍ତବତାର ନିଷ୍ଠୁର ତାଡ଼ନାରେ ସେ ଦଗ୍ଧୀଭୂତ ହୋଇ ଯାଉଛି। ଏଥିରୁ ମୁକ୍ତି ପାଇବାକୁ ଯୁଗ ଯୁଗର ସାଧନା ଓ ତପସ୍ୟାର ନିବିଷ୍ଟତା ଦରକାର। ସେ ତହିଁ ମଧ୍ୟରେ ନିଷ୍ପେଷିତ ହୋଇ ଜଳି ଜଳି ଯାଉଥିବା ବେଳେ ବିଷାଦବାଦର ଜନ୍ମ ହୋଇଛି। ମନୁଷ୍ୟକୁ ଏହି ବିଷାଦବାଦ ଚତୁର୍ଦ୍ଦିଗରେ ଘେରି ରହି ଆହୁରି ରୋଗାକ୍ରାନ୍ତ କରି ଦେଉଛି। ତା'ର ମାନସିକ ଶାନ୍ତି ହରି ନେଇଛି। ସେ କ'ଣ କରିବ କିଛି ବୁଝିପାରୁ ନାହିଁ। ଏହି ବିଷାଦବୋଧ ଭିନ୍ନ ଭିନ୍ନ ରୂପରେ ଯୁଗୋପଯୋଗୀ ହୋଇ କ୍ରମାନ୍ୱୟରେ ଗଡ଼ି ଆସିଛି। ପ୍ରଥମରେ ବିଚାର କଲେ ମହାମାନୀ ଦୁର୍ଯ୍ୟୋଧନର କ'ଣ ନ ଥିଲା ! ଧନ, ଦୌଲତ, ଆଧିପତ୍ୟ, ଆଟୋପ ସୁନ୍ଦରୀ ପତ୍ନୀ, ହସ୍ତିନାପୁର ଭଳି ସୁନ୍ଦର ରାଜପୁରି। ତା' ଜୀବନକୁ ସତେ ଯେପରି ଦୁଃଖର ଛାଇ ମାଡ଼ି ନ ଥିଲା ତଥାପି ସେ ନିଜକୁ ଏକାନ୍ତ ଅସହାୟ ମନେ କରୁଥିଲା। ମାନସରୋବରରେ ଲୁଚିଥିଲାବେଳେ ଭୀମର ଗର୍ଜନ ଶୁଣି ସେଇଠାରେ ତା'ର ଆସିଥିଲା ବିଷାଦବୋଧ। ଦ୍ୱିତୀୟରେ ପଣ୍ଡୁ ହୋମକୁଣ୍ଡରୁ ଜାତ, ମହାବୀର, ରାଜା ଦ୍ରୁପଦଙ୍କ କନ୍ୟା ରାଜରାଜେଶ୍ୱରୀ, ଦ୍ରୌପଦୀ, ଯାହାର ପାଞ୍ଚ ପତି ଏକୁ ଆରେକ ବଳି ଯୋଦ୍ଧା। ନାନାଦି ଐଶ୍ୱର୍ଯ୍ୟରେ ଦିନ ରାତି ବିତୁଥିବା ସେହି ପାଞ୍ଚାଳୀ ନିଜକୁ ଜୀବନସାରା ଖୁବ୍ ଅସହାୟ ମନେ କରୁଥିଲେ। ହସ୍ତିନାପୁରର ରାଜସଭାସ୍ଥଳରେ ବସ୍ତ୍ରହରଣ ଜନିତ ଅସହାୟତାରେ ସେ ମ୍ରିୟମାଣ ହୋଇ ଉଠିଥିଲା। ସେହିଠାରେ ତାଙ୍କୁ ଏହିପରି ବିଷାଦବୋଧ ଆସିଥିଲା। ତୃତୀୟତଃ ତୃତୀୟ ପାଣ୍ଡବ ଅର୍ଜୁନଙ୍କର ମହାଭାରତ ଯୁଦ୍ଧ ସ୍ଥଳୀରେ। ଶ୍ରୀକୃଷ୍ଣଙ୍କ ର ଇଙ୍ଗିତ ଥିଲା ନିଜ ଭ୍ରାତୃ ହତ୍ୟା କରିବାକୁ। କିନ୍ତୁ ସେହିଠାରେ ଅର୍ଜୁନ ନିଜକୁ ଖୁବ୍

ନିଃସଙ୍ଗତାବୋଧ ମନେ କରିଥିଲେ। ସେ ନିଜ ବନ୍ଧୁ ପରିଜନଙ୍କ ଠାରୁ ବିଚ୍ଛିନ୍ନ ହୋଇ ଯାଉଛନ୍ତି ବୋଲି ଭାବିଥିଲେ। ଏହିଠାରେ ଆସିଥିଲା ବିଚ୍ଛିନ୍ନତାବୋଧ ଏବଂ ବିଚ୍ଛିନ୍ନତାବୋଧରୁ ଜନ୍ମ ନେଇଥିଲା ଗଭୀର ବିଷାଦବୋଧ। ତେଣୁ ବିଷାଦବାଦର ବିଭିନ୍ନ ପ୍ରତିଶବ୍ଦ ଆମେମାନେ ଦେଖିବାକୁ ପାଉ।

କିନ୍ତୁ ଏହି ବିଷାଦବାଦର ସ୍ୱର ଆଧୁନିକ ମଣିଷ ମନରେ ଏତେ ତୀବ୍ର ଭାବରେ ପରିଲକ୍ଷିତ ହେଉଛି ଯେ ସେ ପ୍ରତି ପଦକ୍ଷେପରେ ନିଜକୁ ଅସହାୟ ମନେ କରୁଛି। ଆଧୁନିକ ଓଡ଼ିଆ ସାହିତ୍ୟରେ ଏହାର ତୀବ୍ର ରୂପ ସ୍ପଷ୍ଟ ଦେଖିବାକୁ ମିଳେ।

ଆଧୁନିକ ଓଡ଼ିଆ ସାହିତ୍ୟର ଅଗ୍ରଜ କବି ରାଧାନାଥ ରାୟ ସୌନ୍ଦର୍ଯ୍ୟର ଉପାସକ ହେଲେ ହେଁ ତାଙ୍କ ବ୍ୟକ୍ତିକ ଚେତନାଟି ଗଭୀର ବିଷାଦବାଦୀ ଭଳି ମନେହୁଏ। ତାଙ୍କ ଲିଖିତ 'ଚିଲିକା' କାବ୍ୟର ଶେଷାଂଶ ଓ 'ଦରବାର'ରେ ବିଷାଦବାଦୀ ଚେତନା ପରିଲକ୍ଷିତ ହୁଏ। ଚିଲିକାକୁ ପ୍ରକୃତିର ସୁଷମାରେ କବି ନିଜର କବିତ୍ୱ ବଳରେ ଭରିଦେଲେ ହେଁ ସେ ପରକ୍ଷଣରେ ଅନୁଭବ କରିଛନ୍ତି ସେ ପ୍ରକୃତିର ଅପୂର୍ବ ବର୍ଣ୍ଣଛଟାକୁ ପ୍ରାଣଭରି ଉପଭୋଗ କରିପାରୁ ନାହାନ୍ତି। ତେଣୁ କବିଙ୍କ ମନରେ ଆସିଛି ଦୁଃଖ, ଦୁଃଖରୁ ବିଷାଦବାଦର ଜନ୍ମ ହୋଇଛି। କବି ଲେଖିଛନ୍ତି –

ଅଟେ ସର୍ବ ଶୋଭା ସୀମନ୍ତର ଟୀକା/ ପ୍ରକୃତିର ଚାରୁ ଆଲେଖ୍ୟ ମାଳିକା
ଏ ସୁଖର ମୁହିଁ ନୁହଁଇ ଭାଜନ/ ମୋ ଭାଗ୍ୟେ ସିନା ଏ ଭଙ୍ଗୁର ସ୍ୱପନ

x x x

ସଂସାର ନ ଗଢ଼େ ସଂସାର କାରାରେ/ ଯାପିବି ଜୀବନ ସଦା ହାହାକାରେ

x x x

ଛାର ଭାଗ୍ୟ ମୋର ପିହିତ ପାଷାଣେ/ ମୋ ଜୀବନ ଗଢ଼ା ଅନ୍ୟ ଉପାଦାନେ
ଚିର ହାହା ମୟ ଏ ଛାର ଜୀବନ/ ଜୀବନ ନୁହଁଇ ଜୀବନ୍ତ ମରଣ।
ପ୍ରତିଦିନ ଦୁଃଖ ପ୍ରହାରେ ଜର୍ଜର/ ପଞ୍ଚଶିଷ୍ୟ ମୁହିଁ ଦୁଃଖ ଗୁରୁଙ୍କର।

(କବିବର ରାଧାନାଥ ଗ୍ରନ୍ଥାବଳୀ, ଚିଲିକା)

କବିଙ୍କ ମତରେ ଏ ସଂସାରରେ ତାଙ୍କ ଭାଗ୍ୟ ପାଷାଣ ବିହିତ ଭଳି। ତାଙ୍କ ଜୀବନରେ ଦୁଃଖ ଯେ ଚିର ସହଚର ସେ କଥା କବି ଉପସ୍ଥାପିତ କରିଛନ୍ତି।

ତାଙ୍କ ରଚିତ 'ଦରବାର' କାବ୍ୟରେ ସେ ସ୍ୱାର୍ଥପର ସାମାଜିକ ବ୍ୟବସ୍ଥାକୁ ହୃଦୟଙ୍ଗମ କରି ଘୋର ବିଷାଦରେ ବୁଡ଼ିଯାଇଛନ୍ତି। "ରାଧାନାଥଙ୍କ ସହଜ ଦୁଃଖାନୁଭୂତିର ପୃଷ୍ଠଭୂମିରେ ତତ୍କାଳୀନ ସାମାଜିକ ବ୍ୟବସ୍ଥା, ଚଳଣି ଓ ରୀତିନୀତି ମଧ୍ୟ ବିଦ୍ୟମାନ। ସମାଜର ଜଣେ ସଚେତନ ନାଗରିକ ଭାବରେ ଓ ହୃଦୟବାନ୍ ମଣିଷ ଭାବରେ କବି

ଏହି ଛଳନା, ତୋଷାମଦପୂର୍ଣ୍ଣ, ସ୍ୱାର୍ଥର ସାମାଜିକ ବ୍ୟବସ୍ଥାକୁ ଗଭୀର ଭାବେ ହୃଦୟଙ୍ଗମ କରି ବିଷାଦରେ ବୁଡ଼ିଯାଇଛନ୍ତି। ଏହି ସମାଜ ବ୍ୟବସ୍ଥା ଏକ ଦଦରା ବୋଇତ ଦ୍ୱାରା ପ୍ରତୀକିତ ଏବଂ ସଚେତନ କବି ଏହି ବୋଇତର ମଙ୍ଗୁଆଳ। ତେଣୁ ପରିଣତି ପ୍ରତି ସେ ଅଧିକ ଧ୍ୟାନଶୀଳ ଓ ଆଶଙ୍କିତ।'' (୪୪)

କବି ଉକ୍ତ କାବ୍ୟରେ ରାଜଦରବାର ପ୍ରତି ଆକ୍ଷେପ କରିଛନ୍ତି।

"ଭଣ୍ଡତାର ବଢ଼ି ଯାଇଛି ପ୍ରସାର
କରୁଛନ୍ତି ଲୋକେ ଉପାଧି-ଆଶାରେ

x x x

ମନୁଷ୍ୟ ପଣରୁ ହେଉଛନ୍ତି ଭ୍ରଷ୍ଟ
ପଦ ପାଇଁ ଲୋକେ ହୋଇ ଲାଳାୟିତ।

କଥାକାର ଭାବେ ଖ୍ୟାତିଲାଭ କରିଥିବା ଓଡ଼ିଆ ଆଧୁନିକ ସାହିତ୍ୟର ଫକୀରମୋହନ ସେନାପତି କେତେକ ଗୀତିକବିତା ମଧ୍ୟ ରଚନା କରିଯାଇଥିଲେ। ସେ ଗୀତିକବିତା ମଧ୍ୟରୁ କେତେକ କବିତାରେ ବିଷାଦବାଦୀ ଚିନ୍ତାଧାରାର ଏକ ସ୍ପଷ୍ଟ ପରିଚୟ ମିଳିଥାଏ। ସେଗୁଡ଼ିକ ମଧ୍ୟରେ ଜଗତ ନୁହେଁ ପୂର୍ଣ୍ଣ ସୁଖର ସ୍ଥାନ, ପୃଥିବୀ ତ ନୁହେଁ ସୁଖ ସ୍ଥାନ, କାହିଁ ଛନ୍ତି ବନ୍ଧୁ - ମୋର କିଏ ଦେବ କହି, ନିଶୀତ ସଂଗୀତ, ସାହାଡ଼ା ଗଛର କ୍ରନ୍ଦନ, ପୁନର୍ମିଳନ, ହଜିଲା ଧନ ଇତ୍ୟାଦି ପ୍ରଧାନ ଅଟେ। ତେଣୁ ବାଲ୍ୟକାଳୁ ହିଁ ସେ ବିଷାଦବାଦୀ। ବାଲ୍ୟକାଳରୁ ପିତାମାତାଙ୍କୁ ହରାଇ ସେ ପିତାମହୀ କୋଚିଲାଦେଇଙ୍କ ସ୍ନେହରେ ଲାଳିତପାଳିତ ହେଲେ ମଧ୍ୟ ପିତୃବ୍ୟଙ୍କ ଦ୍ୱାରା ବହୁ ଭାବରେ ବହୁ ସମୟରେ ଅବହେଳିତ ଓ ଲାଞ୍ଛିତ ହେଉଥିଲେ। ସେ ଏକଥା ନିଜେ ତାଙ୍କ ଆତ୍ମଚରିତରେ ବର୍ଣ୍ଣନା କରିଛନ୍ତି। ନିଜେ ଦୁଃଖ ଭୋଗି ଭୋଗି ସମଗ୍ର ପୃଥିବୀ ତାଙ୍କୁ ଦୁଃଖପୂର୍ଣ୍ଣ ମନେ ହୋଇଛି। ପୁଣି ତାଙ୍କ ଜୀବନ ଆହୁରି ବିଷାଦପୂର୍ଣ୍ଣ ହୋଇଯାଇଛି। ତାଙ୍କର ପ୍ରଥମା ପତ୍ନୀର ହତାଦର ସାଙ୍ଗକୁ ପ୍ରାଣପ୍ରିୟା ଦ୍ୱିତୀୟା ପତ୍ନୀ କୃଷ୍ଣକୁମାରୀଙ୍କ ମୃତ୍ୟୁରେ। ତାଙ୍କ ଶେଷଜୀବନରେ ଏହାଠାରୁ ବଳି ଦୁଃଖ ଆଉ କ'ଣ ଥାଇପାରେ ? ବୃଦ୍ଧକାଳରେ ନିଃସଙ୍ଗତା ସାଙ୍ଗକୁ ଦୈହିକ ଯନ୍ତ୍ରଣା ଉଭୟେ ମିଶି କବିଙ୍କୁ ଅଧିକ ବିଷାଦବାଦୀ କରି ଦେଇଛନ୍ତି। ବ୍ୟକ୍ତିଗତ ଦୁଃଖକୁ ପ୍ରତୀକ ମାଧ୍ୟମରେ ନିଜ କବିତାରେ ପ୍ରକାଶ କରିବାରେ ଓଡ଼ିଆ ସାହିତ୍ୟରେ ଫକୀରମୋହନ ହିଁ ପ୍ରଥମ କଳକାର। ନିଜର ବିଚ୍ଛେଦ ଓ ନିଃସଙ୍ଗତାକୁ 'ସାହାଡ଼ା ଗଛର କ୍ରନ୍ଦନ', 'ଚକୁଆଚକୋର କଥା',

(୪୪) କଳ୍ପନାର ଅଭିଷେକ - ଡକ୍ଟର ପ୍ରତିଭା ଶତପଥୀ - ପୃ:୯୪

'କପୋତ ସଙ୍ଗୀତ', 'ଯୁଗ୍ମ କୁସୁମ' ଆଦି କବିତାରେ ପ୍ରତୀକ ମାଧ୍ୟମରେ ବର୍ଣ୍ଣନା କରିଛନ୍ତି। ମାତୃଭାଷା ପ୍ରତି ସ୍ଥିତି ଉନ୍ନତି ଓ ପ୍ରତିଷ୍ଠା ପାଇଁ ସେ ସର୍ବଦା ଚେଷ୍ଟିତ ଥିଲେ। ନିଜ ମାତୃଭାଷାର ସ୍ଥିତି ଓଡ଼ିଆମାନଙ୍କର ଯେଉଁ ଉଦାସୀନତା ତାହା ତାଙ୍କ ପ୍ରାଣକୁ ଖୁବ୍ ଦୁଃଖ ଦେଉଥିଲା। ଅହରହ ସେ ମାତୃଭାଷାର ଉନ୍ନତି ପାଇଁ ଚେଷ୍ଟା କରୁଥିଲେ।

ପଲ୍ଲୀକବି ନନ୍ଦକିଶୋରଙ୍କ କବିତାରେ ମଧ୍ୟ ବିଷାଦବୋଧ ପରିଲକ୍ଷିତ ହୁଏ। "ତାଙ୍କ ଗୀତିକବିତା ଗୁଡ଼ିକରେ ଯେଉଁ ସ୍ମୃତି, ଚିନ୍ତା, ଚେତନା ଓ ଜୀବନାଦର୍ଶ ପ୍ରକାଶ ପାଇଛି, ସେସବୁ କବିଙ୍କର ବ୍ୟକ୍ତିଗତ ବିଷାଦବାଦୀ ଦୃଷ୍ଟିଭଙ୍ଗୀ। ତାଙ୍କର 'ବସନ୍ତ', 'କୋକିଳ', 'ତରଙ୍ଗିଣୀ' ଓ 'ସନ୍ଧ୍ୟା ସଙ୍ଗୀତ'ରେ ପ୍ରକାଶିତ ସୌନ୍ଦର୍ଯ୍ୟ ସଂପର୍କରେ ବିଷାଦବାଦୀ ଚେତନା ଦେଖାଦେଇଛି। 'ନିର୍ଝରିଣୀ'ର ଦୁଇଟି କବିତା 'ନବ ବର୍ଷା ଭାବନା' ଓ 'କାକ ବାରତା'ରେ ଏହି ବିଷାଦ ଭାବ ଲକ୍ଷଣୀୟ।

"ସଂସାର ଅଟଇ ବିଷମ ମାୟା
କାୟା ଛଳେ ତାହା ଅସାର ଛାୟା।'' (କାକ ବାରତା)

ମେଘକୁ ସଂପର୍କିତ କରି କବିଙ୍କ ବିଷାଦବାଦୀ କାବ୍ୟମାନସର ଚିତ୍ର 'ନିର୍ଝରିଣୀ'ରେ ପ୍ରକଟିତ।

ଦରଦୀ କବି, ମାନବବାଦୀ କବି ଭାବରେ ଓଡ଼ିଆ ସାହିତ୍ୟରେ ପ୍ରତିଷ୍ଠିତ ତଥା ସତ୍ୟବାଦୀ ଯୁଗର ସାହିତ୍ୟ ସ୍ରଷ୍ଟା ଉତ୍କଳମଣି ଗୋପବନ୍ଧୁ ଦାସଙ୍କ ସାହିତ୍ୟରେ ମଧ୍ୟ ବିଷାଦବାଦର ଚିହ୍ନ ଦେଖାଯାଏ।

ପାରିବାରିକ ଜୀବନ ଜନିତ ବିଷାଦବାଦୀ ଚେତନାଟି ତାଙ୍କ କବିତାରେ ସୁସ୍ପଷ୍ଟ। ଶୈଶବରୁ ମାତୃବିୟୋଗ, ଯୌବନରେ ପତ୍ନୀବିୟୋଗ ଓ ପୁତ୍ରବିୟୋଗରେ ତାଙ୍କ ହୃଦୟ ବିଷାଦ-କାତର ହୋଇ ଉଠିଛି। ତେଣୁ ସେ ଲେଖିଛନ୍ତି-

"ଦେଖିନାହିଁ ମାତୃମୁଖ ଅଜ୍ଞାନ ଶୈଶବେ
ପିତା, ପୁତ୍ର, ପତ୍ନୀ, ବନ୍ଧୁ ବିୟୋଗ ବିଘାତେ
ବାର ବାର ତଡ଼ି, ନେଇ ଶୋକ-ମହାର୍ଣ୍ଣବେ
ବୁଡ଼ାଇ ଦେଇ ଚିବୁକେ ତୀବ୍ର କଷାଘାତେ
ବିରହ ବିଷାଦ - ବିଷେ ରସାଣିତ ଧାର।''

ଅତୀତରେ ଯେଉଁ ଟିକେ ସୁଖ ସେ ପାଇଥିଲେ ପରିଣତି ବୟସରେ ତାହାର ସ୍ମୃତି ହିଁ ତାଙ୍କୁ ବିଷାଦବାଦୀ କରି ତୋଳି ଧରିଛି।

ସେ ଦେଶ ପାଇଁ, ନିଜ ଜାତି ତଥା ମାତୃଭୂମି ପାଇଁ ଲଢ଼ାଇ କରିଛନ୍ତି ସବୁ ମୁହୂର୍ତ୍ତରେ। ଦେଶର ସ୍ୱାଧୀନତାରେ ହିଁ ନିଜର ସ୍ୱାଧୀନତାକୁ ଦେଖିଛନ୍ତି। ଅବଶେଷରେ

ସେ କାରାବରଣ କରିଛନ୍ତି। ତାକୁ ହସି ହସି ଆଦରି ନେଲେ ହେଁ ନିଜର ପ୍ରିୟ, ପରିଜନ, ବାସସ୍ଥଳୀ, ସର୍ବୋପରି ଅତ୍ୟନ୍ତ ପ୍ରିୟ ଆପଣାର ଜନ୍ମଭୂମିଠାରୁ ଦୂରେଇ ଯିବାରୁ ତାଙ୍କ ମନ ବିଷାଦବୋଧରେ ପୂର୍ଣ୍ଣ ହୋଇ ଉଠିଛି। ସେ ତାକୁ ପ୍ରକାଶ କରିଛନ୍ତି 'ବନ୍ଦୀର ବିରହ ବ୍ୟଥା' କବିତାରେ।

"ଆହା, ପ୍ରିୟଜନ ବିରହ କି ଦାରୁଣ କଷଣ ?
ପ୍ରୀତି ପାଶେ ବନ୍ଧା ଜଗତେ ସର୍ବେ ଜଡ଼ ଚେତନ
ଏ ବିରହ ଦୃଶ୍ୟ ଦିଅଇ ବନ୍ଦୀ ପରାଣେ ବ୍ୟଥା
ପଲକେ ପଲକେ ପଡ଼ଇ ମନେ କେତେ କି କଥା।"

(କାରା କବିତା, ପୃ:-୨୦-୨୧)

'ବ୍ୟଥିତ ପ୍ରାଣର ଅନ୍ତିମ ଅଶ୍ରୁ' କବିତାରେ ସେ କିପରି ନିଜ ପ୍ରିୟ ବନ୍ଧୁ ଦ୍ୱାରା ପ୍ରବଞ୍ଚିତ ହୋଇଛନ୍ତି ଏବଂ ତାହା ତାଙ୍କ ପ୍ରାଣ, ହୃଦୟକୁ ବିଷାଦବାଦରେ ପୂର୍ଣ୍ଣ କରି ଦେଇଛି ତାହା ବର୍ଣ୍ଣନା କରିଅଛନ୍ତି।

"ଜୀବନ ପ୍ରଭାତେ ଆପଣାର ବୋଲି
କରିଥିଲି ଯାକୁ ପରାଣ ସଖା
ସେ ତ ନ ଜାଣିଲା ମୋ ଅନ୍ତର ଗତି
ଦେଲା ମୋ ପରାଣେ ଦାରୁଣ ଧକ୍କା।"

ଏହିଭଳି ତାଙ୍କର 'ଭାର୍ଗବୀ ପ୍ରତି', 'ମୋନାନୀ', 'କାମ', 'ଦର୍ଶନ', 'ନୀରବ' ଆଦି ଗୀତିକବିତା ଏବଂ ଚତୁର୍ଦ୍ଦଶପଦୀ କବିତାରେ ବିଷାଦବାଦର ବିପୁଳ ପରିଚୟ ମିଳେ।

ନାରୀକବି କୁନ୍ତଳା କୁମାରୀଙ୍କ କାବ୍ୟ ଚେତନାରେ ବିଷାଦବାଦୀ ଦିଗଟିକୁ ସହଜରେ ଅନୁମେୟ କରିହୁଏ। ତାଙ୍କ କବିତାଗୁଡ଼ିକ ସତେ ଯେପରି ବିଷାଦ, ଅଶ୍ରୁ ଓ କାରୁଣ୍ୟର ଘନୀଭୂତ ରୂପରେ ଆଚ୍ଛାଦିତ। 'ଅଞ୍ଜଳି' ଓ 'ଉଚ୍ଛ୍ୱାସ'ର କେତେଗୁଡ଼ିଏ କବିତାରେ ବିଷାଦର ଚିହ୍ନ ସ୍ପଷ୍ଟ ଦେଖାଯାଏ। ତାଙ୍କ ଜୀବନଚରିତ ପାଠକ କଲେ ଜଣାଯାଏ ପ୍ରକୃତରେ ବାଲ୍ୟକାଳରୁ ହିଁ ତାଙ୍କ ଜୀବନରେ ନାନାଦି ଦୁଃଖ ଆସିଥିଲା। ଶୈଶବ କାଳରେ ତାଙ୍କ ପିତା ଏକ ବିମାତା ଗ୍ରହଣ କରିଥିଲେ, ତଦ୍ଦ୍ୱାରା ତାଙ୍କ କୈଶୋର କାଳ ସଦାସର୍ବଦା ଅଶ୍ରୁସିକ୍ତ ହୋଇପଡ଼ିଥିଲା। ବିଷାଦିନୀ ମାଆଙ୍କ ପାଖରେ ହିଁ ସମସ୍ତ ସମୟ କଟିଥିଲା। ତେଣୁ ସେ 'ଅଞ୍ଜଳି' ଅନ୍ତର୍ଗତ 'କାମନା' କବିତାରେ ଲେଖିଛନ୍ତି-

"ଦୁଃଖ ମୋର ନିତି କୁଟୀର ଅତିଥି
ସୁଖ ମୁଖ ଦେଖି ନାହିଁ

ଦୁଃଖ ମୋର ସାର ଭାଗ ଏ ଜୀବନେ
 ସୁଖ ପାଇଁ ସ୍ଥାନ କାହିଁ ?
ଦୁଃଖ ମୋର ବନ୍ଧୁ, ଦୁଃଖ ମୋର ସଖା
 ଦୁଃଖ ମୋ ହୃଦୟବାସୀ
ଅର୍ଚ୍ଚନା ମନ୍ଦିରେ ହୃଦ ବେଦୀପରେ
 ଦୁଃଖ ମୋର ଫୁଲରାଶି ।"

ତାଙ୍କର 'କମଳ ପ୍ରତି' କବିତାରେ ଏ ବିଷାଦବାଦୀ ଚେତନା ଗଭୀର ଭାବେ ହୃଦୟଙ୍ଗମ କରିହୁଏ ।

"ମୋର ଶତ ମର୍ମ ବ୍ୟଥା ମୋର ଶତ ହୃଦ କଥା
ବୁଝିବାର ପାଇଁ କେହି ନାହିଁ ଏ ସଂସାରେ
ଅକାରଣେ ମରେ ମୁହିଁ ତୀବ୍ର ବାସନାରେ ।"

ତେଣୁ ଦୁଃଖ, ବିଷାଦରେ ଭରା ତାଙ୍କର ଏ କବିତାଗୁଡ଼ିକ ।

ଆମ ଓଡ଼ିଆ ସାହିତ୍ୟାକାଶରେ ସବୁଜଧାରାର ଅନ୍ୟତମ ସ୍ରଷ୍ଟା ଅନ୍ନଦାଶଙ୍କର ରାୟଙ୍କ କବିତା ରୋମାଣ୍ଟିକ୍ ଚେତନାର ବାର୍ତ୍ତାବହ ରୂପେ ଦଣ୍ଡାୟମାନ ହେଲେ ହେଁ କେତେଗୁଡ଼ିଏ କବିତାରେ ବିଷାଦବାଦର ଚିହ୍ନ ପରିଲକ୍ଷିତ ହୁଏ । ହାତ ଗଣତିରେ ମାତ୍ର ୧୪ଗୋଟି ରୋମାଣ୍ଟିକ୍ କବିତା ସେ ଓଡ଼ିଆ ସାହିତ୍ୟରେ ଲେଖି ଯାଇଛନ୍ତି । ସେଥି ମଧ୍ୟରୁ 'ସୃଜନ ସ୍ୱପ୍ନ' ଓ 'ପରୀ ମହଲ'ରେ ବିଷାଦବାଦିତା ଦେଖାଦେଇଛି ।

ସ୍ୱପ୍ନପ୍ରବଣ ସ୍ରଷ୍ଟା ମାନସରେ ବେଳେବେଳେ ଏ କ୍ଷଣିକ ଯୌବନ ଓ କ୍ଷଣିକ ସୌନ୍ଦର୍ଯ୍ୟ ପ୍ରତି ଅବିଶ୍ୱାସ ଆସିଛି । ତେଣୁ ତାଙ୍କ ଜୀବନରେ ବେଦନାବୋଧ ଆସିଛି । 'ଯଉବନ ଥରେ ଗଲେ ଆଉ ଆସେନା'ରେ ଲେଖିଛନ୍ତି -

"ଜଗତେ ହଜେନା କିଛି ହଜେ ଜୀବନେ
ବାହାରେ ବେଦନା ନାହିଁ ବେଦନାମନେ
ବୃଥା ବିଧୁର ପରାଣ ପୁରେ ଝୁରେ ବାସନା
ଆହା ଯଉବନ ଥରେ ଗଲେ ଆଉ ଆସେନା ।"

ଏହି ବେଦନାରୁ ହିଁ ବିଷାଦବାଦୀ ଚେତନା ସ୍ପଷ୍ଟ ଚିହ୍ନିହୁଏ । ପୁଣି ସେ ସ୍ୱପ୍ନ କଳ୍ପନାରେ ଅସମାର୍ଥ୍ୟ ହୃଦୟଙ୍ଗମ କରିଛନ୍ତି । ଜୀବନ ତାଙ୍କ ସମ୍ମୁଖରେ ଧୂସର ରୂପ ନେଇ ଠିଆ ହୋଇଛି । ବାସ୍ତବତା ହିଁ ତାଙ୍କ କବିପ୍ରାଣକୁ ବାରମ୍ବାର ଆଘାତ ଦେଇଛି । କାରଣ ସେ ସ୍ୱପ୍ନରେ ବିଚରଣ କରିବାକୁ ଚାହାଁନ୍ତି । ଏବଂ ସେଇଥିରେ ହିଁ ସେ ଆନନ୍ଦ ପାଇଥାନ୍ତେ, ଯଦି ସ୍ୱପ୍ନଟା ସାଥି ହୋଇଥାନ୍ତା କିମ୍ବା ବାସ୍ତବତାର

ଆଘାତରେ ସ୍ୱପ୍ନ ତାଙ୍କର ଚହଲି ଯାଇ ନ ଥାନ୍ତା। ସେ 'ପରୀ ମହଲ'ରେ ଲେଖିଛନ୍ତି-

"ଅମୀୟ ପିଆସୀ, ଆହାବ୍ୟର୍ଥ ମୁଁ ଚକୋର
ଏ ଜୀବନ ଘେନି କିସ କରିବି ?" (ପରୀ ମହଲ, ପୃ-୨୬)

ସବୁଜ ଧାରାର ଅନ୍ୟତମ ପ୍ରତିଷ୍ଠିତ କବି କାଳିନ୍ଦୀ ଚରଣ ତାଙ୍କ ଏହି ଧରଣର କବିତାଗୁଡ଼ିକ ମଧ୍ୟରେ 'ହତାଶାର ଗାନ', 'ସ୍ୱପ୍ନ ସୃଜନ', 'ରୂପର ସ୍ତବ', 'ବର୍ଷା ଅଶ୍ରୁ', 'ଲୋହିତ ବ୍ୟଥା' ଆଦି ସର୍ବପ୍ରଧାନ ଅଟେ। କବିଙ୍କର ଯେଉଁ ବିଷାଦ ଭାବ ଦେଖାଦେଇଛି ତାହା କେବେ କେବେ ପ୍ରିୟା ଅପ୍ରାପ୍ତି ଜନିତ, ପୁଣି କେବେ ଦୂରବର୍ତ୍ତୀ ଅଜଣାରେ ଅପ୍ରାପ୍ତି ଜନିତ। ୧୯୨୫ରେ ରଚିତ 'ହତାଶାର ଗାନ' କବିତାରେ ଉଷାର ଅରୁଣାଲୋକ, ଜ୍ୟୋସ୍ନାବିଧୌତ ଆକାଶର ତାରକାରାଜି, ଗନ୍ଧ ସମୀର, ତଟିନୀ ଓ ବିହଗକୁଳ ସମସ୍ତେ ଆନନ୍ଦ ପ୍ରମତ୍ତ। କିନ୍ତୁ କବି ହତାଶାରେ ଜର୍ଜରିତ। କବି ମୃତ୍ୟୁ ସହିତ ମୁକାବିଲା କରିବାରେ ଲାଗିଛନ୍ତି। ପ୍ରକୃତି ପ୍ରାଣ ପ୍ରାଚୁର୍ଯ୍ୟରେ ପୂର୍ଣ୍ଣ ଥିଲେ ହେଁ କବି ମରଣର ହାଟ ବସିଥିବା ଅନୁଭବ କରୁଛନ୍ତି -

"ଏହି ଆକାଶ, ଧରା ସାଗରେ ଅବା ଜୀବନ ଉଠେ ମାତି ଗୋ
ଆହା ମରଣ ମୋର ସଉଦାଚିର ହତାଶା ମୋର ସାଥୀ ଗୋ।"
(ହତାଶାର ଗାନ)

ବେଦନା ବ୍ୟାକୁଳ କବି ଜୀବନସାରା ଅନ୍ଧକାରର ଦୁଃଖ, କ୍ଳେଦରେ ଘାଣ୍ଟି ହୋଇ ହୋଇ ବିଷାଦର ସଙ୍ଗୀତ ହିଁ ଗାନ କରିଯାନ୍ତି, 'ନୀରବ ଆହ୍ୱାନ' କବିତା ମାଧ୍ୟମରେ -

"ଏ ଜୀବନ-ବ୍ୟାପି ମୁଁ ଗୋ ଗାଇ ଯିବି/ ବେଦନାର ବିକଳ ଅନ୍ଧାରେ
ଦିବସର ଦୁଃଖରାଶି କହି ଯିବି/ ବକୁଳର ବ୍ୟଥିତ ସନ୍ଧ୍ୟାରେ

x x x

ନ ଶୁଣଇ କେହି ଯଦି ଘୃଣାଭରେ/ ଯାହା ମୁଁ ଯୋଗାଉଛି ହତାଶେ
ଅନ୍ତର ନିଗାଡ଼ି ତେବେ ସବୁ ସ୍ୱର/ ଢାଳି ଦେବି ଦକ୍ଷିଣ ବତାସେ।

କବି 'ବର୍ଷା ଅଶ୍ରୁ' କବିତାରେ ବର୍ଷାର ଫଲଗୁ ଧାରାକୁ ଆହ୍ୱାନ କରି କହିଛନ୍ତି- "ତାଙ୍କ ଅନ୍ତର ରସହୀନ ହୋଇ ଉଠିଛି। କାରଣ ସବୁ ଆଶା, ଆନନ୍ଦ, କ୍ଷଣିକ ଓ ତୁଚ୍ଛ ମନେ ହେଉଛି; ହୃଦୟ ହଳାହଳ ବିଷରେ କଳୁଷିତ ହୋଇ ଉଠୁଛି; ମନ ବିଷାଦରେ ପରିପୂର୍ଣ୍ଣ ହୋଇ ଉଠୁଛି। ତେଣୁ କବି ହତାଶାରେ ଜର୍ଜରିତ ହୋଇ ଗାଇ ଉଠିଛନ୍ତି -

"ରସହୀନ ମମ ଅନ୍ତରମୟ ପୀଡ଼ିତ ତୃଷିତ ଚିର

ଜୀବନ-ମରୁରେ ନୟନେ ନଜାଗେ ନୀର !
ତିକ୍ତ ହିୟା ମୋ କଲୁଷ ବିଷରେ
ଝରିପଡୁ ଧୀରେ ସକଳ ଦିଗରେ
ଅମୃତତବ ବାହି ଆଣୁ ନବ, ସାନ୍ତ୍ୱନା ହୃଦ୍ୟତେ
ଅଶ୍ରୁ-ସଲିଳେ ନିର୍ମଳ କର ମୋତେ।"

(ବର୍ଷା ଅଶ୍ରୁ, କାଳିନ୍ଦୀ ଚରଣ କବିତା ଓ ନାଟକ ସମଗ୍ର, ପୃ-୫୪)

କବିଙ୍କର 'ଲୋହିତ ବ୍ୟଥା' କବିତା ମଧ୍ୟ ବିଷାଦପୂର୍ଣ୍ଣ ଅଟେ। ସବୁଜଧାରାର ରୋମାଣ୍ଟିକ୍ କବି ବୈକୁଣ୍ଠନାଥଙ୍କ ଆଦ୍ୟ-କାବ୍ୟ ଜୀବନଟି ପ୍ରେମ, ପ୍ରଣୟ ଓ ରୋମାଣ୍ଟିକ୍ ଭାବନାକୁ ନେଇ ହିଁ ଗଠିତ ହୋଇଥିଲା। ତାଙ୍କ କାବ୍ୟ ସ୍ୱରର ବିଷାଦବାଦିତା ଏହି ରୋମାଣ୍ଟିକ୍ ଚେତନାରୁ ହିଁ ଉଦ୍‌ଭୂତ। ପୁଣି ଏହା କେତେକ ସ୍ଥଳରେ ରହସ୍ୟାନୁଭବ ଦ୍ୱାରା ଓ କେତେବେଳେ ପ୍ରେମ ଦ୍ୱାରା ଜଡ଼ୀଭୂତ। ୧୯୨୩ରେ ରଚିତ 'ଉଷା' କବିତାରେ ତାଙ୍କ ଜୀବନର ବ୍ୟର୍ଥତା ଓ ନିଃସଙ୍ଗତା ଏକାନ୍ତ ଭାବରେ ପ୍ରତିଫଳିତ।

"ହତାଶା ମୁଁ ମୋ ଜୀବନ ସାରା ଜନମ ମୋର ବ୍ୟର୍ଥ
ଜୀବନ ଏକ ଅଶ୍ରୁଧାରା ନ ବୁଝେ କିଛି ଅର୍ଥ।"

"କବିଙ୍କ ବିଷାଦବାଦୀ ଚେତନାର ଦୁଇଟି ସ୍ୱରୂପ ନିର୍ଣ୍ଣୟ କରାଯାଇପାରେ। ପ୍ରଥମଟି ବାସ୍ତବାଭିମୁଖୀ ଜୀବନର ସଂଗ୍ରାମ ଜଞ୍ଜାଳ ଜନିତ କ୍ଷତ ଓ ବ୍ୟଥାରୁ ସଂଜାତ, ଦ୍ୱିତୀୟଟି ଅଚିନ୍ତନୀୟ ସତ୍ତାଠାରେ ସାମୟିକ ସଂଶୟ ଭାବନାରୁ ଉଦ୍‌ଭୂତ।" (୪୫)

ସ୍ୱପ୍ନବିଳାସୀ କବି ବୈକୁଣ୍ଠନାଥ ଆଦ୍ୟକାଳରେ ରୋମାଣ୍ଟିକ୍ ଚେତନା ପରିଗ୍ରହ କରିଥିବାରୁ ସେ ସହଜରେ ବାସ୍ତବତାକୁ ସ୍ୱୀକାର କରିପାରିନାହାନ୍ତି। ବାସ୍ତବ ଜନିତ ସ୍ୱପ୍ନଭଙ୍ଗରେ ତାଙ୍କ ହୃଦୟ ହତାଶାରେ ପୂର୍ଣ୍ଣ ହୋଇଯାଇଛି। ଏହି ହତାଶା ଯୌବନ କାଳକୁ ଅଧିକ ବିଷାଦ ବିମଗ୍ନ କରିପକାଏ ଏବଂ କବି ହତାଶାରେ ଜର୍ଜରିତ ହୋଇ ଗାଇ ଉଠିଛନ୍ତି-

"ପାସୋରିବି ବୋଲି ବିଫଳ ଜୀବନେ/ ଭାଳଇ ଥରକୁ ଥର
କାହିଁ ପାଇଁ ପୁଣି ଯଉବନେ ବାଜେ/ ଗଭୀର କରୁଣ ସ୍ୱର।"

ତେଣୁ କବି 'ଯୌବନ' କବିତାରେ ନିଷ୍ଠୁର ବାସ୍ତବତାରେ ହତୋତ୍ସାହ ହୋଇ ବ୍ୟାକୁଳ ଭାବରେ କହନ୍ତି -

---

(୪୫) କଳ୍ପନାର ଅଭିଷେକ, ଡକ୍ଟର ପ୍ରତିଭା ଶତପଥୀ, ପୃ-୨୨୭

"ନିଷ୍ଠୁର ବାସ୍ତବରଣ ! ଜମେ ଅଶ୍ରୁକଣା
କଳ୍ପନା କବିତ୍ୱ କ୍ଷଣେ ହୁଏ ଖାଲି ବଣା।"

କବିଙ୍କ ବ୍ୟାକୁଳ ପ୍ରାଣ ଶାନ୍ତ ପ୍ରକୃତି କୋଳରେ ଆଶ୍ରିତ ସାନ୍ତ୍ୱନା ଖୋଜେ। ମୂକ, ପର୍ବତ, ପାଷାଣ ସମକ୍ଷରେ ନିଜ ବ୍ୟଥା ବେଦନାକୁ ଉନ୍ମୋଚିତ କରି କବିତାଠାରୁ ସମବେଦନା ଆଶା କରନ୍ତି।

"ଫେଡ଼ିଦିଅ ତବ ରୁଦ୍ଧ - ଅଶ୍ରୁ ଦ୍ୱାର
ମିଶୁ ତହିଁ ମୋର ଅନ୍ତର ହାହାକାର।"

ପୁଣି 'ନୈରାଶ୍ୟ' କବିତାରେ କବି ଅଧିକ ବିଷାଦବାଦୀ ଭଳି ମନେ ହୁଅନ୍ତି। ତାଙ୍କ ହୃଦୟ ବ୍ୟଥା ଓ ହାହାକାରରେ ଭରି ଉଠେ। କବି ଲେଖନ୍ତି -

"ସମୀରଣ ଆଜି କରେ ନିତି ଏଥି ହାହାକାର
ଉଚ୍ଛୁଳି ଉଠଇ ସୀମାହୀନ ବ୍ୟଥା ଶତ ଧାର।" (ନୈରାଶ୍ୟ)

ଏହି ବିଷାଦବାଦୀ ଚିନ୍ତା ତାଙ୍କ ଲିଖିତ 'ନବବର୍ଷା ସଙ୍ଗୀତ'ରେ ଅଧିକ ମର୍ମସ୍ପର୍ଶୀ ହୋଇଉଠେ। ପ୍ରୀତିର ରକ୍ତ କମଳ ଫୁଟିବାର ଆଶା କବି ପରିହାର କରିଛନ୍ତି। ଏହି ବାସ୍ତବ ଜୀବନରେ ଯାହା ସତ୍ୟ ତାହାହିଁ କବି ଅନୁଭବ କରିଛନ୍ତି। ପ୍ରୀତିର ଫୁଲ ଫୁଟୁ ନ ଥିବା ଏହି ଜୀବନ ପରିଧିକୁ ପ୍ରିୟାର ଆଗମନ କିମ୍ବା ରୂପ ସୌରଭକୁ ଚାହିଁ ରହିବାର ମାନେ କିଛି ନାହିଁ ବୋଲି ଭାବିଛନ୍ତି -

"ଜୀବନଟା କି ଖାଲି ଆକୁଳ ନୟନରେ ଚାହିଁବା
କୁଟୀରେ ଏକା ବସି ବିଫଳ ଗୀତ ନିତି ଗାଇବା
ପାଗଳ ବେଶ ସାଜି/ କ୍ଷିପ୍ତଘନ ଆଜି
ଉଦାସେ କହିଯାଏ ଯାହାକୁ ଖୋଜୁ ସେ ତ କାହିଁ ବା
ସକଳ ଭୁଲି ଆସ ପାଗଳ ଗୀତି ଆଜି ଗାଇବା।" (ନବବର୍ଷା ସଙ୍ଗୀତ)

କବି ଶେଷରେ ଏତେ ଦୁଃଖ ସହ୍ୟ ନ କରି ପାରି ଏ ଧରାକୁ ତ୍ୟଜି ଚାଲିଯିବାକୁ ଚାହିଁଛନ୍ତି। ପୃଥିବୀର ଏ ମୃତ ଦେଶରେ ସେ ନ ରହି ପବନର ଗତି ସହିତ ନିଜକୁ ସାମିଲ୍ କରିଦେଇ ଉଡ଼ିଯିବାକୁ ଚାହାଁନ୍ତି। କିନ୍ତୁ ପରକ୍ଷଣରେ ବୁଝିପାରନ୍ତି ଏହା ମିଥ୍ୟା ଓ ଅବାସ୍ତବ। ତେଣୁ ସେ ଦୁଃଖରେ ଭାଙ୍ଗିପଡ଼ନ୍ତି। ଅଶାନ୍ତି, ଶୂନ୍ୟତାରେ ତାଙ୍କ ହୃଦୟ ଭରିଯାଏ। ସେ ଲେଖନ୍ତି -

"ମାତର ଏ ମୋର ଶୂନ୍ୟ ହୃଦୟ/ ଶାନ୍ତି କାହିଁ ?
ମୋର ବିଫଳତା ତୀବ୍ର ବିଷାଦ/ ତୁମରି ପାଇଁ

x x x

ବ୍ୟଥିତ ସହିତେ ତୁମ ଚିର କବି/ ବ୍ୟଥିତ ଜଣେ
ନିରାଶ ସହିତ ଆପଣା ଜୀବନ/ ନିରାଶ ମଣେ।"

ଡକ୍ଟର ନିତ୍ୟାନନ୍ଦ ଶତପଥୀ ତାଙ୍କ 'ସବୁଜରୁ ସାଂପ୍ରତିକ' ପୁସ୍ତକରେ ବୈକୁଣ୍ଠନାଥଙ୍କୁ ବିଷାଦବାଦୀ କବି ବୈକୁଣ୍ଠନାଥ ବୋଲି ଯେଉଁ ସମ୍ବୋଧାନ କରିଛନ୍ତି ତାହାର ଯଥାର୍ଥତା ରହିଛି। (୪୬)

■

(୪୬) ବିଷାଦବାଦୀ ବୈକୁଣ୍ଠନାଥ, ସବୁଜରୁ ସାଂପ୍ରତିକ, ୩ୟ ସଂ, ପୃ-୨୬

ସବୁଜ ସୃଷ୍ଟିର ପରିଣତି ଓ ପ୍ରତିକ୍ରିୟା

ସୃଷ୍ଟି ଭିତରେ ହିଁ ସ୍ରଷ୍ଟା ଖୋଜେ ଆତ୍ମମୁକ୍ତି। ପ୍ରାକ୍ ସବୁଜ କାଳ ଯୁଦ୍ଧୋତ୍ତର ବିଭୀଷିକା ସ୍ୱାଧୀନତା ସଂଗ୍ରାମରେ ଉଗ୍ର ଜାତୀୟ ଚେତନା ବା ଆନ୍ଦୋଳନର ସ୍ୱର ଭିତରେ ଉତ୍ପୀଡ଼ିତ ତରୁଣ ମାନସ ଏହି କାଳରେ ଏକ ରୋମାଣ୍ଟିକ୍ ଭାବ ଜଗତର ସନ୍ଧାନରେ ଅଧିକ ଆଗ୍ରହ ପ୍ରକାଶ କରିବା ସ୍ୱାଭାବିକ ମନେହୁଏ। ସ୍ୱପ୍ନଲୋକର ଗୋପନପୁର, ତରୁଣୀବଧୂର କଂପିତ ଅଧର ଅଥବା ନନ୍ଦନ ବନର ମୋହ ତେଣୁ ଏ ସମୟର ତରୁଣ କବି ପ୍ରାଣକୁ ଅଧିକ ଆନ୍ଦୋଳିତ ଓ ଉଚ୍ଛ୍ୱସିତ କରିଥିଲା। ଏକ ସ୍ୱପ୍ନପ୍ରବଣ ଭାଗଜଗତରେ ବିଚରଣ କରିବା ଥିଲା ଏମାନଙ୍କ ସବୁଜ କଳ୍ପନାର ପୃଷ୍ଠଭୂମି। ସେହି ସ୍ନିଗ୍ଧ, ମଧୁର, ସ୍ୱପ୍ନିଳ ପରିବେଶରେ ତରୁଣ କବିର ସୃଜନ କଳାର ସ୍ପର୍ଶରେ ଗଢ଼ି ଉଠିଥିଲା ନୂତନ କବିତାର ସ୍ୱର।

ସେମାନେ ସଂଭବତଃ ଭାବି ନେଇଥିଲେ ତରୁଣପ୍ରାଣର ସେହି ଆବେଗପୂର୍ଣ୍ଣ ପ୍ରେମ, ପ୍ରଣୟର ଉଚ୍ଛ୍ୱାସ ଚିର ସବୁଜ, ଚିର ସତେଜ ରହିବ। କିନ୍ତୁ ସମୟର ପରିବର୍ତ୍ତନରେ ତରୁଣ ପ୍ରାଣର ସେହି ପ୍ରଣୟ ଚେତନା ପରବର୍ତ୍ତୀ କାଳରେ ଏକ ଭିନ୍ନ ମୋଡ଼ ନେଲା। ରୋମାଣ୍ଟିକ୍ ଭାବାବେଶ କ୍ରମଶଃ ସମାଜର ବାସ୍ତବତାରେ ପାରିତ ଏକ ପରିବର୍ତ୍ତିତ ମୂଲ୍ୟବୋଧର ତାଡ଼ନା ଅନୁଭବ କରିଥିଲା। ଅନ୍ନଦାଶଙ୍କର ତରୁଣ ପ୍ରାଣର ବିଳାସ ଭିତରେ ଆତ୍ମଦ୍ୱନ୍ଦ୍ୱର ସମ୍ମୁଖୀନ ହେଲେ। 'ପ୍ରଳୟ ପ୍ରେରଣା' ଓ 'ସୃଜନ ସ୍ୱପ୍ନ' ଉଭୟର ଆପାତବିରୋଧୀ ମାନସିକ ଦ୍ୱନ୍ଦ୍ୱ ତାଙ୍କ ତରୁଣ ପ୍ରାଣକୁ ଆଚ୍ଛନ୍ନ କରିବା ସ୍ଥଳେ କାଳିନ୍ଦୀ ପାଣିଗ୍ରାହୀଙ୍କ ରୋମାଣ୍ଟିକ୍ ଭାବପ୍ରବଣ ମନ କାଳକ୍ରମେ ଏକ ଶ୍ରେଣୀହୀନ

ସମାଜ ଗଠନ ଦିଗରେ ଧାବିତ ହେଲା। କବି ବୈକୁଣ୍ଠନାଥ କାବ୍ୟ ଚେତନାରେ ଜୀବନର ହର୍ଷ ବିଷାଦ ସହ ଏକ ରହସ୍ୟମୟ ଜଗତର ଆହ୍ୱାନ ଅନୁଭବ କରିପାରିଲେ। ଏହିପରି ସବୁଜ ଚେତନା ସ୍ୱପ୍ନ ଓ ବାସ୍ତବତାର ସଂଘର୍ଷ ଭିତରେ ଏକ ଅରୂପ ଚେତନାର ଅନ୍ୱେଷଣ କରି ବସିଲା।

ସବୁଜ ସାହିତ୍ୟର ପ୍ରାଥମିକ ପର୍ଯ୍ୟାୟରେ ତରୁଣ କବିଗଣ ଯେଉଁ ଭାବ ଜଗତର ବାର୍ତ୍ତା ପ୍ରକାଶ କରିଯାଇଅଛନ୍ତି, ଯେଉଁ ସ୍ୱପ୍ନିଳ ଆବେଗ ଓ ପରୀ ଜଗତର ସନ୍ଦେଶ ଦେଇ ଯାଇଛନ୍ତି ତା' ବିରୁଦ୍ଧରେ ପ୍ରବଳ ପ୍ରତିକ୍ରିୟା ମଧ୍ୟ ପ୍ରକାଶ ପାଇଥିଲା। ସବୁଜ ଶିଳ୍ପୀର ଭାବସର୍ବସ୍ୱ ସ୍ୱପ୍ନିଳ ଜଗତକୁ ବାସ୍ତବବାଦୀ ଦୃଷ୍ଟିକୋଣରୁ ମାନସିଂହଙ୍କ ପରି ସମସାମୟିକ ରୋମାଣ୍ଟିକ୍ ସ୍ରଷ୍ଟା ମଧ୍ୟ ସବୁଜ ଚିନ୍ତାଧାରା ଓ କାବ୍ୟାଦର୍ଶକୁ ଅସ୍ୱୀକାର କରିଛନ୍ତି। କାବ୍ୟ ରଚନାର ଉନ୍ମେଷ କାଳରେ ସେ ନିଜେ ରୋମାଣ୍ଟିକ୍ ସର୍ବସ୍ୱ ଥିଲେ ମଧ୍ୟ ସବୁଜ ଚିନ୍ତାଧାରାକୁ 'ପରଧନ' ପ୍ରବନ୍ଧରେ ନିନ୍ଦିତ କରିବାକୁ ପଶ୍ଚାତ୍‌ପଦ ହୋଇନାହାନ୍ତି। ସଚ୍ଚି ରାଉତରାୟଙ୍କ ପରି ସ୍ରଷ୍ଟାମାନେ ସବୁଜ ଦଳକୁ "ପଦ୍ମଭୁକ୍' ବା 'ସ୍ୱପ୍ନଭୁକ୍' ବୋଲି ଆଖ୍ୟା ପ୍ରଦାନ କରିଛନ୍ତି। ପ୍ରଫେସର ନିତ୍ୟାନନ୍ଦ ଶତପଥୀ ସବୁଜ ଏକ 'ଯୁଗ ନୁହେଁ' 'ଯୁଗାଭାସ' ବୋଲି ବର୍ଣ୍ଣନା କରିଛନ୍ତି ତାଙ୍କ 'ସବୁଜରୁ ସାଂପ୍ରତିକ' ପୁସ୍ତକରେ। କେହି କେହି ସମାଲୋଚକ ସବୁଜ ଗୋଷ୍ଠୀର ଲେଖକମାନଙ୍କୁ ପଳାୟନବାଦୀ ବା escapist ଭାବରେ ପରିକଳ୍ପନା କରିଛନ୍ତି। ମୋର ବ୍ୟକ୍ତିଗତ ମତ ହେଉଛି, ହୁଏତ ସବୁଜ ଗୋଷ୍ଠୀର ଲେଖକମାନେ ଆଦ୍ୟକାଳରେ ରୋମାଣ୍ଟିକ୍ ଚେତନାଟିକୁ ଖୁବ୍ ଦୃଢ଼ ଭାବରେ ଧରି ରଖିଥିଲେ, କିନ୍ତୁ ପରବର୍ତ୍ତୀ କାଳରେ ସେମାନେ ବିଭିନ୍ନ ଚେତନାଧର୍ମୀ କବିତା ଲେଖି ଓଡ଼ିଆ ସାହିତ୍ୟରେ ଏକ ଦୃଢ଼ ଆସନ ଦାବି କରି ପାରିଛନ୍ତି, ଏଥିରେ କୌଣସି ସନ୍ଦେହ ନାହିଁ। ସେହି ଗୋଷ୍ଠୀର ପ୍ରତିଟି ଲେଖକ ନିଜର ସୃଷ୍ଟିସମ୍ପଦ ଯୋଗୁଁ ହିଁ ନିଜେ ନିଜର ପରିଚୟ ବହନ କରି ପାରିଥିଲେ। ଆମ ଓଡ଼ିଆ ସାହିତ୍ୟ ସେହିଭଳି ଏକ ସାହିତ୍ୟ ଗୋଷ୍ଠୀ ପାଇଁ ଯେ ଉପକୃତ ହୋଇଛି ତାହା ମାନସିଂହଙ୍କ ନିମ୍ନୋକ୍ତ ମନ୍ତବ୍ୟରୁ ସାବ୍ୟସ୍ତ ହୁଏ।

"ସବୁଜମାନଙ୍କ କାବ୍ୟସୃଷ୍ଟି ଓଡ଼ିଶୀ ବୁଦ୍ଧିଜୀବୀମାନଙ୍କୁ ରୂପ, ସଂଗୀତ ଓ ସ୍ୱାଧୀନତାର ଏକ ନୂତନ କଳ୍ପଲୋକ ସହିତ ପରିଚିତ କରାଇଦେଲା; ଯାହା ସେମାନେ ପ୍ରାଚୀନ ଉପେନ୍ଦ୍ର ବା ଆଧୁନିକ ରାଧାନାଥଙ୍କ ରଚନା ସଂସାରରେ କେବଳ ବେଳେବେଳେ ଦେଖିବାକୁ ପାଉଥିଲେ। ସବୁଜମାନେ ଓଡ଼ିଆ ଭାଷାରେ ନୂତନ ସାଂଗୀତିକତା ପ୍ରବିଷ୍ଟ କରାଇଲେ, ଯାହା ଆଦ୍ୟକାଳର ବୈଦେଶିକ ଦ୍ୱେଷ ସତ୍ତ୍ୱେ ବର୍ତ୍ତମାନ ଓଡ଼ିଆ ଭାଷା ସହିତ ଯେ ଅଙ୍ଗୀଭୂତ ହୋଇଗଲାଣି, ତାହା ମାନିବାକୁ ହେବ।

ସବୁଜମାନେ ପ୍ରେମ, ନାରୀ ଓ ଜୀବନ ପ୍ରତି ଯେଉଁ ସଂସ୍କାରଶୂନ୍ୟ ମାନସିକ ଚିନ୍ତାକଣ୍ଠ ପରିବେଷଣ କଲେ, ସେ ସମସ୍ତ ଆଜି ସାଧାରଣ ଓଡ଼ିଆ ବୁଦ୍ଧିଜୀବୀର ମାନସିକ ଛାଞ୍ଚର ସ୍ୱୀକୃତ ଅଂଶ। ପୁଣି, ସବୁଜମାନେ ହିଁ ଓଡ଼ିଆ ସାହିତ୍ୟରେ ପ୍ରଥମ କରି ଆନ୍ତର୍ଜାତିକ ବାତାବରଣ ସୃଷ୍ଟି କଲେ।'' (୪୭)

କିନ୍ତୁ ସମୟର ଅନିବାର୍ଯ୍ୟତାରେ ୧୯୩୫-୩୬ ମସିହା ବେଳକୁ ସବୁଜ ପାଳିତ ହେବାକୁ ବାଧ୍ୟ ହୋଇଥିଲା। ସେତେବେଳକୁ ଓଡ଼ିଆ କବିତା କ୍ଷେତ୍ରକୁ ଭଗବତୀ ଚରଣଙ୍କ ସାଂଗଠନିକ ଉଦ୍ୟମରେ ଓ ପ୍ରତିଭାଶାଳୀ କବି ସଚ୍ଚିଦାନନ୍ଦଙ୍କ ଉଗ୍ର କାବ୍ୟ ଚେତନାରେ ସାମାଜିକ ବାସ୍ତବତା ଓ ମନସ୍ତାତ୍ତ୍ୱିକ ବାସ୍ତବତା ପରି ଦୁଇଟି ଆନ୍ତର୍ଜାତିକ ଚେତନା ପଶିଆସିଥିଲା। ଓଡ଼ିଶାରେ ଗଡ଼ଜାତ ଆନ୍ଦୋଳନ ଓ ମୋଗଲବନ୍ଦୀ ଅଞ୍ଚଳରେ କୃଷକ ଆନ୍ଦୋଳନ ଥିଲା ସେଇ ସାମାଜିକ ବାସ୍ତବତାର ସଦ୍ୟଜାତ ରାଜନୈତିକ ଫଳଶ୍ରୁତି। ତେଣୁ ଏ ସମୟକୁ ରୋମାଣ୍ଟିକ୍ ଚେତନା ସ୍ୱତଃ ଅଚଳ ହୋଇ ପଡୁଥିଲା ଓ ତା' ସ୍ଥାନରେ ଉଗ୍ର ସାମାଜିକ ପ୍ରତିବଦ୍ଧତା କବିର ମାନସରାଜ୍ୟରେ କାବ୍ୟିକ ସନନ୍ଦ ଭାବେ ଆତ୍ମପ୍ରକାଶ କରୁଥିଲା। ଓଡ଼ିଆ କବିତା ଏ ସମୟକୁ ଯେଉଁ ସ୍ପଷ୍ଟ ମୋଡ଼ ଦେଇଥିଲା ତହିଁରେ ସବୁଜ କବି ଦ୍ୱୟ ସାମିଲ ହେବା ବ୍ୟତୀତ ଅନ୍ୟକିଛି ପନ୍ଥା ନ ଥିଲା। କବିତାର ଏହି ନୂତନ ଜନ୍ମଲଗ୍ନରେ ରୋମାଣ୍ଟିକ୍ କବିତା ବିରୁଦ୍‌ଧରେ ସ୍ପଷ୍ଟ ପ୍ରତିକ୍ରିୟା ଓ ପ୍ରତିବାଦ ହିଁ ପ୍ରକାଶ ପାଇଥିଲା। ତେଣୁ ଏପରି ଏକ ଐତିହାସିକ ପରିସ୍ଥିତିରେ ସବୁଜ ତା'ର ରୋମାଣ୍ଟିକ୍ ସ୍ୱପ୍ନିଳ ସରଣୀକୁ ଉପେକ୍ଷା କରି ଯେ ସମୟର ମୁଖ୍ୟସ୍ରୋତରେ ସାମିଲ ହୋଇଥିଲା ଏହା ଏହି ଦୁଇ କବିଙ୍କ ପାଇଁ ଥିଲା ଆତ୍ମରକ୍ଷାର ସ୍ୱାଭାବିକ ପ୍ରୟାସ। ତେଣୁ ପରିଣତିରେ ସବୁଜ ବାସ୍ତବତାକୁ ଆଶ୍ରୟ କରି ପରବର୍ତ୍ତୀ କାବ୍ୟ ଚେତନାରେ ନିଜକୁ ମିଶାଇ ଦେଇଥିଲା ଓ 'ସବୁଜ' ଅତୀତର ତଥା ତାରୁଣ୍ୟର ଏକ କାବ୍ୟ-ଉଚ୍ଛ୍ୱାସ ଭାବେ ରହିଗଲା।

(୪୭) ଓ. ସା. ଇତିହାସ, ମାୟାଧର ମାନସିଂହ, ୧ମ ସଂ- ପୃ-୩୭୫

ଉପସଂହାର

ଉପସଂହାରରେ ଏତିକି ମାତ୍ର କୁହାଯାଇପାରେ ଯେ ସବୁଜ ଗୋଷ୍ଠୀର ପାଞ୍ଚଜଣ କବିଙ୍କ ମଧ୍ୟରୁ ଅନ୍ନଦାଶଙ୍କର, ବୈକୁଣ୍ଠନାଥ ଓ କାଳିନ୍ଦୀଚରଣ ଓଡ଼ିଆ ସାହିତ୍ୟରେ ବେଶ୍ ଖ୍ୟାତି ଅର୍ଜନ କରିପାରିଥିଲେ। ଅନ୍ୟ ଦୁଇଜଣ ଶରତଚନ୍ଦ୍ର ଓ ହରିହରଙ୍କ ସୃଷ୍ଟି ଓଡ଼ିଆ ସାହିତ୍ୟରେ ସେତେ ପାଙ୍‌କ୍ତେୟ ହୋଇ ନ ଥିଲା, ବରଂ ସେ ଦୁହେଁ ସାହିତ୍ୟିକ ସଂଗଠନ, ପତ୍ରିକା ପ୍ରକାଶନ ଓ ସଂସ୍ଥା ପରିଚାଳନାରେ ଅଧିକ ମନୋନିବେଶ କରିଥିଲେ। କବି ଅନ୍ନଦାଶଙ୍କର ମାତ୍ର ଚାରିବର୍ଷ ପାଇଁ ଓଡ଼ିଆ ସାହିତ୍ୟରେ ଯାହାକିଛି ସୃଷ୍ଟି କରିଥିଲେ ତାହା ଖୁବ୍ ବେଶୀ ଯୁବସୁଲଭ ଉଚ୍ଛ୍ୱାସ ପ୍ରବଣତାର ପରିଚୟ ବହନ କରୁଥିଲା। ତାଙ୍କ କାବ୍ୟ ଜୀବନରେ ଉନ୍ମେଷ ହୁଏତ ଥିଲା କିନ୍ତୁ ବିକାଶ ଓ ପରିଣତି ନ ଥିଲା। କାରଣ ପ୍ରାୟ ୧୯୨୭ ବେଳକୁ ସେ ଓଡ଼ିଆ ସାହିତ୍ୟ ଠାରୁ ଦୂରେଇ ଯାଇଥିଲେ ଓ ପରବର୍ତ୍ତୀ ସମୟରେ ନିଜ ମାତୃଭାଷା ବଙ୍ଗଳା ସାହିତ୍ୟରେ ସେ ଜଣେ ଯଶସ୍ୱୀ ଲେଖକ ହୋଇ ପାରିଥିଲେ। ତେବେ ତାଙ୍କର ଓଡ଼ିଆ ସାହିତ୍ୟରୁ ଏଇ ଯେ ବିଦାୟ ତାହା ଓଡ଼ିଆ କବିତା ପାଇଁ ଖୁବ୍ ଅଶୁଭ ବାର୍ତ୍ତା ବହନ କରିଥିଲା। କବି ରାଧାମୋହନ ଗଡ଼ନାୟକ ଗୋଟିଏ କବିତାରେ ଅନ୍ନଦାଙ୍କୁ ଓଡ଼ିଆ ସାହିତ୍ୟ ରୂପୀ କୁଆ ବସାରେ, କୋଇଲି ବୋଲି ନାମିତ କରିଥିଲେ। ପରେ ସେ ନିଜ ଗୋତ୍ର ସୁମରି ଯଥାର୍ଥରେ ନିଜର ମାଆ ବା ମାତୃଭାଷା କୋଡ଼କୁ ଫେରିଯାଇଥିଲେ। କବି କାଳିନ୍ଦୀଚରଣ ୧୯୨୦ ମସିହାରୁ ୧୯୪୫ ମସିହା ପର୍ଯ୍ୟନ୍ତ ଧାରାବାହିକ ଭାବେ କବିତା ରଚନା କରି ଶେଷକୁ ପାଠ୍ୟୋପଯୋଗୀ ଗଦ୍ୟ ରଚନାରେ ଅଧିକ ନିବିଷ୍ଟ

ହୋଇଥିଲେ। ତାଙ୍କ କବିତା ସମୟର ସ୍ପନ୍ଦନକୁ ଗ୍ରହଣ କରି ପ୍ରଗତିଶୀଳ ଆଭିମୁଖ୍ୟକୁ ଆବୋରି ନେଇଥିଲା ଓ ତାହା ହିଁ ଥିଲା ତାଙ୍କ କାବ୍ୟ ଜୀବନର ଯଥାର୍ଥ ବିକାଶ ପର୍ଯ୍ୟାୟ। କିନ୍ତୁ ତାଙ୍କ କାବ୍ୟ କବିତା ପରିଣତିମୁଖୀ ହୋଇପାରି ନ ଥିଲା। ତାଙ୍କର ସମସ୍ତ କବିତା ସୃଷ୍ଟି ସଂପ୍ରତି ବିଭିନ୍ନ ଗଦ୍ୟ ରଚନା ସହିତ କାଳିନ୍ଦୀରଚନାଚୟ ୧ମ ଓ ୨ୟ ଭାଗରେ ସଂକଳିତ ହୋଇଅଛି। କବି ବୈକୁଣ୍ଠନାଥଙ୍କ କାବ୍ୟ ଜୀବନର ପ୍ରାରମ୍ଭ ହୁଏ ୧୯୨୩ ମସିହାରୁ। ତାଙ୍କର ଆରତି ପର୍ଯ୍ୟାୟର କବିତାଗୁଡ଼ିକୁ ଲକ୍ଷ୍ୟ କରି ସମାଲୋଚକ କବି ମାନସିଂହ ଏକଦା ଏ ସବୁକୁ 'ଡଗରେଲ୍' ବା ବାଜେ କବିତା ବୋଲି କଳନା କରିଥିଲେ। କିନ୍ତୁ କବି ବୈକୁଣ୍ଠନାଥଙ୍କ କାବ୍ୟ ସୃଷ୍ଟି ଏଇ 'ଆରତି' ପର୍ଯ୍ୟାୟ କବିତାଗୁଡ଼ିକ ମଧ୍ୟରେ ସୀମିତ ନ ଥିଲା। ସେ ଓଡ଼ିଆ ସାହିତ୍ୟରେ କେତୋଟି ସ୍ମରଣୀୟ କବିତା ଲେଖିଛନ୍ତି ଯଦିଓ ତାଙ୍କର ଦୀର୍ଘ କବିତା 'ମୃତ୍ତିକା ଦର୍ଶନ' ବହୁ ବିରୋଧାଭାସ ଓ ପୁନରୁକ୍ତିର ଶରବ୍ୟ ହୋଇଛି। କିନ୍ତୁ 'କାବ୍ୟ ସଂଚୟନ' ଓ 'ଉତ୍ତରାୟଣ' କବିତା ସଂକଳନ ଦୁଇଟି ଯଥାର୍ଥରେ ତାଙ୍କ କାବ୍ୟ ଜୀବନର ବିକାଶ ଓ ପରିଣତିର ଚିହ୍ନ ବହନ କରନ୍ତି। ପରିଣତିରେ କବି ଯେ ବୌଦ୍ଧ ଦର୍ଶନ ପ୍ରତି ଅଧିକ ଅନୁରକ୍ତ ହୋଇ ପଡ଼ିଥିଲେ ଓ ସାମାଜିକ ତଥା ରାଜନୈତିକ ଅସଂଗତି ପ୍ରତି ଖୁବ୍ କ୍ଷୁବ୍ଧ ହୋଇ ଉଠୁଥିଲେ ତାହା କବିତାର କଳାକୃତି ପରିହାର କରି ଖୁବ୍ କ୍ରୁଦ୍ଧ ଭାଷାରେ ଆତ୍ମପ୍ରକାଶ କରୁଥିଲା। ଏପରିକି ୧୯୭୫ ମସିହାର ଆପତ୍କାଳୀନ ପରିସ୍ଥିତିକୁ ଲକ୍ଷ୍ୟ କରି ସେ ଯେଉଁ କବିତା ଲେଖିଥିଲେ ତାହା ନିର୍ବୈକ୍ତିକ ଓ ସାର୍ବକାଳିକ ପ୍ରତିଶ୍ରୁତି ରଖିପାରି ନ ଥିଲା। ତାଙ୍କ ଜୀବନର ଶେଷ ପର୍ଯ୍ୟାୟର ବହୁ କବିତା ତା'ର କଳାଗତ ଉଚ୍ଚତା ପ୍ରତି ଆଦୌ ସଚେତନ ଥିବା ପରି ମନେହୁଏ ନାହିଁ। ବରଂ ସେସବୁ ତାଙ୍କ ବ୍ୟକ୍ତିଗତ କ୍ରୋଧ, ବିରକ୍ତି ଓ ଅସ୍ୱସ୍ତିର ଅଧିକ ପରିଚୟ ବହନ କରେ। ତେଣୁ 'ଉତ୍ତରାୟଣ' ତାଙ୍କ କାବ୍ୟ କବିତାର ଉତ୍ତାନପାଦ ଉତ୍କର୍ଷ ନୁହେଁ ବରଂ ତାଙ୍କ କାବ୍ୟ ଜୀବନର ଅବକ୍ଷୟକୁ ହିଁ ବହୁ ଭାବେ ସାବ୍ୟସ୍ତ କରେ। ଏ ଦୃଷ୍ଟିରୁ ବିଚାର କରି ପ୍ରଫେସର ନିତ୍ୟାନନ୍ଦ ଶତପଥୀ ଯଥାର୍ଥରେ ମତବ୍ୟକ୍ତ କରିଛନ୍ତି ଯେ କବି ବୈକୁଣ୍ଠନାଥଙ୍କ କାବ୍ୟ କବିତାର ଉନ୍ମେଷ ଓ ବିକାଶ ଅଛି। ତାହା କିନ୍ତୁ ଏକ ସୁଖକର ସୌନ୍ଦର୍ଯ୍ୟଦୀପ୍ତ ପରିଣତିରେ ପହଞ୍ଚି ପାରିନାହିଁ।

ତଥାପି ସବୁଜ ସ୍ରଷ୍ଟା ଓ ସେମାନଙ୍କ ସୃଷ୍ଟି ଓଡ଼ିଆ ସାହିତ୍ୟରେ ଅତୀତର ଏକ ସମ୍ଭାବନାଶୀଳ ସୃଜନ ସ୍ମୃତି ଭାବେ ଚିରଦିନ ସ୍ମରଣୀୟ ରହିବ – ଏଥିରେ ମତଦ୍ୱୈଧ ଥାଇ ନ ପାରେ। ସେମାନେ ଏକ ଯୁଗ ସୃଷ୍ଟିର ସମ୍ଭାବନା ଆଣି ଆସିଥିଲେ ବି ତାହା ଯୁଗାଭାସରେ ପରିଣତ ହୋଇଯାଇଥିବା ଆଜି ମାନସିଂହ, ଡକ୍ଟର ଦେବୀପ୍ରସନ୍ନ

ପଟ୍ଟନାୟକ ଓ ପ୍ରଫେସର ଶତପଥୀଙ୍କ ପରି ସମାଲୋଚକମାନେ ନିଜ ନିଜ ବିଚାର ଦୃଷ୍ଟିରୁ ସ୍ପଷ୍ଟ ଘୋଷଣା କରିଛନ୍ତି। କିନ୍ତୁ ସେମାନଙ୍କ ପ୍ରତି ଶ୍ରଦ୍ଧା ଓ ସମ୍ମାନ ଦୃଷ୍ଟିରୁ ବହୁ ସମାଲୋଚକ ତଥାପି ସବୁଜକୁ ଏକ ସାହିତ୍ୟ ଯୁଗ ବୋଲି ବାରମ୍ବାର କହି ଚାଲିଛନ୍ତି- ଯଦିଓ ଏହି ଯୁଗ ସମସାମୟିକ ଦାବି ଓ ଦାୟିତ୍ୱକୁ ଉପେକ୍ଷା କରି ଏକ କାଳ୍ପନିକ ନୈରାଜ୍ୟର ଚିତ୍ର ଅଧିକ ଭାବେ ପରିବେଷଣ କରିଛି। ୧୯୩୬ ବେଳକୁ ଓଡ଼ିଆ କବିତାରେ ଆସିଥିବା ବାସ୍ତବବାଦୀ ଧାରାକୁ ଗ୍ରହଣ କରି ନେଇଥିଲେ ବି ୧୯୫୦ ମସିହା ବେଳକୁ ଓଡ଼ିଆ କବିତାରେ ଆସିଥିବା ପ୍ରୟୋଗବାଦୀ ଧାରା ପାଖରେ ଏ କାବ୍ୟସ୍ୱର ମଳିନ ହୋଇ ପଡ଼ିଛି। ତଥାପି ଓଡ଼ିଆ ସାହିତ୍ୟର ଇତିହାସ ସବୁଜ ସ୍ରଷ୍ଟା ଓ ସୃଷ୍ଟିଙ୍କୁ ରୋମାଣ୍ଟିକ୍ କାବ୍ୟଧାରାର ଶେଷ ପଥିକୃତ୍ ଭାବେ ନିଶ୍ଚୟ ମର୍ଯ୍ୟାଦା ଦେବ - ଏଥିରେ ସନ୍ଦେହ ନାହିଁ।

ପୁସ୍ତକ କ୍ରମାନୁସୂଚୀ:

- ଅ -

ଅବକାଶ ଚିନ୍ତା - ପୃ ୧୨, ୧୩, ୧୮, ୨୪

ଅବକାଶ - ପୃ ୩୪, ୩୬, ୬୬, ୬୮, ୧୧୬, ୧୫୧

ଅରୁଣଶ୍ରୀ- ପୃ ୫୪, ୧୧୬

ଅଙ୍ଗେ ଯାହା ନିଭାଇଛି - ପୃ ୬୯

ଅଂଜଳି- ପୃ ୧୨

- ଆ -

ଆଧୁନିକ କବିତାର ପରଂପରା- ପୃ ୧୨୦

ଆଧୁନିକ ଓଡ଼ିଆ ସାହିତ୍ୟର ଭୂମି ଓ ଭୂମିକା- ପୃ ୧୨୨, ୧୪୩

ଆଧୁନିକ ଓଡ଼ିଆ କବିତାରେ ରହସ୍ୟବାଦୀ ଚେତନା- ପୃ ୨୦୯, ୨୧୨

ଆଧୁନିକ ଓଡ଼ିଆ କାବ୍ୟଧାରା- ପୃ ୨୩

ଆଲେଖିକା- ପୃ ୨୬

- ଉ -

ଉଷା- ପୃ ୯

ଉତ୍କଳ ସାହିତ୍ୟ- ପୃ ୩୮
ଉତ୍ତରାୟଣ- ପୃ ୧୧୬

- ଊ -

x x x

- ଓ -

ଓଡ଼ିଆ ସାହିତ୍ୟର ସଂକ୍ଷିପ୍ତ ପରିଚୟ- ପୃ ୧୫୩
ଓଡ଼ିଆ ସାହିତ୍ୟର କ୍ରମବିକାଶ- ପୃ ୧୫୯
ଓଡ଼ିଆ ସାହିତ୍ୟର ଇତିହାସ- ୪୭, ୨୪୮

- କ -

କାରାକବିତା- ପୃ ୧୨, ୧୩, ୨୪, ୨୪୦
କିଶଳୟ- ପୃ ୧୩
କୋଣାର୍କେ- ପୃ ୧୩, ୧୬, ୧୮
କାବ୍ୟ ଓ କଳାକାର- ପୃ ୧୫, ୧୯, ୨୬, ୨୭, ୨୨୧
କାଳିଜାଇ- ପୃ ୧୬
କହ୍ଲାର ଅଭିଷେକ- ପୃ ୧୮, ୧୫୮, ୧୬୮, ୧୮୯, ୧୯୯, ୨୩୭, ୨୪୩
କବି ଓ କବିତା- ପୃ ୧୩୩
କବି ବୈକୁଣ୍ଠନାଥ ପଟ୍ଟନାୟକ- ପୃ ୧୪୧
କାଳିନ୍ଦୀରଚନାଚୟ- ୧ମ ଓ ୨ୟ ଭାଗ
କାଳିନ୍ଦୀଚରଣ କବିତା ଓ ନାଟକ ସମଗ୍ର- ପୃ ୧୭୧, ୧୭୩-୧୭୬, ୧୭୮, ୧୭୯, ୨୩୦, ୨୪୩
କବି ବୈକୁଣ୍ଠନାଥ- ପୃ ୨୦୩
କାବ୍ୟ ସଂଚୟନ- ପୃ ୫୪, ୧୧୬
କାମାୟନୀ- ପୃ ୭୮
କଲ୍ଲୋଳ ଯୁଗ (ଅଚିନ୍ତ୍ୟ କୁମାର ସେନଗୁପ୍ତ) ପୃ

- ଖ -

ଖାରବେଳ- ପୃ ୧୪

- ଗ -

ଗୀତାଞ୍ଜଳି- ପୃ ୨୧୬
ଗୁଂଜନ- ପୃ ୭୪, ୭୮

- ଚ -

ଚିଲିକା- ପୃ ୩, ୯, ୧୦, ୨୩୭

- ଛ -

ଛୁରିଟିଏ ଲୋଡ଼ା- ପୃ ୧୫୫, ୧୭୧, ୧୭୮
ଛାୟାବାଦୀ ଯୁଗ (ଶମ୍ଭୁନାଥ ସିଂହ)- ପୃ ୭୧

- ଜ -

ଜିଜ୍ଞାସୁ ରବୀନ୍ଦ୍ରନାଥ- ପୃ ୧୨୧

- ଧ -

ଧର୍ମପଦ- ପୃ ୨୨

- ନ -

ନିର୍ଝରିଣୀ- ପୃ ୧୮୭, ନନ୍ଦିକେଶରୀ- ପୃ ୯

- ପ -

ପାର୍ବତୀ- ପୃ ୯
ପଲ୍ଲୀଚିତ୍ର- ପୃ ୨୮
ପଲ୍ଲବ- ପୃ ୭୧

- ବ -

ବନ୍ଦୀର ଆତ୍ମକଥା- ପୃ ୨୪

ବୈକୁଣ୍ଠ ପରିକ୍ରମା- ପୃ ୩୬, ୪୦, ୧୧୭, ୧୧୮, ୧୪୨, ୧୪୩, ୧୫୪, ୨୦୭
ବୈକୁଣ୍ଠନାଥ ଗ୍ରନ୍ଥାବଳୀ- ୧ମ ଓ ୨ୟ ଭାଗ
ବାସନ୍ତୀ- ପୃ ୬୪, ୬୯, ୯୧
ବୀରବଲ୍ ଓ ବାଂଗଳା ସାହିତ୍ୟ- ପୃ ୬୧

- ମ -

ମହାଯାତ୍ରା- ପୃ ୧୧
ମାୟାଦେବୀ- ପୃ ୩, ୧୭, ୧୯
ମହେନ୍ଦ୍ରଗିରି- ପୃ ୯
ମନୀଷୀ ନୀଳକଣ୍ଠ- ପୃ ୧୬
ମେଘଦୂତ- ପୃ ୨୮
ମହାଦୀପ- ପୃ ୧୫୬
ମନେ ନାହିଁ- ପୃ ୧୫୬

- ଯ -

ଯୁଗବୀଣା- ପୃ ୬୫

- ର -

ରାଧାନାଥ ଗ୍ରନ୍ଥାବଳୀ- ପୃ ୧୮୬

- ସ -

ସବୁଜ ଅକ୍ଷର- ପୃ ୩୪, ୪୨, ୪୩, ୬୦, ୮୭, ୮୯-୯୩, ୯୬-୧୦୬, ୧୧୧, ୧୪୧, ୧୪୨
ସବୁଜ କବିତା- ପୃ ୧୧୯, ୧୯୩, ୧୯୪, ୨୦୦
ସବୁଜରୁ ସାମ୍ପ୍ରତିକ- ପୃ ୩୬, ୪୪, ୪୬, ୪୯, ୫୩, ୬୬, ୯୬, ୧୧୦, ୧୧୩, ୧୨୪, ୧୩୧, ୧୪୮, ୧୪୨, ୧୪୪, ୧୬୧, ୧୬୨, ୧୬୪, ୧୬୫, ୧୬୮, ୧୬୯, ୧୭୭, ୧୮୦, ୨୦୭, ୨୨୪, ୨୩୧
ସବୁଜ ସାହିତ୍ୟ ପରିକ୍ରମା- ପୃ ୪୧

ସବୁଜ ଯୁଗ ଓ କାବ୍ୟ ସଂଚୟନ - ପୃ ୫୭, ୨୦୮
ସବୁଜ ପତ୍ର- ପୃ ୨୧, ୬୬
ସାହିତ୍ୟ ସନ୍ଧାନ- ପୃ ୫୬
ସବୁଜ କଥା- ପୃ ୬୬
ସାହିତ୍ୟ ବୀକ୍ଷା- ପୃ ୬୭
ସବୁଜ କବିତା ଓ କବି ବୈକୁଣ୍ଠନାଥ - ପୃ ୭୩
ସାହିତ୍ୟ- ପୃ ୮୩

- ଯ -

ଯାଜ୍ଞା- ପୃ ୭୨, ୭୯

- ଲ -

ଲାବଣ୍ୟବତୀ- ପୃ ୨୮

- କ୍ଷ -

କ୍ଷଣିକ ସତ୍ୟ- ପୃ ୧୫୫

English

Contemparary Indian Literature- Pg. 70
Everyman's Dictionary of Pictorial Art- Pg. 221
Encyclopaedia Britanica- Pg. 205, 220
Romantic Imagination- Pg. 121
History of Bengali Literature- Pg. 63
Waste Land- Pg. 5, 222
Mysticism - Pg. 206

ଇଂରାଜୀ ଲେଖକ ବୃନ୍ଦ

Anden - Pg 6
Blake - Pg 143, 208

Brontier - Pg 183

Byron - Pg 184

C.M. Bowra - Pg 121

Christian Russettee - Pg 190

Dryden - Pg 185

Ezra Pound - Pg 6

E.B. Burghem - Pg 183

Goethe - Pg 183

Greerson - Pg 183

Herford - Pg 184

James Joyce - Pg 222

Keats - Pg 157, 184, 185, 203

Lucas - Pg 184

Luis Argon - Pg 6

Mathew Arnold - Pg 8

Mycovosky - Pg 6

Shelley - Pg 157, 184, 185

Shakespeare - Pg 74

Roussane - Pg 9

T. E. Hulme - Pg 6

T. S. Eliot - Pg 5, 222

Tennyson - Pg 188

Turgenov- Pg 221

Victor Hugo - Pg 157

Wordsworth - Pg 9, 157, 184, 185, 189

Vingima Worlf - Pg 222

ନମାନୁକ୍ରମଣିକା

- ଅ -

ଅଭିମନ୍ୟୁ ସାମନ୍ତସିଂହାର - ପୃ ୨୧୫
ଅନ୍ନଦାଶଙ୍କର ରାୟ- ପୃ ୭, ୩୪, ୩୯, ୪୨, ୪୩, ୬୦, ୬୬, ୮୭, ୧୧୨, ୧୧୬, ୧୫୩, ୧୫୮, ୧୯୨, ୧୯୪
ଅରୁଣ କୁମାର ମୁଖୋପାଧ୍ୟାୟ- ପୃ ୬୧
ଅତୁଲ ଚନ୍ଦ୍ର ଗୁପ୍ତ - ପୃ ୬୩
ଅଜୀତ୍ ଦତ୍ତ - ପୃ ୬୮
ଅନନ୍ତ ପଟ୍ଟନାୟକ - ପୃ ୧୫୦

- କ -

କାଳିଦାସ - ପୃ ୨୮
କମଳାକାନ୍ତ ଭଟ୍ଟାଚାର୍ଯ୍ୟ - ପୃ ୮୦
କୁମାରନ୍ ଆସନ୍ - ପୃ ୮୮
କୁଞ୍ଜ ବିହାରୀ ଦାସ - ପୃ ୮୮
କିରଣ ଶଙ୍କର ରାୟ - ପୃ ୬୩
କାଳିନ୍ଦୀ ଚରଣ ପାଣିଗ୍ରାହୀ - ପୃ ୮, ୩୬, ୩୯, ୪୮, ୬୬, ୬୯, ୭୩, ୧୫୧-୧୮୨, ୨୪୬
କୁନ୍ତଳା କୁମାରୀ ସାବତ - ପୃ ୪, ୫, ୧୮୭, ୨୧୦, ୨୪୦

- ଗ -

ଗୋପାଳକୃଷ୍ଣ ପଟ୍ଟନାୟକ - ପୃ ୨୧୫
ଗଙ୍ଗାଧର ମେହେର - ପୃ ୨
ଗୋଦାବରୀଶ ମହାପାତ୍ର - ପୃ ୫
ଗୋପାଳ ଚନ୍ଦ୍ର ମିଶ୍ର - ପୃ ୨୩
ଗୋପବଂଧୁ ଦାସ - ପୃ ୩, ୪, ୫, ୮, ୧୧, ୧୨, ୧୪, ୧୫, ୧୮, ୨୧, ୨୨, ୨୪
ଗୋଦାବରୀଶ ମିଶ୍ର - ପୃ ୫, ୧୩, ୧୫, ୧୯, ୨୦, ୨୭, ୨୮, ୧୮୭, ୧୮୮

- ଚ -

ଚିତ୍ତାମଣି ବେହେରା - ପୃ ୧୫, ୨୨୧
ଚନ୍ଦ୍ର କୁମାର ଅଗ୍ରୱାଲ- ପୃ ୭୯

- ଜ -

ଜୟ ଶଙ୍କର ପ୍ରସାଦ - ପୃ ୭୧
ଜୀବନାନନ୍ଦ ଦାସ - ପୃ ୬୧

- ଦ -

ଦେବୀ ପ୍ରସନ୍ନ ପଟ୍ଟନାୟକ - ପୃ ୬୭
ଦାଶରଥୀ ଦାସ - ପୃ ୬୬
ଦୁର୍ଗାଚରଣ କୁଆଁର - ପୃ ୧୪୧

- ନ -

ନୀଳକଣ୍ଠ ଦାସ - ପୃ ୨, ୧୩, ୧୬, ୧୭, ୧୮, ୨୨
ନନ୍ଦକିଶୋର ବଳ - ପୃ ୨, ୨୧, ୨୮, ୩୦, ୩୧, ୧୮୭, ୨୩୮
ନରେନ୍ଦ୍ର ନାଥ ମିଶ୍ର - ପୃ ୨୩, ୧୦୩
ନିତ୍ୟାନନ୍ଦ ଶତପଥୀ - ପୃ ୭, ୩୬, ୪୪, ୪୬, ୫୬, ୯୬, ୧୩୨, ୧୪୩, ୧୪୭, ୧୪୪, ୧୬୧, ୧୬୨, ୧୬୩, ୧୬୪, ୧୬୫, ୧୬୮, ୧୬୯, ୧୭୧, ୧୭୨, ୧୭୭, ୧୮୦, ୧୯୧, ୨୨୪, ୨୩୧
ନିରାଳା - ପୃ ୭୧, ୭୨, ୭୩, ୭୭

- ପ -

ପରମେଶ୍ୱର ଆଯ୍ୟାର - ପୃ ୮୦
ପଠାଣି ପଟ୍ଟନାୟକ - ପୃ ୧୪୧, ୨୦୬, ୨୨୦
ପଦ୍ମଚରଣ ପଟ୍ଟନାୟକ - ପୃ ୫, ୧୮୭, ୧୮୯
ପ୍ରମଥ ନାଥ ଚୌଧୁରୀ - ପୃ ୬୧, ୬୩, ୬୪, ୬୫
ପ୍ରେମେନ୍ଦ୍ର ମିତ୍ର - ପୃ ୬୧
ପ୍ରତିଭା ଶତପଥୀ - ପୃ ୧୮, ୧୪୮, ୧୬୫, ୧୮୯, ୧୯୯, ୨୦୭, ୨୩୭, ୨୪୩

- ଫ -

ଫକୀରମୋହନ ସେନାପତି - ପୃ ୨, ୨୭, ୧୯୧

- ବ -

ବୈକୁଣ୍ଠନାଥ ପଟ୍ଟନାୟକ - ପୃ ୭, ୩୫, ୪୧, ୫୩, ୫୪, ୬୫, ୬୬, ୭୩, ୧୧୩-୧୫୦, ୧୫୯
ବିଶ୍ୱନାଥ ସତ୍ୟ ନାରାୟଣ - ପୃ ୮୦
ବିଷ୍ଣୁ ଦେ - ପୃ ୬୮
ବିଭୁଦତ୍ତ ମିଶ୍ର - ପୃ ୫୭, ୨୦୮
ବୃନ୍ଦାବନ ଚନ୍ଦ୍ର ଆଚାର୍ଯ୍ୟ - ପୃ ୧୫୩
ବୁଦ୍ଧଦେବ ବସୁ - ପୃ ୬୧
ବିଶ୍ୱନାଥ କର - ପୃ ୬୪, ୯୧, ୯୨
ବିନୟ ଚକ୍ରବର୍ତ୍ତୀ - ପୃ ୬୭

- ଭ -

ଭଗବତୀ ଚରଣ ପାଣିଗ୍ରାହୀ - ପୃ ୫୦
ଭଗବତୀ ଚରଣ ବର୍ମା - ପୃ ୭୩
ଭବାନୀ ଶଙ୍କର ଚୌଧୁରୀ - ପୃ ୧୨୧

- ମ -

ମହାତ୍ମା ଗାନ୍ଧୀ - ପୃ ୬
ମଧୁସୂଦନ ରାଓ - ପୃ ୨, ୪, ୮, ୧୩, ୨୧, ୨୨, ୧୩୭, ୧୪୪, ୧୯୧, ୨୧୦, ୨୨୧
ମଣିଲାଲ ବନ୍ଦୋପାଧ୍ୟାୟ - ପୃ ୬୩
ମହାଦେବୀ ବର୍ମା - ପୃ ୭୧, ୭୩, ୭୨, ୭୯
ମନୀନ୍ଦ୍ର ଲାଲ ବସୁ - ପୃ ୬୭
ମାୟାଧର ମାନସିଂହ - ପୃ ୧୬, ୪୭, ୧୦୨, ୧୩୩, ୨୪୭

- ର -

ରାଧାନାଥ ରାୟ - ପୃ ୨, ୪, ୮, ୯, ୧୦, ୧୧, ୧୮୭, ୧୯୧
ରବୀନ୍ଦ୍ର ନାଥ ଠାକୁର - ପୃ ୨୦, ୩୦, ୩୧, ୩୩, ୩୮, ୫୮, ୫୯, ୬୧, ୬୩, ୬୪, ୬୯, ୮୦, ୧୧୯, ୧୪୩, ୧୫୮, ୨୦୮
ରାଘବାନନ୍ଦ ନାୟକ - ୧୨୨, ୧୪୩

- ସ -

ସୁକୁମାର ସେନ - ପୃ ୬୩
ସୁନୀତି କୁମାର ଚଟୋପାଧ୍ୟାୟ - ପୃ ୨୩
ସତ୍ୟେନ୍ଦ୍ରନାଥ ବସୁ - ପୃ ୬୩
ସତୀଶ୍ ଚନ୍ଦ୍ର ଘଟକ - ପୃ ୬୩
ସଚ୍ଚିନ୍ଦ୍ର ନାଥ ଦତ୍ତ - ପୃ ୬୮
ସଚ୍ଚିଦାନନ୍ଦ ହୀରାନନ୍ଦ ବାତ୍ସାୟନ (ଅଜ୍ଞେୟ) - ପୃ ୭୦
ସ୍ନିଗ୍‌ଧା ବିଶ୍ୱାଳ - ପୃ ୪୨, ୭୩
ସୌଦାମିନୀ ଚୌଧୁରୀ - ପୃ ୨୦୮, ୨୦୯, ୨୧୧
ଶରତ ଚନ୍ଦ୍ର ମୁଖାରଜୀ - ପୃ ୪୧
ଶିଶିର ଚନ୍ଦ୍ର ବସୁ - ପୃ ୬୭
ସୁମିତ୍ରା ନନ୍ଦନ ପନ୍ଥ - ପୃ ୭୧, ୭୨, ୭୪, ୭୬, ୭୮
ଶିବ ଶଙ୍କର ଶାସ୍ତ୍ରୀ - ପୃ ୮୦
ସୁବ୍ରମଣ୍ୟମ ଭାରତୀ - ପୃ ୮୩, ୮୪
ସଚ୍ଚିଦାନନ୍ଦ ରାଉତରାୟ - ପୃ ୧୫୦
ସୁରେନ୍ଦ୍ର ମହାନ୍ତି - ପୃ ୧୫୯
ଶମ୍ଭୁନାଥ ସିଂହ - ପୃ ୭୧

- ହ -

ହେମଚନ୍ଦ୍ର ଗୋସ୍ୱାମୀ - ପୃ ୭୯
ହରିବଂଶ ରାୟ ବଚନ - ପୃ ୭୧
ହର ପ୍ରସାଦ ଦାସ - ପୃ ୧୨୦
ହରିହର ମହାପାତ୍ର - ପୃ ୩୯, ୧୫୧

- ଲ -

ଲକ୍ଷ୍ମୀକାନ୍ତ ମହାପାତ୍ର (କାନ୍ତକବି) - ପୃ ୪, ୨୧୦, ୨୧୨
ଲକ୍ଷ୍ମୀକାନ୍ତ ବେଜବରୁଆ - ପୃ ୭୯

ସହାୟକ ଗ୍ରନ୍ଥସୂଚୀ

୧ମ ପରିଚ୍ଛେଦ:

(୧) ଗୋପବନ୍ଧୁ ସ୍ମରଣିକା - ଗୋପବନ୍ଧୁ ସାହିତ୍ୟରେ ରୋମାଣ୍ଟିସିଜିମ୍ - ପ୍ରମୋଦ କୁମାର ମହାନ୍ତି

(୨) କାବ୍ୟ ଓ କଳାକାର - କବି ଗୋଦାବରୀଶଙ୍କ କାବ୍ୟ କବିତା - ପୃ:୯୩

(୩) ମନୀଷୀ ନୀଳକଣ୍ଠ- ଚିନ୍ତାମଣି ଦାସ (୨) କୋଣାର୍କର ମୁଖବନ୍ଧ- ମାୟାଧର ମାନସିଂହ

(୪) କଳ୍ପନାର ଅଭିଷେକ - ଡକ୍ଟର ପ୍ରତିଭା ଶତପଥୀ - ପୃ:୧୬୬

(୬) କାବ୍ୟ ଓ କଳାକାର - ଡ. ଚିନ୍ତାମଣି ବେହେରା, ପୃ-୯୧

(୮) କଳ୍ପନାର ଅଭିବ୍ୟକ୍ତ - ଡକ୍ଟର ପ୍ରତିଭା ଶତପଥୀ, ପୃ-୯୮

(୭) ଆଧୁନିକ ଓଡ଼ିଆ କାବ୍ୟଧାରା - ଡକ୍ଟର ନରେନ୍ଦ୍ର ନାଥ ମିଶ୍ର

(୧) ଗୋପବନ୍ଧୁଙ୍କ ସାହିତ୍ୟ ଓ ଜୀବନ ଦର୍ଶନ - ଡକ୍ଟର ଗୋପାଳ ଚନ୍ଦ୍ର ମିଶ୍ର - ପୃ:୭୫

(୦) କାବ୍ୟ ଓ କଳାକାର - ଚିନ୍ତାମଣି ବେହେରା, ପୃ:୯୦

(୧୦) କାବ୍ୟ ଓ କଳାକାର, ଚିନ୍ତାମଣି ବେହେରା, ପୃ:୯୦

(୧) ଓଡ଼ିଆ ସାହିତ୍ୟର ଇତିହାସ - ଡକ୍ଟର ନଟବର ସାମନ୍ତରାୟ, ପୃ:୫୩

୨ୟ ପରିଚ୍ଛେଦ:

(୧) ସବୁଜ ଅକ୍ଷର - ଅନ୍ନଦାଶଙ୍କର ରାୟ, ପୃ:୨

(୨) ସବୁଜ ଅକ୍ଷର - ଅନ୍ନଦା ଶଙ୍କର ରାୟ, ପୃ:୫

(୩) ବୈକୁଣ୍ଠ ପରିକ୍ରମା ସ୍ମୃତିଚାରଣ - ସବୁଜ ସାଥୀ ବୈକୁଣ୍ଠନାଥ

(୪) ଅଙ୍ଗେ ଯାହା ନିଭାଇଛି - କାଳିନ୍ଦୀ ଚରଣ ପାଣିଗ୍ରାହୀ, ପୃ-୨୦୭, ପୃ:୩୬୮

(୬) ଅଙ୍ଗେ ଯାହା ନିଭାଇଛି - କାଳିନ୍ଦୀ ଚରଣ ପାଣିଗ୍ରାହୀ, ପୃ-୨୦୭, ପୃ:୩୬୮

(୭) ଉତ୍କଳ ସାହିତ୍ୟ - ୨୮ଶ ଭାଗ - ୫ମ ସଂଖ୍ୟା - ଆଶ୍ୱିନ - ୧୩୨୨

(୮) ସବୁଜ ସାହିତ୍ୟ ପରିକ୍ରମା, ପୃ-୨୫, ସଂପାଦନା - ଶ୍ରୀ ଶରତ ଚନ୍ଦ୍ର ମୁଖାର୍ଜୀ

(୯) ଡକ୍ଟର ସ୍ନିଗ୍ଧା ବିଶ୍ୱାଳ - ସବୁଜ କବିତା ଓ ବୈକୁଣ୍ଠନାଥ

(୧୦) ସବୁଜ ଅକ୍ଷର ଭୂମିକା - ଶ୍ରୀ ଅନ୍ନଦାଶଙ୍କର ରାୟ

(୧୧) ସବୁଜ ଅକ୍ଷର - ଅନ୍ନଦା ଶଙ୍କର ରାୟ, ପୃ-୧୭୧

(୧୨) (ସବୁଜର ସାଂପ୍ରତିକ - ଡକ୍ଟର ନିତ୍ୟାନନ୍ଦ ଶତପଥୀ, ପୃ-୧୪)

(୧୩) ସବୁଜ ଅକ୍ଷର - ପ୍ରଳୟ ପ୍ରେରଣା, ପୃ-୫

(୧୪) ଡକ୍ଟର ନିତ୍ୟାନନ୍ଦ ଶତପଥୀ - ସବୁଜରୁ ସାଂପ୍ରତିକ - ପୃ:୧୮

(୧୫) ଡକ୍ଟର ନିତ୍ୟାନନ୍ଦ ଶତପଥୀ - ସବୁଜରୁ ସାଂପ୍ରତିକ - ପୃ:୧୮

(୧୬) ଓଡ଼ିଆ ସାହିତ୍ୟର ଇତିହାସ - ଡକ୍ଟର ମାୟାଧର ମାନସିଂହ - ପୃ:୩୦

(୧୭) ସବୁଜରୁ ସାଂପ୍ରତିକ - ଡକ୍ଟର ନିତ୍ୟାନନ୍ଦ ଶତପଥୀ - ପୃ:୨୦

(୧୮) ଡକ୍ଟର ନିତ୍ୟାନନ୍ଦ ଶତପଥୀ - ସବୁଜରୁ ସାଂପ୍ରତିକ - ପୃ:୨୩

(୧୯) ସବୁଜରୁ ସାଂପ୍ରତିକ - ଡକ୍ଟର ନିତ୍ୟାନନ୍ଦ ଶତପଥୀ, ପୃ-୨୩

୩ୟ ପରିଚ୍ଛେଦ:

(୧) ସବୁଜ ଯୁଗ ଓ କାବ୍ୟ ସଞ୍ଚୟନ ସମୀକ୍ଷା - ଅଧ୍ୟାପକ ବିଭୁଦତ୍ତ ମିଶ୍ର - ପୃ:୩

(୨) ସବୁଜ ଅକ୍ଷର - ଶ୍ରୀ ଅନ୍ନଦା ଶଙ୍କର ରାୟ, ପୃ:୨୪୭

(୩) ବୀରବଲ ଓ ବାଂଲା ସାହିତ୍ୟ - ଶ୍ରୀ ଅରୁନ୍ କୁମାର ମୁଖୋପାଧ୍ୟାୟ, ପୃ: ୮୪୧

(୪) ବୀରବଲ୍ ଓ ବାଂଲା ସାହିତ୍ୟ - ଶ୍ରୀ ଅରୁନ୍ କୁମାର ମୁଖୋପାଧ୍ୟାୟ - ପୃ:୧୮୭

(୫) ସବୁଜପତ୍ର - ପ୍ରମଥ ଚୌଧୁରୀ - ପୃ:୪୦

(୬) ସର୍ବୋପରି ରବୀନ୍ଦ୍ରନାଥ ବସ୍ତୁ ଜଗତର ବୈଚିତ୍ର୍ୟକୁ ଭାବସଙ୍ଗୀତମୁଖୀରେ ବିମଣ୍ଡିତ କରିବା ପ୍ରୟୋଜନରୁ ଯେଉଁ ତତ୍‌ସମ ଶବ୍ଦ ପ୍ରଧାନ କୋମଳ କାନ୍ତରୂପ ପ୍ରଦାନ କରିଛନ୍ତି, ସେହି ରୂପ ପ୍ରଭାବ ସର୍ବତ୍ର ଅପରିହାର୍ଯ୍ୟ ହୋଇ ରହେ। ସଙ୍ଗୀତ ରସ ବିଗଳିତ ସେହି କମନୀୟ ରୂପକୁ ସର୍ବବିଧ ସାହିତ୍ୟ ସୃଷ୍ଟି କର୍ମରେ ଅନେକ ଦିନ ପର୍ଯ୍ୟନ୍ତ ବଙ୍ଗ ଭାଷାରେ ଶିଳ୍ପୀମାତ୍ରେ ବରଣ କରି ନେଇଛନ୍ତି। ବଙ୍ଗ ଭାଷାର ସେହି ବାଣୀ ଲୀଳାର ମୋହମୟ ଭଙ୍ଗୀ ଓଡ଼ିଆ କବିତାରେ ସେଦିନ ସୁସାଧ୍ୟ ଅନୁକରଣର ବସ୍ତୁ ହୋଇ ପଡ଼ିଛି। ସବୁଜ କବିତାରୁ ଏହି କେତୋଟି ପଙ୍‌କ୍ତିରେ ରବୀନ୍ଦ୍ରଙ୍କ ଭାଷାରେ ମୋହ ଅନାୟାସ ଲକ୍ଷ୍ୟ।

(ସାହିତ୍ୟ ସନ୍ଧାନ, ଶ୍ରୀ ଦାଶରଥୀ ଦାସ, ପୃ: ୨୬୦)

(୭) ସବୁଜ କଥା - ସାହିତ୍ୟ ବୀକ୍ଷା - ପୃ:୧୧୪, ଡକ୍ଟର ଦେବୀପ୍ରସନ୍ନ ପଟ୍ଟନାୟକ

(୮) xxx ସର୍ବୋପରି ବନ୍ଧୁତା ଆମର ପ୍ରତିଷ୍ଠିତ ଏକ ସୁମାର୍ଜିତ ସମୁଚ୍ଚ ସ୍ତରର, ଯାହା ଆଜି ଅର୍ଦ୍ଧଶତାବ୍ଦୀ ଅତିକ୍ରମ କରି ମଧ୍ୟ ଉଜ୍ଜ୍ୱଳତର ହୋଇଛି ସିନା ମନେପଡ଼ିଥିବା କେବେହେଲେ ସ୍ମରଣକୁ ଆସିନାହିଁ। ସେଥି ସହିତ ବନ୍ଧୁପତ୍ନୀମାନଙ୍କ ଅନ୍ତର xxx।

"xxx ମଧ୍ୟରେ ବନ୍ଧୁତା ଅତୁଟ ଓ ଅବିକଳ। ସେଇ ବିଚାରରୁ ସବୁଜ ଯୁଗର ପ୍ରତିଷ୍ଠାର ଦାନ ସାହିତ୍ୟ ତୁଳନାରେ ବନ୍ଧୁତା ହିଁ ଅଧିକ ବୋଲି ଚାକ୍ଷୁଷ ପ୍ରମାଣ ବିଦ୍ୟମାନ। ତାହାହିଁ ବୋଧହୁଏ ସାହିତ୍ୟର ଅସଲ ଆକ୍ଷରିକ ଓ ମୌଳିକ କର୍ମ। ସେଇ ବନ୍ଧୁତ୍ୱର ପରୀକ୍ଷାନିରୀକ୍ଷା ଲାଗି କ୍ଷେତ୍ର ପ୍ରସ୍ତୁତ ହେବା ମଧ୍ୟ ସ୍ୱାଭାବିକ।"

(ଅଙ୍ଗେ ଯାହା ନିଭାଇଛି - କାଳିନ୍ଦୀ ଚରଣ ପାଣିଗ୍ରାହୀ - ପୃ:୪୦୮)

(୯) Hindi literature - (Contemporary Indian Literature - Page-85

(୧୦) ଛାୟାବାଦ ଯୁଗ - ଶ୍ରୀ ଶମ୍ଭୁନାଥ ସିଂହ - ପୃ-୫୬

(୧୧) (କ) "ତୁମ୍ ଅମର ପ୍ରତୀକ୍ଷା ହୋ ମେଁ ପରା ବିରହ ପଥିକ କା ଧୀମା
ଆତେ ଯାତେ ମିଟ୍ ଯାଉଁ ପାଉଁ ନ ପଥ୍‌କୀ ସୀମା (ୟାମା)।"

ମହାଦେବୀ ବର୍ମା

(ଖ) "ତୁମ୍ ତୁଙ୍ଗ୍ ହିମାଳୟ ଶୃଙ୍ଗ ଔର୍ ମେହ ଚଞ୍ଚଲ୍ ଗତିସୁର୍ ସରିତ
ତୁମ୍ ବିମଲ୍ ହ୍ରିଦୟ ଉଚ୍ଛ୍ୱାସ ଔର ମୈ କାନ୍ତକାମିନୀ କବିତା।"

(୧୨) ସବୁଜ କବିତା ଓ କବି ବୈକୁଣ୍ଠନାଥ - ଡକ୍ଟର ସ୍ନିଗ୍ଧା ବିଶ୍ୱାଳ

(୧୩) ଗୁଁଜନ - ସୁମିତ୍ରା ନନ୍ଦନ ପନ୍ଥ, ପୃ:୪୦

(୧୪) ଛାୟାବାଦୀକୀ ପ୍ରକୃତି ଘଟକୂପ ଆଦି ମେଁ ଭରେ ଜଲ୍‌କୀ ଏକ୍‌ରୂପ ତୋକେ ସମାନ୍ ଅନେକ ରୂପୋଁ ମେଁ ପ୍ରକଟ୍ ଏକ ମହାପାଣ୍ ବନ୍‌ଗଇ। ଅତଃ ଅବ ମନୁଷ୍ୟ ଏକ ଅଶ୍ରୁ, ମେଘକେ ଜଲ୍‌କଣ୍ ଔର ପୃଥ୍ୱୀକେ ସେ ବିନ୍ଦୁଓଁକା ଏକ୍ ହୀ କାରଣ ଏକ୍ ହୀ ମୂଲ୍ୟ ହୈ।

(୧୫) ସବୁଜରୁ ସାଂପ୍ରତିକ - ଡ. ନିତ୍ୟାନନ୍ଦ ଶତପଥୀ

୪ର୍ଥ ପରିଚ୍ଛେଦ:

(୧) ସବୁଜ ଅକ୍ଷର - ଅନ୍ନଦା ଶଙ୍କର ରାୟ- ପୃ:୧

(୨) ସବୁଜ ଅକ୍ଷର - ଲୋକରତ୍ନ ଡକ୍ଟର କୁଞ୍ଜବିହାରୀ ଦାଶଙ୍କୁ ଲିଖିତ ଅନ୍ନଦା ଶଙ୍କର ରାୟଙ୍କ ପତ୍ରାବଳୀ- ପୃ:୨୮୦

(୩) ସବୁଜ ଅକ୍ଷର - ଅନ୍ନଦା ଶଙ୍କର ରାୟ, ସାହିତ୍ୟସ୍ମୃତି - ପୃ:୨୦୦

(୪) ଢେଙ୍କାନାଳରୁ ପୁରୀକୁ ଯାଇ ସେଠି ସ୍କୁଲ୍‌ରେ ଭର୍ତ୍ତି ହେଲେ ଆଉ କାଳିନ୍ଦୀଚରଣଙ୍କୁ ବନ୍ଧୁ ରୂପରେ ପାଇଲି। ଏହା ୧୯୧୯ କଥା। ଛଅ ମାସ ପରେ ଢେଙ୍କାନାଳକୁ ଫେରିଆସି ପୁଣି ସେ ସ୍କୁଲ୍‌ରେ ପଢ଼ିଲି। ସେତେବେଳେ ବୈକୁଣ୍ଠନାଥ ପଟ୍ଟନାୟକଙ୍କ ସହିତ ମୋର ବନ୍ଧୁତା ହେଲା।

(ସାହିତ୍ୟ ସ୍ମୃତି - ପୃ:୨୪୪)

(୫) କଲେଜରେ ଆମର ପାଠ୍ୟ ପୁସ୍ତକ ଥିଲା ଇଂରେଜ କବି କୁପାର (Cowper)ଙ୍କ ଚିଠିପତ୍ର। ସେଥିରେ Nonsense Club ନାମରେ ଗୋଟିଏ କ୍ଲବ୍‌ର ଉଲ୍ଲେଖ ଥିଲା। ବୈକୁଣ୍ଠ କିମ୍ବା କେହି ଜଣେ ପ୍ରସ୍ତାବ କଲେ ଆମେ ବି Nonsense Club ଖୋଲି କ୍ଲବ୍‌ଟିଏ ଗଢ଼ିବା। ତା'ର ହସ୍ତଲିଖିତ ପତ୍ରିକାର ଭାର ମୋ ଉପରେ ପଡ଼ିଲା। ସେଥିରେ ଇଂରାଜୀ, ଓଡ଼ିଆ, ବଙ୍ଗଳା ଏହି ତିନି ଭାଷାରେ ଲେଖା ନିଆଯାଉଥିଲା। ସେ ପତ୍ରିକା କେତେଦିନ ଯାଏ ଚଳିଥିଲା, କେତେଖଣ୍ଡ ବାହାରିଥିଲା, ମୋର କିଛି ମନେ ନାହିଁ। ତାହା ଦ୍ୱାରା ଗୋଟିଏ ମାତ୍ର ଉଦ୍ଦେଶ୍ୟ ସାଧିତ ହୋଇଥିଲା। ଭବିଷ୍ୟତରେ ଯେଉଁମାନେ ସବୁଜ ସାହିତ୍ୟିକ ବୋଲି ପରିଚିତ ହେଲେ ସେମାନେ ଏକତ୍ରିତ ହୋଇଥିଲେ, ଭାବ ବିନିମୟ କରୁଥିଲେ।

(ସାହିତ୍ୟ ସ୍ମୃତି - ପୃ:୨୪୫)

(୬) ସବୁଜ ଅକ୍ଷର - ପୃ:୨୫୪ - ଶ୍ରୀ ଅନ୍ନଦା ଶଙ୍କର ରାୟଙ୍କ ଚିଠିପତ୍ର

(୭) ସବୁଜ ଅକ୍ଷର - ସାହିତ୍ୟ ସ୍ମୃତି - ପୃ:୨୪୭

(୮) ସବୁଜ ଅକ୍ଷର - ସାହିତ୍ୟ ସ୍ମୃତି - ପୃ:୨୦୭

(୯) "ମୋ ବନ୍ଧୁ କାଳିନ୍ଦୀର ଲେଖା ମତେ ଖୁବ୍ ଭଲ ଲାଗୁଥିଲା। ମୁଁ ଧରି ନେଇଥିଲି ଓଡ଼ିଆ ସାହିତ୍ୟରେ ମୁଁ କେବେ ହେଲେ କାଳିନ୍ଦୀକି ଅତିକ୍ରମ କରିପାରନ୍ତି ନାହିଁ। ଆଉ ଚିରକାଳ ଦ୍ୱିତୀୟ ସ୍ଥାନରେ ରହିବି ଏକଥା ମୁଁ କେବେ ଭାବିପାରୁ ନ ଥିଲି। ଏହା ଅବଶ୍ୟ ମୋର ଦୁର୍ବଳତା।"

(- ସାହିତ୍ୟ ସ୍ମୃତି - ସବୁଜ ଅକ୍ଷର - ପୃ:୨୯)

(୧୦) "ମୋର ବନ୍ଧୁ କାଳିନ୍ଦୀକୁ ଆପଣ ଚିହ୍ନନ୍ତି। କିନ୍ତୁ ଜାଣି ନାହାନ୍ତି। ସେ କେତେ ମୂଲ୍ୟବାନ ରତ୍ନଟିଏ। ମୋର ବନ୍ଧୁ ଶରତର ଲେଖା ଏଥର ପ୍ରକାଶ କରିଛନ୍ତି 'ଇଂଲଣ୍ଡର ପଲ୍ଲୀ ଜୀବନ', କିନ୍ତୁ ଜାଣିନାହାନ୍ତି ନବ୍ୟ ଉତ୍କଳର ସେ ଗୋଟିଏ coming man, ସେ ବିଶ୍ୱବିଦ୍ୟାଳୟରେ ଦ୍ୱିତୀୟ ସ୍ଥାନ ଅଧିକାର କରି ମୋ ସାଙ୍ଗରେ ପାସ୍ କରିଥିଲା। ଚାରିଟି ମଧ୍ୟରୁ ତିନିଟିଙ୍କୁ ଜାଣିଲେ ବାକି ରହିଲେ ମୋର ବନ୍ଧୁ ବୈକୁଣ୍ଠନାଥ ପଟ୍ଟନାୟକ। ଆତ୍ମନିର୍ଭର, ସ୍ୱାଧୀନତାକର୍ମୀ ଅତ୍ୟନ୍ତ ସାହସୀ ଖାଣ୍ଟି କବି ବୈକୁଣ୍ଠଙ୍କୁ ଆପଣ ଚିହ୍ନି ନାହାନ୍ତି। ସେ ତାର ଲେଖା ଗୋପନ ରଖିଛି। ତାର ଲେଖା ଯେ ଉତ୍କଳର କାବ୍ୟ-ରାଜ୍ୟରେ ନବଯୁଗର ସୂଚନା କରୁଛି, ତାହା ଆପଣଙ୍କ ପରି (Sympathetic Critic) ଗୁଣଗ୍ରାହୀ ବ୍ୟକ୍ତି ସହସରେ ବୁଝିପାରିବ।

(ସବୁଜ ଅକ୍ଷର - ପରିଚୟପତ୍ର - ପୃ:୨୫୪)

(୧୧) ସବୁଜରୁ ସାଂପ୍ରତିକ - ପୃ:୧୪, ଡ. ନିତ୍ୟାନନ୍ଦ ଶତପଥୀ

(୧୨) ସବୁଜ ଅକ୍ଷର - ସୃଜନ ସ୍ୱପ୍ନ- ପୃ:୮

(୧୩) ଆଜି ଏ ଶୁଭ ଶାରଦ ପ୍ରୀତ / ଶ୍ୟାମ ତରୁଣ ଆଲୋକସ୍ନାତ ସମୀର ବହେ ମଧୁର
ଶେଫାଳୀ ବାସେ ବିହଗ ଗୀତେ / ପାସୋରି ଗଲି ଆଚମବୀତେ ଜଗତ ବ୍ୟଥା ବିଧର।
(ସବୁଜ ଅକ୍ଷର - ସୃଜନ ସ୍ୱପ୍ନ - ପୃ:୯)

(୧୪) ନିବିଡ଼ କଳା ଅଳକା ତୋହୁଁ / ସୃଜିଲାଗିଲେ, ସୃଜନ ମୋହ
ପୂରିଲା ପ୍ରାଣ ଆବେଶେ
ରହିଲା ମୋର ପ୍ରଳୟରଣ / ତେଜିଲି କ୍ଷଣେ ସେ ଆବରଣ
ଛଦ୍ମ ମୋର ସେ ବେଶେ।
(ସବୁଜ ଅକ୍ଷର - ସୃଜନ ସ୍ୱପ୍ନ - ପୃ:୧୩)

(୧୫) ଯିବି ପଳାଇ ଦୂରେ ସୁଦୂରେ/ ସ୍ୱପନେ ଲୋକେ ଗୋପନ ପୁରେ
ଗୃହତାରକା ଏଡ଼ାଇ
ଯୌବନର ଝରଣା କୂଳେ / ମଳୟ ଯହିଁ ନିୟତ ବୁଲେ
କୁସୁମ କେତେ ଉଡ଼ାଇ
(ସବୁଜ ଅକ୍ଷର - ସୃଜନ ସ୍ୱପ୍ନ - ପୃ:୧୩)

(୧୬) 'ସୃଜନ ସ୍ୱପ୍ନ' ଏଠାରେ ନୂତନ ସୃଷ୍ଟିର ଅଭିମନ୍ତ୍ର ନୁହେଁ, ବରଂ ରଣ ଉନ୍ମାଦ ପଦଯାତ୍ରାର ଏକ ପରାଙ୍ମୁଖ ପ୍ରତି ଗତି - ଯୁଦ୍ଧ ଅର୍ଥରେ ରିଟ୍ରିଟ୍। ଏ କବିତାଟିର ଚିନ୍ତାରେ ତେଣୁ କୌଣସି ସଂଗଠନ ନାହିଁ, ଆଭିମୁଖ୍ୟ ନାହିଁ। କେବଳ ପ୍ରେୟସୀର ସ୍ୱପ୍ନ, ଗୋଧୂଳି, ଆକାଶ, ଛାୟାଲୋକ, ମୋହ ଏକ ସଂପୂର୍ଣ୍ଣ ପଳାୟନବାଦୀ ଅନୁଚିନ୍ତା। ପୁଣି ସୃଜନମୋହରେ କବି ଏତେ ବ୍ୟଗ୍ର ଯେ ଏ ପୃଥିବୀରୁ ସେ ଦ୍ରୁତ ପଳାୟନ ଚାହାନ୍ତି।

(୧୭) "ଏ ସନ ପରକାରେ/ ଚେତନା ପରପାରେ/ ମୋତେ ମୁଁ କହେ କଥା/ ନୀରବେ ନିରାଜନେ।"
(ସବୁଜ ଅକ୍ଷର - ମାନସୀ ଓ ମୁଁ - ପୃ:୧୯)

(୧୮) "ମୋତେ ମୁଁ ନୀତି ନୀତି/ ଶୁଣାଏ ପ୍ରେମଗୀତି/ ଗଭୀର ଅନୁରାଗେ/ ନିଗୂଢ଼ ନୀରବତା।"
(ସବୁଜ ଅକ୍ଷର - ମାନସୀ ଓ ମୁଁ - ପୃ:୨୦)

(୧୯) "ଯଉବନ ସାଥେ ଯାଉ ଜୀବନ ମୋର/ ଜରା - ଚୋର ସାଥେ ଆସୁ ମରଣ ଚୋର"
(ସବୁଜ ଅକ୍ଷର - ଯୌବନ ଥରେ ଗଲେ ଆଉ ଆସେନା - ପୃ:୨୨)

(୨୦) "ଫୁଲ ଝଡ଼େ, ଫୁଲ ଫୁଟେ/ କାନ୍ଦେନା ବନ;
ଶଶୀ ବୁଡ଼େ, ଶଶୀ ଉଠେ/ ସହେ ଗଗନ,
ମଧୁ ଋତୁ ଯାଏ ଆସେ/ ଲୁଚି ନ ରହେ,
ଅବନୀ ଉଦାସ ହେବ/ କାହା ବିରହେ।"
(ସବୁଜ ଅକ୍ଷର - ଯୌବନ ଥରେ ଗଲେ ଆଉ ଆସେନା - ପୃ:୨୩)

(୨୧) "ଜଗତେ ହଜେନା କିଛି, ହଜେ ଜୀବନେ
ବାହାରେ ବେଦନା ନାହିଁ, ବେଦନା ମନେ।"
(ସବୁଜ ଅକ୍ଷର - ଯୌବନ ଥରେ ଗଲେ ଆଉ ଆସେନା - ପୃ:୨୪)

(୨୧) "ଆସ କଳ୍ପନା, ଆସ ମୋ ପରାଣ ପୁରେ ଗୋ/ ବିକଳେ ଝୁରଇ ଯହିଁ ବାସନା

ପାସୋରିବି ଆଜି ମୁଁ ତ ଦିବସର ତ୍ରାସ ଗୋ/ ଏ ଜୀବନ ମୁଁ ଦୀରଘ ଶ୍ୱାସ ଗୋ
ଉଡ଼ିଆସ ଉଡ଼ିଆସ ଅଞ୍ଚଳେ ଉଡ଼ାଇ/ ପରୀମାନେ ଆସ ମୋର ପାଶ ଗୋ।"

(ସବୁଜ ଅକ୍ଷର – ପରୀ ମହଲ – ଅନ୍ନଦାଶଙ୍କର ରାୟ- ପୃ:୨୫)

(୨୨) "ବସନ୍ତର ଚମ୍ପାସମ/ ତରୁଣୀ ଯେବେ ଫୁଟିଲା
ସୌରଭର ସୁରା ତାହାର/ ଦିଗ୍‌ବିଦିଗେ ଛୁଟିଲା।"

(ସବୁଜ ଅକ୍ଷର – ପ୍ରଣୟୀ – ପୃ:୩୪)

(୨୩) "ହିମାଳ ପରଶେ ମୋର ଶତ-ସିଂହାସନେ
ଥରି ଉଠୁ ଅତ୍ୟାଚାର ପାଣ୍ଡୁର ଆତଙ୍କେ
ମୁମୂର୍ଷୁ ପଲ୍ଲବ ସମ; ଉତ୍ପୀଡ଼ନ ରୁଦ୍ଧ କଣ୍ଠେ
ସ୍ଫୁରି ଉଠୁ ଦୃପ୍ତ ବାଣୀ ଧ୍ୱଂସର ହିଲ୍ଲୋଳେ
ବାତ୍ୟାସମ ନାଚିବି ମୁଁ ଛନ୍ଦହୀନ ଛନ୍ଦେ।")

(ସବୁଜ ଅକ୍ଷର – କମଳା ବିଳାସୀ ବିଦାୟ – ପୃ:୪୦)

(୨୪) "ନ ଜାଣେ ନ ଜାଣେ ମୁହିଁ କାହାର ପ୍ରେମିକ
କ୍ଷଣେ ଶାନ୍ତି କ୍ଷଣେ ଶୁଣିଛି ଡାକେ କର ଠାରି,

x x x

ନିର୍ମମ ବାସ୍ତବ ରାଜ୍ୟେ, ପଥର ପଥିକ
କରି ସେ ଯେ ଆରମ୍ଭେ ପରଖି ମୋତେ ନିଏ
ମୁକ୍ତି ମୋର ଦୀପ୍ତି ମୋର ସୁପ୍ତିର ଅଧିକ।"

(ସବୁଜ ଅକ୍ଷର – କମଳା ବିଳାସୀର ବିଦାୟ – ପୃ:୪୨)

(୨୫) ଓଡ଼ିଆ ସାହିତ୍ୟର ଇତିହାସ – ଡକ୍ଟର ମାୟାଧର ମାନସିଂହ – ପୃ: ୩୭୦

(୨୬ "ହେ ସାଗର ବନ୍ଧୁ ମୋର/ ଦୟାହୀନ ଭୟଙ୍କର ଅସିତ ବରଣ
ପ୍ରଳୟ ଉଲ୍ଲାସେ ଘୋର/ ସର୍ବାଙ୍ଗ ଯାଚଇ ମୋର ନିବିଡ଼ ମରଣ।"

(ସାଗର ପ୍ରତି – ସବୁଜ ଅକ୍ଷର – ପୃ:୪୮)

(୨୭) "କ୍ଷଣେ ଗୁରୁ ଗରଜନ/ କ୍ଷଣେ ମୃଦୁ କଳସ୍ୱନ/ ଭୈରବଲଳିତ,
ଶ୍ରବଣେ ବରଷୁ ସୁଧା/ ହରୁ ସର୍ବାଙ୍ଗରୁ କ୍ଷୁଧା/ ସେ ସ୍ୱର୍ଗ ସଙ୍ଗୀତ।"

(ସାଗର ପ୍ରତି – ସବୁଜ ଅକ୍ଷର – ପୃ:୪୯)

(୨୮) "ଚିର-ଶ୍ୟାମ-ତରୁଘେରା/ ଶତରଙ୍ଗା ଫୁଲେ ତୋରା/ ସେମୀୟ ମହଲେ,
ମୁକୁତା ଟୋପ ଉପରି/ ଶୁଆଅ ଯତନ କରି/ ବିଜନେ ବିରଳେ।"

(ସାଗର ପ୍ରତି – ସବୁଜ ଅକ୍ଷର – ପୃ:୫୦)

(୨୯) "ଏ ଜୀବନ ଦେଲା ମୋତେ କିଏ ? ଏ ସ୍ୱପନ
ଦେଲା ମୋତେ କିଏ ? ମୋ ଲୋଚନେ ଏ ଜୀବନ,
ମୋ ଅଧରେ ଏ ପିପାସା ଇନ୍ଦ୍ରିୟେ
ଅତୀନ୍ଦ୍ରିୟେ ଏ ଆବେଗ, ଦେଲା ମୋତେ କିଏ ?

(ଏ ଜୀବନ ଦେଲା ମୋତେ କିଏ – ସବୁଜ ଅକ୍ଷର – ପୃ:୫୩)

(୩୦) "ଜୀବନ ଦାୟିନୀ, ମାଗୋ ବିପୁଳା ଧରଣୀ
ଇଚ୍ଛା ହୁଏ ଭସାନ୍ତି ଏ ଜୀବନ-ତରଣୀ
ତୋହରି ଅନନ୍ତ ସ୍ରୋତେ, ତୋ ବକ୍ଷ ନୀରେ
ଯେତେ ତଟ ଯେତେ ଘାଟ ଅଛି ତୀରେ ତୀରେ
ସେ ସବୁରେ ଲଗାଇ ତରଣୀ ମହା ମୁଖେ
ଶିଖନ୍ତି ତୋ ଚାରୁ ଶୋଭା ବିସ୍ମୟେ କୌତୁକେ।"

(୩୨) "ଯିବି ପଳାଇ ଦୂରେ ସୁଦୂରେ/ ସ୍ୱପନ ଲୋକେ ଗୋପନ ପୁରେ
ଗହତାରକା ଏଡ଼ାଇ;
ଯୌବନର ଚରଣା କୂଳେ/ ମଳୟ ଯହିଁ ନିୟତ ବୁଲେ
କୁସୁମ କେତେ ଉଡ଼ାଇ।"

(ସୃଜନ ସ୍ୱପ୍ନ - ସବୁଜ ଅକ୍ଷର - ପୃ-୧୮)

(୩୩) "ନୟନ ପରେ ନୟନ ରଖି/ ମରମ ସାଥେ ମରମ ଯୋଖି
ସ୍ୱପନ ସୁଖେ ଥିବା ଗୋ
ପ୍ରେମ ପୁରୁଣା ନ ହୁଏ ଯହିଁ/ ଚାଲ ସେ ପୁରେ ଯିବା ଗୋ ସହି,
ଚାଲ ସେ ପୁରେ ଯିବା ଗୋ।"

(ସୃଜନ ସ୍ୱପ୍ନ - ସବୁଜ ଅକ୍ଷର - ପୃ:୧୪)

(୩୪) "ଯଉବନ ସାଥେ ଯାଉ ଜୀବନ ମୋର,
ଜରା ଚୋର ସାଥେ ଆସୁ ମରଣ ମୋର।"

(ଯଉବନ ଥରେ ଗଲେ ଆଉ ଆସେନା, ସବୁଜ ଅକ୍ଷର - ପୃ:୨୩)

(୩୫)

(୩୬) "ଜଗତେ ହଜେନା କିଛି, ହଜେ ଜୀବନେ,
ବାହାରେ ବେଦନା ନାହିଁ, ବେଦନା ମନେ।"

(ଯଉବନ ଥରେ ଗଲେ ଆଉ ଆସେନା- ପୃ:୨୪- ସବୁଜ ଅକ୍ଷର)

(୩୭) "ଆଜି ମୋର ଦେହ ମନେ ଏ କି ଯୁଗାନ୍ତର
ଆଜି ମୋର ତରୁଣ ଅନ୍ତର
ଜୀବନର ଏ ପ୍ରଭାତେ
ଯୌବନର ରଶ୍ମି ପାତେ
ଶତ ବର୍ଣ୍ଣେ ଫୁଟିଲା ସତେ କି ?"

(ଉଦ୍‌ଭିନ୍ନ ଯୌବନ, ପୃ-୫୧, ସବୁଜ ଅକ୍ଷର)

(୩୮) ସବୁଜରୁ ସାଂପ୍ରତିକ - ପ୍ରଫେସର ନିତ୍ୟାନନ୍ଦ ଶତପଥୀ - ପୃ:୧୬

(୩୯) ସବୁଜ ଅକ୍ଷର - ପରିଶିଷ୍ଟ - ୧ ଚିଠି, ଅନ୍ନଦା ଶଙ୍କର, ପୃ:୨୫୬

(୪୦) ସାହିତ୍ୟ ସ୍ମୃତି, ପୃ:୨୫୧

(୪୧) ସବୁଜରୁ ସାଂପ୍ରତିକ, ଡ. ନିତ୍ୟାନନ୍ଦ ଶତପଥୀ, ପୃ:୧୭

(୧) "କବିତା ତାଙ୍କ କୈଶୋର-ସଙ୍ଗୀ, ଯୌବନର ପ୍ରିୟା, ବାର୍ଦ୍ଧକ୍ୟର ଅବଲମ୍ବନ ଯଷ୍ଟି। କବିତା ତାଙ୍କର ସୌଖ୍ୟବିଳାସ, ବେଦନା-ସମବେଦନା ଧ୍ୟାନ, ଧୀମତ୍ତା ଓ ଜୀବନ ଦର୍ଶନର ବାଣୀ ବହନ କରେ। ଜୀବନର ଘୋର ରୌଦ୍ରର ଛାୟା ସେ, ପିପାସାର୍ତ୍ତେ ପ୍ରାଣର ଶାନ୍ତି ବାରି।"

(ବୈକୁଣ୍ଠନାଥ ଗ୍ରନ୍ଥାବଳୀ, ପୃ-୧, ପ୍ରଥମ ଭାଗ)

(୨) କାବ୍ୟ ଚେତନାର ଏହି ମହକ କାରୁଣ୍ୟରେ ସବୁଜର ଉଦ୍ଦାମ ଆବେଗ ପ୍ରାୟ ତିରୋହିତ। କବି ଯୌବନର ପୂଜା କରିଛନ୍ତି; ତାରୁଣ୍ୟର ଉଚ୍ଛଳ ତରଙ୍ଗରେ କିନ୍ତୁ ଭାସି ନାହାନ୍ତି; ଜୀବନ ସହିତ ଜରାର ମୃତ୍ୟୁର ଭୀମ ସଂକେତରେ ସଂକୁଚିତ ଓ ମ୍ରିୟମାଣ। ସତେ ଯେପରି ମୂଳରୁ ହିଁ ସବୁଜ ହୋଇଛି, ଦଳିତ ଓ ଜରାଗ୍ରସ୍ତ।

(ଡକ୍ଟର ନିତ୍ୟାନନ୍ଦ ଶତପଥୀ - ସବୁଜରୁ ସାଂପ୍ରତିକ - ପୃ:୩୩)

(୩) ବୈକୁଣ୍ଠନାଥ ଗ୍ରନ୍ଥାବଳୀ - କବି ବୈକୁଣ୍ଠନାଥ, ଜୀବନୀ ଓ କୃତି - ପୃ: ୨

(୪) କବି ହେବାର ବାସନା ମୋର କେବେ ନ ଥିଲା। "It at all I am a poet that is accident." ବାଲ୍ୟକାଳରୁ ବିପ୍ଳବ କରିବାର ଇଚ୍ଛା ମୋର ଥିଲା। ଓ ରାଜନୀତିଜ୍ଞ ହେଲେ ରାଜ୍ୟର ପରିସ୍ଥିତି ବଦଳାଇ ପାରିବି ବୋଲି ବିଶ୍ୱାସ ଥିଲା। ପ୍ଲାଟ୍‌ଫର୍ମରେ ଠିଆହୋଇ ଲମ୍ବା ବକ୍ତୃତା ଦେଉଥିବା କଥା ସ୍ୱପ୍ନରେ ଦେଖିଛି। କବିତାର ସ୍ୱପ୍ନ ଥରେ ମାତ୍ର ଦେଖିଥିଲି।

(ବୈକୁଣ୍ଠନାଥ ଗ୍ରନ୍ଥାବଳୀ - କବି ବୈକୁଣ୍ଠନାଥ ଜୀବନୀ ଓ କୃତି - ପୃ:୩୫)

(୫) ଜଣେ ଦେବୀ ଗୋଟିଏ ଉଚ୍ଚ ପତାକା ଧରିଥିଲେ। ସେଥିରେ କବିତାର ଗୋଟିଏ ଧାଡ଼ି ଲେଖା ଥିଲା। ମନେହୁଏ ସେ ମୋତେ ଅଙ୍ଗୁଳି ନିର୍ଦ୍ଦେଶ କରି କହିଲେ- "ବାକି ଧାଡ଼ିଗୁଡ଼ିକ ତୁ ପୂରଣ କର।" ମୁଁ ତହିଁ ଆରଦିନ ଉଠି ଯେଉଁ କବିତାଟି ଲେଖିଲି ସେଇଟି ଢେଙ୍କାନାଳ ସ୍କୁଲ୍‌ର ହାତଲେଖା ପତ୍ରିକାରେ ପ୍ରକାଶିତ ହୋଇଥିଲା, ମନେହେଉଛି।"

(ବୈକୁଣ୍ଠନାଥ ଗ୍ରନ୍ଥାବଳୀ, ପୃ:୧୮)

(୬) ମୁଁ ଓଡ଼ିଆ ସାହିତ୍ୟରେ ଅତି କମ୍ ନମ୍ବର ରଖି ଫେଲ୍ ହୋଇଗଲି।

(ବୈକୁଣ୍ଠନାଥ ଗ୍ରନ୍ଥାବଳୀ, ପୃ:୩୮)

(୭) "କଲେଜରେ ଅଧ୍ୟୟନ କାଳରେ ଇଂରାଜୀ ସାହିତ୍ୟ ଓ ଇତିହାସରେ ମୋର କେତେକ ପରିମାଣରେ ଦକ୍ଷତା ଥିଲେ ସୁଦ୍ଧା ମୁଁ କେବେହେଁ ପ୍ରତିଯୋଗିତାର ସମ୍ମୁଖୀନ ହେବାକୁ ଚେଷ୍ଟା କରିନାହିଁ।

(ବୈକୁଣ୍ଠନାଥ ଗ୍ରନ୍ଥାବଳୀ, ପୃ:୪୧)

(୮) "ହରିହର ସବୁ ବନ୍ଧୁଙ୍କ ନାମ ରଖି ପତ୍ରିକାର ନାମ 'ଅବକାଶ' ଦେଲେ। ମାତ୍ର ଏହା ଗୂଢ଼ ବ୍ୟଞ୍ଜନାତ୍ମକ ହୋଇ ନ ଥିବାରୁ ପତ୍ରିକାର ନାମ 'ଶକ୍ତି ସାଧନ' ରଖାଗଲା।

(ବୈକୁଣ୍ଠନାଥ ଗ୍ରନ୍ଥାବଳୀ, ପ୍ରଥମ ଭାଗ, ପୃ:୪୩)

(୯) ବୈକୁଣ୍ଠନାଥ ପରିକ୍ରମା, କବି ବୈକୁଣ୍ଠନାଥ ବ୍ୟକ୍ତି ଓ ବ୍ୟକ୍ତିତ୍ୱ, ପୃ-୩୯/୪୦

(୧୦) ଏ ସମସ୍ତ ଉତ୍‌ଥାନ - ପତନ, ବିକ୍ଷୁବ୍ଧ ଭାବନା, ଖଣ୍ଡ ଓ କ୍ଷୁଦ୍ରର ମୋହ, ସାମୟିକ ଅଜସ୍ର ଘଟଣା ପ୍ରବାହର ଉର୍ଦ୍ଧ୍ୱରେ ଏକ ଅବ୍ୟକ୍ତ, ଅରୂପ, ଅନ୍ତଃଚେତନାରୁ ସ୍ୱତଃ ନିଃସରିତ ଏକ ବିଭୁ ଭାବନା ତାଙ୍କୁ ଅନୁପ୍ରାଣିତ କରିଥିଲା। ପ୍ରକୃତି ଓ ମାନବ ଜୀବନ ଥିଲା କବିଙ୍କର ନିରନ୍ତର ଅଧ୍ୟୟନ ସାମଗ୍ରୀ। ଉତ୍କଳୀୟ ପାର୍ବତ୍ୟ ପ୍ରକୃତି, ନିରନ୍ଧ୍ର ଅରଣ୍ୟାନୀର ସବୁଜିମା, ଦୂର ପର୍ବତର ନୀଳ ଚୂଡ଼ାରେ ଧୂସର ନବ ବାରିବାହର

ବପ୍ରକ୍ରୀଡ଼ା, ସମୁଦ୍ରର ଅନନ୍ତ ତରଙ୍ଗୋଚ୍ଛ୍ୱାସ, ଦୂର ଦିଗ୍‌ବଳୟର ଅଜସ୍ର ଆହ୍ୱାନ ଓ ନିକଟରେ ପକ୍ଷୀର କାକଳି, ପୁଷ୍ପର ସୁରଭି, ମନୁଷ୍ୟର ଦୁଃଖ, ସବୁକିଛି କବିଙ୍କର ହୃଦୟକୁ ଉଦ୍‌ବେଳିତ କରିଥିଲା । ଅତୀତର ସୁଦୀର୍ଘ ପରମ୍ପରାକୁ ରୂପମୟ, ଭାବମୟ, ରସମୟ ଧାରାରେ ଅନାଗତ ଭବିଷ୍ୟତ ମୁଖରେ ପ୍ରବାହିତ କରିଦେବାର ଏକ ସାର୍ଥକ ପ୍ରୟାସ ହିଁ ବୈକୁଣ୍ଠଙ୍କ କାବ୍ୟ ଜଗତର ସୃଷ୍ଟି ।

(ବୈକୁଣ୍ଠନାଥ ପରିକ୍ରମା, ପୃ:୪୫)

(୧୧) "ନବଯୌବନ' ପଦ୍ୟର ଛନ୍ଦ ବିନ୍ୟାସ ଓ ତା'ର ଅବାଧ ଉଚ୍ଛ୍ୱସିତ ଗତି ମୂଳରେ ବଙ୍ଗୀୟ କବି କାଜି ନଜ୍‌ରୁଲ୍ ଇସ୍‌ଲାମ୍ ଓ ରବୀନ୍ଦ୍ରନାଥଙ୍କ ପ୍ରଭାବ ପଡ଼ିଥିବାର ମୁଁ ଅନୁଭବ କରେ ।"

(ବୈକୁଣ୍ଠନାଥ ଗ୍ରନ୍ଥାବଳୀ, ପ୍ରଥମ ଭାଗ, ପୃ:୫୬)

(୧୨) "ଆମ ଆଦର୍ଶ ବିଷୟରେ ମୋର ଆଉ ବିଶେଷ କିଛି କହିବାର ନାହିଁ । ତେବେ ତାରୁଣ୍ୟକୁ ଦେଶରେ ଚିର ଜାଗ୍ରତ ଓ ନୂଆ ନୂଆ ଭାବ ସୃଷ୍ଟି କରି ସାହିତ୍ୟ ମାଧ୍ୟମରେ ଦେଶ ଆଗରେ ଉପସ୍ଥାପିତ କରିବା ହେଲା ଆମ ସବୁଜ ଗୋଷ୍ଠୀର ମୁଖ୍ୟ ନୀତି ଓ ଲକ୍ଷ୍ୟ । ସେଥିଲାଗି ଉଚ୍ଛୃଙ୍ଖଳ ବିପ୍ଳବ ଅପେକ୍ଷା କଳ୍ପନା ଓ ଭାବପ୍ରବଣତାର ପ୍ରୟୋଜନ ଅଧିକ ।

(ସବୁଜ କବିତା, ପୃ:୮)

(୧୩) "କଲେଜରେ ଅଧ୍ୟୟନ କାଳରେ ମୁଁ ରବୀନ୍ଦ୍ରନାଥ ଓ ରୋମାରେଲାଁ ଶରତ୍‌ଚନ୍ଦ୍ର, ୱ୍ୟାଲ୍‌ଟ୍ ୱାଇଟ୍‌ମ୍ୟାନ୍, ୱାର୍ଡସୱର୍ଥ, ସେଲି ବ୍ରାଉନିଂ ପଢ଼ିଥିଲି । ବ୍ରିଟିଶ କବିମାନଙ୍କ ମଧ୍ୟରେ ୱାର୍ଡସୱର୍ଥ, ସେଲିଙ୍କର ପ୍ରଭାବ ମୁଁ ବହୁ ପରିମାଣରେ ଅନୁଭବ କରିଅଛି । ଏକୁଟିଆ ଥିଲାବେଳେ ମୁଁ ମନେ ମନେ ସେମାନଙ୍କ ଲେଖାକୁ ଆବୃତ୍ତି କରିଥାଏ । ପ୍ରାପ୍ତବୟସ୍କ ହୋଇ ସୁଦ୍ଧା ୱାର୍ଡସୱାର୍ଥଙ୍କର କେତେକ ପଙ୍‌କ୍ତି ଆବୃତ୍ତି କରି ନିଜେ ନିଜେ ଉପଭୋଗ କରେ ।"

(ବୈକୁଣ୍ଠନାଥ ଗ୍ରନ୍ଥାବଳୀ, ୧ମ ଖଣ୍ଡ, ପୃ: ୩୨/୩୩)

(୧୪) ଏଭଳି ଜଣେ କବି, ଯାହାର ଶିକ୍ଷାଗୁରୁ ନୀଳକଣ୍ଠ ଓ ଗୋଦାବରୀଶ ଯାହାର ଆଦର୍ଶ ବିଲ୍ୱମଙ୍ଗଳ, ଯାହାର ହାତ ଧରି ବଂଶୀଧାରୀଙ୍କ ବଂଶୀ ଲେଖାଏ କବିତା, ଯିଏ ସମାଜକୁ ବଦଳାଇ ଦେବାର ସ୍ୱପ୍ନ ଦେଖେ, ଯିଏ ସାରାଜୀବନ ଶିକ୍ଷକ ହୋଇ ରହିବାକୁ ଚାହେଁ, ଯିଏ ଅଭିମନ୍ୟୁ ସାମନ୍ତସିଂହାରଙ୍କ ଶ୍ରୀରାଧାଙ୍କଠାରୁ ପ୍ରେମର ମନ୍ତ୍ର ଶିଖେ, ଭୀମଭୋଇଙ୍କ 'ସ୍ତୁତି ଚିନ୍ତାମଣି' ଯାହାକୁ ଆଲୋକବର୍ତ୍ତିକା ଭଳି ଦିଶେ, ୱ୍ୱର୍ଡସୱର୍ଥ - ଶେଲୀ ଓ ୟେଟ୍‌ସ ଯାହାର ପ୍ରିୟ ଇଂରାଜୀ କବି, ଯିଏ ସାମ୍ୟବାଦରେ ଅନୁପ୍ରାଣିତ ହେଲାବେଳେ ଭାବେ ଯେ ବିଦୁରଙ୍କ ଘରେ ଶାକାନ୍ନ ଖାଇଥିବା ଶ୍ରୀକୃଷ୍ଣ ହିଁ ସାମ୍ୟବାଦର ପ୍ରକୃତ ଜନ୍ମଦାତା ଓ ସେଇ କବି ଯିଏ ସାରା ଜୀବନରେ କବିତାର ସ୍ୱପ୍ନ ମାତ୍ର ଥରକ ପାଇଁ ଦେଖେ ସେ ବୈକୁଣ୍ଠନାଥ ପଟ୍ଟନାୟକ ।

(ଆଧୁନିକତାର ପରଂପରା - ହରପ୍ରସାଦ ଦାସ - ପୃ:୨୪୯)

(୧୫) "Romantic Imagination" - C.M. Bowra - Page-3

(୧୬) ଜିଜ୍ଞାସୁ ରବୀନ୍ଦ୍ରନାଥ, ଶ୍ରୀ ଭବାନୀଶଙ୍କର ଚୌଧୁରୀ, ପୃ-୧୨୨

(୧୭) ସବୁଜ କବିତାର ଧାରା, ଆଧୁନିକ ଓଡ଼ିଆ ସାହିତ୍ୟର ଭୂମି ଓ ଭୂମିକା, ପୃ-୧୧୩, ଶ୍ରୀ ରାଘବାନନ୍ଦ ନାୟକ

(୧୮) ମୁଁ ଗୋ ଆସିଅଛି ନବଯୌବନ/ ନବଯୌବନ
ମୁଁ ଗୋ ମଧୁ ସହଚର ଆସିଛି ଭାସି,/ ଭରି ଅଛି କରେ କୁସୁମ ରାଶି,

ମୁଁ ଗୋ ମଧୂ ତୁଳେ ନିତି ହସଇ ରସଇ/ ସ୍ୱପ୍ନେ ଭାସଇ, ସ୍ୱପ୍ନେ ଲସଇ
ସ୍ୱପ୍ନକୁ କରେ ଚୁମ୍ବନ !
ମୁଁ ଗୋ ଯୌବନ/ ନବ ଯୌବନ ! (ବୈକୁଣ୍ଠନାଥ ଗ୍ରନ୍ଥାବଳୀ, ପୃ-୨୫୫)

(୧୯) କେବେ କେବେ ମୁଁ ଗୋ/ ଚାହିଁ ରହେ ପ୍ରିୟ
ପଲ୍ଲୀବାଳାର ହଂସ ଗତି,
କକ୍ଷେ କଳସି ସରଳ ଚାହାଣି
ଟଳି ପଡ଼େ ଦେଖି ତରଳ ମତି ।

(ବୈକୁଣ୍ଠନାଥ ଗ୍ରନ୍ଥାବଳୀ, ପୃ:୨୫୭)

(୨୦) "ବକୁଳ ମଲ୍ଲୀ/ ସୁରଭି ଟଡ଼ି/ ପଡ଼ଇ ନୀଳ ଗଗନୁ
ଉଠଇ ଗାଇ/ ପୀରତି ବାଇ/ କୋକିଳ ଦୂର କାନନୁ ।"
(ପାଟଣା ୧୯୨୭, ବୈକୁଣ୍ଠନାଥ ଗ୍ରନ୍ଥାବଳୀ, ପ୍ରଥମ ଭାଗ, ଯୌବନ ପୂଜା,ପୃ-୩୩୬)

(୨୧) "ଯେଉଁଠି ଯୌବନର ସ୍ୱପ୍ନରେ କବି ବିଭୋର, ସେଠି ପୁଣି ଜରାର ଓ ମୃତ୍ୟୁର ଭୀମ ସଂକେତରେ ସଂକୁଚିତ ଓ ମ୍ରିୟମାଣ । ସତେ ଯେପରି ମୂଳରୁ ହିଁ ସବୁଜ ହୋଇଛି ପଳିତ ଓ ଜରାଗ୍ରସ୍ତ ।"

(ଡକ୍ଟର ନିତ୍ୟାନନ୍ଦ ଶତପଥୀ - ସବୁଜରୁ ସାଂପ୍ରତିକ, ପୃ-୩୩)

(୨୪) "ଏ ଶୋଭାର ନାହିଁ ତ ମରଣ ପ୍ରାଣସ୍ପର୍ଶୀ ନିତ୍ୟ ସୁମଙ୍ଗଳ
କର ଯୁବା ଆନନ୍ଦେ ବରଣ ପ୍ରେମ ପୂତ ଅଶ୍ରୁଜଳ ।"

(ଚିଲିକାରେ ରାତ୍ରି, ବୈକୁଣ୍ଠନାଥ ଗ୍ରନ୍ଥାବଳୀ, ପୃ-୨୫୯)

(୨୫) ଯେ ଦେଶଭରା ମଳୟ ଚୋର/ ଫୁଲ ପରାଗ ଯାଏ ଗୋ ବୋଳି
ପୀରତି ଦୋଳେ କାମିନୀ ଜନ/ ଉତ୍ତରୀୟ ଦିଏ ଗୋ ଖୋଲି
ଗଭୀର ଲାଜେ ନୁଆଇଁ ଆଖି
ବାନ୍ଧେ ପ୍ରିୟା ପୀରତି ଚାଖି
ନିଶୂନ ଭୂଇଁ ପ୍ରଣୟୀ ଚାହିଁ/ ଚୁମ୍ବନଟି ଯାଏ ଗୋ ତୋଳି,
ଉତ୍ତରୀୟ ଦିଏ ଗୋ ଖୋଲି

(ଅଳକା, ବୈକୁଣ୍ଠନାଥ ଗ୍ରନ୍ଥାବଳୀ, ପ୍ରଥମ ଭାଗ, ପୃ-୭)

(୨୬) ପରମ ପରଶ ପୌଷ ପବନ/ ଛିନ୍ନ କର ଏ ମରମ
ସରିଆସେ ସବୁ ସଙ୍ଗୀତ ମୋର/ ମଉଳଇ ମୋର କରମ ।
(ପୌଷ ପବନ, ବୈକୁଣ୍ଠନାଥ ଗ୍ରନ୍ଥାବଳୀ, ପୃ-୨୬୧)

(୨୭) କବି ପ୍ରେୟସୀ, ବୈକୁଣ୍ଠନାଥ ଗ୍ରନ୍ଥାବଳୀ, ପୃ-୨୭୩

(୨୮) ଆକାଶ ଆଜି ଶୁଭ୍ର ବେଶେ/ ହେଲା ଚଞ୍ଚଳେ,
ସମୀରଣେ ଖେଳି ବୁଲେ/ ଏକା ଅଞ୍ଚଳ !
ଶେଫାଳିକା ଆତ୍ମହରା
ତାର, ଗନ୍ଧେ ଚତୁର୍ଦ୍ଦିଗ ଭରା/ ଆଜି ବିଶ୍ୱ ପ୍ରାଣ ପରଶିଗଲା ।
ପୁଣ୍ୟ ମଙ୍ଗଳ !

(ଶାରଦ ସ୍ପର୍ଶ, ବୈକୁଣ୍ଠନାଥ ଗ୍ରନ୍ଥାବଳୀ, ପୃ-୨୭୪)

(୨୯) ସେ ଯେ, କାଶଫୁଲେ ଭରିଛି ତନୁ/ ଶ୍ୟାମଳ ଶିରେ
ତାର, ମନ୍ଦହାସ, ଖେଳି ବୁଲେ/ ନଭେ ଅସ୍ଥିରେ !
ମାଳତି ତାର କଙ୍କଣ,/ ସ୍ତୁରେ, ଅଙ୍ଗୁ ଗନ୍ଧ ଚନ୍ଦନ,
ପାଗଳ ସେ ଯେ ଖେଳିବୁଲେ/ ଦଳି ଅର୍ଗଳ।

(ଶାରଦ ସ୍ପର୍ଶ, ବୈକୁଣ୍ଠନାଥ ଗ୍ରନ୍ଥାବଳୀ, ପୃ-୨୭୪)

(୩୦) ତୁମେ ବୋଲି ହୋଇ ଆସ ଅରୁଣ ଉଷାର କିରଣ
ତୁମ ପଦ ସଞ୍ଚାରେ ଚମକି ଚାହେଁ ସ୍ୱପନେ
ମୁଁ ଗୋ ଭୁଲି ଯାଏଁ ମୋର ହତାଶ ବିକଳ ଜୀବନ
ତୁମେ, ନିତି ନିତି ମୋତେ ଡାକିନିଅ ମଧୁ ବିଜନେ।

(ପ୍ରୀତି ଆବାହନ, ବୈକୁଣ୍ଠନାଥ ଗ୍ରନ୍ଥାବଳୀ, ପୃ:୨୭୬)

(୩୧) x x x x x x
ମଧୁର ପ୍ରଣୟ ! ମଧୁର ସ୍ୱପ୍ନ ପ୍ରିୟ
ଅଶେଷାନନ୍ଦ ପୁଲକି ଉଠଇ ହିୟା।

(ପ୍ରୀତି ଆବାହନ, ବୈକୁଣ୍ଠନାଥ ଗ୍ରନ୍ଥାବଳୀ, ପ୍ରଥମ ଭାଗ, ପୃ:୨୭୬)

(୩୨) x x x x x x
ପ୍ରଳୟର ଏକ ଉନ୍ମାଦ ଡାକ/ ଏ କି ମୂର୍ଚ୍ଛନା ଥରେ ଆଖପାଖ
କେଉଁ ମତୁଆଲ ଡାକେ ଆସ ଆଜି/ ମୁକ୍ତ ବିଶ୍ୱ ଅଙ୍ଗନ
ସାଇଁ ସାଇଁ ବହେ ପବନ

(ବର୍ଷା ସଙ୍ଗୀତ, ବୈକୁଣ୍ଠନାଥ ଗ୍ରନ୍ଥାବଳୀ, ପ୍ରଥମ ଭାଗ, ପୃ:୨୮୧)

(୩୩) ବାହାରେ ଭିତରେ ଯୌବନ ଖେଳ/ ବରଷାର ଧାର ପ୍ରାନ୍ତରେ,
ଛୁଟଇ ଯେସନେ ଅନନ୍ତ ଯୁବା/ ନବଯୌବନ ମନ୍ତ୍ରରେ।

(ବୈକୁଣ୍ଠନାଥ ଗ୍ରନ୍ଥାବଳୀ, ପ୍ରଥମ ଭାଗ, ପୃ-୨୮୧)

(୩୪) ଯହିଁ ସନ୍ଧ୍ୟା ସ୍ନିଗ୍ଧ ଅଳସନୟନେ ଚାହେଁ,
ଯହିଁ ମଳୟ ଅସୀମ ପ୍ରଣୟର ଗୀତ ଗାଏ,
ଯହିଁ ନିତ୍ୟ ନବୀନ ଯୌବନ ବୀଣା ଗାଏ,
ସେ ଦେଶେ ଯିବି ମୁଁ ସେ ଦେଶେ ଯିବି।

(ପ୍ରଣୟୀର ସ୍ୱପ୍ନ, ବୈକୁଣ୍ଠନାଥ ଗ୍ରନ୍ଥାବଳୀ, ପ୍ରଥମ ଭାଗ, ପୃ-୨୮୨)

(୩୬) ଦେଖିଲେ ଥରେ ତା'ର କଜଳ କଳା ଆଖି
ପଥିକ ପ୍ରୀତି ଫାନ୍ଦେ ପରାଣ ଯିବ ଲାଖି
କଳା ସେ କଳା ହେଉ ଶୋଚନା କିଛି ନାହିଁ
ମୁଁ ଗୋ ତାହାରି ପାଇଁ ସେ ତ ମୋହରି ପାଇଁ।

(ବୈକୁଣ୍ଠନାଥ ଗ୍ରନ୍ଥାବଳୀ, ୧ମ ଭାଗ, ପୃ:୨୯୦)

(୩୭) ରାଜାର ତନୟା ସ୍ୱପ୍ନରାଜ୍ୟେ/ ସଙ୍ଗୀତେ ତାର ବାସ,
ଏଇ ପଥେ ଯାଉଁ ଢାଳିଗଲା କେତେ ? କୁସୁମ ଧବଳ ହାସ !
ନ ଥିଲା ତା ଅବକାଶ ।
(ବୈକୁଣ୍ଠନାଥ ଗ୍ରନ୍ଥାବଳୀ, ରାଜଜେମା, ପୃ:୩୪୮)

(୩୮) ଡକ୍ଟର ନିତ୍ୟାନନ୍ଦ ଶତପଥୀ, ସବୁଜରୁ ସାଂପ୍ରତିକ, ପୃ-୩୫

(୩୯) କବି ଓ କବିତା, ଶ୍ରୀ ମାୟାଧର ମାନସିଂହ, ପୃ:୪

(୪୦) ବୈକୁଣ୍ଠନାଥ ଗ୍ରନ୍ଥାବଳୀ, ଜୀବନୀ ଓ କୃତି, ପୃ-୧୮

(୪୧) ଜୀବନୀ ଓ କୃତି, ବୈକୁଣ୍ଠନାଥ ଗ୍ରନ୍ଥାବଳୀ, ପୃ-୩୫

(୪୨) ଜୀବନୀ ଓ କୃତି, ବୈକୁଣ୍ଠନାଥ ଗ୍ରନ୍ଥାବଳୀ, ପୃ-୩୮

(୪୩) ଆରତି, ବୈକୁଣ୍ଠନାଥ ଗ୍ରନ୍ଥାବଳୀ, ପୃ-୧୩

(୪୪) ଆରତି, ବୈକୁଣ୍ଠନାଥ ଗ୍ରନ୍ଥାବଳୀ, ପୃ:୧୩

(୪୫) ଆରତି, ବୈକୁଣ୍ଠନାଥ ଗ୍ରନ୍ଥାବଳୀ, ପୃ:୧୩

(୪୬) ଆରତି, ବୈକୁଣ୍ଠନାଥ ଗ୍ରନ୍ଥାବଳୀ, ପୃ:୧୫

(୪୭) ଆରତି, ବୈକୁଣ୍ଠନାଥ ଗ୍ରନ୍ଥାବଳୀ, ପୃ:୧୬

(୪୮) ଆରତି, ବୈକୁଣ୍ଠନାଥ ଗ୍ରନ୍ଥାବଳୀ, ପୃ-୧୭

(୪୯) ଆରତି, ବୈକୁଣ୍ଠନାଥ ଗ୍ରନ୍ଥାବଳୀ, ପୃ-୧୭

(୫୦) ଆରତି, ବୈକୁଣ୍ଠନାଥ ଗ୍ରନ୍ଥାବଳୀ, ପୃ:୧୮

(୫୧) କବିବନ୍ଧୁ, ବୈକୁଣ୍ଠନାଥ ଗ୍ରନ୍ଥାବଳୀ, ପୃ:୩୩

(୫୨) "ଅନ୍ଧାରେ ବିଜୁଳିର ଚମକେ/ ତୁଚ୍ଛତା ଭୀତିହର ପଲକେ
ନିର୍ଜୀବ ଅଙ୍ଗ ମୋ ପୁଲକେ/ ଲଭି ତୁମ ବାଣୀ ବରାଭୟ ହେ
ଜୟ ଚିର ମଙ୍ଗଳମୟ ହେ ।"
(ବନ୍ଦୀ ବନ୍ଦନା, ବୈକୁଣ୍ଠନାଥ ଗ୍ରନ୍ଥାବଳୀ, ପୃ-୫୨୮)

(୫୩) ପଙ୍ଗୁର ଆରତି, ବୈକୁଣ୍ଠନାଥ ଗ୍ରନ୍ଥାବଳୀ, ପୃ-୪୫୧

(୫୪) ନାହିଁ ଯେ ଦୈନ୍ୟ, ନାହିଁ କିଛି ଅନୁନୟ/ ତୁମ ସଙ୍ଗୀତ ଶିଖାଇ ହରିଛି ଭୟ
ତୁମରି ଇଚ୍ଛା ସହଜ ଲଭ୍ୟ କରି/ ପଙ୍ଗୁରେ ଆଜି ଧନ୍ୟ କରିଛ ହରି ।
(ପଙ୍ଗୁର ଆରତି, ବୈକୁଣ୍ଠନାଥ ଗ୍ରନ୍ଥାବଳୀ, ପୃ-୪୫୨)

(୫୫) ତୁମରି ବିରହ ଆଜି ସ୍ମୃତି ଧାର/ ଆସ ପ୍ରିୟତମ ମୋ ଘର ସୁନ୍ଦର
ପର ପରି କଲି କେତେ ହତାଦର;/ ପର ପ୍ରୀତିର ସେ ଶମଇ କି ତୃଷା ?
ବଳଇ କି ପ୍ରୀତିଝରା ଫୁଲହାରେ ।
(ପଥେଘାଟ, ବୈକୁଣ୍ଠନାଥ ଗ୍ରନ୍ଥାବଳୀ, ପୃ-୫୩୨)

(୫୬) ଉପାସନା, ବୈକୁଣ୍ଠନାଥ ଗ୍ରନ୍ଥାବଳୀ, ପ୍ରଥମ ଖଣ୍ଡ, ପୃ-୨୬

(୫୭) କବିବନ୍ଧୁ, ବୈକୁଣ୍ଠନାଥ ଗ୍ରନ୍ଥାବଳୀ, ପ୍ରଥମ ଖଣ୍ଡ, ପୃ-୩୧

(୫୮) ସବୁଜରୁ ସାଂପ୍ରତିକ, ଡକ୍ଟର ନିତ୍ୟାନନ୍ଦ ଶତପଥୀ, ପୃ-୩୭

(୫୯) କିନ୍ତୁ ଓଡ଼ିଆ ଭକ୍ତି ସାହିତ୍ୟର ଯେଉଁ ବଳିଷ୍ଠ ଧାରା ମଧ୍ୟଯୁଗୀୟ ପଞ୍ଚସଖା ସାହିତ୍ୟ ତଥା ଅଭିମନ୍ୟୁ,

ଦୀନକୃଷ୍ଣ, ଗୋପାଳ କୃଷ୍ଣ, ଭକ୍ତଚରଣଙ୍କ କାବ୍ୟ କବିତା ମଧ୍ୟ ଦେଇ ଭକ୍ତକବି ମଧୁସୂଦନଙ୍କ ଯାଏ ପ୍ରବାହିତ, ବୈକୁଣ୍ଠନାଥ ଆଧୁନିକ ଓଡ଼ିଆ କାବ୍ୟ ସାହିତ୍ୟରେ ସେହି ପରଂପରାରେ ଜଣେ ସାର୍ଥକ ପ୍ରତିନିଧି ଏହା ସ୍ୱୀକାର କରିବାକୁ ହେବ।

(କବି ବୈକୁଣ୍ଠନ ନାଥ ପଟ୍ଟନାୟକ, ଶ୍ରୀ ହୃଦା ଚରଣ କୁଅଁର, ପୃ-୧୬)

(୬୦) "ମିଷ୍ଟିକ୍ କବିର ଭାଷା ହେଉଛି ପ୍ରତୀକଧର୍ମୀ। ରହସ୍ୟବାଦୀ କବି ଯେତେବେଳେ ନିଜକୁ ପ୍ରକାଶ କରେ, ସେ କୌଣସି ପ୍ରତୀକର ଆଶ୍ରୟ ଗ୍ରହଣ କରିଥାଏ। ସେ ବହୁ ମଧ୍ୟରେ ଏକର, ବିଭିନ୍ନ ମଧ୍ୟରେ ଅଭିନ୍ନର ରୂପାଲୋକ ସନ୍ଦର୍ଶନ କରେ। ମିଷ୍ଟିକ୍ କବିତାରେ ଅନନ୍ତ ଓ ଅସୀମର ସନ୍ଧାନ ମିଳିଥାଏ। କ୍ଷୁଦ୍ର ମଧ୍ୟରେ ବିରାଟର ଅନୁଭବ ଆସେ। ରୂପ ମଧ୍ୟରେ ରୂପାତୀତର ସନ୍ଧାନ ଦିଏ ମରମୀ କବି।"

(ବୈକୁଣ୍ଠନାଥ ପରିକ୍ରମା, ରହସ୍ୟବାଦ ଓ କବି ବୈକୁଣ୍ଠନାଥ, ଅଧ୍ୟାପକ ପଠାଣି ପଟ୍ଟନାୟକ, ପୃ-୧୩୭)

(୬୧) ସବୁଜ କବିତାର ଧାରା, ଶ୍ରୀ ରାଘବାନନ୍ଦ ନାୟକ, ଆଧୁନିକ ଓଡ଼ିଆ ସାହିତ୍ୟର ଭୂମି ଓ ଭୂମିକା, ପୃ-୧୧୩

(୬୨) ସବୁଜରୁ ସାଂପ୍ରତିକ, ପୃ-୩୭

(୬୩) "କେ ସେ ବରେଣ୍ୟ ଭର୍ଗ ପରମସୁନ୍ଦର/ ପୂର୍ଣ୍ଣ ଅପ୍ରତିମ ପୂରି ବାହ୍ୟ ଅଭ୍ୟନ୍ତର। x x x ଆବର କଲ୍ଲୋଳମୟୀ ମହାସରସ୍ୱତୀ/ ସ୍ୱସ୍ତିପୂର୍ଣ୍ଣ ସୁଗମ୍ଭୀରା ବାଣୀ ଭଗବତୀ/ ଉତ୍ସ ପ୍ରାୟେ ଉତ୍ସାରିତ ଭେଦି ହୃଦସ୍ତର/ ଅମୃତ ସୁନତ ନାଦେ ପୂରେ ଚିଦାମ୍ବର।"

(ଋଷି ପ୍ରାଣେ ଦେବାବତରଣ, ଭକ୍ତକବି ମଧୁସୂଦନ ରାଓ ଗ୍ରନ୍ଥାବଳୀ, କୁସୁମାଞ୍ଜଳି, ପୃ-୯୪)

(୬୪) କବି ହେବାର ବାସନା ମୋର କେବେ ନ ଥିଲା। "It at all I am a poet that is accident." ବାଲ୍ୟକାଳରୁ ବିପ୍ଳବ କରିବାର ଇଚ୍ଛା ମୋର ଥିଲା ଓ ରାଜନୀତିଜ୍ଞ ହେଲେ ରାଜ୍ୟର ପରିସ୍ଥିତି ବଦଳାଇ ପାରିବି ବୋଲି ବିଶ୍ୱାସ ଥିଲା। ପ୍ଲାଟ୍‌ଫର୍ମରେ ଠିଆହୋଇ ଲମ୍ବା ବକ୍ତୃତା ଦେଉଥିବା କଥା ସ୍ୱପ୍ନରେ ଦେଖିଅଛି। କବିତାର ସ୍ୱପ୍ନ ଥରେ ମାତ୍ର ଦେଖିଥିଲି।

(ବୈକୁଣ୍ଠନାଥ ଗ୍ରନ୍ଥାବଳୀ, ପ୍ରଥମ ଭାଗ, ପୃ-୩୫)

(୬୫) ସବୁଜରୁ ସାଂପ୍ରତିକ, ଡକ୍ଟର ନିତ୍ୟାନନ୍ଦ ଶତପଥୀ, ପୃ:୩୮

(୧) ସବୁଜ ଅକ୍ଷର, ଅନ୍ନଦା ଶଙ୍କର ରାୟ, ଭୂମିକା

(୨) ସବୁଜ ଅକ୍ଷର, ଅନ୍ନଦା ଶଙ୍କର ରାୟ, ପରିଚୟ ପର୍ବ, ପୃ:୨୫୪

(୩) ବୈକୁଣ୍ଠନାଥ ପରିକ୍ରମା, ବନ୍ଧୁ ବୈକୁଣ୍ଠନାଥ, ପୃ:୨୧୭

(୪) ବାଲ୍ୟକାଳରୁ ସେ ଥିଲେ ସାହିତ୍ୟ ପ୍ରତି ଅନୁରାଗୀ। ସ୍କୁଲ୍‌ରେ ପଢ଼ିବାବେଳେ 'ଛାତ୍ର ଦର୍ପଣ' ନାମକ ଏକ ହସ୍ତ ଲିଖିତ ପତ୍ରିକା ପ୍ରକାଶ କରୁଥିଲେ - ଓଡ଼ିଆ ସାହିତ୍ୟ ସଂକ୍ଷିପ୍ତ ପରିଚୟ, ବୃନ୍ଦାବନ ଆଚାର୍ଯ୍ୟ, ପୃ:୨୭୬

(୫) ମୁଁ ଯେତେଦୂର ଜାଣେ ସବୁଜ ଦଳ ନାଁଟା ଆମେ ଦେଇ ନ ଥିଲୁ, ଦେଇଥିଲେ ଆଲୋଚକମାନେ। ସେମାନେ କହୁଥିଲେ ଏମାନେ ସବୁଜ ଦଳ ପୋଖରୀରେ ଯେପରି ମାଛ ମଳା ଦେଖାଯାଏ। ସେମାନେ

ଭାବିଥିଲେ ଆମେ ଭାସି ଭାସି ଆସିଛୁ – ଭାସିଯିବୁ – ଓଡ଼ିଆ ସାହିତ୍ୟରେ ଆମ ଚିହ୍ନ ରହିବ ନାହିଁ। ବୈକୁଣ୍ଠ, କାଳିନ୍ଦୀ ସେମାନଙ୍କ ଜୀବନ ବ୍ୟାପୀ ସାଧନା ଦ୍ୱାରା ପ୍ରମାଣ କରି ଦେଇଛନ୍ତି ଯେ ଓଡ଼ିଆ ସାହିତ୍ୟର ବିକାଶରେ ସବୁଜ ଗୋଷ୍ଠୀର ଭୂମିକା ଅକିଞ୍ଚିତ୍ କିଛି ନୁହେଁ।

(ବୈକୁଣ୍ଠନାଥ ପରିକ୍ରମା, ସଖା ବୈକୁଣ୍ଠ, ପୃ: ୨୧୧)

(୬) ଦୂରେ ଥାଇ ମୁଁ ଲକ୍ଷ୍ୟ ରଖୁଥାଏ ଯେ 'ଉତ୍କଳ ସାହିତ୍ୟ'ରେ ବୈକୁଣ୍ଠ ଓ କାଳିନ୍ଦୀଙ୍କ ଅପ୍ରତିଦ୍ୱନ୍ଦ୍ୱୀ ଆସନ। x x x ଆନନ୍ଦିତ ହେଲି। ରବି... ବୋଧକଲି।

(ବୈକୁଣ୍ଠନାଥ ପରିକ୍ରମା, ସଖା ବୈକୁଣ୍ଠ, ଅନ୍ନଦାଶଙ୍କର ରାୟ, ପୃ-୨୧୨)

(୭) କବି କାଳିନ୍ଦୀ ଚରଣଙ୍କର କାବ୍ୟ ଜୀବନର ପ୍ରାରମ୍ଭ ୧୯୨୦ରୁ ଏବଂ ଏହାର ସବୁଜ ସ୍ଥିତି ପ୍ରାୟ ୧୯୩୨ ପର୍ଯ୍ୟନ୍ତ। ୧୯୩୨ ମସିହା ପରେ ତାଙ୍କ କାବ୍ୟ ସ୍ୱରରେ ଏକ ସଚେତନ ଭିନ୍ନ ଗତି ପରିଲକ୍ଷିତ ହୁଏ ଏବଂ ଏ ଗତି ପ୍ରାୟ ୧୯୪୫ ମସିହା ପର୍ଯ୍ୟନ୍ତ ବିକାଶପ୍ରାପ୍ତ। ତା'ପରେ କବି କାଳିନ୍ଦୀଚରଣ ଗଦ୍ୟର ଦିଗନ୍ତ ବିସ୍ତୃତି ବିତାନରେ ହଜିଯାଆନ୍ତି। ତାଙ୍କ କବିତା ପରିଣତମୁଖୀ ହୋଇପାରେ ନାହିଁ। ଅନ୍ନଦାଶଙ୍କରଙ୍କର କାବ୍ୟ ଜୀବନରେ ପ୍ରାରମ୍ଭ ଅଛି, କିନ୍ତୁ ବିକାଶ ବା ପରିଣତି ନାହିଁ। କିନ୍ତୁ କାଳିନ୍ଦୀଚରଣଙ୍କର କାବ୍ୟ ଜୀବନରେ ପ୍ରାରମ୍ଭ ଓ ବିକାଶ ଅଛି, ପରିଣତି ନାହିଁ। ତଥାପି ସବୁଜ ଗୋଷ୍ଠୀ ମଧ୍ୟରେ କବି କାଳିନ୍ଦୀ ଚରଣ ହିଁ ସବୁଠାରୁ ଅଧିକ ସଚେତନ ଶିଳ୍ପୀ।

(ସବୁଜରୁ ସାଂପ୍ରତିକ, ଡକ୍ଟର ନିତ୍ୟାନନ୍ଦ ଶତପଥୀ, ପୃ-୧୮)

(୮) କବି ଅନ୍ନଦାଶଙ୍କର ତାଙ୍କର 'ସବୁଜ ପରୀ' କବିତାରେ ଏହି ରୋମାଣ୍ଟିକ୍ ଚିନ୍ତାଧାରାର ମଙ୍ଗଳାଚରଣ ଗାନ କରିଛନ୍ତି। ସବୁଜ ଶବ୍ଦଟି ଇଂରାଜୀ 'ଗ୍ରୀନ୍' ଶବ୍ଦରୁ ଅବଧାରିତ ବୋଲି କବି 'କାଳିନ୍ଦୀ ଚରଣ' ସ୍ୱୀକାର କଲାବେଳେ ହରିହର ଓ ଅନ୍ନଦାଶଙ୍କର ଆଦି ବଙ୍ଗଳାରେ ପ୍ରକାଶ ପାଇଥିବା 'ସବୁଜ ପତ୍ର'କୁ ସବୁଜ ଚିନ୍ତାଧାରାର ଅଗ୍ରଜ ରୂପେ ଗ୍ରହଣ କରନ୍ତି।

(କଳ୍ପନାର ଅଭିଷେକ, ସବୁଜ କବିତା ଆଦି ଓ ଆବର୍ତ୍ତ, ଡକ୍ଟର ପ୍ରତିଭା ଶତପଥୀ, ପୃ-୨୨୧)

(୯) The term is charaterised by the qualities of remoteness desolation, disillusion, decay, passion, divine unrest, melancholy and the embracing bows of the imagination. It is suggestive of strangers and adventure. Never satisfied aspiration after the unknown and unattainable.

(୧୦) ଓଡ଼ିଆ ସାହିତ୍ୟର କ୍ରମ ବିକାଶ, ସୁରେନ୍ଦ୍ର ନାଥ ମହାନ୍ତି, ପୃ-୩୪୬

(୧୧) ତେଣୁ କାଳିନ୍ଦୀଚରଣଙ୍କ କାବ୍ୟ ଜୀବନ ଏକ ପାରମ୍ପରିକ ଚେତନା ଭିତରୁ ଆରମ୍ଭ ହୋଇଥିଲା ବୋଲି କହିଲେ ଅତ୍ୟୁକ୍ତି ହେବ ନାହିଁ।

(ସବୁଜରୁ ସାଂପ୍ରତିକ, ଡକ୍ଟର ନିତ୍ୟାନନ୍ଦ ଶତପଥୀ, ପୃ-୧୯)

(୧୨) ଅବଶ୍ୟ ବ୍ୟକ୍ତିଗତ ଅନୁଭୂତିର ମାତ୍ରାଧିକ୍ୟ ହେତୁ ତାଙ୍କ କାବ୍ୟସ୍ୱର କେତେବେଳେ କରୁଣ ବା ବିଷାଦବାଦୀ, କେତେବେଳେ ଉଲ୍ଲସିତ ଓ ଆନନ୍ଦମୁଖର ମନେହୁଏ।

(ସବୁଜରୁ ସାଂପ୍ରତିକ, ଡକ୍ଟର ନିତ୍ୟାନନ୍ଦ ଶତପଥୀ, ପୃ-୨୦)

(୧୩) ପ୍ରାରମ୍ଭିକ କବିତାଗୁଡ଼ିକରେ ତେଣୁ ପାଠକ ସମତା ସଂପୂର୍ଣ୍ଣ କୌଣସି ଗୁରୁତ୍ୱପୂର୍ଣ୍ଣ ଭାବନାର ପରିଚୟ ପାଏ ନାହିଁ।

(ସବୁଜରୁ ସାଂପ୍ରତିକ, ଡକ୍ଟର ନିତ୍ୟାନନ୍ଦ ଶତପଥୀ, ପୃ-୨୦)

(୧୪) ବଉଦ ଚଳେ ଆକାଶ ପଥେ/ ବୋଇତ ଚଳେ ସାଗରେ
ଗାଗରୀ କାଖେ ନାଗରୀ ଚଳେ/ ପରମ ଅନୁରାଗରେ
ପତାରେ ତା'ର ସ୍ୱର୍ଣ୍ଣତବ/ ଅଞ୍ଜନ ହେ ଅଞ୍ଜନ
ପଉଷ ଶେଷ ସନ୍ଧ୍ୟା ଘେନ/ ବନ୍ଦନ ! (ପଉଷ ସନ୍ଧ୍ୟା)

(୧୫) ବିବାହ ଶଙ୍ଖ ଉଠୁ ମୋ ମନ୍ଦେ ବାଜି/ ପକ୍ୱ ଧାନର ବିପୁଳ ଗନ୍ଧେ
ସୋରିଷ ଫୁଲର ମାଦକ ଛନ୍ଦେ/ ପୂରିଛି ଗଗନ ଭାସିଛି ଭୁବନ ଥରିଛି ପବନ ଆଜି ।
ବିବାହ ଶଙ୍ଖ ଉଠୁ ଗୋ ମନ୍ଦେ ବାଜି । (ମଧୁ ବିବାହ)

(୧୬) ସେ ପ୍ରେୟସୀ ମୋର ଚିର ଯୌବନ/ ନବୀନ ସେ ଚିରନ୍ତନ) (ମଧୁ ବିବାହ)

(୧୭) କୈଶୋର ମୋର ସ୍ୱପନର ସାଥୀ/ ପୌଢ଼େ ହୃଦୟ ରାଣୀ
ଜରା-ଅଙ୍ଗେ ମୋ ଢାଳିବ ନବୀନ/ କ୍ଳାନ୍ତି ହର ତା' ବାଣୀ । (ମଧୁ ବିବାହ)

(୧୮) ତାଙ୍କ କଳ୍ପନାରେ ଏଠି ପ୍ରେୟସୀ ରୂପ-ସାମ୍ରାଜ୍ୟର ସାମ୍ରାଜ୍ଞୀ, ସ୍ନେହ ମମତା ପ୍ରଣୟ ପ୍ରୀତିରେ ଅନୁପମା, ଯୌବନର ଏକ ଅସରନ୍ତି ଝରଣା ।

(ସବୁଜରୁ ସାଂପ୍ରତିକ, ଡକ୍ଟର ନିତ୍ୟାନନ୍ଦ ଶତପଥୀ, ପୃ-୨୧)

(୧୯) ଡକ୍ଟର ପ୍ରତିଭା ଶତପଥୀ, କଳ୍ପନାର ଅଭିଷେକ, ପୃ-୨୪୪

(୨୦) ଡକ୍ଟର ନିତ୍ୟାନନ୍ଦ ଶତପଥୀ, ସବୁଜରୁ ସାଂପ୍ରତିକ, ପୃ-୨୮

(୨୧) ଫଗୁଣର ହୋରି ଖେଳ ଗୀତ ହେ / ଆସିଛି ଧରାରେ ପ୍ରାଣ ମିତ
ଆଜି ଖାଲି ହସିବାର ଭୁଲିବାର / ଜୋଛନାରେ ନାଚ ଆଜି ବାରବାର
ପୋଛି ଆସ ନୟନରୁ ଲୁହଧାର / ବିଶ୍ୱ ହୋଇଛି ଉଲ୍ଲସିତ ଯେ ।

(ଫଗୁଣ ଜ୍ୟୋତ୍ସ୍ନା - ୨୨-୨-୧୯୨୬)

(୨୨) ଧରଣୀ ହେଲା କୋମଳ ତମ/ ଆକାଶ କମନୀୟ
ମରଣ ହେଲା ମଧୁର ତର/ ଜୀବନ ହେଲା ପ୍ରିୟ
ସେ ଗୀତେ ମୁଁ ତ ଯାଇନି ହଜି/ ନିଜକୁ ତହିଁ ପାଇଲି ଖୋଜି
ସେ ଗୀତେ ମୋର ପରାଣ ଭରି/ ଝରିଲା କି ଅମି ଅ,
ମରଣ ହେଲା ମଧୁର ତର/ ଜୀବନ ହେଲା ପ୍ରିୟ । (କୁହୁପ୍ରାସ)

(୨୩) କପୋତ ଡାକ ଡାହୁକ ଡାକେ/ ଡାକଇ ସାରୀ ଶୁକ
ତଥାପି ଧରା ଲାଗଇ କିବା/ ରହିଛି ପଡ଼ି ମୂକ । (କୁହୁ ପ୍ରାସ)

(୨୪) ୧୯୩୨ ବେଳକୁ ରଚିତ କବିତାରେ ପ୍ରେମ ପ୍ରତି, ଜୀବନ ପ୍ରତି, ସମାଜ ପ୍ରତି କବିର ଦୃଷ୍ଟିଭଙ୍ଗୀ ଖୁବ୍ ଯୁକ୍ତିପୂର୍ଣ୍ଣ, ସଂଯତ ଓ ସମାହିତ ମନେହୁଏ ।

(ଡକ୍ଟର ନିତ୍ୟାନନ୍ଦ ଶତପଥୀ, ସବୁଜରୁ ସାଂପ୍ରତିକ, ପୃ-୨୨)

(୨୫) "ସତେ ଯେପରି ପାରମ୍ପରିକ ଭାବେ କବିତା' ଜୀବନର ସମସ୍ତ କ୍ଷୟକ୍ଷତି ଦୁଃଖ ଶୋକକୁ ଭୁଲିବାକୁ ସେଇ ପରମ ଅନନୁଭୂତ ସତ୍ତା ପାଖରେ ଆଶ୍ରୟ ନେବାକୁ ବାଧ୍ୟ ହୋଇଛି । ସେ ହୋଇଛି ଛିନ୍ନପକ୍ଷ, ତେଣୁ ତା'ର ଆତ୍ମାର ପ୍ରଶାନ୍ତି ପାଇଁ ଲୋଡ଼ା ଭଗବତ ଚେତନାର ଶୀତଳ ପ୍ରଲେପ ।

(ସବୁଜରୁ ସାଂପ୍ରତିକ, ଡକ୍ଟର ନିତ୍ୟାନନ୍ଦ ଶତପଥୀ, ପୃ-୨୩)

(୨୬) ଶୀତଳ ବିଦ୍ୟୁତ୍ ସମ/ ସେ ପରଶ ଲାଗି ମମ
ଘୁଞ୍ଚାଉ ବିଷାଦ ଛାୟା ମନୁଁ।
(ଆଶ୍ଳେଷ ସ୍ୱର୍ଗ, କାଳିନ୍ଦୀ ଚରଣ କବିତା ଓ ନାଟକ ସମଗ୍ର, ପୃ-୧୫)

(୨୭) ତୁମରି ହାସ ହସଇ ମୁହିଁ
କରଇ ପ୍ରେମ ଆକାଶ ଭୂଇଁ
ଚାଲଇଁ ପ୍ରିୟ ମଧୁରେ ଆଜି ତୁମରି ଗତି ବ୍ୟାଜରେ
ତୁମରି ପ୍ରେମ ଲଭିବା ଆଶେ
ନିଜକୁ କରେଁ ପ୍ରେମ
ଅଙ୍ଗତବ ଲାଗିବ ବୋଲି
ଏ ଦେହ ମଣେ ହେମ। (ପ୍ରସାଧନ, କାଳିନ୍ଦୀ ଚରଣ ପାଣିଗ୍ରାହୀ)

(୨୮) ଜଗତର ଅସ୍ତି ନାସ୍ତି ଜନ୍ମ ମୃତ୍ୟୁ
ଅନ୍ତରାଳେ ଅଛି ଯେଉଁ ଫାଙ୍କ
ସବୁ କୋଳାହଳ ଭେଦି ଶୁଣିବି ମୁଁ
ଶବ୍ଦହୀନ ନୀରବତା ଡାକ।
(ନୀରବ ଆହ୍ୱାନ, ପୃ-୧୭୫, କାଳିନ୍ଦୀ ଚରଣ କବିତା ନାଟକ ସମଗ୍ର)

(୨୯) "ଗୋଟିଏ ସ୍ୱପ୍ନର ଝଲମଲ ଦୃଷ୍ଟି ସୀମାତୀତ ବର୍ଣ୍ଣବିଭା ତ ଅନ୍ୟଟି ଜୀବନର ଧୂସର ବାସ୍ତବତା ପ୍ରତି ସଚ୍ଚୋଟ ଦୃଷ୍ଟିଭଙ୍ଗୀ।"
(ଡକ୍ଟର ନିତ୍ୟାନନ୍ଦ ଶତପଥୀ, ସବୁଜରୁ ସାଂପ୍ରତିକ, ପୃ-୨୬)

(୩୦) ନ ଶୁଣଇ କେହି କାହିଁ ନ ମିଳେ ଉତ୍ତର,
ଅଚଞ୍ଚଳ ସେ ମୂକ ପ୍ରସ୍ତର !
ନ ମିଳେ ତୃପତି
ଡାକି ଡାକି ଶୁଖେ କଣ୍ଠ କାହିଁ ଶାନ୍ତି କାହିଁରେ ମୁକତି ?
ଦୂରେ ଫିଙ୍ଗି ପୂଜା ଧୂପ
ଠେଲି ଦିଏଁ ଦେବତାର ରୂପ
ଘୃଣା ଭରେ।
(କାଳିନ୍ଦୀ ଚରଣ କବିତା ଓ ନାଟକ ସମଗ୍ର, ପୃ-୧୮୨ - କବିତା- ପ୍ରତିମା)

(୩୧) ଜୀବନ୍ତ ଦେବତା ଦେଖ ଉଭା ଚଉପାଶେ
ସତ୍ୟ ଲାଗି ଜନ୍ମ ତବ, ନୁହେଁ ସେ ତ କଳ୍ପନା ସକାଶେ।
(କାଳିନ୍ଦୀ ଚରଣ କବିତା ଓ ନାଟକ ସମଗ୍ର, ପୃ-୧୮୩ - କବିତା- ପ୍ରତିମା)

(୩୨) "ବହୁଧର୍ମ, ବହୁଶାଖା, ବହୁରୂପ ବହି ଦେବତାର
ଶେଷେ ପରାଜୟ ମାନି ଘେନିଲ ମାନବ-ଅବତାର
ଦେବତାର ଛଦ୍ମବେଶେ ଅନୀତିର ବାଖ୍ୟା କଲ ନୀତି
ସବୁ ପାପ କ୍ଷମଣୀୟ ଗଦ୍ୟତବ ହେଲେ ସବୁ ଗୀତି।"
(ବିଦାୟ ଭଗବାନ, କାଳିନ୍ଦୀ କବିତା ଓ ନାଟକ ସମଗ୍ର, ପୃ-୧୬୫)

(୩୩) "ଧଳା ମଣିଷର ଭଗବାନ ଯେହ୍ନୁ କଳାର ସେ ସଇତାନ
ଇଟାଲି ଦେଶର ଭଗବାନ ଖାଏ ଆବିସିନିଆର ପ୍ରାଣ।"
(ଜୟ ଭଗବାନ, କାଳିନ୍ଦୀ ଚରଣ କବିତା ଓ ନାଟକ ସମଗ୍ର, ପୃ-୨୪୪)

(୩୪) ଗୁଳି ବାରୁଦରେ ଦେବତା ରହିଛି/ ସେହି ଏକା ବରାଭୟ
ସେହି ଈଶ୍ୱର ଶାସଇ ଭୁବନ/ ଜୟ ଭଗବାନ ଜୟ !
(ଜୟ ଭଗବାନ, କାଳିନ୍ଦୀ କବିତା ଓ ନାଟକ ସମଗ୍ର, ପୃ-୨୪୪)

(୩୫) ସବୁଜରୁ ସାଂପ୍ରତିକ, ପୃ-୨୬, ଡକ୍ଟର ନିତ୍ୟାନନ୍ଦ ଶତପଥୀ

(୩୬) ଦେଉଳେ ଦେଖିଲି ଧର୍ମ ଯାଇଅଛି ଗୀର୍ଜାରେ ସେତ ଆନ
କିଏ ଅବା ଛେଳି କିଏ ପୁଣି ଗୋରୁ କାଟିବା ପାଇଁ କି ଥାନ
କିଛି ନ କାଟିବା ପାଇଁ ଯେଉଁଠାରେ କହିଲେ ଧର୍ମଗୁରୁ
ଲକ୍ଷ୍ୟ ସେଠାରେ ମଣିଷର ବେକ ମଣିଷର ପାଦ ଉରୁ।
(ଯାଦୁଘର, କାଳିନ୍ଦୀ ଚରଣ କବିତା ଓ ନାଟକ ସମଗ୍ର, ପୃ-୧୫୫)

(୩୭) କାହିଁରେ ସତ୍ୟ, କାହିଁରେ ଧର୍ମ ? ଧରିଛି ଧରାକୁ ଯାହା
ଆଦିମ ଯୁଗରୁ ହୋଇଛି ସେ ପରା ମଣିଷ ଜାତିର ସାହା
ବୁଦ୍ଧ ଯୀଶୁର ମନ୍ତ୍ର କାହିଁ ବା କାହିଁ ମହମ୍ମଦ ଖୋଦା
ସବୁ ଦିଅଁ ଆଜି ବଳି ଲୋଡ଼ିଲେଣି, ମଣିଷ ହୋଇଛି ବୋଦା
ସକଳ ଧର୍ମ ଯୁକ୍ତି ତରକ ନିୟମ କାନୁନ କାଟି
ଧରିଛି ଧରାକୁ - ଜବାବ ଘୋଷୁଚି କମାଣ ବାରୁଦ ଫାଟି।
(ଯାଦୁଘର, କାଳିନ୍ଦୀ ଚରଣ କବିତା ଓ ନାଟିକା ସମଗ୍ର, ପୃ-୧୫୫)

(୩୮) ହେ ଦେବତା ବୋଲି ନୁଆଁଇଲି ଯେତେ ମଥା
ପାଷାଣେ ବାଜି ସେ ଲଭିଲା ଦାରୁଣ ବ୍ୟଥା
ବିଚାରେ ରଖିବା ପାଇଁ ଦେବତାର ଟେକ
ଛୁରିଟାଏ ଲୋଡ଼ା କାଟିବାକୁ ନିଜ ବେକ।
(ଛୁରିଟିଏ ଲୋଡ଼ା, ପୃ-୧୯୩)

(୩୯) 'ମଣିଷ' 'ମଣିଷ' ଶୁଭିଲା ଦୂରରୁ ଡାକ
ଦୁନିଆର ଯେତେ ଦଳିତ ପୀଡ଼ିତ ଯାକ
ସ୍ୱନଦନ ସେହି ପୁଳକ ପରାସ ରେଖା
ବନ୍ଧୁର ପଥେ ବନ୍ଧୁ ସେ ମୋର ଏକା।
(କାଳିନ୍ଦୀ ଚରଣ କବିତା ଓ ନାଟକ ସମଗ୍ର, ପୃ-୧୯୪, ଛୁରିଟିଏ ଲୋଡ଼ା)

(୪୦) ତଥାପି ହୁଏତ ପାଇଛି ବନ୍ଧୁ କୋଟି
ଆଜି ଯାଏଁ ଯେଣୁ କାଟିନି କେହି ମୋ ଟେଟି
ଆଜିଯାଏଁ ଯେଣୁ ଦେହ ଧରି ଅଛି ଭବେ
ମଣିଷ ଜାତିରୁ ଏହି ଦୟା ପାଇ ଲବେ।
(କାଳିନ୍ଦୀଚରଣ କବିତା ଓ ନାଟକ ସମଗ୍ର, ଛୁରିଟିଏ ଲୋଡ଼ା, ପୃ-୧୯୪)

(୪୧) ଯୋଡ଼ଇ ଛନ୍ଦ ମୁଁ ବିପୁଳ ଜୀବନର
ଖେଳଇ ନିତି ଯହିଁ ବିଶ୍ୱ ଚରାଚର
ଚାଲିଛି ମରଣକୁ କରି ଯେ ଉପହାସ
ବେଦନା ଶୋକ ତାପେ ପାରିଛି କରି ଦାସ !

(କାଳିନ୍ଦୀ ଚରଣ କବିତା ଓ ନାଟକ ସମଗ୍ର, ଆଗାମୀ, ପୃ-୨୩୯)

(୪୨) ବିରାଟ ସେ ଜୀବନ ସବୁରି ଅଛି ମୂଳ
ବୁଝଇ ନର ତହିଁ ପହିଲେ ନିଜ ଭୁଲ।

(କାଳିନ୍ଦୀ ଚରଣ କବିତା ଓ ନାଟକ ସମଗ୍ର, ଆଗାମୀ, ପୃ-୨୪୦)

(୪୩) କବିତା ଗଢ଼େ ଏକ ବିରାଟ ସମାଜର
ସବୁରି ପାଇଁ ଯହିଁ ବଖରେ ହେଲେ ଘର
ସକଳେ ଲଭିବାକୁ ମୁଠାଏ ଦୁଧଭାତ
ଯୋଗ୍ୟ ଯେତେ ଯହିଁ ବାଳକ ବାଳିକା ତ
ଦୁଇଟା ଲୁଗା ଜାମା ସବୁରି ପାଇଁ ମିଳେ
ପଢ଼ିବା ପାଇଁ ବାଧା କାହାରି ନାହିଁ ତିଳେ
ବେକାର ରହିବାକୁ ନାହିଁଟି ଅଧିକାର
ସବୁରି ପାଇଁ କାମ ଯୋଗାଏ ସରକାର
କହିବା ପାଇଁ କଥା ସବୁରି ଦାବି ଅଛି
ମୁଁ ସେହି ସମାଜର କବିତା ବସେ ରଚି !

(କାଳିନ୍ଦୀ ଚରଣ କବିତା ଓ ନାଟକ ସମଗ୍ର, ଆଗାମୀ, ପୃ-୨୪୦)

(୪୪) "ତେଣୁ ସବୁ ସାମ୍ୟବାଦୀ କବିଙ୍କ ଚିନ୍ତା ପରି ଶ୍ରେଣୀମୁକ୍ତ ସମାଜ ହିଁ ତାଙ୍କ କବିତାର ଲକ୍ଷ୍ୟନିଷ୍ଠ ଦୃଢ଼ ସିଦ୍ଧାନ୍ତ। ସମାଜର ସ୍ୱଚ୍ଛ ଦିବାଲୋକରେ ଚାଲିଥିବା ଲୁଣ୍ଠନ ଓ ଶୋଷଣ ବିରୋଧରେ କବିଙ୍କର ଏହି ଆହ୍ୱାନରେ ଅଛି ଭୂମି କାଳର ସୂଚନା, ଆଗ୍ନେୟ ଗିରିର ଉଦ୍‌ଜାଗରଣ।"

(ଡକ୍ଟର ନିତ୍ୟାନନ୍ଦ ଶତପଥୀ, ସବୁଜରୁ ସାଂପ୍ରତିକ, ପୃ-୩୦)

(୪୫) ଜନ୍ମ ଆମର ମଣିଷ କୂଳରେ/ ନାହିଁ ଇଜ୍ଜତ ମାନ
ଆମ ଝିଅ ବୋହୂ ସବୁରି ଶାଳୀ ହେ / ଆମେ ଶଳା ଶଇତାନ !

(କିଏ ଶଳା ଶଇତାନ, କାଳିନ୍ଦୀ କବିତା ଓ ନାଟକ ସମଗ୍ର, ପୃ-୨୬୦)

(୪୬) ମନ୍ଦେ ହେଜ ଥରେ ଗାଡ଼ି ପରେ ନାଆ
କେବେ ନାଆଠାରେ ଗାଡ଼ି
ସିଂହର ନାଡି ଖାଇପାରେ ଦିନେ
ଶୃଗାଳ ମୁଖରେ ତାତି !

(କିଏ ଶଳା ଶଇତାନ, କାଳିନ୍ଦୀ କବିତା ଓ ନାଟକ ସମଗ୍ର, ପୃ-୨୬୨)

(୪୭)

୫ମ ପରିଚ୍ଛେଦ:

(୩) ଡକ୍ଟର ପ୍ରତିଭା ଶତପଥୀ, କଜ୍ଜନାର ଅଭିଷେକ, ପୃ: ୧୮୩

(୪) ଡକ୍ଟର ପ୍ରତିଭା ଶତପଥୀ, କଜ୍ଜନାର ଅଭିଷେକ, ପୃ-୨୨୯

(୫) ଅନ୍ନଦାଶଙ୍କର ରାୟ, ସବୁଜ କବିତା, ପୃ:୧୩

(୬)

(୭)

(୮) କଜ୍ଜନାର ଅଭିଷେକ, ଡକ୍ଟର ପ୍ରତିଭା ଶତପଥୀ, ପୃ:୨୩୭

(୯) ସବୁଜ କବିତା, ପୃ-୮

(୧୦) କବି ବୈକୁଣ୍ଠନାଥ ପରିକ୍ରମା, ପୃ-୭୪

(୧୧) କବି ବୈକୁଣ୍ଠନାଥ, ଡକ୍ଟର ନରେନ୍ଦ୍ର ନାଥ ମିଶ୍ର, ଝଙ୍କାର, ଜୁଲାଇ ୧୯୭୯

(୧୨) ବୈକୁଣ୍ଠନାଥ ପରିକ୍ରମା, ଅଧ୍ୟାପକ ପଠାଣି ପଟ୍ଟନାୟକ

(୧୩) ଅଧ୍ୟାପକ ପଠାଣି ପଟ୍ଟନାୟକ, ବୈକୁଣ୍ଠନାଥ ପରିକ୍ରମା

(୧୪) ବୈକୁଣ୍ଠନାଥ ପରିକ୍ରମା, ପୃ-୭୭

(୧୫) ସବୁଜରୁ ସାଂପ୍ରତିକ, ପୃ-୩୭

(୧୬) ସବୁଜ ଯୁଗ ଓ କାବ୍ୟ ସଞ୍ଚୟନ, ପୃ-୩୭, ଅଧ୍ୟାପକ ବିଭୁଦତ୍ତ ମିଶ୍ର

(୧୭) ଆଧୁନିକ ଓଡ଼ିଆ କବିତାରେ ରହସ୍ୟବାଦୀ ଚେତନା, ଡକ୍ଟର ସୌଦାମିନୀ ଚୌଧୁରୀ, ପୃ-୨୧

(୧୮) ଆଧୁନିକ ଓଡ଼ିଆ କବିତାରେ ରହସ୍ୟବାଦୀ ଚେତନା, ଡକ୍ଟର ସୌଦାମିନୀ ଚୌଧୁରୀ, ପୃ-୨୩

(୧୯) "ଅମୂଲ୍ୟ ମୂରତି ଆହା ରୂପ ନିରୁପମ/ ଅନନ୍ତ ଅମର ବ୍ୟାପି ସ୍ଥାବର ଜଙ୍ଗମ
ଦେଶ କାଳାତୀତ ଦୃଶ୍ୟ କଜ୍ଜନା ଅତୀତ ଅଥଚ ଦ୍ୟୋତିର ଜ୍ୟୋତିଚକ୍ଷୁ ଅଗ୍ରେ ସ୍ଥିତ।"

(ଋଷିପ୍ରାଣେ ଦେବାବତରଣ)

(୨୦) ଆଧୁନିକ ଓଡ଼ିଆ କବିତାରେ ରହସ୍ୟବାଦୀଚେତନା, ଡକ୍ଟର ସୌଦାମିନୀ ଚୌଧୁରୀ, ପୃ- ୧୨୧

(୨୧) ଆଧୁନିକ ଓଡ଼ିଆ କବିତାରେ ରହସ୍ୟବାଦୀଚେତନା, ଡକ୍ଟର ସୌଦାମିନୀ ଚୌଧୁରୀ, ପୃ-୧୫୫

(୨୨) ଆଧୁନିକ କବିତାରେ ରହସ୍ୟବାଦୀ ଚେତନା, ପୃ-୨୨୯

(୨୩) ଅଂଜଳି, କୁନ୍ତଳା କୁମାରୀ ଗ୍ରନ୍ଥାବଳୀ, ପୃ-୫

(୨୪) ଓଡ଼ିଆ ସାହିତ୍ୟର ଇତିହାସ, ପୃ-୩୭୧, ୧ମ ସଂସ୍କରଣ

(୨୫) ତୁମରି ବିଶ୍ୱାସେ ଦୁଃଖ ଦୈନ୍ୟ ସହିବାରେ ହୁଏ କ୍ଷମ - 'ଆରତି'

(୨୬) ହରିଛି ବିଶ୍ୱାସ ଦିବ୍ୟ ଜ୍ଞାନ ମୃତ୍ୟୁ କ୍ରୂର - 'ବୈକୁଣ୍ଠନାଥ ଗ୍ରନ୍ଥାବଳୀ', ପୃ ୪୮୫

(୨୭) ମୃତ୍ତିକା ଦର୍ଶନ, ବୈକୁଣ୍ଠନାଥ ଗ୍ରନ୍ଥାବଳୀ, ପୃ-୫୧୩

(୨୮) "ମୋର ସାଂସ୍କୃତିକ ଜନ୍ମ ବୈଷ୍ଣବ ଦର୍ଶନରୁ ଆରମ୍ଭ ହୋଇଥିଲେ ମଧ୍ୟ ଅସହଯୋଗ ଆନ୍ଦୋଳନ ପ୍ରତି ସଂପୂର୍ଣ୍ଣ ସହାନୁଭୂତି ଥିଲା। କମ୍ୟୁନିଷ୍ଟ ଦର୍ଶନ ମୋତେ ବହୁ ପରିମାଣରେ ଅନୁପ୍ରାଣିତ କରିଥିଲେ ମଧ୍ୟ ବୈଷ୍ଣବ ଦର୍ଶନରୁ ମୁଁ ସଂପୂର୍ଣ୍ଣ ମୁକ୍ତ ହୋଇପାରି ନ ଥିଲି।"

(ବୈକୁଣ୍ଠନାଥ ଗ୍ରନ୍ଥାବଳୀ, ପ୍ରଥମ ଭାଗ, ଜୀବନୀ ଓ କୃତି, ପୃ-୫୮)

(୨୮) "ଆଜି ଏ ପ୍ରଭାତେ ରଂଜର କର

କେମନେ ପଶିଲେ ପ୍ରାଣେର ପର
କେମନେ ପଶିଲ ଗୁହାର ଆଁଧାରେ ପ୍ରଭାତ ପାଖିର ଗାନ !
ନା ଜାନି କେନରେ ଏତଦିନ ପରେ ଜାଗିୟା ଉଠିଲ ପ୍ରାଣ
ଜାଗିୟା ଉଠିଛେ ପ୍ରାଣ, / ଓରେ ଉଥଲି ଉଠେ ଛେ ବାରି,
ଓରେ ପ୍ରାଣେର ବେଦନା ପ୍ରାଣେର ଆବେଗ ରୁଧିୟା ରାଖିଦେନାରି ।"
(ରବୀନ୍ଦ୍ରଙ୍କ 'ନିର୍ଝରରେ ସ୍ୱପ୍ନଭଙ୍ଗ')

(୨୯) ମାନସ ହଂସ ମୁଁ ମାନସେ ଯିବି ଉଡ଼ି/ ମୋ ଦୋଷ ପଥ ହୁଡ଼ି ଭରମେ ଅବିରତ
ଅଙ୍କତୃଷା କ୍ଷୁଧା ଲଭି ତୁମରି ସୁଧା/ ତୃପତ ହେଲା ତେବେ ଲୋଡ଼ଇଁ ଏ ମରତ ।"
(ଯାତ୍ରା ସଙ୍ଗୀତ, ବୈକୁଣ୍ଠନାଥ)

(୩୦) "ମୁଁ ଚିର ପଥିକ ଯାତ୍ରୀ x x x ଏ ମରତେ ଦୂର ପରବାସୀ
ଜୀବନର ଅର୍ଦ୍ଧ ପଥେ କେତେ କଥା ମନେ ପଡ଼େ ଆସି !
ଅତୀତ ସହସ୍ର ସ୍ମୃତିଲୁପ୍ତ - ଅର୍ଦ୍ଧଲୁପ୍ତ, ଜାଗରିତ,
ରଜନୀର ଶେଷ ଯାମେ ଶାନ୍ତ ନଭେ ତାରକାଇଙ୍ଗିତ !
ପଥପାର୍ଶ୍ୱେ ଯେତେ ତରୁ ଏ ଯାତ୍ରୀରେ କଲେ ଛାୟାଦାନ
ଅଛିକି ସକଳ ମନେ ? ନାହିଁ ନାହିଁ ସର୍ବେ ମ୍ରିୟମାଣ !"
(ପଥଛାୟା, ବୈକୁଣ୍ଠନାଥ ଗ୍ରନ୍ଥାବଳୀ, ପୃ:୪୪୪)

(୩୧) "ଏ ଯାତ୍ରୀର ଆତ୍ମସତ୍ତା ତବ ପ୍ରୀତି - ସ୍ମୃତି ଇତିହାସ
ବିସ୍ମୃତ ଯେସନ ସତ୍ୟ ମାତ୍ର ନିତ୍ୟ ପରମ ପ୍ରକାଶ ।" (ପାନ୍ଥଶାଳା)

(୩୨) "କରୁଣ ଡାକଇ ଦୂର ପଥ ଅବିରଳ
ସକଳ ତିଆମି ଦୂର ପରବାସୀଚଳା...." (ବାସର ଗୃହ, ପୃ-୪୪୩)

(୩୩) "ନ ଜାଣେ ମାତର କେବେ ଶୁଣି ତବ ଦୂର ବଂଶୀସ୍ୱନ
ତୁମରି ଆହ୍ୱାନ କିବା ଲଗାଇଲ ପ୍ରାଣେ ଉଚ୍ଚାଟନା ।" (ବାସର ଗୃହ, ପୃ-୪୪୨)

(୩୬) ଆଧୁନିକ ଓଡ଼ିଆ କବିତାରେ ବାସ୍ତବବାଦୀ ଦୃଷ୍ଟିଭଙ୍ଗୀ, ଅଧ୍ୟାପକ ଚିନ୍ମୟୀ ବେହେରା, କାବ୍ୟ ଓ କଳାକାର, ପୃ-୨୫୬

(୩୭) ସବୁଜରୁ ସାଂପ୍ରତିକ, ଡକ୍ଟର ନିତ୍ୟାନନ୍ଦ ଶତପଥୀ, ପୃ:୨୬

(୩୮) "ନ ଶୁଣଇ କେହି କାହିଁ ନ ମିଳେ ଉତ୍ତର
ଅଚଞ୍ଚଳେ ସେ ମୂକ ପ୍ରସ୍ତର !
ନ ମିଳେ ତୃପତି
ଡାକ ଡାକ ମୁଖେ କଣ୍ଠ କାହିଁ ଶାନ୍ତି କାହିଁରେ ମୁକତି ?"

(୩୯) "ମନେ ହେଜ ଥରେ ଗାଡ଼ି ପରେ ନାଆ/ କେବେ ନାଆ ପରେ ଗାଡ଼ି
ସିଂହର ନାଡ଼ି ଖାଇ ପାରେ ନିଜେ/ ଶୃଗାଳ ମୁଖରେ ତାତି
ଶାଶୂ ପାଳି ଗଲେ ଆସେ ବୋହୂ ପାଳି/ ଶଳା ବି ଭିଣୋଇ ହୁଏ ।
ଯେବେ ଯାହା ପୁଣି ଘଟିପାରେ ଆଉ/ ନ ଆଣିବା ଆଉ ମୁହେଁ ।"
(କିଏ ଶଳା ସଇତାନ, କାଳିନ୍ଦୀ ଚରଣ କବିତା ଓ ନାଟକ ସମଗ୍ର, ପୃ-୨୬୨)

(୪୦) ସବୁଜରୁ ସାଂପ୍ରତିକ, ପ୍ରଫେସର ନିତ୍ୟାନନ୍ଦ ଶତପଥୀ, ପୃ-୪୫

(୪୧) ବୈକୁଣ୍ଠନାଥ ଗ୍ରନ୍ଥାବଳୀ - ପ୍ରଥମ ଭାଗ (କାବ୍ୟ ସଞ୍ଚୟନ)

(୪୨) "ମଳୟ ପ୍ରିୟାର ନିଃଶ୍ୱାସ ବୋଲି
ପଛକୁ ଦେଲି ମୁଁ ଚାହିଁ
ବକ୍ଷେ ବାଜିଲା ବୈଶାଖ ଶ୍ୱାସ
ଫେରିଲି ଲଜ୍ଜ୍ୟା ପାଇ

x x x

ପଶ୍ଚାତେ ତାର ଅମା ଅନ୍ଧାର
ମୃତ୍ୟୁ ଅଟ୍ଟହାସ
ଅବଶ କଲା ମୋ ସର୍ବ ଅଙ୍ଗ
ଜଡ଼ୀଭୂତ ଯେତେ ପ୍ରାସ। (ଉପମା ବିରୋଧ)"

(ବୈକୁଣ୍ଠନାଥ ଗ୍ରନ୍ଥାବଳୀ, ପ୍ରଥମ ଭାଗ, ପୃ:୫୬୬)

(୪୩) "ମୂକ ମାନବର ଧରେ ସେ ଭାଗ୍ୟଚାବି
ପାଟି ଫିଟାଇଲେ କମାଣରେ ଦିଏ ଦାବି,
ରାଷ୍ଟ୍ର-ଯନ୍ତ୍ର ଚଳାଏ ସେ ଭଗବାନ
ବିପ୍ଳବେ ତୋର ଧାତାର ଧରଇ କାନ।"

(ରାଷ୍ଟ୍ର ରହସ୍ୟ, ପୃ: ୧୩, ବୈକୁଣ୍ଠନାଥ ଗ୍ରନ୍ଥାବଳୀ ୨ୟ ଭାଗ)

(୪୪) କଳ୍ପନାର ଅଭିଷେକ - ଡକ୍ଟର ପ୍ରତିଭା ଶତପଥୀ - ପୃ:୯୪

(୪୫) କଳ୍ପନାର ଅଭିଷେକ - ଡକ୍ଟର ପ୍ରତିଭା ଶତପଥୀ, ପୃ-୨୨୭

(୪୬) ବିଷାଦବାଦୀ ବୈକୁଣ୍ଠନାଥ, ସବୁଜରୁ ସାଂପ୍ରତିକ, ୩ୟ ସଂ, ପୃ-୨୬

୬ଷ୍ଠ ପରିଚ୍ଛେଦ:

(୪୭) ଓ. ସା. ଇତିହାସ, ମାୟାଧର ମାନସିଂହ, ୧ମ ସଂ- ପୃ-୩୭୫

BLACK EAGLE BOOKS

www.blackeaglebooks.org
info@blackeaglebooks.org

Black Eagle Books, an independent publisher, was founded as a nonprofit organization in April, 2019. It is our mission to connect and engage the Indian diaspora and the world at large with the best of works of world literature published on a collaborative platform, with special emphasis on foregrounding Contemporary Classics and New Writing.